Patrick Mückl

Das Arbeitsrecht der Energiewirtschaft

De Gruyter Praxishandbuch

Patrick Mückl

Das Arbeitsrecht der Energiewirtschaft

DE GRUYTER

Dr. *Patrick Mückl*, Rechtsanwalt, Fachanwalt für Arbeitsrecht und Associated Partner bei Noerr LLP.

Hinweis:
Alle Angaben in diesem Werk sind nach bestem Wissen unter Anwendung aller gebotenen Sorgfalt erstellt worden. Trotzdem kann von dem Verlag und den Autoren keine Haftung für etwaige Fehler übernommen werden.

ISBN 978-3-11-033448-7
e-ISBN (PDF) 978-3-11-033457-9
e-ISBN (EPUB) 978-3-11-038266-2

Bibliografische Information der Deutschen Nationalbibliothek
Die Deutsche Nationalbibliothek verzeichnet diese Publikation in der Deutschen Nationalbibliografie; detaillierte bibliografische Daten sind im Internet über http://dnb.d-nb.de abrufbar.

Einbandabbildung: gyn9038/iStock/Thinkstock
Datenkonvertierung/Satz: jürgen ullrich typosatz, Nördlingen
Druck: Hubert & Co. GmbH Co. KG, Göttingen
♾ Gedruckt auf säurefreiem Papier
Printed in Germany

www.degruyter.com

Vorwort

Die Energiewirtschaft erlebt derzeit eine ihrer turbulentesten Zeiten. Nicht nur hat die Bundesnetzagentur die ursprünglich bei weitem häufigste Entflechtungslösung zum 1.1.2014 faktisch abgeschafft. Zudem setzt die staatlich mit Nachdruck betriebene „Energiewende" die Geschäftsmodelle von Großkraftwerkbetreibern massiv unter Druck. Aber auch viele Stadtwerke verdienen kaum noch Geld mit der Stromerzeugung; die Verschuldung wird – nach Studien namhafter Wirtschaftsprüfungsgesellschaften – kritisch.

Das Heil wird – was das Netzgeschäft betrifft – auf kommunaler Ebene zunehmend in einem Wachstum durch „Rekommunalisierung" von Netzen (nicht selten in gemeinsamen Netzgesellschaften) gesucht. Energieerzeuger sehen ihre Zukunftsmärkte – neben der Energieberatung und ergänzenden Dienstleistungen (auch beim Anlagenbau) – insbesondere in einem Ausbau der Erzeugung erneuerbarer Energien – auch und vor allem „Off-Shore". Die – durch die Europäische Kommission torpedierte und unter Berufung auf einen Verfassungsverstoß auch national unter Beschuss geratene – Neufassung des EEG erzeugt trotz allem scheinbar immerhin für Investoren wieder Zuversicht und Sicherheit, die auch den Ausbau der Netzanbindung von Off-Shore-Anlagen vorantreiben wird.

All diese Vorgänge bringen arbeitsrechtlich erhebliche Nah- und Fernwirkungen mit sich. So sind Netzbetreiber häufig von Umstrukturierungsvorgängen betroffen, die arbeitsrechtlich nicht nur unter Beachtung der Vorgaben zur Entflechtung gesteuert werden müssen. Auch originär arbeitsrechtliche Vorgaben – wie z.B. das Arbeitnehmerüberlassungsgesetz – ändern sich und erschweren die Fortführung bisheriger Strukturen. Das muss bei Umstrukturierungsvorgängen – auch auf Ebene der Mitbestimmung – eingeplant werden.

Mit Blick auf zurückgehende Einnahmequellen wird – insbesondere auf kommunaler Ebene – die Nutzung der durch den Tarifvertrag Versorgungsbetriebe (TV-V) eröffneten Gestaltungsspielräume wichtiger. Der TV-V hatte sich explizit eine Erhöhung der Wettbewerbsfähigkeit von Versorgungsunternehmen auf die Fahnen geschrieben und kann nun im Praxistest beweisen, ob er hält, was er versprochen hatte.

In der Testphase befindet sich schließlich auch das neue Arbeitszeitregime, das jüngst für Arbeiten „Off-Shore" eingeführt worden ist. Der Gesetzgeber entdeckt scheinbar zunehmend, dass in der Ausschließlichen Wirtschaftszone arbeitsrechtlich Regelungslücken bestehen, die ggf. ausgefüllt werden müssen.

Welche Gestaltungsspielräume arbeitsrechtlich für Unternehmen innerhalb all dieser Felder und Rahmenbedingungen bestehen, möchte das vorliegende Buch aufzeigen, das im Wesentlichen im Jahr 2014 entstanden ist. Zu herzlichem Dank für seine Unterstützung bei seiner Erstellung bin ich vor allem Herrn Rechtsreferendar Wiss. Mit. Daniel Krause aufgrund seines überobligatorischen Einsatzes bei der Recherche und der Korrektur des Manuskripts sowie der Erstellung des Literaturverzeichnisses verpflichtet. Ebenfalls herzlichen danken möchte ich meinem Kollegen Herrn Dr. Martin Geipel, der mich umsichtig stets mit aktuellen Entwicklungen vertraut gemacht hat.

Für Kritik, Anregungen und Verbesserungsvorschläge, die ich gerne unter patrick.mueckl@noerr.com entgegennehme, bin ich dankbar.

Düsseldorf, im Juli 2014 Patrick Mückl

Inhaltsübersicht

Kapitel 4
Arbeits- und Sozialrecht in der Ausschließlichen Wirtschaftszone

Inhaltsverzeichnis

Kapitel 3
Grundstrukturen und Problemschwerpunkte des Tarifvertrags für Versorgungsbetriebe

Abkürzungsverzeichnis

%	Prozent
€	Euro
§	Paragraph
°C	Grad Celsius
a.A.	andere Ansicht
ABl. BNetzA	Amtsblatt der Bundesnetzagentur für Elektrizität, Gas, Telekommunikation, Post und Eisenbahnen
ABl. EG/EU	Amtsblatt der Europäischen Gemeinschaften
ABl.	Amtsblatt
Abs.	Absatz
ACER	Agency for the Cooperation of Energy Regulators
a.E.	am Ende
AEG	Allgemeines Eisenbahngesetz
AEUV	Vertrag über die Arbeitsweise der Europäischen Union
a.F.	alte Fassung
AG	Aktiengesellschaft; Amtsgericht
AGB	Allgemeine Geschäftsbedingungen
AGG	Allgemeines Gleichbehandlungsgesetz
AktG	Aktiengesetz
Alt.	Alternative
amtl. Slg.	amtliche Sammlung
ÄnderungsG	Änderungsgesetz
ArbG	Arbeitsgericht
ARegV	Anreizregulierungsverordnung
ArbPlSchG	Arbeitsplatzschutzgesetz
ArbSchG	Arbeitsschutzgesetz
ArbSchUnfkG	Arbeitsschutz-Unfallkassengesetz
ArbZG	Arbeitszeitgesetz
ARL	Akademie für Raumforschung und Landesplanung
Art.	Artikel
Ast.	Außenstelle
AÜG	Arbeitnehmerüberlassungsgesetz
Ausschussdrucks.	Ausschussdrucksache
AWZ	ausschließliche Wirtschaftszone
Az.	Aktenzeichen
BAG	Bundesarbeitsgericht
BAPT	Bundesamt für Post und Telekommunikation
BAT	Bundes-Angestelltentarifvertrag
BauGB	Baugesetzbuch
BauNVO	Baunutzungsverordnung
BaurechtsGA	Baurechtsgutachten
BauROG	Bau- und Raumordnungsgesetz
BaWü	Baden-Württemberg

BayEG	Bayerisches Gesetz über die entschädigungspflichtige Enteignung
Bayer. VGH	Bayerischer Verwaltungsgerichtshof
BayObLG	Bayerisches Oberstes Landesgericht
BayRS	Bayerische Rechtssammlung
BayVBl	Bayerische Verwaltungsblätter
BayVerfGH	Bayerischer Verfassungsgerichtshof
BB	Betriebsberater (Zeitschrift)
BBergG	Bundesberggesetz
Bd.	Band
BDSG	Bundesdatenschutzgesetz
BEEG	Bundeselterngeld- und Elternzeitgesetz
Begr.	Begründung
BEGTPG	Gesetz über die Bundesnetzagentur für Elektrizität, Gas, Telekommunikation, Post und Eisenbahnen
Beschl.	Beschluss
BetrVG	Betriebsverfassungsgesetz
BEVVG	Bundeseisenbahnverkehrsverwaltungsgesetz
BfN	Bundesamt für Naturschutz
BGB	Bürgerliches Gesetzbuch
BGBl.	Bundesgesetzblatt
BGH	Bundesgerichtshof
BGHW	Berufsgenossenschaft für Handel und Warendistribution
BGW	Bundesverband der deutschen Gas- und Wasserwirtschaft
BImSchG	Bundes-Immissionsschutzgesetz
BImSchV	Bundes-Immissionsschutzverordnung
BMAS	Bundesministerium für Arbeit und Soziales
BMPT	Bundesministerium für Post und Telekommunikation
BMU	Bundesministerium für Umwelt, Naturschutz und Reaktorsicherheit
BMT-G	Bundesmanteltarifvertrag für Arbeiter gemeindlicher Verwaltungen und Betriebe
BMVBS	Bundesministerium für Verkehr, Bau und Stadtentwicklung
BMWi	Bundesministerium für Wirtschaft und Technologie
BNatSchG	Bundesnaturschutzgesetz
BNetzA	Bundesnetzagentur
BPersVG	Bundespersonalvertretungsgesetz
BR	Bundesrat
BR-Drucks.	Bundesrat-Drucksache
Brem.GBl.	Bremer Gesetzesblatt
BSG	Bundessozialgericht
BSH	Bundesamt für Seeschifffahrt und Hydrographie
BSWAG	Bundesschienenwegeausbaugesetz
BT-Drucks.	Bundestag-Drucksache
BUrlG	Bundesurlaubsgesetz
BVerfG	Bundesverfassungsgericht
BVerwG	Bundesverwaltungsgericht
BVerwGE	Bundesverwaltungsgerichtsentscheidung
BVwVfG	Verwaltungsverfahrensgesetz (Bund)
bzgl.	bezüglich
bzw.	beziehungsweise

CDU	Christlich Demokratische Union
CEF	Continuous Ecological Functionality-measures (Maßnahmen zur dauerhaften Sicherung der ökologischen Funktion)
CNG	Compressed Natural Gas (Erdgas)
CO_2	Kohlendioxid
CSU	Christlich-Soziale Union
DB	Der Betrieb (Zeitschrift)
dena	Deutsche Energie-Agentur GmbH
d.h.	das heißt
DLR	Deutsches Zentrum für Luft- und Raumfahrt e. V.
DÖV	Die Öffentliche Verwaltung (Zeitschrift)
DrittelbG	Drittelbeteiligungsgesetz
DVBl.	Deutsches Verwaltungsblatt
EBIT	earnings before interest and taxes
EBITDA	earnings before interest, taxes, depreciation and amortization
EEG NW	Enteignungs- und -entschädigungsgesetz Nordrhein-Westfalen
EEG	Erneuerbare-Energien-Gesetz
EFZG	Entgeltfortzahlungsgesetz
EG	Europäische Gemeinschaft
EKI	Europäische kritische Infrastrukturen
endg.	endgültig
EnLAG	Energieleitungsausbaugesetz
EntGBbg	Enteignungsgesetz des Landes Brandenburg
ENTSO-E	European Network of Transmission System Operators for Electricity
EnWG	Energiewirtschaftsgesetz
EnWZ	Zeitschrift für das gesamte Energierecht
EnWR-NRG	Gesetz zur Neuregelung des Energiewirtschaftsrechts
EP	Europäisches Parlament
EPSKI	Europäisches Programm für den Schutz kritischer Infrastrukturen
ER	EnergieRecht (Zeitschrift)
Erg. Lief.	Ergänzungslieferung
et	Energiewirtschaftliche Tagesfragen (Zeitschrift)
ETB	Eigentumsrechtlich entflochtener Transportnetzbetreiber
etc.	et cetera
EU	Europäische Union
EuGH	Europäischer Gerichtshof
EU-GRCharta	Charta der Grundrechte der Europäischen Union
EUV	Vertrag über die Europäische Union
EVU	Energieversorgungsunternehmen
EWEA	Europäische Verband der Windindustrie
EWG	Europäische Wirtschaftsgemeinschaft
EWI	Energiewirtschaftliches Institut an der Universität zu Köln
EWiR	Entscheidungen zum Wirtschaftsrecht (Zeitschrift)
f./ff.	folgende/fortfolgende
FDP	Freie Demokratische Partei
FFH	Flora-Fauna-Habitat

FKVO	Fusionskontrollverordnung
Fn	Fußnote
FNB	Fernleitungsnetzbetreiber
FPfZG	Gesetz über die Familienpflegezeit
FStrAbG	Fernstraßenausbaugesetz
FStrG	Bundesfernstraßengesetz
GA	Gutachten
GBl.	Gesetzblatt für Baden-Württemberg
gem.	gemäß
GenBeschlG	Genehmigungsverfahrensbeschleunigungsgesetz
GewArch	Gewerbearchiv (Zeitschrift)
GewO	Gewerbeordnung
GG	Grundgesetz
ggf.	gegebenenfalls
GIL	Gasisolierte Leiter
GmbH	Gesellschaft mit beschränkter Haftung
GMBl.	Gemeinsames Ministerialblatt
GO	Geschäftsordnung; Gemeindeordnung
grds.	grundsätzlich
GS. Schl.-H.	Sammlung des schleswig-holsteinischen Landesrechts
GV NW	Gesetz- und Verordnungsblatt für das Land Nordrhein-Westfalen
GVBl. LSA	Gesetz- und Verordnungsblatt des Landes Sachsen-Anhalt
GVBl.	Gesetz- und Verordnungsblatt
GVOBl. M-V	Gesetz- und Verordnungsblatt für Mecklenburg-Vorpommern
GW	Gigawatt
GWB	Gesetz gegen Wettbewerbsbeschränkungen
GWh	Gigawattstunde
GWS	Gesellschaft für Wirtschaftliche Strukturforschung
h/a	Stunden pro Jahr
Hamb. OVG	Hamburgisches Oberverwaltungsgericht
Herv.	Hervorhebung
HGÜ	Hochspannungs-Gleichstrom-Übertragung
HK	Havariekommando
h.M.	herrschende Meinung
HmbGVBl.	Hamburgisches Gesetz- und Verordnungsblatt
Hs.	Halbsatz
i.d.F.	in der Fassung
i.d.R.	in der Regel
i.E.	im Ergebnis; im Erscheinen
IFG	Informationsfreiheitsgesetz
IFNE	Ingenieurbüro für neue Energien
InfrPBG	Gesetz zur Beschleunigung von Planungsverfahren für Infrastrukturvorhaben
IR	InfrastrukturRecht (Zeitschrift)
i.S.d.	im Sinne des
ITO	Independent Transmission Operator

i.V.m.	in Verbindung mit
IVU	Integrierte Vermeidung und Verminderung der Umweltverschmutzung
IWES	Fraunhofer-Institut für Windenergie und Energiesystemtechnik
JArbSchG	Jugendarbeitsschutzgesetz
Jura	Juristische Ausbildung (Zeitschrift)
jurisPR-BVerwG	juris PraxisReport Bundesverwaltungsgericht (Zeitschrift)
JZ	JuristenZeitung (Zeitschrift)
KAV	Kommunaler Arbeitgeberverband
KGaA	Kommanditgesellschaft auf Aktien
km	Kilometer
KrWG	Kreislaufwirtschaftsgesetz
KSchG	Kündigungsschutzgesetz
kV	Kilovolt
KWKG	Kraft-Wärme-Kopplungsgesetz
LAbfG NW	Abfallgesetz für das Land Nordrhein-Westfalen
LAG	Landesarbeitsgericht
LEnteigG	Landesenteignungsgesetz Rheinland-Pfalz
Lf.	Lieferung
LG	Landgericht
li. Sp.	linke Spalte
lit.	literatura
LKV	Landes- und Kommunalverwaltung (Zeitschrift)
LNG	Liquefied Natural Gas (Flüssigerdgas)
LSG	Landessozialgericht
LuftVG	Luftverkehrsgesetz
LVerwAmt	Landesverwaltungsamt
m	Meter
m. Anm.	mit Anmerkungen
MBauO	Musterbauordnung
MBl. NRW	Ministerialblatt für das Land Nordrhein-Westfalen
MBPlG	Magnetschwebebahnplanungsgesetz
MitbestG	Mitbestimmungsgesetz
MKRO	Ministerkonferenz für Raumordnung
mm	Millimeter
Montan-MitbestG	Montan-Mitbestimmungsgesetz
MuSchG	Mutterschutzgesetz
m.w.N.	mit weiteren Nachweisen
m.z.w.N.	mit zahlreichen weiteren Nachweisen
N&R	Netzwirtschaft und Recht (Zeitschrift)
NABEG	Netzausbaubeschleunigungsgesetz Übertragungsnetz
Nds. ErdkabelG	Niedersächsisches Erdkabelgesetz
Nds. GVBl.	Niedersächsisches Gesetz- und Verordnungsblatt
NdsVBl.	Niedersächsisches Verwaltungsblatt
NE	Nichteisenmetall

NEG	Niedersächsisches Enteignungsgesetz
NEP	Netzentwicklungsplan
n.F.	neue Fassung
NJW	Neue Juristische Wochenschrift (Zeitschrift)
NOVA	Netz Optimieren vor Verstärken vor Ausbauen
Nr.	Nummer
NRW	Nordrhein-Westfalen
NuR	Natur und Recht (Zeitschrift)
NVwZ	Neue Zeitschrift für Verwaltungsrecht
NZA	Neue Zeitschrift für Arbeitsrecht (Zeitschrift)
NZA-RR	NZA-Rechtsprechungs-Report Arbeitsrecht (Zeitschrift)
o.ä.	oder ähnliches
Offshore-ArbZV	Offshore-Arbeitszeitverordnung
o.g.	oben genannt
OLG	Oberlandesgericht
OLRG	Oberlandesgericht-Report (Zeitschrift)
OVG HH	Hamburgisches Oberverwaltungsgericht
OVG	Oberverwaltungsgericht
OWiG	Gesetz über Ordnungswidrigkeiten
OWP	Offshore-Windpark
PartGG	Partnerschaftsgesellschaftsgesetz
PBefG	Personenbeförderungsgesetz
PflegeZG	Pflegezeitgesetz
PlafeR	Planfeststellungsrichtlinie
PlVereinfG	Planungsvereinfachungsgesetz
PostG	Postgesetz
PrGS	Preußische Gesetzessammlung
RBG	Rechtsbereinigungsgesetz
RdA	Recht der Arbeit (Zeitschrift)
RdE	Recht der Energiewirtschaft (Zeitschrift)
re. Sp.	rechte Spalte
RegBez.	Regierungsbezirk
RegE	Regierungsentscheidung
RGBl.	Reichsgesetzblatt
RIW	Recht der Internationalen Wirtschaft (Zeitschrift)
RL	Richtlinie
Rn	Randnummer
ROG	Raumordnungsgesetz
RoV	Raumordnungsverordnung
Rspr.	Rechtsprechung
RuR	Raumforschung und Raumordnung (Zeitschrift)
S.	Seite/-n
SächsEntEG	Sächsisches Enteignungs- und Entschädigungsgesetz
SächsGVBl.	Sächsisches Gesetz- und Verordnungsblatt
SAP	Spezielle Artenschutzprüfung

SE	Europäische Aktiengesellschaft
SEA	Strategic Enviromental Assessment
SeeAnlV	Verordnung über Anlagen seewärts der Begrenzung des deutschen Küstenmeeres
SeeArbG	Seearbeitsgesetz
SeeArbGEG	Gesetz zur Umsetzung des Seearbeitsübereinkommens 2006 der Internationalen Arbeitsorganisation
SGB	Sozialgesetzbuch
SigG	Signaturgesetz
sog.	sogenannte(r)
SPD	Sozialdemokratische Partei Deutschlands
SRU	Sachverständigenrat für Umweltfragen
SRÜ	UN-Seerechtsübereinkommen
std. Rspr.	ständige Rechtsprechung
StGB	Strafgesetzbuch
SUP	Strategische Umweltprüfung
SUP-RL	Strategische Umweltprüfung Richtlinie
SÜG	Sicherheitsüberprüfungsgesetz
SUPG	Gesetz zur Einführung einer Strategischen Umweltprüfung und zur Umsetzung der Richtlinie 2001/42/EG
TA Lärm	Technische Anleitung zum Schutz gegen Lärm
TEN-E-Leitlinie	Transeuropäische Energienetze-Leitlinie
Thür. OLG	Thüringisches Oberlandesgericht
ThürEG	Thüringer Enteignungsgesetz
TKG	Telekommunikationsgesetz
TNB	Transportnetzbetreiber
TVG	Tarifvertragsgesetz
TVöD	Tarifvertrag für den Öffentlichen Dienst
TV-V	Tarifvertrag Versorgungsbetriebe
TYNDP	Ten-Year Network Development Plan
Tz	Textziffer
TzBfG	Teilzeit- und Befristungsgesetz
u.a.	unter anderem
UA	Unterabschnitt
UBA	Umweltbundesamt
UCTE	Union for the Co-ordination of Transmission of Electricity
UIG	Umweltinformationsgesetz
u.g.	unten genannt
UmwG	Umwandlungsgesetz
UmwRG	Umwelt-Rechtsbehelfsgesetz
ÜNB	Übertragungsnetzbetreiber
UNECE	United Nations Economic Commission for Europe
UPR	Umwelt- und Planungsrecht (Zeitschrift)
USB	unabhängiger Systembetreiber
Urt.	Urteil
usw.	und so weiter
UTB	Unabhängiger Transportnetzbetreiber

u.U.	unter Umständen
UVP	Umweltverträglichkeitsprüfung
UVPG	Gesetz über die Umweltverträglichkeitsprüfung
UVP-report	Report der Gesellschaft für die Prüfung der Umweltverträglichkeit (Zeitschrift)
UVP-RL	Umweltverträglichkeitsprüfungsrichtlinie
UVPVwV	Allgemeine Verwaltungsvorschrift zur Ausführung des Gesetzes über die Umweltverträglichkeitsprüfung
UWG	Gesetz gegen den unlauteren Wettbewerb
v.	von
Var.	Variante
VBlBW	Verwaltungsblätter für Baden-Württemberg
VDE	Verband der Elektrotechnik, Elektronik und Informationstechnik e.V.
VDI	Verein Deutscher Ingenieure
Verf.	Verfasser
VerkPBG	Verkehrswegeplanungsbeschleunigungsgesetz
VG	Verwaltungsgericht
VGH	Verwaltungsgerichtshof
vgl.	vergleiche
VKA	Vereinigung der kommunalen Arbeitgeberverbände
VkBl	Verkehrsblatt (Zeitschrift)
VKU	Verband kommunaler Unternehmen
VNB	Verteilernetzbetreiber
VO	Verordnung
VOL/A	Vergabe- und Vertragsordnung für Leistungen/Teil A
VR	Verwaltungsrundschau (Zeitschrift)
VRS	Verkehrsrechtssammlung (Zeitschrift)
VS	Verschlusssache
VSA	Verschlusssachenanweisung
VS-Richtlinie	Vogelschutzrichtlinie
VwGO	Verwaltungsgerichtsordnung
VwKostG	Verwaltungskostengesetz
VwVfÄndG	Gesetz zur Änderung verwaltungsverfahrensrechtlicher Vorschriften
VwVfG	Verwaltungsverfahrensgesetz
vzbv	Verbraucherzentrale Bundesverband e.V.
WaStrG	Bundeswasserstraßengesetz
WD 3	Wissenschaftlicher Dienst 3: Verfassung und Verwaltung
WHG	Wasserhaushaltsgesetz
z.B.	zum Beispiel
ZIP	Zeitschrift für Wirtschaftsrecht
ZFW	Zeitschrift für Wasserrecht
Ziff.	Ziffer
ZPBR	Zeitgeschichte, Politische Bildung und Recht (Zeitschrift)
z.T.	zum Teil
ZTR	Zeitschrift für Tarifrecht
ZUR	Zeitschrift für Umweltrecht
ZuständigkeitsVO	Zuständigkeitsverordnung

Literaturverzeichnis

Arens, Wolfgang/Düwell, Franz Josef/Wichert, Joachim, Handbuch Umstrukturierung und Arbeitsrecht – Übertragung und Sanierung von Unternehmen, 2. Aufl., Bonn 2013 (zit.: Arens/Düwell/Wichert/*Bearbeiter*).

Ascheid, Reiner/Preis, Ulrich/Schmidt, Ingrid, Kündigungsrecht – Großkommentar zum gesamten Recht der Beendigung von Arbeitsverhältnissen, 4. Aufl., München 2012 (zit.: APS/*Bearbeiter*).

Baeck, Ulrich/Deutsch, Markus, Arbeitszeitgesetz, 3. Aufl., München 2014 (zit.: *Baeck/Deutsch*)

Bartsch, Michael u.a., Stromwirtschaft – Ein Praxishandbuch, 2. Aufl., Köln 2008 (zit.: Bartsch/*Bearbeiter*).

Baumbach, Adolf/Hueck, Alfred, GmbHG Gesetz betreffend die Gesellschaften mit beschränkter Haftung, 20. Aufl., München 2013 (zit.: Baumbach/Hueck/*Bearbeiter*).

Baur, Jürgen/Pritzsche, Kai/Simon, Stefan, Unbundling in der deutschen Energiewirtschaft – Ein Praxishandbuch, Köln 2006 (zit.: Baur/Pritzsche/Simon/*Bearbeiter*).

Beisheim, Carsten E./Edelmann, Helmut, Unbundling: Handlungsspielräume und Optionen für die Entflechtung von EVU, Frankfurt a.M. 2006 (zit.: *Beisheim/Edelmann*).

Bepler, Klaus/Böhle, Thomas/Meerkamp, Achim/Russ, Willi (Hrsg.), Beck'scher Online-Kommentar TVöD, 29. Edition, München, Stand 1.1.2014 (zit.: BeckOK-TVöD/*Bearbeiter*).

Beseler, Lothar/Düwell, Franz Josef/Göttling, Wulfhard, Arbeitsrechtliche Probleme bei Betriebsübergang, Betriebsänderung, Unternehmensumwandlung, 4. Aufl., Münster 2011 (zit.: Beseler/Düwell/Göttling/*Bearbeiter*).

Boecken, Winfried, Unternehmensumwandlungen und Arbeitsrecht, Köln 1996 (zit.: *Boecken*).

Breier, Alfred et. al, TVöD Kommentar, Loseblattsammlung, Stand 2007, Heidelberg 2007 (zit.: Breier/*Bearbeiter*).

Britz, Gabriele et. al, EnWG – Energiewirtschaftsgesetz, 2. Aufl., München 2010 (zit.: Britz/Hellermann/Hermes/*Bearbeiter*).

Büdenbender, Ulrich/Rosin, Peter, Energierechtsreform 2005, Einführung – Normentexte – Materialien, Band 1, Essen 2005 (zit.: *Büdenbender/Rosin*).

Bydlinski, Franz, Juristische Methodenlehre und Rechtsbegriff, 2. Aufl., Wien, New York 1991 (zit.: *Bydlinski*).

Conze, Peter/Karb, Svenja, Personalbuch Arbeits- und Tarifrecht öffentlicher Dienst – TVöD, TV-L, TV-Ärzte mit Lohnsteuerrecht, Sozialversicherungsrecht und Exkursen zum Beamtenrecht, 3. Aufl., München 2012 (zit.: *Conze/Carb*).

Danner, Wolfgang/Theobald, Christian, Energierecht – Energiewirtschaftsgesetz mit Verordnungen, EU-Richtlinien, Gesetzesmaterialien, Gesetze und Verordnungen zu Energieeinsparung und Umweltschutz sowie andere energiewirtschaftlich relevante Rechtsregelungen, Loseblattsammlung, Stand 78. Erg.-Lieferung, München 2013 (zit.: Danner/Theobald, *Bearbeiter*).

Däubler, Wolfgang et al., BetrVG – Betriebsverfassungsgesetz mit Wahlordnung und EBR-Gesetz, 14. Aufl., Frankfurt a.M. 2014 (zit.: DKKW/*Bearbeiter*).

Fitting, Karl (Begr.), Betriebsverfassungsgesetz mit Wahlordnung Handkommentar, 27. Aufl., München 2014 (zit.: *Fitting*).

Fuhlrott, Michael/Herrnstadt, Esther/Mückl, Patrick/Niklas, Thomas/Wollwert, Klaus, Arbeitsrechtliche Umstrukturierung von Unternehmen, erscheint 2015.

Fuhlrott, Michael/Mückl, Patrick, Praxishandbuch Low-Performance, Krankheit, Schwerbehinderung: Personen- und leistungsbedingte Herausforderungen für Unternehmer, Berlin 2014 (im Erscheinen) (zit.: Fuhlrott/Mückl/*Bearbeiter*).

Goette, Wulf/Habersack, Mathias, Münchener Kommentar zum Aktiengesetz, 3. Aufl., München 2008 (zit.: MüKo-AktG/*Bearbeiter*).

Grewe, Natascha, Die Gesamt- und Konzernbetriebsvereinbarung im Betriebsübergang und bei Umwandlung nach dem Umwandlungsgesetz, Berlin 2012 (zit.: *Grewe*).

Groeger, Axel, Arbeitsrecht im öffentlichen Dienst, 2. Aufl., Köln 2014 (zit.: Groeger/*Bearbeiter*).

Gussen, Heinrich/Dauck, Die Weitergeltung von Betriebsvereinbarungen und Tarifverträgen bei Betriebsübergang und Umwandlung, 2. Aufl., Berlin 1997 (zit.: *Gussen/Dauck*).

Hempel, Dietmar/Franke, Peter, Recht der Energie- und Wasserversorgung – Praktiker-Kommentar zum deutschen und europäischen Energierecht, Loseblattsammlung, Stand: EW 83, Oktober 2006, Köln 2006, (zit.: Hempel/Franke/*Bearbeiter*).

Henssler, Martin/Moll, Wilhelm/Bepler, Klaus, Der Tarifvertrag – Handbuch für das gesamte Tarifrecht, Köln 2013 (zit.: Henssler/Moll/Bepler/*Bearbeiter*).

Henssler, Martin/Willemsen, Heinz Josef/Kalb, Heinz-Jürgen, Arbeitsrecht Kommentar, 6. Aufl., Köln 2014 (zit.: HWK/*Bearbeiter*).

Herzberg, Bernd/Schlusen, Renate, Tarifvertrag Versorgungsbetriebe – Praxishandbuch zur Einführung und Anwendung des TV-V, Loseblattsammlung, Stand 30.10.2013, Köln 2013 (zit.: *Herzberg/Schlusen*).

Hüffer, Uwe, Aktiengesetz, 10. Aufl., München 2012 (zit.: *Hüffer*).

Kallmeyer, Harald (Hrsg.), Umwandlungsgesetz – Verschmelzung, Spaltung und Formwechsel bei Handelsgesellschaften, 5. Aufl., Köln 2013 (zit.: Kallmeyer/*Bearbeiter*).

Kaluza, Anna-Lena, Arbeitsrechtliche Aspekte der Entflechtung in der deutschen Energiewirtschaft, Baden-Baden 2012 (zit.: *Kaluza*)

Klees, Andreas/Langerfeld, Michael, Entflechtung in der deutschen Energiewirtschaft, 2. Aufl., München 2005 (zit.: Klees/Langerfeld/*Bearbeiter*).

Küttner, Wolfdieter (Begr.)/Röller, Jürgen, Personalbuch 2014 – Arbeitsrecht Lohnsteuerrecht Sozialversicherungsrecht, 21. Aufl., München 2014 (zit.: Küttner/*Bearbeiter*, Personalbuch 2014).

Leinemann, Wolfgang (Hrsg.), Kasseler Handbuch zum Arbeitsrecht, 2. Aufl., Neuwied 2000 (zit.: KassHdb/*Bearbeiter*).

Leitherer, Stephan (Hrsg.), Kasseler Kommentar zum Sozialversicherungsrecht, 80. Ergänzungslieferung, München 2013 (zit.: KasselerKomm/*Bearbeiter*)

Löwisch, Manfred/Rieble, Volker, Tarifvertragsgesetz, 3. Aufl., München 2012 (zit.: *Löwisch/Rieble*)

Maschmann, Frank, Corporate Compliance und Arbeitsrecht – Mannheimer Arbeitsrechtstag 2009, Baden-Baden 2009 (zit.: Maschmann/*Bearbeiter*).

Mengel, Anja, Umwandlungen im Arbeitsrecht, Heidelberg 1997 (zit.: *Mengel*).

Mückl, Patrick, Arbeitsrecht in Krise und Insolvenz, Köln 2014 (zit.: *Mückl*).

Mückl, Patrick, Der Vertragsbruch des Dienstleisters, München 2010 (zit.: *Mückl*, Vertragsbruch)

Müller-Glöge, Rudi/Preis, Ulrich/Schmidt, Ingrid (Hrsg.), Erfurter Kommentar zum Arbeitsrecht, 14. Aufl., München 2014 (zit.: ErfK/*Bearbeiter*).

Palandt, Otto (Begr.), Bürgerliches Gesetzbuch, 73. Aufl., München 2014 (zit.: Palandt/*Bearbeiter*).

PricewaterhouseCoopers (Hrsg.), Entflechtung und Regulierung in der deutschen Energiewirtschaft, 3. Aufl., München 2012 (zit.: PwC/*Bearbeiter*).

Rasbach, Winfried, Unbundling – Regulierung in der Energiewirtschaft, Gemeinschaftsrechtliche Vorgaben und deren Umsetzung in die deutsche Energierechtsordnung, München 2009 (zit.: *Rasbach*).

Reichel, Christian/Schmandt, Ernst, Betriebliche Altersversorgung bei Unternehmenskauf und Umstrukturierung, München 2006 (zit.: *Reichel/Schmandt*).

Richardi, Reinhard, Betriebsverfassungsgesetz mit Wahlordnung, 14. Aufl., München 2014 (zit.: Richardi/*Bearbeiter*).

Richter, Achim/Gamisch, Annett, Eingruppierung Tarifvertrag Versorgung – Den TV-V korrekt umsetzen, 2. Aufl., Regensburg 2011 (zit.: *Richter/Gamisch*).

Rosin, Peter et al., Praxiskommentar zum EnWG – Gesetz und Verordnungen. Grundwerk, Loseblattwerk, Stand: 12/2012, Frankfurt a.M. 2012 (zit.: Rosin/*Bearbeiter*).

Säcker, Franz Jürgen (Hrsg.), Berliner Kommentar zum Energierecht, 2. Aufl., Heidelberg 2010 (zit.: BerlinKomm/*Bearbeiter*).

Säcker, Franz Jürgen/Rixecker (Hrsg.), Roland, Münchener Kommentar zum Bürgerlichen Gesetzbuch, 6. Aufl., München 2012 (zit.: MüKo-BGB/*Bearbeiter*).

Salje, Peter, Energiewirtschaftsgesetz – Gesetz über die Elektrizitäts- und Gasversorgung Kommentar, Köln 2006 (zit.: *Salje*).

Schlachter, Monika/Ascheid, Reiner/Friedrich, Hans-Wolf (Hrsg.), Tarifautonomie für ein neues Jahrhundert: Festschrift für Günter Schaub zum 65. Geburtstag, München 1998 (zit.: *Bearbeiter* in FS Schaub).

Schneider, Jens-Peter/Theobald, Christian (Hrsg.), Recht der Energiewirtschaft – Praxishandbuch, 4. Aufl., München 2013 (zit.: Schneider/Theobald/*Bearbeiter*).

Steinbauer, Babette, Reorganisation in der deutschen Energiewirtschaft (unbundling) und deren arbeitsrechtliche Folgen, München 2006 (zit.: *Steinbauer*).

Studt, Norma, Der umwandlungsrechtliche Interessenausgleich nach § 323 Abs. 2 UmwG, Berlin 2002 (zit.: *Studt*).

Theobald, Christian/Theobald-Nill, Christiane, Grundzüge des Energiewirtschaftsrechts – Die Liberalisierung der Strom- und Gaswirtschaft, 3. Aufl., München 2013) (zit.: *Theobald/Theobald*).

Trümner, Ralf/Lerch, Sascha, Anreizregulierung als Methode zur Ausgestaltung der Entgeltregulierung Verfassungs-, arbeits- und mitbestimmungsrechtliche Implikationen der Verordnung über die Anreizregulierung der Energieversorgungsnetze (Anreizregulierungsverordnung – ARegV), Rechtsgutachterliche Stellungnahme im Auftrag der Hans-Böckler-Stiftung, 2009 (zit.: *Trümner/Lerch*).

Trümner, Ralf/Weinbrenner, Lars, Rechtmäßigkeit der Anreizregulierung (ARegV) unter besonderer Berücksichtigung der Kosten aus betrieblichen und tarifvertraglichen Vereinbarungen zu Lohnzusatz- und Versorgungsleistungen gem. § 11 Abs. 2 Nr. 9 ARegV, Rechtsgutachterliche Stellungnahme im Auftrag der Hans-Böckler-Stiftung 2010 (zit.:*Trümner/Weinbrenner*).

Ulmer, Peter/Habersack, Mathias/Henssler, Martin, Mitbestimmungsrecht – Kommentierung des MitbestG, des DrittelbG, des SEBG und des MgVG, 3. Aufl., München 2013 (zit.: UHH/*Bearbeiter*).

Wiese, Günther et. al., Gemeinschaftskommentar zum Betriebsverfassungsgesetz, 9. Aufl., Köln 2010 (zit.: GK-BetrVG/*Bearbeiter*).

Willemsen, Heinz Josef et. al., Umstrukturierung und Übertragung von Unternehmen, 4. Aufl., München 2011 (zit.: WHSS/*Bearbeiter*).

Wlotzke, Ottfried et al., Mitbestimmungsrecht – Mitbestimmungsgesetz, Montan-Mitbestimmung, Drittelbeteiligungsgesetz, Mitbestimmung auf europäischer Ebene Kommentar, 4. Aufl., München 2011 (zit.: WWKK/*Bearbeiter*).

Kapitel 1
Überblick über die Besonderheiten des Arbeitsrechts in der Energiewirtschaft

Die Energiewirtschaft ist weltweit ein Wirtschaftszweig mit **überragender volkswirtschaftlicher Bedeutung.**[1] Dies spiegelt sich nicht nur in tagesaktuellen Debatten um die energiewirtschaftliche (Neu-)Ausrichtung der Bundesrepublik, der sog. **Energiewende**. Die Energiewirtschaft ist nämlich für das Geschäft von 44% der deutschen Unternehmen unmittelbar relevant, die 32% des deutschen Bruttonationaleinkommens erwirtschaften.[2] 1

A. Energiewirtschaft als regulierte Industrie

Unter anderem dies bildet den Hintergrund für energierechtlich getriebene Sondervorgaben auch im arbeitsrechtlichen Kontext mit dem wirtschaftspolitischen Ziel, **echten Wettbewerb** zu schaffen und dadurch eine **kostengünstige Versorgung** der Unternehmen und privaten Haushalte mit Strom und Gas zu gewährleisten.[3] Die auch vom europäischen Gesetzgeber bereits seit Mitte der 1980er Jahre verfolgte Zielsetzung, Wettbewerb in der Energiewirtschaft zu schaffen, unterliegt allerdings aufgrund technischer Besonderheiten der Handelsgüter Strom und Gas besonderen Herausforderungen. Denn das wesentliche Merkmal der Handelsgüter Strom und Gas ist ihre sogenannte **Leitungsgebundenheit**. Schließlich gelangen Strom und Gas nur zum Verbraucher, indem sie über Leitungsnetzte vom Einspeise- zum Ausspeiseort geführt werden. Dafür benötigt man ein eigenständiges Verteilersystem, nämlich Strom- und Gasnetze. 2

Diese Umstände bewirkten ein sog. „natürliches Monopol"[4] der Betreiber von Strom- und Gasnetzen, weil der Bau konkurrierender Strom- und Gasleitungen wirtschaftlich nicht sinnvoll ist.[5] Konkurrenten sind daher gezwungen, im fremden Eigentum stehende Netze zu nutzen. Die damit verbundenen Hindernisse überwand erst der europäische Gesetzgeber 1998, indem er die Netzeigentümer verpflichtete, die entgeltliche Nutzung ihrer Netze durch Dritte zu dulden.[6] 3

1 Vgl. *Kaluza*, S. 29 m.w.N.
2 Vgl. *Kaluza*, S. 29 m.w.N.
3 Vgl. zur Historie der Entflechtung auch Rosin/*Schmutzer/Schoon/Stolzenburg*, § 6 EnWG Rn 4 ff.
4 Zusammenfassend zum Begriff *Kaluza*, S. 30 m.w.N.
5 BerlinKomm/*Säcker/Schönborn*, § 6 EnWG Rn 4.
6 Vgl. *Kühne/Scholtka*, NJW 1998, 1902, 1903.

4 Die Verwirklichung des **Binnenmarktes für Elektrizität und Erdgas** ist nach der Überzeugung des europäischen Gesetzgebers allerdings nur möglich, wenn die miteinander konkurrierenden Netznutzer das Netz zu gleichen, diskriminierungsfreien Bedingungen nutzen können. Insbesondere die Netznutzungsentgelte müssen – so der europäische Gesetzgeber – unabhängig davon bestimmt werden, ob der Netznutzer Eigentümer des Netzes oder mit dem Netzeigentümer gesellschaftsrechtlich verbunden ist bzw. einem konkurrierenden EVU zugehört.[7]

5 Vor diesem Hintergrund wurden 2003 die sogenannten „EG-Beschleunigungsrichtlinien"[8] erlassen, die in Deutschland im Jahr 2005 mit einer grundlegenden Änderung des Gesetzes über die Elektrizitäts- und Gasversorgung (Energiewirtschaftsgesetz – EnWG) in deutsches Recht umgesetzt worden sind.[9]

6 Schwerpunkt dieser Novelle waren die **Entflechtungsvorgaben für sogenannte „vertikal integrierte Energieversorgungsunternehmen"** (EVU). Ziel war und ist die strikte Trennung des Netzbetriebs von den übrigen energiewirtschaftlichen Tätigkeiten vor dem Hintergrund, dass sich die Energiewirtschaft typischerweise in **drei Wertschöpfungsstufen** gliedert:

Die erste (dem Netzbetrieb vorgelagerte) Stufe ist die Stromerzeugung bzw. die Förderung von Erdgas (Energiegewinnung). An sie schließt sich dann auf der nächsten Stufe in der Regel der Transport der Energie durch das Netz an. Auf der dritten und letzten Stufe erfolgt der Vertrieb der Energie an den Endkunden. Traditionell sind viele deutsche EVU in allen drei Wettbewerbsbereichen tätig und werden dann dementsprechend als „vertikal integrierte" EVU bezeichnet.

Ziel der energierechtlichen Entflechtung ist vor diesem Hintergrund die **Trennung der Wertschöpfungsstufen** Stromerzeugung (bzw. Gasgewinnung) und Vertrieb von dem Netzbetrieb. Dadurch soll erreicht werden, dass die Unternehmensbereiche Erzeugung und Vertrieb, die grundsätzlich einem freien Wettbewerb ausgesetzt sind, nicht durch versteckte Quersubventionen vom Netzbetrieb unterstützt werden.[10]

7 Mit Inkrafttreten des reformierten EnWG im Jahr 2005 wurden vertikal integrierte EVU mit mehr als 100.000 angeschlossenen Kunden verpflichtet, spätestens bis zum 1.7.2007 den Netzbetrieb von den übrigen Tätigkeiten in diesem Sinne zu ent-

---

7 Vgl. *Kaluza*, S. 30 f. m.w.N.

8 Richtlinie 2003/54/EG des Europäischen Parlaments und des Rates v. 26.6.2003 über gemeinsame Vorschriften für den Elektrizitätsbinnenmarkt und zur Aufhebung der Richtlinie 96/92/EG (sog. „Elektrizitätsbinnenmarktrichtlinie"), ABl EG Nr. L 176 S. 37; Richtlinie 2003/55/EG des Europäischen Parlaments und des Rates vom 26. Juni 2003 über gemeinsame Vorschriften für den Erdgasbinnenmarkt und zur Aufhebung der Richtlinie 98/30/EG (sog. „Gasbinnenmarktrichtlinie"), ABl EG Nr. L 176 S. 57.

9 Vgl. Rosin/*Schmutzer*/*Schoon*/*Stolzenburg*, § 6 EnWG Rn 6.

10 Vgl. *Kaluza*, S. 31.

flechten. Die Entflechtungsvorgaben finden sich in den **§§ 6ff. EnWG** und umfassen vier Grunddimensionen der Entflechtung:

- die buchhalterische,
- die informatorische,
- die rechtliche und
- die operationelle (organisatorische und personelle) Entflechtung.

Für die arbeitsrechtliche Betrachtung sind dabei die drei zuletzt genannten, vor al- 8
lem die zwei zuletzt genannten Dimensionen wichtig. Das **3. Binnenmarktpaket** setzt diese Entwicklung fort. Es umfasst neben verschiedenen Verordnungen (VO (EG) Nr. 713/2009; VO (EG) Nr. 714/2009; VO (EG) Nr. 715/2009) auch Richtlinien zur Weiterentwicklung des Elektrizitäts- und Gasbinnenmarkts (RL 2009/72/EG, die sog. „Elektrizitätsrichtlinie" oder EltRL, und RL 2009/73/EG, die sog. „Gasrichtlinie" oder GasRL), die weitergehende Maßnahmen zur Entflechtung insbesondere von **Übertragungs- und Fernleitungsnetzbetreibern** vorsehen. Die im 3. Binnenmarktpaket enthaltenen Rechtssetzungsmaßnahmen sind am 3.9.2009 in Kraft getreten und sind im Rahmen der Novellierung des EnWG 2011 in deutsches Recht umgesetzt worden.[11]

Von zentraler Bedeutung sind zunächst die Vorgaben der §§ 6ff. EnWG zur **Ent-** 9
flechtung (Unbundling). Danach sind vertikal integrierte EVU, die Verteilernetze betreiben, seit Inkrafttreten des EnWG 2005 verpflichtet, den Netzbetrieb operationell, informatorisch, buchhalterisch und spätestens seit dem 1.7.2007 auch rechtlich von der Erzeugung und Verteilung zu entflechten.

Zur Umsetzung dieser Vorgaben sind regelmäßig (und infolge neuer Vorgaben wiederholt) **arbeitsrechtliche Umstrukturierungen** in erheblichem Umfang erforderlich – von der Überleitung von Arbeitsverhältnissen über die Anpassung von Konzern-, Unternehmens- und Betriebsstrukturen bis hin zur Optimierung von Arbeits- bzw. Tarifverträgen und betrieblichen Regelungen (inklusive Verhandlungen mit Betriebsräten und Gewerkschaften). Diese Vorgaben wirken von der Gestaltung von Arbeitsverträgen bis hin zur Mitgliedschaft in Aufsichtsräten letztlich auf alle denkbaren arbeitsrechtlichen Regelungsgegenstände ein und müssen beachtet werden. Die Rechtsprechung hat bislang nur sehr vereinzelt Gelegenheit zur Stellungnahme zu den arbeitsrechtlichen Fernwirkungen der Entflechtungsvorgaben gehabt und auch in der Literatur ist sowohl die Identifizierung der hiermit verbundenen Problemstellungen, als auch die Entwicklung von Lösungsansätzen allenfalls im Anfang begriffen. Arbeitsrechtlich fundierte Stellungnahmen sind bislang eher die Ausnahme.

---

11 Überblick über die im 3. Binnenmarktpaket enthaltenen Maßnahmen bei Rosin/*Schmutzer*/*Schoon*/*Stolzenburg*, § 6 EnWG Rn 9ff.

B. Sondertarifrecht der Versorgungswirtschaft

10 Unabhängig hiervon existiert mit dem Tarifvertrag Versorgungsbetriebe (TV-V) ein Sondertarifrecht der Versorgungswirtschaft, d.h. insbesondere der Energiewirtschaft, das ebenfalls in Bewegung bleibt. Dies gilt nicht zuletzt unter dem Gesichtspunkt steigenden **Kostendrucks**, da sich Versorgungsunternehmen (auch unter dem Gesichtspunkt der Anreizregulierung gegenüber der Bundesnetzagentur [BNetzA]) zunehmend auch für Personalkosten rechtfertigen müssen. Gleichzeitig müssen neue Mitarbeiter/innen gewonnen und die bereits vorhandenen Mitarbeiter/innen gehalten werden. Die Vorgaben des TV-V spielen in diesem Spannungsverhältnis eine zentrale Rolle, indem sie für eine Vielzahl tarifgebundener Unternehmen die **personalwirtschaftlichen Rahmenbedingungen** festlegen.

Dabei bleibt der TV-V allerdings nicht stehen. Denn Ziel seiner Einführung war auch, mit einem „modernen" Tarifwerk des öffentlichen Dienstes die Regelung von Arbeitsverhältnissen zu vereinfachen und zu straffen. Das hat für die Praxis eine Vielzahl von Fragen mit sich gebracht, die durch Rechtsprechung und Literatur keineswegs vollständig beantwortet sind. Dies macht die Anwendung des TV-V insbesondere für „Einsteiger", aber auch für „Profis" häufig schwierig. Denn der TV-V enthält vielfältige, nicht immer auf den ersten Blick richtig handhabbare Regelungen speziell für den öffentlichen Dienst.

C. Energiewirtschaftliche Betätigung in der Ausschließlichen Wirtschaftszone

11 Bislang wenig beachtete und dementsprechend auch kaum gelöste arbeitsrechtliche Fragestellungen bringt unabhängig davon der Ausbau des Einsatzes erneuerbarer Energien mit sich. Dies gilt in erster Linie für die verstärkte Energiegewinnung durch **Windenergieanlagen auf hoher See**. Denn die Errichtung von Offshore-Windparks erfolgt in der sogenannten **Ausschließlichen Wirtschaftszone (AWZ)**, die nicht zum Hoheitsgebiet der Bundesrepublik gehört. Völkerrechtlich handelt es sich bei ihr vielmehr um ein Staatsgebiet sui generis. Deutsches Arbeitsrecht kommt dort grundsätzlich nur dann zur Anwendung, wenn dies ausdrücklich angeordnet wird. Die hiermit verbundenen Rechtsfragen sind bislang kaum geklärt. Der Gesetzgeber greift sie allerdings nach und nach auf, wie die im letzten Jahr gerade mit Blick auf Tätigkeiten in der AWZ eingeführte **Novellierung des ArbZG** deutlich macht. In der betrieblichen Praxis schwierig bleiben losgelöst von Anwendungsproblemen u.a. des Arbeitszeitrechts insbesondere die besonders bedeutsamen Fragen der betrieblichen Mitbestimmung, des Kündigungsschutzes und des Sozialversicherungsrechts. All dem wird nachfolgend nachgegangen.

Kapitel 2
Arbeitsrechtliche Aspekte der Entflechtung in der Energiewirtschaft

A. Grundlagen – Wer muss entflechten?

Um die Entflechtungsvorgaben der §§ 6ff. EnWG entsprechend der in § 6 EnWG umschrieben Zielsetzung[1] zutreffend umsetzen zu können, ist zunächst erforderlich, die einschlägigen energiewirtschaftsrechtlichen Begriffe zu verstehen. Viele von ihnen sind vor allem in § 3 EnWG legal definiert. 1

I. Wesentliche Begriffe

Dies gilt zunächst einmal für den von den Entflechtungsbestimmungen erfassten Personen- bzw. Unternehmenskreis: 2

Nach § 3 Nr. 38 EnWG ist ein vertikal integriertes EVU (im Folgenden auch „EVU") ein in der Europäischen Union (EU) im Elektrizitäts- oder Gasbereich tätiges Unternehmen oder eine Gruppe von Elektrizitäts- oder Gasunternehmen, die im Sinne des Art. 3 Abs. 2 der Verordnung (EG) Nr. 139/2004 des Rates vom 20.1.2004 über die Kontrolle von Unternehmenszusammenschlüssen[2] (FKVO) miteinander verbunden sind, wobei das betreffende Unternehmen oder die betreffende Gruppe in der EU

- im Elektrizitätsbereich mindestens eine der Funktionen Übertragung oder Verteilung **und** mindestens eine der Funktionen Erzeugung oder Vertrieb von Elektrizität **oder**
- im Erdgasbereich mindestens eine der Funktionen Fernleitung, Verteilung, Betrieb einer LNG-Anlage[3] oder Speicherung **und** gleichzeitig eine der Funktionen Gewinnung oder Vertrieb von Erdgas wahrnimmt.

---

1 Vgl. dazu im Überblick Rosin/*Schmutzer*/*Schoon*/*Stolzenburg*, § 6 EnWG Rn 51ff.

2 ABl. Nr. L 24 S. 1.

3 Eine LNG-Anlage ist nach § 3 Nr. 26 EnWG eine Kopfstation zur Verflüssigung von Erdgas oder zur Einfuhr, Entladung und Wiederverdampfung von verflüssigtem Erdgas; darin eingeschlossen sind Hilfsdienste und die vorübergehende Speicherung, die für die Wiederverdampfung und die anschließende Einspeisung in das Fernleitungsnetz erforderlich sind, jedoch nicht die zu Speicherzwecken genutzten Teile von LNG-Kopfstationen.

1. Energieversorgungsunternehmen

3 Energieversorgungsunternehmen sind gemäß § 3 Nr. 18 EnWG natürliche oder juristische Personen, die Energie an andere liefern, ein Energieversorgungsnetz betreiben oder an einem Energieversorgungsnetz als Eigentümer Verfügungsbefugnis besitzen; der Betrieb einer Kundenanlage oder einer Kundenanlage zur betrieblichen Eigenversorgung macht den Betreiber nicht zum Energieversorgungsunternehmen.

Praxistipp
Da auch die Betreiber eines Energieversorgungsnetzes als EVU legaldefiniert sind, ist auch die Netzgesellschaft als Energieversorgungsunternehmen zu qualifizieren.

2. Vertikal integriert

4 Das Merkmal „vertikal integriert" bezieht sich darauf, dass das betroffene Unternehmen bzw. die Unternehmensgruppe

- im Elektrizitätsbereich
  - mindestens eine der Funktionen Übertragung oder Verteilung **und**
  - mindestens eine der Funktionen Erzeugung oder Vertrieb von Elektrizität

oder

- im Erdgasbereich
  - mindestens eine der Funktionen Fernleitung, Verteilung, Betrieb einer LNG-Anlage oder Speicherung **und**
  - gleichzeitig eine der Funktionen Gewinnung oder Vertrieb von Erdgas wahrnimmt.

Zusammenfassend dient dieses Merkmal also zur Kennzeichnung der Unternehmen, die gleichzeitig Tätigkeiten im Geschäftsbereich des Netzbetriebs und auf den vor- oder nachgelagerten Wertschöpfungsstufen (Erzeugung bzw. Gewinnung sowie Vertrieb) ausüben.

3. Verbundene Unternehmen

5 Die Entflechtungsvorgaben sind **nicht nur** anwendbar, wenn die unterschiedlichen Wertschöpfungsstufen **in einem Unternehmen**, d.h. einer juristischen oder natürlichen Person, wahrgenommen werden.

Als EVU gilt gemäß § 3 Nr. 38 Alt. 2 EnWG auch eine **Gruppe von Unternehmen**, bei der jedes Unternehmen für sich zwar nur auf einer der Wertschöpfungsstufen tätig ist, die Unternehmen aber so miteinander verbunden sind, dass ein Unternehmen dieser Gruppe oder mehrere Unternehmen gemeinsam auf die anderen

Unternehmen der Gruppe einen **bestimmenden Einfluss i.S.d. Art. 3 Abs. 2 FKVO** ausüben können.[4]

In diesem Sinne miteinander verbunden sind Unternehmen, wenn ein Unter- 6
nehmen mindestens über ein anderes oder mehrere Unternehmen die **Kontrolle ausübt**. Die ausgeübte Kontrolle kann sich dabei auf das Unternehmen insgesamt oder nur auf Teilbereiche erstrecken. Als Kontrollmittel kommen nach Art. 3 Abs. 2 FKVO Rechte, Verträge oder andere Mittel in Betracht, die einzelne oder zusammen unter Berücksichtigung aller tatsächlichen und/oder rechtlichen Umstände die Möglichkeit einräumen, ein bestimmenden Einfluss auf die Tätigkeit eines Unternehmens auszuüben.

Entscheidend ist daher, ob ein Unternehmen einen bestimmenden Einfluss auf ein anderes Unternehmen hat. Dies ist zunächst bei Unterordnungskonzernen i.S.v. § 18 Abs. 1 AktG der Fall. Denn ein bestimmender Einfluss ist insbesondere bei Inhaberschaft der **Mehrheit der stimmberechtigten Kapitalanteile** eines Unternehmens an einem anderen Unternehmen gegeben.[5] Minderheitsbeteiligungen führen demgegenüber in der Regel nicht zu einer Kontrolle, soweit sich nicht aus anderen Umständen (z.B. **Vetorechte** bei wesentlichen Entscheidungen) ein bestimmender Einfluss ergibt.[6]

Umgekehrt ist auch bei Mehrheitsbesitz – z.B. auf der Grundlage von Entflech- 7
tungsverträgen – denkbar, dass keine Kotrollausübung vorliegt. Indes ist auch der Erwerb von Kapitalanteilen keine notwendige Voraussetzung für eine Kontrollausübung. Denkbar ist z.B., dass durch **konzernrechtliche Organisationsverträge** oder den Erwerb von Vermögenswerten bzw. Nutzungsrechten eine Kontrolle vorliegt.[7]

Praxistipp !
Innerhalb der Unternehmensgruppe ist im Fall einer Kontrolle nicht nur die Muttergesellschaft, sondern auch jedes einzelne beteiligte im Bereich der Strom- und Gasversorgung tätige Unternehmen zur Einhaltung der Entflechtungsvorgaben verpflichtet und kann dementsprechend Adressat von Verfügungen der Regulierungsbehörden sein.[8]

---

4. Betreiber eines Energieversorgungsnetzes

Betreiber eines Energieversorgungsnetzes sind gemäß § 3 Nr. 4 EnWG die Betreiber 8
von Elektrizitätsversorgungsnetzen oder Gasversorgungsnetzen. Der Begriff „Energieversorgungsnetze" ist im § 3 Nr. 16 EnWG legaldefiniert als „Elektrizitätsversor-

4 Gemeinsame Auslegungsgrundsätze der Regulierungsbehörden Nr. I, 1.2, S. 8.
5 BT-Drucks. 15/3917, S. 50.
6 BT-Drucks. 15/3917, S. 50.
7 *Kaluza*, S. 41.
8 Rosin/*Schmutzer*/*Schoon*/*Stolzenburg*, § 6 EnWG Rn 44.

gungsnetze und Gasversorgungsnetze über eine oder mehrere Spannungsebenen oder Druckstufen“.

Gemäß § 3 Nr. 2 EnWG sind Betreiber von Elektrizitätsversorgungsnetzen „natürliche oder juristische Personen oder rechtlich unselbständige Organisationseinheiten eines [EVU], die Übertragungs- oder Elektrizitätsverteilernetze betreiben“. Betreiber von Gasversorgungsnetzen sind gemäß § 3 Nr. 6 EnWG „natürliche oder juristische Personen oder rechtlich unselbstständige Organisationseinheiten eines EVU, die Gasversorgungsnetze betreiben“.

5. Übertragungs- und Fernleitungsnetzbetreiber

9 Als Übertrags- bzw. Fernleitungsnetzbetreiber werden die Betreiber eines Elektrizitätsübertragungs- bzw. Gasfernleitungsnetzes bezeichnet. Diese sind gemäß §§ 11–13, 16a EnWG für den sicheren, leistungsfähigen und zuverlässigen Betrieb eines Übertragungs- bzw. Fernleitungsnetzes verantwortlich.

a) Übertragungsnetzbetreiber

10 Betreiber von Übertragungsnetzen sind gemäß § 3 Nr. 10 EnWG „natürliche oder juristische Personen oder rechtlich unselbstständige Organisationseinheiten eines EVU, welche die Aufgabe der Übertragung von Elektrizität wahrnehmen und die verantwortlich sind für den Betrieb, die Wartung sowie erforderlichenfalls den Ausbau des Übertragungsnetzes in einem bestimmten Gebiet und ggf. der Verbindungsleitung zu anderen Netzen“. Das **Übertragungsnetz** ist eine Elektrizitätsnetz, das zur Übertragung elektrischer Energie zu **nachgeordneten Verteilungsnetzen** dient.[9] Deutsche Übertragungsnetze haben im Allgemeinen die Spannungsebenen 220 kV und 380 kV.[10] Die Stromnetze niedrigerer Spannungsebenen gehören in der Regel zu den Verteilernetzen. In Deutschland existieren vier Übertragungsnetzbetreiber.[11] Sondervorschriften für sie finden sich in §§ 12ff. EnWG.

b) Fernleitungsnetzbetreiber

11 Gemäß § 3 Nr. 5 EnWG sind Betreiber von Fernleitungsnetzen „natürliche oder juristische Personen oder rechtlich unselbstständige Organisationseinheiten eines EVU, welche die Aufgabe der Fernleitung von Erdgas wahrnehmen und verantwortlich sind für den Betrieb, die Wartung sowie erforderlichenfalls den Ausbau des Fernleitungsnetzes in einem bestimmten Gebiet und ggf. der Verbindungsleitung zu ande-

---

9 *Kaluza*, S. 42.
10 *Kaluza*, S. 42.
11 Zu den Betreibern und den Eigentumsverhältnissen vgl. *Kaluza*, S. 42f.

ren Netzen". Die Fernleitung ist gemäß § 3 Nr. 19 EnWG der Transport von Erdgas durch ein Hochdruckfernleitungsnetz, mit Ausnahme von vorgelagerten Rohrleitungsnetzen, um die Versorgung von Kunden zu ermöglichen, jedoch nicht die Versorgung der Kunden selbst. Im Jahr 2009 existierten in Deutschland bereits 18 Fernleitungsnetzbetreiber, die zur Entflechtung verpflichtet waren.[12] Sondervorschriften für sie finden sich in §§ 15ff. EnWG.

c) Verteilernetzbetreiber

Betreiber von Elektrizitätsverteilungsnetzen sind gemäß § 3 Nr. 3 EnWG „natürliche 12
oder juristische Personen oder rechtlich unselbstständige Organisationseinheiten eines EVU, welche die Aufgabe der Verteilung von Elektrizität wahrnehmen und verantwortlich sind für den Betrieb, die Wartung sowie erforderlichenfalls den Ausbau des Verteilernetzen in einem bestimmten Gebiet und ggf. der Verbindungsleitung zu anderen Netzen". Ein **Verteilernetzbetreiber** (englisch: „Distribution Network Operator") ist ein Unternehmen, das Stromnetze im **Nieder- und Mittelspannungsbereich** zur Stromversorgung unterhält.[13] Das Verteilernetz ist ein Elektrizitätsnetz, das Belieferung von **Endverbrauchern** mit elektrischer Energie dient.[14] Die Spannung ist niedriger als in den Übertragungsnetzen und auch die übertragenen Leistungen sind entsprechend niedriger.[15]

Betreiber von Gasverteilernetzen sind gemäß § 3 Nr. 7 EnWG „natürliche oder juristische Personen oder rechtlich unselbstständige Organisationseinheiten eines EVU, welche die Aufgabe der Verteilung von Gas wahrnehmen und verantwortlich sind für den Betrieb, die Wartung sowie erforderlichenfalls den Ausbau des Verteilernetzes in einem bestimmten Gebiet und ggf. der Verbindungsleitung zu anderen Netzen". Ihre Aufgaben sind in § 16a EnWG geregelt.

Ausdrücklich ausgeschlossen vom Begriff des Verteilernetzbetreibers sind Be- 13
treiber von LNG-Anlagen (§ 3 Nr. 8 EnWG) und Speicheranlagen (§ 3 Nr. 9 EnWG). § 7b EnWG nimmt hiervon jedoch solche Betreiber von Speicheranlagen aus, die Teil eines vertikal integrierten EVU sind, sofern der Zugang zu diesen für einen effizienten Netzzugang im Hinblick auf die Belieferung von Kunden erforderlich ist.[16]

Praxistipp !
Da die Verweisungsnorm nur § 7 Abs. 1 EnWG, nicht jedoch Abs. 2 umfasst, genießen die hier gemeinten Speicheranlagen keine Privilegierung einer De-minimis-Regelung.[17]

12 *BNetzA*, Monitoringbericht 2009, S. 138.
13 *Kaluza*, S. 43.
14 *Kaluza*, S. 43.
15 *Kaluza*, S. 43.
16 *Theobald/Theobald*, Grundzüge, S. 346.
17 *Theobald/Theobald*, Grundzüge, S. 347.

14 Die Verteilernetzbetreiber sind gemäß §§ 11 bis 14 EnWG insbesondere verpflichtet, den Betrieb, die Wartung und den Ausbau eines sicheren, zuverlässigen und leistungsfähigen Netzes sicher zu stellen. Derzeit gibt es in Deutschland ca. 900 Verteilernetzbetreiber von unterschiedlichster Größe.[18] Verteilernetzbetreiber gehören typischerweise zu einem lokalen bzw. kommunalen EVU wie z.B. einem Stadtwerk.[19] Teilweise wurden Verteilernetze auch von einem der großen Energiekonzern erworben. Inzwischen planen jedoch einige Kommunen den Rückkauf von Strom- oder Gasverteilernetzen.

II. Entflechtung (Unbundling)

15 Die (reformierten) §§ 6 bis 10e EnWG enthalten die Vorgaben zur Entflechtung von vertikal integrierten EVU, Verteiler- und Transportnetzbetreibern sowie Betreibern von Speicheranlagen: §§ 6 bis 6d EnWG enthalten gemeinsame Vorschriften für Verteilernetzbetreiber und Transportnetzbetreiber. §§ 7 bis 7 b EnWG regeln die Entflechtung von Verteilernetzbetreibern und Betreibern von Speicheranlagen. §§ 8 bis 10e EnWG enthalten schließlich besondere Entflechtungsvorgaben für Transportnetzbetreiber.

Ziel dieser Entflechtungsvorgaben ist es, **zu vermeiden**, dass die Gas- und Stromnetze als sog. natürliche Monopole innerhalb eines Unternehmens dazu ausgenutzt werden, andere Unternehmensbereiche, die grundsätzlich einem Wettbewerb ausgesetzt sind, durch **versteckte Quersubventionierungen** zu unterstützen.[20] Stattdessen sollen die Netzbetreiber ihr Geschäft ausschließlich an ihren netzeigenen Interessen ausrichten und damit den Netznutzern einen diskriminierungsfreien Netzzugang anbieten.[21] Diesem Ziel dient eine Entflechtung unter mehreren Gesichtspunkten, nämlich

- das buchhalterische Unbundling,
- das informatorische Unbundling (vgl. unter Kapitel 2 Rn 188 ff.),
- das operationelle Unbundling (ausführlich unter Kapitel 2 Rn 78 ff.) und
- das (gesellschafts-)rechtliche Unbundling (ausführlich unter Kapitel 2 Rn 56 ff.).

Die Vorgaben zur Entflechtung in **buchhalterischer und informationeller Hinsicht** müssen **alle vertikal integrierten EVU** umzusetzen.

16 Die Verpflichtungen zum **rechtlichen und operationellen Unbundling** gelten hingegen nur für Netzbetreiber, an deren Netze **mindestens 100.000 Kunden** unmittelbar oder mittelbar angeschlossen sind.

---

18 *Kaluza*, S. 44; aktuelle Übersicht auf www.bundesnetzagentur.de.

19 *Kaluza*, S. 44.

20 Vgl. BT-Drucks. 15/3917, S. 51.

21 Vgl. BT-Drucks. 15/3917, S. 51.

Mit Inkrafttreten der EnWG-Novelle 2011 wurde für Transportnetzbetreiber (TNB) das in § 8 EnWG geregelte sog. **eigentumsrechtlichen Unbundling** eingeführt, das sehr stark die in die Eigentumsverhältnisse eingreift. Alternativ können TNB eine Entflechtung daher auch über das Modell des **Unabhängigen Systembetreibers** (USB) gemäß § 9 EnWG oder des **Unabhängigen Transportnetzbetreibers** (UTB) gemäß §§ 10 ff. EnWG herbeiführen (ausführlich unter Kapitel 2 Rn 191 ff.).

B. Energiewirtschaft als regulierte Industrie – Bedeutung der BNetzA und der Anreizregulierung

Die Überwachung der Entflechtungsbestimmungen erfolgt durch die **Regulierungsbehörden des Bundes und der Länder**. Die Zuständigkeit bestimmt sich nach § 54 EnWG. Zur Durchsetzung der Entflechtungsbestimmungen kann die jeweils zuständige Regulierungsbehörde Aufsichtsmaßnahmen nach § 65 EnWG ergreifen. 17

I. Befugnisse der Regulierungsbehörden im Rahmen des Vollzugs der Entflechtungsvorschriften

Zuständig für die Überwachung und den Vollzug der Entflechtungsbestimmungen 18 ist gemäß § 54 Abs. 2 Nr. 4 EnWG grundsätzlich die **Landesregulierungsbehörde**, soweit EVU betroffen sind, an deren Netz jeweils **weniger als 100.000 Kunden** unmittelbar oder mittelbar angeschlossen sind. Dies gilt nicht, wenn ein Netz **über das Gebiet eines Landes hinaus** reicht. Maßgeblich ist hier – wie bei der De-minimis-Regelung in §§ 7, 7a EnWG – die Zahl der Netzkunden.[22]

Die Verfügungen der Regulierungsbehörden sind sofort vollziehbar.[23] Gegen sie gerichtete Beschwerden haben grundsätzlich keine aufschiebende Wirkung.[24] Dies gilt nur dann nicht, wenn es sich um Verfügung im Bereich der rechtlichen Entflechtung (§ 7 EnWG) und der operationellen Entflechtung (§ 7a EnWG) handelt. Gegen diese Verfügung gerichtete Beschwerden haben nämlich aufschiebende Wirkung (§ 76 Abs. 1 EnWG).[25]

---

22 Rosin/*Schmutzer/Schoon/Stolzenburg*, § 6 EnWG Rn 29.

23 Rosin/*Schmutzer/Schoon/Stolzenburg*, § 6 EnWG Rn 29.

24 Rosin/*Schmutzer/Schoon/Stolzenburg*, § 6 EnWG Rn 29.

25 § 76 Abs. 1 EnWG ist im Rahmen der EnWG Novelle versehentlich nicht angepasst worden, sodass – in Folge dieses Redaktionsversehens – die Verweise auf §§ 7 und 8 EnWG nicht mehr zutreffend sind.

Praxistipp
Allerdings kann die Regulierungsbehörde nach § 77 Abs. 1 EnWG in diesen Fällen die sofortige Vollziehung der Entscheidung anordnen, wenn dies im öffentlichen Interesse oder im überwiegenden Interesse der Beteiligten geboten ist.

Praxistipp
Im Zusammenhang mit der Umsetzung der Entflechtungsvorgaben haben die zuständigen Regulierungsbehörden keine Kompetenz zur Festlegung von Bedingungen und Methoden.[26] Vor diesem Hintergrund haben sie bisher nur unverbindliche Leitlinien zur Umsetzung veröffentlicht,[27] die Unternehmen bei der Umsetzung der Entflechtungsbestimmung als Orientierungshilfe dienen können. In dieser Funktion haben sie eine ganz erhebliche praktische Bedeutung.

II. Sanktionsmöglichkeiten der Regulierungsbehörden bei Verstößen

19 Die zuständige Regulierungsbehörde kann ihre Anordnung gemäß § 94 EnWG nach den für die Vollstreckung von Verwaltungsmaßnahmen geltenden Vorschriften durchsetzen. Zudem kann sie gemäß § 95 Abs. 1 Nr. 3a in Verbindung mit Abs. 2 EnWG Bußgelder bis zur 100.000 EUR verhängen.

Voraussetzung hierfür ist allerdings, dass das betroffene Unternehmen einer vollziehbaren Verfügung der Behörde zur Umsetzung bestimmter Entflechtungsbestimmungen nicht nachgekommen ist.[28] Eine entsprechende Verfügung ist also Voraussetzung für ein Bußgeld. Wegen der aufschiebenden Wirkung von Beschwerden im Zusammenhang mit §§ 7 und 7a EnWG wird ein Bußgeldverfahren eher selten zu erwarten sein.[29]

20 Verstößt das vertikal integrierte EVU nicht ausschließlich gegen Entflechtungsbestimmungen, sondern erfüllt sein Verhalten zusätzlich ein Allgemeindiskriminierungstatbestand nach § 30 EnWG, gehen die Befugnisse und Sanktionsmöglichkeiten der zuständigen Regulierungsbehörde weiter (vgl. § 30 Abs. 2 EnWG).[30]

---

26 Rosin/*Schmutzer*/*Schoon*/*Stolzenburg*, § 6 EnWG Rn 29.

27 Vor allem der „Vermerk der Generaldirektion Energie und Verkehr zu den RL 2003/54/EG und RL 2003/55/EG über den Elektrizitäts- und Erdgasbinnenmarkt – Die Entflechtungsbestimmungen", 16.1.2004, und die „Gemeinsame[n] Auslegungsgrundsätze der Regulierungsbehörden des Bundes und der Länder zu den Entflechtungsbestimmungen der §§ 6–10 EnWG" vom 1.3.2006. Zu diesen und weiteren Auslegungshilfen, vgl. Rosin/*Schmutzer*/*Schoon*/*Stolzenburg*, § 6 EnWG Rn 18 ff.

28 Rosin/*Schmutzer*/*Schoon*/*Stolzenburg*, § 6 EnWG Rn 32.

29 Rosin/*Schmutzer*/*Schoon*/*Stolzenburg*, § 6 EnWG Rn 32.

30 Beispiele bei Rosin/*Schmutzer*/*Schoon*/*Stolzenburg*, § 6 EnWG Rn 34.

III. Anreizregulierung als Regulierungsinstrument

Die Regulierungsbehörden sollen jedoch vor allem durch die Kontrolle der Preise für den Zugang zu Elektrizitäts- und Gasnetzen die Voraussetzungen für Wettbewerb in den dem Netz vor- und nachgelagerten Marktebenen initiieren und im Monopolbereich der Netze einen Schutz für die Netznutzer und Verbraucher im kartellrechtlichen Sinne vor missbräuchlich **überhöhten Preisen und unangemessenen Geschäftsbedingungen** schaffen.[31] § 21 Abs. 2 bis 4 EnWG legte hierzu zwar während einer ersten Regulierungsphase eine **Regulierung durch Kostenkontrolle** fest.[32] Bereits § 21a Abs. 1 EnWG a.F. sah aber vor, dass die Netzentgelte durch eine Methode bestimmt werden (können), die Anreize für eine effiziente Leistungserbringung setzt. 21

Diese sog. **Anreizregulierung** soll die Netzbetreiber zu einer effizienten Betriebsführung animieren.[33] Das gilt auch für **Lohnzusatz- und Vorsorgeleistungen**, die von den Vorgaben der Anreizregulierung erfasst sind. „Anreizregulierung" bedeutet dabei, dass dem Unternehmen ein finanzieller Anreiz geboten wird, Kosteneinsparungsmöglichkeiten zu nutzen. Die nach § 21a Abs. 6 EnWG erlassene **Anreizregulierungsverordnung (ARegV)** konkretisiert die Anreizsetzung für eine effiziente Leistungserbringung und sieht dazu vor, dass für die Netzbetreiber vor Beginn einer Regulierungsperiode Obergrenzen für die Gesamterlöse der jeweiligen Regulierungsperiode festgelegt werden. In diesem Rahmen erhalten die Netzbetreiber Effizienzvorgaben, die aus ihren in einem **Effizienzvergleich ermittelten individuellen Effizienzwerten** errechnet werden. § 21a Abs. 4 EnWG bestimmt in diesem Zusammenhang, dass bei der Ermittlung von Obergrenzen die durch den jeweiligen Netzbetreiber **beeinflussbaren** Kostenanteile und die von ihm **nicht beeinflussbaren** Kostenanteile zu unterscheiden sind. 22

1. Was sind Lohnzusatzleistungen i.S.d. § 11 Abs. 2 Nr. 9 ARegV?

§ 11 Abs. 2 Nr. 9 ARegV regelt insoweit, dass Kosten aus **betrieblichen und tarifvertraglichen Vereinbarungen zu Lohnzusatz- und Versorgungsleistungen**, soweit diese **in der Zeit vor dem 31.12.2008** abgeschlossen worden sind, dauerhaft nicht beeinflussbar sind. Obwohl es sich dabei um einen erheblichen Anteil der gesamten Personalkosten handelt, der fast ein Drittel der Personalkosten des Netzbetreibers ausmachen und zwischen 100.000 und mehreren Millionen Euro liegen kann,[34] ist bislang insbesondere kaum geklärt, welche Leistungen als „Lohnzusatzleistungen" i.S.d. § 11 Abs. 2 Nr. 9 ARegV zu qualifizieren sind. 23

31 BT-Drucks. 16/6532, S. 7.
32 Vgl. zusammenfassend *Trümner/Lerch*, S. 20f. m.w.N.
33 *Scholtka/Baumbach*, NJW 2008, 1128, 1130; *Trümner/Lerch*, S. 22 m.w.N.
34 *Trümner/Weinbrenner*, S. 8; *dies.*, ZNER 2010, 367, 368 m.w.N.

a) Orientierung an Gesetzen oder Rechtsverordnungen?

24 Lohnzusatzleistungen sind weder gesetzlich noch in der ARegV oder anderen Rechtsverordnungen definiert.[35]

b) Negativabgrenzung vom Lohnbegriff des § 87 Abs. 1 Nr. 10 BetrVG?

25 Auch eine Negativabgrenzung von dem § 87 Abs. 1 Nr. 10 BetrVG zugrunde liegenden Lohnbegriff führt nicht weiter.[36] Denn der Begriff „Lohn" i.S.d. § 87 Abs. 1 Nr. 10 BetrVG ist nach der Rechtsprechung des BAG „nicht beschränkt auf die im Synallagma stehenden Entgeltbestandteile, sondern betrifft alle Formen der Vergütung, die aus Anlass des Arbeitsverhältnisses gewährt werden".[37]

c) Negativabgrenzung zum Begriff „Lohnersatzleistungen" und „Arbeitgeberzuschuss"?

26 Denkbar ist ferner der Versuch einer weiteren Negativabgrenzung anhand von sog. „Lohnersatzleistungen" und „Arbeitgeberzuschüssen". Denn Lohnersatzleistungen bezeichnen als Oberbegriff diejenigen geldlichen Kompensationsleistungen, die Entgeltersatzfunktion haben,[38] also den Lohn ersetzen.

Denkbar wäre daher, alle hierunter zu subsumierenden Leistungen aus dem Begriff „Lohnzusatzleistungen" auszugrenzen. Arbeitsrechtlich gehören zu den Lohnersatzleistungen die Entgeltfortzahlung im Krankheitsfall[39] und der Zuschuss des Arbeitgebers zum Mutterschaftsgeld.[40]

Lohnersatzleistungen der Sozialversicherung sind das Krankengeld, das Mutterschaftsgeld, das Elterngeld, das Verletztengeld bei Arbeits- und Wegeunfällen, das Übergangsgeld, das Arbeitslosengeld, das Kurzarbeitergeld sowie das Insolvenzgeld nach § 165 SGB III.[41]

27 Der Terminus „Arbeitgeberzuschuss" bildet demgegenüber den Oberbegriff für Zuschussleistungen, die der Arbeitgeber an den Arbeitnehmer erbringt.[42] Es kann sich um Zuschüsse zu Aufwendungen des Arbeitnehmers handeln, die zu dessen persönlichem Lebensbedarf gehören und die der Arbeitgeber aus sozialen Gründen bezuschusst, obwohl hierzu keine gesetzliche Verpflichtung besteht.

---

35 *Trümner/Lerch*, S. 52; *Targan/Wagenfeld*, N&R 2010, 131f.

36 Vgl. *Trümner/Lerch*, S. 52.

37 BAG, Beschl. v. 8.11.2011 – 1 ABR 37/10 – NZA 2012, 462.

38 Küttner/*Griese*, Personalbuch 2014, Lohnersatzleistungen Rn 1.

39 Zu deren Grenzen vgl. ausführlich Fuhlrott/Mückl/*Mückl*, Kapitel 3 Rn 1ff.

40 Küttner/*Griese*, Personalbuch 2014, Lohnersatzleistungen Rn 1.

41 Küttner/*Griese*, Personalbuch 2014, Lohnersatzleistungen Rn 1.

42 Küttner/*Röller*, Personalbuch 2014, Arbeitgeberzuschuss Rn 1.

Beispiel
Beispiele hierfür sind der Essens- und/oder Fahrtkostenzuschuss für zur privaten Lebensführung gehörende Fahrten.

Es kann sich ferner um Zuschüsse handeln, die zusätzlich zu Lohnersatzleistungen der Sozialversicherungsträger in bestimmten sozialen Situationen gewährt werden, z.B. ein Zuschuss zum Krankengeld im Fall der über 6 Wochen hinaus andauernden Arbeitsunfähigkeit[43] und der Zuschuss zum Verletztengeld beim Arbeitsunfall nach Ablauf des Entgeltfortzahlungszeitraumes sowie der Zuschuss zum Kurzarbeitergeld[44] oder Unterhaltsgeld, das während einer Umschulung gezahlt wird.[45]

Weder der Begriff „Lohnersatzleistung“ noch der Begriff „Arbeitgeberzuschuss“ ist aber gesetzlich definiert und ermöglicht eine saubere Trennung i.S. einer Definition.

d) Übertragbarkeit der zu § 31 TKG entwickelten Auslegungsgrundsätze?

Ob mittelbar – nämlich vermittelt über die Auslegung des vergleichbaren Effizienz- 28
begriffs – Rückschlüsse aus der Auslegung von § 31 Abs. 3 S. 1 TKG gezogen werden können, ist durch die Rechtsprechung nicht geklärt und in der Literatur umstritten.[46] Soweit unter Hinweis auf die identische Zielsetzung von § 31 TKG und § 11 Abs. 2 ARegV, „einen echten, wirksamen und effizient funktionierenden Wettbewerb zu gewährleisten“,[47] für eine Übertragbarkeit der zu § 31 Abs. 3 TKG entwickelten Grundsätze auf Lohnzusatzkosten i.S.d. § 11 Abs. 2 Nr. 9 ARegV plädiert wird,[48] handelt es sich in der Sache (ohne Darlegung einer Regelungslücke der ARegV) eher um eine analoge Anwendung, da die Wortlautgrenze des § 11 Abs. 2 Nr. 9 ARegV überschritten ist. Für eine unmittelbare Konkretisierung des Begriffs „Lohnzusatzkosten“ i.S.d. ARegV lässt sich daraus losgelöst davon nichts herleiten. Es fehlt mithin an gesetz- oder verordnungsgeberisch eindeutigen Vorgaben.

e) „Lohnzusatzleistungen“ in der Rechtsprechung

Auch in der Rechtsprechung wird der Begriff „Lohnzusatzleistungen“ nur selten 29
verwendet. Das BAG hat im Tatbestand seines Urteils vom 23.11.2000[49] eine sog.

---

43 Vgl. dazu Fuhlrott/Mückl/*Mückl*, Kapitel 3 Rn 107 ff.
44 BAG, Urt. v. 28.5.1996 – 3 AZR 752/95 – NZA 1997, 101.
45 BAG, Urt. v. 24.11.1993 – 4 AZR 225/93 – NZA 1994, 471.
46 Vgl. *Targan*/*Wagenfeld*, N&R 2010, 131, 134 m.w.N.
47 *Targan*/*Wagenfeld*, N&R 2010, 131, 134 f.
48 *Targan*/*Wagenfeld*, N&R 2010, 131, 135.
49 BAG, Urt. v. 23.11.2000 – 2 AZR 690/99 – juris.

„Fernauslösung", d.h. einen täglichen Fahrtkostenzuschuss unabhängig von der tatsächlichen Entfernung, als Lohnzusatzleistung qualifiziert. Das BVerwG hat in seinem Urteil vom 3.11.1988[50] den Begriff „Lohnzusatzleistung" in der Urteilsüberschrift verwendet und in den Entscheidungsgründen festgestellt, dass ein „Urlaubsgeld als eine zwar willkommene, aber nicht sozial unverzichtbare Lohnnebenleistung anzusehen" sei. Gemeinsam ist dem in diesen Feststellungen zum Ausdruck gekommenen Verständnis, dass **jeweils Leistungen in Rede stehen, die in keinem unmittelbaren Gegenleistungsverhältnis zur Arbeitsleistung stehen**, sondern lediglich anlässlich des Arbeitsverhältnisses gezahlt werden. Daneben findet sich – auch für laufendes Arbeitsentgelt – häufig der Begriff „Zusatzleistungen", durch den zumeist eine übertarifliche Leistung bezeichnet werden soll, die – entsprechend dem Parteiwillen – im Gegenseitigkeitsverhältnis steht.[51]

2. Auslegung von § 11 Abs. 2 Nr. 9 ARegV

30 Letztlich wird man § 11 Abs. 2 Nr. 9 ARegV vor dem Hintergrund des Fehlens einer Definition durch den Gesetz- bzw. Verordnungsgeber und mangels Klärung durch die Rechtsprechung auslegen müssen.

a) Maßgebliche Auslegungsgrundsätze

31 Dabei finden auf Rechtsverordnungen, die im Sinne ihrer gesetzlichen Ermächtigungsgrundlage (hier § 21a EnWG) auszulegen sind, grundsätzlich – wie für andere kollektiv geltende Normen – **die für Gesetze entwickelten Auslegungsregeln** Anwendung:[52] Danach ist ausgehend vom Wortlaut der maßgebliche Sinn der Erklärung zu erforschen, ohne am Buchstaben zu haften. Erlaubt der Wortlaut kein abschließendes Ergebnis, ist der wirkliche Wille des Normgebers mit zu berücksichtigen, soweit er in der Norm seinen Niederschlag gefunden hat. Abzustellen ist ferner auf den Gesamtzusammenhang, weil dieser Anhaltspunkte für den wirklichen Willen des Normgebers liefert und oft nur so der Sinn und Zweck der Norm ermittelt werden kann. Ergänzend können weitere Kriterien wie die Entstehungsgeschichte der Norm, ggf. auch die praktische Übung herangezogen werden. Auch die Praktikabilität denkbarer Auslegungsergebnisse gilt es zu berücksichtigen; im Zweifel gebührt derjenigen Auslegung der Vorzug, die zu einer vernünftigen, sachgerechten, zweckorientierten und praktisch brauchbaren Regelung führt.[53]

---

50 BVerwG Urt. v. 3.11.1988 – 7 C 115/86 – AP Nr. 23 zu § 5 TVG.

51 Vgl. BAG, Urt. v. 11.10.2006 – 5 AZR 721/05 – DB 2007, 170; BAG, Urt. v. 24.5.2007 – 5 AZR 627/06 – DB 2007, 1757; BAG, Urt. v. 12.10.2011 – 10 AZR 510/10 – NZA 2012, 680.

52 Vgl. zu ihnen statt vieler z.B. BAG, Urt. v. 20.1.2009 – 9 AZR 677/07 – DB 2009, 1474.

53 Vgl. BAG, Urt. v. 20.1.2009 – 9 AZR 677/07 – DB 2009, 1474.

b) Wortlaut der Norm

Der Wortlaut des § 11 Abs. 2 Nr. 9 ARegV enthält keine Definition und ist insoweit „offen".[54] 32

c) Sinn des § 11 Abs. 2 Nr. 9 ARegV und der Ermächtigungsgrundlage

Sinn und Zweck des § 11 Abs. 2 Nr. 9 ARegV ist allerdings erkennbar, den Netzbetreibern im Hinblick auf Kosten aus Personalzusatz- und Versorgungsleistungen **Bestandsschutz** zu gewähren,[55] soweit sie durch vor Einführung der Anreizregulierung begründete betriebliche oder tarifvertragliche Vereinbarungen verursacht werden.[56] Damit soll dem Umstand Rechnung getragen werden, dass die Netzbetreiber an diese Regelungen gebunden sind – und dies angesichts der in der Regel bestehenden Nachbindung bzw. -wirkung auch bei Kündigung des jeweiligen Tarifvertrags (§§ 3 Abs. 3, 4 Abs. 5 TVG) bzw. der betrieblichen Regelung (vgl. § 77 Abs. 6 BetrVG).[57] Ausgehend von dieser auf **Vertrauensschutz** – also zeitlich rückblickend – ausgerichteten Zweckrichtung spricht viel dafür, an das damalige Verständnis der Tarif- und Betriebsparteien von Lohnzusatzleistungen anzuknüpfen. 33

Danach sind „Lohnzusatzleistungen" zunächst einmal – jedenfalls dem Typus nach – solche Leistungen, **die die Tarif- bzw. Betriebsparteien** vor dem in § 11 Abs. 2 Nr. 9 ARegV genannten Stichtag **als solche qualifiziert** haben. In Sozialplänen kann es sich dabei z.B. um „insbesondere Überstundenvergütung, Prämien, Zulagen"[58] handeln oder in Tarifverträgen um Aufstockungsbeträge im Rahmen von Altersteilzeitvereinbarungen,[59] Fahrtpauschalen,[60] tarifliche Sonder- und Zusatzzahlungen[61] bzw. zusätzliche Urlaubstage[62] sowie „[t]arifliche Zulagen und Zuschläge für besondere Arbeiten und Arbeitszeiten oder aus bestimmten Anlässen".[63]

d) Wille des Normgebers/Praktische Übung

Der Wille der Bundesregierung als Normgeber der ARegV ist nicht bekannt. Weder in der Begründung des ersten Entwurfs der ARegV des Bundeswirtschaftsministe- 34

---

54 *Trümner/Weinbrenner*, ZNER 2010, 367, 368.
55 *Targan/Wagenfeld*, N&R 2010, 131, 133; vgl. auch Danner/Theobald/*Hummel*, § 11 ARegV Rn 62.
56 *Trümner/Weinbrenner*, ZNER 2010, 367, 372; Danner/Theobald/*Hummel*, § 11 ARegV Rn 62.
57 *Trümner/Weinbrenner*, ZNER 2010, 367, 372.
58 Vgl. BAG, Urt. v. 22.3.2005 – 1 AZR 3/04 – NZA 2005, 831.
59 Vgl. BAG, Urt. v. 14.10.2008 – 9 AZR 511/07 – DB 2009, 2159; BAG, Urt. v. 20.1.2009 – 9 AZR 677/07 – NZA 2010, 295; BAG, Urt. v. 17.4.2012 – 3 AZR 280/10, n.v.
60 BAG, Urt. v. 26.8.2009 – 4 AZR 294/08 – NZA-RR 2010, 305.
61 BAG, Urt. v. 16.5.2012 – 4 AZR 320/10, n.v.
62 BAG, Urt. v. 22.9.2010 – 4 AZR 117/09, n.v.
63 BAG, Urt. v. 22.4.2009 – 5 AZR 436/08 – DB 2009, 1599.

riums vom 4.4.2007 noch in der Begründung des Entwurfs der Bundesregierung vom 15.6.2007[64] wird der Begriff „Lohnzusatzkosten“ erläutert. Dass die in Rede stehenden Kosten theoretisch (nämlich durch Kündigung und Neuverhandlung der Kollektivvereinbarungen) gesenkt werden könnten, lässt vermuten, dass der Verordnungsgeber die Intention des § 21a EnWG nicht dahin deutet, dass der Gesetzgeber eine Effizienz „um jeden Preis“, d.h. auch unter Nichtberücksichtigung sozialer Gesichtspunkte, erreichen will.[65] Ob diese Vermutung richtig ist, kann für die Konkretisierung des Begriffs „Lohnzusatzleistungen“ jedoch dahinstehen, da diese Feststellung zur inhaltlichen Bestimmung des Begriffs nichts beiträgt.[66]

Hinweise für das Verständnis dieses Begriffs könnte allerdings die **praktische Handhabung** durch die BNetzA (BNetzA) liefern. Terminologisch weicht die BNetzA von der ARegV ab, in dem sie statt dem Begriff „Lohnzusatzleistungen“ den Begriff **„Personalzusatzkosten“** verwendet.[67] Damit greift sie **die vom Statistischen Bundesamt geprägte Terminologie** auf.[68]

e) Bewusste Anlehnung an die Differenzierung des Statistischen Bundesamtes?

35 Denn die gesamten Arbeitskosten werden in der amtlichen Statistik in das **Entgelt für geleistete Arbeit (Direktentgelt)** und in die **Personalzusatzkosten (amtlich: Personalnebenkosten)** aufgeteilt.[69] Die daraus errechnete Personalzusatzkostenquote setzt die Personalzusatzkosten zum Direktentgelt in Beziehung.[70] In der rechnerischen Größe „Entgelt für geleistete Arbeit“ wird lediglich die Zeit berücksichtigt, die der Arbeitnehmer an seinem Arbeitsplatz tätig ist.[71] Dabei werden aus dem Bruttojahresverdienst die Sonderzahlungen (Gratifikationen, Urlaubsgeld, vermögenswirksame Leistungen), das Entgelt für arbeitsfreie Tage (Urlaub, Krankheit, gesetzliche Feiertage usw.) und Sachleistungen herausgerechnet.[72] Der verbleibende Betrag gilt als Entgelt für geleistete Arbeit.

36 Diese Aufteilung der Arbeitskosten durch das Statistische Bundesamt in Direktentgelt und Personalnebenkosten hat in erster Linie eine kalkulatorische Zielset-

---

64 BR-Drs. 417/07, S. 37, 50 ff.

65 Vgl. *Targan/Wagenfeld*, N&R 2010, 131, 133 m.w.N.

66 A.A. *Targan/Wagenfeld*, N&R 2010, 131, 134.

67 Vgl. *Herrmann*, Die Umsetzung der Anreizregulierung, 15.9.2008, (Vortrag – Powerpoint-Präsentation) Folie 25 ff. (im Internet abrufbar).

68 Vgl. *Schröder*, IW-Trends, Heft 2/2006, S. 2; *Trümner/Lerch*, S. 53.

69 *Schröder*, IW-Trends, Heft 2/2006, S. 2.

70 *Schröder*, IW-Trends, Heft 2/2006, S. 2.

71 *Schröder*, IW-Trends, Heft 2/2006, S. 2.

72 Vgl. die im Internet abrufbare detaillierte Statistik unter https://www.destatis.de/DE/ZahlenFakten/GesamtwirtschaftUmwelt/VerdiensteArbeitskosten/ArbeitskostenLohnnebenkosten/Arbeitskosten/Tabellen/StrukturKostenart.html sowie *Schröder*, IW-Trends, Heft 2/2006, S. 2.

zung.[73] Denn die Personalzusatzkostenquote lässt sich als Zuschlagssatz auf den Stundenlohn verwenden, um die gesamten Arbeitskosten für eine tatsächlich geleistete Arbeitsstunde zu ermitteln.[74] Da die ARegV gerade eine derartige **kalkulatorische Grundlage** für die Bewertung von Arbeitskosten schaffen soll, ist es naheliegend, dass sich der Verordnungsgeber an die zum Zeitpunkt des Inkrafttretens der ARegV etablierte und „bewährte" Methodik des Statistischen Bundesamtes anschließen wollte.

Diese enge Definition des Direktentgelts, die nur die regelmäßig zu jeder Zahlperiode (typischerweise monatlich) geleisteten Gehaltszahlungen umfasst, wird modernen Vergütungssystemen vielleicht nicht mehr gerecht, weil vielfach bisher pauschal geleistete Sonderzahlungen in Bonuszahlungen umgewandelt werden, die von der Leistung des Mitarbeiters oder vom wirtschaftlichen Erfolg des Unternehmens abhängen.[75] Sie gestattet aber Typisierungen, die – überträgt man sie auf die im Rahmen der ARegV verwendeten Begriffe – jedenfalls bis zu einem gewissen Grad die notwendige Rechtssicherheit mit sich bringen. Dementsprechend wird auch in der Literatur eine entsprechende Differenzierung **überwiegend befürwortet**.[76]

f) Übernahme der Begriffsbildung der Tarifparteien?

Angesichts des Sinn und Zwecks von § 11 Abs. 2 Nr. 9 ARegV erscheint es ebenfalls 37
nicht fernliegend, dass sich der Verordnungsgeber bei der Wahl des Wortlauts von § 11 Abs. 2 Nr. 9 ARegV an der tariflich und betrieblich üblichen Sprachpraxis orientiert hat. Denn schließlich regelt § 11 Abs. 2 Nr. 9 ARegV Lohnzusatzkosten, die durch tarifliche oder betriebliche Regelungen verursacht werden. Denkbar wäre daher, den für die Verwendung von vordeterminierten Begriffen in Tarifverträgen (die ebenfalls wie Gesetze ausgelegt werden) entwickelten Auslegungsgrundsatz zu übertragen: Verwenden die Tarifvertragsparteien einen Rechtsbegriff, ist anzunehmen, dass sie ihn **in seiner rechtlichen Bedeutung verwenden** wollen.[77] Enthält eine Tarifnorm einen bestimmten Fachbegriff, ist im Zweifel davon auszugehen, dass er im Geltungsbereich des betreffenden Tarifvertrags in seiner allgemeinen fachlichen Bedeutung gelten soll.[78] Überträgt man dies auf die Begriffsbildung in § 11 Abs. 2 Nr. 9 ARegV, sind Lohnzusatzleistungen letztlich die Leistungen, die in den im Zeitpunkt des Inkrafttretens der ARegV von ihr erfassten tariflichen und betrieblichen Regelungen als solche qualifiziert wurden.

---

73 *Schröder*, IW-Trends, Heft 2/2006, S. 2.
74 *Schröder*, IW-Trends, Heft 2/2006, S. 2.
75 Vgl. *Schröder*, IW-Trends, Heft 2/2006, S. 2; *ders.*, IW-Trends, Heft 2/2012, S. 2.
76 PWC/*Elert*/*Speier*, S. 472f.; *Jacob*, et 2009, 146, 148.
77 BAG, Urt. v. 24.5.2012 – 6 AZR 703/10 – juris.
78 BAG, Urt. v. 24.5.2012 – 6 AZR 703/10 – juris.

g) „Lohnzusatzleistungen" als Typusbegriff

38 Führt man sich diese naheliegenden Hintergründe für die Begriffsbildung in § 11 Abs. 2 Nr. 9 ARegV vor Augen, handelt es sich bei dem weder in der ARegV noch in anderen Gesetzen oder Verordnungen allgemeingültig definierten Begriff der „Lohnzusatzkosten" nicht um einen eindeutigen allgemeinen Rechtsbegriff, sondern – vermittelt durch den Sprachgebrauch des Statistischen Bundesamtes und der Tarif- bzw. Betriebsparteien – um einen eher **soziologischen Begriff**, der nachfolgend – durch die ARegV – partiell von der Rechtsordnung aufgegriffen wurde. Die Herkunft als soziologischer Begriff hat zur Folge, dass den für ihn als prägend angesehenen Begriffsmerkmalen keine trennscharfe Abgrenzungswirkung zukommt, wie sie herkömmlichen juristischen Definitionen zu eigen ist. Rechtsmethodisch handelt es sich bei den „Lohnzusatzleistungen" vielmehr um einen **Typusbegriff.**[79] Das bedeutet, dass nicht alle Begriffsmerkmale in jedem Detail vorliegen müssen, sondern dass es genügt, wenn eine Leistung unter Beachtung der Merkmale insgesamt das Gepräge einer „Lohnzusatzleistung" aufweist. Der Typusbegriff enthält also ein **elastisches Merkmalsgefüge**, das Eigenschaften nach Maßgabe von Merkmalen (topoi) ordnend gruppiert, **wobei nicht alle Merkmale zugleich erfüllt sein müssen.**[80] Es können auch einige von ihnen im Einzelfall weniger ausgeprägt sein oder sogar fehlen, ohne dass deshalb die Zugehörigkeit zum Typus entfiele.[81] Ausschlaggebend für eine Zuordnung unter den Typus „Lohnzusatzleistung" ist nur, dass in einer **Gesamtbewertung** eine **deutlich überwiegende Vielzahl** der ausschlaggebenden Aspekte im Einzelfall erfüllt ist.[82]

39 In Anlehnung an die Regelungstechnik des Gesetzgebers bei der Verwendung von Typusbegriffen (vgl. z.B. § 1 Abs. 2 S. 1 PartGG: „Die Freien Berufe haben im Allgemeinen ...") lässt sich daher konkretisierend feststellen: **Lohnzusatzleistungen i.S.d. § 11 Abs. 2 Nr. 9 ARegV** haben im Allgemeinen **nicht den Charakter einer unmittelbaren Gegenleistung für geleistete Arbeit.**[83] Sie werden typischerweise – in der Terminologie des BAG – „[v]om Arbeitgeber freiwillig zu Gunsten seiner Arbeitnehmer im Hinblick auf das Arbeitsverhältnis"[84] gewährt und dienen nicht unmittelbar als Gegenleistung, sondern **verfolgen in der Regel vornehmlich andere Zwecke**, z.B. die Belohnung von Betriebstreue, die Mitarbeiterbindung, soziale Zwecke (Bsp. Entgeltfortzahlung über das EFZG hinaus) oder dienen – entsprechend dem

---

79 Vgl. (für freie Berufe) BVerwG, Beschl. v. 11.3.2008 – 6 B 2.08 – NJW 2008, 1974.
80 Vgl. OVG Lüneburg, Urt. v. 16.5.2012 – 7 LC 15/10 – juris.
81 Vgl. OVG Lüneburg, Urt.v. 16.5.2012 – 7 LC 15/10 – juris.
82 Vgl. OVG Lüneburg, Urt. v. 16.5.2012 – 7 LC 15/10 – juris.
83 Dies dürfte auch das bislang in der Rechtsprechung zum Ausdruck gekommene Verständnis von „Lohnzusatzleistungen" sein.
84 BAG, Urt. v. 26.7.2007 – 8 AZR 707/06 – DB 2007, 2319.

Sinn der ARegV – der Effizienzsteigerung[85] (Bsp.: Erleichterung eines Personalabbaus durch Altersteilzeitverträge und entsprechende Aufstockungsleistungen).[86]

h) Bestätigung durch die innere Systematik von § 11 Abs. 2 Nr. 9 ARegV

Bestätigt wird diese Überlegung durch die innere Systematik des § 11 Abs. 2 Nr. 9 **40** ARegV. Denn dort sind den „Lohnzusatzleistungen" die „Versorgungsleistungen" gleichgestellt. Als „Versorgungsleistungen" werden aber allgemein solche Leistungen bezeichnet, „die im Gegensatz zum laufenden Arbeitsentgelt nicht in einer unmittelbaren Austauschbeziehung zur Arbeit in der einzelnen Lohnzahlungsperiode gezahlt werden",[87] sondern zur Deckung von Risiken wie Alter, Krankheit, Arbeitslosigkeit und sonstigen Notlagen.[88] Werden beide Gruppen von Leistungen in der ARegV gleich behandelt, spricht viel dafür, dass die Privilegierung von Versorgungsleistungen auf sonstige „Lohnzusatzleistungen" übertragen werden muss, die ebenfalls nicht der unmittelbaren Entlohnung geleisteter Arbeit dienen, sondern „[v]om Arbeitgeber freiwillig zu Gunsten seiner Arbeitnehmer im Hinblick auf das Arbeitsverhältnis"[89] gewährt werden.

i) Fazit zum Begriff „Lohnzusatzleistungen"

Anhand ihrer Zwecksetzung sind vor dem 1.1.2009 abgeschlossene betriebliche und **41** tarifliche Regelungen über Leistungen an die Arbeitnehmer gemäß der vorstehenden Differenzierung auszulegen: Haben die Tarif- oder Betriebsparteien Leistungen **ausdrücklich als „zusätzlich"** zum direkten Arbeitsentgelt **definiert**, handelt es sich dabei um „Lohnzusatzleistungen" i.S.d. § 11 Abs. 2 Nr. 9 ARegV. Gleiches gilt für Leistungen, die erkennbar nicht den Zweck haben, unmittelbar Gegenleistung für geleistete Arbeit zu sein, sondern **vornehmlich andere Zwecke** (z.B. die vorgenannten Zwecke) verfolgen. Das ermöglicht immerhin im „Kernbereich" eine klare Differenzierung. Im „Randbereich" – insbesondere bei Leistungen mit Mischcharakter wie z.B. Boni, die sowohl die Leistung als auch die Betriebstreue honorieren sollen – wird man fragen müssen, **welche Zwecksetzung** überwiegt. Im Zweifel wird es sich in derartigen Fällen um eine Gegenleistung für die geleistete Arbeit und damit nicht um eine „Lohnzusatzleistung" handeln.[90] Denn im Zweifel wird der Arbeitgeber „nur" Arbeitsleistung vergüten, aber nicht sozial usw. tätig werden wollen.

---

85 Vgl. zu dieser Zwecksetzung auch *Targan/Wagenfeld*, N&R 2010, 131, 135.
86 Weitere Beispiele bei *Trümner/Lerch*, S. 54 f.
87 *Trümner/Weinbrenner*, ZNER 2010, 367, 368 m.w.N.
88 *Trümner/Weinbrenner*, ZNER 2010, 367, 368 m.w.N.
89 BAG, Urt. v. 26.7.2007 – 8 AZR 707/06 – DB 2007, 2319.
90 Vgl. BAG, Urt. v. 18.1.2012 – 10 AZR 667/10 – NZA 2012, 620.

3. Was sind tarifvertragliche und betriebliche Vereinbarungen?

42 Unbeeinflussbar und damit effizienzneutral sind entsprechende Kosten allerdings nur dann, wenn sie in tariflichen oder betrieblichen Vereinbarungen i.S.d. § 11 Abs. 2 Nr. 9 ARegV enthalten sind.

a) Tarifvertragliche Vereinbarungen

aa) Tarifverträge

43 „Tarifvertragliche Vereinbarungen" i.S.d. § 11 Abs. 2 Nr. 9 ARegV sind zunächst einmal alle wirksamen und normativ kraft Tarifbindung (§ 3 Abs. 1 TVG), Nachbindung (§ 3 Abs. 3 TVG) oder Nachwirkung (§ 4 Abs. 5 TVG) geltenden Tarifverträge (§ 1 Abs. 1 TVG).[91]

! **Praxistipp**
Ob es sich um Firmen- oder Verbandstarifverträge handelt, spielt keine Rolle.[92]

---

bb) Vertragliche Inbezugnahme von Tarifverträgen

44 Als tarifvertragliche Vereinbarung i.d.S. wird man allerdings auch eine arbeitsvertragliche Inbezugnahme tariflicher Regelungen qualifizieren müssen.[93] Denn ein Grund, die durch Mitglieder der tarifschließenden Gewerkschaft entstehenden Kosten im Rahmen der Anreizregulierung als nicht beeinflussbar zu qualifizieren und die Kosten der übrigen Arbeitnehmer auch dann, wenn es sich inhaltlich um exakt dieselben Kosten handelt, als beeinflussbar zu bewerten, ist nicht erkennbar. Im Gegenteil: Wollte man eine normative Tarifbindung fordern, würde der Netzbetreiber durch die Anreizregulierung gedrängt, seine Arbeitnehmer zur Gewerkschaftsmitgliedschaft zu motivieren.[94] Dies dürfte **mit Art. 9 Abs. 3 GG unvereinbar** sein.[95]

45 Daher sind auch arbeitsvertragliche Inbezugnahmen tariflicher Regelungen als „tarifvertragliche Vereinbarung" i.S.d. § 11 Abs. 2 Nr. 9 ARegV zu qualifizieren. Dies gilt umso mehr, als der Arbeitgeber oft nicht wissen kann und wird, ob er Leistungen aufgrund der individualvertraglichen Bezugnahme oder normativer Tarifbindung erbringt.[96] Denn er hat bei der Einstellung nicht das Recht, nach der Gewerkschaftszugehörigkeit zu fragen.[97] Eine Mitteilungspflicht des Arbeitnehmers über

---

91 Vgl. *Trümner/Lerch*, S. 57.
92 *Trümner/Lerch*, S. 57.
93 *Trümner/Lerch*, S. 58 f.
94 *Trümner/Lerch*, S. 58.
95 Vgl. auch *Trümner/Lerch*, S. 58.
96 *Trümner/Lerch*, S. 58.
97 BAG, Beschl. v. 27.1.2010 – 4 AZR 549/08 (A) – NZA 2010, 645.

eine Tarifbindung besteht erst, wenn er entsprechende Ansprüche als tariflich geltend macht,[98] was bei arbeitsvertraglicher Inbezugnahme jedoch nicht erforderlich ist. Daher wird es dem Netzbetreiber gar nicht möglich sein, die von ihm erbrachten Leistungen zu unterscheiden. Dass er nicht nach der Gewerkschaftsmitgliedschaft differenzieren muss, ist – neben einer Entlastung des Arbeitsvertrags – letztlich gerade der Zweck, den der Arbeitgeber mit der Inbezugnahme von Tarifrecht verfolgt.[99]

Entgegen einer in der Literatur vertretenen Ansicht ist auch nicht erforderlich, dass „zumindest der Netzbetreiber an den Tarifvertrag gebunden" ist.[100] Denn es ist kein Grund erkennbar, aus dem insoweit zwischen Tarifbindung (§ 3 Abs. 1 TVG), Nachbindung (§ 3 Abs. 3 TVG) und Nachwirkung (§ 4 Abs. 5 TVG) unterschieden werden sollte, da sich die tariflichen Arbeitsbedingungen während keines der vorgenannten Wirkungszeiträume ändern. Dass die tariflichen Arbeitsbedingungen im Zeitraum der Nachwirkung leichter geändert werden könnten als im Fall der Tarifbindung bzw. Nachbindung, spielt insoweit keine Rolle. Denn die ARegV begründet keine Verpflichtung, vor dem 1.1.2009 abgeschlossene Vereinbarungen zu ändern.

b) Betriebliche Regelungen

aa) Kollektivvereinbarungen der betrieblichen Sozialpartner

Als „betriebliche Vereinbarungen" i.S.d. § 11 Abs. 2 ARegV wird man zunächst **jede** 46
Vereinbarung zwischen Arbeitgeber und Betriebsrat (vgl. § 77 Abs. 1 S. 1 BetrVG) qualifizieren müssen – und zwar auch dann, wenn sie auf einem Spruch der Einigungsstelle beruht. Erfasst sind daher nicht nur **Betriebsvereinbarungen**[101] (auch in Form von Gesamt- und Konzernbetriebsvereinbarungen), sondern auch formlose **Regelungsabreden** zwischen dem Betriebsrat und dem Arbeitgeber,[102] auf deren Grundlage sich der Arbeitgeber zur individualvertraglichen Gewährung von Lohnzusatzleistungen verpflichtet hat.

Soweit demgegenüber teilweise angenommen wird, § 11 Abs. 2 Nr. 9 ARegV er- 47
fasse lediglich Betriebsvereinbarungen,[103] ist dies bereits mit § 77 Abs. 1 S. 1 BetrVG unvereinbar, der nach allgemeiner Meinung Regelungsabreden zulässt, die den Arbeitgeber gegenüber dem Betriebsrat wie eine Betriebsvereinbarung verpflichten.[104]

---

98 BAG, Beschl. v. 27.1.2010 – 4 AZR 549/08 (A) – NZA 2010, 645.
99 Vgl. nur BAG, Urt. v. 17.11.2010 – 4 AZR 127/09 – BB 2011, 1149.
100 So aber *Trümner/Lerch*, S. 58.
101 *Trümner/Weinbrenner*, ZNER 2010, 367, 368.
102 *Trümner/Lerch*, S. 56.
103 PwC/*Elert/Speier*, S. 474 f.
104 Vgl. statt aller *Fitting*, § 77 BetrVG Rn 216 ff.

Praxistipp
Auch Dienstvereinbarungen mit dem Personalrat oder Vereinbarungen mit dem Sprecherausschuss gemäß § 28 SprAuG sind als „betriebliche Vereinbarungen" von § 11 Abs. 2 Nr. 9 ARegV erfasst.[105]

bb) Betriebliche Einheitsregelungen, Gesamtzusagen, betriebliche Übung?

48 Fraglich ist hingegen, ob auch betriebliche Einheitsregelungen, Gesamtzusagen oder eine betriebliche Übung als „betriebliche Vereinbarung" zu qualifizieren sind,[106] die besondere Formen der Begründung individualvertraglicher Pflichten darstellen.

Dagegen kann – angesichts der Qualifikation arbeitsvertraglich in Bezug genommener tariflicher Regeln als „tarifliche Vereinbarung" – schon aus Gründen der inneren Systematik des § 11 Abs. 2 Nr. 9 ARegV nicht eingewandt werden, dass es sich dabei um individualvertragliche Regelungen handelt. Losgelöst davon würden betriebsratslose Netzbetreiber ohne sachlichen Grund benachteiligt, wenn ihre Kosten ohne weiteres als beeinflussbar bewertet würden, nur weil ihnen – für sie nicht steuerbar – kein Betriebsrat als Verhandlungspartner gegenübersteht.[107]

49 Da es sich allerdings um „betriebliche" Vereinbarungen handeln muss, können individualvertragliche Regelungen nur dann als von § 11 Abs. 2 Nr. 9 ARegV erfasst qualifiziert werden, wenn sie entweder einen kollektiven Bezug aufweisen, d.h. in Form von Gesamtzusage, Einheitsregelung, betrieblicher Übung oder arbeitgeberseitiger Richtlinie eingeführt worden sind, oder aber Betriebsvereinbarungen usw. arbeitsvertraglich in Bezug genommen werden.

Praxistipp
Das BAG hat in seinem Urteil vom 5.3.2013[108] als AGB vereinbarte Arbeitsverträge mit der Begründung als betriebsvereinbarungsoffen qualifiziert, diese hätten einen kollektiven Bezug. Denkbar ist daher, dass man im Rahmen der Anreizregulierung ebenfalls einen großzügigeren Maßstab anlegen muss.

4. „Vor" dem 31.12.2008 abgeschlossene Vereinbarungen

50 Nach dem Wortlaut von § 11 Abs. 2 Nr. 9 ARegV müssen die relevanten tariflichen oder betrieblichen Vereinbarungen „vor dem 31. Dezember 2008" abgeschlossen worden sein. Ausgehend von dem Sinn und Zweck des § 11 Abs. 2 Nr. 9 ARegV (Vertrauens- bzw. Bestandsschutz) wollte der Verordnungsgeber jedoch erkennbar sol-

105 *Trümner/Lerch*, S. 56.
106 Befürwortend *Säcker*, IR 2007, 242, 245; *Trümner/Lerch*, S. 56.
107 *Trümner/Lerch*, S. 56.
108 1 AZR 417/12, ZIP 2013, 1542.

che Vereinbarungen zu Lohnzusatz- und Versorgungsleistungen erfassen, die vor Beginn der Anreizregulierung, d.h. vor dem 1.1.2009 (§ 1 S. 2 ARegV), abgeschlossen wurden.[109] Es handelt sich lediglich um ein Redaktionsversehen, sodass § 11 Abs. 2 Nr. 9 ARegV auf am 31.12.2008 abgeschlossene Vereinbarungen analog anzuwenden ist.[110]

Wann der betroffene Arbeitnehmer in den Geltungsbereich der von § 11 Abs. 2 Nr. 9 ARegV erfassten Regelungen gelangt, spielt demgegenüber keine Rolle. Denn § 11 Abs. 2 Nr. 9 ARegV stellt ausdrücklich auf den **„Abschluss“** und nicht auf die „Geltung“ oder „Wirkung“ der jeweiligen Regelung ab. Erfasst sind daher auch die Lohnzusatzkosten solcher Arbeitnehmer, auf die die vor dem 1.1.2009 abgeschlossenen Vereinbarungen erst nach dem 31.12.2008 zur Anwendung kommen.[111] Die Arbeitnehmer haben es also z.B. in der Hand, durch Gewerkschaftsbeitritt die Privilegierung ihrer Lohnzusatzkosten zu bewirken (und dadurch ggf. Arbeitsplätze zu sichern).

Häufig werden Tarifverträge oder Betriebsvereinbarungen im Nachgang zu ih- 51
rem Abschluss modifiziert.

Beispiel
Tarifvertrag vom **[Datum 1]** in der Fassung vom **[Datum 2]**.

Durch eine derartige Modifikation wird nach der Rechtsprechung des BAG der Tarifvertrag beendet und neu abgeschlossen. Das folgt aus der ständigen Rechtsprechung des BAG zu § 3 Abs. 3 TVG, nach der dem Ende eines Tarifvertrags im Rahmen der Nachbindung nach § 3 Abs. 3 TVG jede Änderung des Tarifvertrages gleichsteht.[112]

Praxistipp
Ausgehend von dem Sinn und Zweck des § 11 Abs. 2 Nr. 9 ARegV (Vertrauens- bzw. Bestandsschutz) wird man die Rechtsprechung des BAG zu § 3 Abs. 3 TVG allerdings im Zweifel auf § 11 Abs. 2 Nr. 9 ARegV mit der Folge übertragen müssen, dass jede Änderung der vor dem 1.1.2009 abgeschlossenen tariflichen und betrieblichen Vereinbarungen die Privilegierung nach § 11 Abs. 2 Nr. 9 ARegV beendet.

---

109 *Trümner/Lerch*, S. 59.

110 I.E. ebenso PwC/*Elert/Speier*, S. 475; *Trümner/Lerch*, S. 59, die allerdings von einer unmittelbaren Anwendbarkeit von § 11 Abs. 2 Nr. 9 ARegV ausgehen, obwohl die Wortlautgrenze überschritten ist.

111 Ebenso Danner/Theobald/*Hummel*, § 11 ARegV Rn 50.

112 Zuletzt BAG, Urt. v. 22.2.2012 – 4 AZR 8/10 – juris.

52 Dafür, dass jedenfalls die Rechtsprechung hierzu tendieren könnte, spricht die vom BAG im Rahmen der AGB-Kontrolle entwickelte Überlegung,[113] dass „ein deutlicher Ausdruck dafür, dass eine zuvor [d.h. vor dem 1.1.2009] bestehende [Regelung] erneut [d.h. nach dem 31.12.2008 und daher nicht privilegiert] zum Gegenstand der rechtsgeschäftlichen Willensbildung der Vertragsparteien gemacht worden ist und die Parteien trotz der geänderten Gesetzeslage auch nach dem Inkrafttreten [der Vorgaben zur Anreizregulierung] ausdrücklich an den zuvor getroffenen Abreden festhalten, [...] beispielsweise in der ausdrücklichen Erklärung [liegt], dass ‚alle anderen Vereinbarungen aus dem Anstellungsvertrag unberührt bleiben'".

Praxistipp
Sind Änderungen von vor dem 1.1.2009 getroffenen tariflichen oder betrieblichen Vereinbarungen – aus welchem Grund auch immer – unvermeidlich, sollten die Parteien zur Bewahrung der Privilegien im Rahmen der Anreizregulierung jedenfalls auf „Klarstellungen" der vorstehenden Art verzichten.

5. Fazit

53 „Lohnzusatzkosten" i.S.d. § 11 Abs. 2 Nr. 9 ARegV haben – als Typus – im Allgemeinen nicht den Charakter einer unmittelbaren Gegenleistung für geleistete Arbeit. Sie werden typischerweise vom Arbeitgeber freiwillig zu Gunsten seiner Arbeitnehmer im Hinblick auf das Arbeitsverhältnis gewährt und dienen nicht unmittelbar als Gegenleistung, sondern verfolgen in der Regel vornehmlich andere Zwecke. Im Zweifelsfall ist eine Arbeitgeberleistung nicht als Lohnzusatzleistung, sondern als Lohn zu qualifizieren. Als „tarifliche" oder „betriebliche Vereinbarung" sind neben kollektivrechtlichen Regelungen (Tarifvertrag, Betriebsvereinbarung usw.) auch individualvertragliche Bezugnahmen auf derartige kollektivrechtliche Regelungen bzw. sonstige kollektiv zugesagte Lohnzusatzleistungen zu bewerten (z.B. aufgrund Gesamtzusage, betrieblicher Übung etc.), die bis einschließlich zum 31.12.2008 vereinbart worden und seitdem nicht mehr geändert worden sind. Sollten Änderungen unvermeidlich sein, muss darauf geachtet werden, lediglich die geänderten Regelungen zu erfassen, ohne dabei ausdrücklich die übrigen Regelungen erneut in den Willen der Vertragsparteien aufzunehmen.

6. Auslegung von § 11 Abs. 2 Nr. 9 ARegV durch die BNetzA

54 Bei den vorgenannten Vorgaben lässt es die BNetzA aber nicht bewenden. Sie fügt eine weitere, dem Wortlaut des § 11 Abs. 2 Nr. 9 ARegV nicht zu entnehmenden Vorgabe hinzu, die sie offenbar dem Zweck der Norm entnimmt:

113 BAG, Urt. v. 18.11.2009 – 4 AZR 514/08 – NZA 2010, 170.

Nach ihrer Interpretation sind von § 11 Abs. 2 Nr. 9 ARegV nur die Lohnzusatzkosten derjenigen Mitarbeiter erfasst, **die einen Arbeitsvertrag direkt mit dem Netzbetreiber geschlossen haben.**[114] Begründet wird das damit, dass Unternehmen dann effizienter seien, wenn sie für ihr Netz eigene Mitarbeiter einsetzen, weil deren Personalzusatzkosten den dauerhaft nicht beeinflussbaren Kosten zuzuordnen sind.[115] Kauften sie hingegen Dienstleistungen von Dritten ein, seien sie **weniger effizient**, weil die Lohnzusatzkosten den beeinflussbaren Kostenanteilen zugerechnet werden.[116]

Lediglich während der ersten Regulierungsperiode galt eine Übergangsregelung, nach der auch die Personalzusatzkosten der Mitarbeiter, die noch nicht unmittelbar beim Netzbetreiber beschäftigt sind, § 11 Abs. 2 Nr. 9 ARegV unterfallen.[117] Voraussetzung dafür war, dass sie ausschließlich für den Netzbetreiber tätig sind und ihre endgültige Überleitung in ein Arbeitsverhältnis beim Netzbetreiber angestrebt ist. Diese Übergangsregelung galt allerdings nicht für Personalzusatzkosten, die im Rahmen von Dienstleistungsverträgen mit „konzernfremden" Dritten entstehen.

Ab der zweiten Regulierungsperiode, also **ab dem 1.1.2014**, werden durch die 55
BNetzA nur noch diejenigen Lohnzusatzleistungen als nicht beeinflussbar angesehen, die für Arbeitnehmer erbracht werden, die **unmittelbar mit dem Netzbetreiber einen Arbeitsvertrag geschlossen haben und ausschließlich dort tätig sind.**[118] Dies hat erhebliche Fernwirkungen in Bezug auf die in der Vergangenheit geschaffenen Strukturen zur Umsetzung der Entflechtungsvorgaben des EnWG (vgl. dazu Kapitel 2 Rn 413 ff.).

---

114 BNetzA, Leitfaden für Stromverteilernetzbetreiber „Große Netzgesellschaft" (2011), S. 5, abrufbar unter http://www.bundesnetzagentur.de/DE/Service-Funktionen/Beschlusskammern/1BK-Geschaeftszeichen-Datenbank/BK8-GZ/2011/2011_001bis100/BK8-11-024_BKV/BK8-11-024_Leit faden_download.pdf?__blob=publicationFile&v=1.

115 BNetzA, Leitfaden für Stromverteilernetzbetreiber „Große Netzgesellschaft" (2011), S. 5, abrufbar unter http://www.bundesnetzagentur.de/DE/Service-Funktionen/Beschlusskammern/1BK-Geschaeftszeichen-Datenbank/BK8-GZ/2011/2011_001bis100/BK8-11-024_BKV/BK8-11-024_Leit faden_download.pdf?__blob=publicationFile&v=1.

116 BNetzA, Leitfaden für Stromverteilernetzbetreiber „Große Netzgesellschaft" (2011), S. 5, abrufbar unter http://www.bundesnetzagentur.de/DE/Service-Funktionen/Beschlusskammern/1BK-Geschaeftszeichen-Datenbank/BK8-GZ/2011/2011_001bis100/BK8-11-024_BKV/BK8-11-024_Leit faden_download.pdf?__blob=publicationFile&v=1.

117 BNetzA, Leitfaden für Stromverteilernetzbetreiber „Große Netzgesellschaft" (2011), S. 5, abrufbar unter http://www.bundesnetzagentur.de/DE/Service-Funktionen/Beschlusskammern/1BK-Geschaeftszeichen-Datenbank/BK8-GZ/2011/2011_001bis100/BK8-11-024_BKV/BK8-11-024_Leit faden_download.pdf?__blob=publicationFile&v=1.

118 BNetzA, Leitfaden für Stromverteilernetzbetreiber „Große Netzgesellschaft" (2011), S. 6, abrufbar unter http://www.bundesnetzagentur.de/DE/Service-Funktionen/Beschlusskammern/1BK-Geschaeftszeichen-Datenbank/BK8-GZ/2011/2011_001bis100/BK8-11-024_BKV/BK8-11-024_Leit faden_download.pdf?__blob=publicationFile&v=1.

C. Rechtliche Entflechtung – Welches Gestaltungsmodell passt am besten?

56 Das EnWG schreibt grundsätzlich **keinen bestimmten Weg** zur Umsetzung der Entflechtungsvorgaben in § 6ff. EnWG vor. Lediglich für TNB werden in §§ 8ff. EnWG abschließend drei spezifische Modelle zur Verfügung gestellt (vgl. Kapitel 2 Rn 15f.). TNB erhalten dadurch einen besonderen Status. Ihre Entflechtung wird daher gesondert dargestellt (vgl. unter Kapitel 2 Rn 191ff.).

57 Die Vorgaben zur rechtlichen Entflechtung von VNB finden sich demgegenüber in § 7 EnWG. Sie dienen der Umsetzung von Art. 26 Elektrizitätsrichtlinie/Gasrichtlinie, bringen aber im Vergleich zum EnWG 2005 in der Fassung der EnWG-Novelle 2011 keine geänderten Anforderungen mit sich.[119] Inhaltlich bedeutet rechtliche Entflechtung danach, dass vertikal integrierte EVU sicherstellen müssen, dass VNB, die mit ihnen i.S.d. § 3 Nr. 38 EnWG verbunden sind, **hinsichtlich ihrer Rechtsform unabhängig von anderen Tätigkeitsbereichen der Energieversorgung** sind.[120] Hiervon ausgenommen sind nach § 7 Abs. 2 EnWG die EVU, an deren Netze weniger als 100.000 Kunden angeschlossen sind (sog. **De-minimis-Regelung**).

Die Vorgabe der rechtlichen Entflechtung ist im Prinzip bereits dann erfüllt, wenn der Netzbetrieb in eine Gesellschaft (Netzgesellschaft) überführt wird, in der die sonstigen wettbewerbsrelevanten Tätigkeitsbereiche der Versorgung mit Strom und Gas nicht angesiedelt sind.

! **Praxistipp**
Keine Rolle spielt, ob diese Netzgesellschaft neu gegründet oder der Netzbetrieb auf eine bereits vorhandene Gesellschaft übertragen wird.[121]

! **Praxistipp**
Keine Frage des rechtlichen, sondern Aspekte des – flankierenden – operationellen Unbundling (§ 7a EnWG) sind demgegenüber die personelle Ausstattung, Einflußnahmemöglichkeiten innerhalb des vertikal integrierten EVU auf die Netzgesellschaft, gesellschaftsrechtliche Aufsichts- und ggf. Weisungsrechte, Zuständigkeits- und Kompetenzverteilungen sowie die Bewirtschaftung des Netzbetriebs. § 7 EnWG gibt damit die rein formale Anforderung vor, den Netzbetrieb auf eine eigenständige Netzgesellschaft zu übertragen.[122]

---

119 *Theobald/Theobald*, S. 346.
120 Zu den „Tätigkeitsbereichen der Energieversorgung" vgl. Rosin/*Schmutzer/Schoon/Stolzenburg*, § 7 EnWG Rn 13.
121 *Theobald/Theobald*, S. 346.
122 *Theobald/Theobald*, S. 346.

In der Praxis haben sich zwar besonders häufig gewählte Modelle der Entflechtung durchgesetzt, die im Folgenden (unter Kapitel 2 Rn 69ff.) dargestellt werden. Der Schwerpunkt dieser Darstellung soll allerdings auf arbeitsrechtlichen Aspekten liegen. Arbeitsrechtlich relevante Fragestellungen ergeben sich indes insbesondere dort, wo die Unabhängigkeit des Netzbetriebs auf betrieblicher und personeller Ebene sichergestellt bzw. umgesetzt werden muss, also beim rechtlichen (legal) Unbundling, vor allem aber beim operationellen Unbundling. 58

Ob mit dem jeweils nachfolgend im Rahmen des rechtlichen Unbundling gewählten Modell eine Übertragung von Arbeitsverhältnissen verbunden ist, hängt von der Ausgestaltung unter arbeitsrechtlichen Aspekten, insbesondere also vom Vorliegen eines Betriebsübergangs gemäß § 613a BGB ab. Gleiches (die Abhängigkeit von der Ausgestaltung) gilt für tarifliche und betriebsverfassungsrechtliche Fragen sowie mit Blick auf ein eventuell einschlägiges Mitbestimmungsstatut in den beteiligten Gesellschaften.

Mit Ausnahme der Frage des Mitbestimmungsstatuts ist die Wahl der Rechtsform der Netzgesellschaft dabei ebenso bedeutungslos wie die Frage der Ausgestaltung von Konzernstrukturen.[123] Mittelbare Auswirkungen hat in diesem Zusammenhang vor allem die Umsetzung der Vorgaben zum operationellen Unbundling. Rechtsform und Konzernstruktur werden daher nachfolgend lediglich in der notwendigen Kürze vorgestellt. 59

I. Rechtsform der Netzgesellschaft

Hinsichtlich der **Wahl der Rechtsform** der Netzgesellschaft ist das EVU grundsätzlich ebenso frei wie bei der Entscheidung bezüglich **Anzahl und Größe der Netzgesellschaften.**[124] In der Begründung zum Gesetzesentwurf der Bundesregierung heißt es dazu ausdrücklich: „Eine Änderung des geltenden Rahmens des Gesellschafts-, Mitbestimmungs- und Steuerrechts ist nicht vorgesehen".[125] 60

Einzige Schranke für die Rechtsformwahl ist damit der sog. **numerus clausus der Gesellschaftsformen.** Daher stehen grundsätzlich alle im deutschen Recht anerkannten deutschen privatrechtlichen Rechtsformen zur Verfügung, also Kapitalgesellschaften ebenso wie Personengesellschaften. Gleiches gilt für europäische rechtsfähige juristische Personen wie die Europäische Aktiengesellschaft (SE). Für kommunale EVU kommen auch öffentlich-rechtliche Rechtsformen in Betracht, z.B. die rechtsfähige Anstalt öffentlichen Rechts. Das Gesetz bestätigt dies insoweit, als

123 Ein Konzernbetriebsrat kann allerdings nur in einem Unterordnungskonzern i.S.d. § 18 Abs. 1 AktG gebildet werden, BAG, Beschl. v. 9.2.2011 – 7 ABR 11/10 – NZA 2011, 866.
124 Rosin/*Schmutzer*/*Schoon*/*Stolzenburg*, § 7 EnWG Rn 24.
125 BT-Drucks. 15/3917, S. 52.

gemäß § 3 Nr. 27 EnWG jede natürliche oder juristische Person bzw. rechtlich unselbständige Organisationseinheit Netzbetreiber sein kann.

Wichtig für die Entscheidung hinsichtlich der Rechtsform sind vor diesem Hintergrund zunächst die **gesetzlichen Rahmenbedingungen** und insbesondere die Frage der **zukünftigen Unternehmensstrategie**.

! **Praxistipp**
Ist strategisch z.B. ggf. geplant, das Netz zukünftig an die Börse zu bringen, sollte die Netzgesellschaft auf der Grundlage eines sog. Holding-Modells in Form einer Aktiengesellschaft gegründet werden.[126]

---

61 Darüber hinaus folgt die Wahl der Rechtsform typischerweise aufgrund weiterer **Zweckmäßigkeitserwägungen**, insbesondere:[127]
- steuerliche Überlegungen,
- Möglichkeiten der Kapitalaufbringung,
- der administrative Aufwand sowie
- Aspekte der Unternehmensmitbestimmung.

Die mit der Rechtsformwahl verbundenen Konsequenzen für den **kommunalpolitischen Einfluss** hat bei kommunalen Unternehmen besondere Relevanz, weil sie besonderen öffentlich-rechtlichen Bindungen unterworfen sind. Daneben ist für Kommunen zumeist die Frage der **Haftungsbegrenzung** ein wesentliches Entscheidungskriterium.[128]

1. Gesellschaft mit beschränkter Haftung

62 In der Praxis wird zumeist die Rechtsform der GmbH gewählt,[129] da die laufenden Kosten gering sind und der Gründungsaufwand nicht besonders hoch ist.[130]

! **Praxistipp**
Sichergestellt werden muss bei der Wahl der Rechtsform der GmbH, dass die Vorgaben für das operationelle Unbundling durch eine Einschränkung von Weisungs- und Auskunftsrechten gewahrt werden.[131]

---

126 *Kaluza*, S. 77.
127 *Kaluza*, S. 77.
128 *Kaluza*, S. 77 m.w.N.
129 Zweifel an der Zulässigkeit dieser Rechtsform bestehen nur vereinzelt, z.B. bei *Kaluza*, S. 78; für eine Zulässigkeit z.B. *Steinbauer*, S. 54 ff.
130 Rosin/*Schmutzer*/*Schoon*/*Stolzenburg*, § 7 EnWG Rn 25; *Ehricke*, IR 2004, 170; *Kaluza*, S. 77 m.w.N.
131 Rosin/*Schmutzer*/*Schoon*/*Stolzenburg*, § 7 EnWG Rn 25.

2. GmbH & Co. KG

Die GmbH & Co. KG als Kommanditgesellschaft, an der eine GmbH als persönlich haftender Gesellschafter beteiligt ist, wird regelmäßig aufgrund steuer- und bilanzrechtlicher Vorteile gewählt, denen ein höherer Gründungs- und Organisationsaufwand im Vergleich zur GmbH gegenübersteht.[132] 63

Praxistipp !

Ein weiterer Beweggrund kann sein, dass dort aus Arbeitnehmersicht schwieriger nach § 4 MitbestG ein mitbestimmter Aufsichtsrat installiert werden kann.[133]

---

3. Aktiengesellschaft

Die AG ist ebenfalls eine zulässige Rechtsform, die sich insbesondere dann anbietet, wenn der Netzbetrieb einen größeren Umfang erhalten und für Beteiligungen Dritter offen sein soll.[134] Zudem ist bei der Wahl der Rechtsform der AG der Nachweis der Unabhängigkeit im Netzbetrieb nach den Vorgaben zum operationellen Unbundling durch die gesetzlichen Vorgaben für diese Rechtsform leicht zu führen.[135] 64

Praxistipp !

Für das EVU kann die Wahl dieser Rechtsform demgegenüber erhebliche Nachteile mit sich bringen, da die aktienrechtlich vorgegebene Unabhängigkeit der AG und ihres Vorstands unternehmens- und konzernbezogene Steuerungsmöglichkeiten in einem weiteren Umfang ausschließt, als dies zur Erfüllung der Vorgaben zum operationellen Unbundling erforderlich wäre.

---

4. Grundsätzliche Unzulässigkeit eines Eigenbetriebs

Nicht zulässig ist der Eigenbetrieb als klassische Organisationsform für wirtschaftliche Unternehmen der Kommunen, die den Vorgaben des § 7 Abs. 1 EnWG unterfallen.[136] 65

Praxistipp !

Ein Eigenbetrieb kommt allenfalls für solche kommunalen EVU in Betracht, die wegen der de minimis-Ausnahme nur zur informationellen und buchhalterischen Entflechtung verpflichtet sind.[137]

---

132 *Kaluza*, S. 78 m.w.N.
133 Vgl. Rosin/*Schmutzer*/*Schoon*/*Stolzenburg*, § 7 EnWG Rn 35.
134 *Pathe*/*Mussaeus*, N&R 2004, 147, 150; *Kaluza*, S. 79 m.w.N.
135 Vgl. Rosin/*Schmutzer*/*Schoon*/*Stolzenburg*, § 7 EnWG Rn 36 ff.; *Kaluza*, S. 79 m.w.N.
136 *Will*, DVBl 2006, 1278, 1280; *Kaluza*, S. 80 f. m.w.N.
137 *Kaluza*, S. 81 f. m.w.N.

II. Konzernstrukturen und Entflechtung

66 Ebenso wenig wie für die Rechtsform gibt das EnWG eine Struktur für den rechtlich entflochtenen Energieversorgungskonzern vor.[138] Denn durch die Vorgaben des § 7 EnWG **wird ein Konzernverbund** zwischen Netz, Erzeugung und Vertrieb **nicht ausgeschlossen**. Einschränkungen können sich wiederum lediglich aus den Vorgaben zur operationellen Entflechtung ergeben.

In der Praxis werden ausschließlich das sog. „Tochter-Modell" und das sog. „Holding-Modell" gewählt.

1. Tochter-Modell

67 Beim Tochter-Modell wird der Netzbetrieb in eine eigenständige Tochtergesellschaft des EVU überführt, während die übrigen Wettbewerbsbereiche „Vertrieb und Erzeugung" bei der Muttergesellschaft des EVU verbleiben.[139]

! **Praxistipp**
Die Vorteile dieses Modells liegen in dem geringen Realisierungsaufwand und in der Konzentration auf die gesetzlichen Mindestanforderungen des EnWG. Es ist insbesondere auch dann geeignet, wenn Kooperationen mit anderen EVU im Netzbereich geplant sind.[140]

---

2. Holding-Modell

68 Beim Holding-Modell werden die einzelnen Wettbewerbsbereiche (Erzeugung/Gewinnung von Energie, Netzbetrieb und Vertrieb) in rechtlich verselbständigte Schwestergesellschaften überführt.[141] Die Muttergesellschaft des Netzbetriebs und der übrigen Wettbewerbsbereiche ist dann eine reine Beteiligungs-Holding, so dass an der Konzernspitze eine reine Holding-Gesellschaft steht. Diese führt ihre Tochterunternehmen als strategische Holding dann zumeist primär über strategische Vorgaben und finanzielle Kennzahlen. Die damit verbundene Umsetzung der rechtlichen Entflechtung ist allerdings wesentlich aufwändiger als beim Tochtermodell. Das Holding-Modell ist daher **für kleinere Unternehmen eher ungeeignet**. Dies gilt erst recht, wenn – was ebenfalls denkbar wäre – diese Struktur durch eine Shared-Services-Gesellschaft als weitere Tochter ergänzt wird, welche Dienstleistungen für die übrigen Tochtergesellschaften erbringt.

---

138 Vgl. zu Konzernstrukturen auch z.B. *Steinbauer*, S. 49 ff.; *Kaluza*, S. 82 ff.
139 Rosin/*Schmutzer*/*Schoon*/*Stolzenburg*, § 7 EnWG Rn 18; zu dem praktisch kaum realisierbaren umgekehrten Weg eines „Mutter-Modells" vgl. Rosin/*Schmutzer*/*Schoon*/*Stolzenburg*, § 7 EnWG Rn 19.
140 *Kaluza*, S. 82 f. m.w.N.
141 Näher Rosin/*Schmutzer*/*Schoon*/*Stolzenburg*, § 7 EnWG Rn 20 ff.; *Kaluza*, S. 84 f. m.w.N.

Praxistipp

Sinnvoll ist das Holding-Modell vor diesem Hintergrund insbesondere für größere EVU, die von einer einfacheren Realisierung der informatorischen Entflechtung und der mit dem Modell verbundenen strategischen Flexibilität profitieren. Zudem besteht in dieser Struktur die Möglichkeit, auf allen Wertschöpfungsstufen horizontale Kooperationen auf gesellschaftsrechtlicher Ebene einzugehen, ohne langwierige Herauslösungsprozesse der Einheiten aus dem Gesamtunternehmen vorschalten zu müssen.[142]

III. Umfang der rechtlichen Entflechtung von Verteilernetzbetreibern

In welchem Umfang die Netzgesellschaft rechtlich vom EVU unabhängig sein muss, 69
gibt § 7 Abs. 1 EnWG nicht eindeutig vor. Exaktere – aber auch strengere – Vorgaben finden sich in § 8 EnWG für Transportnetzbetreiber, die den in §§ 9ff. EnWG geregelten Sondervorgaben unterliegen (vgl. zu ihnen unter Kapitel 2 Rn 191ff.). Im Umkehrschluss aus diesen Sonderregelungen folgt, dass für Verteilernetzbetreiber eine größere Gestaltungsfreiheit besteht.

1. „Große" oder „breite" Netzgesellschaft mit Eigentumsübertragung

Bei dem sogenannten Übertragungsmodell wird das zivilrechtliche Eigentum an den 70
Vermögensgegenständen, die zum Betrieb des Netzes erforderlich sind, von dem EVU auf die Netzgesellschaft übertragen.[143]

a) Einzelrechtsnachfolge bzw. Gesamtrechtsnachfolge

Dies kann im Wege der Einzelrechtsnachfolge (sog. Asset Deal) oder im Wege der 71
Gesamtrechtsnachfolge nach dem Umwandlungsgesetz (UmwG) geschehen. Ein Asset Deal ist dabei die rechtsgeschäftliche Übertragung einzelner Bestandteile des Vermögens eines Unternehmens (Assets) im Wege der Übereignung bzw. Abtretung.

Umwandlungsrechtlich kommt vor allem eine Spaltung nach § 123 UmwG in Betracht. Mit ihr verbunden ist die Übertragung von Vermögensteilen als Gesamtheit auf einen bestehenden oder neu gegründeten Rechtsträger. Die Spaltungsarten nach § 123 UmwG unterscheiden sich dabei danach, ob durch sie zwei neue Rechtsträger anstelle eines bisherigen Rechtsträgers geschaffen werden sollen (Aufspaltung) oder neben die bisherige Gesellschaft eine Schwestergesellschaft treten soll

142 *Kaluza*, S. 85.

143 Vgl. nur Rosin/*Schmutzer*/*Schoon*/*Stolzenburg*, § 7 EnWG Rn 50ff.; *Kaluza*, S. 69 m.w.N.

(Abspaltung) bzw. eine Übertragung des Netzbetriebs auf eine Tochtergesellschaft der übertragenden Gesellschaft erfolgen soll (Ausgliederung).[144]

72 Welcher Übertragungsweg gewählt wird, hängt von vielerlei Faktoren ab. In der Praxis sind neben arbeitsrechtlichen Fragestellungen vor allem **steuerliche Auswirkungen** der unterschiedlichen Gestaltungsformen zu beachten, die allerdings nicht Gegenstand dieser Darstellung sind.

b) Rahmenbedingungen

73 Energiewirtschaftsrechtlich sind die beteiligten Rechtsträger allerdings frei, die für sie passende Übertragung zu wählen.[145] Für umwandlungsrechtliche Lösungen spricht dabei zumeist die einfachere Handhabung der Eigentumsübertragung als Gesamtheit.

Um zusätzliche Belastungen durch in Folge der Eigentumsübertragung ausgelöste Steuern zu verhindern, hatte der Gesetzgeber in § 6 Abs. 2 bis 4 EnWG a.F. steuerliche Privilegierung für die Umstrukturierungsvorgänge aus Anlass der Umsetzung der Entflechtungsbestimmungen geschaffen. Diese knüpften jedoch entweder am Organisationsakt der Entflechtung bzw. an Übergangsfristen an, die indes zum 31.12.2007 bzw. 31.12.2008 ausgelaufen sind. Vor diesem Hintergrund hat der Gesetzgeber **die steuerlichen Privilegierungen mit der Novellierung des EnWG 2011 gestrichen**. Alle nach diesem Zeitraum vorgenommenen Maßnahmen unterliegen daher den allgemeinen steuerlichen Vorschriften und Prinzipien.

2. „Große" oder „breite" Netzgesellschaft ohne Eigentumsübertragung (Pachtmodell I)

74 In der Praxis wurde jedoch zumeist keine Eigentumsübertragung, sondern lediglich eine schuldrechtliche Überlassung in Form der Verpachtung gemäß § 581 BGB gewählt.

Bei diesem sog. Pachtmodell bleibt im Unterschied zum Übertragungsmodell das Eigentum an den zum Netzbetrieb erforderlichen Anlagen usw. bei dem/n EVU, die sie lediglich an die Netzgesellschaft verpachtet. Dies bedeutet, dass der Netzgesellschaft auf der Grundlage eines Pachtvertrags das Recht zur Nutzung und zur Fruchtziehung in Bezug auf die verpachteten Netzanlagen eingeräumt wird. Die Netzgesellschaft betreibt dementsprechend das Netz im eigenen Namen und für eigene Rechnung (sog. Betriebspachtvertrag).

---

144 Vgl. näher zu den arbeitsrechtlichen Gestaltungsmöglichkeiten bei einer Umwandlung unter Kapitel 2 Rn 332ff.

145 Rosin/*Schmutzer*/*Schoon*/*Stolzenburg*, § 7 EnWG Rn 50.

Praxistipp

Werden nach dem sog. „Münchener Modell“ das Netz nebst Personal und allen Servicebereichen sowie zugehörigen Betriebsmitteln verpachtet, spricht viel für einen Betriebsübergang i.S.d. § 613a BGB.[146]

Die rechtliche Ausgestaltung der Pachtverträge muss allerdings mit Blick auf die Vorgaben zur operationellen Entflechtung besonderen Anforderungen gerecht werden. So müssen z.B. dem Netzpächter die wirtschaftlichen Entscheidungsbefugnisse über das Netz vermittelt und ihm erlaubt werden, im eigenen Namen und für eigene Rechnung am Markt zu operieren.[147]

Praxistipp

Das Pachtmodell wurde insbes. deshalb häufig gewählt, weil es sich mangels Geltung des sachenrechtlichen Bestimmtheitsgrundsatzes zivilrechtlich leicht umsetzen ließ, betriebswirtschaftlich nur gering in die Struktur des EVU eingriff und das Eigentum am Netz und den Netzanlagen bei der Mutter- bzw. Schwestergesellschaft ließ.[148]

3. „Kleine“ oder „schlanke“ Netzgesellschaft (Pachtmodell II)

Das – bislang – mit Abstand am häufigsten gewählte Modell ist (bzw. war) das 75
„Pacht- und Dienstleistungsmodell“ oder die „schlanke Netzgesellschaft“.

Bei diesem Modell wird das Netzeigentum von den Eigentümern (in der Regel den Stadtwerken), d.h. in der Regel dem EVU, an die Netzbetriebsgesellschaft (Netzgesellschaft) verpachtet. Ergänzend werden die Netzeigentumsgesellschaften (EVU) mit der Durchführung von technischen und kaufmännischen Dienstleistungen für die verpachteten Leitungen und Anlagen beauftragt.[149]

Über eigenes Personal verfügt die schlanke Netzgesellschaft nur in geringem, nämlich dem nach § 7a EnWG erforderlichen Umfang. Der ganz überwiegende Teil des Personals kommt im Wege der **(konzerninternen) Arbeitnehmerüberlassung (oder „Personalgestellung“)** zum Einsatz. Dieses Modell ist nicht nur mit Blick auf die Neufassung des AÜG, sondern vor allem vor dem Hintergrund veränderter Vorgaben der BNetzA zur Anreizregulierung aber zumeist **wirtschaftlich bedenklich**

---

146 Entgegen Rosin/*Schmutzer/Schoon/Stolzenburg*, § 7 EnWG Rn 54 liegt er allerdings nicht immer vor. Maßgeblich sind die unter Kapitel 2 Rn 251 ff. entwickelten Grundsätze.

147 Vgl. dazu z.B. Rosin/*Schmutzer/Schoon/Stolzenburg*, § 7 EnWG Rn 55; PwC/*Britsch/Rausch*, S. 41 f.; BerlinerKomm/*Säcker/Schönborn*, § 7 EnWG Rn 27 ff.

148 Vgl. *Gerland/Helm*, BB 2008, 192 ff.

149 BNetzA, Leitfaden für Stromverteilernetzbetreiber „Große Netzgesellschaft“ (2011), S. 1, abrufbar unter http://www.bundesnetzagentur.de/DE/Service-Funktionen/Beschlusskammern/1BK-Geschaeftszeichen-Datenbank/BK8-GZ/2011/2011_001bis100/BK8-11-024_BKV/BK8-11-024_Leitfaden_download.pdf?__blob=publicationFile&v=1.

geworden (vgl. zu Möglichkeiten der Herbeiführung eines Modellwechsels unter Kapitel 2 Rn 413 ff.).

4. Mehrspartennetzgesellschaft

76 Denkbar und in der Praxis bisweilen gewählt ist allerdings auch das Modell der Mehrsparten-Netzgesellschaft. Bewirtschaftete etwa ein EVU mehrere Energienetze verschiedener Spannungsebenen (z.B. Übertragungs- und Verteilernetze im Elektrizitätsbereich), konnten die verschiedenen Netze in einer Netzgesellschaft zusammen gefasst werden.[150]

Ebenso denkbar und zulässig ist, Netze verschiedener zu entflechtender Sparten (Elektrizität und Gas) auf eine gemeinsame Netzgesellschaft zu übertragen oder dies sogar für sämtliche im Netzbereich bewirtschaftete Medien (Strom, Gas, Wasser, Abwasser, Fernwärme, Abwasser, Fernwärme, etc.) zu tun.[151] Beschrieben werden diese Modelle mit den Begriffen „Kombinationsnetzbetrieb“ oder „Mehrsparten-Netzgesellschaft“.

Ein derartiger Betrieb von Netzen verschiedener Sektoren durch eine gemeinsame Netzgesellschaft ist nach den geltenden Vorgaben des EnWG **zulässig**. Dies folgt bereits aus **§ 6d EnWG**, nach dem der gemeinsame Betrieb eines Transport- sowie eines Verteilernetzes durch den selben Netzbetreiber zulässig ist, soweit dieser Netzbetreiber die Bestimmungen der §§ 8 oder 9 bzw. 10–10e EnWG einhält.

5. Gemeinsame Netzgesellschaft mehrerer EVU

77 Denkbar ist schließlich auch, dass mehrere EVU ihre Netze (auch verschiedener Spannungsebenen und -sparten) in gemeinsamen Netzgesellschaften zusammenführen.

! **Praxistipp**
Derartige Netzkooperationen kommen nicht nur für größere Regionalversorgungsunternehmen in Betracht, die den Netzbetrieb in einer gemeinsamen Netzgesellschaft, die z.B. Konzessionsnehmerin einer Vielzahl von Stromnetzen sein kann, bündeln. Auch Netzkooperationen zwischen kleineren EVU, insbesondere Stadtwerken, gewinnen in der Praxis zunehmend an Bedeutung.[152]

Dabei vereinbart die gemeinsame Netzgesellschaft zumeist mit dem einzelnen Stadtwerk in Dienstleistungsverträgen gegen Zahlung eines Entgelts die Durchfüh-

150 Vgl. BerlinerKomm/*Säcker/Schönborn*, § 7 EnWG Rn 34; *Kaluza*, S. 73 m.w.N.
151 *Eder/Blumethal*, IR 2007, 222, 223; BerlinerKomm/*Säcker/Schönborn*, § 7 EnWG Rn 34; *Kaluza*, S. 73 f. m.w.N.
152 *Kaluza*, S. 75.

rung von technischen Dienstleistungen für die im Pachtvertrag aufgeführten Netzanlagen sowie kaufmännische und sonstige Dienstleistungen (vgl. § 7a Abs. 2 EnWG).

Die Zusammenarbeit kommunaler EVU in Form derartiger Netzkooperationen wird von den Regulierungsbehörden zwar begrüßt. Die derzeit anwendbaren Vorgaben zur Anreizregulierung, insbesondere § 11 Abs. 2 Nr. 9 bis 11 ARegV, die vorstehend näher dargestellt worden sind (vgl. unter Kapitel 2 Rn 81ff. und Kapitel 2 Rn 54f.), machen derartige Kooperationen in der Praxis aber sehr schwierig.

D. Die operative Entflechtung – Rahmenbedingungen und Lösungsmodelle

Die Pflicht zur rechtlichen Entflechtung gemäß § 7 EnWG würde das gesetzgeberisch verfolgte Ziel, eine ungestörte wettbewerbliche Steuerung der Wertschöpfungsstufen „vor" dem Netz, das heißt im Bereich Erzeugung/Gewinnung, sowie „hinter" dem Netz, also bezüglich Handel und Vertrieb von Strom und Gas, zu gewährleisten, nur unzureichend umsetzen. Denn wenn der rechtlich verselbständigte Netzbetreiber unter Ausnutzung gesellschaftsrechtlicher Gestaltungsmöglichkeiten einer umfassenden unternehmerischen Steuerung durch die Muttergesellschaft ausgesetzt wäre, läge **lediglich eine rein formale Trennung** des Netzbetriebs von den übrigen Aktivitäten des EVU vor, ohne eine effiziente Selbständigkeit des Netzbetriebs zu erreichen. 78

Vor diesem Hintergrund wird die rechtliche Entflechtung nach § 7 EnWG in § 7a EnWG durch Vorgaben **zur organisatorischen und personellen Entflechtung** ergänzt,[153] die zusammenfassend als **operative oder operationelle Entflechtung** und teilweise auch als **organisatorische bzw. funktionelle Entflechtung bzw. als Management Unbundling** bezeichnet werden.[154] Gemäß § 7a EnWG haben EVU und rechtlich selbständige Betreiber von Elektrizitäts- und Gasversorgungsnetzen die Unabhängigkeit ihrer i.S. von § 3 Nr. 38 EnWG verbundenen Verteilernetzbetreiber hinsichtlich der Organisation, der Entscheidungsgewalt und der Ausübung des Netzgeschäfts nach Maßgabe der Absätze 2 bis 7 des § 7a EnWG sicherzustellen. 79

I. Personelle Entflechtung – Grundlagen

Mit dem Ziel, eine personelle Entflechtung zu erreichen, die einen diskriminierungsfreien Netzbetrieb sicherstellt und Interessenkonflikte vermeidet,[155] trifft § 7a Abs. 2 80

153 Rosin/*Schmutzer*/*Schoon*/*Stolzenburg*, § 7a EnWG Rn 4.
154 Vgl. Rosin/*Schmutzer*/*Schoon*/*Stolzenburg*, § 7a EnWG Rn 1.
155 Vgl. Rosin/*Schmutzer*/*Schoon*/*Stolzenburg*, § 7a EnWG Rn 11.

EnWG – differenziert nach der Bedeutung der jeweiligen Person für den Netzbetrieb – unterschiedlich strenge Vorgaben. Die Ausgestaltung der Anstellungs- bzw. Arbeitsverhältnisse von Personen, die mit Leitungsaufgaben für den Verteilernetzbetreiber betraut sind oder die Befugnis zu Letztentscheidungen besitzen, sind in § 7a Abs. 2 Nr. 1 EnWG geregelt. Die Anforderungen an die Ausgestaltung von Arbeitsverhältnissen der Personen, die in anderen Teilen des vertikal integrierten EVU sonstige Tätigkeiten des Netzbetriebs ausüben, sind demgegenüber in § 7a Abs. 2 Nr. 2 EnWG definiert.

1. Betroffener Personenkreis

81 Mit dem Ziel, eine ungestörte wettbewerbliche Steuerung der Wertschöpfungsstufen vor dem Netz sowie hinter dem Netz zu gewährleisten, gestaltet § 7a Abs. 2 EnWG die Anforderungen an die Beschäftigung von Personen abhängig davon, **welchen Einfluss sie auf den Netzbetrieb nehmen können**, unterschiedlich aus:

Praxistipp
Nach einer in der Literatur vertretenen Auffassung erfasst die Norm auch Dienstleister, weil alle Personen erfasst sein sollen, die in funktionaler Hinsicht für den Netzbetreiber tätig sind.[156] Ob eine Gesellschaft des vertikal integrierten EVU oder ein externer Dienstleister tätig wird, soll keine Rolle spielen.[157]

Voraussetzung für den Einbezug in den Anwendungsbereich des § 7a Abs. 2 EnWG ist bei **teleologischer Auslegung**, dass die Tätigkeit der in Rede stehenden Person **tatsächlich** ein Diskriminierungspotential oder ein Potential für eine Quersubventionierung besitzt.[158]

Beispiel
Ausgehend von diesem Verständnis nicht erfasst sind Mitarbeiter, deren Tätigkeiten typischerweise kein auf den Netzbetrieb bezogenes Diskriminierungs- oder Quersubventionspotential aufweisen, also z.B. Reinigungskräfte, Hausmeister, Poststelle, Kantinenpersonal.[159]

a) Leitungspersonen und Letztentscheider

aa) Personen mit Leitungsaufgaben

82 Die Anforderungen, die für Personen, welche „mit Leitungsaufgaben für den Netzbetrieb betraut sind", gelten, sind in § 7a Abs. 2 Nr. 1 Alt. 1 EnWG geregelt. Ausweis-

156 Vgl. Rosin/*Schmutzer*/*Schoon*/*Stolzenburg*, § 7a EnWG Rn 12 m.w.N.
157 Rosin/*Schmutzer*/*Schoon*/*Stolzenburg*, § 7a EnWG Rn 12.
158 Rosin/*Schmutzer*/*Schoon*/*Stolzenburg*, § 7a EnWG Rn 13 m.w.N.
159 Rosin/*Schmutzer*/*Schoon*/*Stolzenburg*, § 7a EnWG Rn 13.

lich der Gesetzesbegründung sind damit Personen gemeint, „die im Hinblick auf unternehmerische Verantwortung, Planung und operative Gestaltung Einfluss auf die Unternehmenspolitik haben".[160]

Ausgehend von diesem Verständnis sind von § 7a Abs. 2 Nr. 1 Alt. 1 EnWG zunächst einmal die **Mitglieder des geschäftsführenden Organs** der jeweiligen Gesellschaft erfasst, also insbesondere Mitglieder des Vorstands einer AG sowie die Geschäftsführer einer GmbH.

Teilweise wird allerdings auch für möglich gehalten, dass Angehörige der **unter der Organebene liegenden Führungsebene** in den Anwendungsbereich von § 7a Abs. 2 Nr. 1 Alt. 1 EnWG fallen. Dies soll dann der Fall sein, wenn sie in ihrer Position tatsächlich einen entsprechenden Einfluss auf die Unternehmenspolitik des Netzbetriebs ausüben.[161] 83

Praxistipp
Eine derart weite Auslegung vertreten auch die Regulierungsbehörden, nach der vor allem Prokuristen und ggf. Abteilungsleiter bzw. weitere leitende Angestellte erfasst sein können.[162]

Dieses weite Verständnis liegt zwar der ursprünglichen Gesetzesbegründung zugrunde,[163] die allerdings während des Gesetzgebungsverfahrens[164] eine Einschränkung auf Personen mit Leistungsaufgaben erhalten hat.[165]

Dogmatisch erscheint ein einschränkendes Verständnis aus Gründen der **systematisch-teleologischen Auslegung** richtig: § 7a Abs. 2 Nr. 1 Alt. 2 EnWG hätte sonst nämlich nahezu keinen eigenen Anwendungsbereich.[166]

Praxistipp
Unabhängig von der Zuordnung zu einer der Alternativen des § 7a Abs. 2 Nr. 1 EnWG ist für die Praxis letztlich entscheidend, welche Kompetenzen und Zuständigkeiten den in Rede stehenden Personen im Einzelfall zugewiesen worden sind. Maßgeblich sind insbesondere Unterschrifts- und Vollmachtsregelungen sowie unternehmensinterne Kompetenzregelungen. Soweit sich aus ihnen eine Einflussnahmemöglichkeit auf die langfristige Unternehmenspolitik ergibt, sind sie jedenfalls der zweiten Alternative des § 7a Abs. 2 Nr. 1 Alt. 2 EnWG zuzordnen.

---

160 BT-Drucks. 15/3917, S. 53.
161 *Kaluza*, S. 92 m.w.N.
162 BNetzA, Gemeinsame Auslegungsgrundsätze der Regulierungsbehörden des Bundes und der Länder zu den Entflechtungsbestimmungen in §§ 6-10 EnWG vom 1.9.2006, S. 17 f., abrufbar unter: http://www.bundesnetzagentur.de/SharedDocs/Downloads/DE/Sachgebiete/Energie/Unternehmen_Institutionen/EntflechtungKonzessionArealnetze/Entflechtung/Entflechtung/Auslegungsgrunsaetze5222pdf.pdf?__blob=publicationFile&v=7.
163 BT-Drucks. 15/3917, S. 12, 53.
164 Vgl. BT-Ausschuss für Wirtschaft und Arbeit, Ausschussdrucks. 15(9)1820, S. 3.
165 Darauf weisen zu Recht Rosin/*Schmutzer*/*Schoon*/*Stolzenburg*, § 7a EnWG Rn 17 hin.
166 Rosin/*Schmutzer*/*Schoon*/*Stolzenburg*, § 7a EnWG Rn 18.

bb) Personen mit Letztentscheidungsbefugnis

84 Denn § 7a Abs. 2 Nr. 1 EnWG erweitert den Kreis der Personen, für deren Anstellungsverhältnis die strengeren Anforderungen des § 7a Abs. 2 EnWG gelten, auf Personen, welche „die Befugnis zu Letztentscheidungen besitzen, die für die Gewährleistung eines diskriminierungsfreien Netzbetriebs wesentlich sind". Die Abgrenzung zu sonstigen Personen muss hier also anhand der Frage erfolgen, **ob der Gegenstand ihrer Entscheidungskompetenz für die Gewährleistung eines diskriminierungsfreien Netzbetriebs wesentlich** ist.[167] Während der Begriff der Leitungsperson vor allen Dingen auf eine Einbindung in die strategische Unternehmensplanung zielt, sind mit Letztentscheidern die Personen angesprochen, welche die wesentlichen Entscheidungen im **Tagesbetrieb** des Netzbetriebs treffen.[168]

85 Ausreichend ist daher eine diskriminierungsrelevante Entscheidungsbefugnis im betrieblichen Ablauf.[169] Dies bedeutet, dass die Entscheidungen, zu denen die in Rede stehende Person befugt ist, Diskriminierungspotenzial hinsichtlich des „Ob" bzw. „Wie" des Netzbetriebs hat oder haben kann.[170] Dies gilt z.B. für die Vermarktung von Netzkapazitäten und die Steuerung der Netze. Insbesondere sind daher

- die Bedarfs-, Einsatz- und ggf. die Bauplanung der Kapazitäten,
- die Kapazitätsprüfung von Transport- und Speicheranlagen sowie
- die Optimierung des Netzes auf der Grundlage der Normierung der Netzkunden

erfasst.[171] Nicht erfasst sind demgegenüber insbesondere Tätigkeit dienender Funktionen sowie in den Bereichen, die keine erheblichen Gestaltungs- und Einwirkungsmöglichkeiten auf die Wettbewerbsinteressen des vertikal integrierten EVU bieten.[172] Dies folgt im Umkehrschluss aus § 7a Abs. 2 Nr. 2 EnWG, der die Ausgestaltung der Beschäftigung von mit sonstigen Tätigkeiten im Netzbetrieb befassten Personen normiert.

86 Maßgeblich für die Qualifikation als Letztentscheider ist daher die Bestimmung von „wesentlichen Letztentscheidungen". Derartige Entscheidungen liegen – ausgehend vom Zweck des § 7a Abs. 2 Nr. 1 EnWG – dann vor, wenn

- der Entscheidende **einen mit seiner Aufgabe verbundenen tatsächlichen Entscheidungsspielraum** besitzt,

---

167 *Kaluza*, S. 93.

168 BerlinerKomm/*Säcker*/*Schönborn*, § 8 EnWG Rn 14.

169 *Kaluza*, S. 93.

170 BNetzA, Gemeinsame Auslegungsgrundsätze der Regulierungsbehörden des Bundes und der Länder zu den Entflechtungsbestimmungen in §§ 6–10 EnWG vom 1.9.2006, S. 18, abrufbar unter: http://www.bundesnetzagentur.de/SharedDocs/Downloads/-DE/Sachgebiete/Energie/Unternehmen_Institutionen/EntflechtungKonzessionArealnetze/Entflechtung/Entflechtung/Auslegungsgrunsaetze5222pdf.pdf?__blob=publicationFile&v=7.

171 Britz/Hellermann/Hermes/*Hölscher*, § 8 EnWG Rn 9; *Kaluza*, S. 93; Rosin/*Schmutzer*/*Schoon*/*Stolzenburg*, § 7a EnWG Rn 21.

172 Britz/Hellermann/Hermes/*Hölscher*, § 8 EnWG Rn 10; *Kaluza*, S. 93.

- die Entscheidung **vor ihrer Umsetzung nicht mehr durch Vorgesetzte überprüft** wird und
- die Entscheidung **diskriminierende Wirkung** auf das „Ob"/„Wie" des Netzzugangs für Dritte **hat oder haben kann.**[173]

Ob diese Voraussetzungen erfüllt sind, ist anhand der konkreten Betriebsführung im Einzelfall zu prüfen.[174]

Praxistipp
Nach der überzeugenden Bewertung der BNetzA muss der Letztentscheider allerdings in der Lage sein, die grundlegenden Entscheidungen im Wesentlichen vollständig nachvollziehen, begleiten und beeinflussen zu können. Eine bloße Funktion als „Abzeichner" ist nicht ausreichend.[175]

b) Entbehrlichkeit einer Zuordnung zu den beiden Alternativen

Die von § 7a Abs. 2 Nr. 1 Alt. 1 und 2 EnWG erfassten Personenkreise werden sich 87 häufig überschneiden. Eine Zuordnung zu einer der Alternativen im Einzelfall ist allerdings unter energiewirtschaftsrechtlichen Gesichtspunkten entbehrlich, da für beide Personengruppen dieselben Vorgaben gelten. In der Praxis wichtig ist daher insbesondere die Abgrenzung zu den in § 7a Abs. 2 Nr. 2 EnWG geregelten Personen, die mit sonstigen Tätigkeiten beschäftigt sind.

Praxistipp
Die Begriffsbestimmungen in § 7a Abs. 2 Nr. 1 EnWG sind autonom auszulegen. Der Umstand, dass ein Mitarbeiter als leitender Angestellter i.S. des § 5 Abs. 3 BetrVG zu qualifizieren ist, lässt daher 88 nicht zwingend den Rückschluss darauf zu, dass die in Rede stehende Person zugleich von § 7a Abs. 2 Nr. 1 EnWG erfasst ist. Dies wird aber nicht selten der Fall sein. Denn leitende Angestellte unterscheiden sich von den übrigen Arbeitnehmern dadurch, dass sie im Unternehmen typische Unternehmeraufgaben mit einem eigenen erheblichen Entscheidungsspielraum wahrnehmen. Sie müssen sich mit den Interessen des Unternehmers identifizieren.[176]
Die Voraussetzungen, die erfüllt sein müssen, um leitender Angestellter im Sinne des BetrVG sein zu können, sind in § 5 Abs. 3 S. 2 BetrVG geregelt. Er wird ergänzt durch § 5 Abs. 4 BetrVG, der – im Sinne einer Zweifelsregelung – Hilfsfunktion bei der Anwendung von § 5 Abs. 3 S. 2 Nr. 3 BetrVG besitzt.[177]

---

173 Britz/Hellermann/Hermes/*Hölscher*, § 8 EnWG Rn 11; *Kaluza*, S. 93, die allerdings kumulativ eine Einflussnahme auf das „Ob" und das „Wie" fordern Dies dürfte aber zu eng sein, so dass auch eine Einflussnahmemöglichkeit auf das „Wie" ausreichend sein dürfte.
174 Rosin/*Schmutzer*/*Schoon*/*Stolzenburg*, § 7a EnWG Rn 24.
175 Rosin/*Schmutzer*/*Schoon*/*Stolzenburg*, § 7a EnWG Rn 23.
176 *Fitting*, § 5 BetrVG Rn 356.
177 BAG, Beschl. v. 22.9.1994 – 7 ABR 32/93 – RzK I 4b Nr. 7.

89 **Beispiel**
Angestellte in Stabsfunktionen sind den leitenden Angestellten nach der Rechtsprechung des BAG nicht schon wegen ihrer Prokura nach § 5 Abs. 3 S. 2 Nr. 2 BetrVG zugeordnet. Sie können allerdings – bei Vorliegen der gesetzlichen Voraussetzungen – leitende Angestellte nach § 5 Abs. 3 S. 2 Nr. 3 BetrVG sein.[178] Denn in einer Stabsfunktion erfüllt der leitende Angestellte eine unternehmerisch bedeutsame Aufgabe dadurch, dass er planend und beratend tätig wird und kraft seines besonderen Sachverstands unternehmerische Entscheidungen auf eine Weise vorbereitet, die es der eigentlichen Unternehmensführung nicht mehr gestattet, an seinen Vorschlägen vorbeizugehen. Denn aufgrund weitreichender technischer, wirtschaftlicher und sozialer Veränderungen ist der eigentliche Arbeitgeber kaum mehr in der Lage, sämtliche Unternehmerfunktionen selbst auszuüben. Es bedarf der gezielten Vorbereitung durch besonders qualifizierte Personen, die Sachverhalte strukturieren, Probleme analysieren und darauf aufbauend Vorschläge unterbreiten und damit die unternehmerische Entscheidung maßgeblich bestimmen. Auf diese Weise erlangen sie einen erheblichen Einfluss auf die Führung des Unternehmens. Das rechtfertigt, soweit die tatbestandlichen Voraussetzungen des § 5 Abs. 3 BetrVG erfüllt sind, ihre Zuordnung zum Kreis der leitenden Angestellten.[179]

2. Gesetzliche Vorgaben für die Ausgestaltung des Beschäftigungsverhältnisses

a) Vorgaben nach § 7a Abs. 2 Nr. 1 EnWG

90 § 7a Abs. 2 Nr. 1 EnWG enthält für die Unternehmensleitung des Netzbetreibers (Netzgesellschaft) sowie für Führungskräfte, die hinsichtlich des Netzbetriebes über Letztentscheidungsbefugnisse unterhalb der Unternehmensleitung verfügen, eine doppelte Vorgabe.

aa) Zuordnungsvorgaben für Netzmitarbeiter

91 Zunächst einmal muss dieser Personenkreis zwingend einer **betrieblichen Einrichtung des Netzbetriebs** angehören. Zugleich verbietet das EnWG eine **Eingliederung** in betriebliche Einrichtungen, die direkt oder indirekt für den **laufenden Betrieb** in den Bereichen Gewinnung, Erzeugung oder Vertrieb von Energie an Kunden zuständig sind.

Praxistipp
Durchschnittlich verfügen die Verteilernetzbetreiber im Jahr 2012 über ca. 220 festangestellte Mitarbeiter.[180] Lediglich bei neun Netzbetreibern kann festgestellt werden, dass die Anzahl der Mitarbeiter nicht einmal fünf Prozent der mit Netztätigkeiten Beschäftigten des vertikal integrierten EVU

178 BAG, Beschl. v. 29.6.2011 – 7 ABR 5/10 – NZA-RR 2011, 647.
179 BAG, Beschl. v. 29.6.2011 – 7 ABR 5/10 – NZA-RR 2011, 647.
180 Vgl. den Monitoringbericht der BNetzA 2012, abrufbar unter http://www.bundesnetzagentur.de/SharedDocs/Downloads/DE/Allgemeines/Bundesnetzagentur/Publikationen/Berichte/2012/MonitoringBericht2012.pdf?__blob=publicationFile&v=2.

ausmacht.[181] Auch die personellen Verflechtungen in den verbundenen Unternehmen sind noch immer nicht vollständig aufgehoben, gehen aber vor allem durch gezielte Verfahren der Bundesnetzagentur weiter zurück.[182]

Die Entflechtungsvorgaben der §§ 7 ff. EnWG verfolgen das Ziel, eine ungestörte wettbewerbliche Steuerung der Wertschöpfungsstufen „vor" dem Netz, d.h. im Bereich Erzeugung/Gewinnung, sowie „hinter" dem Netz, also bezüglich Handel und Vertrieb von Strom und Gas, zu gewährleisten.[183] Dabei soll weder der Netzbetreiber Einfluss auf die dem Netz vor- und nachgelagerten Wertschöpfungsstufen nehmen noch die Unternehmensleitung dieser Bereiche den Netzbetrieb steuern können. Nur der Muttergesellschaft bleiben die in § 7a Abs. 4 S. 3 ff. EnWG genannten Kompetenzen. 92

Die Gefahr eines weitergehenden Einflusses besteht aber, wenn auf der Leitungsebene eine personenidentische Besetzung der Bereiche Netzbetrieb einerseits und Gewinnung, Erzeugung, Handel oder Vertrieb auf der anderen Seite gegeben ist. Denn in diesem Falle müsste dasselbe Mitglied der Leitungsebene bzw. eine mit Letztentscheidungskompetenz ausgestattete Führungsebene unterhalb der Leitungsebene in seiner Person die Interessen des Netzbetriebs und der sonstigen Unternehmensbereiche des vertikal integrierten EVU ausgleichen. Um insoweit Interessenkonflikte zu vermeiden, ordnet § 7a Abs. 2 Nr. 1 EnWG an, dass diese Personen einer betrieblichen Einrichtung des Netzbetreibers angehören müssen und keiner betrieblichen Einrichtung des EVU angehören dürfen.[184]

bb) Energiewirtschaftliche und arbeitsrechtliche Qualifikation von „betrieblichen Einrichtungen"

„Betriebliche Einrichtung" i.S.d. EnWG sind dabei „alle organisatorischen und/oder rechtsförmlichen Einheiten des Unternehmens oder der Betrieb als Ganzes".[185] Der Begriff umfasst „im weitesten Sinne alle zu dem jeweiligen Geschäftsbereich gehörenden Abteilungen einschließlich der Leitung".[186] „Betriebliche Einrichtung" sollen daher sein: 93

181 Vgl. den Monitoringbericht der BNetzA 2012, abrufbar unter http://www.bundesnetzagentur.de/SharedDocs/Downloads/DE/Allgemeines/Bundesnetzagentur/Publikationen/Berichte/2012/MonitoringBericht2012.pdf?__blob=publicationFile&v=2.

182 Vgl. den Monitoringbericht der BNetzA 2012, abrufbar unter http://www.bundesnetzagentur.de/SharedDocs/Downloads/DE/Allgemeines/Bundesnetzagentur/Publikationen/Berichte/2012/MonitoringBericht2012.pdf?__blob=publicationFile&v=2.

183 *Büdenbender*, RdA 2006, 193, 197.

184 *Büdenbender*, RdA 2006, 193, 197.

185 Britz/Hellermann/Hermes/*Hölscher*, § 8 EnWG Rn 15.

186 BerlinKomm/*Säcker*/*Schönborn*, § 8 EnWG Rn 19 m.w.N.

- Unternehmensorgane,
- Leitungen von Filialen,
- Leitungen von Werken und Betrieben,
- Unternehmensabteilungen oder
- sonstige Organisationseinheiten, die energiewirtschaftliche Funktionen wahrnehmen.[187]

Der Begriff „betriebliche Einrichtungen" i.S.d. § 7a EnWG ist daher weiter als der arbeitsrechtliche Betriebsbegriff, umfasst ihn aber. Ein arbeitsrechtlicher Betrieb[188] ist deshalb auch eine betriebliche Einrichtung i.S.d. § 7a EnWG.[189]

! **Praxistipp**

Bereits dies schließt die Möglichkeit, einen Gemeinschaftsbetrieb zwischen EVU und Netzgesellschaft zu bilden, jedenfalls mit Blick auf die von § 7a Abs. 2 Nr. 1 EnWG erfassten Personen aus (vgl. näher unter Kapitel 2 Rn 364 ff.). Sie dürften einem derartigen gemeinsamen Betrieb nicht „angehören" (dazu sogleich). Losgelöst davon dürfte das Verständnis der Regulierungsbehörden, die pauschal sämtliche parallelen Tätigkeiten der erfassten Personen in betrieblichen Einrichtungen des EVU als ausgeschlossen ansehen, zu breit sein. Denn z.B. eine Tätigkeit in anderen Sparten (Wasser, Wärme) ist dem Sinn und Zweck der Norm nach nicht ausgeschlossen, solange sie klar von der Tätigkeit für die Sparten Strom und Gas abgegrenzt ist.[190]

---

cc) „Angehörigkeit" einer mit Netzaufgaben befassten Person

94 Im energiewirtschaftlichen Schrifttum ist aber umstritten, ob das „Angehören" einer betrieblichen Einrichtung des Netzbetreibers i.S.d. § 7a Abs. 2 Nr. 1 EnWG den Abschluss eines **Anstellungsvertrags mit der Netzgesellschaft** voraussetzt. Das wird zwar von der wohl herrschenden Meinung bejaht,[191] der sich auch die Regulierungsbehörden des Bundes und der Länder angeschlossen haben.[192] Die Gegenan-

---

187 Britz/Hellermann/Hermes/*Hölscher*, § 8 EnWG Rn 15.

188 Vgl. BAG, Urt. v. 28.10.2010 – 2 AZR 392/08 – DB 2011, 118.

189 Vgl. Rosin/*Schmutzer*/*Schoon*/*Stolzenburg*, § 7a EnWG Rn 32.

190 Ebenso Rosin/*Schmutzer*/*Schoon*/*Stolzenburg*, § 7a EnWG Rn 33 m.w.N.

191 *Seel*, ET 2006, 71, 73; BerlinKomm/*Säcker*/*Schönborn*, § 8 EnWG Rn 20; Bartsch/*Schnitker*, Kap. 9 Rn 26; Britz/Hellermann/Hermes/*Hölscher*, § 8 EnWG Rn 16 m.w.N. – ähnlich wohl auch BT-Drucks. 15/3917, S. 53.

192 Vgl. BNetzA, Gemeinsame Auslegungsgrundsätze der Regulierungsbehörden des Bundes und der Länder zu den Entflechtungsbestimmungen der §§ 6-10 EnWG v. 1.9.2006, S. 18, abrufbar unter: http://www.bundesnetzagentur.de/SharedDocs/Downloads/DE/Sachgebiete/Energie/Unternehmen_Institutionen/EntflechtungKonzessionArealnetze/Entflechtung/Entflechtung/Auslegungsgrunsaetze5222pdf.pdf?__blob=publicationFile&v=7.; BNetzA, Konkretisierung der gemeinsamen Auslegungsgrundsätze der Regulierungsbehörden des Bundes und der Länder zu den Entflechtungsbestimmungen der §§ 6-10 EnWG v. 21.10.2008, S. 4 f., abrufbar unter: http://www.bundesnetzagentur.de/SharedDocs/Downloads/DE/Sachgebiete/Energie/Unternehmen_Institutionen/

sicht[193] lässt allerdings eine **organisatorische Zuordnung** zur betrieblichen Einrichtung des Netzbetreibers ausreichen.

Praxistipp
Selbst wenn man mit der herrschenden Meinung grundsätzlich einen Anstellungsvertrag für erforderlich hält, kann dies im Rahmen eines gemeinsamen Betriebs i.S.d. § 1 Abs. 2 BetrVG richtigerweise nicht gefordert werden, weil die Forderung nach einem Anstellungsvertrag dem Zweck der operationellen Entflechtung widerspricht (vgl. ausführlich Kapitel 2 Rn 369 ff.).

dd) Berufliche Handlungsunabhängigkeit

Die Vorgaben zur personellen Entflechtung nach § 7a Abs. 2 Nr. 1 EnWG werden in § 7a Abs. 3 EnWG dahingehend ergänzt, dass die erfassten Unternehmen geeignete Maßnahmen zu treffen haben, um die berufliche Handlungsunabhängigkeit der Personen zu gewährleisten, die mit Leitungsaufgaben des Verteilernetzbetreibers betraut sind. Ziel dieser Regelung ist, zu gewährleisten, dass das Leitungspersonal die Interessen des Netzbetriebs uneingeschränkt – das heißt **ohne rechtliche oder tatsächliche Einschränkungen** – verfolgen kann.[194] Diese Vorgaben haben insbesondere Auswirkungen auf die Gestaltung der Anstellungsverträge der betroffenen Personen mit der Netzgesellschaft. 95

Nach dem Wortlaut der Norm ist die berufliche Handlungsunabhängigkeit der Leitungspersonen i.S.d. § 7a Abs. 2 Nr. 1 Alt. 1 EnWG erfasst. Eine **analoge Anwendung auf Letztentscheider** i.S.d. § 7a Abs. 2 Nr. 2 EnWG kommt nach zutreffender herrschender Auffassung – auch wenn dieses Ergebnis unbefriedigend erscheint – **nicht in Betracht**,[195] weil es insoweit an einer unbewussten Regelungslücke fehlt, die Voraussetzung für eine Analogie wäre.[196]

Aus den Gesetzesmaterialien lässt sich nämlich herleiten, dass der Gesetzgeber diese Vorgaben nur auf Vorstände und Geschäftsführer angewendet wissen wollte. So sind in der **Gesetzesbegründung** im Zusammenhang mit der beruflichen Handlungsunabhängigkeit nicht die Letztentscheider genannt, sondern lediglich das „Leitungspersonal". Entscheidend hinzu kommt aber, dass der Gesetzgeber mit seiner Formulierung lediglich den **Wortlaut der** zugrunde liegenden **EG-Richtlinien übernommen** hat, so dass davon auszugehen ist, dass er von diesen Vorgaben nicht inhaltlich abweichen wollte. Dies wird im Rahmen der EnWG-

Entflechtung KonzessionArealnetze/Entflechtung/Entflechtung/KonkretisierungAuslegungsgrundsaetze14798pdf.pdf?__blob=publicationFile&v=4.

193 Rosin/*Schmutzer*/*Schoon*/*Stolzenburg*, § 7a EnWG Rn 28 f.

194 BerlinKomm/*Säcker*/*Schönborn*, § 8 EnWG, Rn 34; *Kaluza*, S. 103.

195 Vgl. für viele Rosin/*Schmutzer*/*Schoon*/*Stolzenburg*, § 7a EnWG Rn 59; *Kaluza*, S. 104 m.w.N.

196 Dazu allgemein BAG, Beschl. v. 11.11.2009 – 7 ABR 26/08 – NZA 2010, 353 m.w.N.

Novelle 2011 dadurch bestätigt, dass der Gesetzgeber die ihm bekannte Diskussion um den Anwendungsbereich von § 7a Abs. 3 EnWG (§ 8 Abs. 3 EnWG a.F.) nicht zum Anlass genommen hat, den Wortlaut anzupassen. Darin wird man eine gesetzgeberische Bestätigung des auf Leitungspersonen beschränkten Wortlauts sehen müssen, die eine analoge Anwendung von § 7a Abs. 3 EnWG auf Letztentscheider ausschließt.

ee) Zweck der Regelung

96 Ziel der Vorgaben zur beruflichen Handlungsunabhängigkeit ist es, sicherzustellen, dass das Leitungspersonal keine Nachteile erwarten muss, wenn es sich ausschließlich an den Interessen der Netzgesellschaft ausrichtet. Gleichzeitig sollen **keine Anreize** dafür gesetzt werden, das Verhalten nicht am Erfolg des Netzbetreibers, sondern am Erfolg der Wettbewerbsbereiche auszurichten.[197] Der Wortlaut ist dabei denkbar weit und muss mit Blick auf die gesetzliche Zielsetzung konkretisiert werden.[198]

97 Dabei sind unter „Maßnahmen" i.S.d. § 7a Abs. 3 EnWG grundsätzlich solche Maßnahmen zu verstehen, welche die Unabhängigkeit des individuellen Verhaltens der Leitungsperson gewährleisten und dadurch einen diskriminierungsfreien Zugang Dritter zum Netz sicherstellen.[199] Damit sind zunächst **positive Maßnahmen** gemeint. Es dürfen also nicht aktiv Anreize gesetzt werden, die Marktaktivitäten des eigenen vertikal integrierten EVU gegenüber Wettbewerbern zu bevorzugen.[200]

! Praxistipp

Dies muss vor allem bei der Ausgestaltung von Anstellungsverträgen (vgl. dazu unter Kapitel 2 Rn 109 ff.), insbesondere bei der Art und Struktur der Vergütung berücksichtigt werden.[201]

---

98 Gleichzeitig enthält die Norm aber ein **Disziplinierungsverbot**: Leitungspersonen dürfen nicht Gefahr laufen, dafür sanktioniert zu werden, dass sie ihr Handeln an den Interessen der Netzgesellschaft und nicht an den Interessen des vertikal integrierten Versorgungsunternehmens orientieren.[202] Dies bedeutet insbesondere, dass sie weder unmittelbar noch mittelbar wegen eines von § 7a Abs. 4 EnWG geforderten Handelns sanktioniert werden dürfen.

---

197 Rosin/*Schmutzer*/*Schoon*/*Stolzenburg*, § 7a EnWG Rn 61.
198 Rosin/*Schmutzer*/*Schoon*/*Stolzenburg*, § 7a EnWG Rn 61.
199 *Kaluza*, S. 105 m.w.N.
200 Rosin/*Schmutzer*/*Schoon*/*Stolzenburg*, § 7a EnWG Rn 61.
201 Vgl. dazu auch Rosin/*Schmutzer*/*Schoon*/*Stolzenburg*, § 7a EnWG Rn 61 ff.
202 Rosin/*Schmutzer*/*Schoon*/*Stolzenburg*, § 7a EnWG Rn 70; *Kaluza*, S. 105 m.w.N.

Praxistipp
Unmittelbare Sanktionen sind insbesondere solche unter Bezugnahme auf das Beschäftigungsverhältnis (z.B. darf die Geschäftsleitung des Netzbetriebs nicht abgemahnt oder gekündigt werden, weil sie ihr Handeln nicht an den Interessen des EVU ausgerichtet hat).[203] Mittelbare Sanktionen sind z.B. eine Behinderung der beruflichen Weiterentwicklungsmöglichkeiten im Konzern.[204] Sie werden in der Praxis allerdings häufig nur schwer nachweisbar sein.[205]

b) Vorgaben für mit sonstigen Aufgaben des Netzbetriebs betraute Personen

Für Personen, die sonstige Tätigkeiten des Netzbetriebs ausüben, also Funktionen des Netzbetriebs wahrnehmen, die – im Umkehrschluss („sonstige") – nicht unter § 7a Abs. 2 Nr. 1 EnWG fallen, stellt § 7a Abs. 2 Nr. 2 EnWG klar, dass sie in anderen Teilen des EVU tätig sein dürfen,[206] solange und soweit sie dabei (vertraglich) dem **fachlichen Weisungsrecht der Leitung der Netzgesellschaft unterliegen.**[207] 99

Praxistipp
Erfasst von § 7a Abs. 2 Nr. 2 EnWG sind insbesondere Bereiche „dienender Funktion" und Bereiche, die keine erheblichen Gestaltungs- oder Einwirkungsmöglichkeiten auf die Wettbewerbsbereiche bieten.[208]

Organisatorisch werden diese „sonstigen Tätigkeiten des Netzbetriebs" in der Praxis häufig von anderen Geschäftsbereichen oder anderen Gesellschaften des EVU als Dienstleistung erbracht.[209]

Konsequenz der gesetzgeberischen Vorgabe des Unterstehens unter dem fachlichen Weisungsrecht der Netzgesellschaft ist im Fall einer erfolgten rechtlichen Entflechtung, dass Arbeitnehmer z.B. des EVU als Muttergesellschaft, die für die Netzgesellschaft tätig werden, dem Weisungsrecht der Leitung einer anderen Gesellschaft und damit eines anderen Rechtsträgers unterworfen sein müssen.[210] 100

Entgegen einer in der Literatur vertretenen Auffassung ist dies allerdings arbeitsrechtlich unproblematisch und insbesondere **kein Verstoß gegen die Pri-** 101

203 Rosin/*Schmutzer*/*Schoon*/*Stolzenburg*, § 7a EnWG Rn 70; *Kaluza*, S. 106.
204 *Kaluza*, S. 106.
205 Rosin/*Schmutzer*/*Schoon*/*Stolzenburg*, § 7a EnWG Rn 71.
206 Danner/Theobald/*Eder*, § 8 EnWG Rn 26.
207 Schneider/Theobald/*de Wyl*/*Finke*, Rn 168.
208 BT-Drucks. 15/3917, S. 94.
209 Beispiele insbesondere zu Shared Services bei Rosin/*Schmutzer*/*Schoon*/*Stolzenburg*, § 7a EnWG Rn 48 f.
210 Danner/Theobald/*Eder*, § 8 EnWG Rn 27.

vatautonomie des Arbeitnehmers.[211] Denn dieses Phänomen kennzeichnet nicht nur die Arbeitnehmerüberlassung (vgl. Kapitel 2 Rn 439), die nicht notwendig arbeitsvertraglich vereinbart sein muss, sondern sich z.B. auch aus Betriebsvereinbarungen oder Tarifverträgen als Gestaltungsmöglichkeit ergeben kann. Die Ausübung des Direktionsrechts durch einen anderen als den Vertragsarbeitgeber ist losgelöst davon ein typisches Indiz für einen Gemeinschaftsbetrieb (§ 1 Abs. 2 BetrVG), dessen Führung die an ihm beteiligten Arbeitgeber nach allgemeiner und völlig zutreffender Meinung nicht mit den Arbeitnehmern vertraglich vereinbaren müssen.

! **Praxistipp**

102 Daraus folgt, dass es zwar möglich, aber – entgegen einer in der Literatur vertretenen Auffassung[212] – nicht erforderlich ist, dass die Leitung des Netzbetreibers in derartigen Fällen über die Vereinbarungen zur Dienstleistungserbringung (i.d.R. den Dienstleistungsvertrag) die nach dem EnWG notwendigen Einflussrechte auf die Dienstleistungserbringung erhalten muss,[213] sodass der jeweilige Dienstleistungserbringer (z.B. die Muttergesellschaft) also zur Dienstleistungserbringung nach den Vorgaben der Leitung des Netzbetreibers verpflichtet ist, ohne dass hierzu ein Weisungsrecht der Netzgesellschaft gegenüber einzelnen Arbeitnehmern bestehen muss. Möglich sind aber auch andere Gestaltungsformen (wie z.B. Betriebsvereinbarung oder Tarifvertrag) und – mit Blick auf die Zulässigkeit eines Gemeinschaftsbetriebs – erscheint auch eine gemeinsame – nach fachlichen und sonstigen Weisungen aufgeteilte – Ausübung des Direktionsrechts denkbar. Sie ist in vielen Konzernen unter den Schlagworten der „Matrixstruktur“[214] bzw. der „funktionalen Konerznpersonalsteuerung“[215] üblich.

---

3. Rechtliche Sanktionen bei Verstoß gegen § 7a Abs. 3 EnWG

103 Die Rechtsfolgen eines Verstoßes gegen die lediglich auf Personen i.S.d. § 7a Abs. 2 Nr. 1 Alt. 1 EnWG bezogenen Vorgaben des § 7a Abs. 3 EnWG sind im Gesetz nicht explizit geregelt. Neben einem Einschreiten der Regulierungsbehörden nach § 65 EnWG[216] kommt vor allem die Nichtigkeit der gegen § 7a Abs. 3 EnWG verstoßenden Maßnahme nach § 134 BGB sowie ein Anspruch auf Schadensersatz in Betracht.

---

211 Für problematisch – mit der Notwendigkeit einer verfassungskonformen Auslegung – hält das hingegen Danner/Theobald/*Eder*, § 8 EnWG Rn 27, dem folgend Schneider/Theobald/*de Wyl*/*Finke*, Rn 170.

212 So aber Danner/Theobald/*Eder*, § 8 EnWG Rn 27.

213 Wie hier i.E. Rosin/*Schmutzer*/*Schoon*/*Stolzenburg*, § 7a EnWG Rn 56.

214 Vgl. dazu zuletzt *Reinhard*, ArbRB 2014, 87 ff.

215 Vgl. *Müller-Bonanni*/*Mehrens* ZIP 2010, 2228 ff.

216 *Kaluza*, S. 106.

a) Nichtigkeit von Maßnahmen gemäß § 134 BGB

Gemäß § 134 BGB ist ein Rechtsgeschäft, das gegen ein gesetzliches Verbot verstößt, nichtig, wenn sich nicht aus dem Gesetz etwas anderes ergibt. Ausgehend von den allgemeinen Grundsätzen zur Qualifikation eines Verbotsgesetzes im Sinne des § 134 BGB wird in der Literatur bisher einhellig angenommen, dass ein Verstoß gegen die in § 7a Abs. 3 EnWG vorgeschriebene Gewährleistung der beruflichen Handlungsunabhängigkeit es erfordere, **dass das zugrundeliegende Rechtsgeschäft nichtig ist**. Denn allein durch Aufsichtsmaßnahmen der Regulierungsbehörden könne das Ziel des § 7a Abs. 3 EnWG nicht effektiv erreicht werden.[217] 104

Praxistipp

Die Nichtigkeitsfolge gilt auch für rechtsgeschäftsähnliche Handlungen, wie z.B. Kündigungen.[218] !

---

b) Schadensersatzanspruch

Obwohl § 7a Abs. 3 EnWG letztlich auf die Sicherung eines diskriminierungsfreien Netzbetriebs zielt, wird in der Literatur bislang überwiegend angenommen, dass er auch den Schutz der Personen mit Leistungsaufgaben des Netzbetriebs bezweckt.[219] Dies folge bereits aus dem Wortlaut der Norm, nach dem explizit die Handlungsunabhängigkeit dieser Personen gewährleistet werden solle. 105

Die Gesetzesmaterialien enthalten hierfür allerdings keine Hinweise und jedenfalls der Schutz der **Vermögensinteressen der Leitungspersonen** wird in der Literatur teilweise abgelehnt.[220] Denn ein Schutz der Vermögensinteressen der Leitungspersonen sei nicht erforderlich, um das Ziel der Entflechtungsregelung – die Schaffung eines diskriminierungsfreien Netzzugangs – zu erreichen.

Diese Auffassung dürfte allerdings **zu eng** sein. Denn ausgeschlossen werden sollen ja explizit auch mittelbare Benachteiligungen. Führt man sich diese Schutzrichtung vor Augen, ist gerade mit Blick auf die häufig besonders schwer nachzuweisenden mittelbaren Benachteiligungen eine effektive Sanktion erforderlich, um dem Schutzzweck zur Geltung zu verhelfen. Ein Eingreifen der Regulierungsbehörden allein ist hierfür nicht ausreichend. Ansonsten würde sich ein **Wertungswiderspruch** dazu ergeben, dass gegen § 7a Abs. 3 EnWG verstoßende Maßnahmen nichtig sind. Denn diese Rechtsfolge hilft dem Betroffenen lediglich mit Blick auf 106

---

217 *Kaluza*, S. 108; für die Kündigung des Anstellungsvertrags einer Leitungsperson ebenso: BerlinKomm/*Säcker*/*Schönborn*, § 8 EnWG Rn 42; *Säcker*, RdE 2005, 85, 88; *Ehricke*, IR 2004, 170ff.

218 *Kaluza*, S. 108; allgemein: BAG, Urt. v. 19.12.2013 – 6 AZR 190/12 – NZA 2014, 372; BAG, Urt. v. 16.3.1994 – 8 AZR 688/92 – NZA 1994, 879.

219 BerlinKomm/*Säcker*/*Schönborn*, § 8 EnWG Rn 89; *Büdenbender*, RdA 2006, 193, 202; *Kaluza*, S. 109.

220 *Kaluza*, S. 111.

negative Maßnahmen wie Abmahnung oder Kündigung. Soweit das Unterlassen positiver Maßnahmen, wie z.B. Gehaltserhöhung oder Beförderung bzw. deren Unterlassen in Rede stehen, führt § 134 BGB nicht weiter, da er keinen Anspruch auf eine nicht gegen das Gesetz verstoßende Maßnahme verschafft.

107 Es ist daher naheliegend, § 7a Abs. 3 EnWG mit **der bislang h.M. als Schutzgesetz im Sinne des § 823 Abs. 2 BGB** zu qualifizieren. Dies entspricht auch der h.M. zu anderen Diskriminierungsverboten.[221] Dagegen spricht allerdings, dass Schutzgesetze im Sinne des § 823 Abs. 2 BGB typischerweise Vorschriften sind, die Verhaltenspflichten für einen Schädiger normieren, der in keiner vertraglichen Beziehung zum Geschädigten steht. Hier ist ein Anspruch auf deliktischen Schadensersatz zum effektiven Rechtschutz erforderlich.

Vorliegend muss aber beachtet werden, dass § 7a Abs. 3 EnWG ausdrücklich die berufliche Handlungsunabhängigkeit ergänzend zu § 7a Abs. 2 EnWG gewährleisten will. Damit besteht ein direkter Bezug zum Arbeitsverhältnis, der dogmatisch – da die Verpflichtung über § 612a BGB als Ausprägung von § 138 BGB hinausgeht – am Ehesten als **Schutz- und Fürsorgepflicht i.S.d. § 241 Abs. 2 BGB** eingeordnet werden kann. Konsequenz daraus ist, dass nicht lediglich Sanktionen von EnWG-konformem Verhalten untersagt sind, sondern konsequenterweise auch die Unterlassung eines nicht EnWG-konformen Verhaltens verlangt werden kann. Die besseren Gründe sprechen also mit Blick auf die arbeitgeberseitige Fürsorgepflicht dafür, grundsätzlich **auch einen vertraglichen Schadensersatzanspruch (§ 280 BGB)** einzuräumen. Das entspricht der Auslegung von § 612a BGB, der ein allgemeines Maßregelungsverbot beinhaltet.[222]

! **Praxistipp**

108 Auf derartige Ansprüche wird man aber die zu anderen Diskriminierungsverboten entwickelten Grenzen, insbesondere die jüngst zum AGG entwickelten Grenzen übertragen müssen. Vor diesem Hintergrund scheidet auch im Rahmen von § 7a Abs. 3 EnWG insbesondere ein Einstellungsanspruch bei dem EVU oder verbundenen Unternehmen nach Beendigung der Tätigkeit für den Netzbetrieb selbst dann aus, wenn das Unterlassen der Einstellung einer Sanktion für EnWG-konformes Verhalten darstellt (vgl. § 15 Abs. 6 AGG). Einen Anspruch auf Höhergruppierung hat das BAG dagegen bei einem Verstoß gegen § 612a BGB anerkannt.[223] Fordern müssen wird man für einen entsprechenden Anspruch aber, dass die Höhergruppierung „sachlich spruchreif" ist.[224]

---

221 Vgl. zum AGG MüKo-BGB/*Thüsing*, § 15 AGG Rn 53; für § 2 Abs. 1 BeschFG auch BAG, Urt. v. 25.9.2001 – 5 AZR 368/99 – NZA 2002, 1211, BAG, Urt. v. 4.10.2005 – 9 AZR 632/04 – BAGE 116, 121.

222 HWK/*Thüsing*, § 612a BGB Rn 31; Palandt/*Weidenkaff*, § 612a BGB Rn 2.

223 BAG, Urt. v. 23.2.2000 – 10 AZR 1/99 – NZA 2001, 680.

224 Insoweit einschränkend zutreffend HWK/*Thüsing*, BGB § 612a Rn 33.

4. Ausgestaltung von Anstellungsverträgen

Wie vorstehend dargestellt bezieht sich das Erfordernis der beruflichen Unabhängigkeit lediglich auf das Leitungspersonal im Sinne von § 7a Abs. 2 Nr. 1 Alt. 1 EnWG. Mit Blick auf dieses Leitungspersonal muss daher auch bei der Ausgestaltung der Anstellungsverträge sichergestellt werden, dass die Leitungsperson der Netzgesellschaft ihre gesetzlichen Pflichten aus dem EnWG gegenüber dem vertikal integrierten EVU bzw. der Netzgesellschaft unabhängig ausüben können. Darüber hinaus müssen die Anforderungen des § 7a Abs. 1 Nr. 1 EnWG gewahrt werden. 109

a) Ausgangspunkt 1: Verbot von Doppelfunktionen

Nach § 7a Abs. 2 Nr. 1 EnWG dürfen Leitungspersonen und Letztentscheider des Netzbetriebs ausschließlich für diesen tätig werden und weder direkt noch indirekt für Aufgaben in den Wettbewerbsbereichen zuständig seien. Daraus folgt das Erfordernis einer getrennten und personenverschiedenen Führungsebene des Netzbetriebs und der Wettbewerbsbereiche.[225] 110

Ausgehend von diesen Vorgaben ist zunächst ausgeschlossen, dass der Leitungsperson aufgrund eines **zweiten Anstellungsvertrags** Zuständigkeiten in den Wettbewerbsbereichen eröffnet werden. Insofern kann ein Vorstand bzw. Geschäftsführer der Netzgesellschaft nicht zugleich Vorstand oder Geschäftsführer einer Gesellschaft des EVU sein, welche die Wettbewerbsbereiche (Erzeugung/Gewinnung und Vertrieb) zum Gegenstand hat.[226]

Vor dem gleichen Hintergrund scheidet eine **Mitgliedschaft** der Geschäftsführung bzw. des Vorstands der Netzgesellschaft **in Leitungsgremien**, d.h. den zuständigen Organen der Muttergesellschaft des vertikal integrierten EVU in Folge von deren Zuständigkeit und Gesamtverantwortung auch für die anderen Geschäftsbereiche aus.[227] 111

Praxistipp !

Dies gilt nur dann nicht, wenn die Muttergesellschaft keinerlei Tätigkeiten der Energieversorgung mehr ausübt, sondern sich z.B. ausschließlich auf Wasser, Fernwärme, Verkehr oder Shared Services beschränkt.[228] In diesem Fall ist auch eine Personalunion auf Ebene der Geschäftsführung bzw. des Vorstandes zulässig.

Die Tätigkeit als Aufsichtsrat ist allerdings in der Regel möglich (vgl. unter Kapitel 2 Rn 460ff.). 112

---

225 Vgl. oben unter Kapitel 2 Rn 82ff. sowie *Kaluza*, S. 278.

226 *Kaluza*, S. 279.

227 BT-Drucks. 15/3917, S. 53; *Kaluza*, S. 279 m.w.N.

228 *Kaluza*, S. 279.

Praxistipp

Losgelöst davon schließt § 7a Abs. 2 EnWG eine gleichzeitige Tätigkeit des Leitungspersonals der Netzgesellschaft für Aufgaben außerhalb der Energieversorgung (z.B. Entsorgung, öffentlicher Personennahverkehr, Fernwärme) nicht aus. Daher kann mit Unternehmen, die sich ausschließlich derartigen Aufgaben widmen, auch ein zweiter Anstellungsvertrag – z.B. mit einem Schwesterunternehmen der Netzgesellschaft – abgeschlossen werden.

113 Die vorgenannten Grundsätze gelten auch für die Ausübung von Funktionen unterhalb der Organebene bei der Obergesellschaft des EVU (vgl. bereits Kapitel 2 Rn 92). So kann einer Leitungsperson der Netzgesellschaft z.B. bei der Muttergesellschaft Prokura erteilt werden, wenn die Prokura im Innenverhältnis derart beschränkt ist, dass sie sich nicht auf die Wettbewerbsbereiche erstreckt.[229]

Praxistipp

Losgelöst davon können Personen mit Leitungsaufgaben im Stromnetzgeschäft gleichzeitig Leitungsaufgaben im Gasnetzbereich ausüben.[230] Die parallele Übernahme von Leitungsaufgaben des Netzbetriebs verschiedener Sparten ist demnach zulässig. Unzulässig wäre demgegenüber eine parallele Wahrnehmung von Tätigkeiten im Netzbetrieb und im Bereich der Gasgewinnung bzw. im Vertrieb.[231]

b) Ausgangspunkt 2: Berufliche Handlungsunabhängigkeit

aa) Beendigung des Anstellungsverhältnisses und Vertragslaufzeit

114 Grundsätzlich keine Besonderheiten gelten für eine Befristung der Anstellungsverträge der Geschäftsführungsebene im Netzbetrieb, die – sofern sie nicht ohnehin gesetzlich bedingt ist (§ 84 Abs. 1, 2 AktG) – grundsätzlich zulässig ist.

Praxistipp

Soweit leitende Angestellte bzw. „gewöhnliche" Arbeitnehmer in Rede stehen, sind die Vorgaben des TzBfG zu beachten.

115 Gegen eine Befristung könnte zwar eingewandt werden, dass insbesondere kurze Laufzeiten die durch § 7a Abs. 3 EnWG garantierte berufliche Handlungsunabhängigkeit dadurch beeinflussen könnten, dass das vertikal integrierte EVU das Verhalten der Netzleitung in die Entscheidung über eine Vertragsverlängerung einfließen lassen könnte. Daraus könnte sich die Erwartung eines gewissen Disziplinierungseffekts ergeben. Dies ist aber kein spezifisch energiewirtschaftliches Risiko, sondern vielmehr **allen befristeten Verträgen immanent**. Hinzukommt, dass die Laufzeit

229 *Kaluza*, S. 280.
230 Britz/Hellermann/Hermes/*Hölscher*, § 8 EnWG Rn 20.
231 BT-Drucks. 15/3917, S. 53; Britz/Hellermann/Hermes/*Hölscher*, § 8 EnWG Rn 21; *Kaluza*, S. 281.

des Anstellungsvertrags für Mitglieder der Unternehmensleitung ein Aspekt ist, der grundsätzlich in das personalpolitische Ermessen der Gesellschaft fällt,[232] dass lediglich **nicht sachfremd dazu missbraucht** werden darf, in die Handlungsunabhängigkeit des Netzmanagements einzugreifen. Allgemeine Grenzen sind mit Blick auf die Vielzahl der denkbaren Fallgestaltung nicht definierbar.

Praxistipp
Soweit für die Leitungspersonen im Konzern übliche Vertragslaufzeiten gewählt werden, dürfte sich aus der Vertragslaufzeit selbst jedenfalls kein Hinweis auf einen Missbrauch ergeben.[233] !

bb) Kündigungsbeschränkungen bei Vorstandsmitgliedern

Zur Vermeidung einer Disziplinierung des Leitungspersonals der Netzgesellschaft 116
durch deren Konzernmutter ist es nach der Bewertung der EU-Kommission erforderlich, **in die Unternehmenssatzung eine Beschränkung der zulässigen Kündigungsgründe aufzunehmen.**[234] In Deutschland wird man dabei die faktischen (nicht rechtlichen) Zusammenhänge zwischen Organ- und Anstellungsverhältnis berücksichtigen müssen. Das deutsche Aktienrecht sieht jedoch eine Abberufungsmöglichkeit für den Vorstand ohnehin nur bei Vorliegen eines wichtigen Grundes vor, sodass eine satzungsmäßige Beschränkung von Kündigungsgründen nicht erforderlich erscheint.

Das dürfte vielmehr schon deshalb nicht notwendig sein, weil ein EnWG-konformes Verhalten nicht als grobe Pflichtverletzung und wichtiger Grund im Sinne des § 84 Abs. 3 AktG bewertet werden kann. Dies gilt insbesondere dann, wenn sich das betreffende Organ weigert, Weisungen der Obergesellschaft zum laufenden Netzbetrieb zu befolgen. Denn eine darauf gestützte Abberufung bzw. Kündigung zur Erzwingung einer Niederlegung wäre – wie vorstehend dargelegt – gemäß § 134 BGB nichtig.[235]

cc) Kündigungsbeschränkungen bei Geschäftsführern

Mit größeren Herausforderungen verbunden ist die Gestaltung bei einer Netzgesell- 117
schaft in Form der GmbH, sofern diese nicht paritätisch mitbestimmt ist und infolge

---

232 *Büdenbender*, RdA 2006, 193, 199; Bartsch/*Schnitker*, S. 173.
233 Bartsch/*Schnitker*, S. 173.
234 Vermerk der Generaldirektion Energie und Verkehr zu den Richtlinien 2003/54/EG und 2003/55/EG über den Elektrizitäts- und Erdgasmarkt v. 16.9.2004, S. 8, abrufbar unter http://ec.europa.eu/energy/gas_electricity/interpretative_notes/doc/implementation_notes/2004_01_16_public_service_obligations_de.pdf.
235 *Säcker*, RdE 2005, 85, 87 f.; Bartsch/*Schnitker*, S. 174 f.

dessen gemäß § 31 MitbestG i.V.m. § 84 Abs. 3 AktG eine Abberufung der Geschäftsführung wie in der AG nur aus wichtigem Grund möglich ist.[236]

Soweit dies im Sinne des Disziplinierungsverbots zu Gunsten der Unternehmensleitung des Netzbetriebs erforderlich ist, wird man die Satzung einer nicht paritätisch mitbestimmten GmbH mit **Einschränkung** des ansonsten bestehenden Grundsatzes der freien Abberufbarkeit von Geschäftsführern (§ 38 Abs. 1 GmbHG) ausstatten müssen.[237] Denn ansonsten könnte – mangels Begründungserfordernisses bei der Beendigung der Organstellung und des zugrundeliegenden Anstellungsverhältnisses – jeder „vorgeschobene" Anlass (z.B. „strategische Differenzen") zur Begründung einer tatsächlich als Maßregelung gedachten Abberufung bzw. Kündigung zur Erzwingung einer Niederlegung genutzt werden, ohne dass dies praktisch effektiv anzugreifen wäre.

Praxistipp
Wichtig ist aber, dass das Abberufungsrecht umgekehrt nicht über das Vorliegen eines wichtigen Grundes hinaus eingeschränkt werden kann.[238] Eine einschränkende Aufzählung von zur Beendigung der Organstellung berechtigten wichtigen Gründe in der Satzung könnte vor diesem Hintergrund allenfalls beispielhafte Bedeutung haben.[239]

c) Vergütungsstruktur

118 Mit Blick auf die Vergütungsstruktur muss vor allen Dingen bei einer **variablen Vergütung** ein der Zielrichtung des EnWG entgegenstehender Diskriminierungs- oder Steuerungseffekt vermieden werden. Unproblematisch ist daher, die variable Vergütung allein an den wirtschaftlichen Erfolg der Netzgesellschaft anzuknüpfen.[240] Genauso eindeutig kommt eine ausschließliche Anknüpfung an die Ergebnisse anderer Unternehmensbereiche des EVU, insbesondere der Wettbewerbsbereiche, nicht in Betracht.[241]

Umstritten ist vor diesem Hintergrund vor allem die energiewirtschaftsrechtliche Zulässigkeit von Vergütungsbestandteilen für den von § 7a Abs. 3 EnWG erfassten Personenkreis, die sich **nach dem unternehmerischen Gesamterfolg des ver-**

236 Bartsch/*Schnitker*, S. 174.
237 Britz/Hellermann/Hermes/*Hölscher*, § 8 EnWG, Rn 32; *Ehricke*, IR 2004, 170, 173; *Kaluza*, S. 137; a.A. BerlinerKomm/*Säcker/Schönborn*, § 8 EnWG Rn 43.
238 Vgl. Baumbach/Hueck/*Zöllner/Noack*, § 38 GmbHG Rn 6; MüKo-AktG/*Hefermehl/Spindler*, § 84 AktG Rn 92ff. m.w.N.
239 Bartsch/*Schnitker*, S. 174.
240 Bartsch/*Schnitker*, S. 174.
241 Bartsch/*Schnitker*, S. 174; *Büdenbender*, RdA 2006, 193, 200.

tikal integrierten EVU richten. Dies gilt insbesondere für Bonusprogramme bzw. Aktienoptionen.[242]

Im Kern geht es dabei um die Frage, ob § 7a Abs. 3 EnWG eine konzernbezogene Ausgestaltung flexibler Vergütungssysteme verbietet. Die Gesetzesbegründung stellt insoweit fest, dass **wesentliche Anteile** der Bezahlung und Erfolgshonorierung nicht von anderen als den Leistungen und Erfolgen im Netzgeschäft abhängen dürfen.[243] Daraus folgt, dass flexible Vergütungssysteme nicht ausschließlich an die Tätigkeit im Netzbetrieb anknüpfen müssen, sondern auch andere Bereiche anteilig berücksichtigen dürfen.

Praxistipp !
Vermieden werden muss vor diesem Hintergrund allerdings, dass ein Missverhältnis zwischen Festgehalt und netzergebnisabhängiger Vergütung zur wettwerbsbereichsabhängigen Vergütung entsteht.[244] Dies wird man nicht erst dann annehmen können, wenn die konzerndimensionale Vergütung überwiegt.[245]

Praxistipp !
Genügt der derzeitige Anstellungsvertrag diesen Erfordernissen nicht, sollte vor der Anstellung bei der Netzgesellschaft eine Vertragsanpassung erfolgen. Notfalls wird insoweit eine Änderungskündigung nach § 2 KSchG mit Blick auf die Vorgaben in § 7a Abs. 3 EnWG sozial gerechtfertigt sein;[246] dies allerdings nur innerhalb des jeweiligen Arbeitsverhältnisses. Denn durch eine Änderungskündigung kann kein Arbeitgeberwechsel (auch nicht zu geänderten Arbeitsbedingungen) erzwungen werden.

d) Ausgestaltung von Rückkehrzusagen

Das Amt als Vorstand bzw. Geschäftsführer einer Netzgesellschaft wird – wie vor- 119
stehend dargestellt (Kapitel 2 Rn 114 f.) – stets lediglich auf Zeit bestehen. Vor diesem Hintergrund stellt sich mit Blick darauf, dass die Position als Geschäftsführer bzw. Vorstand der Netzgesellschaft anlässlich der Verpflichtung zum Unbundling häufig konzernintern besetzt worden ist, in der Praxis nicht selten die Frage, unter welchen Rahmenbedingungen bei Verteilernetzbetreibern, für die keine § 10c Abs. 5 EnWG vergleichbare Regelung wie für Transportnetzbetreiber besteht,[247] eine Rück-

242 Bartsch/*Schnitker*, S. 174; *Büdenbender*, RdA 2006, 193, 2018; *Otto*, RdE 2005, 261, 263; *Säcker*, RdE 2005, 85, 87.
243 BT-Drucks. 15/3917, S. 54.
244 Vgl. *Otto*, RdE 2005, 261, 263 f.; *Büdenbender*, RdA 2006, 193, 200 f., Bartsch/*Schnitker*, S. 175; enger *Säcker*, RdE 2005, 85, 87.
245 Bartsch/*Schnitker*, S. 175.
246 Bartsch/*Schnitker*, S. 175.
247 Vgl. zur personellen Entflechtung von Transportnetzbetreibern unter Kapitel 2 Rn 224 ff.

kehrzusage zu der für die Wettbewerbsbereiche zuständigen Gesellschaft des EVU zulässig ist. Dies wird in der Literatur differenziert beurteilt.

Teilweise werden derartige Zusagen in der Literatur für **unwirksam** gehalten, weil sie die Gefahr bergen würden, dass Vorstände oder Geschäftsführer der Netzgesellschaft ihr Handeln an den Interessen des vertikal integrierten EVU orientieren könnten.[248] Dagegen wird eingewandt, das jedenfalls **unbedingte Rückkehrzusagen**, die nicht an ein konzerngewogenes Verhalten während der Tätigkeit bei der Netzgesellschaft anknüpfen, keine Anreize für Leitungspersonen und Letztentscheider der Netzgesellschaft schaffen können, die Wettbewerbsbereiche während ihrer Tätigkeit für die Netzgesellschaft zu bevorzugen.[249] Derartige Zusagen hätten schließlich allein die Funktion, den **sozialen Status der Führungskraft** abzusichern.[250]

120 Von der Hand weisen lassen sich die Bedenken dahin, dass eine Ausrichtung ausschließlich an den Interessen der Netzgesellschaft dann nicht erfolgt, wenn die Rückkehr zum EVU und den Wettbewerbsbereichen bereits feststeht, auch dann nicht, wenn konzernloyales Verhalten nicht explizit zur Voraussetzung für die Rückkehr gemacht wird, sondern eine unbedingte Rückkehrzusage erfolgt. Begegnen lässt sich dem aber mit einer in der Literatur vertretenen **vermittelnden Ansicht** dadurch, dass die Rückkehrzusage mit der **weiteren Zusage** verbunden wird, dass dem Vorstand bzw. Geschäftsführer der Netzgesellschaft bei seiner Rückkehr **keine Nachteile wegen des EnWG-konformen Verhaltens** als Geschäftsführer bzw. Vorstand der Netzgesellschaft entstehen dürfen. In Anlehnung an § 15 Abs. 1 S. 2 KSchG, § 58 Abs. 2 BImSchG und § 4f Abs. 3 S. 6 BDSG sollte zudem über einen befristeten nachwirkenden Kündigungsschutz nachgedacht werden. Eine derart ausgestaltete Rückkehrzusage ist mit den Vorgaben des EnWG jedenfalls vereinbar.[251]

e) Ruhendes Arbeitsverhältnis

121 Noch stärker gebunden bleibt die Leitungsperson an die Obergesellschaft des EVU, wenn nicht lediglich eine Rückkehrzusage erteilt, sondern das mit der Obergesellschaft bestehende Arbeitsverhältnis für die Dauer der Tätigkeit bei der Netzgesellschaft **ruhend gestellt** wird.[252] In der Literatur wird mit Blick darauf, dass im

248 In diesem Sinne: *Otto*, RdE 2005, 261, 264; *Steinbauer*, S. 223.

249 Vgl. *Säcker*, RdE 2005, 85, 87; BerlinKomm/*Schönborn*, § 8 EnwG Rn 44; Bartsch/*Schnitker*, S. 175.

250 Vgl. in diesem Sinne auch PwC/*Liesenhoff*/*Küper*, S. 135 f.

251 Vgl. dazu *Kaluza*, S. 283 ff.

252 Ausführlich zur aktuellen Entwicklung in der Rechtsprechung zum Ruhen des Arbeitsverhältnisses eines Geschäftsführers: *Mückl*, Rn 945 ff.

ruhenden Arbeitsverhältnis **keine Entscheidungsbefugnisse ausgeübt** werden, davon ausgegangen, dass die Vereinbarung eines ruhenden Arbeitsverhältnisses mit den Vorgaben nach § 7a Abs. 2 Nr. 1 EnWG vereinbar ist.[253]

Praxistipp

Mit Blick auf den mit einem ruhenden Arbeitsverhältnis verbundenen Automatismus der Rückkehr zum vertikal integrierten EVU ist die Interessenlage aber weitgehend mit einer unbedingten Rückkehrzusage vergleichbar. Vor diesem Hintergrund wird man im Falle eines vereinbarten Ruhens des Arbeitsverhältnisses ebenfalls eine gewisse Karenzzeit – wenn auch nicht notwendig eine so lange wie in § 10c Abs. 5 EnWG – vereinbaren müssen, die sicherstellt, dass keine mittelbaren Anreize dafür bestehen, das Verhalten während der Tätigkeit für die Netzgesellschaft mit Blick auf die feststehende Aktivierung des Arbeitsverhältnisses mit dem vertikal integrierten EVU an dessen Interessen und nicht an den Interessen des Netzbetriebs auszurichten.[254]

f) Vereinbarung der Geltung des KSchG als Gestaltungsalternative?

Nach der Rechtsprechung des BGH kann im Anstellungsvertrag eines Geschäftsfüh- 122
rers einer GmbH vereinbart werden, dass die materiellen Regeln des KSchG gelten sollen.[255] Konsequenz dieser Regelung ist, dass die Kündigung abweichend von § 14 Abs. 2 KSchG einer sozialen Rechtfertigung bedarf.

Praxistipp

Entgegen einer in der Literatur vertretenen Auffassung[256] ist insoweit nicht erforderlich, dass ein Ausschluss der Geltung der §§ 9 ff., 14 Abs. 2 S. 2 KSchG vereinbart wird. Durch diese Normen wird der vereinbarte Kündigungsschutz zwar faktisch in einen Abfindungsschutz umgewandelt. Auch dies ist aber bereits ein Mehr an Schutz für den Geschäftsführer gegenüber der gesetzlichen Ausgangslage, das energiewirtschaftsrechtlich nicht geboten ist. Dies entspricht losgelöst davon auch den Vorgaben des GmbHG besser, nach dem eine Abberufung jederzeit zulässig ist. Da der Geschäftsführer nach der Rechtsprechung des BGH[257] keinen Anspruch auf Beschäftigung besitzt, wenn er abberufen worden ist, besteht auch im Fall eines befristeten bzw. ungekündigten Anstellungsvertrags – unter der Voraussetzung einer wirksamen Abberufung – letztlich nur ein Vermögensschutz. Ein darüber hinausgehender Schutz ist auch energiewirtschaftsrechtlich nicht geboten, zumal der Geschäftsführer – wie gezeigt[258] – nur begrenzt abberufen werden kann und sich sein Vergütungsanspruch – soweit er mangels Abberufung tätig werden muss – nach § 612 Abs. 2 BGB richten würde, also im üblichen Umfang bestünde.

---

253 *Kaluza*, S. 288; ähnlich: *Salje*, § 8 EnwG Rn 19.
254 Vgl. *Kaluza*, S. 288.
255 BGH, Urt. v. 10.9.2010 – II ZR 70/09 – NZA 2010, 889; *Stagat*, NZA 2010, 975 ff.
256 Vgl. *Kaluza*, S. 289.
257 BGH, Urt. v. 11.10.2010 – II ZR 266/08 – NZG 2011, 112.
258 Vgl. Kapitel 2 Rn 117, vgl. auch Rn 125 ff.

123 Ist ein Arbeitnehmer des vertikal integrierten EVU zum Vorstand einer Netzgesellschaft in Form der AG bestellt worden, kommt für die Gestaltung seines Anstellungsvertrags eine Vereinbarung des KSchG ohnehin nur für einen Zeitraum von höchstens fünf Jahren in Betracht, weil eine längere Bindung gemäß § 84 Abs. 1 AktG ausgeschlossen ist.[259] Die vereinbarte Geltung des KSchG kann daher nicht über diesen Zeitraum erstreckt werden.[260]

! **Praxistipp**

Da eine Kündigung des Dienstvertrags eines Vorstandsmitglieds ohnehin nur aus wichtigem Grund zulässig ist, ist ein Kündigungsschutz analog den Vorgaben des KSchG insoweit grundsätzlich nicht erforderlich.[261] Denkbar ist auch mit Blick auf Vorstandsmitglieder daher eher eine Rückkehrzusage oder die Vereinbarung eines ruhenden Arbeitsverhältnisses. Daneben kann das Vorstandsmitglied ggf. dadurch abgesichert werden, dass im Anstellungsvertrag für den Fall einer Beendigung des Anstellungsverhältnisses durch Kündigung der Netzgesellschaft eine Abfindung vereinbart wird.[262]

g) Übergangsgeld als Gestaltungsvariante

124 Als weitere Gestaltungsvariante denkbar ist die Vereinbarung eines Übergangsgelds für die Zeit nach der Kündigung. Auf dieser Grundlage können Arbeitnehmer ggf. zur Übernahme einer den Kündigungsschutz beseitigenden Tätigkeit als Geschäftsführer oder Vorstand der Netzgesellschaft ohne Rückkehrzusage bzw. paralleles Ruhen des Beschäftigungsverhältnisses mit der Konzernobergesellschaft überzeugt werden.[263] Zur **Vermeidung von Missbräuchen** sollte hier allerdings einschränkend vereinbart werden, dass das Übergangsgeld dann nicht gezahlt wird, wenn der Vorstand bzw. Geschäftsführer die Kündigung durch die Gesellschaft durch ein pflichtwidriges Verhalten herbeigeführt hat.

5. Abberufung von Geschäftsleitungsorganen

125 Nach der im deutschen Recht geltenden Trennungstheorie ist zwischen Anstellungsvertrag und organschaftlicher Rechtsstellung eines Geschäftsleitungsorgans (Geschäftsführers bzw. Vorstandsmitglieds) zu trennen. Effektiv ausüben kann das jeweilige Geschäftsleitungsorgan seine Funktion aber nur dann, wenn es – jedenfalls in einem gewissen Umfang – gegen Abberufung aus unsachlichen Gründen geschützt ist. In dem Auslegungsvermerk der Generaldirektion Energie und Verkehr der EU-Kommission heißt es vor diesem Hintergrund:

---

259 Vgl. BAG, Urt. v. 26.8.2009 – 5 AZR 522/08 – NZA 2009, 1205.
260 Vgl. auch *Otte*, GWR 2010, 344.
261 A.A. *Kaluza*, S. 290.
262 Vgl. zu entsprechenden Gestaltungsmöglichkeiten *Bauer/Arnold*, ZIP 2010, 709, 710.
263 Vgl. *Kaluza*, S. 290 ff.

„Die Gründe dafür, dass ein Angehöriger des Vorstands des Netzunternehmens auf Initiative des Mutterunternehmens abgelöst wird, müssen in der Unternehmungssatzung klar dargelegt sein".[264]

Fraglich ist vor diesem Hintergrund, inwieweit § 7a EnWG eine Absicherung der Bestellung von Geschäftsführern bzw. Vorständen gegen die Möglichkeit einer Abberufung fordert.

a) AG

Mit Blick auf die Aktiengesellschaft besteht insoweit nach herrschender Meinung 126 **kein Handlungsbedarf**. Denn in der Literatur wird ganz überwiegend vertreten, dass energierechtlich keine Einschränkung der Widerrufsmöglichkeiten der Bestellung in der Satzung der Netzgesellschaft erforderlich sei, weil der Widerruf der Bestellung zum Vorstandsmitglied bei einer AG ohnehin auf das Vorliegen eines wichtigen Grundes beschränkt sei.[265]

Teilweise wird es in der Literatur allerdings aus energierechtlichen Gründen für erforderlich gehalten, die Satzung durch eine Regelung zu ergänzen, wonach ein die Abberufung nach allgemeinen aktienrechtlichen Vorgaben (§ 84 Abs. 3 S. 2 AktG) rechtfertigender **Vertrauensentzug** durch die Hauptversammlung die Abberufung ausnahmsweise nur dann rechtfertigt, wenn hierfür ein **wichtiger Grund** gegeben ist.[266]

Zudem müsse, um die berufliche Handlungsunabhängigkeit des Vorstands der Netzgesellschaft in dem von dem EnWG geforderten Maß zu sichern, verhindert werden, dass das Vorstandsmitglied zunächst abberufen wird, auch wenn sich dieser Beschluss im Ergebnis als rechtswidrig erweist. Hier sei ein besonderer Schutz des Vorstandsmitglieds der Netzgesellschaft erforderlich, um seine unabhängige Aufgabenerfüllung zu gewährleisten.

Vor diesem Hintergrund sei eine Regelung in der Satzung erforderlich, nach der die Netzgesellschaft **im Streitfall darzulegen und zu beweisen** hat, dass die Abberufung des Vorstands nicht wegen eines vom EnWG geforderten Verhaltens erfolgt ist.[267] Weitere, energierechtlich angeblich erforderliche Schutzmechanismen, seien durch das geltende Aktienrecht gesperrt, sodass sich der Vorstand auf die BNetzA

---

264 Generaldirektion Energie und Verkehr, Vermerk „Die Entflechtungsregelung" vom 16.1.2004, Tz B. 4.2.1. Vermerk der Generaldirektion Energie und Verkehr zu den Richtlinien 2003/54/EG und 2003/55/EG über den Elektrizitäts- und Erdgasmarkt v. 16.9.2004, S. 8, abrufbar unter http://ec.europa.eu/energy/gas_electricity/interpretative_notes/doc/implementation_notes/2004_01_16_public_service_obligations_de.pdf.

265 Vgl. BerlinKomm/*Säcker*/*Schönborn*, § 8 EnWG Rn 43; *Kaluza*, S. 130 ff. m.w.N.

266 *Kaluza*, S. 133.

267 *Kaluza*, S. 135.

verlassen müsse, die gegebenenfalls Sanktionen – z.B. in Form einer Geldbuße – gegen das EVU verhängen könne.[268]

b) GmbH

127 Da die Bestellung zum Geschäftsführer einer GmbH – abweichend von der aktienrechtlichen Rechtslage – zu jeder Zeit widerruflich ist (§ 38 Abs. 1 GmbHG), stellt sich bei einer als GmbH verfassten Netzgesellschaft die Frage, ob es eine Regelung in der Satzung bedarf, die **das Recht zum Widerruf der Bestellung beschränkt**, noch dringlicher als bei der AG. Davon geht die herrschende Meinung aus.[269] Die genaue Ausgestaltung dieser Beschränkung ist in der Literatur umstritten. Die wohl überwiegende Ansicht verlangt eine Begrenzung der Widerrufsmöglichkeit in der Satzung der Netzgesellschaft auf die Fälle, in denen ein **wichtiger Grund** für die Abberufung vorliegt.[270]

! **Praxistipp**
Soll eine entsprechende Beschränkung in die Satzung aufgenommen werden, sollte zugleich auf eine befristete Bestellung geachtet werden. Denn ohne eine derartige zeitliche Begrenzung der Bestellung könnte die Beschränkung der Widerrufsgründe eine faktische Unwiderruflichkeit der Bestellung auf Lebenszeit zur Folge haben. Eine abschließende Aufzählung der Widerrufsgründe, die als wichtige Gründe zu qualifizieren sind, ist in der Satzung rechtlich nicht möglich.[271] Vor diesem Hintergrund wird in der Literatur gefordert, immerhin eine Beweislastumkehr in der Satzung vorzusehen.[272]

II. Gleichbehandlungsprogramm und -beauftragter

128 Vertikal integrierte EVU haben gemäß § 7a Abs. 5 EnWG ein Programm mit verbindlichen Maßnahmen zur diskriminierungsfreien Ausübung des Netzgeschäftes (so genanntes „Gleichbehandlungsprogramm") aufzustellen, sofern sie nicht unter die De-Minimis-Regelung in § 7a Abs. 7 EnWG fallen.

---

268 *Kaluza*, S. 135 ff.

269 Britz/Hellermann/Hermes/*Hölscher*, § 8 EnWG, Rn 32; *Ehrike*, IR 2004, 170, 173; *Kaluza*, S. 137 m.w.N. auch zur Gegenansicht.

270 Britz/Hellermann/Hermes/*Hölscher*, § 8 EnWG, Rn 32; *Ehrike*, IR 2004, 170, 173; *Kaluza*, S. 138 m.w.N. auch zur Gegenansicht.

271 BGH, Urt. v. 21.9.1969 – II ZR 200/67 – NJW 1969, 1483.

272 *Kaluza*, S. 141.

1. Wer muss ein Gleichbehandlungsprogramm aufstellen?

Während nach dem Wortlaut der dem EnWG zugrunde liegenden EU-Richtlinien der Netzbetreiber zur Aufstellung des Gleichbehandlungsprogramms verpflichtet ist, ist dies nach dem Wortlaut von § 7a Abs. 5 EnWG **das vertikal integrierte EVU**. 129

In der Literatur wird dies teilweise als Redaktionsversehen bewertet.[273] Teilweise wird versucht, den Wortlaut durch eine teleologische Reduktion zu überwinden und die Verpflichtung auf den Netzbetreiber zu beschränken.[274] Es dürfte aber an einer verdeckten Regelungslücke, die Voraussetzung einer teleologischen Reduktion ist, fehlen. Hinzu kommt, dass auch ein praktisches Bedürfnis hierfür zumeist gar nicht besteht. Denn in der Praxis haben viele Unternehmen gemeinsame Dienstleistungsgesellschaften gegründet oder Bereiche etabliert, auf die sowohl der Netzbetreiber als auch wettbewerbliche Unternehmensteile zurückgreifen können (sog. Shared-Service-Bereiche). Richtigerweise wird man daher von einer Art **gesamtschuldnerischen Verpflichtung** aller zu einem vertikal integrierten EVU gehörenden Gesellschaften ausgehen müssen.[275]

Praxistipp !

Denkbar ist dabei in der Praxis, dass entweder alle am vertikal integrierten EVU Beteiligten Gesellschaften ein eigenständiges Gleichbehandlungsprogramm aufsetzen oder ein inhaltsgleiches Gleichbehandlungsprogramm für alle beteiligten Gesellschaften implementiert wird. Wichtig ist jedenfalls, dass alle zum vertikal integrierten EVU zählenden Gesellschaften, deren Mitarbeiter durch das Gleichbehandlungsprogramm zu verpflichten sind, das Programm gegenüber diesen Mitarbeitern verbindlich festlegen, bekanntmachen und umsetzen.[276] Ziel des Gleichbehandlungsprogramms ist es, für die mit Tätigkeiten des Netzbetriebs befassten Arbeitnehmer ein Programm mit verbindlichen Maßnahmen zur einerseits diskriminierungsfreien und andererseits den Vorgaben des § 6a EnWG (Vertraulichkeitsschutz) entsprechender Ausgestaltung des Netzgeschäfts festzulegen.[277] Keine Rolle spielt dabei, ob diese Tätigkeiten inner- oder außerhalb des Netzbetreibers ausgeübt werden.[278] 130

Zur inhaltlichen Ausgestaltung des Gleichbehandlungsprogramms trifft § 7a Abs. 5 EnWG in S. 2 lediglich die Vorgabe, dass Pflichten der Mitarbeiter und mögliche Sanktionen festzulegen sind. Daraus folgt zunächst, dass die im Gleichbehandlungsprogramm festgelegten Vorgaben für die Mitarbeiter verbindlich sein müssen. Dies wiederum setzt ein **gewisses Maß an Konkretisierung** voraus.[279] 131

---

273 *Salje*, § 8 EnWG, Rn 55.

274 Britz/Hellermann/Hermes/*Hölscher*, § 8 EnWG Rn 51.

275 So die herrschende Meinung, vgl. nur Rosin/*Schmutzer*/*Schoon*/*Stolzenburg*, § 7a EnWG Rn 113 m.w.N.

276 Rosin/*Schmutzer*/*Schoon*/*Stolzenburg*, § 7a EnWG Rn 114 m.w.N.

277 Rosin/*Schmutzer*/*Schoon*/*Stolzenburg*, § 7a EnWG Rn 115 m.w.N.

278 Rosin/*Schmutzer*/*Schoon*/*Stolzenburg*, § 7a EnWG Rn 115 m.w.N.

279 Rosin/*Schmutzer*/*Schoon*/*Stolzenburg*, § 7a EnWG Rn 116 m.w.N.

Gerichtliche Entscheidungen zur notwendigen inhaltlichen Ausgestaltung liegen – soweit ersichtlich – noch nicht vor. Die Literatur ist sich allerdings darüber einig, dass die Konkretisierung nicht übertrieben werden muss.

Beispiel
Nicht erforderlich ist zum Beispiel, alle im Unternehmen existierenden Arbeitsanweisungen oder Handbücher in das Gleichbehandlungsprogramm aufzunehmen.[280]

Praxistipp
Die Verbände BGW, VDEW und VKU haben ein unter http://www.bdew.de abrufbares „Kompendium zur Entflechtung, vorgelegt von den Verbänden BGW, VDEW und VKU" vom 13.7.2005 entwickelt, das ein Muster-Gleichbehandlungsprogramm sowie Hinweise für die nicht zur Etablierung eines Gleichbehandlungsprogramms verpflichteten De-Minimis-Unternehmen enthält. An diesem Muster können sich Unternehmen orientieren. Losgelöst davon sind eine Vielzahl von Mustergleichbehandlungsprogrammen aufgrund der aus § 7a Abs. 5 S. 3 EnWG folgenden Bekanntmachungspflicht im Internet frei verfügbar. Wichtig ist, dass entsprechende Vorlagen auf die Umstände des Einzelfalls angepasst werden. Denn maßgeblich dafür, wie eine inhaltliche Ausgestaltung erfolgen muss, sind letztlich die Strukturen im vertikal integrierten EVU.

---

2. Zwingender Mindestinhalt des Gleichbehandlungsprogramms

132 Das jeweilige Gleichbehandlungsprogramm muss allerdings **zwingend mindestens drei Themenbereiche** regeln:[281]

a) Verschwiegenheitsklausel

133 Zunächst einmal muss es die vertrauliche Behandlung von wirtschaftlich sensiblen Informationen des Netzbetreibers sicherstellen, also den Vorgaben zur informationellen Entflechtung nach Maßgabe von § 6a EnWG (sogenannte Verschwiegenheitsklausel) gerecht werden.

b) Diskriminierungsverbot

134 Darüber hinaus sind die Pflichten der Mitarbeiter zu regeln, die der Gewährleistung eines diskriminierungsfreien Netzbetriebs dienen (sogenanntes Diskriminierungsverbot).

---

280 Rosin/*Schmutzer*/*Schoon*/*Stolzenburg*, § 7a EnWG Rn 118 m.w.N.
281 *Kaluza*, S. 330.

c) Sanktionsklausel

Schließlich sind mögliche Sanktionen zu regeln, die bei Nichtbeachtung des Gleichbehandlungsprogramms drohen (sogenannte Sanktionsklausel).[282] 135

Checkliste !

Folgende Angaben sollten – unter Beachtung der Rechtsauffassung der Regulierungsbehörden – im Gleichbehandlungsprogramm erfasst sein:[283]

- Allgemeine, kurze Selbstbeschreibung
  - des organisatorischen Aufbaus bzw.
  - des Organisationsprinzips sowie ggf. der Maßnahmen, die dem Ausschluss unzulässiger Doppelfunktionen dienen;
- Umgang mit sonstigen Tätigkeiten des Netzbetreibers;
- Gewährleistung der beruflichen Handlungsunabhängigkeit, der für die Leitung des Netzbetreibers zuständigen Personen;
- Gewährleistung tatsächlicher Entscheidungsunabhängigkeit des Netzbetreibers;
- Darstellung des informatorischen Konzepts zur Gewährleistung der Vorgaben von § 6a EnWG;
- Pflichten der Mitarbeiter, insbesondere mit Blick auf die informationelle Entflechtung und Pflichten im Verhältnis zum Gleichbehandlungsmanagement;
- Stellung der Rechte und Pflichten des Gleichbehandlungsmanagements (Gleichbehandlungsbeauftragter oder Gleichbehandlungsstelle) und
- mögliche Sanktionen.

---

3. Arbeitsrechtliche Auswirkungen der Vorgaben zum Gleichbehandlungsprogramm

Aus der nach § 7a Abs. 5 S. 1 Hs. 1 und S. 2 EnWG erforderlichen Verbindlichkeit der Vorgaben im Gleichbehandlungsprogramm, nämlich den Pflichten der Mitarbeiter und möglichen Sanktionen (§ 7a Abs. 5 S. 2 EnWG), folgt zunächst die Verpflichtung zur entflechtungskonformen Ausgestaltung der Arbeitsverhältnisse. 136

a) Möglichkeiten zur Implementierung eines Gleichbehandlungsprogramms

Mit Blick darauf, dass § 7a Abs. 5 EnWG allein die betroffenen Unternehmen verpflichtet, nicht aber die Arbeitnehmer, müssen die Unternehmen rechtlich auch dazu in der Lage sein, entsprechende Pflichten in das Arbeitsverhältnis einzuführen. Dabei wird man allerdings – insbesondere mit Blick auf etwaige Mitbestimmungsrechte des zuständigen Betriebsrats – hinsichtlich des „Ob“ und des „Wie“ differenzieren müssen. 137

---

282 Baur/Pritzsche/Simon/*Horstmann*, S. 359 ff.

283 Rosin/*Schmutzer*/*Schoon*/*Stolzenburg*, § 7a EnWG Rn 121 m.w.N.

b) § 7a Abs. 5 EnWG als Ermächtigungsnorm

138 Da Unmögliches vom Arbeitgeber nicht verlangt werden kann (vgl. § 275 BGB, der insoweit lediglich ein allgemeines Rechtsprinzip ausdrückt), wird man die Vorgabe zur Einführung verbindlicher Regelungen in § 7a Abs. 5 EnWG als Ermächtigungsnorm für den Arbeitgeber bewerten müssen. Dies gilt jedenfalls hinsichtlich des „Ob" der Vorgaben eines Gleichbehandlungsprogramms.[284]

c) Rechtstechnische Möglichkeiten der Implementierung

139 Rechtstechnisch kommen zur Implementierung in das Arbeitsverhältnis grundsätzlich folgende Wege in Betracht:

- arbeitgeberseitige Weisung im Rahmen des Direktionsrechts (§ 106 S. 1 GewO),
- Ausspruch einer Änderungskündigung (§ 2 KSchG) sowie
- Abschluss einer Betriebsvereinbarung mit dem zuständigen Betriebsrat.[285]

Bei der Bewertung dieser Möglichkeiten muss in der betrieblichen Praxis Folgendes berücksichtigt werden:

Da § 7a Abs. 5 EnWG den Arbeitgeber unmittelbar verpflichtet, er also unmittelbar entflechtungskonforme Zustände herstellen soll, eine Änderungskündigung aber – lässt man eine außerordentliche Änderungskündigung einmal unberücksichtigt – erst mit Ablauf der maßgeblichen Kündigungsfrist (ggf. also erst nach Monaten) wirksam werden würde und sie zugleich die Gefahr einer Beendigung des Arbeitsverhältnisses bei Ablehnung des Änderungsangebots mit sich bringt, wird man sie letztlich nicht für erforderlich halten können. Dies gilt umso mehr, als in der Praxis ggf. erst nach einem jahrelangen Rechtsstreit feststünde, welche Pflichten innerhalb des Arbeitsverhältnisses geworden sind. Dies widerspricht der gesetzgeberischen Intention, dem Arbeitgeber insoweit einen Gestaltungsspielraum einzuräumen.[286]

140 Die **besseren Gründe** dürften daher dafür sprechen, dass – jedenfalls soweit kein Betriebsrat gebildet wurde oder ein Betriebsrat nicht zuständig ist (zum Beispiel für leitende Angestellte nach § 5 Abs. 3 BetrVG) – eine Implementierung des Gleichbehandlungsprogramms durch **arbeitgeberseitige Weisung** im Rahmen des

---

284 Ebenso *Kaluza*, S. 329, die – zu Recht – hinsichtlich des „Wie" eine differenzierte Betrachtung fordert.

285 *Rauch*, CCZ 2011, 175, 180; *Kaluza*, S. 328 ff.

286 Denkbar wäre mit Blick auf die Einführungsmöglichkeit kraft Direktionsrechts (vgl. sogleich unter Kapitel 2 Rn 141 ff.) zwar eine verhaltensbedingte, betriebsbedingte oder personenbedingte Änderungskündigung, vgl. dazu *Kaluza*, S. 340 ff. Dies dürfte aber nur für den Mindestinhalt gelten, der gesetzlich vorgeschrieben ist. Soweit weitergehende Verpflichtungen implementiert werden sollen, käme allenfalls eine betriebsbedingte Änderungskündigung in Betracht.

Direktionsrechts insoweit zulässig ist,[287] wie sie durch Implementierung des energiewirtschaftsrechtlich geforderten Mindeststandards lediglich bestehende Verpflichtungen konkretisiert.

Praxistipp
Geschützt sind die betroffenen Mitarbeiter auch in diesem Fall dadurch, dass das arbeitgeberseitige Direktionsrecht nur im Rahmen billigen Ermessens ausgeübt werden darf (§ 315 Abs. 3 BGB). **!**

Soweit über diesen Mindestinhalt hinausgehende Regelung zur Gewährleistung des diskriminierungsfreien Netzbetriebs eingeführt werden, muss in jedem Einzelfall überprüft werden, ob die jeweilige Klausel **lediglich bestehende Verpflichtungen konkretisiert und detailliert oder ob mit ihr neue Verpflichtungen eingeführt** werden sollen.

d) Kompetenzen des Arbeitgebers kraft Direktionsrechts

Anknüpfungspunkt für derartige Pflichten ist vor allem § 241 Abs. 2 BGB und die darin **141** geregelte Rücksichtnahmepflicht, nach welcher der Arbeitnehmer die Interessen des Arbeitgebers und des Betriebs in einem ihm zumutbaren Umfang wahren muss.[288]

Denn das arbeitgeberseitige Direktionsrecht ist nicht auf Weisungen im Einzelfall beschränkt. Vielmehr ermöglicht es auch die Einführung abstrakt-genereller Regelungen.[289] Denkbar ist die Implementierung eines Gleichbehandlungsprogramms daher auf der Grundlage des arbeitgeberseitigen Direktionsrechts dann, wenn hierdurch lediglich die bereits bestehenden arbeitsvertraglichen bzw. gesetzlichen Pflichten konkretisiert und detailliert werden, ohne insoweit neue Pflichten des Arbeitnehmers einzuführen. Denn neue Pflichten des Arbeitnehmers können nicht auf der Grundlage des Direktionsrechts eingeführt werden.[290]

Soweit in der Literatur generalisierend Aussagen darüber getroffen werden, **142** dass es sich bei einem Gleichbehandlungsprogramm um eine netzspezifische Konkretisierung der Nebenpflichten aus dem Arbeitsvertrag bzw. um eine spezialgesetzliche Ausformung des arbeitgeberseitigen Direktionsrechts handle,[291] überzeugt dies ebenso wenig wie die gleichfalls generalisierende Annahme, dass es sich um die Aufnahme neuer Verhaltenspflichten handele, die der Arbeitgeber nicht einseitig durchsetzen könne.[292]

287 *Rauch*, CCZ 2011, 175, 180.
288 MüKo-BGB/*Müller-Glöge*, § 611 BGB Rn 1074; *Schuster/Darsow*, NZA 2005, 273.
289 Maschmann/ *Wagner*, S. 70; *Kaluza*, S. 328.
290 Vgl. *Borgmann*, NZA 2003, 352, 353; Maschmann/*Wagner*, S. 71; *Kaluza*, S. 329.
291 *Büdenbender/Rosin*, S. 154 (Nebenpflicht); Danner/Theobald/*Eder*, § 8 EnWG Rn 79.
292 In diesem Sinne Klees/Langerfeldt/*Heilmann/Langerfeldt*, S. 259; ebenso wohl *Steinbauer*, S. 140.

Richtigerweise wird man ein Aussage darüber, ob lediglich eine bereits bestehende Nebenpflicht konkretisiert oder aber eine neue Pflicht eingeführt wird, nur separat für jede im jeweiligen Gleichbehandlungsprogramm festgelegt Pflicht treffen können.[293]

Der Mindestinhalt des Gleichbehandlungsprogramms stellt aber – wie nun zu zeigen sein wird – letztlich eine Konkretisierung der bereits aus § 241 Abs. 2 BGB folgenden Verpflichtung jedenfalls dann dar, wenn sich das Gleichbehandlungsprogramm auf die Einführung dieses Mindeststandards beschränkt, sodass seine Implementierung kraft Direktionsrechts erfolgen kann.

aa) Verschwiegenheitsklauseln

143 Zwingender Mindestinhalt jedes Gleichbehandlungsprogramms ist – wie gezeigt – zunächst eine Verschwiegenheitsklausel. Das bereits unter D.II.1. erwähnte Muster-Gleichbehandlungsprogramm der Verbände vom 13.7.2005[294] sieht unter Ziffer 3.2.2 folgende Klausel vor:

Klauselmuster

„Die Mitarbeiter sind verpflichtet, bei der Ausübung ihrer Tätigkeit Netzkundeninformationen gemäß § 9 Abs. 1 EnWG [jetzt § 6a Abs. 1 EnWG], wie sie unter Ziffer 2.2.1 beschrieben sind vertraulich zu behandeln.

Bei Beendigung der Tätigkeit für den Netzbetreiber ist die Mitnahme oder Nutzung von Netzkundeninformationen untersagt. Dasselbe gilt für Netzinformationen im Sinne des § 9 Abs. 2 EnWG [jetzt § 6a Abs. 2 EnWG], wie sie unter Ziffer 2.2.2 beschrieben sind, sofern sie nicht in nicht diskriminierender Weise offengelegt worden sind.

Sofern ein im Netzbereich tätiger Mitarbeiter im Rahmen des rechtlich Zulässigen zusätzlich Tätigkeiten im Bereich der Gewinnung, Erzeugung oder des Vertriebs von Energie an Kunden wahrnimmt, ist er verpflichtet, Netzkundeninformationen nicht für Zwecke dieser Bereiche zu verwenden, es sei denn, es liegt eine Einwilligung des betreffenden Netznutzers bzw. eine gesetzliche Verpflichtung zur Offenbarung vor".

Allgemeine arbeitsrechtliche Verschwiegenheitspflicht

Diese Verschwiegenheitsklausel wird man als Konkretisierung der sich bereits ohnehin aus dem Arbeitsverhältnis ergebenden Verschwiegenheitsverpflichtung bewerten können. Denn auch ohne besondere vertragliche Vereinbarung ist jeder Arbeitnehmer zunächst einmal gemäß § 17 Abs. 1 UWG zur Wahrung von Geschäfts- und Betriebsgeheimnissen verpflichtet.[295]

---

293 *Kaluza*, S. 329.

294 Abgedruckt in: Baur/Pritzsche/Simon, S. 555 ff.

295 BAG, Beschl. v. 10.3.2009 – 1 ABR 87/07 – BAGE 129, 364.

Neben dieser gesetzlich ausgeprägten Verpflichtung besteht aber nach allgemeiner Ansicht auch eine Verpflichtung zur Verschwiegenheit über solche als geheim bezeichneten Tatsachen, an deren Geheimhaltung der Arbeitgeber ein berechtigtes Interesse hat.[296]

Spezifische Vertraulichkeitspflicht nach § 6a EnwG

Ein derartiges Interesse wird man mit Blick auf die von § 6a EnWG erfassten Informationen schon deshalb annehmen müssen, weil der Arbeitgeber zur Wahrung der Vertraulichkeit dieser Informationen gesetzlich verpflichtet ist. Dieser Pflicht kann er nur dann nachkommen, wenn er die Mitarbeiter, die Zugang zu diesen vertraulichen Informationen haben, **seinerseits zur Vertraulichkeit verpflichtet.**[297] Folgerichtig wird man eine **vertragliche Nebenpflicht** des Arbeitnehmers annehmen müssen, diese Informationen geheim zu halten.

Diese Pflicht wird der Arbeitgeber, in dessen Interesse sie besteht, kraft Direktionsrechts konkretisieren können. Voraussetzung hierfür ist allerdings, dass die geheimhaltungsbedürftigen Tatsachen hinreichend genau bestimmt sind.[298]

Praxistipp !

Dieses Erfordernis ist bei der vorstehend zitierten Klausel des Muster-Gleichbehandlungsprogramms nur deshalb erfüllt, weil das Muster-Gleichbehandlungsprogramm eine ausführliche Begriffsbestimmung für die wirtschaftlich sensiblen bzw. relevanten Informationen enthält (Ziffer 2.2), sodass eine hinreichende Konkretisierung gewährleistet ist.

---

bb) Diskriminierungsverbot

Zum Mindestinhalt des Gleichbehandlungsprogramms zählt darüber hinaus eine Klausel zum Diskriminierungsverbot. Das Muster-Gleichbehandlungsprogramm sieht unter Ziffer 3.2.1 insoweit folgende Klausel vor:

Klauselmuster

„Die Mitarbeiter sind verpflichtet, ihre Tätigkeit für den Netzbetreiber diskriminierungsfrei zu verrichten, und insbesondere diejenigen betrieblichen Einrichtungen des (... EVU ...), welche die Funktionen der Gewinnung, Erzeugung oder des Vertriebs von Energie wahrnehmen, in Angelegenheiten des Netzbetriebs im Vergleich zu Dritten nicht ohne sachlich gerechtfertigten Grund unterschiedlich zu behandeln".

Mit Blick auf die in § 241 Abs. 2 BGB festgelegten Nebenpflichten wird man auch insoweit von einer Konkretisierung ausgehen können. Denn führt man sich noch ein-

296 Vgl. BAG, Urt. v. 15.12.1987 – 3 AZR 474/86 – NZA 1988, 502; ErfK/*Preis*, § 611 BGB Rn 710.

297 Ebenso *Kaluza*, S. 332.

298 Vgl. Maschmann/*Wagner*, S. 90; *Kaluza*, S. 332.

mal vor Augen, dass § 6 EnWG lediglich das vertikal integrierte EVU, nicht aber die Mitarbeiter selbst zur Gewährleistung eines diskriminierungsfreien Netzbetriebs verpflichtet, besteht insoweit zwar keine aus dem EnWG folgende gesetzliche Pflicht. Nach § 241 Abs. 2 BGB ist der Arbeitnehmer aber auch verpflichtet, **Schaden von seinem Arbeitgeber abzuwenden**. Da sein Verstoß gegen das Diskriminierungsverbot theoretisch – und ggf. auch praktisch – aber zu einer Sanktionierung des Arbeitgebers durch die BNetzA führt, die einen **Schaden des Arbeitgebers** bedeutet, wird man die einzelnen Mitarbeiter bereits nach § 241 Abs. 2 BGB aufgrund ihrer allgemeinen dem Arbeitgeber gegenüber bestehenden Treuepflicht für verpflichtet halten müssen, dass Diskriminierungsverbot zu wahren.[299]

Praxistipp
Da sich das Diskriminierungsverbot sowohl an den Netzbetreiber als auch das EVU, nämlich an das gesamte EVU richtet, gilt dies sowohl für Mitarbeiter der Netzgesellschaft als auch für Mitarbeiter des EVU. Daher kann auch insoweit eine Konkretisierung kraft arbeitgeberseitigen Direktionsrechts erfolgen.

---

cc) Sanktionsklauseln

144 Schließlich müssen Gleichbehandlungsprogramme als Mindestinhalt eine Sanktionsklausel enthalten. Insoweit wird im Muster-Gleichbehandlungsprogramm unter Ziffer 5. folgende Sanktionsklausel vorgeschlagen:

Klauselmuster
„Ein Verstoß der Mitarbeiter gegen ihre unter Ziffer 3.) dieses Gleichbehandlungsprogramms festgelegten Pflichten stellt eine Verletzung ihrer arbeitsvertraglichen Verpflichtungen dar. Sie kann arbeitsvertragliche Konsequenzen seitens des (...EVU...) nach sich ziehen."

Da die Androhung disziplinarischer Maßnahmen im Fall einer Pflichtverletzung des Arbeitnehmers ebenfalls Ausfluss des arbeitgeberseitigen Direktionsrechts ist,[300] kann eine Konkretisierung der Sanktionierung ebenfalls kraft arbeitgeberseitigen Direktionsrechts erfolgen.

In der vorstehend wiedergegebenen **Musterklausel** ist sie allerdings noch nicht einmal erfolgt. Denn die Musterklausel hat, in dem sie lediglich auf die allgemein bestehenden arbeitsrechtlichen Sanktionsmöglichkeiten verweist, lediglich **deklaratorischen Charakter**. Diese Ausgestaltung wird in der Literatur ganz überwiegend als mit dem EnWG vereinbar bewertet.[301]

---

299 Ebenso *Kaluza*, S. 334.
300 In diesem Sinne für Ethikrichtlinien Maschmann/*Wagner*, S. 92; für Gleichbehandlungsprogramme nach dem EnWG *Kaluza*, S. 335.
301 Vgl. nur *Kaluza*, S. 335 m.w.N.

e) Ausübungskontrolle

Arbeitgeberseitige Weisungen kraft Direktionsrechts unterliegen nach der Rechtsprechung des Bundesarbeitsgerichts nicht nur mit Blick auf die Gestaltung der Ermächtigungsgrundlage (§ 106 GewO), sondern auch mit Blick auf die Ausübung im Einzelfall einer **Billigkeitskontrolle (§ 315 BGB)**. Dies müssen Arbeitgeber bei der Ausgestaltung des Gleichbehandlungsprogramms auch dann beachten, wenn kein Betriebsrat besteht, der insoweit als Kontrollinstanz fungiert. 145

4. Exkurs: Bekanntmachung des Gleichbehandlungsprogramms

Nach § 7a Abs. 5 EnWG ist das Gleichbehandlungsprogramm den Mitarbeitern und der Regulierungsbehörde bekannt zu machen. Formale Vorgaben bestehen hierfür nicht. 146

Praxistipp !

Aus Beweisgründen sollte der Empfang und die Kenntnisnahme des Gleichbehandlungsprogramms nach der Empfehlung der Regulierungsbehörden aber von jedem betroffenen Mitarbeiter schriftlich bestätigt werden.[302] Dies erscheint arbeitsrechtlich schon deshalb sinnvoll, weil es sich bei den arbeitgeberseitigen Weisungen im Rahmen des Direktionsrechts um empfangsbedürftige Willenserklärungen handelt.[303] Sie müssen den Mitarbeitern also zugehen, um wirksam zu werden. Vor diesem Hintergrund erscheint ein schriftliches Empfangsbekenntnis aus Beweisgründen sehr sinnvoll. Ein Verweigerungsrecht des Arbeitnehmers dürfte insoweit nicht bestehen. Denn aus § 242 BGB folgt die Pflicht des Arbeitnehmers, den Erhalt von Schriftstücken zu bestätigen, denen der Arbeitgeber verbindliche Wirkung beimisst.[304]

---

5. Mitbestimmungsrecht des Betriebsrats bei der Ausgestaltung des Gleichbehandlungsprogramms

In der Literatur heftig umstritten ist, ob dem Betriebsrat ein Mitbestimmungsrecht bei der Einführung des Gleichbehandlungsprogramms zusteht. 147

a) Keine Sperre nach § 87 Abs. 1 Einleitungssatz BetrVG

Von Teilen der Literatur wird ein Mitbestimmungsrecht des Betriebsrats nach § 87 BetrVG unter Hinweis darauf verneint, dass mit § 7a Abs. 5 EnWG eine gesetzliche 148

---

302 BNetzA, Gemeinsame Auslegungsgrundsätze der Regulierungsbehörden des Bundes und der Länder zu den Entflechtungsbestimmungen in §§ 6–10 EnWG vom 1.9.2006, S. 21, abrufbar unter: http://www.bundesnetzagentur.de/SharedDocs/Downloads/DE/Sachgebiete/Energie/Unternehmen_Institutionen/EntflechtungKonzessionArealnetze/Entflechtung/Entflechtung/Auslegungsgrunsaetze5222pdf.pdf?__blob=publicationFile&v=7.

303 *Otto*, RdE 2005, 261, 266; Hempel/Franke/*Schulte-Beckhausen*, § 8 EnWG Rn 65.

304 Vgl. *Borgmann*, NZA 2003, 352, 354; *Kaluza*, S. 337.

Regelung im Sinne des § 87 Abs. 1 Einleitungssatz BetrVG bestehe, die ein Mitbestimmungsrecht ausschließe.[305]

Dabei wird aber zunächst übersehen, dass § 7a Abs. 5 EnWG lediglich das „Ob" der Einführung eines Gleichbehandlungsprogramms vorgibt, dessen inhaltliche Ausgestaltung – also das „Wie" – aber nicht regelt.[306]

b) Mitbestimmungspflichtiger Gestaltungsspielraum hinsichtlich der Ausgestaltung

149 Daher verbleibt für die Ausgestaltung ein mitbestimmungspflichtiger Gestaltungsspielraum.[307] Dies kann auch nicht unter Hinweis auf europarechtliche Umsetzungsfristen überspielt werden.[308] Denn dabei wird übersehen, dass im Rahmen der Umsetzungsfristen genügend Zeit für die Durchführung eines ggf. notwendig werdenden Einigungsstellenverfahrens besteht bzw. bestand. Richtigerweise kann daher mit Blick auf die Ausgestaltung des Gleichbehandlungsprogramms – jedenfalls in Teilen – ein Mitbestimmungsrecht nach § 87 Abs. 1 Nr. 1 BetrVG und ggf. § 87 Abs. 1 Nr. 6 BetrVG bestehen.[309]

150 Die Aufstellung, Einführung und inhaltliche Festlegung des Gleichbehandlungsprogramms in dem nach § 7a Abs. 5 S. 1 EnWG geforderten Umfang stellt – entgegen einer in der Literatur vertretenen Ansicht –[310] aber keine „spezialgesetzliche Ausprägung des arbeitgeberseitigen Direktionsrechts" dar, sondern eine Ermächtigungsnorm (vgl. oben unter Kapitel 2 Rn 138), die eine Umsetzung auf der Grundlage des Direktionsrechts lediglich innerhalb der allgemeinen arbeitsrechtlichen Schranken erlaubt. Nach der sog. Vorrangtheorie sind arbeitgeberseitige Weisungen unter Missachtung eines Mitbestimmungsrechts nach § 87 Abs. 1 BetrVG kollektivrechtlich unwirksam.[311] Der Mitarbeiter braucht sie nicht zu befolgen.[312] Besteht aber eine Regelung durch Betriebsvereinbarung ist sie – und nicht das Direktionsrecht – Grundlage der Verpflichtung. Das Direktionsrecht kommt nach § 106 GewO lediglich in ihren Grenzen zur Anwendung.

---

305 *Seitz/Werner*, BB 2005, 1961, 1965; Rosin/*Schmutzer/Schoon/Stolzenburg*, § 7a EnWG Rn 121; a.A. *Kaluza*, S. 346 m.w.N.

306 *Kaluza*, S. 346 f. m.w.N.

307 Wie hier *Rauch*, CCZ 2011, 175, 181; *Büdenbender*, RdA 2006, 193, 195.

308 So aber *Seitz/Werner*, BB 2005, 1961, 1965.

309 Wie hier *Rauch*, CCZ 2011, 175, 181; *Büdenbender*, RdA 2006, 193, 195; in diesem Sinne auch Bartsch/*Schnitker*, S. 176.

310 Danner/Theobald/*Eder*, § 8 EnWG Rn 89.

311 BAG, Beschl. v. 3.12.1991 – GS 2/90 – NZA 1992, 749.

312 BAG, Beschl. v. 3.12.1991 – GS 2/90 – NZA 1992, 749.

aa) Kein Mitbestimmungsrecht bezüglich Konkretisierung der Arbeitspflicht

Soweit die im Gleichbehandlungsprogramm vorgesehenen Maßnahmen sich nur auf **151** die **inhaltliche Ausübung der Tätigkeiten des Netzgeschäfts** beziehen und diese als arbeitsvertragliche Nebenpflichten die Arbeitspflichten der betroffenen Mitarbeiter konkretisieren, besteht allerdings **kein Mitbestimmungsrecht** nach § 87 Abs. 1 Nr. 1 BetrVG.[313] Denn Gegenstand dieses Mitbestimmungsrechts ist das betriebliche Zusammenleben und Zusammenwirken der Arbeitnehmer. Dieses kann der Arbeitgeber kraft seiner Leitungsmacht durch Verhaltensregeln oder sonstige Maßnahmen beeinflussen und koordinieren. Zweck des Mitbestimmungsrechts ist es, die Arbeitnehmer hieran zu beteiligen.[314] Sie sollen an der Gestaltung des betrieblichen Zusammenlebens gleichberechtigt teilnehmen. Der Betriebsrat hat nach § 87 Abs. 1 Nr. 1 BetrVG allerdings nur mitzubestimmen bei Maßnahmen, die das so genannte **Ordnungsverhalten** der Arbeitnehmer im Betrieb betreffen.[315] Dagegen sind Maßnahmen, die das so genannte **Arbeitsverhalten** regeln sollen, nicht mitbestimmungspflichtig. Dies sind solche Maßnahmen, mit denen die Arbeitspflicht unmittelbar konkretisiert und abgefordert wird.[316]

bb) Mitbestimmungspflichtigkeit von Regelungen zur betrieblichen Ordnung

Ob das mitbestimmungsfreie Arbeitsverhalten betroffen ist, beurteilt sich nicht nach **152** den subjektiven Vorstellungen, die den Arbeitgeber zu einer Maßnahme bewogen haben. Entscheidend ist der jeweilige **objektive Regelungszweck**.[317] Dieser bestimmt sich nach dem Inhalt der Maßnahme sowie nach der Art des zu beeinflussenden betrieblichen Geschehens. Wirkt sich eine Maßnahme zugleich auf das Ordnungs- und das Arbeitsverhalten aus, kommt es nach der Rechtsprechung des BAG darauf an, **welcher Regelungszweck überwiegt**.[318]

Beispiel

Hiervon ausgehend hat das BAG z.B. in der Anordnung des Arbeitgebers, für Angaben der Beschäftigten über den Besitz von Wertpapieren ein von ihm vorgefertigtes Formular zu verwenden,[319] und in der Anweisung, die Notwendigkeit eines Arztbesuchs während der Arbeitszeit durch ein vorgegebenes Formular zu belegen, mitbestimmungspflichtige Anordnungen gesehen.[320] Hierfür war ent-

---

313 BAG, Urt. v. 10.3.1998 – 1 AZR 509/97 – NZA 1998, 1297. Insoweit zutreffend Danner/Theobald/*Eder*, § 8 EnWG Rn 89.
314 BAG, Beschl. v. 25.9.2012 – 1 ABR 50/11 – NZA 2013, 467.
315 BAG, Beschl. v. 25.9.2012 – 1 ABR 50/11 – NZA 2013, 467.
316 BAG, Beschl. v. 25.9.2012 – 1 ABR 50/11 – NZA 2013, 467.
317 BAG, Beschl. v. 11.6.2002 – 1 ABR 46/01 – NZA 2002, 1295.
318 BAG, Beschl. v. 11.6.2002 – 1 ABR 46/01 – NZA 2002, 1295.
319 BAG, Beschl. v. 25.9.2012 – 1 ABR 50/11 – NZA 2013, 467.
320 BAG, Beschl. v. 25.9.2012 – 1 ABR 50/11 – NZA 2013, 467.

scheidend, dass der Arbeitgeber den Nachweis einheitlich von allen Arbeitnehmern in einer bestimmten Form verlangt und damit eine Regel aufstellt hat, die für alle – unabhängig von der konkreten Arbeitsleistung – zu beachten war.
Dagegen hat das BAG ein Mitbestimmungsrecht nach § 87 Abs. 1 Nr. 1 BetrVG in Bezug auf vorformulierte standardisierte Verschwiegenheitsvereinbarungen verneint.[321] Die Abgabe derartiger Erklärungen sei ohne Einfluss auf die Art und Weise des Verhaltens der Arbeitnehmer im Betrieb. Es gehe nicht um die Standardisierung des Verhaltens, sondern um die Abgabe inhaltlich gleicher Erklärungen, was allein nicht das Mitbestimmungsrecht nach § 87 Abs. 1 Nr. 1 BetrVG auslöse.

153 Letztlich wird es daher für die Mitbestimmungspflichtigkeit auf die konkrete Ausgestaltung des Gleichbehandlungsprogramms ankommen. Dabei muss eine **klauselbezogene Betrachtung** erfolgen.[322]

Beispiel
Während das Diskriminierungsverbot selbst als Arbeitsverhalten zu qualifizieren und daher nicht mitbestimmungspflichtig sein dürfte,[323] wird man dann, wenn standardisierte Vorgaben dafür eingeführt werden, die den Nachweis diskriminierungsfreien Verhaltens bewirken sollen, insoweit von einer Mitbestimmungspflichtigkeit nach § 87 Abs. 1 Nr. 1 BetrVG ausgehen müssen.

154 Umgekehrt ist die gemäß §6a EnWG infolge der Pflicht zur informatorischen Entflechtung notwendige **Verschwiegenheitsklausel**, die einen Pflichtinhalt des Gleichbehandlungsprogramms bildet, ausgehend von der Rechtsprechung des BAG zu standardisierten Verschwiegenheitsklauseln **mitbestimmungsfrei**.[324]

155 Mitbestimmungspflichtig nach § 87 Abs. 1 Nr. 1 BetrVG kann auch die Regelung von Sanktionen im Gleichbehandlungsprogramm sein. Es ist zwar ausreichend, wenn sich das Gleichbehandlungsprogramm auf einen Hinweis auf denkbare Sanktionen beschränkt, die ausreichend Raum für eine Beurteilung des im Einzelfall vorliegenden Verstoßes lassen.[325] Ausreichend ist also ein Hinweis auf Sanktionen in Form von (formlosen) Ermahnungen, Abmahnungen oder (als ultima ratio) Kündigungen.[326]

156 Soweit es bei einem derartigen – **lediglich deklaratorischen** – Verweis auf allgemeine arbeitgeberseitige Sanktionsmöglichkeiten bei Pflichtverletzungen verbleibt, besteht insoweit **kein Mitbestimmungsrecht** nach § 87 Abs. 1 Nr. 1 BetrVG.[327]

321 BAG, Beschl. v. 25.9.2012 – 1 ABR 50/11 – NZA 2013, 467.
322 Ebenso *Kaluza*, S. 349 m.w.N.
323 Ebenso *Kaluza*, S. 350; *Steinbauer*, S. 136.
324 Ebenso *Kaluza*, S. 349; teilweise a.A. *Steinbauer*, S. 130 ff.
325 Danner/Theobald/*Eder*, § 87 EnWG Rn 99; *Koenig/Spiekermann/Stelzner*, IR 2005, 242, 243; *Kaluza*, S. 350 m.w.N.
326 Danner/Theobald/*Eder*, § 87 EnWG Rn 99; *Koenig/Spiekermann/Stelzner*, IR 2005, 242, 243.
327 Danner/Theobald/*Eder*, § 87 EnWG Rn 99; *Koenig/Spiekermann/Stelzner*, IR 2005, 242, 243 f.

Entgegen einer in der Literatur vertretenen Ansicht[328] bietet die Beschränkung auf einen deklaratorischen Hinweis aber kein wirksames Gestaltungsmittel zum tatbestandlichen Ausschluss des Eingreifens von Mitbestimmungsrechten. Denn bei dieser Überlegung wird übersehen, dass dem Betriebsrat mit Blick auf die Regelungsgegenstände des § 87 Abs. 1 BetrVG ein **Initiativrecht** zukommt.[329] Er kann den Abschluss einer Betriebsvereinbarung verlangen.[330]

Praxistipp

Hintergrund hierfür kann sein, dass der Betriebsrat eine Detailierung der Sanktionen mit dem Argument fordert, die Mitarbeiter müssten wissen, was im Falle eines Verstoßes „auf sie zukommt". In der betrieblichen Praxis wird es ihm aber zumeist schwerfallen, dieses Recht durchzusetzen, weil entsprechende Anträge so formuliert sein müssen, dass sie keine nicht der Mitbestimmung unterliegenden Angelegenheiten erfassen.[331] Der Antrag des Betriebsrats, ein Initiativrecht hinsichtlich der verfahrensrechtlichen Regelungen festzustellen, ist insoweit ebenfalls nicht zielführend. Denn ein solches Initiativrecht ist akzessorisch und besteht nur, wenn Regelungen über die Verhängung von Sanktionen (z.B. Betriebsbußen) vorliegen.[332]

Beispiel

Nach der Rechtsprechung des BAG hat der Betriebsrat gemäß § 87 Abs. 1 Nr. 1 BetrVG z.B. bei der Einführung und Ausgestaltung eines jedenfalls in gewissem Umfang standardisierten Meldeverfahrens mitzubestimmen.[333] Denn durch ein standardisiertes Meldeverfahren wird das Verhalten der Arbeitnehmer im Betrieb gesteuert. Jedenfalls dann, wenn das Meldeverfahren nicht lediglich das Arbeitsverhalten betrifft, unterliegt seine Ausgestaltung daher der Mitbestimmung.[334] Soweit ein Gleichbehandlungsprogramm ein Meldeverfahren für (mögliche) Verstöße gegen das EnWG vorsieht, wäre es daher unter diesem Gesichtspunkt mitbestimmungspflichtig. 157

Denkbar ist ein Mitbestimmungsrecht nach § 87 Abs. 1 Nr. 1 BetrVG darüber hinaus, 158
wenn der Arbeitgeber **bei der Sanktionierung von Verstößen gleichförmig verfährt** oder – bereits vorgelagert – Verstöße nach ihrer Schwere vergleicht. Denn dann ist bereits die den Betriebsparteien obliegende **Gleichbehandlungspflicht (§ 75 BetrVG)** berührt. Entscheidend hinzukommt, dass sich durch die arbeitgeberseitige Praxis dann eine ungeschriebene Konkretisierung der Sanktionierung herausbildet, die ihrerseits – da kollektiv angewandt – nach § 87 Abs. 1 Nr. 1 BetrVG mitbestimmungspflichtig ist.

---

328 So z.B. Danner/Theobald/*Eder*, § 87 EnWG Rn 99; *Koenig/Spiekermann/Stelzner*, IR 2005, 242, 243 f.

329 BAG, Beschl. v. 21.7.2009 – 1 ABR 42/08 – DB 2009, 1993.

330 BAG, Beschl. v. 21.7.2009 – 1 ABR 42/08 – DB 2009, 1993.

331 Hessisches LAG, Beschl. v. 1.9.2011 – 5 TaBV 47/11 – juris.

332 Hessisches LAG, Beschl. v. 1.9.2011 – 5 TaBV 47/11 – juris.

333 BAG, Beschl. v. 22.7.2008 – 1 ABR 40/07 – EzA BetrVG 2001 § 87 Betriebliche Ordnung Nr. 3.

334 BAG, Beschl. v. 21.7.2009 – 1 ABR 42/08 – DB 2009, 1993.

159 Jedenfalls dann, wenn die Einhaltung der Vorgaben des Gleichbehandlungsprogramms durch **Bußgelder bei Verstößen** gesichert werden soll, besteht insoweit ebenfalls ein Mitbestimmungsrecht des Betriebsrats nach § 87 Abs. 1 Nr. 1 BetrVG.[335] Die Einführung einer solchen „Betriebsbußenordnung“, also eines Verstoßkataloges mit ggf. finanziellen Sanktionen, kann wirksam nur unter Beachtung des dabei bestehenden Mitbestimmungsrechts nach § 87 Abs. 1 Nr. 1 BetrVG, das sich sowohl auf die Aufstellung der Bußordnung als auch auf die Verhängung der Buße im Einzelfall bezieht, aufgestellt werden.[336]

Praxistipp
Im Rahmen der Vornahme konkreter Sanktionen wird man demgegenüber wie folgt differenzieren müssen: Mündliche Ermahnungen und Verweise sind ebenso mitbestimmungsfrei wie schriftliche Abmahnungen. Im Rahmen des Ausspruchs von Kündigungen sind dagegen die Rechte des Betriebsrats nach § 102 BetrVG und ggf. § 99 BetrVG zu beachten. Ein Mitbestimmungsrecht nach § 17 KSchG wird in diesem Zusammenhang demgegenüber nur selten beachtet werden müssen.

cc) Mitbestimmungspflichtigkeit nach § 87 Abs. 1 Nr. 6 BetrVG

160 Sieht das Gleichbehandlungsprogramm den Einsatz **technischer Einrichtungen vor**, kann zudem ein Mitbestimmungsrecht nach § 87 Abs. 1 Nr. 6 BetrVG bestehen.

Beispiel
Denkbar ist deren Einsatz z.B. für Meldungen möglicher Verstöße oder die Nachweisführung, dass keine Verstöße vorliegen, bzw. die erfolgreiche Absolvierung einer Schulung zum Gleichbehandlungsprogramm.

161 Nach § 87 Abs. 1 Nr. 6 BetrVG hat der Betriebsrat u.a. mitzubestimmen bei der Anwendung von technischen Einrichtungen, die dazu bestimmt sind, das Verhalten oder die Leistung der Arbeitnehmer zu überwachen. „Überwachung“ in diesem Sinne ist nach der Rechtsprechung des BAG ein Vorgang, durch den Informationen über das Verhalten oder die Leistung des Arbeitnehmers erhoben und – jedenfalls in der Regel – aufgezeichnet werden, um sie auch späterer Wahrnehmung zugänglich zu machen.[337] Die Informationen müssen auf technische Weise ermittelt und dokumentiert werden, so dass sie zumindest für eine gewisse Dauer verfügbar bleiben und vom Arbeitgeber herangezogen werden können.[338]

335 *Kaluza*, S. 350 f.; vgl. allgemein nur *Fitting*, § 87 BetrVG Rn 76 ff.
336 Danner/Theobald/*Eder*, § 87 EnWG Rn 87.
337 BAG, Beschl. v. 10.12.2013 – 1 ABR 43/12 – NZA 2014, 439.
338 BAG, Beschl. v. 10.12.2013 – 1 ABR 43/12 – NZA 2014, 439.

Die Überwachungswirkung muss **durch die technische Einrichtung selbst** bewirkt werden. Dazu muss diese aufgrund ihrer technischen Natur unmittelbar, d.h. wenigstens in ihrem Kern die Überwachung vornehmen, indem sie das Verhalten oder die Leistung der Arbeitnehmer kontrolliert. Das Mitbestimmungsrecht nach § 87 Abs. 1 Nr. 6 BetrVG setzt daher voraus, dass die technische Einrichtung selbst und **automatisch die Daten über bestimmte Vorgänge verarbeitet.**[339] Ausreichend ist, wenn lediglich ein Teil des Überwachungsvorgangs mittels einer technischen Einrichtung erfolgt.[340]

Zur Überwachung „bestimmt" sind technische Einrichtungen dann, wenn sie **objektiv geeignet** sind, Verhaltens- oder Leistungsinformationen der Arbeitnehmer zu erheben und aufzuzeichnen; auf die subjektive Überwachungsabsicht des Arbeitgebers kommt es nach der Rechtsprechung des BAG nicht an.[341]

dd) Auswirkung einer teilweisen Mitbestimmungspflichtigkeit

In der Praxis wird es vor diesem Hintergrund nicht selten dazu kommen, dass lediglich in Bezug auf bestimmte Teile des Gleichbehandlungsprogramms ein Mitbestimmungsrecht des Betriebsrats ausgelöst wird. Dies führt jedoch nicht dazu, dass das Gleichbehandlungsprogramm deshalb insgesamt mitbestimmungspflichtig wäre. Denn insoweit wird man die vom BAG in seiner „Honeywell"-Entscheidung[342] zur Mitbestimmungspflichtigkeit von Ethik-Codes getroffenen Feststellungen übertragen können. 162

ee) Keine Sperre durch das Günstigkeitsprinzip

Gemeinsam mit dem Betriebsrat kann aber unter Nutzung der vom BAG in seiner Entscheidung vom 5.3.2013[343] aufgezeigten Gestaltungsmöglichkeiten durch eine Betriebsvereinbarung eine unmittelbare Geltung des Gleichbehandlungsprogramms auch dann bewirkt werden, wenn sich hierdurch arbeitsvertragliche Vorgaben zu Lasten des Mitarbeiters ändern. Ein Verstoß gegen das im Verhältnis von Betriebsvereinbarung und Arbeitsvertrag grundsätzlich geltende Günstigkeitsprinzip liegt insoweit nach den Vorgaben der Rechtsprechung des BAG nicht vor. 163

---

339 BAG, Beschl. v. 10.12.2013 – 1 ABR 43/12 – NZA 2014, 439.
340 BAG, Beschl. v. 10.12.2013 – 1 ABR 43/12 – NZA 2014, 439.
341 BAG, Beschl. v. 10.12.2013 – 1 ABR 43/12 – NZA 2014, 439.
342 BAG, Beschl. v. 22.7.2008 – 1 ABR 40/07; dazu *Mückl*, EWiR 2009, 101.
343 BAG, Urt. v. 5.3.2013 – 1 AZR 417/12 – ZIP 2013, 1542.

Praxistipp

164 In seinem Urteil vom 5.3.2013[344] ist das BAG nämlich von einer grundsätzlichen Betriebsvereinbarungsoffenheit von als AGB verfassten Arbeitsverträgen ausgegangen. Dies ist eine unerwartete Trendwende, die den Betriebsparteien große Gestaltungsspielräume zur (auch nachteiligen) Veränderung von Arbeitsbedingungen eröffnet.

Nach § 77 Abs. 4 S. 1 BetrVG gelten Betriebsvereinbarungen unmittelbar und zwingend. Diese gesetzliche Regelung ist jedoch unvollständig und wird durch das Günstigkeitsprinzip ergänzt, das in § 4 Abs. 3 TVG nur unvollkommen geregelt, aber Ausdruck eines umfassenden Grundsatzes ist, der unabhängig von der Art der Rechtsquelle und auch außerhalb des TVG Geltung beansprucht. Es gilt auch für das Verhältnis von vertraglichen Ansprüchen zu den Inhaltsnormen einer Betriebsvereinbarung.[345] Günstigere einzelvertragliche Vereinbarungen gehen daher den belastenden Regelungen einer Betriebsvereinbarung vor.

Hiervon ausgehend hat der 1. Senat dennoch Auslegungsregeln für als AGB ausgestaltete Arbeitsverträge entwickelt, welche die vorstehenden Grundsätze weitgehend aufheben: Die Arbeitsvertragsparteien könnten ihre vertraglichen Absprachen dahingehend gestalten, dass sie einer Abänderung durch betriebliche Normen unterliegen. Das könne ausdrücklich oder bei entsprechenden Begleitumständen konkludent erfolgen und sei nicht nur bei betrieblichen Einheitsregelungen und Gesamtzusagen möglich, sondern auch bei einzelvertraglichen Abreden. Eine solche konkludente Vereinbarung sei – so der 1. Senat des BAG – regelmäßig anzunehmen, wenn der Vertragsgegenstand in AGB enthalten sei und einen kollektiven Bezug habe. Denn mit der Verwendung von AGB mache der Arbeitgeber für den Arbeitnehmer erkennbar deutlich, dass im Betrieb einheitliche Vertragsbedingungen gelten sollen. Eine betriebsvereinbarungsfeste Gestaltung der Arbeitsbedingungen stünde dem entgegen. Die Änderung und Umgestaltung von betriebseinheitlich gewährten Leistungen wäre nur durch den Ausspruch von Änderungskündigungen möglich. Der Abschluss von betriebsvereinbarungsfesten Abreden würde zudem den Gestaltungsraum der Betriebsparteien für zukünftige Anpassungen von Arbeitsbedingungen mit kollektivem Bezug einschränken.

Da AGB ebenso wie Bestimmungen in einer Betriebsvereinbarung auf eine Vereinheitlichung der Regelungsgegenstände gerichtet seien, könne aus Sicht eines verständigen und redlichen Arbeitnehmers nicht zweifelhaft sein, dass es sich bei den vom Arbeitgeber gestellten Arbeitsbedingungen um solche handele, die einer Änderung durch Betriebsvereinbarung zugänglich seien. Etwas anderes gelte nur dann, wenn Arbeitgeber und Arbeitnehmer ausdrücklich Vertragsbedingungen vereinbaren, die unabhängig von einer für den Betrieb geltenden normativen Regelung Anwendung finden sollten.

c) Gestaltungsmöglichkeiten hinsichtlich des zu beteiligenden Gremiums

aa) Grundsatz: Entscheidungsfreiheit

165 Da die zum vertikal integrierten EVU zählenden Gesellschaften grundsätzlich frei in der Entscheidung darüber sind, ob gesellschaftsübergreifend ein einheitliches Gleichbehandlungsprogramm eingeführt wird oder jede betroffene Gesellschaft ein eigenständiges Gleichbehandlungsprogramm etabliert, kann die Unterneh-

344 BAG, Urt. v. 5.3.2013 – 1 AZR 417/12 – ZIP 2013, 1542.

345 BAG GS, Beschl. v. 16.9.1986 – GS 1/82 – BAGE 53, 42.

mensleitung des EVU letztlich über die Zuständigkeit des Betriebsrats disponieren.[346]

Entscheidet sie sich für ein gesellschaftsübergreifend einheitliches Gleichbehandlungsprogramm, sind die maßgeblichen Mitbestimmungsrechte vom Konzernbetriebsrat auszuüben (§ 58 Abs. 1 BetrVG).

Praxistipp !
Ist ein Konzernbetriebsrat nicht gebildet worden, obwohl die Voraussetzungen für eine Bildung gegeben sind, besteht insoweit kein Mitbestimmungsrecht.[347] In diesem Fall könnte die Konzernleitung das Gleichbehandlungsprogramm mitbestimmungsfrei über das arbeitgeberseitige Direktionsrecht einführen.

Soweit hingegen für jede am vertikal integrierten EVU beteiligte Gesellschaft 166
ein separates, eigenständiges Gleichbehandlungsprogramm eingeführt werden soll, ist hierfür – abhängig von der Betriebsstruktur – entweder der lokale Betriebsrat oder ein gesetzeskonform gebildeter Gesamtbetriebsrat zuständig (§ 50 Abs. 1 BetrVG).

Praxistipp !
Ist arbeitnehmerseitig (pflichtwidrig) kein Gesamtbetriebsrat gebildet worden, obwohl die gesetzlichen Voraussetzungen für die Bildung eines Gesamtbetriebsrats vorliegen, kann der Arbeitgeber wiederum unternehmenseinheitlich mitbestimmungsfrei das Gleichbehandlungsprogramm einführen. Denn die gesetzliche Zuständigkeitsverteilung zwischen Konzern-, Gesamt- und lokalem Betriebsrat ist zwingend und steht nicht zur Disposition der Betriebsparteien.

bb) Einbindung des falschen Gremiums

Wird das unzuständige Gremium eingebunden, handelt es sich allenfalls um eine 167
freiwillige Betriebsvereinbarung im Sinne des § 88 BetrVG. Insoweit ist allerdings Vorsicht geboten. Denn eine mit dem unzuständigen Gremium freiwillig abgeschlossene Betriebsvereinbarung sperrt das kraft Gesetzes bestehende Mitbestimmungsrecht eines zuständigen Gremiums nicht.

---

346 A.A. *Kaluza*, S. 344 f., die § 7a Abs. 5 EnWG zu eng dahin auslegt, dass jeder am vertikal integrierten EVU beteiligte Rechtsträger dasselbe Gleichbehandlungsprogramm besitzen muss. Das ist allerdings schon deshalb nicht zutreffend, weil die gesetzlichen Vorgaben bereits dann erfüllt sind, wenn der in § 7a Abs. 5 EnWG vorgegebene Mindeststandard erfüllt ist. Darüber hinaus sind alle Rechtsträger frei, sodass es für eine Zuständigkeit des Konzernbetriebsrats bereits an den Voraussetzungen des § 58 Abs. 1 BetrVG fehlt.

347 Vgl. BAG, Urt. v. 14.12.1993 – 3 AZR 618/93 – NZA 1994, 554; BAG, Urt. v. 29.1. 2008 – 3 AZR 42/06 – AP Nr 13 zu § 87 BetrVG 1972; Richardi/*Richardi*, § 87 BetrVG Rn 94, 96.

Beispiel
Wird daher zum Beispiel im Nachgang gesetzeskonform ein Gesamtbetriebsrat gebildet, ist dieser für die Wahrnehmung der Mitbestimmungsrechte nach § 87 Abs. 1 Nr. 1 und 6 BetrVG bei der Einführung des Gleichbehandlungsprogramms zuständig.

168 Er besitzt insoweit sogar ein Initiativrecht, das nicht dadurch gesperrt ist, dass mit dem unzuständigen Gremium bereits – freiwillig – eine Betriebsvereinbarung zum Gleichbehandlungsprogramm geschlossen worden ist.

Denn die Betriebsparteien haben es nach der Rechtsprechung des BAG nicht in der Hand, die gesetzlichen Zuständigkeitsregelungen durch den Abschluss freiwilliger Vereinbarungen aufzuheben. Sie können daher der Regelung einer Angelegenheit der zwingenden Mitbestimmung, für deren Ausübung kraft Gesetzes der Gesamtbetriebsrat zuständig ist, **nicht durch freiwillige Vereinbarungen** auf der betrieblichen Ebene **vorgreifen.**[348] Andererseits können Gesamtbetriebsrat und Arbeitgeber auch keine – sei es auch nur nachwirkende – vom zuständigen Betriebsrat geschlossene Betriebsvereinbarung wirksam ablösen.[349] Auch kann der Gesamtbetriebsrat – anders als gemäß § 50 Abs. 2 BetrVG die einzelnen BR in umgekehrter Richtung – seine Kompetenzen nicht auf die Einzelbetriebsrat delegieren.[350]

Dies kann für das Unternehmen die **unangenehme Folge** haben, dass zwei sich widersprechende Gleichbehandlungsprogramme gelten. Denn das mit dem zuständigen Gremium verhandelte Gleichbehandlungsprogramm löst das mit dem unzuständigen Gremium freiwillig verhandelte Gleichbehandlungsprogramm nach den allgemeinen – vorstehend zusammengefassten – betriebsverfassungsrechtlichen Grundsätzen nicht ab.

Praxistipp
Denkbar ist allenfalls, mit Blick auf die energiewirtschaftsrechtlichen Vorgaben in § 7a Abs. 5 EnWG zur Sicherung der dort verlangten Effizienz eine Auflösung von Regelungskonflikten zu Gunsten des mit dem zuständigen Gremium vereinbarten Gleichbehandlungsprogramms vorzunehmen. Argument hierfür wäre, dass es einer klaren Regelung bedarf, damit die Mitarbeiter wissen, wie sie sich verhalten müssen. Alternativ denkbar wäre allerdings auch, insoweit eine Auflösung dahin vorzusehen, dass sich die strengeren Vorgaben durchsetzen. Dies ließe sich schließlich ebenfalls mit der von § 7a Abs. 5 EnWG geforderten Effektivität begründen.

---

348 BAG, Urt. v. 11.12.2001 – 1 AZR 193/01 – NZA 2002, 688; vgl. auch BAG, Beschl. v. 21.1.2003 – 3 ABR 26/02 – EzA § 50 BetrVG 2001 Nr. 2.
349 BAG, Beschl. v. 15.1.2002 – 1 ABR 10/01 – NZA 2002, 988.
350 BAG, Beschl. v. 21.1.2003 – 3 ABR 26/02 – EzA § 50 BetrVG 2001 Nr. 2.

6. Weitere arbeitsrechtliche Aspekte bei der Einführung eines Gleichbehandlungsprogramms

a) Gleichbehandlungsbeauftragter

Individualarbeitsrechtliche Fragen können sich insbesondere bei der Bestellung eines Gleichbehandlungsbeauftragten im Sinne des § 7a Abs. 5 S. 1 Hs. 3 EnWG ergeben. 169

aa) Zuweisung der Aufgaben eines Gleichbehandlungsbeauftragten als Versetzung

Denn mit der Forderung des Arbeitgebers, ein Mitarbeiter solle diese Funktion ausüben, ist eine Änderung seines Arbeitsinhalts verbunden. Rechtstechnisch kommt die Ernennung und Beauftragung als Gleichbehandlungsbeauftragter insoweit wiederum entweder kraft arbeitgeberseitigen Direktionsrechts oder auf der Grundlage einer Änderungskündigung nach § 2 KSchG in Betracht. Ob sie bereits auf der Grundlage des Direktionsrechts nach § 106 GewO erfolgen kann oder eine Änderungskündigung erforderlich ist, richtet sich letztlich danach, welchen Spielraum sich der Arbeitgeber insoweit arbeitsvertraglich wirksam vorbehalten hat. Maßgeblich sind die hierzu vom BAG entwickelten Grundsätze.[351] 170

Praxistipp !

Soweit über den bestehenden Gestaltungsspielraum Zweifel bestehen und eine einvernehmliche Zuweisung der Tätigkeit ohne gerichtliche Klärung nicht möglich ist, kann die arbeitgeberseitige Anweisung kraft Direktionsrechts mit einer hilfsweise erklärten Änderungskündigung verbunden werden. Dies hat zur Folge, dass die Änderungskündigung nicht relevant wird, soweit die Versetzung bereits kraft Direktionsrechts zulässig war. War sie es nicht kraft Direktionsrechts, prüft ein Gericht die Zulässigkeit der Änderungskündigung.

Losgelöst von diesen rechtlichen Gestaltungsmöglichkeiten sollte in der Praxis aber im Zweifel ein Mitarbeiter, der die Rolle als Gleichbehandlungsbeauftragter nicht übernehmen will, nicht zur Übernahme gezwungen werden. Er bietet im Zweifel nicht die Gewähr dafür, dass er die Aufgaben eines Gleichbehandlungsbeauftragten ordnungsgemäß erfüllt.

bb) Kein Sonderkündigungsschutz für Gleichbehandlungsbeauftragte

Dabei wird es in der betrieblichen Praxis gar nicht so selten sein, dass Mitarbeiter nicht dazu bereit sind, die Funktion als Gleichbehandlungsbeauftragter zu über- 171

351 Vgl. dazu zuletzt BAG, Urt. v. 16.10.2013 – 10 AZR 9/13 – NZA 2014, 264 m.w.N.

nehmen. Denn die mit der Funktion als Gleichbehandlungsbeauftragter verbundenen Kontrollpflichten sind ggf. konfliktträchtig, dem Gleichbehandlungsbeauftragten steht aber **kein gesetzlicher Sonderkündigungsschutz** zu.

Da der Gesetzgeber in einer Vielzahl von Gesetzen vergleichbaren Beauftragten einen entsprechenden Sonderkündigungsschutz zugestanden hat (vgl. § 58 Abs. 2 BImSchG, § 4f. Abs. 3 S. 5, 6 BDSG), eine entsprechende Regelung im EnWG aber fehlt, wird man insoweit von einer **bewussten Entscheidung des Gesetzgebers** ausgehen müssen, zumal sich auch in der Gesetzesbegründung keine Hinweise auf ein Sonderkündigungsschutz finden. Eine unbewusste Regelungslücke, die Voraussetzung einer Analogie zu entsprechenden Vorschriften in anderen Gesetzen wäre, dürfte daher nicht vorliegen. Dem Gleichbehandlungsbeauftragten kommt daher kraft Gesetzes kein Sonderkündigungsschutz zu.[352]

! **Praxistipp**
Um Mitarbeitern etwaige Bedenken hinsichtlich der Übernahme der Rolle als Gleichbehandlungsbeauftragter zu nehmen, ist aber denkbar, ihm vertraglich einen entsprechenden Kündigungsschutz zuzusagen. Insoweit müssen lediglich die allgemeinen Vorgaben hinsichtlich der Nichtumgehung einer Sozialauswahl im Rahmen betriebsbedingter Kündigungen beachtet werden.[353] Für den Fall einer entsprechenden Kündigung sind selbstverständlich die Mitbestimmungsrechte eines etwaigen Betriebsrats zu wahren. Mit Blick auf den Gleichbehandlungsbeauftragten kommt indes nur eine Anhörung nach § 102 BetrVG in Betracht. Eine Anhörung nach § 103 BetrVG scheidet wiederum mangels Regelungslücke, die Voraussetzung einer analogen Anwendung wäre, aus.

---

b) Mitbestimmungsrechte des Betriebsrats

aa) Beendigung von Arbeitsverhältnissen

172 Sollen mit dem Netzbetrieb beschäftigten Mitarbeiter aufgrund einschlägiger Verstöße gegen das Gleichbehandlungsprogramm aus verhaltensbedingten Gründen entlassen werden, steht dem zuständigen Betriebsrat im Fall einer geplanten Kündigung ein Mitbestimmungsrecht nach § 102 BetrVG bzw. – soweit die Vorgaben dieser Norm erfüllt sind – ein Mitbestimmungsrecht nach § 103 BetrVG zu.

bb) Versetzung durch Tätigkeit als Gleichbehandlungsbeauftragter

173 Soweit es sich bei dem Mitarbeiter, der die Funktion als Gleichbehandlungsbeauftragter übernehmen soll, nicht um einen leitenden Angestellten i.S.d. § 5 Abs. 3 BetrVG handelt – was zulässig wäre –, ist der Betriebsrat vor der Zuweisung dieser Funktion nach § 99 Abs. 1, 2 BetrVG zu beteiligen. Dies gilt dann, wenn die Übernahme der Funktion als Gleichbehandlungsbeauftragter unter den allgemeinen Vo-

352 Ebenso *Rauch*, CCZ 2011, 175, 180.
353 Vgl. dazu APS/*Kiel*, § 1 KSchG Rn 708 ff.

raussetzungen des § 95 Abs. 3 BetrVG als Versetzung zu qualifizieren ist.[354] Wird ein Externer als Gleichbehandlungsbeauftragter bestellt und in den Betrieb eingegliedert, handelt es sich um eine Einstellung im Sinne des § 99 BetrVG,[355] sofern er nicht als leitender Angestellter i.S.d. § 5 Abs. 3 BetrVG beschäftigt wird, sodass lediglich eine Mitteilungspflicht nach § 105 BetrVG besteht.

cc) Schulungen zum Gleichbehandlungsprogramm

174 Ein Mitbestimmungsrecht des Betriebsrates kann aber für die zur Einführung und Ausgestaltung des Gleichbehandlungsprogramms durchgeführten Schulungsmaßnahmen bestehen, §§ 96, 98 BetrVG. Hiervon betroffen sind alle Maßnahmen, die den Arbeitnehmern diejenigen Kenntnisse und Erfahrungen verschaffen sollen, die zur Ausfüllung ihres Arbeitsplatzes und ihrer beruflichen Tätigkeit dienen, also auch die Schulungsmaßnahmen zur diskriminierungsfreien Ausübung des Netzgeschäfts (vgl. § 98 Abs. 6 BetrVG).

III. Unabhängige Entscheidungsgewalt der Netzgesellschaft

175 Führt man sich vor Augen, dass mit der Entflechtung letztlich eine Unabhängigkeit der Netzgesellschaft vom EVU erzielt werden soll, muss die Netzgesellschaft in einem gewissen Umfang auch unabhängig von den Vorgaben ihrer Eigentümer, d.h. ihrer Gesellschafter handeln können. Den insoweit benötigten Gestaltungsspielraum definiert **§ 7a Abs. 4 EnWG**.

Nach dieser Norm haben vertikal integrierte EVU zu gewährleisten, dass „die Verteilernetzbetreiber tatsächliche Entscheidungsbefugnisse in Bezug auf die für den Betrieb, die Wartung und den Ausbau des Netzes erforderlichen Vermögenswerte des vertikal integrierten Energieversorgungsunternehmens besitzen und diese im Rahmen der Bestimmung dieses Gesetzes unabhängig von der Leitung und den anderen betrieblichen Einrichtungen des vertikal integrierten Versorgungsunternehmens ausüben können."

176 Mit diesen Vorgaben möchte der Gesetzgeber einerseits die Handlungsunabhängigkeit der Netzgesellschaft sicherstellen, zum anderen aber dem vertikal integrierten EVU die **Einflussnahmemöglichkeiten in Bezug auf die wirtschaftlichen und finanziellen Grundlagen** des Netzunternehmens als Teil des Gesamtunternehmens erhalten.[356] Ein Ausgleich des Spannungsverhältnisses zwischen der Unabhängigkeit der Netzgesellschaft und den berechtigten wirtschaftlichen Interessen der Anteils-

354 *Rauch*, CCZ 2011, 175, 181.
355 *Rauch*, CCZ 2011, 175, 181.
356 *Kaluza*, S. 112.

eigner an ihrer Rentabilität schafft vor allem § 7a Abs. 4 S. 3 bis 4 EnWG,[357] der nähere Vorgaben dazu trifft, unter welchen Umständen bzw. mit welchen Instrumenten eine gesellschaftsrechtliche Einflussnahme auf den Netzbetrieb möglich ist.

177 Diese Vorgaben haben letztlich Fernwirkung auf **Unternehmens- und Organebenen**, in dem sie die Vorgaben für die Abberufung von Geschäftsleitungsorganen, Weisungsbefugnisse der Gesellschafter, Informationsrechte der Gesellschafter bzw. von Aufsichtsräten sowie die Bildung von Aufsichtsräten und den Abschluss von Unternehmensverträgen im Konzern betreffen. Auf den arbeitsrechtlichen, d.h. vor allem Anstellungsvertrags- und mitbestimmungsrechtlichen Fernwirkungen soll nachfolgend der Schwerpunkt liegen. Um sie verstehen zu können, ist allerdings eine kurze Einführung in die Vorgaben zur Entscheidungsunabhängigkeit der Netzgesellschaft erforderlich.

1. Entscheidungsunabhängigkeit als Grundsatz

178 Gemäß § 7a Abs. 4 S. 1 EnWG muss der Netzbetreiber die rechtliche und tatsächliche Entscheidungsgewalt über die Vermögenswerte des Netzbetriebs inne haben. Dabei ist es irrelevant, ob er die Entscheidungsgewalt aufgrund eines Pachtvertrags oder einer Eigentumsübertragung erlangt.[358] Auch wenn damit ein **Eigentumserwerb nicht erforderlich** ist, ist durch entsprechende Ausgestaltung der Überlassungsverträge sicherzustellen, dass die vom EnWG gebotenen Entscheidungsbefugnisse des Netzbetreibers bezüglich des Netzbetriebs bestehen.[359] Erforderlich ist allerdings eine **gelebte Entscheidungsbefugnis**. Die rein formale Regelung ist nicht ausreichend.[360]

179 Zu den erfassten Vermögenswerten zählen neben den rein technischen Netzanlagen (Netze, Druckstationen, Umspannanlagen, Trafos etc.) auch sonstige Vermögenswerte, z.B.
- der Kundenstamm,
- die entsprechenden Netzverträge und
- das Know-how.[361]

180 Bestehen muss die Unabhängigkeit allerdings lediglich in Bezug auf den Netzbetrieb und nicht in Bezug auf sonstige Entscheidungen, welche die Leitung des Netz-

357 Rosin/*Schmutzer/Schoon/Stolzenburg*, § 7a EnWG Rn 72.

358 Britz/Hellermann/Hermes/*Hölscher*, § 8 EnWG Rn 35; *Kaluza*, S. 112; Rosin/*Schmutzer/Schoon/Stolzenburg*, § 7a EnWG Rn 80.

359 Vgl. zur Ausgestaltung eines Pachtvertrags Rosin/*Schmutzer/Schoon/Stolzenburg*, § 7a EnWG Rn 55, 81.

360 Rosin/*Schmutzer/Schoon/Stolzenburg*, § 7a EnWG Rn 81.

361 Rosin/*Schmutzer/Schoon/Stolzenburg*, § 7a EnWG Rn 78 m.w.N.

betreibers ggf. treffen muss. Hierzu zählen z.B. **unternehmensinterne Organisationsregeln** und personelle **Einzelmaßnahmen.**[362] Dies bedeutet, dass der Leitung des Netzbetreibers keine uneingeschränkte Entscheidungsbefugnisse im Hinblick auf alle potentiellen Entscheidungen im Zusammenhang mit der Geschäftstätigkeit des Netzbetriebs zusteht. Diese Befugnis besteht lediglich in den in § 7a Abs. 4 S. 1 EnWG genannten Bereichen.

Gesellschaftsrechtlich führte dies zunächst dazu, dass bei einer Ausgestaltung der Netzgesellschaft als GmbH die gesellschaftsrechtliche Kontroll- und Aufsichtsmöglichkeit nach § 37 GmbHG, nach der dem Gesellschafter ein umfangreiches Weisungsrecht gegenüber dem Geschäftsführer zusteht, eingeschränkt werden muss.[363] Umstritten ist darüber hinaus, ob diese Vorgabe den **Abschluss von Beherrschungsverträgen** gemäß § 291 Abs. 1 Alt. 1 AktG ausschließt. Dies wird von der herrschenden Meinung bejaht.[364] 181

Mitbestimmungsrechtlich folgt aus der Unzulässigkeit eines Beherrschungsvertrags, dass eine Arbeitnehmerzurechnung im Konzern nach **§ 2 Abs. 2 DrittelbG** ausscheidet, weil sie – dem Wortlaut entsprechend – einen Beherrschungsvertrag (oder eine Eingliederung) voraussetzt, sodass eine faktische Beherrschung nicht ausreicht.[365] 182

Ein isolierter Gewinnabführungsvertrag, der unverzichtbare Voraussetzungen für die Begründung einer körperschaftlichen Organschaft ist, mit dem aber kein Weisungsrecht begründet wird, ist demgegenüber zulässig.[366]

Arbeitsrechtlich bedeutsam ist, dass Bestandteil der erforderlichen wirtschaftlichen Unabhängigkeit des Netzbetreibers auch eine ausreichende personelle Ausstattung der Netzgesellschaft ist. Dies bedeutet aber – wie oben unter Kapitel 2 Rn 90ff. dargelegt wurde – nicht, dass alle mit den Aufgaben des Netzbetriebs beschäftigten Personen bei der Netzgesellschaft angestellt sein müssen. Dies folgt im Umkehrschluss aus § 7a Abs. 2 Nr. 2 EnWG. 183

2. Wahrnehmung der wirtschaftlichen Befugnisse und Aufsichtsrechte durch das EVU

Zu dem vorstehend umrissenen Grundsatz der Unabhängigkeit nach § 7a Abs. 4 S. 1 EnWG normiert § 7a Abs. 4 S. 3 EnWG eine Ausnahme. Danach sind zur Wahrnehmung der wirtschaftlichen Befugnisse und der Aufsichtsrechte des vertikal integ- 184

362 Rosin/*Schmutzer*/*Schoon*/*Stolzenburg*, § 7a EnWG Rn 82.
363 Rosin/*Schmutzer*/*Schoon*/*Stolzenburg*, § 7a EnWG Rn 83.
364 Rosin/*Schmutzer*/*Schoon*/*Stolzenburg*, § 7a EnWG Rn 84 m.w.N.
365 Vgl. für die h.M. nur Wlotzke/Wissmann/Koberski/Kleinsorge/*Kleinsorge*, § 2 DrittelbG Rn 26 m.w.N. und zu die Aufsichtsratsbildung betreffenden Fragen unter Kapitel 2 Rn 450ff.
366 Rosin/*Schmutzer*/*Schoon*/*Stolzenburg*, § 7a EnWG Rn 85.

rierten EVU gesellschaftsrechtliche Instrumente der Kontrolle und Einflussnahme zulässig, soweit diese zur Wahrnehmung der wirtschaftlichen Interessen des vertikal integrierten EVU erforderlich sind. § 7a Abs. 4 S. 2 EnWG regelt insoweit, dass die Anforderungen in Bezug auf die tatsächlichen Entscheidungsbefugnisse unter der Einschränkung der „wirtschaftlichen Befugnisse" des Mutterunternehmens und seiner Aufsichtsrechte über die Geschäftsführung des Netzbetreibers im Hinblick auf die Rentabilität der Netzgesellschaft steht.

185 § 7a Abs. 4 EnWG bildet, soweit er Kontrollmöglichkeiten vorsieht, eine **Schnittstelle zu § 6a EnWG**. Denn die Ausübung der Kontrollinstrumente zur Rentabilitätskontrolle und die Wahrnehmung der berechtigten Interessen setzt eine entsprechende Informationsbasis voraus, welche auch Informationen nach § 6a EnWG umfasst.[367] Daher kann die Muttergesellschaft in dem Umfang, in dem sie Einfluss auf die Netzgesellschaft nehmen darf, auch die **zur Wahrnehmung dieser Rechte erforderlichen Informationen** aus dem Netzbereich auch dann erhalten, wenn sie § 6a EnWG unterfallen.[368] Beispielhaft gekennzeichnet werden in § 7a Abs. 4 S. 3 EnWG gesellschaftsrechtlich vorgesehene Instrumente, die ggf. genutzt werden können.

186 Die Vorgaben zur Handlungsunabhängigkeit der Netzgesellschaft haben schließlich auch Fernwirkung hinsichtlich der Kontrollkompetenzen des Aufsichtsrats der Muttergesellschaft:

- Soweit der Vorstand einer als AG ausgestalteten Netzgesellschaft nach § 7a Abs. 4 EnWG zulässige Kontrollinstrumente einsetzt, übt er hierüber auch eine Finanzierungshoheit über netzwirtschaftliche Maßnahmen aus. Daher muss der Aufsichtsrat der Muttergesellschaft, der die Tätigkeit des Vorstands insoweit überwacht, einen **unbundlingkonformen Kontrollmaßstab** ansetzen.[369]
- Umgekehrt darf der Aufsichtsrat seine Zustimmung zu einem unbundlingkonformen Geschäft nicht deshalb verweigern, weil er eine gegen energiewirtschaftliche Regelung verstoßende Lösung favorisiert.[370]
- Nicht möglich ist auch, die der Netzgesellschaft vorbehaltenen Aufgaben gemäß § 111 Abs. 4 S. 2 AktG durch Satzung oder Aufsichtsratsbeschluss von einer Zustimmung des Aufsichtsrates abhängig zu machen. Aus § 7a Abs. 4 S. 3 EnWG i.V.m. §§ 76 ff. AktG folgt daher, dass die dem **Vorstand der Netzgesellschaft vorbehaltenen Entscheidungsbefugnisse nicht auf den Aufsichtsrat oder die Hauptversammlung übertragen werden können**.[371] Gleiches gilt im Fall einer GmbH.[372]

---

367 Rosin/*Schmutzer*/*Schoon*/*Stolzenburg*, § 7a EnWG Rn 91.
368 Rosin/*Schmutzer*/*Schoon*/*Stolzenburg*, § 7a EnWG Rn 91.
369 *Koenig*/*Schellberg*/*Spiekermann*, RdE 2007, 72, 75.
370 *Koenig*/*Schellberg*/*Spiekermann*, RdE 2007, 72, 75.
371 Rosin/*Schmutzer*/*Schoon*/*Stolzenburg*, § 7a EnWG Rn 104.
372 Rosin/*Schmutzer*/*Schoon*/*Stolzenburg*, § 7a EnWG Rn 104.

Die Zulässigkeit von Weisungen zur Wahrnehmung der Rentabilitätskontrolle wird allerdings nicht nur durch § 7a Abs. 4 S. 3 EnWG, sondern auch durch § 7a Abs. 4 S. 4 EnWG eingeschränkt: 187

- Nach § 7a Abs. 4 S. 5 Halbsatz 1 EnWG sind zudem Weisungen des vertikal integrierten EVU **zum laufenden Netzbetrieb unzulässig und daher nichtig** (§ 134 BGB).[373] Der Begriff „laufender Netzbetrieb“ umfasst indes nicht den gesamten Netzbetrieb (Teil 3 Abschnitt 1–3 EnWG), sondern nur die Tätigkeiten, welche **normal oder üblich sind, um das tägliche Netzgeschäft abzuwickeln** (z.B. Abwicklung des Netzzugangs).[374] Nicht vom laufenden Netzbetrieb umfasst sind dementsprechend Sondermaßnahmen, z.B. Investitionsvorhaben oder vergleichbare Maßnahmen, die nicht zum Tagesgeschäft gehören oder von erheblicher Bedeutung sind.[375]
- § 7a Abs 4 S. 5 HalbS. 2 EnWG bestimmt darüber hinaus, dass auch Weisungen im Hinblick auf einzelne Entscheidungen zu baulichen Maßnahmen an Energieanlagen unzulässig sind. Dies gilt allerdings nur insoweit, als sich die Netzgesellschaft an den Rahmen eines vom vertikal integrierten EVU genehmigten Finanzplans oder vergleichbarer Vorgaben hält.[376]

E. Informatorische Entflechtung

Die informatorische Entflechtung gemäß § 6a EnWG spielt arbeitsrechtlich keine mit der rechtlichen und operationellen Entflechtung vergleichbar große Rolle. Sie verfolgt zum Zweck eines diskriminierungsfreien Umgangs mit Informationen als grundlegende Voraussetzung für die Entwicklung eines unverfälschten Wettbewerbs innerhalb der wettbewerbsfähigen Bereiche[377] eine doppelte Zielrichtung:[378] 188

---

373 *Kaluza*, S. 115.

374 Rosin/*Schmutzer/Schoon/Stolzenburg*, § 7a EnWG Rn 106.

375 Rosin/*Schmutzer/Schoon/Stolzenburg*, § 7a EnWG Rn 106.

376 Rosin/*Schmutzer/Schoon/Stolzenburg*, § 7a EnWG Rn 108.

377 BNetzA, Gemeinsame Auslegungsgrundsätze der Regulierungsbehörden des Bundes und der Länder zu den Entflechtungsbestimmungen in § 6-10 EnWG vom 1.9.2006, S. 23, abrufbar unter: http://www.bundesnetzagentur.de/SharedDocs/Downloads/DE/Sachgebiete/Energie/Unternehmen_Institutionen/EntflechtungKonzessionArealnetze/Entflechtung/Entflechtung/Auslegungsgrunsaetze5222pdf.pdf?__blob=publicationFile&v=7.

378 Zu Ausnahmen von der Verpflichtung zum informatorischen Unbundling vgl. Rosin/*Schmutzer/Schoon/Stolzenburg*, § 6a EnWG Rn 40 ff.

- Zum einen sollen die (wirtschaftlich sensiblen und relevanten) Informationen,[379] die die Netzgesellschaft aufgrund ihrer Funktion von ihrem Kunden (den Energiehändlern) erhält, vertraulich behandelt werden.
- Zum anderen soll sie wirtschaftlich sensible und relevante Informationen ihren Kunden (auch dem EVU) nur diskriminierungsfrei zur Verfügung stellen.[380]
- Dabei impliziert § 6a EnWG eine Anpassung der unternehmensinternen Prozesse[381] und Strukturen und betrifft damit sowohl die Ausgestaltung der elektronischen Datenverarbeitung als auch die **Sensibilisierung und Schulung der beteiligten Mitarbeiter.**[382]

! Praxistipp

Bei der Durchführung entsprechender Schulungen kommen Mitbestimmungsrechte des Betriebsrats nach §§ 96ff. BetrVG bestehen. Dies gilt nach § 98 Abs. 6 BetrVG selbst dann, wenn entsprechende Schulungen nicht als Berufsbildungsmaßnahme i.S.d. § 96 BetrVG qualifiziert werden. In der Praxis haben sich auch Arbeitsanweisungen zur Sicherstellung der Vertraulichkeit als hilfreich erwiesen.[383]

189 Die Verpflichtung der Netzgesellschaft zur Wahrung der Vertraulichkeit hat zur Konsequenz, dass die relevanten Informationen Dritten nicht zur Verfügung gestellt werden dürfen. Dritte i.d.S. sind auch der Vertrieb eines EVU und seine anderen Gesellschaften.[384]

190 Dies spielt insbesondere bei der Nutzung einer gemeinsamen EDV im Rahmen von Shared-Services eine große praktische Rolle. Dabei muss gewährleistet werden, dass die Wettbewerbsbereiche keinen Zugriff auf Daten der Netzgesellschaft – insbesondere aus dem Rechts-, Finanz- und Controllingbereich – haben.

---

379 Zum Begriff der „wirtschaftlich sensiblen Informationen" z.B. Rosin/*Schmutzer*/*Schoon*/*Stolzenburg*, § 6a EnWG Rn 12ff.

380 Britz/Hellermann/Hermes/*Hölscher*, § 9 EnWG Rn 1. Näher zu der aus § 6a Abs. 2 EnWG folgenden Pflicht zur diskriminierungsfreien Verwendung wirtschaftlich vorteilhafter Informationen z.B. Rosin/*Schmutzer*/*Schoon*/*Stolzenburg*, § 6a EnWG Rn 56ff.

381 Prozesse sind nicht ausschließlich EDV-gestützte Prozesse, vgl. zum Begriff Rosin/*Schmutzer*/*Schoon*/*Stolzenburg*, § 6a EnWG Rn 26ff.

382 BNetzA, Gemeinsame Auslegungsgrundsätze der Regulierungsbehörden des Bundes und der Länder zu den Entflechtungsbestimmungen in § 6-10 EnWG vom 1.9.2006, S. 23, abrufbar unter: http://www.bundesnetzagentur.de/SharedDocs/Downloads/DE/Sachgebiete/Energie/Unternehmen_Institutionen/EntflechtungKonzessionArealnetze/Entflechtung/Entflechtung/Auslegungsgrunsaetze5222pdf.pdf?__blob=publicationFile&v=7.

383 Rosin/*Schmutzer*/*Schoon*/*Stolzenburg*, § 6a EnWG Rn 28.

384 Danner/Theobald/*Eder*, § 9 EnWG Rn 33.

Beispiel
Bei gemeinsamen Call-Centern sind verschiedene Rufnummern für Anfragen zum Netzbetrieb und zum Energievertrieb zur Verfügung zu stellen. Denn obwohl sich eine entsprechende Verpflichtung nicht unmittelbar aus § 6a Abs. 1 EnWG ergibt, gehen die Regulierungsbehörden hiervon aus.[385]

Praxistipp
Analog den Vorgaben für UTB (vgl. nachfolgend unter Kapitel 2 Rn 207ff.) lässt sich die Erfüllung der Vorgaben zum informationellen Unbundling am besten dadurch erreichen, dass die energienahen Shared-Service-Aufgaben auf einen neutralen externen Dritten übertragen werden.[386] Ist dies nicht möglich, muss Vertraulichkeit durch interne Informationsbarrieren (sog. „Chinese Walls") sichergestellt werden.[387] Losgelöst davon sollten diskriminierungsrelevante Entscheidungs- und Entwicklungsprozesse dokumentiert werden, um bei Beschwerden schlüssig argumentieren zu können.[388]

F. Entflechtung von Transportnetzbetreibern

Für so genannte Transportnetzbetreiber (TNB) gelten im Vergleich zu Verteilernetz- 191
betreibern verschärfte, durch das Europarecht vorgegebene Entflechtungsvorschriften.[389] Der Begriff des TNB wurde im Zuge der EnWG-Novelle 2011 eingeführt. Er umfasst gemäß § 3 Nr. 31c EnWG die Betreiber von Übertragungsnetzen (ÜNB) und die Betreiber von Fernleitungsnetzen (FNB).

Praxistipp
Neu und strenger ist insbesondere, dass gemäß §§ 4aff. EnWG der Betrieb eines Transportnetzes der Zertifizierung durch die Regulierungsbehörde bedarf. Diese Zertifizierung als TNB steht unabhängig neben der Genehmigung des Netzbetriebs nach § 4 EnWG, welche für personelle, technische und wirtschaftliche Leistungsfähigkeit (z.B. Zuverlässigkeit, Sach- und Fachkunde, Vorkehrungen gegen Versorgungsunterbrechungen)[390] erteilt wird.[391] Denn Gegenstand der Zertifizierung ist der Nachweis der Einhaltung der besonderen Entflechtungs- und Organisationsvorgaben durch den TNB.[392]

385 Vgl. Rosin/*Schmutzer/Schoon/Stolzenburg*, § 6a EnWG Rn 35.
386 Im gleichen Sinn *Kaluza*, S. 159.
387 *Kaluza*, S. 159 m.w.N.
388 Rosin/*Schmutzer/Schoon/Stolzenburg*, § 6a EnWG Rn 29.
389 Zum aktuellen Stand der Entflechtung vgl. den Monitoringbericht 2013 der BNetzA und des Bundeskartellamts, abrufbar unter http://www.bundesnetzagentur.de/SharedDocs/Downloads/DE/Allgemeines/Bundesnetzagentur/Publikationen/Berichte/2013/131217_Monitoringbericht2013.pdf?__blob=publicationFile&v=14.
390 Vgl. Danner/Theobald/*Theobald*, § 4 EnWG Rn 16.
391 *Theobald/Theobald*, S. 353.
392 Vgl. BNetzA, Zertifizierungsverfahren, Hinweispapier zur Antragstellung, 12.12 2011, Az. BK6-11-157, S. 1, abrufbar unter http://www.bundesnetzagentur.de/DE/Service-Funktionen/Beschlusskammern/1BK-Geschaeftszeichen-Datenbank/BK7-GZ/2011/2011_101bis200/BK7-11-157/BK7-11-157_download.pdf?__blob=publicationFile&v=1.

I. Vorgaben des EnWG

192 Die besonderen Entflechtungsvorschriften sind in den §§ 8 bis 10e EnWG geregelt und dienen der Umsetzung der Art. 9 und 10 sowie des Kapitels IV Elektrizitäts- bzw. Gasrichtlinie.

TNB müssen über die bereits erläuterten allgemeinen Entflechtungsvorgaben der §§ 6 bis 7a EnWG hinaus, eines der folgenden Entflechtungsmodelle implementieren (alternativ):
- die eigentumsrechtliche Entflechtung (Ownership Unbundling),
- das Modell des unabhängigen Systembetreibers (ISO = Independent System Operator) sowie
- des unabhängigen Transportnetzbetreibers (ITO = Independent Transmission Operator).

! **Praxistipp**
Die entsprechenden deutschen Begriffe, die mit der Umsetzung der Richtlinien in deutsches Recht eingeführt wurden und nun offiziell gelten, lauten:
- Eigentumsrechtlich entflochtener Transportnetzbetreiber (ETB),
- Unabhängiger Systembetreiber (USB) und
- Unabhängiger Transportnetzbetreiber (UTB).[393]

193 Alle drei Entflechtungsmodelle stehen – alternativ – gleichwertig nebeneinander.[394] **Mischformen** sind dementsprechend **nicht zulässig.**[395]

! **Praxistipp**
Das Modell des ETB bringt die größtmögliche Entflechtung und kann daher jederzeit umgesetzt werden. Hin zu einem ETB kann daher auch ein Modellwechsel erfolgen. Eine Entflechtung als USB oder UTB gemäß § 9 Abs. 1 S. 1 EnWG bzw. § 10 Abs. 1 S. 1 EnWG kann demgegenüber nur gewählt werden, wenn das betreffende Transportnetz am 3.9.2009 zu einem vertikal integrierten EVU gehört hat. Ein Modellwechsel von ETB zu einem der anderen Modelle ist ausgeschlossen.[396]

II. Eigentumsrechtliche Entflechtung

194 Bei einer Wahl des Modells der eigentumsrechtlichen Entflechtung findet der stärkste Eingriff in das Unternehmen statt.[397]

393 BT-Drucks. 17/6072, S. 58.
394 *Theobald/Theobald*, S. 354.
395 *Theobald/Theobald*, S. 354.
396 Vgl. dazu Theobald/*Theobald*, S. 354.
397 Zur Kritik an diesem Modell vgl. *Theobald/Theobald*, S. 356 ff.

1. Eigentumstrennung

Eigentumsrechtliche Entflechtung i.S.d. § 8 EnWG meint die Trennung des Netzbetriebs im weiteren Sinne von den Wertschöpfungsstufen Erzeugung und Vertrieb[398] dadurch, dass der Netzbetrieb i.w.S. – also Netzinfrastruktur und der Netzbetrieb i.e.S. (Netzzugang und Systembetrieb) – auf eine vom ursprünglichen Netzbetreiber **eigentumsrechtlich unabhängige Gesellschaft** übertragen wird.[399] Das Transportnetz wird also derart aus dem Konzernverbund des vertikal integrierten EVU herausgelöst, dass der ETB gemäß § 8 Abs. 2 S. 1 EnWG unmittelbar oder über Beteiligungen Eigentümer des Transportnetzes ist.[400] 195

2. Ausschluss von Kontrollmöglichkeiten

§ 8 Abs. 2 S. 2ff. EnWG schließt – als weitere Entflechtungsvorgabe – außerdem Personen, die eine un-/mittelbare Kontrolle über den Bereich der Gewinnung, Erzeugung oder Vertrieb eines EVU ausüben, davon aus, das gleiche in Bezug auf den TNB oder das Transportnetz zu tun (und umgekehrt).[401] 196

Entsprechendes gilt hier auch für die Mitgliedschaft im Aufsichtsrat oder die organschaftliche Vertretung des Unternehmens.[402] Das Verbot erstreckt sich zudem auf die Wahrnehmung von Rechten wie

- Stimmrechten,
- die Befugnis zur Bestellung von Organen und
- auf das Halten von Mehrheitsbeteiligungen (bzw. Sperrminoritäten).[403]

Ziel dieser Vorgaben ist es, Interessenkollisionen und (sachfremde) Interessenvermengungen zwischen Transportnetzbetrieb und anderen Funktionen im Energiebereich vorzubeugen, um die Ziele der Entflechtung zu erreichen.[404]

3. Ausstattung des ETB

Gemäß § 8 Abs. 2 S. 9 EnWG müssen ETB insbesondere über die erforderlichen 197

- finanziellen,
- materiellen,

398 Vgl. dazu *Theobald/Theobald*, S. 354 f.
399 Vgl. dazu *Theobald/Theobald*, S. 355.
400 *Schmidt-Preuß*, ET 9/2009, 82ff.; Rosin/*Schmutzer/Schoon/Stolzenburg*, § 6 EnWG Rn 11.
401 *Theobald/Theobald*, S. 355.
402 Vgl. dazu *Theobald/Theobald*, S. 355.
403 Vgl. BT-Drucks. 17/6072, S. 58; *Theobald/Theobald*, S. 355.
404 Vgl. BT-Drucks. 17/6072, S. 58.

- technischen und
- personellen Mittel

verfügen, um ihre Aufgaben nach §§ 11ff. EnWG (Netzbetrieb, Systemverantwortung, Netzanschluss und -zugang) wahrzunehmen.[405]

Praxistipp

Dieses Erfordernis geht über den Rahmen der zugrundeliegenden Richtlinien hinaus.[406] In Art. 9 Elektrizitätsrichtlinie/Gasrichtlinie finden sich keine entsprechenden Regelungen für das Ownership Unbundling – anders als für den ISO, Art. 13 Abs. 2 lit. b Elektrizitätsrichtlinie/Art. 14 Abs. 2 lit. b Gasrichtlinie, und den ITO, Art. 17 Abs. 1 Elektrizitätsrichtlinie/Gasrichtlinie). Die Europäische Kommission enthält sich in ihrer „Interpretative Note on Directive 2009/72/EC" zum Ownership Unbundling jeglicher Angaben zur Ausstattung, während diese in den Ausführungen zum ISO[407] sowie ITO[408] explizit erwähnt wird.

4. Verbot von Informationsweitergabe und Personalübergang

198 § 8 Abs. 3 EnWG sieht darüber hinaus vor, dass ETB, die sich in der Entflechtung von einem im Wettbewerb stehenden vertikal integrierten EVU befinden,
- wirtschaftlich sensible Informationen i.S.d § 6 a EnWG nicht weitergeben dürfen und
- ein **Personalübergang** auf Unternehmen, die im Bereich Gewinnung, Erzeugung oder Vertrieb tätig sind, untersagt ist.

Praxistipp

Die Gesetzesbegründung spricht von einem „Personalwechsel",[409] sodass von dem Verbot sowohl ein Arbeitgeberwechsel (einschließlich eines Betriebsübergangs nach § 613a BGB) als auch ein unternehmensübergreifnder Leiharbeitnehmereinsatz erfasst sein dürfte. Ein Gemeinschaftsbetrieb wäre zwar dem Wortlaut nach nicht erfasst. Insoweit gelten aber zumindest die Überlegungen zu den allgemeinen Entflechtungsvorgaben entsprechend (vgl. dazu unter Kapitel 2 Rn 364ff.). Richtigerweise wird man ihn hier aber erst recht für ausgeschlossen halten müssen.

---

405 Vgl. dazu *Theobald/Theobald*, S. 355.

406 Vgl. dazu *Theobald/Theobald*, S. 355.

407 Europäische Kommission, Interpretative Note on Directive 2009/72/EC, S. 11, abrufbar unter: http://ec.europa.eu/energy/gas_electricity/interpretative_notes/doc/implementation_notes/2010_01_21_the_unbundling_regime.pdf.

408 Europäische Kommission, Interpretative Note on Directive 2009/72/EC, S. 15, abrufbar unter: http://ec.europa.eu/energy/gas_electricity/interpretative_notes/doc/implementation_notes/2010_01_21_the_unbundling_regime.pdf.

409 Vgl. BT-Drucks. 17/6072, S. 59.

III. Unabhängiger Systembetreiber

Gemäß § 8 Abs. 1 EnWG können sich TNB zur Erfüllung ihrer Entflechtungspflichten statt als ETB auch als USB nach § 9 EnWG organisieren. 199

Praxistipp
Vertikal integrierte EVU haben damit die Möglichkeit, das Eigentum an ihrem Transportnetz zu behalten, wenn auf ihren Vorschlag hin ein USB benannt wird, der den Betrieb des Transportnetzes übernimmt.[410]

Für den USB gelten gemäß § 9 Abs. 1 S. 1 EnWG die gleichen Kontroll- und Beteiligungsverbote wie für den ETB. 200

Der USB ist gemäß § 9 Abs. 3 EnWG für
- Betrieb,
- Wartung,
- Planung und
- Ausbau des Transportnetzes

verantwortlich und hat diskriminierungsfreien Netzzugang zu gewähren.

Den Transportnetzeigentümer treffen im Fall der Wahl des Modells USB aber 201
grundlegende Finanzierungs- und Kooperationspflichten (vgl. § 9 Abs. 4 EnWG). Er haftet u.a. für Schäden, die durch das vom USB betriebene Transportnetz verursacht werden, während der USB gemäß § 9 Abs. 5 EnWG nur für solche Schäden haftet, die mit dem eigentlichen Netzbetrieb zusammenhängen.[411]

Praxistipp
Diese Aufspaltung zwischen formellem Transportnetzeigentum und Ausübungsbefugnis bedeutet, dass dem Eigentümer jegliche Verfügungsmacht entzogen wird.[412] Sie wird stattdessen vollständig auf den USB verlagert. Dem vertikal integrierten EVU bleibt also nur noch die leere Hülse des Eigentumstitels.[413] Gleichzeitig trägt es erhebliche Haftungsrisiken. Daher ist dieses Entflechtungsmodell für Unternehmen wenig attraktiv und spielt in der Praxis kaum eine Rolle.[414] In Deutschland beabsichtigt – ausgehend von den durch die BNetzA veröffentlichten Informationen – offenbar bislang keiner der TNB die Umsetzung dieses Modells.[415]

---

410 Rosin/*Schmutzer*/*Schoon*/*Stolzenburg*, § 6 EnWG Rn 12.
411 *Busch*, N&R 2011, 226, 227; *Theobald*/*Theobald*, S. 359.
412 Vgl. auch Rosin/*Schmutzer*/*Schoon*/*Stolzenburg*, § 6 EnWG Rn 12.
413 *Schmidt-Preuß*, et 9/2009, 82 ff.; *Theobald*/*Theobald*, S. 359.
414 *Theobald*/*Theobald*, S. 359.
415 BNetzA, Zertifizierungsverfahren, Hinweispapier zur Antragstellung, 12. 12. 2011, Az. BK6-11-157, S. 48, abrufbar unter http://www.bundesnetzagentur.de/DE/Service-Funktionen/Beschlusskammern/1BK-Geschaeftszeichen-Datenbank/BK7-GZ/2011/2011_101bis200/BK7-11-157/BK7-11-157_download.pdf?__blob=publicationFile&v=1.

IV. Unabhängiger Transportnetzbetreiber

202 Vor diesem Hintergrund erscheint vielen das UTB-Modell als das Attraktivste. Denn auf Basis dieses Modells kann der UTB zwar weiterhin **im Eigentum** des vertikal integrierten EVU **und im Konzernverbund bleiben.**[416] Als Ausgleich dafür wird der UTB aber wie folgt mit weitgehender wirtschaftlicher, organisatorischer und personeller Autonomie ausgestattet:

1. Verantwortungserweiterung des UTB

203 Neben den Aufgaben des Netzbetreibers nach §§ 11ff. EnWG (Netzbetrieb, Systemsicherheit, Netzanschluss etc.) besitzt der UTB zunächst einmal noch gesondert die Verantwortung für die in **§ 10 Abs. 1 S. 2 Nr. 1 bis 5 EnWG** beschriebenen Bereiche. Er ist dementsprechend u.a. verantwortlich für

- die eigenständige Vertretung des UTB nach außen,
- die Erhebung transportnetzbezogener Entgelte und
- die Einrichtung einer eigenen Rechtsabteilung sowie
- eine eigenen Buchhaltung.[417]

Das vertikal integrierte EVU hat die Unabhängigkeit des UTB in Bezug auf Organisation, Entscheidungsgewalt und Ausübung des Transportnetzgeschäfts zu gewährleisten. Die Details sind in §§ 10a bis 10e EnWG geregelt.

! **Praxistipp**
Als zulässige Gesellschaftsformen werden AG, GmbH und KGaA angesehen.[418]

2. Einzelne Entflechtungsvorgaben

a) Vorgaben nach § 10a EnWG

204 Um die notwendige Unabhängigkeit des UTB im vertikal integrierten EVU zu gewährleisten, bestimmt § 10a Abs. 1 EnWG, der insoweit Art. 17 Abs. 1 der Strom- bzw. Gasrichtlinie umsetzt, dass der UTB über alle technischen, materiellen, finanziellen und **personellen Ressourcen** verfügen muss, die für den Transportnetzbetrieb erforderlich sind.[419]

---

416 Vgl. *Michaelis/Kemper*, RdE 2012, 10, 11; *Theobald/Theobald*, S. 360; Rosin/*Schmutzer/Schoon/Stolzenburg*, § 6 EnWG Rn 13.
417 *Theobald/Theobald*, S. 360.
418 So z.B. Rosin/*Schmutzer/Schoon/Stolzenburg*, § 6 EnWG Rn 13.
419 Vgl. *Busch*, N&R 2011, 226, 228.

Dies bedeutet, dass er
- Eigentümer aller Assets sein und
- selbst das erforderliche Personal beschäftigen muss und
- nicht auf Dienstleistungen des vertikal integrierten EVU zurückgreifen darf.[420]

Praxistipp
Die Erbringung von Dienstleistungen durch den UTB an das EVU ist innerhalb der Grenzen des § 10a Abs. 3 S. 2 EnWG hingegen zulässig.[421]

Der Außenauftritt des UTB muss so gestaltet sein, dass eine Verwechslung mit dem vertikal integrierten EVU ausgeschlossen ist.[422]

Der UTB darf IT-Systeme, Büro- und Geschäftsräume nicht gemeinsam mit dem vertikal integrierten EVU nutzen, ebenso wenig wie die Dienstleistung desselben Wirtschaftsprüfers.[423]

aa) Eigentum an Vermögenswerten

Soweit in § 10a Abs. 1 EnWG geregelt ist, dass der Transportnetzbetreiber zivilrecht- 205
liches Eigentum an allen für den Transportnetzbetrieb erforderlichen Vermögenswerten haben muss – was nach dem Gesetzeswortlaut insbesondere das Eigentum am Transportnetz selbst einschließt –, ist dies arbeitsrechtlich zunächst einmal allenfalls im Rahmen einer Unterrichtung nach **§ 613a Abs. 5 BGB** im Fall eines Betriebsübergangs auf den UTB relevant. Denn über die wirtschaftlichen Verhältnisse des Erwerbers muss unterrichtet werden.[424]

Denkbar ist darüber hinaus, dass das Netzeigentum als maßgeblicher wirtschaftlicher Wert im Rahmen von Betriebsänderungen, namentlich bei etwaigen Sozialplanverhandlungen (§ 112 BetrVG), diskutiert wird. Da der UTB das Netz aber weder veräußern noch verpachten darf, ohne seine Funktion als UTB einzubüßen, wird man **das Transportnetz selbst im Rahmen von Sozialplanverhandlungen jedenfalls dann unberücksichtigt lassen** müssen, wenn der UTB den Betrieb des Transportnetzes fortführen soll. Denn auch im Rahmen eines Einigungsstellenverfahren darf kein Sozialplan festgesetzt werden, der eine Fortführung des Unternehmens gefährdet (§ 112 Abs. Abs. 5 S. 1 und 2 Nr. 3 BetrVG).[425]

---

420 *Theobald/Theobald*, S. 360; Rosin/*Schmutzer/Schoon/Stolzenburg*, § 6 EnWG Rn 13.

421 *Theobald/Theobald*, S. 360.

422 *Theobald/Theobald*, S. 360.

423 *Theobald/Theobald*, S. 360.

424 Vgl. BAG, Urt. v. 14.11.2013 – 8 AZR 824/12 – DB 2014, 901; *Gaul/Krause*, RdA 2013, 39; ferner BAG, Urt. v. 31.1.2008 – 8 AZR 1116/06 – NZA 2008, 642.

425 Zu den Grenzen der Sozialplangestaltung näher z.B. Richardi/*Annuß*, § 112 BetrVG Rn 101ff.

bb) Personelle Entflechtung

206 Im Vergleich zu den allgemeinen Entflechtungsvorgaben besonders streng sind hingegen die – arbeitsrechtlich besonders relevanten – Vorgaben zur personellen Entflechtung in § 10a Abs. 2 EnWG.

Denn **§ 10a Abs. 2 EnWG** regelt zunächst einmal, dass für den Transportnetzbetrieb erforderliches Personal beim UTB selbst angestellt sein muss. Darüber hinaus ist nach dieser Norm **jede Form der Arbeitnehmerüberlassung unzulässig**, wobei keine Rolle spielt, welches der beteiligten Unternehmen Verleiher bzw. Entleiher ist. Unzulässig ist damit sowohl einer Arbeitnehmerüberlassung vom vertikal integrierten EVU an den UTB als auch eine Arbeitnehmerüberlassung vom UTB an das EVU.[426] Der UTB ist damit **notwendig eine „große" Netzgesellschaft**.

cc) Grundsätzlicher Ausschluss von Dienstleistungen

Grundsatz

207 § 10a Abs. 3 S. 1 EnWG regelt, dass die Erbringung von Dienstleistungen für den UTB durch das EVU im Prinzip unzulässig ist. Unerheblich ist dabei grundsätzlich, ob diese Dienstleistungen durch eigenes Personal des EVU oder durch in dessen Auftrag handelnde Personen erbracht werden würden.

Ziel dieses Verbots ist, die Unabhängigkeit des UTB dadurch zu gewährleisten, dass auch mittelbare Einflussnahmen des EVU, wie sie ggf. über die Ausgestaltung der Dienstleistungsbedingungen möglich wären, ausgeschlossen werden.

Ausnahme

208 § 10a Abs. 3 S. 2 EnWG enthält zwar ebenfalls dieses grundsätzliche Verbot der Dienstleistungserbringung, lässt sie durch den UTB aber ausnahmsweise unter engen Voraussetzungen zu. Bedingung hierfür ist aber **kumulativ**, dass

- der UTB sie diskriminierungsfrei für alle Netznutzer anbietet,
- der Wettbewerb in sonstigen Bereichen des Energiesektors nicht beschränkt und
- die Vereinbarungen von der Regulierungsbehörde genehmigt werden.

Die Prüfung der BNetzA bezieht sich jedoch nur auf die Überprüfung der Entflechtungskonformität.[427] § 65 EnWG und die Kostenüberprüfung im Rahmen der Anreizregulierung bleiben von dieser Prüfung indes unberührt.[428]

---

426 Vgl. BT-Drucks. 17/6072, S. 60; Danner/Theobald/*Stahlhut*, § 10a EnWG, S. 3 f.

427 BT-Drucks. 17/6072, S. 60; Danner/Theobald/*Stahlhut*, § 10a EnWG, S. 4.

428 BT-Drucks. 17/6072, S. 60; Danner/Theobald/*Stahlhut*, § 10a EnWG, S. 4.

dd) Außenauftritt

§ 10a Abs. 4 EnWG bestimmt in Umsetzung von Art. 17 Abs. 4 der Elektrizitäts- bzw. Gasrichtlinie, dass UTB in ihren Kommunikationsaktivitäten mit Dritten und ihrer Markenpolitik dafür sorgen müssen, dass eine Verwechselung in Bezug auf die Identität des EVU oder eines Teils davon ausgeschlossen ist. Die Unternehmensidentität sowie der gesamte Außenauftritt, also die sog. Corporate Identity, des UTB müssen sich somit vom EVU oder einer seiner Tochtergesellschaften eindeutig abheben. Zum Außenauftritt bzw. zur Corporate Identity zählen insbesondere die Firma, das Logo, eingetragene Marken, die Werbelinie und Slogans sowie der Internetauftritt. 209

Praxistipp
Arbeitsrechtlich ist das insbesondere in Bezug auf Dienstkleidung, Visitenkarten und Arbeitsmittel (z.B. Kulis und Schreibblöcke mit Logo) wichtig.

Hinsichtlich der Beurteilung des Vorliegens einer Verwechslungsgefahr sind kennzeichenrechtliche und markenschutzrechtliche Grundsätze anzuwenden.[429] Es ist jedoch zulässig, wenn sich der UTB einer Unternehmensgruppe zuordnet.[430]

Beispiel
Denkbar ist z.B., klein gedruckt auf Visitenkarten auf das EVU bzw. die Gruppenzugehörigkeit zu verweisen – „ ... ein Mitglied der [Firmen]-Gruppe".[431] Unzulässig wäre aber beispielsweise die Verwendung der gleichen E-Mailadresse wie das EVU.[432]

ee) Verbot gemeinsamer IT (Soft- und Hardware sowie IT-Auftragnehmer)

Software

§ 10a Abs. 5 S. 1 EnWG verbietet die gemeinsame Nutzung von Anwendungssystemen der Informationstechnologie durch das EVU und den UTB, wenn diese Systeme auf die unternehmerischen Besonderheiten entweder des UTB oder des EVU angepasst wurden. Mit „Anwendungssysteme der Informationstechnologie" ist insoweit die vom UTB oder dem EVU auf seiner IT-Hardware eingesetzte Software gemeint. 210

Aus dem Verbot gleicher individualisierter Software folgt im Umkehrschluss, dass EVU und UTB die gleichen Standardprogramme (z.B. Microsoft Office, SAP aber auch branchenspezifische Standardprogramme, die einer unternehmensindividuel- 211

429 BT-Drucks. 17/6072, S. 60.
430 BT-Drucks. 17/6072, S. 60.
431 BT-Drucks. 17/6072, S. 60; Danner/Theobald/*Stahlhut*, § 10a EnWG, S. 5.
432 BT-Drucks. 17/6072, S. 60; Danner/Theobald/*Stahlhut*, § 10a EnWG, S. 5.

len Anpassung zugänglich sind) benutzen können.[433] Entscheidend für das Eingreifen des Verbots ist daher, dass die bei derartigen Standardprogrammen notwendige Anpassung an die unternehmensindividuellen Besonderheiten des jeweiligen Unternehmens noch nicht erfolgt ist.[434] Denn zu diesem Zeitpunkt besteht kein Diskriminierungspotential, da aus dem noch herstellerdefinierten Programm keine Informationen abgelesen werden können, die Diskriminierungspotential zugunsten des EVU begründen könnten.

Praxistipp
Eine übergreifende Nutzung eines gemeinsamen Betriebsmittels scheidet insoweit aus. Erhebliche Indizien für einen Gemeinschaftsbetrieb im arbeitsrechtlichen Sinne dürften durch die strengen Entflechtungsvorgaben bei korrekter Umsetzung allerdings ohnehin nicht bestehen.

212 **IT-Infrastruktur (Hardware)**

§ 10a Abs. 5 S. 2 EnWG verbietet – sachlich folgerichtig – prinzipiell die gemeinsamen Nutzung derselben IT-Infrastruktur, d.h. Hardware, durch den UTB und das EVU. Sie ist nämlich letztlich nur dann zulässig, wenn weder Mitarbeiter des UTB noch des EVU unmittelbaren Zugriff auf die Infrastruktur haben.

Beispiel
Diese Voraussetzung ist z.B. dann erfüllt, wenn Rechen- oder Speicherleistung in Rechenzentren großer Dienstleister erworben und genutzt wird (Cloud Computing).[435] Denn ein wesentliches Kernelement des Geschäfts dieser Dienstleister ist die Geheimhaltung der gespeicherten Daten und deren Schutz vor unberechtigtem Zugriff Dritter, sodass typischerweise auch ein Zugriff durch das EVU auf wettbewerbsrelevante Daten des UTB ausgeschlossen ist.[436]

Durch die **kumulativen weiteren Voraussetzungen**, dass
- sich die Infrastruktur (d.h. in der Regel der Server) außerhalb der Geschäftsräume des UTB bzw. des EVU befinden und
- auch von einem Dritten betrieben werden muss,

wird die von Art. 17 Abs. 5 der Elektrizitäts- bzw. Gasrichtlinie geforderte Unabhängigkeit sichergestellt und gleichzeitig eine praxisgerechte Gestaltung ermöglicht.[437]

433 BT-Drucks. 17/6072, S. 60 f.
434 BT-Drucks. 17/6072, S. 61.
435 BT-Drucks. 17/6072, S. 61.
436 BT-Drucks. 17/6072, S. 61.
437 BT-Drucks. 17/6072, S. 61.

Vorgaben für IT-Auftragnehmer

§ 10a Abs. 5 S. 3 EnWG verpflichtet EVU **und** UTB, dafür zu sorgen, dass sie mit Blick 213
auf Software oder Hardware nicht mit denselben externen Auftragnehmern zusammenarbeiten.[438]

Gemeint sind damit die jeweiligen natürlichen Personen und nicht deren Anstellungsgesellschaften, die häufig auch als überregional oder international tätige juristische Personen organisiert sind.[439] Die verpflichteten Anstellungsgesellschaften müssen allerdings gewährleisten können und auch tatsächlich sicherstellen, dass nicht dieselbe natürliche Person sowohl für den UTB als auch für das EVU tätig ist.[440]

ff) Räumliche Trennung von UTB und EVU

Nach § 10a Abs. 6 EnWG müssen EVU und UTB sowohl räumlich voneinander ge- 214
trennte Büro- und Geschäftsräume als auch unterschiedliche Zugangskontrollsysteme nutzen.[441]

Praxistipp !

Damit scheidet – bei korrekter Umsetzung – ein weiteres Indiz für einen Gemeinschaftsbetrieb, das Vorliegen gemeinsam genutzter Räumlichkeiten, aus. Arbeitsrechtlich ist es allerdings ohnehin möglich, dass im selben Gebäude – ja sogar auf derselben Etage – unterschiedliche Betriebe im arbeitsrechtlichen Sinn bestehen.

---

gg) Vorgaben für die Wirtschaftsprüfung

§ 10a Abs. 7 S. 1 EnWG bestimmt, dass der UTB die Rechnungslegung von anderen 215
Wirtschaftsprüfern als denen des vertikal integrierten EVU oder eines seiner Tochterunternehmen vornehmen lassen muss. Diese Regelung ist arbeitsrechtlich irrelevant und wird daher nicht näher behandelt.

b) Finanzielle und organschaftliche Unabhängigkeit

Gemäß § 10b EnWG, der den jeweiligen Art. 18 der Elektrizitäts- bzw. Gasrichtlinie 216
umsetzt, ist der UTB organschaftlich und finanziell unabhängig.

---

438 BT-Drucks. 17/6072, S. 61.
439 BT-Drucks. 17/6072, S. 61.
440 BT-Drucks. 17/6072, S. 61.
441 Näher BT-Drucks. 17/6072, S. 61.

aa) Finanzielle Unabhängigkeit

217 § 10b Abs. 1 S. 1 EnWG verpflichtet EVU, die notwendigen Vorkehrungen zu treffen, damit der UTB seine Aufgaben ohne direkte oder indirekte Einflussnahme des vertikal integrierten EVU wahrnehmen kann. Dies umfasst insbesondere eine – im Verhältnis zu den Aufgaben des UTB – angemessene Ausstattung mit Vermögenswerten, die der UTB in Bezug auf den Netzbetrieb benötigt.[442] Insoweit komplementiert und ergänzt § 10b EnWG die Verpflichtung zum Eigentum an Vermögenswerten aus § 10a EnWG. Während § 10a EnWG das „Wie" der Vermögenszuordnung regelt, legt § 10b EnWG das „Was" fest.

218 Leider gesetzessystematisch etwas verstreut, gehört in diesen Zusammenhang auch § 10b Abs. 4 EnWG, der in Umsetzung von Art. 18 Abs. 2 der Elektrizitäts- bzw. Gasrichtlinie den UTB zu gewährleisten verpflichtet, jederzeit über die notwendigen Mittel für Errichtung, Betrieb und Instandhaltung des Transportnetzes zu verfügen.

Diese Verpflichtung des UTB wird – aus Gründen der Konsolidierbarkeit – ebenfalls durch den vom EVU zu setzenden, angemessenen Finanzrahmen für den UTB begrenzt.[443] Innerhalb dieses Finanzrahmens ist dem Transportnetzbetreiber jedoch die Befugnis zu eigenständigem Handeln und einer eigenständigen Akquise zu gewähren, soweit sich der UTB damit im Alltagsgeschäft des Transportnetzbetriebs bewegt.

Arbeitsrechtlich relevant sind diese Bestimmungen zunächst lediglich in dem unten unter Kapitel 2 Rn 204 ff. für § 10a EnWG aufgezeigten Umfang.

219 Auch nach § 10b Abs. 1 S. 1, Abs. 4 EnWG muss der UTB aber in der Lage sein, die in Rede stehenden Vermögenswerte ohne Einflussnahme des EVU oder eines seiner Tochterunternehmen nutzen zu können.[444] Soweit sich diese Verpflichtung – was naheliegend ist – auch auf Betriebsmittel bezieht, **scheidet eine übergreifende Nutzung dieser Betriebsmittel z.B. im Rahmen eines Gemeinschaftsbetriebs aus.**

! **Praxistipp**

Neben den Vorgaben zur personellen Entflechtung, die nachfolgend unter Kapitel 2 Rn 224 ff. dargestellt werden, scheidet ein Gemeinschaftsbetrieb des UTB mit dem EVU auch unter diesem Gesichtspunkt energiewirtschaftsrechtlich in dem Sinne aus, dass er energierechtlich untersagt ist. (Zur Bedeutung einer energiewirtschaftsrechtlichen Bewertung für arbeitsrechtliche Vorgaben und Regelungen, vgl. unter Kapitel 2 Rn 275 ff.).

! **Praxistipp**

Soweit § 10b Abs. 1 S. 2 EnWG festlegt, dass der UTB die Befugnis haben muss, sich zusätzliche Finanzmittel zu beschaffen, ist dies arbeitsrechtlich nicht relevant. Richtigerweise wird man nämlich – obwohl dies nicht höchstrichterlich geklärt ist – zunächst einmal auch im Kontext von Be-

---

442 Vgl. BT-Drucks. 17/6072, S. 61 f.; Danner/Theobald/*Stahlhut*, § 10b EnWG, S. 2 f.
443 BT-Drucks. 17/6072, S. 62; Danner/Theobald/*Stahlhut*, § 10a EnWG, S. 4.
444 Danner/Theobald/*Stahlhut*, § 10b EnWG, S. 2.

triebsänderungen nicht verlangen können, dass sich das Unternehmen zur Finanzierung von Sozialplanleistungen verpflichtet.[445] Losgelöst davon führt die gesetzlich eröffnete Befugnis, sich Finanzmittel verschaffen zu dürfen, nicht zu einer Verpflichtung, dies auch zu tun, um Sozialplanleistungen zu finanzieren.

bb) Gesellschaftsrechtliche Entflechtung Teil I/Einflussnahmeverbote

§ 10b Abs. 2 EnWG gewährleistet, dass die Unabhängigkeit des UTB von anderen 220
Aktivitäten des EVU bereits durch Gesellschaftsstruktur und -vertrag sichergestellt wird.[446]

Darüber hinaus ist es dem EVU untersagt, Einfluss auf das Alltagsgeschäft des UTB zu nehmen. Dies umfasst insbesondere auch die Erstellung des zehnjährigen Netzentwicklungsplanes, den der UTB zu erstellen hat. Die Unternehmensleitung besitzt folgerichtig die alleinige Verantwortung für das laufende Tagesgeschäft und den Netzbetrieb.[447] Flankiert wird diese Aufgabezuweisung durch hinreichende Mittel- und Personalausstattung sowie die weiteren Vorgaben der §§ 10a ff. EnWG, die auch **übergreifende Betriebsstrukturen und Personaleinsätze weitestgehend untersagen**.

cc) Gesellschaftsrechtliche Entflechtung Teil II

§ 10b Abs. 3 EnWG verbietet darüber hinaus wechselseitige Beteiligungen zwischen 221
dem EVU und seinen in Wettbewerbsbereichen tätigen Tochterunternehmen einerseits und dem UTB andererseits.[448] Dies schließt mitbestimmungsrechtlich jedenfalls eine Zurechnung von Arbeitnehmern nach **§ 5 MitbestG** infolge einer Konzernierung i.S.d. § 18 AktG aufgrund der Beteiligungsverhältnisse aus.

dd) Ausgestaltung von finanziellen und kommerziellen Beziehungen

§ 10b Abs. 5 EnWG, der Art. 18 Abs. 6 und 7 der Strom- bzw. Gasrichtlinie umsetzt, 222
sieht vor, dass die finanziellen und kommerziellen Beziehungen zwischen dem UTB und dem vertikal integrierten EVU zu marktüblichen Bedingungen gestaltet werden müssen. Die Unabhängigkeit des UTB gegenüber dem EVU im Konzern wird durch diese Vorgabe gestärkt, da die Finanzierungsmöglichkeiten, die dem UTB zur Verfügung stehen, nun tatsächlich miteinander vergleichbar sind.

---

445 Vgl. HWK/*Hohenstatt*/*Willemsen*, § 112 BetrVG Rn 76; *Gaul*, NZA 2003, 695, 698.
446 Danner/Theobald/*Stahlhut*, § 10b EnWG, S. 3.
447 *Theobald*/*Theobald*, S. 360.
448 *Theobald*/*Theobald*, S. 360.

Praxistipp
Arbeitsrechtlich ist das nur mittelbar, nämlich insoweit relevant, als eine wirtschaftlich leistungsfähige Muttergesellschaft (das EVU) nur marktübliche Konditionen gewähren darf. Damit wird die – in der Sanierungspraxis nicht unübliche – Situation vermieden, dass eine leistungsfähige Muttergesellschaft ihre nicht rentable Tochter durch Gewährung von Darlehen zu nicht marktüblichen (günstigen) Konditionen „mitschleppt" und dadurch eine rechtzeitige Sanierung hinauszögert. Bei UTB kann es daher – sofern eine nicht rentable Betriebsstruktur vorliegt – marktwirtschaftlich sinnvoll schneller zu sanierenden Restrukturierungen kommen.

ee) Organschaftliche Haftung von Organmitgliedern des EVU

223 § 10b Abs. 6 EnWG regelt die Grenzen einer organschaftliche Haftung von Mitgliedern eines Organs des EVU. Diese haften dann organschaftlich nicht, wenn der Haftungsgrund in dem Bereich angesiedelt ist, in denen diese Mitglieder zulässigerweise nicht tätig sein durften und es tatsächlich auch nicht waren.

Beispiel
Dies gilt z.B. für den Bereich des Alltagsgeschäfts des Netzbetriebs.[449]

c) Personelle Entflechtung

224 § 10 c EnWG trifft umfangreiche Regelungen zur personellen Entflechtung des UTB (z.B. in Bezug auf Ernennung, Kündigung und Karenzzeiten).

aa) Informationsvorlage hinsichtlich Unternehmensleitung

225 § 10c Abs. 1 EnWG regelt in Umsetzung des Art. 19 Abs. 2 der Strom- und Gasrichtlinie, welche Informationen der Regulierungsbehörde hinsichtlich der obersten Unternehmensleitung bei deren Ernennung oder Bestätigung im Amt vorzulegen sind. Die entsprechenden **Entscheidungen des Aufsichtsrats** stehen kraft Gesetzes unter dem **Vorbehalt**, dass die Regulierungsbehörde keine Einwände erhebt.

Praxistipp
Drei Wochen nach Eingang der Mitteilung wird die Zustimmung der Regulierungsbehörde zu den Vereinbarungen fingiert, wenn die Regulierungsbehörde in diesem Zeitraum keine Einwände erhoben hat.[450]

---

449 BT-Drucks. 17/6072, S. 62; Danner/Theobald/*Stahlhut*, § 10b EnWG, S. 5.
450 So § 10c Abs. 1 S. 3 EnWG.

bb) Karenzzeit vor Übernahme der Unternehmensleitung des UTB

§ 10c Abs. 2 EnWG regelt in Umsetzung von Art. 19 Abs. 3 und Abs. 8 der Strom- und 226
Gasrichtlinie Karenzzeiten für die Mitglieder der Unternehmensleitung. Eine Karenzzeit von drei Jahren gilt für „die Mehrheit der Unternehmensleitung".

Beispiel
Erfasst sein sollen insoweit neben der obersten Unternehmensleitung (Geschäftsführung bzw. Vorstand) auch Personen, die durch einzutragenden Übertragungsakt vertretungsbefugt sind, z.B. Prokuristen oder Generalbevollmächtigte.[451]

Die erfassten Personen dürfen **in den drei Jahren vor ihrer Bestellung** weder Interessen- noch Geschäftsbeziehungen zu Unternehmen des EVU (naturgemäß mit Ausnahme des UTB) unterhalten haben, wenn dieses Unternehmen eine der Funktionen Erzeugung, Verteilung, Lieferung oder Kauf von Strom oder Gas wahrgenommen hat· Für die Fristberechnung gelten – obwohl dies nicht ausdrücklich geregelt ist – die §§ 187 ff. BGB.

Praxistipp
Im Gasbereich sind auch solche Unternehmen erfasst, die die Funktion der Speicherung von Erdgas wahrgenommen haben.[452]

Für die übrigen Angehörigen der Unternehmensleitung des UTB gilt hingegen eine **„Sperrfrist" von sechs Monaten** (vgl. § 10c Abs. 2 S. 2 EnWG).

Gemeinsamer Hintergrund dieser „Cooling-on"-Perioden ist es, einerseits zwar ein Wechsel im Konzern zwischen anderen Tochterunternehmen des vertikal integrierten EVU zu ermöglichen, andererseits aber sicherzustellen, dass sich das Verhältnis zwischen der betreffenden natürlichen Person und ihrem bisherigen „Arbeitgeber" im Konzern aufgrund der sich fortschreitenden Entwicklungen in den wettbewerblichen Energiebereichen sowie des abnehmenden persönlichen Kontakts ausreichend „abgekühlt" hat, um einen diskriminierungsfreien Betrieb des Transportnetzes zu gewährleisten.[453]

cc) Strenge vertragliche Anbindung des Personals bei dem UTB

§ 10c Abs. 3 S. 1 EnWG gibt nicht nur vor, dass **die Unternehmensleitung, aber** 227
auch alle übrigen Beschäftigten weder beim EVU noch bei einem seiner Tochterunternehmen angestellt sein dürfen, sondern **untersagt** darüber hinaus grundsätz-

451 BT-Drucks. 17/6072, S. 63; Danner/Theobald/*Stahlhut*, § 10b EnWG, S. 3.
452 Vgl. § 10c Abs. 2 S. 1, 2 EnWG.
453 BT-Drucks. 17/6072, S. 63; Danner/Theobald/*Stahlhut*, § 10b EnWG, S. 3 f.

lich auch **alle sonstigen Geschäfts- und Interessenbeziehungen** zwischen Unternehmensleitung/Beschäftigten des UTB und dem EVU, einschließlich seiner Tochterunternehmen. § 10c Abs. 3 S. 3 EnWG enthält lediglich eine Ausnahme für die Belieferung „von Energie für den privaten Verbrauch".

dd) Verbot von Unternehmensbeteiligungen

228 § 10c Abs. 4 EnWG dient der Umsetzung von Art. 19 Abs. 5 der Elektrizitäts- bzw. Gasrichtlinie und verbietet dementsprechend der Unternehmensleitung und den Beschäftigten des UTB grundsätzlich **ab dem 3.3.2012, Anteile (z.B. Aktien) am EVU oder anderen seiner Tochterunternehmen zu halten**. Ausgenommen sind naturgemäß Anteile am UTB selbst.

229 Aktien des EVU wurden allerdings in der Vergangenheit auch bei Beschäftigten, die nicht der Unternehmensleitung des UTB angehören, häufig als **sog. Mitarbeiteraktien** ausgegeben[454] und sind damit Bestandteil des Vermögensaufbaus oder der individuellen Altersvorsorge dieser Mitarbeiter. Daher wurde als Stichtag der 3.3.2012 eingeführt und diesen Beschäftigten lediglich mit Wirkung für die Zukunft untersagt, Anteile des EVU oder eines seiner Tochterunternehmen zu erwerben.

! **Praxistipp**

Nicht erfasst ist richtigerweise der Erwerb von Fondsanteilen o.ä., die von Dritten (insbes. Banken) gemanagt werden.[455] Da den betroffenen Beschäftigten des UTB die genaue Zusammensetzung des Fonds zu einem bestimmten Zeitpunkt nicht bekannt ist und sie selbst auf die Entwicklung des Fonds keinen unmittelbaren Einfluss nehmen können, sind derartige Erwerbsvorgänge unerheblich.[456] Verboten ist daher in erster Linie der unmittelbare (gezielte) Erwerb.

---

230 Soweit Personen der Unternehmensleitung betroffen sind, beugt § 10c Abs. 4 S. 2 EnWG befürchteten Interessenkonflikten, die ggf. durch eine sachlich nicht gerechtfertigte Einflussnahme der Unternehmensleitung des UTB zugunsten des EVU oder eines seiner Tochterunternehmen und damit diskriminierend im Verhältnis zu dritten Netznutzern aufgelöst werden, dadurch vor, dass die **der Unternehmensleitung des UTB angehörenden Personen** verpflichtet werden, **direkt von ihnen gehaltene Anteile** des EVU oder eines seiner Tochterunternehmen **bis zum 31.3.2016 zu veräußern.**[457]

---

454 Vgl. BT-Drucks. 17/6072, S. 63; Danner/Theobald/*Stahlhut*, § 10b EnWG, S. 5. Zu den Grenzen des Mitbestimmungsrechts des Betriebsrats in Bezug auf die Vergabe von Aktienoptionen vgl. *Otto/Mückl*, DB 2009, 1594 ff.

455 BT-Drucks. 17/6072, S. 63.

456 BT-Drucks. 17/6072, S. 63.

457 Näher BT-Drucks. 17/6072, S. 63 f.

Cooling Off-Periode für Personen der Unternehmensleitung

§ 10c Abs. 5 EnWG dient der Umsetzung von Art. 19 der Elektrizitäts- bzw. Gasrichtlinie und sieht vor, dass es Personen der Unternehmensleitung **nach Beendigung ihres Vertragsverhältnisses** mit dem UTB nicht gestattet ist, während eines Zeitraums von **vier Jahren** bei anderen Unternehmen des EVU angestellt zu sein oder Geschäftsbeziehungen zu ihnen zu unterhalten, wenn diese eine Funktion in den Bereichen Erzeugung, Verteilung, Lieferung oder Kauf von Strom oder Gas bzw. Gewinnung oder Speicherung von Gas wahrnehmen. 231

Entsprechende Anwendung auf die zweite Führungsebene

§ 10c Abs. 6 EnWG setzt Art. 19 Abs. 8 der Strom- bzw. Gasrichtlinie um und erklärt § 10c Abs. 2 S. 1, Abs. 3 und 5 EnWG für Personen entsprechend anwendbar, die zwar nicht der Unternehmensleitung angehören, also keine Vertretungsbefugnis für den UTB besitzen, aber (immerhin) **eine im Übrigen vergleichbare Stellung.** 232

Aus Verhältnismäßigkeitsgründen darf der von der Regelung erfasste Personenkreis jedoch – worauf in der Gesetzesbegründung zu Recht hingewiesen wird – nicht über Gebühr ausgedehnt werden.[458] Erfasst sind daher nur Personen der zweiten Führungsebene, die nicht Teil der obersten Unternehmensleitung oder der Unternehmensleitung sind, weil sie beispielsweise keine Prokura haben, aber der obersten Unternehmensleitung **regelmäßig direkt berichten.**[459]

Beispiel

Denkbar ist dies z. B. für den Hauptbereichsleiter Netz oder vergleichbare Funktionen.

Nicht erfasst sind hingegen Mitarbeiter, die nur ausnahmsweise der obersten Unternehmensleitung direkt berichten (könnten).

Beispiel

Denkbar ist dies z. B. für Mitarbeiter in der Funktion des zuständigen Bearbeiters oder wegen spezieller Expertise.[460]

---

d) Aufsichtsrat

Die Unternehmensleistung wird zudem durch einen Aufsichtsrat überwacht. 233

---

458 BT-Drucks. 17/6072, S. 64.
459 BT-Drucks. 17/6072, S. 64.
460 BT-Drucks. 17/6072, S. 64.

aa) Verpflichtung zur Aufsichtsratsbildung

234 Denn der UTB hat nach § 10d Abs. 1 EnWG über einen Aufsichtsrat i.S.d. AktG zu verfügen, dessen Zusammensetzung und Entscheidungskompetenz sich nach § 10d i.V.m. § 10c EnWG richtet.[461] Dies gilt – noch weitergehend als nach dem DrittelbG und dem MitbestG und losgelöst von deren Eingreifen – unabhängig von der jeweils zulässigerweise gewählten Rechtsform.

> **!** **Praxistipp**
> Das vertikal integrierte EVU kann an dieser Stelle Einfluss auf solche Entscheidungen nehmen, die sich auf den Wert der Vermögenswerte auswirken könnten. Hier liegt einer der wesentlichen Unterschiede zum Modell des USB. Zudem muss es sich nicht um einen mitbestimmten Aufsichtsrat handeln. Ein solcher ist vielmehr nur dann zu etablieren, wenn die Vorgaben des DrittelbG, MitbestG oder Montan-MitbestG vorliegen (vgl. zu ihnen unter Kapitel 2 Rn 451 ff.).

bb) Erweiterte Aufgaben des Aufsichtsrats

235 Welche Aufgaben der Aufsichtsrat des UTB zu erfüllen hat, ist in § 10d Abs. 2 EnWG geregelt. Abweichend von § 119 AktG sieht § 10d Abs. 2 S. 2 EnWG vor, dass Entscheidungen über

- die Finanzpläne des UTB,
- dessen Verschuldung sowie
- die Höhe der Dividende

vom Aufsichtsrat getroffen werden.

§ 10d Abs. 2 S. 3 EnWG sieht demgegenüber vor, dass Entscheidungen, die das **Tagesgeschäft des UTB** betreffen (insbesondere Tätigkeiten zur Aufstellung des zehnjährigen Netzentwicklungsplans), ausschließlich von der Unternehmensleitung des UTB zu treffen sind.

cc) Unabhängigkeitsanforderungen für die Mitglieder des Aufsichtsrats

236 § 10d Abs. 3 EnWG regelt die Unabhängigkeitsanforderungen, die für die Mitglieder des Aufsichtsrats gelten.

Entsprechende Anwendung von § 10c Abs. 1 bis 5 EnWG

237 Danach finden auf die Hälfte der Mitglieder abzüglich einem Mitglied die strengen Vorgaben des § 10c Abs. 1 bis 5 EnWG entsprechende Anwendung. Ziel dieser Maßnahme ist, die Unabhängigkeit der Mitglieder und die Objektivität der Entscheidungen des Aufsichtsrats sicherzustellen.

---

461 *Theobald/Theobald*, S. 360 f.

Sonderregelung für Arbeitnehmervertreter?

In der Gesetzesbegründung wird angenommen, Arbeitnehmervertreter, die nach dem MitbestG Teil des Aufsichtsrates des UTB sind, würden als unabhängige Vertreter gelten und es werde vermutet, dass sie die strengen Vorgaben des § 10c Abs. 1 bis 5 EnWG erfüllen. Dies soll selbst dann gelten, wenn sie vom EVU in den Aufsichtsrat entsandt werden.[462] 238

Zur Begründung dieser – im Gesetzeswortlaut keinen Anhaltspunkt findenden These – wird darauf hingewiesen, dass das sachgerecht sei, da sie die Interessen der Arbeitnehmer vertreten, die in der Regel nicht deckungsgleich mit den Interessen des EVU sein dürften. Insbesondere dürfte – so die Gesetzesbegründung – „zulässigerweise davon auszugehen sein, dass Arbeitnehmervertreter eher daran interessiert sein dürften, einen angemessenen Rahmen für den Unabhängigen Transportnetzbetreiber zu setzen, da ein effektiver und diskriminierungsfreier Betrieb, verbunden mit den entsprechenden Einnahmemöglichkeiten, geeignet sein dürfte, vorhandene Arbeitsplätze zu sichern“.[463]

Damit wird allerdings **die Realität in vielen Konzernen verkannt**, in denen sich – auch und gerade auf Arbeitnehmerseite – ganz unterschiedliche Interessengruppen finden, die durchaus nicht immer parallel laufende Ziele verfolgen. Diese Ansicht ist daher auch deshalb abzulehnen. Für Arbeitnehmervertreter gelten – mangels abweichender Regelung – dieselben Vorgaben wie für Anteilseignervertreter. Dies macht richtigerweise bereits der für Aufsichtsratsmitglieder geltende Grundsatz der Gleichbehandlung erforderlich.[464]

Praxistipp !

Nicht deutlich wird aus dem Gesetzeswortlaut allerdings, wie bestimmt werden soll, für wen die entsprechenden Vorgaben gelten sollen. Um hier eine Parität zu wahren, wird man z.B. durch Los entscheiden können.

---

e) Gleichbehandlungsprogramm und -beauftragter

Schließlich hat der UTB gemäß § 10e Abs. 1 EnWG ein Programm mit verbindlichen Maßnahmen zur diskriminierungsfreien Ausübung des Netzbetriebs, d.h. ein Gleichbehandlungsprogramm, festzulegen und dessen Einhaltung gemäß § 10e Abs. 2 EnWG von einem Gleichbehandlungsbeauftragten überwachen zu lassen. Strukturell sind diese Pflichten mit den nach § 7a Abs. 5 EnWG für Verteilernetzbetreiber 239

---

462 BT-Drucks. 17/6072, S. 64f.

463 BT-Drucks. 17/6072, S. 65.

464 Seine dogmatische Herleitung ist umstritten, vgl. einerseits WWKK/*Koberski*, § 25 MitbestG Rn 12 und andererseits die wohl h.M. vgl. UHH/*Ulmer*/*Habersack*, § 25 MitbestG Rn 11 m.w.N.

geltenden Vorgaben vergleichbar (vgl. dazu ausführlich unter Kapitel 2 Rn 128 ff.),[465] gehen aber vom Umfang her weit darüber hinaus:

aa) Stärkung der Position des Gleichbehandlungsbeauftragten

240 So gelten für den Gleichbehandlungsbeauftragten des UTB, der nach § 10e Abs. 2 S. 2 EnWG vom Aufsichtsrat ernannt wird, zunächst einmal **dieselben Unabhängigkeitsanforderungen** wie für die Unternehmensleitung und den Aufsichtsrat. Hinzu kommt nach § 10e Abs. 2 S. 4 und 5 EnWG, dass der Gleichbehandlungsbeauftragte des UTB – vergleichbar einem Datenschutzbeauftragten – **unmittelbar der Unternehmensleitung des UTB zu unterstellen** und in dieser Funktion **weisungsfrei** ist. Losgelöst davon darf er wegen der Erfüllung seiner Aufgaben nicht benachteiligt werden.

bb) Einbindung der BNetzA bei Bestellung und Ablehnungsrecht

241 Die Ernennung des Gleichbehandlungsbeauftragten des UTB ist unverzüglich der BNetzA mitzuteilen (§ 10e Abs. 3 EnWG), um der BNetzA die Ausübung ihres Rechts zu ermöglichen, den ernannten Gleichbehandlungsbeauftragten des UTB – wenngleich nur in eng definierten Fällen, nämlich bei fehlender Unabhängigkeit oder fachlicher Eignung – abzulehnen. Aus diesen Gründen allein ist der Gleichbehandlungsbeauftragte auch auf Verlangen der BNetzA abzuberufen (§ 10e Abs. 7 S. 2 EnWG). Im Übrigen kann er nur nach vorheriger Zustimmung der BNetzA vom Aufsichtsrat abberufen werden (§ 10e Abs. 7 S. 1 EnWG)

cc) Berichtspflicht gegenüber der BNetzA

242 Ergänzend sieht § 10e Abs. 4 EnWG regelmäßige Berichtspflichten für den Gleichbehandlungsbeauftragten des UTB an die BNetzA vor. Der Gleichbehandlungsbeauftragte des UTB kann die Zeitpunkte, zu denen er Bericht erstattet, in Grenzen frei wählen, muss aber nach § 10e Abs. 4 S. 2 EnWG jedenfalls jährlich bis zum 30.9. einen Bericht bei der BNetzA vorlegen, dessen Inhalt in § 10e Abs. 4 S. 3 EnWG konkretisiert wird.

Darüber hinaus verpflichtet § 10e Abs. 5 EnWG den Gleichbehandlungsbeauftragten des UTB, alle im Zusammenhang mit den Netzinvestitionen stehenden Entscheidungen unmittelbar nach ihrer Zuleitung an den Aufsichtsrat durch die Unternehmensleitung an die BNetzA zu übermitteln. Damit soll gewährleistet werden, dass der Informationsstand der BNetzA mit dem des UTB vergleichbar ist.

---

465 *Theobald/Theobald*, S. 360 f.

Um der BNetzA effektive Kontroll- und Eingriffsmöglichkeiten einzuräumen und den Grundsatz der Nicht-Diskriminierung zu wahren, ist der Gleichbehandlungsbeauftragte des UTB ferner verpflichtet, der BNetzA bei Bedarf mitzuteilen, dass durch das EVU oder durch die von ihm ernannten Aufsichtsratsmitglieder ein Beschluss herbeigeführt oder verhindert wurde, der dazu führt, dass Netzinvestitionen, die nach dem Netzentwicklungsplan in den nächsten drei Jahren erforderlich wären, verhindert oder hinausgezögert werden (§ 10e Abs. 5 S. 3 EnWG). Dies soll der BNetzA ermöglichen, ihre Befugnissen zur Durchsetzung des Netzentwicklungsplans zu nutzen.[466]

dd) Teilnahme- und Rederecht bzw. -pflicht

Flankiert werden diese Pflichten durch § 10e Abs. 6 EnWG, wonach der Gleichbehandlungsbeauftragten des UTB **an allen Sitzungen aller Entscheidungsgremien** des UTB teilnehmen darf. Nach § 10e Abs. 6 S. 2 EnWG besitzt er ein Rederecht im Aufsichtsrat.

Nach § 10e Abs. 6 S. 3 EnWG hat er nicht nur das Recht, sondern auch die Pflicht, bei der Behandlung der dort genannten Bereiche an den entsprechenden Sitzungen teilzunehmen. Dies umfasst alle **für den Netzbetrieb zentralen Fragen**, bei denen auch grundsätzlich ein erhebliches Diskriminierungspotential zugunsten des EVU oder seiner Tochtergesellschaften besteht.

Praxistipp !

Was im Verhinderungsfall gelten soll, regelt das EnWG – wie auch im Übrigen – nicht. Insoweit wird man auf allgemeine Grundsätze (§ 275 BGB und die Grundsätze der befreienden Pflichtenkollision) zurückgreifen müssen. Die – nicht i.S.d. Rechtsgedankens des § 162 BGB treuwidrig herbeigeführte – Verhinderung der Teilnahme hindert aber die Durchführung der Sitzung nicht.

ee) Berichtspflicht gegenüber dem Aufsichtsrat

Ebenfalls berichten muss der Gleichbehandlungsbeauftragte des UTB nach § 10e Abs. 4 S. 4 EnWG dem Aufsichtsrat des UTB, dem dadurch ermöglicht werden soll – insbesondere bei „Fehlentwicklungen" –, Gebrauch von seinen Aufsichtsrechten gegenüber der Unternehmensleitung zu machen. 243

ff) Empfehlungen gegenüber der Unternehmensleitung

Im Vorfeld eines (negativen) Berichts an den Aufsichtsrat wird der Gleichbehandlungsbeauftragte des UTB allerdings in der Regel gemäß § 10e Abs. 4 S. 4 EnWG ge- 244

---

466 BT-Drucks. 17/6072, S. 66.

genüber der Unternehmensleitung Empfehlungen zur Durchführung des Gleichbehandlungsprogramms und zum Gleichbehandlungsprogramm selbst aussprechen müssen, um der Unternehmensleitung zu ermöglichen, sich über verbesserungsfähige und -bedürftige Umstände zu informieren und die Empfehlungen im Tagesgeschäft entsprechend umzusetzen.

G. Arbeitsrechtliche Herausforderungen und Gestaltungsmöglichkeiten

245 Die Energiewirtschaft ist derzeit mit unterschiedlichen Herausforderungen konfrontiert, die arbeitsrechtliche Umstrukturierungen erforderlich machen.

So laufen bis zum Jahr 2015/2016 bundesweit die meisten Strom- und Gasnetzkonzessionsverträge aus. Vor diesem Hintergrund prüfen Kommunen und kommunale Unternehmen vermehrt, ob sie Verteilernetze (wieder) selbst übernehmen können und sollen. Die Gründung neuer Stadt- oder Gemeindewerke ist dabei mehr als ein bloßer Trend: Seit dem Jahr 2007 wurden über 83 Neugründungen vorgenommen. Für eine Vielzahl der bereits bestehenden kommunalen Unternehmen besteht darüber hinaus die Möglichkeit, zusätzliche Konzessionen zur Erweiterung oder Ergänzung ihres Netzportfolios zu erwerben. Arbeitsrechtlich stellt sich in diesem Zusammenhang vor allem die Frage, ob die Arbeitsverhältnisse der Arbeitnehmer, die mit dem Betrieb des infolge Konzessionsübernahme übernommenen Netzes beschäftigt sind, übernommen werden können bzw. dies sogar müssen. Letzteres ist insbesondere dann der Fall, wenn im Zusammenhang mit der Netzübernahme ein Betriebsübergang i.S.d. § 613a BGB erfolgt.

Die losgelöst davon ist die BNetzA im Begriff, die sog. „schlanke“ Netzgesellschaft – vermittelt über ihre Vorgaben zur Anreizregulierung – mit dem Beginn der zweiten Regulierungsperiode faktisch abzuschaffen. Ungeachtet der Fragwürdigkeit ihres Verständnisses der Anreizregulierungsvorgaben[467] mussten die betroffenen EVU hierauf bis zum 1.1.2014 arbeitsrechtlich reagieren. Wer noch nicht gehandelt hat, steht daher derzeit unter Nachholungsdruck.

Ungeklärt sind darüber hinaus eine Reihe betriebsverfassungsrechtlicher Fragen. Hierzu liegen – ebenso wie zu den unternehmensmitbestimmungs- und sozialversicherungsrechtlichen Fernwirkungen der Entflechtungsvorgaben – erst nach und nach die ersten Entscheidungen vor. Die Entwicklung ist diesbezüglich im Fluss. Die Zahl der arbeitsrechtlichen Herausforderungen ist dementsprechend nicht gerade klein. Dies gilt umso mehr, als die Entflechtungsvorgaben nicht unbedingt auf die Interessen von Arbeitnehmern und ihren Vertretungen abge-

467 Kritisch *Baur/Hampel*, RdE 2011, 385 ff.

stimmt sind, sodass es gilt, eine Vielzahl interessengerechte Lösungen zu entwickeln.

I. Betriebsübergang gemäß § 613a BGB

Dreh- und Angelpunkt entflechtungsrechtlich bedingter arbeitsrechtlicher Umstrukturierungen ist in der Regel – jedenfalls auch – die Frage nach dem (Nicht-)Vorliegen eines Betriebsübergangs gemäß § 613a BGB. Aktuell sind dessen Vorgaben vor allem für die mit zahlreichen Konzessionswechseln verbundenen Folgen relevant. In gleicher Weise stellen sie sich im Zusammenhang mit Überlegungen zu strategischen Modellwechseln, die durch die veränderten Vorgaben zur Anreizregulierung erforderlich werden. Mittelbar relevant sind sie dort, wo – bedingt durch die mit § 613a BGB verbundenen Herausforderungen – Alternativen zur Herbeiführung eines Betriebsübergangs gesucht werden bzw. ein Betriebsübergang zulässig tatbestandlich vermieden werden soll. In den Blick genommen werden muss dabei auch, ob und inwieweit die Rechtsfolgen von § 613a BGB ggf. entflechtungsbedingt modifiziert werden müssen. **246**

1. Was ist ein Betriebsübergang i.S.d. § 613a BGB?

Tatbestandlich setzt ein Betriebs(teil)übergang nach § 613a BGB voraus, dass ein neuer Rechtsträger eine wirtschaftliche Einheit unter Wahrung ihrer Identität fortführt.[468] Zur Herbeiführung eines Betriebs(teil)übergangs bedarf es also zunächst einer wirtschaftlichen Einheit, d.h. einer **organisatorischen Gesamtheit von Personen und/oder Sachen zur auf Dauer angelegten Ausübung einer wirtschaftlichen Tätigkeit mit eigener Zielsetzung**. Diese Einheit muss auf den Erwerber übergehen und bei ihm **im Wesentlichen unverändert fortbestehen**. **247**

Ob dies der Fall ist, richtet sich nach den Umständen des jeweiligen Einzelfalls.[469] Als **Teilaspekte der insoweit maßgeblichen Gesamtwürdigung** nennt das BAG unter Übernahme der entsprechenden Rechtsprechung des EuGH insbesondere: **248**
- die Art des betreffenden Betriebs,
- den Übergang materieller Betriebsmittel wie beweglicher Güter und Gebäude,
- den Wert immaterieller Aktiva im Zeitpunkt des Übergangs,
- die Übernahme der Hauptbelegschaft durch den neuen Inhaber,
- den Übergang von Kundschaft- und Lieferantenbeziehungen,

---

468 BAG, Urt. v. 23.5.2013 – 8 AZR 236/12 – n.v.; BAG, Urt. v. 15.12.2011 – 8 AZR 197/11 – EzA BGB 2002, § 613a Nr. 130.

469 BAG, Urt. v. 23.5.2013 – 8 AZR 236/12 – n.v.

- den Grad der Ähnlichkeit zwischen den vor und nach dem Übergang verrichteten Tätigkeiten und
- die Dauer einer Unterbrechung dieser Tätigkeit.

Den für das Vorliegen eines Übergangs maßgeblichen Kriterien kommt je nach der ausgeübten Tätigkeit und je nach den Produktions- oder Betriebsmethoden ein **unterschiedliches Gewicht** zu.[470]

249 Für die Praxis leichter greifbar zusammengefasst, liegt ein Betriebs(teil)übergang vor, wenn im Wesentlichen folgende Voraussetzungen erfüllt sind:[471]

! **Checkliste**

- Vorliegen einer organisatorischen Einheit auf Seiten des potentiellen Veräußerers;
- rechtsgeschäftliche Übernahme der für diese Einheit wesentlichen Betriebsmittel und/oder wesentlichen Arbeitnehmer durch den potentiellen Erwerber;
- keine wesentliche Unterbrechung der betrieblichen Tätigkeit;
- tatsächliche Fortsetzung der gleichen oder gleichartigen Tätigkeit durch den potentiellen Erwerber im Wesentlichen unter Wahrung der organisatorischen Einheit bzw. des funktionalen Zusammenhangs der wesentlichen Ressourcen (Arbeitnehmer und/oder Betriebsmittel), wie sie/er bis zum Übertragungsvorgang bestanden hat.

! **Praxistipp**

Wichtig ist, dass diese Voraussetzungen kumulativ erfüllt sein müssen, um die Anwendbarkeit von § 613a BGB auszulösen. Dies bedeutet im Umkehrschluss, dass jedes Kriterium für sich genommen geeignet ist, durch Nichterfüllung einen Betriebsübergang i.S.d. § 613a BGB zu vermeiden.

---

2. Überblick über die Darstellung

250 Da die vorgeschriebene Entflechtung zwischenzeitlich bereits weitestgehend umgesetzt ist, spielt für die betriebliche Praxis die Frage, unter welchen Umständen von einem Betriebsübergang auszugehen ist, vor allem die Fallgruppe des **Konzessionswechsels** aktuell eine Rolle. Davon ausgehend lassen sich auch die für eine Bewertung der „großen" und „kleinen" Lösung sowie der Mehrsparten-Netzgesellschaft und der gemeinsamen Netzgesellschaft mehrerer EVU maßgeblichen Faktoren am besten verstehen. Voraussetzung hierfür ist aber ein Grundverständnis der Voraussetzungen eines Betriebs- bzw. Betriebsteilübergangs, sodass nachfolgend zunächst die Gestaltungsmöglichkeiten zur Herbeiführung bzw. Verhinderung eines Betriebsübergangs und in Bezug auf dessen Rechtsfolgen im Lichte entflechtungsrechtlicher Überlegungen dargestellt werden. Im Anschluss werden die für

---

470 BAG, Urt. v. 23.5.2013 – 8 AZR 236/12 – n.v.

471 *Mückl*, Rn 581 ff.

die vorgenannten, aktuell praxisrelevanten Fallgruppen kennzeichnenden Umstände zusammengefasst und bewertet.

3. Gestaltungsmöglichkeiten zur Herbeiführung oder Verhinderung eines Betriebsübergangs

a) Bestehende organisatorische Einheit

Voraussetzung eines Betriebs(teil)übergangs nach § 613a BGB ist zunächst das Vor- 251
liegen einer organisatorischen (wirtschaftlichen) Einheit beim Veräußerer, hier also z.B. beim bisherigen Konzessionsinhaber.

b) Kennzeichnung der erforderlichen organisatorischen Einheit

Definiert wird die maßgebliche Einheit als organisatorische Gesamtheit von Perso- 252
nen und/oder Sachen zu der auf Dauer angelegten Ausübung einer wirtschaftlichen Tätigkeit mit eigener Zielsetzung. Zur Bestimmung des Vorliegens einer entsprechenden organisatorischen Einheit hat das BAG – wie dargelegt (vgl. Kapitel 2 Rn 248) – einen Kriterienkatalog entwickelt, der sich an den entsprechenden Formulierungen des EuGH orientiert. Danach ist zwar eine wertende Gesamtbetrachtung vorzunehmen, **insbesondere** kommt es aber auf das übernommene Personal, die Führungskräfte, die Arbeitsorganisation, die Betriebsmethoden und ggf. die zur Verfügung stehenden Betriebsmittel an.[472] Sollen Betriebsteile übergehen, müssen sie beim Veräußerer **bereits als solche vorhanden** sein. Denn nur eine existente, selbständig abtrennbare organisatorische Einheit kann im Wege eines Betriebsteilübergangs übergehen.[473]

Praxistipp !

Auch wenn der Gesetzgeber in § 7a Abs. 2-4 EnWG festgelegt hat, was zum eigenständig operierten Kernbereich des Netzbetriebs zu zählen ist, hat er hierdurch – entgegen einer in der Literatur vertretenen Auffassung – keinen eigenständigen Betriebsteil im arbeitsrechtlichen Sinn definiert.[474] Denn wie an anderer Stelle dargelegt, lassen die Entflechtungsvorgaben der §§ 6ff. EnWG und damit auch die Vorgaben in § 7a Abs. 2-4 EnWG sowohl die tatbestandlichen Voraussetzungen von § 613a BGB als auch dessen Rechtsfolgen unberührt. Der Gesetzgeber wollte insoweit gerade keine spezifische arbeitsrechtliche Regelung treffen (vgl. unter Kapitel 2 Rn 276).

---

472 Vgl. nur BAG, Urt. v. 26.5.2011 – 8 AZR 37/10 – NZA 2011, 1143.

473 BAG, Urt. v. 23.5.2013 – 8 AZR 236/12 – n.v.

474 So aber *Eder/Blumenthal*, IR 2007, 222, 223; ihnen folgend *Kaluza*, S. 195.

c) Organisatorische Gestaltungsformen auf betrieblicher Ebene beim Betreiben von Strom- und Gasnetzen

253 Bereits an dieser Grundvoraussetzung scheitert ein Betriebsübergang durch bloße Netzübertragung – losgelöst von den nachfolgenden Gründen – dann, wenn bei dem bisherigen Konzessionsinhaber in Bezug auf das übertragene Netz keine derartige abgrenzbare organisatorische Einheit besteht. Denn selbst wenn man das Netz – nicht zutreffend – als Betriebsmittel qualifizieren wollte,[475] würde es dann an einer auf dieses Netz bezogenen übertragbaren Einheit beim bisherigen Konzessionsinhaber fehlen.

Ob eine entsprechende organisatorische Einheit bei dem bisherigen Konzessionsinhaber besteht, wird dabei typischerweise **auch davon abhängen, welches Entflechtungsmodell** zur Umsetzung der Unbundling-Vorgaben der §§ 6 ff. EnWG **gewählt worden ist.** Denn die Wahl des Entflechtungsmodells hat erhebliche Auswirkungen auf die personelle Ausstattung der Netzgesellschaft als Konzessionsinhaberin.

254 In der Praxis haben sich **im Wesentlichen drei (Entflechtungs-)Modelle** herausgebildet (vgl. auch unter Kapitel 2 Rn 69 ff.):[476]

- Die ursprünglich mit Abstand am häufigsten gewählten Modelle sind die **„Überlassungs- bzw. Dienstleistungsmodelle“**. Bei diesen Modellen wird das Netzeigentum von den Eigentümern (in der Regel den Stadtwerken), d.h. in der Regel dem EVU (EVU), an die Netzbetriebsgesellschaft (Netzgesellschaft) **verpachtet**. Ergänzend werden die Netzeigentumsgesellschaften (EVU) mit der Durchführung von **technischen und kaufmännischen Dienstleistungen** für die verpachteten Leitungen und Anlagen beauftragt.[477] Über eigenes Personal verfügt die „schlanke“ Netzgesellschaft nur in geringem, nämlich dem nach § 7a EnWG erforderlichen Umfang. Der **ganz überwiegende Teil des Personals** kommt entweder im arbeitsrechtlichen Sinne gesteuert durch den Dienstleister (das EVU) auf der Grundlage von Dienstleistungsverträgen (dann „Dienstleistungsmodell“) oder gesteuert durch die Netzgesellschaft, aber auf der Grundlage eines Arbeitsvertrags mit dem EVU im Wege der (konzerninternen) Arbeitnehmerüberlassung (oder „Personalgestellung“) zum Einsatz (dann „Überlassungsmodell“).
- Ursprünglich nur selten gewählt worden ist demgegenüber das **„Eigenerbringungsmodell“**, das sich von den vorhergehenden Modellen dadurch unterscheidet, dass in ihm das für den Netzbetrieb erforderliche **Personal bei der Netzgesellschaft selbst angestellt** ist.[478] Die ab dem 1.1.2014 zur Anwendung

475 Dazu unter Kapitel 2 Rn 256 f.
476 *Kaluza*, S. 69 ff.; vgl. ferner *Walk/Wiese*, RdE 2012, 234 ff.; *Eder/von Blumenthal*, IR 2007, 222, 223.
477 Vgl. *Mückl*, VW 2013, 61 m.w.N.
478 *Walk/Wiese*, RdE 2012, 234, 235.

kommenden neuen Vorgaben für die Anreizregulierung machen das Eigenerbringungsmodell allerdings **zunehmend zum Zielmodell.**[479]

Die jeweilige personelle Ausstattung wird sich typischerweise auch in der – im Rahmen des § 613a BGB maßgeblichen – **betrieblichen Organisation** widerspiegeln. Bei Eigenerbringungs- und Überlassungsmodell führt die Netzgesellschaft alle erforderlichen Arbeiten in eigener Regie, d.h. mit von ihr gesteuertem Personal durch und wird dementsprechend für alle im Unternehmen anfallenden Aufgaben **eigene organisatorische Einheiten** vorhalten. Beim Dienstleistungsmodell ist der Personalstamm demgegenüber sehr klein; er beschränkt sich auf die nach § 7a Abs. 2 Nr. 1 EnWG notwendig bei der Netzgesellschaft angestellten Arbeitnehmer. Dort werden daher – wenn überhaupt mehrere – **nur sehr wenige organisatorische Einheiten** vorliegen, die übertragungsfähig sind. 255

Hinzu kommt, dass im Netzbetrieb die Bewirtschaftung verschiedener Sparten – neben Strom und Gas insbesondere Fernwärme, Wasser, Abwasser und Telekommunikation – häufig in unterschiedlicher Intensität **betriebsorganisatorisch, technisch sowie aufbau- und ablauforganisatorisch verknüpft** ist.[480] In diesem Fall eines Mehrspartenbetriebs besteht häufig schon keine auf eine bestimmte Sparte bezogene organisatorische Einheit, sodass die Herauslösung der Betreuung einer bestimmten Sparte aus den spartenübergreifend tätigen Einheiten durch Konzessionsübertragung bereits aus diesem Grund keinen Betriebsteilübergang auszulösen geeignet ist.[481]

Vergleichbares gilt, wenn eine Netzgesellschaft nicht nur verschiedene Sparten, sondern auch **verschiedene Netze innerhalb einer Sparte bündelt**, wie dies häufig bei größeren Regionalversorgungsunternehmen mit der Folge einer gemeinsamen Netzgesellschaft geschieht, die dann Konzessionsnehmerin einer Vielzahl von z.B. Stromnetzen ist. Übernimmt in diesem Fall ein neuer Konzessionsnehmer einzelne Konzessionen, ist es selbst bei spartenorientierter Betrachtung regelmäßig ausgeschlossen, dass beim bisherigen Netzbetreiber eine übertragungsfähige Einheit für das einzelne Konzessionsgebiet bestand.[482]

d) Übernahme der wesentlichen Betriebsmittel und/oder wesentlichen Arbeitnehmer

Ist die Hürde der organisatorischen Einheit genommen, wird man bei der für das Vorliegen eines Betriebsübergangs mitentscheidenden Übernahme der wesentli-

479 Strategien von der schlanken zur breiten Netzgesellschaft bei *Mückl*, VW 2013, 61, 62ff.
480 *Eder/von Blumenthal*, IR 2007, 222, 223.
481 Ebenso *Eder/von Blumenthal*, IR 2007, 222, 224.
482 Ebenso *Eder/von Blumenthal*, IR 2007, 222, 224; *Falter*, N&R 2012, 64, 66.

chen Betriebsmittel und/oder wesentlichen Arbeitnehmer (auch zur Vereinfachung der Handhabung in der betrieblichen Praxis) jedenfalls im Ausgangspunkt **zwischen betriebsmittelgeprägten und betriebsmittelarmen Tätigkeiten differenzieren** können.[483]

aa) Übergang bei betriebsmittelgeprägter Tätigkeit

Denn in betriebsmittelgeprägten Betrieben kann ein Betriebsübergang **auch ohne Übernahme von Personal** vorliegen.[484] Sächliche Betriebsmittel sind dann i.d.S. maßgeblich (prägend), wenn bei wertender Betrachtung ihr Einsatz den **eigentlichen Kern des zur Wertschöpfung erforderlichen Funktionszusammenhangs** ausmacht. Zu dieser Bewertung kann – vor allem mit Blick auf Netzsteuerungsanlagen – führen, dass die Betriebsmittel unverzichtbar zur ordnungsgemäßen Verrichtung der Tätigkeit bzw. auf dem freien Markt nicht erhältlich sind oder ihr Gebrauch vom Auftraggeber zwingend vorgeschrieben wird.[485] Entscheidend sind auch insoweit die Umstände des Einzelfalls.[486]

(1) Bedeutungslosigkeit der Eigentumsverhältnisse

Entgegen einem – auch und gerade in der Energiewirtschaft – verbreiteten Irrtum[487] **spielen die Eigentumsverhältnisse an den Betriebsmitteln keine Rolle.**[488] Maßgeblich ist im Rahmen des § 613a BGB allein die Ausübung der Berechtigung zur Nutzung der Betriebsmittel im Rahmen einer eigengesteuerten Betriebsorganisation. Anknüpfend an die Rechtsprechung des EuGH[489] hat das BAG hierauf noch einmal in seinem Urteil vom 23.5.2013[490] ausdrücklich hingewiesen. Das Netzeigentum ist dabei erst recht bedeutungslos.

---

483 Vgl. z.B. BAG, Urt. v. 23.5.2013 – 8 AZR 236/12 – n.v.

484 EuGH, Urt. v. 20.11.2003 – C-340/01 – NZA 2003, 1385 – Abler; BAG, Urt. v. 23.5.2013 – 8 AZR 236/12 – n.v.

485 BAG, Urt. v. 23.5.2013 – 8 AZR 236/12 – n.v.; BAG, Urt. v. 10.5.2012 – 8 AZR 434/11 – AP BGB § 613a Nr. 426.

486 Vgl. einerseits BAG, Urt. v. 15.12.2011 – 8 AZR 197/11 – EzA BGB 2002 § 613a Nr. 130 und andererseits BAG, Urt. v. 23.5.2013 – 8 AZR 207/12 – n.v.

487 Im (unbewussten) Widerspruch zur Rechtsprechung auf die Eigentumsverhältnisse abstellend z.B. Rosin/*Schmutzer*/*Schoon*/*Stolzenburg*, § 7 EnWG Rn 57.

488 Zutreffend *Falter*, N&R 2012, 64, 69.

489 Vgl. EuGH, Urt. v. 15.12.2005 – C-232/04 und C- 233/04 – NZA 2006, 29 – Güney Görres.

490 BAG, Urt. v. 23.5.2013 – 8 AZR 236/12 – n.v. und BAG, Urt. v. 23.5.2013 – 8 AZR 207/12 – DB 2013, 2336.

(2) Das Netz ist kein Betriebsmittel i.S.d. § 613a BGB

Denn das Netz selbst ist – entgegen einem verbreiteten Irrtum – kein Betriebsmittel i.S.d. § 613a BGB. Das wird in der Diskussion um die Übernahme von Netzen besonders häufig verkannt.[491] In Übereinstimmung mit der Rechtsprechung des BAG wird man insoweit Folgendes annehmen müssen:

Ebenso wie das von einer Hausverwaltung betreute Grundstück und Gebäude 256
nach der Rechtsprechung des BAG[492] kein Betriebsmittel i.S.d. § 613a darstellt, sondern **das Objekt der Verwaltungstätigkeit** ist, die mithilfe von Betriebsmitteln ausübt wird, gilt diese Bewertung auch für weite Teile des Betreibens von Netzen als Betriebsgegenstand. Denn die Arbeitnehmer arbeiten – jedenfalls ganz überwiegend – nicht „mit" dem Netz, sondern betreuen es mithilfe von Netzsteuerungsanlagen oder arbeiten – im Rahmen von Wartung, Pflege und Entwicklung – mit Werkzeugen (Zangen, Schweißgeräten etc.) an dem Netz. **Das Netz ist das Objekt ihrer Verwaltungs-, Steuerungs- und Betreuungs- sowie Entwicklungstätigkeit**, nicht aber ein Betriebsmittel i.S.d. § 613a BGB.

Ebenso wie die Arbeitsverhältnisse der mit der Grundstücksverwaltung be- 257
trauten Arbeitnehmer einer Hausverwaltungsgesellschaft deshalb nicht auf den Erwerber der verwalteten Immobilie übergehen,[493] gehen auch die im Netzbetrieb beschäftigten Arbeitnehmer bei einem Konzessionswechsel nicht auf den neuen Konzessionsinhaber über, wenn dieser nicht **zugleich die für die Netzsteuerung, -verwaltung, -betreuung und -entwicklung wesentlichen Betriebsmittel und/ oder das hierfür nach Zahl und Sachkunde wesentliche Personal übernimmt.** Denn ebenso wie die Hausverwaltung in Bezug auf das verwaltete Gebäude, ist die Netzbetreuung in Bezug auf das betreute Netz grundsätzlich als Dienstleistungsbetrieb zu qualifizieren.[494]

Anderes wird man allenfalls bei einer – wohl bei Netzübertragungen ohnehin zumeist angezeigten – betriebsteilbezogenen Betrachtung für **betriebsmittelintensive Betriebsteile** annehmen können, namentlich z.B. für die **Netzsteuerung**, bei der die Netzsteuerungsanlagen den „Kern des zur Wertschöpfung erforderlichen Funktionszusammenhangs"[495] ausmachen und daher die wirtschaftliche Einheit prägen.

---

491 Exemplarisch *Falter*, N&R 2012, 64, 70: übertragenes Netz als „für die Energieversorgung unverzichtbares Betriebsmittel" und *Walk/Wiese*, RdE 2012, 234, 237: „Verteilungsnetze als Kern des zum Netzbetrieb erforderlichen Funktionszusammenhangs".

492 BAG, Urt. v. 15.11.2012 – 8 AZR 683/11 – DB 2013, 1419.

493 BAG, Urt. v. 15.11.2012 – 8 AZR 683/11 – DB 2013, 1419.

494 Vgl. bereits *Mückl*, VW 2013, 61, 63. Das differenzieren z.B. *Falter*, N&R 2012, 64, 67f. und *Walk/Wiese*, RdE 2012, 234ff. nicht genug.

495 BAG, Urt. v. 13.12.2007 – 8 AZR 937/06 – NZA 2008, 1021.

bb) Konsequenzen für die Übertragung von Betriebsteilen

Betriebsteile mit betriebsmittelintensiver Prägung

258 Hiervon ausgehend ist im Fall des **Eigenerbringungsmodells** die Netzübertragung für sich genommen dann z.B. nicht mit einem Betriebsteilübergang gemäß § 613a BGB der für die Netzsteuerung zuständigen organisatorischen Einheit verbunden, wenn sie nicht mit der **Übertragung der Netzsteuerungsanlagen einhergeht.**[496] Nur bei Übertragung der Netzsteuerungsanlagen kann – bezogen auf eine entsprechende Einheit – ein Betriebsteilübergang vorliegen. Voraussetzung hierfür ist, dass es ein vom Restbetrieb abtrennbaren Betriebsteil gibt, in dem die diesem Betriebsteil zugeordneten Arbeitnehmer für dieses Konzessionsgebiet mit Hilfe der Netzsteuerungsanlagen tätig sind.

259 Gleiches gilt im **Überlassungsmodell.** Dort spricht gegen einen Betriebsteilübergang zudem, dass die im Rahmen der Netzsteuerung eingesetzten Mitarbeitern **regelmäßig aufgrund eines Arbeitnehmerüberlassungsvertrages** tätig sind. Sie haben damit zwar ein Arbeitsverhältnis, aber keinen Arbeitsvertrag mit der Netzgesellschaft, die das Netz betreibt. Denkbar ist lediglich, dass sie auf der Grundlage der Feststellung des EuGH in der Rechtssache **Albron Catering**[497] von einem Betriebsübergang erfasst sind.[498] Die Rezeption dieser Entscheidung durch deutsche Gerichte hat indes noch nicht begonnen, sodass dies hier nicht vertieft werden soll.

260 Da die notwendigen Dienstleistungen beim **Dienstleistungsmodell** von Arbeitnehmern einer anderen Konzerngesellschaft erbracht werden, kommt in dieser Konstellation ein Betriebsübergang allenfalls vom **Dienstleistungsunternehmen** auf den Übernehmer der Netzsteuerungsanlagen in Betracht. Denkbar ist dies insbesondere dann, wenn der neue Netzbetreiber den nach Zahl und Sachkunde wesentlichen Teil des dem Konzessionsgebiet zugeordneten und in einer Einheit organisierten Personals, der technischen Ausrüstung und der sonstigen mit der Erbringung der Dienstleistung verbundenen Einrichtungen und/oder Anlagen des bisherigen Dienstleisters nutzt. Im anderen Fall stellt sich die Übertragung der Konzession **für den Dienstleister als bloßer Auftragsverlust** dar, der nicht mit einem Betriebsteilübergang verbunden ist.[499]

Betriebsteile mit betriebsmittelarmer Prägung

261 Die übrigen Betriebsteile des Netzbetriebs werden eher betriebsmittelarm sein. Insoweit müsste, damit ein Betriebsteilübergang in Bezug auf sie ausgelöst wird, der neue Netzbetreiber **das nach Zahl- und Sachkunde wesentliche Personal übernehmen.** Dies wird allenfalls dann der Fall sein, wenn er auf die Übernahme dieses

---

496 A.A. unter Verkennung der Rechtsprechung des BAG z.B. *Falter*, N&R 2012, 64, 67 f. und *Walk/Wiese*, RdE 2012, 234, 237.

497 EuGH, Urt. v. 21.10.2010 – C-242/09 – NJW 2011, 439.

498 Vgl. *Mückl*, GWR 2011, 45.

499 Vgl. *Eder/von Blumenthal*, IR 2007, 222, 225; *Walk/Wiese*, RdE 2012, 234, 237.

zusätzlichen Personals angewiesen ist, um – über die eigentliche Netzsteuerung hinaus – die ergänzenden Aufgaben sinnvoll fortführen zu können. Da diese Aufgaben meist eher administrativer oder unterstützender Natur sind, wird dies häufig nicht der Fall sein. Denkbar ist allenfalls, dass zusätzliche Mitarbeiter benötigt werden, um das Netz zu warten und zu pflegen bzw. zu entwickeln. In diesem Fall dürfte aber jeweils eine betriebsmittelarme Tätigkeit vorliegen, sodass es auch insoweit nicht auf die Übernahme des zur Netzwartung, -pflege und -entwicklung erforderlichen Werkzeugs, sondern auf das **Know-how der mit diesen Aufgaben beschäftigten Mitarbeiter** ankommt.

Nutzung durch den Erwerber als Voraussetzung eines Betriebsübergangs
Selbst wenn ein betriebsmittelgeprägter Betrieb(steil) vorliegt, muss – ohne wesentliche Unterbrechung – auch eine tatsächliche Nutzung der übernommenen Betriebsmittel erfolgen. Der bloße Übergang der Nutzungsmöglichkeit genügt nicht. Der Betriebsmittelübernehmer muss die Betriebsmittel tatsächlich weiter oder wieder nutzen. Umgekehrt muss der bisherige Betriebsinhaber die Nutzung der Betriebsmittel im Betrieb oder Betriebsteil einstellen.[500]

e) Übergang bei betriebsmittelarmer Tätigkeit

In Branchen, in denen es im Wesentlichen auf die menschliche Arbeitskraft an- 262
kommt, kann auch eine Gesamtheit von Arbeitnehmern, die durch eine gemeinsame Tätigkeit dauerhaft verbunden ist, eine wirtschaftliche Einheit darstellen.[501] Die Wahrung der Identität der wirtschaftlichen Einheit sei in diesem Fall – so das BAG – anzunehmen, wenn der neue Betriebsinhaber nicht nur die betreffende Tätigkeit weiterführe, sondern auch einen nach Zahl und Sachkunde wesentlichen Teil des Personals übernehme, das sein Vorgänger gezielt bei dieser Tätigkeit eingesetzt hatte.[502]

Welcher nach Zahl und Sachkunde zu bestimmende Teil der Belegschaft 263
übernommen werden müsse, um die Rechtsfolgen des § 613a BGB auszulösen, hänge – so das BAG weiter – von der Struktur des Betriebs oder Betriebsteils und der ausgeübten Tätigkeit ab. Würden Arbeitnehmer mit einer **geringeren Qualifikation** beschäftigt, müsse eine **größere Anzahl** von ihnen weiterbeschäftigt werden, um auf einen Fortbestand der vom Konkurrenten geschaffenen Arbeitsorganisation schließen zu können, als wenn der Betrieb **stärker durch Spezialwissen und Qualifikation der Arbeitnehmer geprägt** sei. Denn hier könne neben anderen Kriterien ausreichen, dass wegen ihrer Sachkunde wesentliche Teile der Belegschaft übernommen würden. So sei letztlich entscheidend, ob der weiter Arbeitnehmer Belegschaftsteil insbesondere aufgrund seiner Sachkunde, seiner Organisationsstruk-

500 BAG, Urt. v. 27.9.2012 – 8 AZR 826/11 – DB 2013, 642.
501 BAG, Urt. v. 24.1.2013 – 8 AZR 706/11 – DB 2013, 1556.
502 BAG, Urt. v. 24.1.2013 – 8 AZR 706/11 – DB 2013, 1556.

tur und nicht zuletzt seiner relativen Größe **im Grundsatz funktionsfähig geblieben** sei.[503]

264 Die Prägung durch Spezialwissen und Qualifikation der Arbeitnehmer dürfte – mit Ausnahme insbesondere der Netzsteuerung – auf die meisten zum Netzbetrieb eingerichteten Betriebsteile zutreffen. Materielle Betriebsmittel, insbesondere die Telefonanlagen, PCs, Handwerkzeuge und Fahrzeuge, dienen letztlich nur dazu, es den mit den Aufgaben der Netzwartung, -pflege und -entwicklung betrauten Netzmitarbeitern zu ermöglichen, als Ansprechpartner für Service- und Wartungsfragen zur Verfügung zu stehen, eine Kontaktaufnahme bzw. ein Erscheinen am Einsatzort zu gewährleisten und das vorhandene Know-how sinnvoll umsetzen zu können bzw. die Mitarbeiter darin zu unterstützen. Im **Mittelpunkt der Wertschöpfung** stehen insoweit die kompetente Einschätzung und Betreuung von Entwicklungen und Störungen des Netzbetriebes sowie dessen Planung durch die Mitarbeiter und die Umsetzung dieser Planung. Soweit es für die Wartung von Netzanlagen notwendig ist, Komponenten auszutauschen bzw. zu erneuern, dienen vorgehaltene Ersatzteile lediglich dazu, etwaige Wartungsaufträge ordnungsgemäß erledigen zu können. Allerdings ändert dies nichts daran, dass auch die Ersatzteile nur Hilfsmittel sind, damit die Servicemitarbeiter ihren Wartungsauftrag ordnungsgemäß erfüllen können.

265 Für die wirtschaftliche Wertschöpfung einer Netzgesellschaft spielt nach alledem – neben den Netzsteuerungsanlagen – die **menschliche Arbeitskraft** die entscheidende Rolle. **Im Vordergrund** der betrieblichen Tätigkeit steht einerseits die **Kommunikation** zwischen den Servicemitarbeitern und andererseits die **auftragsgemäße Verrichtung von Service- und Wartungstätigkeiten** durch die Servicemitarbeiter. Diese haben die Netzanlagen individuell zu betreuen, auftretende Probleme zu analysieren, Lösungen zu erarbeiten und diese umzusetzen. Soweit bei dieser Tätigkeit Computer zum Einsatz kommen und bspw. der Problemanalyse dienen, ist es weiter Sache der Servicemitarbeiter, aus den gewonnenen Daten die richtigen Schlüsse zu ziehen und Lösungen zur Problembewältigung zu erarbeiten. **Dabei kommt einem dem Stand der Technik entsprechendes Fachwissen der Mitarbeiter entscheidende Bedeutung** zu. Die Kenntnisse und Fertigkeiten der Servicemitarbeiter sind deshalb – neben den Steuerungsanlagen – das eigentliche „Betriebskapital" eines Netzbetreibers. Sie haben nicht nur das Know-how, sondern das spezifische Fachwissen, die Kontakte und die Marktkenntnisse, die notwendig sind, um eine Netzgesellschaft zu führen.

266 Bezogen auf die – überwiegend nicht betriebsmittelintensiv ausgestalteten – Betriebsteile des Betriebs einer Netzgesellschaft ist damit letztlich entscheidend, ob der vom neuen Konzessionsinhaber weiter beschäftigte, diesem Betriebsteil zugeordnete Belegschaftsteil insbesondere aufgrund seiner Sachkunde, seiner Organisa-

503 BAG, Urt. v. 21.6.2011 – 8 AZR 181/11 – BB 2012, 3144.

tionsstruktur und nicht zuletzt seiner relativen Größe im Grundsatz funktionsfähig geblieben ist.[504] Eine derartige, einen Betriebsübergang auslösende Weiterbeschäftigung **setzt den Abschluss eines neuen Arbeitsvertrags zwischen dem nach Zahl** und Sachkunde **wesentlichen Personal des Betriebsteils und dem neuen Konzessionsinhaber voraus.**[505] Für diesen besteht damit darin, den betroffenen Arbeitnehmern für sie nicht attraktive neue Arbeitsbedingungen anzubieten, eine zulässige Strategie zur Verhinderung eines Betriebsteilübergangs.

f) Abgrenzung zur Auftrags- und Funktionsnachfolge

Die bloße Fortführung der bisherigen betrieblichen Tätigkeit durch einen anderen Rechtsträger (Funktionsnachfolge) führt nach alledem ebenso wenig zu einem Betriebsübergang wie die reine Auftragsnachfolge.[506] Denn der bloße Verlust eines Auftrags an einen Mitbewerber stellt für sich genommen noch keinen Übergang i.S.d. Richtlinie 2001/23/EG dar.[507] Zwar kann nach ständiger Rechtsprechung des BAG auch die Übernahme von Kunden- und Lieferantenbeziehungen einen Betriebs- oder Betriebsteilübergang begründen. Die bloße Auftragsnachfolge selbst stellt aber weder einen Betriebsübergang i.S. des § 613a BGB noch den Übergang einer wirtschaftlichen Einheit i.S. der Richtlinie 2001/23/EG dar.[508] 267

Der Übergang einer wirtschaftlichen Einheit setzt folgerichtig **neben einer etwaigen Auftragsnachfolge das Vorliegen zusätzlicher Umstände voraus**, die im Rahmen der erforderlichen Gesamtwürdigung **die Annahme des Fortbestands der wirtschaftlichen Einheit** rechtfertigen. Im Kern geht es dabei um die Übernahme wesentlicher Ressourcen (Arbeitnehmer und/oder Betriebsmittel). **Eine Tätigkeit ist für sich genommen noch keine wirtschaftliche Einheit.** Dies gilt nach der Rechtsprechung des EuGH und des BAG selbst dann, wenn es sich um den für die Existenz des Betriebs unentbehrlichen, einzigen Auftrag handelt.[509]

g) Keine wesentliche Unterbrechung

Mit Blick auf das Vorliegen eines Betriebsübergang spielt das Merkmal der fehlenden Unterbrechung der betrieblichen Tätigkeit bislang zumeist eine eher unterge- 268

504 BAG, Urt. v. 21.6.2011 – 8 AZR 181/11 – BB 2012, 3144.
505 Zum Streitstand *Niklas*, BB 2013, 2165 ff.
506 BAG, Urt. v. 15.12.2011 – 8 AZR 197/11 – EzA BGB 2002 § 613a Nr. 130.
507 EuGH, Urt. v. 11.3.1997, C-13/95 – NZA 1997, 433 – Ayse Süzen; BAG, Urt. v. 15.12.2011 – 8 AZR 197/11 – EzA BGB 2002 § 613a Nr. 130.
508 BAG, Urt. v. 21.6.2011 – 8 AZR 181/11 – BB 2012, 3144.
509 EuGH, Urt. v. 20.1.2011, C-463/09 – NZA 2011, 148 – CLECE; BAG, Urt. v. 15.12.2011 – 8 AZR 197/11 – EzA BGB 2002 § 613a Nr. 130.

ordnete Rolle. Es dient aber regelmäßig der Abgrenzung zu einer Betriebsstilllegung. Denn ein Betriebsübergang und eine Betriebsstilllegung schließen sich aus.[510] Da der Netzbetrieb zumeist nahtlos fortgeführt werden muss, stellt die Unterbrechung oder Stilllegung regelmäßig keine sinnvolle Gestaltungsstrategie dar und soll deshalb hier nicht weiter vertieft werden.

h) Tatsächliche Fortsetzung der gleichen oder gleichartigen Tätigkeit

269 Eine weitere Voraussetzung für das Vorliegen eines Betriebsübergangs ist die tatsächliche Fortsetzung der gleichen oder einer gleichartigen Tätigkeit durch den Erwerber im Wesentlichen unter Wahrung der organisatorischen Einheit bzw. des funktionalen Zusammenhangs der wesentlichen Ressourcen, wie sie/er bis zum Übertragungsvorgang bestanden hat. Dies bedeutet nach der Rechtsprechung des EuGH,[511] der sich auch das BAG[512] angeschlossen hat, dass es **keiner Fortführung der Betriebsorganisation mehr bedarf**. Ausreichend ist vielmehr, dass die **funktionelle Verknüpfung zwischen den übertragenen Produktionsfaktoren erhalten bleibt**.[513]

i) Änderung des Betriebszwecks oder der Betriebsorganisation

270 Wesentliche Änderungen in der Organisation, der Struktur oder im Konzept der betrieblichen Tätigkeit können einer Identitätswahrung folgerichtig entgegenstehen. Das hat das BAG im Urteil vom 21.6.2012[514] noch einmal ausdrücklich klargestellt. So spreche eine Änderung des Betriebszwecks gegen eine im Wesentlichen unveränderte Fortführung des Betriebs und damit gegen die für einen Betriebsübergang erforderliche Wahrung der Identität der wirtschaftlichen Einheit. Eine derartige Zweckänderung kommt im Rahmen einer Konzessionsübernahme aber nicht in Betracht und stellt daher im vorliegenden Kontext keine geeignete Gestaltungsstrategie dar.

271 Ein Betriebsübergang scheidet nach der Rechtsprechung des BAG aber auch aus, wenn die funktionelle Verknüpfung der Wechselbeziehung und gegenseitigen Ergänzung zwischen den Produktionsfaktoren beim anderen Unternehmen verlorengeht. Bei einer **bloßen Eingliederung** der übertragenen Einheit in die Struktur des Erwerbers falle – so das BAG – der Zusammenhang dieser funktionellen Verknüpfung der Wechselbeziehung und gegenseitigen Ergänzung zwischen den für einen Betriebsübergang maßgeblichen Faktoren aber **nicht zwangsläufig weg**. Die

---

510 St. Rspr., BAG, Urt. v. 14.3.2013 – 8 AZR 154/12 – DB 2013, 2687.
511 EuGH, Urt. v. 12.2.2009, C-466/07 – NZA 2009, 251 – Klarenberg.
512 BAG, Urt. v. 22.1.2009 – 8 AZR 158/07 – NZA 2009, 905.
513 BAG, Urt. v. 25.4.2013 – 6 AZR 49/12 – NZI 2013, 758.
514 8 AZR 181/11 – BB 2012, 3144.

Beibehaltung der „organisatorischen Selbständigkeit" sei nicht erforderlich, wohl aber die Beibehaltung des Funktions- und Zweckzusammenhangs zwischen den verschiedenen übertragenen Faktoren, die es dem Erwerber erlaube, diese Faktoren, auch wenn sie in eine andere Organisationsstruktur eingegliedert würden, zur Verfolgung einer bestimmten – der gleichen oder einer gleichartigen – wirtschaftlichen Tätigkeit zu nutzen. Vermieden werden kann ein Betriebsübergang daher auch dadurch, dass die im bisherigen Betriebsteil des ursprünglichen Konzessionsinhaber beschäftigten Mitarbeiter **nicht nur unter Auflösung des ursprünglichen Betriebsteils**, dem sie zugeordnet waren, in abweichende organisatorische Strukturen beim neuen Konzessionsinhaber eingegliedert werden, **sondern auch der bisherige funktionale Zusammenhang zwischen ihnen aufgelöst** wird.

Praxistipp
Stark vereinfacht gesagt bedeutet das, die Mitarbeiter müssen auf neue Betriebsteile verteilt werden und dürfen die ursprünglichen Strukturen der Zusammenarbeit nicht aus unterschiedlichen Betriebsteilen heraus funktional aufrechterhalten müssen. !

j) Keine Betriebsidentität bei Ablehnung von Angeboten des potentiellen Erwerbers

Voraussetzung für die Übernahme eines Betriebs- oder Betriebsteils mit einer be- 272
triebsmittelarmen Tätigkeit ist – wie vorstehend dargelegt – die tatsächliche Übernahme des wesentlichen Personals durch den potentiellen Erwerber. Wie das BAG in seinem Urteil vom 15.12.2011[515] deutlich gemacht hat, reicht es insoweit nicht aus, dass die Arbeitnehmer des bisherigen Betriebsinhabers durch den potentiellen Erwerber ein Angebot erhalten, ihre Tätigkeit bei dem Erwerber in den streitgegenständlichen Objekten fortzusetzen. Vielmehr ist für das Vorliegen eines Betriebs- oder Betriebsteilübergangs maßgeblich, dass das wesentliche Personal auch wirklich eingestellt und unter Wahrung des bisherigen Funktionszusammenhangs mit der im Wesentlichen gleichen Tätigkeit beschäftigt wird. Die bloße Möglichkeit einer solchen Fortführung genügt nicht. Komme es nicht zur Weiterbeschäftigung des für die Identitätswahrung relevanten Anteils der Arbeitnehmer, nutze – so das BAG – der Auftragsnachfolger nicht die vom alten Auftragnehmer in der personellen Verbundenheit geschaffene Organisationsstruktur. Hier sei die Identitätswahrung zwar beabsichtigt, in der Praxis aber misslungen. Werde das Angebot, mit derselben Tätigkeit wie zuvor zum Nachfolger zu wechseln, von den Beschäftigten des Vorgängers – oder einer identitätswahrenden Anzahl von ihnen – abgelehnt, liege deshalb kein Betriebsübergang vor.[516]

---

515 BAG, Urt. v. 15.12.2011 – 8 AZR 197/11 – EzA BGB 2002 § 613a Nr. 130.
516 BAG, Urt. v. 15.12.2011 – 8 AZR 197/11 – EzA BGB 2002 § 613a Nr. 130.

273 Wichtig an dieser Bewertung ist, dass die **fehlende Bereitschaft des relevanten Anteils der Beschäftigten**, die Arbeitsbedingungen beim Nachfolger zu akzeptieren, auch die verbliebenen, ggf. selbst wechselbereiten Arbeitnehmer um die Chance bringt, sich auf die Anwendbarkeit von § 613a BGB zu berufen. Diese Folge ist eine Konsequenz des Erfordernisses der Identitätswahrung. Eine **richterliche Kontrolle**, die die Entscheidung der wechselunwilligen Belegschaftsmitglieder im Interesse ihrer Kollegen an das Vorliegen **„sachlicher Gründe“** bindet, findet ebenso wenig statt, wie eine richterliche Kontrolle **der vom Nachfolger angebotenen Arbeitsbedingungen**. Dies dürfte nach den Feststellungen des BAG sogar dann gelten, wenn die Arbeitsbedingungen, falls ein Betriebsübergang vorläge, nicht dem Inhalts- und Bestandsschutz des § 613a Abs. 1 BGB entsprächen, also insbesondere eine Verschlechterung enthalten. Auch mit einem solchen (abschreckenden) Angebot werde – so das BAG – § 613a BGB nicht umgangen. Vielmehr träten seine Voraussetzungen auf der Tatbestandsseite nicht ein.

Praxistipp

Das BAG bestätigt damit, dass gerade in betriebsmittelarmen Betrieben oder Betriebsteilen die Anwendbarkeit von § 613a BGB durch den Erwerber durch die Zahl und den Inhalt etwaiger Beschäftigungsangebote an die Arbeitnehmer des bisherigen Betriebsinhabers gesteuert werden kann. Darin liegt keine Umgehung, sondern eine Strategie zur Vermeidung der aus § 613a BGB resultierenden Folgen, die auch Konzessionserwerber für sich nutzbar machen können.

k) Übergang durch Rechtsgeschäft

274 Das Merkmal „durch Rechtsgeschäft“, hat im Rahmen von § 613a BGB nach der Rechtsprechung des BAG **lediglich negative Abgrenzungsfunktion** gegenüber dem Übergang kraft Hoheitsakt bzw. durch Gesamtrechtsnachfolge. Unerheblich ist daher im Fall eines Konzessionswechsels z.B., dass zwischen dem alten und dem neuen Konzessionsnehmer keine vertraglichen Beziehungen bestehen.[517]

Wie bereits unter Kapitel 2 Rn 71 gezeigt, vollzieht sich die Entflechtung auch nicht kraft Gesetzes, sondern typischerweise als Asset-Deal oder als Share-Deal und damit entweder auf der Grundlage eines Rechtsgeschäfts im Sinne des § 613a BGB bzw. einer Gesamtrechtsnachfolge, die nach Maßgabe von § 324 UmwG ebenfalls einen Betriebsübergang zur Folge haben kann. Insofern scheitert ein Betriebsübergang im Rahmen der Entflechtung nicht bereits daran, dass die Übertragung kraft Hoheitsakts, nämlich kraft Gesetzes, erfolgt.[518] Im Fall eines Konzesszionswechsels gilt nichts anderes.[519]

---

517 *Mückl*, VW 2013, 317, 322.
518 *Kaluza*, S. 186 ff.
519 Vgl. dazu *Mückl*, VW 2013, 317 ff.

4. Besonderheiten bei Leitungspersonen und Letztentscheidern?

Da § 7a Abs. 2 Nr. 1 EnWG vorschreibt, dass Organmitglieder sowie leitende Angestellte und „gewöhnliche" Abreitnehmer des Netzbetriebs, die wesentlichen Letztentscheidungsbefugnisse besitzen, bei der Netzgesellschaft angestellt sein müssen, ist in der Literatur die Frage aufgekommen, ob diese Regelung eine Übertragung der betroffenen Arbeitsverhältnisse losgelöst von den Vorgaben von § 613a BGB auf die Netzgesellschaft zur Folge hat. 275

Überwiegend wird das **richtigerweise abgelehnt.**[520] Der Wortlaut ist insoweit zwar nicht ganz eindeutig. Gegen die Annahme, § 613a BGB werde durch § 7a EnWG verdrängt, spricht aber zunächst die teleologisch-systematische Überlegung, dass sich die §§ 6ff. EnWG **ausschließlich an den Arbeitgeber** richten, in dem sie die dort genannten Rechtsträger zu einer Entflechtung verpflichten. Die Arbeitnehmer sind gerade selbst nicht zur Entflechtung verpflichtet. Daher spricht die gesetzliche Systematik eher gegen eine Verdrängung von § 613a BGB.[521]

Diese systematische Überlegung im Verhältnis zu § 613a BGB wird durch die das im EnWG geregelte Verhältnis zu weiteren Gesetzen bestätigt. Denn z.B. bei den steuerrechtlichen Folgen der Entflechtung hatte der Gesetzgeber explizit von den allgemeinen Vorgaben abweichende Regelungen eingeführt. Dass dies arbeitsrechtlich – jedenfalls ausdrücklich – nicht der Fall ist, **spricht gegen eine Funktion** von § 7a Abs. 2 Nr. 1 EnWG **als lex specialis.**[522]

Dies wird auch durch die **Gesetzesbegründung** bestätigt, in welcher der Gesetzgeber klargestellt hat, dass eine Änderung des geltenden Rahmens des Gesellschafts-, Mitbestimmungs- und Steuerrechts durch die EnWG Novelle im Jahr 2005 nicht vorgesehen war.[523] Mit dem Mitbestimmungsrecht ist jedenfalls ein arbeitsrechtlicher Aspekt angesprochen. Hätte der Gesetzgeber das Arbeitsrecht im Übrigen einer Änderung unterziehen wollen, wäre eine entsprechende Klarstellung allerdings an dieser Stelle zu erwarten gewesen. Dass sie nicht erfolgt ist, spricht dafür, dass mit dem Mitbestimmungsrecht, das explizit nicht geändert werden sollte, lediglich ein arbeitsrechtlicher Aspekt angesprochen worden ist. 276

§ 613a BGB ist im Kontext von mit einem Rechtsträgerwechsel verbundenen Umstrukturierungen, aber eine derart zentrale arbeitsrechtliche Norm, dass es zudem

---

520 Vgl. *Steinbauer*, S. 211; Hempel/Franke/*Schulte-Beckhausen*, § 8 EnWG Rn 91; *Kaluza*, S. 164ff.; in diesem Sinne auch *Säcker*, RdE 2005, 85, 88; *ders.*, DB 2004, 691, 693, der aber wohl lediglich die Rechtsfolgen von § 613a BGB modifizieren will.

521 Mit vergleichbarer Begründung hat der 8. Senat des BAG zurecht einen gesetzlich angeordneten Arbeitgeberwechsel bei Kindertageseinrichtungen im Freistaat Sachsen verneint; vgl. BAG, Urt. v. 16.3.1994 – 8 AZR 576/92 – NZA 1995, 783.

522 Hempel/Franke/*Schulte-Beckhausen*, § 8 EnWG Rn 91; *Kaluza*, S. 165.

523 Vgl. BT-Drucks. 15/3917, S. 52.

sehr unwahrscheinlich erscheint, dass der Gesetzgeber sie stillschweigend abbedingen will.[524]

277 Auch der Sinn und Zweck des § 7a Abs. 2 Nr. 1 EnWG erfordert keine andere Bewertung. Denn ein Grund, die betroffenen Arbeitnehmer kraft Gesetzes überzuleiten, ist nicht ersichtlich.[525]

Dies gilt umso mehr, als es sich bei § 613a BGB um **Arbeitnehmerschutzrecht** handelt. Es ist nicht erkennbar, wieso der betroffene Arbeitnehmer nur deshalb auf den durch § 613a BGB bewirkten Schutz verzichten sollen muss, weil sein Arbeitgeber verpflichtet ist, dass von ihm betriebene Unternehmen zu entflechten und umzuorganisieren. Dies sehen folgerichtig weder die Entflechtungsrichtlinien noch die Betriebsübergangsrichtlinie vor, so dass auch unter europarechtlichen Gesichtspunkten erhebliche Bedenken dagegen bestünden, § 613a BGB als von § 7a EnWG verdrängt zu betrachten.

Die besseren Gründe sprechen daher dafür, § 613a BGB uneingeschränkt (vgl. zum Widerspruchsrecht noch unter Kapitel 2 Rn 294) auch auf Letztentscheider und Leitungspersonen anzuwenden, soweit sie seinen tatbestandlichen Voraussetzungen unterfallen. Eine andere Bewertung würde im Übrigen zu großen Rechtsunsicherheiten in der Praxis führen, da Letztentscheider nicht immer leicht von sonstigen Mitarbeitern im Sinne des § 7a Abs. 2 EnWG abgegrenzt werden können (vgl. zu ihnen unter Kapitel 2 Rn 89 ff.).[526]

5. Typische Fallkonstellationen

278 Ausgehend von einer uneingeschränkten Anwendbarkeit und den vorstehend mit Blick auf § 613a BGB entwickelten Gestaltungsmöglichkeiten sind die in der Energiewirtschaft typischen Fallkonstellationen wie folgt zu bewerten:

aa) Kleine Lösung (Pachtmodell)

279 Als häufigstes Lösungsmodell wurde – jedenfalls zunächst – im Rahmen der Umsetzung der Entflechtungsvorgaben die sog. kleine Lösung gewählt. Dieses Modell ist aufgrund der Vorgaben der BNetzA zur Anreizregulierung aber derzeit nicht mehr zukunftsfähig (vgl. zu Möglichkeiten der Herbeiführung eines Modellwechsels unter Kapitel 2 Rn 413 ff.).

Auch im Rahmen der sog. kleinen Lösung wurden die sachlichen Betriebsmittel des Geschäftsbereichs Netz zwar auf die Netzgesellschaft übertragen. Gleiches galt für die Kundenbeziehungen. Die kleine Netzgesellschaft führte die Tätigkeit nach

---

524 Im gleichen Sinne Hempel/Franke/*Schulte-Beckhausen*, § 8 EnWG Rn 91; *Kaluza*, S. 166.

525 Wie hier *Kaluza*, S. 166.

526 Vgl. *Steinbauer*, S. 210; *Kaluza*, S. 167.

der Übertragung auch regelmäßig ohne wesentliche Unterbrechung fort. Im Unterschied zur großen Lösung wurden daher lediglich die über die Kernaufgaben des Netzbetriebs hinausgehenden netzbezogenen Aufgaben nicht auf die Netzgesellschaft übertragen. Gleichzeitig verblieben die sonstigen Mitarbeiter im Sinne des § 7a Abs. 2 Nr. 2 EnWG ebenfalls bei dem EVU.

In der betrieblichen Praxis herbeigeführt wurde diese Lösung zumeist dadurch, dass gegenüber den Arbeitnehmern ein Betriebsübergang **kommuniziert** wurde, dem sie widersprechen sollten. Dies ist – wie vorstehend (Kapitel 2 Rn 256ff.) gezeigt – allerdings unzutreffend. Denn die **bloße Netzübertragung (Konzessionswechsel)** führt für sich genommen keinesfalls zu einem Betriebsübergang und die Übertragung der Netzsteuerungsanlagen kann diese Rechtsfolge allenfalls für einen kleinen Teil der Arbeitnehmer bewirken.

Hinzu kam, dass es insoweit vor der Entflechtung **zumeist an einer arbeitsorganisatorischen Einheit fehlte**, die abgegrenzt die Kernfunktion des Netzes wahrnahm. Denn im Regelfall wurde der Geschäftsbereich Netz im vertikal integrierten EVU vor der Entflechtung so organisiert, dass eine **einheitliche Abteilung Netz** bestand, welche alle im Geschäftsbereich notwendigen Funktion beinhaltete.[527] Eine eigene arbeitsorganisatorische Einheit „Kernbereich des Netzbetriebs", die hätte übertragen werden können, bestand danach gerade nicht.[528]

bb) Kein Betriebsübergang in Bezug auf Mitarbeiter des EVU bei Wahl der „kleinen Lösung"

Im Zuge der Umsetzung der Entflechtungsvorgaben nach dem Modell der „kleinen" **280**
Lösung verblieben die Mitarbeiter, die sonstige Tätigkeiten im Sinne § 7a Abs. 2 Nr. 2 EnWG verrichten, bei dem EVU und wurden von ihm im Wege eines Dienstleistungsauftrags bzw. von der Netzgesellschaft im Wege der Arbeitnehmerüberlassung eingesetzt.

Hiervon ausgehend führt die Übernahme eines Netzes durch einen neuen Netzbetreiber infolge Konzessionswechsels – wie vorstehend gezeigt – nicht zu einem Betriebsübergang im Sinne des § 613a BGB in Bezug auf diese Mitarbeiter vom EVU auf den neuen Konzessionsinhaber. Dies gilt selbst dann, wenn die entsprechenden Mitarbeiter in einem übergangsfähigen Betriebsteil organisiert sind, was in der Praxis häufig nicht der Fall ist bzw. war.

Denn selbst dann, wenn ein übergangsfähiger Betriebsteil – ausnahmsweise – vorliegt, **verliert das EVU** als Dienstleister bzw. als Verleiher von Arbeitnehmern infolge der Netzübernahme durch einen neuen Netzbetreiber **lediglich einen Dienstleistungsauftrag bzw. einen Entleiher als Kunden**. Es gehen weder Be-

527 Vgl. nur *Steinbauer*, S. 208; *Kaluza*, S. 180.
528 Vgl. nur *Steinbauer*, S. 208; *Kaluza*, S. 180.

triebsmittel noch Mitarbeiter auf den neuen Netzbetreiber über, sodass insoweit ein Betriebsübergang ausscheidet.[529]

Dies gilt sogar dann, wenn der neue Netzbetreiber mit einem anderen Unternehmer einen entsprechenden Dienstleistungsauftrag vereinbart. In diesem Fall gehen die Mitarbeiter des EVU nicht infolge der Auftragsübernahme auf den neuen Auftragnehmer über. Denn eine derartige **bloße Auftrags- oder Funktionsnachfolge** löst keinen Betriebsübergang aus.[530]

cc) Konzessionswechsel

281 Im Fall eines Konzessionswechsels ist der bisherige Nutzungsberechtigte verpflichtet, dem neuen Konzessionär die zum Netzbetrieb notwendigen Verteilungsanlagen zu übertragen. Die Übertragung kann nach **§ 46 Abs. 2 S. 2 EnWG** durch Übereignung oder – auf Verlangen des neuen Konzessionärs – gemäß § 46 Abs. 2 S. 3 EnWG durch Einräumung des Besitzes erfolgen. Damit geht die tatsächliche Verfügungsgewalt über die Verteilungsnetze auf den neuen Konzessionsinhaber über. Auch der Kundenstamm dürfte typischer Weise weitgehend identisch bleiben. Denn Kunden des Netzbetreibers bleiben auch nach dem Konzessionswechsel die Energieerzeuger, die ihren Strom bzw. die ihr Gas an den Endkunden durch das Verteilernetz des Netzbetreibers durchleiten müssen. Die Tätigkeit des neuen und des alten Netzbetreibers ist im Wesentlichen die gleiche, da die Aufgabe Netzbetrieb erfüllt werden muss. Zudem findet der Wechsel des Netzbetreibers typischerweise ohne Unterbrechung statt.

Führt man sich nun noch einmal die unter Kapitel 2 Rn 249 genannten vier Kriterien für einen Betriebsübergang vor Augen, wird dennoch deutlich, dass sie durch die gerade skizzierten Umstände **nicht erfüllt** sind. Denn diese Umstände lösen – wie vorstehend gezeigt – für sich genommen auf Basis der Rechtsprechung des BAG keinen Betriebsübergang i.S.d. § 613a BGB aus.[531] Dies ist schon deshalb ausgeschlossen, weil das Netz selbst kein Betriebsmittel i.S.d. § 613a BGB, sondern das **Objekt des Netzbetriebs** ist.

282 Losgelöst davon scheitern Betriebs(teil)übergänge bei bloßer Netzübertragung auch daran, dass zumeist bezogen auf ein bestimmtes Netz keine organisatorische Einheit besteht, die übertragen werden könnte. Ist dies der Fall, müssen aus dieser Einheit heraus rechtsgeschäftlich die für diese Einheit wesentlichen Betriebsmittel und/oder wesentlichen Arbeitnehmer durch den neuen Konzessionsnehmer übernommen werden. Wesentlich i.S. von die Identität der Einheit prägend dürften dabei – mit Ausnahme der Netzsteuerungsanlagen – in aller Regel die Arbeitnehmer selbst

---

529 Ebenso *Eder/Blumenthal*, IR 2007, 222, 225; *Kaluza*, S. 201.

530 Vgl. allgemein BAG, Urt. v. 22.8.2013 – 8 AZR 521/12 – DB 2014, 848; im vorliegenden Kontext ebenso *Eder/Blumenthal*, IR 2007, 222, 225; *Kaluza*, S. 201.

531 Vgl. dazu auch *Mückl*, VW 2013, 61 ff.

sein. Insoweit kann der neue Konzessionsnehmer – bei Vorliegen der weiteren Voraussetzungen – einen Betriebsteilübergang nur herbeiführen, indem er das nach Zahl und Sachkunde wesentliche Personal von einem Arbeitgeberwechsel überzeugt. Das Unterlassen (reizvoller) Wechselangebote ist daher für Konzessionsübernehmer umgekehrt auch eine sinnvolle Strategie zur Vermeidung eines Betriebsübergangs.

dd) Große Lösung

Anders ist dies in aller Regel bei der sog. „großen Lösung". Denn hier übernimmt 283
die Netzgesellschaft alle Betriebsmittel und Funktionen (Servicebereiche), die für den Netzbetrieb erforderlich sind. Ziel ist dabei in aller Regel auch die Übernahme des für den Netzbetrieb erforderlichen Personals. Dies schließt alle Mitarbeiter gemäß § 7a Abs. 2 EnWG ein. Wenn und soweit – was meist zu bejahen ist – die zum Netzbetrieb erforderlichen Betriebsmittel und das hierzu erforderliche Personal bereits in einer abgrenzbaren organisatorischen Einheit organisiert sind, liegt **in der Regel unproblematisch ein Betrieb im Sinne des § 613a BGB** vor, in dem ein eigenständiger Zweck, nämlich der Netzbetrieb, verfolgt wird.

Als weiteres wesentliches Indiz für das Vorliegen eines Betriebsübergangs ist die **Übernahme der Kundschaft** zu bewerten.[532] Im Rahmen der großen Lösung werden die Netzanschlussverträge und die Kundenbeziehung regelmäßig ebenfalls auf die Netzgesellschaft übergehen, sodass auch dies für das Vorliegen eines Betriebsübergangs im Sinne des § 613a BGB spricht.[533] Soweit die Netzgesellschaft als Erwerber die beim EVU als abgebendem Rechtsträger bestehende organisatorische Einheit jedenfalls unter Wahrung des Funktionszusammenhangs der übernommenen Arbeitnehmer und Betriebsmittel fortführt, wird daher **bei der großen Lösung in aller Regel ein Betriebsübergang vorliegen.**

Dies gilt umso mehr, als eine für einen erheblichen Zeitraum erfolgende Einstellung des Netzbetriebs vor der Übernahme bei der energierechtlichen Entflechtung in aller Regel nicht in Betracht kommt, weil das Netzgeschäft bereits gesetzlich zwingend ununterbrochen fortgeführt werden muss.[534] Im Rahmen der großen Lösung wird daher in aller Regel – vorbehaltlich der Gestaltungsmöglichkeiten einer Auflösung der beim Veräußerer bestehenden Einheit bzw. der Nichtübernahme des nach Zahl und Sachkunde wesentlichen Personals betriebsmittelarmer Betriebteile – ein Betriebsübergang im Sinne des § 613a Abs. 1 S. 1 BGB vorliegen.[535]

---

532 EuGH, Urt. v. 7.9.1996 – C-171/94 und C-172/94, C-171/94, C-172/94 – AP EWG-Richtlinie Nr. 77/187 Nr. 9: BAG, Urt. v. 14.9.2007 – 8 AZR 803/06 – AP BGB § 613a Nr. 326.

533 *Kaluza*, S. 176.

534 *Kaluza*, S. 177.

535 Vgl. auch *Seitz/Werner*, BB 2005, 1961; *Säcker*, RdE 2005, 85, 88; Klees/Langerfeld/*Heilmann/Langerfeldt*, S. 246; PwC/*Grabolle/Trauth*, S. 91, 92; *Eder/Blumenthal*, IR 2007, 222, 223; Danner/

ee) Mehrspartennetzgesellschaft

284 Im Rahmen der Umsetzung der Entflechtungsvorgaben wurde der Netzbetrieb häufig – auch über die gesetzlichen Anforderungen hinaus – spartenübergreifend, d.h. für sämtliche im Netzbereich bewirtschafteten Medien (Strom, Gas, Wasser, Abwasser, Fernwärme etc.), durch die Netzgesellschaft übernommen.[536] Dadurch sind – energiewirtschaftsrechtlich zulässig[537] – sogenannte „Mehrsparten-Netzgesellschaften" entstanden.

Kommt es zu einer Übertragung nur **einer oder einzelner Sparten** von einer Mehrspartennetzgesellschaft auf einen anderen Netzbetreiber, wird es häufig an der Übertragung einer organisatorischen Einheit im Sinne des § 613a BGB fehlen. Denn hierfür müsste bereits vor der Übertragung eine entsprechende organisatorische Teileinheit, die sich auf die einzelne Sparte bezieht, bestanden haben. **Nicht ausreichend** für einen Betriebsübergang im Sinne des § 613a BGB ist nämlich, dass der Erwerber mit einzelnen, bislang nicht entsprechend organisierten Betriebsmitteln **erst einen Betrieb oder Betriebsteil gründen** will. Dies ist zwar europarechtlich zulässig, wie der EuGH in seinem Urteil vom 6.3.2014[538] klargestellt hat, aber durch die Betriebsübergangsrichtlinie nicht geboten.

In einer entflochtenen Mehrsparten-Netzgesellschaft wird es aber zumeist arbeitsorganisatorische, personalwirtschaftliche und technische Verknüpfungen über die verschiedenen Sparten hinweg geben.[539] Dies führt in der Regel dazu, dass einzelne Sparten arbeitsorganisatorisch gerade **nicht abgrenzbar betrieben** werden, so dass es zumeist an einem eigenständigen, übertragungsfähigen Betriebsteil im Sinne des § 613a BGB fehlt.

! **Praxistipp**
Denkbar ist lediglich, bereits bei der entflochtenen Mehrsparten-Netzgesellschaft vor der Übertragung einen entsprechenden Betriebsteil zu schaffen. Hierzu muss die Mehrspartennetzgesellschaft ihren Betrieb allerdings umorganisieren.

---

ff) Gemeinsame Netzgesellschaft mehrerer EVU

285 Schwieriger, d.h. mit größerem Aufwand verbunden, ist bereits das Auslösen eines Betriebsübergangs nach § 613a BGB häufig dann, wenn ein Betrieb bzw. – in der

---

Theobald/*Eder*, § 8 EnWG Rn 35 ff.; Baur/Pritzsche/Simon/*Simon*, S. 211 ff.; Baur/Pritzsche/Simon/*Klauer*, S. 121; Hempel/Franke/*Schulte-Beckhausen*, § 8 EnWG Rn 90; *Kaluza*, S. 177 m.w.N.

536 Vgl. *Eder/Blumenthal*, IR 2007, 222, 223; *Kaluza*, S. 198.

537 Vgl. BT-Drucks. 15/3917, S. 5.

538 EuGH, Urt. v. 6.3.2014 – C-458/12 – NZA 2014, 423 – Amatori.

539 Vgl. *Eder/Blumenthal*, IR 2007, 222, 224; *Kaluza*, S. 198.

Praxis der relevanteste Fall – ein Betriebsteil einer gemeinsamen Netzgesellschaft mehrerer EVU übertragen bzw. übernommen werden soll.

Regelmäßig bündeln größere Regionalversorgungsunternehmen den Netzbetrieb (auch in einzelnen Sparten) in einer gemeinsamen Netzgesellschaft mehrerer EVU, die z.B. Konzessionsnehmerin einer Vielzahl von Stromnetzen sein kann. Energiewirtschaftsrechtlich ist das zulässig.

In der betrieblichen Praxis stellt sich mit Blick auf das Vorliegen eines Betriebsübergangs zunächst einmal die Frage des Vorliegens einer übertragungsfähigen Einheit.

Die Frage einer Fortführung der beim übertragenen Rechtsträger bestehenden Einheit durch den Erwerber stellt sich spiegelbildlich mit gleicher praktischer Relevanz, wenn eine gemeinsame Netzgesellschaft mehrerer EVU einen Betrieb oder Betriebsteil übernehmen soll. Hier scheidet ein Betriebsübergang i.S.d. § 613a BGB aus, wenn der übertragene Netzbetrieb bei dem neuen Netzbetreiber mehrerer EVU in die bereits vorhandene Organisation eingegliedert wird. Denn dadurch könnte die bislang vorhandene arbeitsorganisatorische Einheit aufgelöst werden.

Letztlich besteht hier aber Gestaltungsspielraum. Entscheidend ist – wie unter Kapitel 2 Rn 270f. näher erläutert wurde – nach der Rechtsprechung des EuGH, der sich das BAG angeschlossen hat, die Beibehaltung der funktionalen Verknüpfung zwischen den übertragenen Produktionsfaktoren, die es dem Erwerber erlaubt, diese Faktoren zu nutzen, um derselben oder einer gleichartigen Tätigkeit nachzugehen.

gg) Besonderheiten bei Beendigung eines befristeten Pachtvertrags ohne unmittelbaren Anschlusspächter

In den meisten Fällen wurde zur Umsetzung der Entflechtungsvorgaben des EnwG 286
das Netz nicht an die Netzgesellschaft übereignet, sondern lediglich verpachtet (sog. „Pachtmodel“).[540] Die ganz überwiegende Zahl dieser Pachtverträge wurde zudem zeitlich befristet. Laut dem Monitoring Bericht 2008 der BNetzA wurde z.B. für mehr als 1/3 der Pachtverträge lediglich eine Laufzeit von unter vier Jahren vereinbart.[541] Läuft dieser Pachtvertrag aus, ohne das ein unmittelbar anschließender Pachtvertrag abgeschlossen wird, stellt sich arbeitsrechtlich vor allem die Frage, ob mit dem Ablauf des Pachtvertrags eine **Rückübertragung des Netzbetriebs** auf das EVU mit der Folge eines Betriebsübergangs im Sinne des § 613a BGB auf das an sich entflochtene EVU stattfindet. Erfolgt hingegen ein bloßer Pächterwechsel, gelten die

---

540 Vgl. näher unter Kapitel 2 Rn 74 f.

541 Vgl. BNetzA, Monitoring Bericht 2008, S. 220, abrufbar unter: http://www.bundesnetzagentur.de/SharedDocs/Downloads/DE/Allgemeines/Bundesnetzagentur/Publikationen/Berichte/2008/Monitoringbericht08EnergieId14513pdf.pdf?__blob=publicationFile&v=2.

am Beispiel des Konzessionswechsels entwickelten Grundsätze entsprechend. D.h. entscheidend ist, welchen Umfang der Pachtvertrag hat (**Kontrollfrage**: Wird eine übergangsfähige organisatorische Einheit „gepachtet" oder nur das Netz?) und ggf. welche flankierenden Maßnahmen getroffen werden.

287 Ein Betriebsübergang auf das EVU scheidet demgegenüber aus, wenn es nach Ablauf des Pachtvertrags an der Fortführung des Betriebs durch den Verpächter, also das EVU, fehlt.[542] Voraussetzung für eine Betriebsübergang ist daher auch im Fall der Rückgabe eines verpachteten Betriebs nach Ablauf des Pachtverhältnisses, dass der Verpächter den rückübertragenen Betrieb **tatsächlich weiter führt** (vgl. unter Kapitel 2 Rn 269). Ist dies nicht der Fall, übt er keine wirtschaftliche Tätigkeit mit eigener Zielsetzung aus.[543]

Damit scheidet ein Betriebsübergang zurück auf das EVU immer dann aus, wenn

- der Netzbetrieb entweder unmittelbar auf einen Nachpächter übergeht oder
- an einen Dritten übereignet wird, der ihn fortführt, oder
- das EVU den Netzbetrieb selber nicht fortführt, sondern einstellt.

! **Praxistipp**

Eine Fortführung des Netzbetriebs durch das EVU selbst ist energiewirtschaftsrechtlich indessen nur dann unproblematisch, wenn die Kundenzahl während der Laufzeit des Pachtvertrags derart gesunken ist, dass das EVU nunmehr unter die „de-minimis-Regelung" fällt und deshalb nicht mehr zur rechtlichen Entflechtung verpflichtet ist.

In den übrigen Fällen einer Rückübertragung auf das EVU nach Ablauf des Pachtvertrags ist problematisch, dass es dem vertikal integrierten EVU gemäß § 7a EnWG gesetzlich verboten ist, den Netzbetrieb weiterzuführen. Denn gemäß §§ 6 ff. EnWG muss der Netzbetrieb in einer eigenständigen Gesellschaft geführt werden. Er darf nicht in der selben Gesellschaft betrieben werden wie die Wettbewerbsbereiche.

Vor diesem Hintergrund wird es in der Praxis selten vorkommen, dass sich das EVU in einer Situation befindet, den Netzbetrieb selbst fortführen zu müssen.

Arbeitsrechtlich betrachtet wird es für die Frage eines Betriebsübergangs nach § 613a BGB allerdings lediglich darauf ankommen, ob das EVU den auf ihn rückübertragenen Betrieb auch **tatsächlich fortführt**. Denn das gesetzliche Verbot des § 7a EnWG führt – wie gezeigt – nicht dazu, dass die Arbeitnehmerschutz-

---

542 Vgl. EuGH, Urt. v. 15.12.2005 – C-232/04 und C-233/04, C-232/04, C-233/04 – NZA 2006, 29 – Güney-Görres; BAG, Urt. v. 21.8.2008 – 8 AZR 201/07 – NZA 2009, 29; BAG, Urt. v. 21.2.2008 – 8 AZR 77/07 – AP BGB § 613a Nr. 343; BAG, Urt. v. 26.7.2007 – 8 AZR 769/06 – NZA 2008, 112; BAG, Urt. v. 6.9.2006 – 8 AZR 222/04 – AP BGB § 613a Nr. 299; Erfk/*Preis*, § 613a BGB Rn 54.

543 BAG, Urt. v. 18.9.1999 – 8 AZR 159/98 – AP BGB § 613a Nr. 189.

vorschrift des § 613a BGB keine Anwendung mehr findet (vgl. unter Kapitel 2 Rn 275 ff.).[544]

6. Rechtsfolgen eines Betriebsübergangs

a) Übergang von Arbeitsverhältnissen

288 Damit ein Arbeitsverhältnis von einem Betriebs- oder Betriebsteilübergang erfasst ist, muss es dem übertragenen Betrieb bzw. Betriebsteil zugeordnet sein.

aa) Besonderheiten in der Energiewirtschaft

289 Im energiewirtschaftlichen Kontext kann die Zuordnung zum jeweiligen Betriebsteil insbesondere bei „Springern", bei Arbeitnehmern mit überbetrieblichen Leitungsfunktionen und bei Arbeitnehmern aus Querschnittsbereichen (z.B. IT-Management, Finanzen, Rechtsabteilung, Lager, Einkauf) problematisch sein. Denn diese Mitarbeiter sind typischerweise abwechselnd in verschiedenen Betriebsteilen tätig.

Hinzu kommt, dass in den letzten Jahren die Spartentrennung im Bereich Technik in vielen vertikal integrierten EVU aufgehoben wurde, um Synergien zu heben. Konsequenz daraus ist, dass Arbeitnehmer mit technischen Berufsbildern häufig in den Bereichen Instandhaltung, Netzausbau und Erzeugung in den Sparten Elektrizität, Gas, Fernwärme und Wasser eingesetzt werden. In derartigen Fällen ist von der nachfolgend geschilderten Vorgehensweise zur Zuordnung Gebrauch zu machen.

bb) Zuordnung von Mitarbeitern im Zusammenhang mit § 613a BGB

Praxistipp

290 In Fällen, in denen die Übertragung von Betriebsteilen im Wege der Spaltung nach dem Umwandlungsgesetz vollzogen wird, kann bei gleichzeitigem Vorliegen eines Interessenausgleichs im Sinne der § 111, 112 BetrVG von der durch § 323 Abs. 2 UmwG eröffneten Möglichkeit Gebrauch gemacht werden, die dem Betriebsteil zuzuordnenden Arbeitnehmer im Interessenausgleich namentlich zu bezeichnen (vgl. dazu auch Kapitel 2 Rn 355). Das bringt in der Praxis erhebliche Erleichterungen mit sich.

Für die Zuordnung des Arbeitnehmers ist nach ständiger Rechtsprechung darauf abzustellen, ob er in den (nicht) übergegangenen Betrieb oder Betriebsteil **tatsächlich eingegliedert** war, sodass es insbesondere nicht ausreicht, dass er Tätigkeiten

544 *Kaluza*, S. 193.

für den übertragenen Teil verrichtet hat, ohne in dessen Struktur eingebunden gewesen zu sein.[545]

291 In der Praxis schwierig zu beurteilen sind vornehmlich Arbeitsverhältnisse, die mehreren Betrieben oder Betriebsteilen zuzuordnen sind. Dies gilt – wie vorstehend beschrieben – in der Energiewirtschaft vor allem für

- „Springer“,
- Arbeitnehmer mit überbetrieblichen Leitungsfunktionen und
- Arbeitnehmer aus Querschnittsbereichen sowie
- Arbeitnehmern mit technischem Berufsbild bei Aufhebung der Spartentrennung.

Praxistipp

Vorrangig zu beachten sind bei der notwendigen Zuordnung die vertraglichen Vereinbarungen der Arbeitsvertragsparteien oder eine entsprechende Ausübung des Direktionsrechts (§ 106 GewO) durch den übertragenden Rechtsträger. Auf diesem Wege kann bereits der Veräußerer Betriebe oder Betriebsteile anforderungsgerecht „ausstatten“. Denkbar ist dies auch nach einem Erwerberkonzept. Vermieden werden muss, wenn dies im Zusammenhang mit geplanten Kündigungen geschieht, lediglich, dass die dem Erwerberkonzept entsprechende Ausstattung nicht mit dem Ziel oder der Folge einer unzulässigen Umgehung der Sozialauswahl nach § 1 KSchG erfolgt.

Dabei ist zunächst der **Wille der Beteiligten** beachtlich. Liegt ein solcher weder in ausdrücklicher noch in konkludenter Form vor, so erfolgt die Zuordnung grundsätzlich – ebenfalls ausdrücklich oder konkludent – **durch den Arbeitgeber aufgrund seines Direktionsrechts**.[546]

Praxistipp

292 Für die Darlegungs- und Beweislast gilt insoweit Folgendes: Nachdem es grundsätzlich dem Arbeitgeber freisteht, mit welchen vertraglich geschuldeten Tätigkeiten er den Arbeitnehmer betraut, obliegt es dem Arbeitnehmer, konkret darzutun, warum es billigem Ermessen widersprochen haben soll, dass ihm der Arbeitgeber Aufgaben in einem Bereich zugewiesen hat, der nicht von einem Betriebs- oder Betriebsteilübergang erfasst ist. Nur wenn ein solches substantiiertes Bestreiten erfolgt, muss der Arbeitgeber darlegen und beweisen, dass und aus welchen Gründen seine Zuordnungsentscheidung durch § 106 GewO gedeckt war.[547]

Praxistipp

Vertragliche Vereinbarungen zwischen Veräußerer und Erwerber sind demgegenüber, wie das BAG im Urteil vom 24.1.2013[548] klargestellt hat, unerheblich. Sie können für sich genommen keine von

---

545 BAG, Urt. v. 24.1.2013 – 8 AZR 706/11 – DB 2013, 1556.
546 BAG, Urt. v. 21.2.2013 – 8 AZR 877/11 – DB 2013, 1178.
547 BAG, Urt. v. 21.2.2013 – 8 AZR 877/11 – DB 2013, 1178.
548 BAG, Urt. v. 24.1.2013 – 8 AZR 706/11 – DB 2013, 1556.

den Kriterien des BAG abweichende Zuordnung bewirken. Gleiches gilt für eine Zuordnung durch die Betriebsparteien im Rahmen eines Interessenausgleichs.[549]

Abgestellt werden kann hingegen im Rahmen einer Gesamtschau sowohl auf eine übereinstimmende Zuordnungsentscheidung zwischen dem Arbeitnehmer und dem bisherigen Arbeitgeber als auch auf objektive Kriterien, also den **Schwerpunkt der Tätigkeit** des Arbeitnehmers.

b) Widerspruchsrecht des Arbeitnehmers

Ist der Arbeitnehmer mit dem Übergang seines Arbeitsverhältnisses nicht einverstanden, kann er dem Übergang gemäß § 613a Abs. 6 BGB widersprechen. Wird das Widerspruchsrecht nach dem Betriebsübergang vom Arbeitnehmer ausgeübt, wirkt es auf den Zeitpunkt des Betriebsübergangs zurück (sog. ex-tunc-Wirkung). Der Widerspruch führt dazu, dass das Arbeitsverhältnis der Parteien ununterbrochen fortbestand.[550] Zum Erwerber bestand ein **„faktisches" Arbeitsverhältnis**, soweit der Arbeitnehmer für ihn tätig geworden ist.[551] 293

aa) Besonderheiten für Leitungspersonen und Letztentscheider?

Energiewirtschaftsrechtlich ist insbesondere umstritten, ob Leitungspersonen und Letztentscheider im Sinne des § 7a Abs. 2 Nr. 1 EnWG, die kein Organ der Gesellschaft sind, ebenfalls gemäß § 613a Abs. 6 BGB ein Widerspruchsrecht zusteht. 294

Während Teile der Literatur ein Widerspruchsrecht für den vorgenannten Personenkreis mit dem Argument eines **Vorrangs des EnWG** ausschließen,[552] gehen andere Teile der Literatur davon aus, dass die Vorenthaltung des Widerspruchsrechts gegen die **Grundrechte der betroffenen Arbeitnehmer** verstoße, sodass ihm ebenfalls ein Widerspruchsrecht zustehe.[553]

Auf die Grundrechte wird man insoweit aber nicht einmal rekurrieren müssen.[554] Führt man sich noch einmal vor Augen, dass das Widerspruchsrecht in § 613a Abs. 6 BGB gesetzgeberisch angeordnet ist, könnte es nämlich allenfalls im Rahmen einer **teleologischen Reduktion** entfallen. Eine verdeckte Regelungslü-

549 BAG, Urt. v. 21.2.2013 – 8 AZR 877/11 – DB 2013, 1178.
550 BAG, Urt. v. 16.4.2013 – 9 AZR 731/11 – ZIP 2013, 1783.
551 Vgl. LAG Berlin-Brandenburg, Urt. v. 20.11.2013 – 21 Sa 866/13, 21 Sa 960/13, 21 Sa 866/13, 21 Sa 960/13 – BB 2014, 1139 (LS).
552 *Säcker*, RdE 2005, 8588; *ders.*, DB 2004, 691, 693.
553 In diesem Sinne *Steinbauer*, S. 216; *Seitz/Werner*, BB 2005, 1961, 1963; *Bachner*, dbr 2005, 13, 14.
554 *Kaluza*, S. 216 hält das Widerspruchsrecht nicht für verfassungsrechtlich geboten.

cke, die Voraussetzung für eine teleologische Reduktion wäre,[555] ist aber nicht erkennbar.

Dagegen spricht bereits – wie anderer Stelle ausführlich dargelegt (vgl. unter Kapitel 2 Rn 275ff.) – die Gesetzesbegründung. In ihr hat der Gesetzgeber explizit dargestellt, das Mitbestimmungsrecht der Arbeitnehmer nicht ändern zu wollen. Er hat damit lediglich einen arbeitsrechtlichen Aspekt aufgegriffen, letztlich aber deutlich gemacht, keine arbeitsrechtlichen Regelungen treffen zu wollen.

Dieser gesetzgeberische Wille ist in der Gesetzsystematik auch hinreichend zum Ausdruck gekommen. Im Übrigen fordert der **Zweck der Entflechtungsbestimmungen** nicht zwingend einen Ausschluss des Widerspruchsrechts. Denn die Ziele der Entflechtungsvorgaben können auch dann erreicht werden, wenn der betroffene Arbeitnehmer dem Betriebsübergang widerspricht und deshalb sein Arbeitsverhältnis bei dem vertikal integrierten EVU verbleibt.

Dadurch wird zwar die **praktische Umsetzung** der Entflechtung **komplizierter** (weil ggf. ein anderes Leitungsorgan bzw. ein anderer Letztentscheider gesucht und angestellt werden muss). Dies führt aber nicht dazu, dass der Zweck der Entflechtungsvorgaben vereitelt oder wesentlich erschwert würde. Insofern besteht auch für Letztentscheider und Leitungspersonen, soweit sie vom Anwendungsbereich des § 613a BGB erfasst sind, ein Widerspruchrechtsrecht gemäß § 613a Abs. 6 BGB.[556]

bb) Widerspruch als „Risikogeschäft“ für den Arbeitnehmer

295 Für den Arbeitnehmer ist der Widerspruch allerdings in der Regel in anderer Hinsicht ein „Risikogeschäft“, wie das BAG in seinem Urteil vom 21.2.2013[557] noch einmal deutlich gemacht hat. Denn regelmäßig fehlt es infolge des Betriebs(teil)übergangs an einem Arbeitsplatz beim Veräußerer, sodass typischerweise eine betriebsbedingte Kündigung in Rede steht.

Vermieden werden muss sie nur bei freien, gleich- oder geringerwertigen Arbeitsplätzen im Unternehmen oder infolge einer Sozialauswahl (§ 1 Abs. 3 KSchG).

! **Praxistipp**
Für die Sozialauswahl gelten insoweit auch im energiewirtschaftlichen Kontext – entgegen einer in der Literatur vertretenen Auffassung – keine abweichenden Vorgaben (vgl. näher unter Kapitel 2 Rn 326ff.).

---

296 Zu diesem Ergebnis gelangt das BAG (außerhalb entflechtungsrechtlicher Grundsätze) mit der zutreffenden Überlegung, dass aus dem gesetzlichen Schutz des Arbeit-

555 Statt vieler BAG, Urt. v. 5.12.2012 – 7 AZR 698/11 – NZA 2013, 515 m.w.N.
556 *Kaluza*, S. 216ff.
557 BAG, Urt. v. 21.2.2013 – 8 AZR 877/11 – DB 2013, 1178.

nehmers vor betriebsbedingten Arbeitgeberkündigungen gemäß § 1 Abs. 2 S. 2 Nr. 1 lit. b) KSchG nicht die Verpflichtung des Arbeitgebers abzuleiten sei, einen Arbeitnehmer, der einem gemäß § 613a Abs. 1 BGB auf einen Erwerber übergegangen Betrieb zugeordnet war, einem anderen Betrieb zuzuordnen, wenn er dem Übergang seines Arbeitsverhältnisses auf den Erwerber widersprochen hat.

Dies gilt insbesondere für Fallgestaltungen, in denen eine analoge Anwendung des Rechtsgedankens des § 1 Abs. 2 S. 2 Nr. 1 lit. b) KSchG dazu führen würde, dass der Arbeitnehmer ein Wahlrecht hätte, von welchem der Betriebserwerber er gemäß § 613a BGB „übernommen" werden möchte. Ein derartiges Wahlrecht besteht – wie das BAG in seinem Urteil vom 21.2.2013[558] explizit klargestellt hat – aber nicht. Aus ähnlichen Überlegungen heraus **lehnt das BAG auch einen „Versetzungsanspruch"** des Arbeitnehmers aus § 241 Abs. 2 BGB oder § 315 Abs. 3 BGB zu Recht **explizit ab.**

cc) Exkurs: Anrechnung anderweitigen Verdienstes als Gestaltungsmöglichkeit zur faktischen Verhinderung von Widersprüchen

Allgemeine Gestaltungsmöglichkeit

Als Gestaltungsmittel zur faktischen Verhinderung von Widersprüchen kommt in Betracht, in dem Unterrichtungsschreiben nach § 613a Abs. 5 BGB darauf hinzuweisen, dass die Netzgesellschaft als potenzieller neuer Arbeitgeber dem Arbeitnehmer im Fall eines Widerspruchs dennoch anbieten wird, bei ihr tätig zu werden. Ergänzend wird dann darauf hingewiesen, dass für den Fall, dass der Arbeitnehmer diese Tätigkeit ablehnt, sich das EVU zwar im Annahmeverzug nach § 615 S. 1 BGB befindet, sich der Arbeitnehmer aber **den Verdienst, den er bei der Netzgesellschaft erzielen kann** (ggfs. als böswillig unterlassenen Verdienst) auf das von dem EVU geschuldete Entgelt **nach § 615 S. 2 BGB anrechnen lassen muss.** 297

Praxistipp !

Dasselbe Angebot kann einem Arbeitnehmer, der dem Übergang seines Arbeitsverhältnisses widerspricht und dessen Arbeitsverhältnis deshalb betriebsbedingt gekündigt werden muss, ebenfalls unterbreitet werden.

Folge dieser Gestaltung ist, dass der Arbeitnehmer, wenn er nicht auf seinen Lohn verzichten möchte, **faktisch gezwungen** ist, bei der Netzgesellschaft tätig zu werden.

---

558 BAG, Urt. v. 21.2.2013 – 8 AZR 877/11 – DB 2013, 1178.

Entgegenstehende energiewirtschaftsrechtliche Vorgaben?

298 Teile der Literatur halten es allerdings für nicht zulässig, den Arbeitnehmer unter Aufrechterhaltung seines Arbeitsverhältnisses zum vertikal integrierten EVU zu einer Arbeit bei der Netzgesellschaft zu zwingen.[559] Richtigerweise wird man das differenziert beurteilen müssen:

Unproblematisch ist dieses Vorgehen zunächst gegenüber dem in **§ 7a Abs. 2 Nr. 2 EnWG** definierten Personenkreis. Denn die dort genannten Personen müssen nicht zwingend bei der Netzgesellschaft beschäftigt sein. Hier besteht dementsprechend weder die Gefahr einer Interessenkollision noch ein Diskriminierungspotenzial.[560]

Energiewirtschaftsrechtlich unzulässig dürfte dieses Vorgehen hingegen gegenüber Leitungspersonen und Letztentscheidern im Sinne des **§ 7a Abs. 2 Nr. 1 EnWG** sein. Denn diese müssen einer betrieblichen Einrichtung des Netzbetriebs angehören und dürfen keine Angehörigen von betrieblichen Einrichtungen des EVU sein, die für den laufenden Betrieb in den Bereichen Gewinnung, Erzeugung und Vertrieb zuständig sind. Da ihr Arbeitsverhältnis mit dem EVU in der hier in Rede stehenden Konstellation aber fortbesteht, würden sie im Sinne des § 7a Abs. 2 Nr. 1 EnWG einer betrieblichen Einrichtung des EVU angehören.

Ziel der Entflechtungsvorgaben ist es insoweit aber, zu verhindern, dass die von § 7a Abs. 2 Nr. 1 EnWG erfassten Personen ein Anstellungsverhältnis mit dem EVU haben und gleichzeitig bei der Netzgesellschaft tätig werden. Insoweit ist die Gestaltung energiewirtschaftsrechtlich unzulässig.

Arbeitsrechtliche Zulässigkeit trotz energiewirtschaftsrechtlicher Unzulässigkeit

299 Trotz der insoweit drohenden Sanktion der BNetzA könnte sich eine Netzgesellschaft allerdings dennoch entscheiden, dem Arbeitnehmer eine entsprechende energiewirtschaftsrechtswidrige Bestätigung mit der Folge anzubieten, dass der Mitarbeiter tätig werden muss, wenn er keine Vergütungseinbuße hinnehmen will. Aus der Energiewirtschaftsrechtswidrigkeit der ihm angebotenen Beschäftigung folgt kein Leistungsverweigerungsrecht, da nicht der Arbeitnehmer, sondern der Arbeitgeber zur Entflechtung verpflichtet und daher alleiniger Normadressat ist.[561]

c) Haftung nach § 613a BGB

300 Sofern die Übertragung nicht in Form einer Aufspaltung bzw. Verschmelzung mit der Folge durchgeführt wird, dass der übertragende Rechtsträger erlischt, haftet der ehemalige Betriebsinhaber als Gesamtschuldner (§§ 421ff. BGB) neben dem neuen

---

559 Vgl. in diesem Sinne *Säcker*, RdE 2005, 85, 89; a.A. *Steinbauer*, S. 233f.

560 Wie hier *Kaluza*, S. 238.

561 *Kaluza*, S. 239.

Inhaber für die Erfüllung solcher Ansprüche, die vor dem Betriebsübergang entstanden sind und vor dem Ablauf von einem Jahr nach diesem Zeitpunkt fällig werden (§ 613a Abs. 2 S. 1 BGB, § 133 Abs. 1 S. 1 UmwG). Die Haftung zwischen den beteiligten Rechtsträgern im **Innenverhältnis** richtet sich in erster Linie nach den zwischen ihnen getroffenen Vereinbarungen. Soweit keine abweichende Regelung getroffen wurde, gilt § 426 Abs. 1 S. 1 BGB, nach dem die Gesamtschuldner im Verhältnis zueinander zu gleichen Teilen haften.

Bei diesem Haftungsregime verbleibt es auch mit Blick auf die Vorgaben des § 7a Abs. 4 EnWG, nach dem die Unabhängigkeit der Geschäftstätigkeit der Netzgesellschaft gewährleistet werden muss. Entscheidend dafür spricht nämlich zunächst, dass § 613a Abs. 1, 2 BGB ebenso wie § 133 Abs. 1 S. 1 UmwG lediglich eine Haftung im Außenverhältnis, d.h. gegenüber den übernommenen Arbeitnehmern statuiert. Die gesamtschuldnerische Haftung begründet damit **keine – energiewirtschaftsrechtlich unzulässige – innere Verbindung** zwischen der Netzgesellschaft und dem EVU; sie setzt keine rechtliche Zweckgemeinschaft voraus, sodass sie nicht in die wirtschaftliche Unabhängigkeit der Netzgesellschaft eingreifen kann.[562] Insbesondere durch einen Regressanspruch des EVU gegen die Netzgesellschaft gemäß § 426 Abs. 1 S. 1 BGB wird die wirtschaftliche Unabhängigkeit der Netzgesellschaft nicht wesentlich beeinträchtigt. Dies gilt umso mehr, als die Entflechtungsvorgaben des EnWG nicht jegliche Zahlungsansprüche zwischen dem EVU und der Netzgesellschaft ausschließen. Durch die Pflicht zur getrennten Kontenführung gemäß **§ 6b Abs. 3 EnWG** ist hingegen die erforderliche Transparenz derartiger Zahlungen sichergestellt.

Dieses Ergebnis entspricht nicht nur dem Willen des historischen Gesetzge- **301**
bers, der – wie an anderer Stelle gezeigt (vgl. unter Kapitel 2 Rn 275ff.) – gerade nicht in den Tatbestand oder die Rechtsfolgen von § 613a BGB eingreifen wollte. Dies entspricht letztlich auch dem Schutzzweck der §§ 613a Abs. 2 BGB, 133 Abs. 1 S. 1 UmwG, der sich nur durch eine gesamtschuldnerische Haftung erreichen lässt. Denn würde man insoweit § 613a Abs. 2 BGB teleologisch reduzieren und lediglich die Haftung nach § 613a Abs. 1 BGB durchgreifen lassen, bestünde für die übernommenen Arbeitnehmer die Gefahr, dass bereits entstandene Ansprüche von der Netzgesellschaft nicht erfüllt werden können, weil diese nicht über die gleiche finanzielle Leistungsfähigkeit verfügt wie das EVU.[563] Dieses Ergebnis erscheint im Fall einer eigentumsrechtlichen Entflechtung erst recht nicht sachgerecht, weil der Erlös, den das EVU für den Netzbetrieb erzielt hat, auch auf der Wertsteigerung beruht, die der Betriebsinhaber aufgrund der Arbeitskraft der Arbeitnehmer erhalten hat.[564]

---

562 Vgl. im Ergebnis *Steinbauer*, S. 222f.; *Kaluza*, S. 220ff.

563 *Kaluza*, S. 221.

564 *Kaluza*, S. 221 m.w.N.

d) Konsequenzen des Betriebsübergangs für arbeitsvertragliche Rechte und Pflichten

aa) Einbeziehung von Arbeitsvertrag, betrieblicher Übung und Gesamtzusage

302 Der Eintritt in bestehende Arbeitsverhältnisse gemäß § 613a Abs. 1 S. 1 BGB betrifft alle einzelvertraglich im Arbeitsverhältnis begründeten Rechte und Pflichten. Der Begriff des Arbeitsverhältnisses geht dabei über den des Arbeitsvertrags hinaus. Erfasst werden also der Arbeitsvertrag nebst ergänzenden Vereinbarungen, arbeitsvertragliche Einheitsregelungen, Gesamtzusagen und Ansprüche aufgrund betrieblicher Übung.[565] Bezugspunkt ist der Zeitpunkt des Wirksamwerdens des Übergangs des Arbeitsverhältnisses. Danach können Änderungen nur noch im Verhältnis zwischen Arbeitnehmer und übernehmendem Rechtsträger bewirkt werden.

bb) Anrechnung der Betriebszugehörigkeit

303 Zu dem Eintritt in die bestehenden Arbeitsverhältnisse gehört zunächst einmal die gesetzliche Anrechnung der bisherigen Betriebszugehörigkeit beim übertragenden Rechtsträger. Die Dauer der Betriebszugehörigkeit ist zwar kein Recht, das gegenüber dem übernehmenden Rechtsträger geltend gemacht werden kann. Soweit die Dauer der Betriebszugehörigkeit aber für die Ausübung von Rechten und Pflichten bedeutsam ist (insbesondere für den Kündigungsschutz, das Urlaubsrecht sowie etwaige Ansprüche auf betriebliche Altersversorgung und andere (Jahres-)Sonderleistungen), wird die bis zum Übergang des Arbeitsverhältnisses beim übertragenden Rechtsträger erwiesene Betriebszugehörigkeit auch beim übernehmenden Rechtsträger für bestehende Rechtspositionen anerkannt.[566]

Der übernehmende Rechtsträger ist aber berechtigt, bei einer **neuen Zusage**, die erst nach dem Wirksamwerden des Übertragungsvorgangs für die vom Übergang betroffenen Arbeitnehmer wirksam wird, die beim übertragenden Rechtsträger verbrachte Betriebszugehörigkeit nicht mitzuzählen. Dies gilt nach der Entscheidung des EuGH vom 14.9.2000[567] jedenfalls dann, wenn dies auch ohne Rücksicht auf den Betriebsübergang nach nationalem Recht zulässig wäre.

cc) Übernahme einzelvertraglicher Rechte und Pflichten

304 Entscheidend für die Übernahme von Individualabreden durch den übernehmenden Rechtsträger ist die Frage, ob sie **Bestandteil des Arbeitsverhältnisses** sind. Somit werden beispielsweise die vertraglich vereinbarte Tätigkeit und der Anspruch auf Beschäftigung durch den Übergang des Arbeitsverhältnisses ebenso wenig ver-

565 Vgl. BAG, Urt. v. 19.6.1980 – 3 AZR 958/79 – AP Nr. 8 zu § 1 BetrAVG Wartezeit.
566 BAG, Urt. v. 23.5.2013 – 2 AZR 54/12 – n.v.
567 C-343/98 – NZA 2000, 1279, m.w.N – Collino und Chiappero.

ändert wie das arbeitgeberseitige Direktionsrecht. Ebenfalls unverändert gelten einzelvertragliche Vereinbarungen über die Beendigung von Arbeitsverhältnissen (z.B. Aufhebungsverträge, Altersteilzeitvereinbarungen, Kündigungsfristen, Kündigungstermine, Unkündbarkeit) fort.

Praxistipp
Bei Vereinbarungen über Sonderkündigungsschutz muss allerdings – wie schon vor dem Übergang – die Vereinbarkeit mit § 1 Abs. 3 KSchG geprüft werden. !

Lohn- und Gehaltsansprüche werden wie einzelvertragliche Ansprüche auf eine Sonderleistung (z.B. Bonus, Weihnachtsgratifikation, vermögenswirksame Leistungen) durch den Übergang des Arbeitsverhältnisses an sich nicht verändert; Besonderheiten können hier nur dann eintreten, wenn leistungs- und erfolgsabhängige Zahlungen wegen Veränderung der Bezugsgrößen (z.B. Umsatz, EBITDA) angepasst werden müssen.

Auch ein Dienstwagen mit der Zusage einer Privatnutzung muss dem Arbeitnehmer weiter zur Verfügung gestellt werden. Entsprechendes gilt für Leistungen im Rahmen des Aufwendungsersatzes bzw. der Reisekostenerstattung. Ebenso bleiben Urlaubsansprüche erhalten. Endet das Arbeitsverhältnis erst nach Übergang, kann der neue Arbeitgeber zur Urlaubsabgeltung verpflichtet sein. Weiterhin sind auch Arbeitgeberdarlehen und Zusagen über eine Versicherung in den Anwendungsbereich von § 613a BGB einzubeziehen. Ansprüche auf Schadensersatz gehen, wenn sie ihren Rechtsgrund im Arbeitsverhältnis oder einer Handlung im Zusammenhang mit dem Arbeitsverhältnis finden, auf den übernehmenden Rechtsträger über.

Rechte und Pflichten in Bezug auf Arbeitnehmererfindungen und urheberrechtsfähige Entwicklungen gehen mit dem Arbeitsverhältnis ebenso über wie Ausschlussfristen, die im Fall eines Widerspruchs aber erst mit Ausübung des Widerspruchsrechts gegenüber dem übertragenden Rechtsträger zu laufen beginnen.

e) Kollektivvertragliche Konsequenzen eines Betriebsübergangs

aa) Rechtsfolgen bei gesetzlicher Tarifbindung

Gemäß § 613a Abs. 1 S. 2 BGB werden Rechte und Pflichten, die zum Zeitpunkt des 305
Übergangs durch Rechtsnormen eines Tarifvertrags geregelt sind, Inhalt des Arbeitsverhältnisses zwischen dem neuen Inhaber und dem Arbeitnehmer (so genannte **Transformation**) und dürfen vor Ablauf eines Jahres nach dem Zeitpunkt des Übergangs zum Nachteil der Arbeitnehmer nicht geändert werden.[568]

568 Eingehend BAG, Urt. v. 22.4.2009 – 4 AZR 100/08 – NZA 2010, 41.

Allerdings bedarf auch eine solche Änderung, wenn sie Angelegenheiten der Mitbestimmung des Betriebsrats nach § 87 BetrVG betrifft, vor oder nach Ablauf der Jahresfrist einer Zustimmung des Betriebsrats. Andernfalls ist sie unwirksam, was einer Änderung der bestehenden Arbeitsbedingungen auch bei Neueinstellungen durch den übernehmenden Rechtsträger entgegenstehen kann.[569]

Übernahme eines Betriebs durch Erwerber ohne Tarifbindung

306 Wie der 4. Senat des BAG mit den beiden Urteilen vom 22.4.2009[570] und vom 26.8.2009[571] deutlich gemacht hat, tritt eine Fortgeltung als Bestandteil des Arbeitsverhältnisses auch dann ein, wenn ein Betrieb oder Betriebsteil, für den ein Tarifvertrag abgeschlossen wurde, durch einen Arbeitgeber **ohne Tarifbindung übernommen** wird. Wichtig ist das in Bezug auf den Umgang mit Firmentarifverträgen im Anschluss an einen rechtsgeschäftlichen Betriebs- oder Betriebsteilübergang.

In beiden Fällen hatte der Insolvenzverwalter als früherer Betriebsinhaber mit der jeweils zuständigen Gewerkschaft einen Sanierungstarifvertrag abgeschlossen, der Abweichungen gegenüber dem – ansonsten normativ geltenden – Verbandstarifvertrag enthielt, um die wirtschaftliche Schieflage beim bisherigen Betriebsinhaber zu beseitigen. Jeweils noch während der Laufzeit des befristeten Sanierungstarifvertrags wurde der Betrieb auf einen anderen Rechtsträger übertragen, der keiner Tarifbindung unterlag. Eine Kündigung des Sanierungstarifvertrags vor dem Betriebsübergang erfolgte nicht. Allerdings erklärte die IG Metall als zuständige Gewerkschaft im Anschluss an den Übergang des Arbeitsverhältnisses eine Kündigung des Sanierungstarifvertrags, die in dem einen Fall gegenüber dem Insolvenzverwalter und in dem anderen Fall gegenüber dem Erwerber ausgesprochen wurde. Als Folge der Kündigung gegenüber dem Insolvenzverwalter hat das BAG eine Beendigung des Sanierungstarifvertrags angenommen. Im Gegensatz zur Kündigung gegenüber dem Erwerber, die unerheblich gewesen sei, habe die IG Metall durch die Kündigung gegenüber dem Verwalter auf den Fortbestand des Tarifvertrags einwirken können.

307 Ausgangspunkt dieser Feststellungen ist zunächst, dass der gesamte Bestand der geltenden Tarifnormen in das Arbeitsverhältnis zwischen Erwerber und Arbeitnehmer transformiert werde, wenn bei einem Betriebsübergang die Arbeitsbedingungen zwischen dem Betriebsveräußerer und dem tarifgebundenen Arbeitnehmer vor dem Betriebsübergang in mehreren Tarifverträgen geregelt sind. Dies gelte – so das BAG – auch, wenn die Regelungsbereiche der Tarifverträge sich überschnitten und eine Ablösung für einen Zeitpunkt nach dem Betriebsübergang zeitlich-dynamisch geregelt gewesen sei.

---

569 Vgl. BAG, Beschl v. 8.12.2009 – 1 ABR 66/08 – NZA 2010, 404.

570 BAG, Urt. v. 22.4.2009 – 4 AZR 100/08 – NZA 2010, 41.

571 BAG, Urt. v. 26.8.2009 – 4 AZR 280/08 – NZA 2010, 238.

Ganz erhebliche Bedeutung für die betriebliche Praxis hat, dass das BAG ferner angenommen hat, die gemäß § 613a Abs. 1 S. 2 BGB fortgeltenden Regelungen eines Tarifvertrags seien unmittelbar arbeitsvertraglich vereinbarten und nach § 613a Abs. 1 S. 1 BGB übergehenden Arbeitsbedingungen nicht gleich zu stellen, sondern behielten ihren kollektivrechtlichen Charakter auch nach dem Betriebsübergang. 308

Praxistipp

Das muss auch bei der Ausgestaltung von Unterrichtungsschreiben nach § 613a Abs. 5 BGB beachtet werden.

Der nicht tarifgebundene Betriebserwerber – so das BAG – sei in den übergegangenen Arbeitsverhältnissen an die transformierten Normen **gebunden wie ein aus einem tarifschließenden Arbeitgeberverband ausgetretener Arbeitgeber nach § 3 Abs. 3 TVG** an den zum Zeitpunkt des Austritts geltenden Verbandstarifvertrag, wobei der Ablauf der Jahresfrist nach § 613a Abs. 1 S. 2 BGB einer **Fiktion des Endes der Nachbindung** durch Änderung des Tarifvertrags entspreche.[572]

Im Gegensatz zur unbefristeten Fortgeltung des Tarifvertrags bei Beendigung der Mitgliedschaft im Arbeitgeberverband, die gemäß §§ 3 Abs. 3, 4 Abs. 5 TVG bis zu einer Änderung oder Beendigung des Tarifvertrags dauere, sei die unmittelbare und zwingende Wirkung unter Berücksichtigung des Benachteiligungsverbots im Anschluss an einen Betriebsübergang also auf die Einhaltung der Jahresfrist begrenzt.

Praxistipp

Konsequenz daraus ist, dass eine Beendigung des Tarifvertrags, die auch ohne den Übergang des Arbeitsverhältnisses eingetreten wäre, gemäß § 613a Abs. 1 S. 4, 1. Halbsatz BGB berücksichtigt werden muss. Dies bedeutet, dass die zwingende Wirkung der Jahresfrist des § 613a Abs. 1 S. 2 BGB und das damit verbundene Verschlechterungsverbot bereits mit dem Zeitpunkt der Beendigung des Tarifvertrags endet. Welche Rechte und Pflichten für die Arbeitsvertragsparteien im Anschluss an diese Beendigung des Tarifvertrags gelten, hängt vom Einzelfall ab.

Tarifnormen, die ohne Rücksicht auf einen etwaigen Betriebsübergang im Anschluss an ihre Beendigung gemäß § 4 Abs. 5 TVG nachwirken, gelten auch im Anschluss an ihre Beendigung als Inhalt des Arbeitsverhältnisses fort. Allerdings sind sie dann **vertragsdispositiv**, d.h. sie können jederzeit einzelvertraglich auch zum Nachteil des Arbeitnehmers abgeändert werden. Tarifnormen, die unter Ausschluss einer Nachwirkung transformiert werden, entfallen bei Beendigung des Tarifvertrags im Verhältnis zwischen Erwerber und übergegangenem Arbeitnehmer ersatzlos.[573] 309

572 BAG, Urt. v. 22.4.2009 – 4 AZR 100/08 – NZA 2010, 41.
573 BAG, Urt. v. 22.4.2009 – 4 AZR 100/08 – NZA 2010, 41.

Praxistipp

310 Ganz wichtig – insbesondere auch im Rahmen einer Due Diligence – ist die damit verbundene, weitere Annahme des BAG, eine Beendigung des Tarifvertrags im Anschluss an den Übergang des Arbeitsverhältnisses könne durch die Parteien des Tarifvertrags durch eine Kündigung auch noch nach dem Übergang des Arbeitsverhältnisses herbeigeführt werden. Voraussetzung hierfür sei lediglich, dass diese Kündigung durch die Gewerkschaft bzw. den Arbeitgeber oder Arbeitgeberverband gegenüber dem jeweils anderen Vertragspartner erklärt werde. Erfolge dies form- und fristgerecht, führe auch dies zu einer Beendigung der zwingenden Wirkung des Tarifvertrags bereits vor Ablauf der Jahresfrist gemäß § 613a Abs. 1 S. 4, 1. Halbsatz BGB.

Praxistipp

Die wirtschaftliche Wirkung des Tarifvertrags, den der Erwerber zur Grundlage der Übernahme und Fortführung des Betriebs gemacht hat, kann damit durch Dritte beseitigt werden.

Ablösung durch Tarifvertrag des Erwerbers/Geltung von Betriebsvereinbarungen

311 Die Fortgeltung der bisherigen Tarifverträge als Bestandteil des Arbeitsvertrags nach § 613a Abs. 1 S. 2 BGB tritt nach **§ 613a Abs. 1 S. 3 BGB** dann nicht ein, wenn und soweit Rechte und Pflichten bei dem übernehmenden Rechtsträger durch Rechtsnormen eines anderen Tarifvertrags geregelt werden.[574]

Voraussetzung hierfür ist, dass beide Parteien beim übernehmenden Rechtsträger kraft Gesetzes **(normativ) an den (anderen) Tarifvertrag gebunden** sind.[575] Für die Ablösung von Tarifverträgen und Betriebsvereinbarungen des Veräußerers durch die des Erwerbers blieb es bislang – ohne „Überkreuzablösung" von Tarifverträgen durch Betriebsvereinbarungen[576] – bei § 613a Abs. 1 S. 2, 3 BGB: Nach Auffassung des BAG ist § 613a Abs. 1 S. 2 BGB als bloße **„Auffangnorm"**,[577] die eine kollektive Fortgeltung von Tarifverträgen und Betriebsvereinbarungen nicht ausschließt,[578] nur anzuwenden, wenn der Betriebserwerber **nicht ohnehin kollektivrechtlich** an die bislang beim Veräußerer geltenden Kollektivnormen gebunden ist. Ist der Erwerber ebenso tarifgebunden wie der Veräußerer, ist eine Transformation nach § 613a Abs. 1 S. 2 BGB nach Ansicht des BAG ausgeschlossen.

312 Dem vergleichbar sollen Betriebsvereinbarungen unverändert als solche fortgelten, wenn der übernommene Betrieb **nach dem Übergang seine Identität be-**

---

574 Vgl. zu Möglichkeiten der Harmonisierung tariflicher Arbeitsbedingungen ferner *Freckmann/Wörz*, BB 2013, 2549.

575 BAG, Urt. v. 9.4.2008 – 4 AZR 164/07 – ZTR 2009, 95.

576 Jedenfalls außerhalb des Bereichs der erzwingbaren Mitbestimmung, vgl. BAG, Urt. v. 21.4.2010 – 4 AZR 768/08 – ZIP 20120, 2068; BAG, Urt. v. 13.11.2007 – 3 AZR 191/06 – ZIP 2008, 890; BAG, Urt. v. 6.11.2007 – 1 AZR 862/06- ZIP 2008, 710.

577 Kritisch *Sagan*, RdA 2011, 163, 164.

578 BAG, Urt. v. 19.9.2007 – 4 AZR 711/06 – ZIP 2008, 378.

wahrt.[579] Dies soll auch bei der Übernahme eines Betriebsteils gelten, sofern er als eigenständiger Betrieb fortgeführt wird.[580]

Greift § 613a Abs. 1 S. 2 BGB ein, kann ein danach fortgeltender Anspruch gemäß § 613a Abs. 1 S. 3 BGB dennoch durch eine beim Betriebserwerber abgeschlossene Kollektivvereinbarung (Tarifvertrag bzw. Betriebsvereinbarung) abgelöst werden, weil die nunmehr als Inhalt des Arbeitsverhältnisses geltenden kollektivrechtlichen Regelungen – wie vorstehend berichtet – **inhaltlich nicht weiter geschützt** sind, als sie es bei einem Fortbestand beim Erwerber gewesen wären.[581] In beiden Fällen ist nach der Rechtsprechung des BAG im Verhältnis zwischen (transformiertem) Veräußerer- und (neuem) Erwerberkollektivvertrag das Günstigkeitsprinzip nicht anwendbar. § 613a Abs. 1 S. 3 BGB enthalte eine **Spezialregelung**, welche die Anwendung des Günstigkeitsprinzips ausschließe.[582]

Dem könnte nun aber das Urteil des EuGH vom 6.9.2011[583] in der Sache **„Scatto- 313**
lon“ entgegenstehen. Das BAG hat dies bislang offen gelassen.[584] Denn darin EuGH stellte zunächst fest, dass der Erwerber gemäß Art. 3 Abs. 2 Unterabs. 1 RL 77/187/EWG verpflichtet sei, die in einem Kollektivvertrag vereinbarten Arbeitsbedingungen bis zur Kündigung oder zum Ablauf des Kollektivvertrags bzw. bis zum Inkrafttreten oder bis zur Anwendung eines anderen Kollektivvertrags in dem gleichen Maße aufrechtzuerhalten, wie sie in dem Kollektivvertrag für den Veräußerer vorgesehen waren. Die Mitgliedstaaten könnten zwar gemäß Unterabs. 2 dieser Vorschrift den Zeitraum der Aufrechterhaltung auf mindestens ein Jahr begrenzen. Dies dürfe Art. 3 Abs. 2 Unterabs. 1 RL 77/187/EWG aber nicht seine Bedeutung nehmen; danach dürfe der Erwerber die nach dem bei ihm geltenden Kollektivvertrag vorgesehenen Arbeitsbedingungen – einschließlich der über das Arbeitsentgelt – ab dem Zeitpunkt des Übergangs anwenden.

Dieses Verständnis entspricht noch § 613a Abs. 1 S. 2, 3 BGB und der bisherigen Rechtsprechung des BAG. Der EuGH schränkt den gerade skizzierten Gestaltungsspielraum dann allerdings scheinbar erheblich ein: Die RL 77/187/EWG lasse dem Erwerber und den anderen Vertragsparteien zwar einen Spielraum, um die Integration der übergegangenen Arbeitnehmer in die Lohn- und Gehaltsstruktur so zu gestalten, dass dabei die Umstände des Übergangs angemessen berücksichtigt wür-

---

579 BAG, Urt. v. 18.11.2003 – 1 AZR 604/02 – NZA 2004, 803; BAG, Beschl. v. 18.9.2002 – 1 ABR 54/01 – ZIP 2003, 1059.

580 BAG, Urt. v. 18.11.2003 – 1 AZR 604/02 – NZA 2004, 803; BAG, Beschl. v. 18.9.2002 – 1 ABR 54/01 – ZIP 2003, 1059.

581 BAG, Urt. v. 13.9.2012 – 1 AZR 659/10 – BB 2012, 1920 (LS).

582 BAG, Urt. v. 11.5.2005 – 4 AZR 315/04 – ZIP 2005, 1889; BAG, Urt. v. 20.4.1994 – 4 AZR 342/93 – ZIP 1994, 1797.

583 EuGH, Urt. v. 6.9.2011 – C-108/10 – ZIP 2012, 1366.

584 BAG, Urt. v. 22.2.2012 – 4 AZR 527/10 – BB 2012, 1920 (LS); BAG, Urt. v. 14.12.2011 – 4 AZR 179/10 – juris.

den. Die gewählten Modalitäten müssten aber mit dem Ziel der Richtlinie vereinbar sein, das darin bestehe, zu verhindern, dass sich die Lage der übergegangenen Arbeitnehmer allein aufgrund dieses Übergangs verschlechtere. Die Inanspruchnahme der durch Art. 3 Abs. 2 Unterabs. 1 RL 77/187/EWG eröffneten Ablösungsmöglichkeit dürfe „also nicht zum Ziel oder zur Folge haben, dass diesen Arbeitnehmern insgesamt schlechtere Arbeitsbedingungen als die vor dem Übergang geltenden auferlegt werden. Andernfalls könnte die Verwirklichung des mit der Richtlinie 77/187 verfolgten Ziels in jedem durch Kollektivverträge geregelten Bereich leicht in Frage gestellt werden, was die praktische Wirksamkeit der Richtlinie beeinträchtigen würde". Insofern müsse „die Höhe des von diesen [vom Übergang betroffenen] Arbeitnehmern bezogenen Arbeitsentgelts in etwa bei[zu]behalten" werden.

314 Denkbar ist, dass sich der EuGH damit dogmatisch wenig überzeugend „aus Schutzzwecküberlegungen vom bislang geltenden Ablöseprinzip abwendet und stattdessen eine Art „insgesamt" geltenden Günstigkeitsvergleich vornimmt",[585] obwohl die Betriebsübergangsrichtlinie anders als manch andere arbeitsrechtliche Richtlinie gerade kein ausdrückliches Verschlechterungsverbot statuiert.[586]

Entscheidend wäre dann, **was insgesamt schlechtere bzw. in etwa gleichwertige Arbeitsbedingungen heißt**. Denkbar ist zunächst, dass eine generelle Betrachtung erfolgen soll, sodass – abweichend von der Rechtsprechung des BAG[587] – kein konkreter Sachgruppenvergleich, sondern ein **kollektiver Günstigkeitsvergleich** vorzunehmen ist, auf dessen Grundlage eine Reduktion des Arbeitsentgelts durch eine Verbesserung anderer Arbeitsbedingungen ausgeglichen werden kann.[588] Im Ergebnis sollen dies offenbar die nationalen Gerichte klären,[589] an die der EuGH den Rechtsstreit zurückverweist. Klare Grenze des insoweit bestehenden Gestaltungs- bzw. Interpretationsspielraums scheint aber zu sein,[590] dass „wenn ein Übergang [...] zur sofortigen Anwendung des beim Erwerber geltenden Kollektivvertrags auf die übergegangenen Arbeitnehmer führt, [die Betriebsübergangsrichtlinie] es nicht zulässt, dass diese Arbeitnehmer erhebliche Kürzungen ihres Arbeitsentgelts im Vergleich zu ihrer Lage unmittelbar vor dem Übergang hinnehmen müssen".[591]

315 Das bedeutet im Ergebnis, dass **sämtliche verschlechternd ablösenden Kollektivabreden beim Erwerber (vorrübergehend) gesperrt** sind. Die meisten Arbeitsbedingungen sind aber kollektivrechtlich geregelt und könnten vom Erwerber

585 *Von Steinau-Steinrück*, NJW-Spezial 2012, 434, 435; ähnlich *Steffan*, NZA 2012, 473, 475.

586 *Krebber*, GPR 2012, 131, 134 f. m.w.N.

587 BAG, Urt. v. 21.4.2010 – 4 AZR 768/08 – DB 2010, 1998.

588 Vgl. auch *Sagan*, EuZA 2012, 247, 251 f.

589 Ebenso *Forst*, AP Richtlinie 2001/23/EG Nr. 9; *Sagan*, EuZA 2012, 247, 252.

590 In diesem Sinne *Felten*, ZESAR 2012, 140, 142; *Steffan*, NZA 2012, 473, 475.

591 EuGH, Urt. v. 6.9.2011 – C-108/10 – ZIP 2012, 1366.

(vorübergehend) nicht mehr verschlechternd geändert werden. Gleiches gilt nach § 613a Abs. 1 S. 2 BGB für verschlechternde Individualabreden.

Eingeschränkt würde dieses Dilemma europarechtlich durch eine **zeitliche Grenze des Verschlechterungsverbots**, zu der sich der EuGH aber nicht eindeutig äußert. Seine weitgehend wirkende Aussage, ein ablösender Kollektivvertrag dürfe keine schlechteren Arbeitsbedingungen vorsehen, wird man aber nicht i.S. eines dauerhaften Bestandsschutzes interpretieren dürfen. Denn dann hätte Art. 3 Abs. 3 Unterabs. 2 RL 2001/23/EG keinen Anwendungsbereich mehr. Da der EuGH sich bei genauerer Betrachtung auf ablösende Kollektivvereinbarungen bezieht, die „mit sofortiger Wirkung" „allein aufgrund" eines Betriebsübergangs eintreten, spricht viel dafür, dass das Verschlechterungsverbot nur in Bezug auf Kollektivverträge eingreift, die auf die betroffenen Arbeitnehmer unmittelbar nach Vollzug des Übergangs Anwendung finden.[592] Erfasst sind davon auch auf den Übergangszeitpunkt zurückwirkende Tarifverträge,[593] sodass dies **keine Gestaltungsmöglichkeit** zur Vermeidung des Verschlechterungsverbots bildet. Denkbar ist allein ein zeitlicher Abstand zwischen Betriebsübergang und Eingreifen der Tarifgeltung. Da der EuGH die aus Art. 3 Abs. 3 Unterabs. 2 RL 2001/23/EG folgende zeitliche Begrenzung der Verpflichtung zur Aufrechterhaltung der Arbeitsbedingungen des Veräußerers nicht einschränkt, sprechen die besseren Gründe dafür, dass die verschlechternde Ablösung **ab dem Zeitpunkt des Übergangs immerhin maximal für ein Jahr ausgeschlossen** ist.[594] 316

Denkbarer Ausweg sind folgende **Lösungsstrategien**:[595] 317

Zunächst muss weit häufiger als bislang schon versucht werden, das Eingreifen von § 613a BGB zulässig zu vermeiden.[596] Ist das (z.B. unter Einbindung einer Transfergesellschaft) nicht möglich (etwa weil für sie keine Mittel zur Verfügung stehen oder eine betriebswirtschaftlich sinnvolle Fortführung die Übernahme der funktionalen Einheit als solche erforderlich ist), müssen die möglichen Kaufvertragsparteien eine alternative Lösung finden. Mit Blick auf die anerkannte Zulässigkeit einer Kündigung nach Erwerberkonzept wird man immerhin eine Kollektivvereinbarung des Veräußerers nach dem Konzept des Erwerbers für zulässig halten dürfen.

---

592 *Sagan*, EuZA 2012, 247, 252.

593 *Sagan*, EuZA 2012, 247, 252. Die Entscheidung in der Sache Scattolon betraf gerade einen rückwirkenden Tarifvertrag.

594 Im Ergebnis ebenso *Sagan*, EuZA 2012, 247, 255.

595 Näher *Mückl*, ZIP 2012, 2373, 2376 ff.

596 Vgl. zu Vermeidungsstrategien und Gestaltungsmöglichkeiten allgemein zuletzt *Fuhlrott/Salamon*, BB 2012, 1793.

bb) Rechtsfolgen für Arbeitnehmer mit Bezugnahmeklausel im Arbeitsvertrag

318 Der Inhalt einer arbeitsvertraglichen Bezugnahme auf einen Tarifvertrag wird nach der Rechtsprechung des BAG durch einen rechtsgeschäftlichen Betriebsübergang nicht verändert. Der Erwerber tritt in diese Zusage ein (§ 613a Abs. 1 S. 1 BGB). Dass damit eine dauerhafte Bindung an tarifliche Vorgaben begründet wird, ist für den 4. Senat – abweichend von früheren Entscheidungen – zulässig und begründet nach seiner Auffassung keinen Verstoß gegen Art. 9 Abs. 3 GG, Richtlinie 2001/23/EG oder die europarechtlichen Vorgaben zum Schutz der Koalitionsfreiheit (Art. 12 Abs. 1 GR-Charta).[597] **Dass an dieser Rechtsprechung festgehalten werden kann, ist allerdings zweifelhaft geworden.**

319 Denn in der Sache **Alemo-Herron** hat der EuGH zum englischen Recht entschieden, dass der übernehmende Rechtsträger nach einem Betriebsübergang nicht an Tarifverträge gebunden ist, die aufgrund einer arbeitsvertraglichen Bezugnahme gelten, **wenn sie nach dem Betriebsübergang geschlossen wurden und er auf ihren Inhalt keinen Einfluss nehmen konnte.**[598] Dadurch ist für das deutsche Recht fraglich geworden, ob die Dynamik einer arbeitsvertraglichen Bezugnahmeklausel entgegen der bisherigen Rechtsprechung des BAG durch einen Betriebsübergang endet.[599]

Um der zu schützenden Vertragsfreiheit des übernehmenden Rechtsträgers im Verhältnis zum Arbeitnehmer gerecht zu werden, die der EuGH bei seiner Entscheidungsbegründung als wesentliches Argument hervorgehoben hatte, erscheinen mehrere Wege denkbar:

320 Will man nicht mit einer in der Literatur aufkommenden Ansicht das Tarifvertragsmodell im Sinne einer **kollektiv ausgeübten Privatautonomie** dahin neu interpretieren, dass Tarifnormen „gewöhnliche“ schuldrechtliche Vereinbarungen sind, die von Vertretern bzw. Ermächtigten für die Arbeitsvertragsparteien vereinbart werden, sodass für die vorliegenden Fallkonstellationen Lösungen über eine (ggf. analoge) Anwendung der §§ 168 S. 2, 183 BGB möglich werden,[600] erscheint zunächst einmal die Rückkehr zur bisherigen Rechtsprechung des BAG zur Gleichstellungsabrede als naheliegende Lösung. Denn sie ist – wie der EuGH in der Rs. Werhof[601] bestätigt hat – mit den Vorgaben der RL 2001/23/EG vereinbar. Sie müsste dann allerdings auf die Fälle ausgedehnt werden, in denen das BAG auch vor seinem Rechtsprechungswechsel eine konstitutive Bezugnahme angenommen hatte. Mit den **Grundsätzen der Vertragsauslegung** ist sie aber nicht unbedingt vereinbar. Dieser Umstand hatte das BAG ja schließlich erst zu seinem Rechtsprechungs-

---

597 BAG, Urt. v. 23.9.2009 – 4 AZR 331/08 – NZA 2010, 513; BAG, Urt. v. 24.2.2010 – 4 AZR 691/08 – NZA-RR 2010, 530.

598 EuGH, Urt. v. 18.7.2013 – C-426/11 – ZIP 2013, 1686 – Alemo-Herron u.a.

599 Ausführlich *Mückl*, ZIP 2014, 207 ff.

600 In diesem Sinne *Lobinger*, NZA 2013, 945, 946 f. m.w.N.

601 EuGH, Urt. v. 9.3.2006 – C-499/04 – DB 2006, 673 – Werhof.

wechsel veranlasst. Bereits zuvor hatte das BAG eine korrigierende Auslegung einer kleinen dynamischen Bezugnahmeklausel als Tarifwechselklausel – mit einer vereinzelt gebliebenen Ausnahme[602] – nur akzeptiert, wenn ein entsprechender Wille aus dem Vertragswortlaut oder den Begleitumständen hinreichend deutlich wird.[603] Die Vertragsauslegung bietet – interpretiert man das Tarifvertragsmodell nicht wie oben skizziert „neu" – also keinen Ausweg.

Im Lichte von Alemo-Herron scheint aber eine **unmittelbare oder zumindest analoge Anwendung von § 613a Abs. 1 S. 3 BGB** denkbar. Diskutiert wird eine Analogie in diesem Zusammenhang schon länger,[604] die das BAG allerdings bislang unter Hinweis darauf abgelehnt hat, es fehle an einer planwidrigen Regelungslücke:[605]: Die Geltung der Tarifverträge des übertragenden Rechtsträgers bestimme sich nach § 613a Abs. 1 S. 1 BGB. 321

Ausgangspunkt dieser Feststellung war jedoch die Annahme, eine dauerhafte Bindung des übernehmenden Rechtsträgers an die vorgenannten Tarifverträge sei mit den Vorgaben von Art. 3 RL 2001/23/EG vereinbar. Im Lichte von Alemo-Herron wird man aber eine **teleologische oder unechte – und damit planwidrige – Regelungslücke** annehmen können, wenn man die oben vorgenommene Auslegung von § 613a Abs. 1 S. 3 BGB als lex specialis gegenüber § 613a Abs. 1 S. 1 BGB für letztlich kollektivrechtlich begründete Rechte ablehnt. Denn bei einer unechten Regelungslücke fordert die – mithilfe der übrigen Auslegungskriterien, zu denen auch die europarechtskonforme Auslegung zählt – ermittelte ratio legis in Verbindung mit dem Gleichheitssatz die Erstreckung der Rechtsfolgeanordnung der in Rede stehenden Norm auf den zwar dem Wortlaut nach nicht erfassten, ihrem Sinn und Zweck nach aber erforderlichen Fall.[606] Letztlich würde dann § 613a Abs. 1 S. 3 BGB (analog) das Günstigkeitsprinzip zugunsten des übernehmenden Rechtsträgers ausschließen und es käme zu einem **Gleichlauf von normativer und individualvertraglicher Tarifgeltung.** 322

Auch wer diesen Schritt nicht mitgehen möchte, wird dem übernehmenden Rechtsträger – der nach den Feststellungen des EuGH insoweit auch nicht von der Änderungswilligkeit des Arbeitnehmers und damit auf einen Änderungsvertrag verwiesen werden darf – gestatten müssen, die **Dynamik durch Änderungskündigung zu beseitigen (Entdynamisierung).**[607] Auf die Änderungskündigung als Gestaltungsmittel hatte das BAG in diesem Kontext bereits hingewiesen,[608] obwohl es sie als 323

602 BAG, Urt. v. 4.9.1996 – 4 AZR 135/95 – NZA 1997, 271.

603 BAG, Urt. v. 17.11.2010 – 4 AZR 391/09 – NZA 2011, 356.

604 Dafür z.B. *Henssler*, in: FS Schaub, S. 311, 322f.; a.A. z.B. *Jacobs*, BB 2011, 2037, 2040.

605 Z.B. BAG, Urt. v. 17.11.2010 – 4 AZR 391/09 – NZA 2011, 356.

606 Vgl. nur *Bydlinski*, S. 474.

607 In diesem Sinne bereits vor Alemo-Herron *Giesen*, NZA 2006, 625, 631f.; WHSS/*Hohenstatt*, Rn E 216; *Jacobs*, BB 2011, 2037, 2040.

608 BAG, Urt. v. 18.4.2007 – 4 AZR 652/05 – NZA 2007, 965.

Mittel zur Vereinheitlichung der Arbeitsbedingungen „nach unten" in ständiger Rechtsprechung ablehnt.[609] Führt man sich jedoch vor Augen, dass die Entdynamisierung nicht entgeltabsenkend wirkt, sondern den **status quo erhält**, indem sie den Vertragsinhalt lediglich von der Veränderung durch die Tarifvertragsparteien befreit und damit letztlich die in § 3 Abs. 3 TVG angeordnete Rechtsfolge auf die vertragliche Tarifgeltung überträgt, ist sie – jedenfalls im Lichte der Feststellungen des EuGH zum Schutz der Vertragsfreiheit des übernehmenden Rechtsträgers in der Rs. Alemo-Herron – **in aller Regel sozial gerechtfertigt (§ 2 KSchG).** Die strengen Maßstäbe einer Änderungskündigung zur Entgeltsenkung können insoweit – entgegen den Feststellungen des BAG im Urteil vom 12.1.2006[610] – nicht (mehr) zur Anwendung kommen.

cc) Inkrafttreten eines Tarifvertrags nach Betriebsübergang

324 Wenn ein Tarifvertrag bis zum Betriebsübergang **noch nicht in Kraft getreten** ist, haben seine Rechte und Pflichten für das beim Erwerber fortbestehende Arbeitsverhältnis **keine Bedeutung.** Dies gilt auch dann, wenn die Regelungen erst „ab Betriebsübergang" gelten.[611] Dies hat das BAG mit Urteil vom 16.5.2012[612] klargestellt. Dabei kommt es nicht darauf an, ob eine gesetzliche oder (nur) eine vertragliche Bindung an den beim übertragenden Rechtsträger jeweils geltenden Tarifvertrag bestanden hat. Denn zu den Rechten und Pflichten eines Tarifvertrags, die nach § 613a Abs. 1 S. 2 BGB Inhalt des Arbeitsverhältnisses beim Erwerber werden, gehören nur solche Regelungen eines Tarifvertrags, die bis zum Wirksamwerden des Betriebs- oder Betriebsteilübergangs bereits in Kraft getreten sind. Entsprechendes gilt – jedenfalls nach bisheriger Rechtsprechung des BAG –, wenn die Tarifbindung durch arbeitsvertragliche Bezugnahme auf den für den Arbeitgeber jeweils kraft Gesetzes verbindlichen Tarifvertrag erfolgt ist (§ 613a Abs. 1 S. 1 BGB). Denn **im Zweifel** will der Arbeitgeber nur die Tarifverträge zur Anwendung bringen, die im Verhältnis zu den Arbeitnehmern **mit gesetzlicher Tarifbindung** Geltung beanspruchen. Nur diese sind die „im Zeitpunkt" des Betriebsübergangs geltenden Regelungen. Dies gilt jedenfalls für Arbeitsverträge **mit Abschluss bis zum 31.12.2001.** Lediglich bei **Verbandstarifverträgen** wird man anderes annehmen können, wenn Arbeitsverträge, die seit dem Inkrafttreten der Schuldrechtsmodernisierung **(1.1.2002)** abgeschlossen worden sind, in Rede stehen und keine ausdrückliche Begrenzung auf die für den Arbeitgeber jeweils kraft Gesetzes verbindlichen Tarifverträge enthalten.

---

609 Vgl. BAG, Urt. v. 12.1.2006 – 2 AZR 126/05 – NJW 2006, 3805; BAG, Urt. v. 16.5.2002 – 2 AZR 292/01 – NZA 2003, 147.

610 BAG, Urt. v. 12.1.2006 – 2 AZR 126/05 – NJW 2006, 3805.

611 Vgl. auch BAG, Urt. v. 20.6.2012 – 4 AZR 657/10 – DB 2013, 238.

612 BAG, Urt. v. 16.5.2012 – 4 AZR 320/10 – ZInsO 2012, 1895.

f) Ablösung einer Betriebsvereinbarung nach Betriebsübergang durch Betriebsvereinbarung

Soweit eine Betriebsvereinbarung **nicht bereits nach betriebsverfassungsrechtlichen Grundsätzen kollektivrechtlich als Betriebsvereinbarung weitergilt,**[613] gelten die Rechte und Pflichten einer Betriebsvereinbarung als Inhalt des Arbeitsverhältnisses fort[614] und können für die Dauer eines Jahres auf individualrechtlicher Ebene nicht zum Nachteil der vom Übergang ihres Arbeitsverhältnisses betroffenen Arbeitnehmer geändert werden (§ 613a Abs. 1 S. 2 BGB). 325

Dieser Bestandsschutz gilt allerdings nur eingeschränkt. Denn die Rechte und Pflichten einer bis zum Übergang des Arbeitsverhältnisses geltenden Betriebsvereinbarung können gemäß § 613a Abs. 1 S. 3 BGB durch eine beim Betriebserwerber abgeschlossene Betriebs-, Gesamtbetriebs- oder Konzernbetriebsvereinbarung **abgelöst** werden, wenn das Arbeitsverhältnis in den Geltungsbereich fällt und die neue Vereinbarung auch unter Berücksichtigung der gesetzlichen Zuständigkeitsverteilung zwischen Betriebs-, Gesamt- und Konzernbetriebsrat wirksam ist. Die als Inhalt des Arbeitsverhältnisses kollektivrechtlich weitergeltenden Regelungen sind – so das BAG – inhaltlich nicht weiter geschützt, als sie es bei ihrem normativen Fortbestehen beim Betriebserwerber gewesen wären.[615]

Auf die Günstigkeit der Neuregelung kommt es nicht an. Entsprechendes würde dann gelten, wenn eine als Betriebsvereinbarung weiter geltende Regelung durch eine neue Betriebs-, Gesamt- oder Konzernbetriebsvereinbarung abgelöst wird. Weitergehende Schranken enthält § 613a Abs. 1 S. 4 BGB.

Eine entsprechende Ablösung kann – wie das BAG im Urteil vom 13.3.2012[616] klargestellt hat – auch durch einen **Spruch der Einigungsstelle** geschehen. Auch insoweit kommt es auf die Günstigkeit der Regelung nicht an.

Praxistipp !

Die Rechtsfolgen eines Betriebsübergangs müssen in seinem Vorfeld rechtzeitig analysiert werden, um von vorhandenen Gestaltungsspielräumen Gebrauch machen zu können. Die Erkenntnisse einer Due Diligence müssen im Kaufvertrag und Unterrichtungsschreiben gemäß § 613a Abs. 5 BGB umgesetzt werden. Wichtig sind sie auch für die Gestaltung arbeitsvertraglicher Bezugnahmeklauseln.

---

g) Kündigungsrechtliche Folgen eines Betriebsübergangs

Gemäß § 613a Abs. 4 S. 1 BGB ist eine Kündigung wegen des Betriebsübergangs ausgeschlossen. Kündigungen aus anderen Gründen bleiben von diesem Verbot gemäß 326

---

613 Vgl. zusammenfassend *Niklas/Mückl*, DB 2008, 2250 ff.; *Mückl*, ZIP 2012, 2373, 2374.

614 Vgl. Zur Fortgeltung von Betriebsvereinbarungen beim Betriebsteilübergang auch *Monz*, BB 2012, 1923.

615 BAG, Urt. v. 13.3.2012 – 1 AZR 659/10 – NZA 2012, 990.

616 BAG, Urt. v. 13.3.2012 – 1 AZR 659/10 – NZA 2012, 990.

§ 613a Abs. 4 S. 2 BGB unberührt.[617] Das wird auch in der betrieblichen Praxis der Energiewirtschaft nicht in Frage gestellt.

Diskutiert wird in der Energiewirtschaft aber, ob für eine betriebsbedingte Kündigung im Anschluss an einen Widerspruch gegen den Übergang des Arbeitsverhältnisses gemäß § 613a Abs. 6 BGB energiewirtschaftsrechtlich bedingt besondere Grundsätze hinsichtlich der Sozialauswahl Anwendung finden.

aa) Teleologische Reduktion von § 1 Abs. 3 KSchG?

327 Teilweise wird vertreten, dass es zur effektiven Umsetzbarkeit der Entflechtungsbestimmungen einer teleologischen Reduktion des § 1 Abs. 3 KSchG bedürfe.[618] Die Überführung des Netzbetriebs und der damit verbundene Übergang der Arbeitsverhältnisse auf die Netzgesellschaft entsprechen dem Willen des Gesetzgebers. Der Widerspruch der Arbeitnehmer gegen den Betriebsübergang stehe **im Gegensatz zum Willen des Gesetzgebers** und müsse deshalb unter Berücksichtigung der europarechtlichen Zielsetzung stets als richtlinienfeindlich qualifiziert werden. Daher sei der widersprechende Arbeitnehmer stets als sozial weniger schutzwürdig zu qualifizieren als vergleichbare Arbeitnehmer, die vom Betriebsübergang nicht betroffen sind. Der widersprechende Arbeitnehmer dürfe sich nicht auf die fehlerhafte Sozialauswahl berufen.

bb) Nichterforderlichkeit einer Sozialauswahl?

328 Noch weitergehend, aber in dieselbe Richtung weisend, wird darüber hinaus vertreten, dass eine betriebsbedingte Kündigung des widersprechenden Arbeitnehmers ohne Sozialauswahl gerechtfertigt sei, weil der Arbeitgeber kraft Gesetzes gezwungen sei, eine Funktionsausgliederung vorzunehmen, ohne über eine vom Gesetz zugelassene Alternative zu verfügen.[619]

cc) Berücksichtigung der Gründe für den Widerspruch im Rahmen der Sozialauswahl?

329 Die in der Literatur vertretene Gegenansicht sieht demgegenüber kein Bedürfnis dafür, die Sozialauswahl bei einem Widerspruch gegen den Übergang des Arbeitsverhältnisses auszuschließen. Zunächst einmal kämen diese Fälle ohnehin so gut wie nie vor. Sollte dies doch einmal der Fall sein, könnten die Gründe für den Widerspruch allerdings im Rahmen der Sozialauswahl beachtet werden.

---

617 Vgl. nur *Kaluza*, S. 222 ff.
618 In diesem Sinne *Seitz/Werner*, BB 2005, 1961, 1963.
619 Vgl. in diesem Sinne BerlinKomm/*Säcker/Schönborn*, § 7 EnWG Rn 26.

dd) Richtiger Ansatz: Allgemeine Grundsätze

Keine teleologische Reduktion

All diesen Ansichten wird man nicht folgen können. Gegen die erste Auffassung, 330 nach der ein Arbeitnehmer in Folge seines Widerspruchs stets sozial weniger schutzwürdig als andere Arbeitnehmer sein soll, spricht bereits, dass dies letztlich auf eine **teleologische Reduktion** von § 1 Abs. 3 KSchG hinausläuft. Für eine derartige Reduktion ist allerdings – wie bereits in anderem Kontext aufgezeigt (vgl. unter Kapitel 2 Rn 275ff.) – kein Raum. Gegen sie sprechen sowohl der Wille des historischen Gesetzgebers als auch die diesen Willen zum Ausdruck bringende Gesetzessystematik, nach der im EnwG bewusst keine arbeitsrechtlichen Sonderregelungen getroffen worden sind.

Mit Blick auf die Notwendigkeit einer Sozialauswahl ist dies auch **durch die Ziele der Entflechtungsvorgaben nicht gefordert**. Es ist nämlich nicht erkennbar, inwieweit die Ziele es EnWG nur dadurch erreicht werden können, dass keine Sozialauswahl durchgeführt wird, bzw. sich der Arbeitnehmer nicht auf die Fehlerhaftigkeit einer Sozialauswahl berufen darf.

Letztlich wird insoweit nur wiederum versucht – diesmal allerdings auf dem Umweg über eine zwingende Kündigungsfolge – das Recht zum Widerspruch gegen den Übergang des Arbeitsverhältnisses auszuschließen. Das Widerspruchsrecht besteht aber – wie bereits gezeigt (vgl. unter Kapitel 2 Rn 294) – uneingeschränkt. Die hierfür entwickelten Überlegungen sprechen daher auch gegen eine Einschränkung der Sozialauswahl.

Notwendigkeit einer Sozialauswahl ohne Berücksichtigung des Widerspruchsgrunds

Folgerichtig ist auch vor einer betriebsbedingten Kündigung eines dem Übergang 331 seines Arbeitsverhältnisses auf die Netzgesellschaft widersprechenden Arbeitnehmers eine Sozialauswahl durchzuführen. In deren Rahmen ist in Übereinstimmung mit der Rechtsprechung des BAG – entgegen einer von Teilen der Literatur vertretenen Auffassung – der Widerspruch gegen den Übergang des Arbeitsverhältnisses nicht zu berücksichtigen.

Denn wie das BAG bereits in seinem Urteil vom 31.5.2007[620] klargestellt hat, stehen einer Berücksichtigung der Widerspruchsgründe im Rahmen der Sozialauswahl nach § 1 Abs. 3 S. 1 KSchG der eindeutige Wortlaut der Norm entgegen, der die Sozialauswahl auf die vier gesetzlich vorgesehenen Kriterien beschränke. Diese Auflistung sei – so das BAG – abschließend und stehe daher der Berücksichtigung der Gründe für den Widerspruch im Rahmen der Sozialauswahl entgegen. Die Gründe für den Widerspruch könnten auch nicht vermittelt über § 1 Abs. 3 S. 2 KSchG Berücksichtigung finden. Denn es sei regelmäßig keine zulässige Gestaltungsmöglich-

620 BAG, Urt. v. 31.5.2007 – 2 AZR 276/06 – NZA 2008, 33.

keit, alle Arbeitnehmer, die von dem Betriebsübergang nicht betroffen waren, aus der Sozialauswahl herauszunehmen und damit letztlich den Kreis der für eine Kündigung in Betracht zu ziehenden Arbeitnehmer auf die widersprechenden Arbeitnehmer zu beschränken.

Praxistipp
Auch in Fällen des sog. Kollektivwiderspruchs gelten die allgemeinen Grundsätze für dessen Zulässigkeit oder Unzulässigkeit. Lediglich in extremen Ausnahmefällen, in denen mit einem Kollektivwiderspruch letztlich schwerwiegende Betriebsablaufstörungen riskiert oder die Entflechtungsziele erkennbar verhindert werden sollen, wird man von einem Fall des treuwidrigen und damit unzulässigen Widerspruchs ausgehen können.[621]

II. Umwandlungsrechtliche Lösungen

332 Erhebliche Erleichterungen in der praktischen Umsetzung von arbeitsrechtlichen Umstrukturierungen, die mit der Übertragung von Betrieben oder Betriebsteilen verbunden werden sollen, bringt die Nutzung der durch das Umwandlungsgesetz (UmwG) zur Verfügung gestellten Gestaltungsmöglichkeiten mit sich.[622] Nutzbar gemacht werden können sie – wie unter Kapitel 2 Rn 424ff. gezeigt werden wird – durch die Energiewirtschaft vor allem auch zum Vollzug von Modellwechseln. Da dort zurzeit ihr für die Energiewirtschaft wesentlicher praktischer Anwendungsbereich liegt, werden nachfolgend zunächst einmal die Grundstrukturen derartiger Gestaltungsmöglichkeiten aufgezeigt und erst daran anschließend – unter Kapitel 2 Rn 428ff. – ihr praktischer Einsatz bei der Umsetzung von Modellwechseln bewertet.

1. Umwandlungsmöglichkeiten nach dem UmwG

333 Das Umwandlungsgesetz sieht abschließend vier gesetzliche Umwandlungsarten vor. Dabei handelt es sich namentlich um
- Verschmelzung (§§ 2–122 UmwG)
- Spaltung (§§ 123–173 UmwG)
- Vermögensübertragung (§§ 178–189 UmwG)
- Formwechsel (§§ 190–304 UmwG).

621 *Kaluza*, S. 235.
622 Dazu *Mengel*, Umwandlungen im Arbeitsrecht; *Boecken*; Arens/Düwell/Wichert/*Arens*/*Düwell*, § 4; Beseler/Düwell/Göttling/*Düwell*; demnächst ausführlich Fuhlrott/Herrnstadt/Mückl/Niklas/Wollwert/*Mückl*.

Während mit den ersten drei Umwandlungsarten eine Vermögensübertragung verbunden ist, erfolgt beim Formwechsel lediglich eine Änderung der Rechtsform, sodass dort ein Vermögensübergang nicht stattfindet.

Der **wesentliche praktische Vorteil** derartiger Umwandlungen liegt darin, dass entweder gar keine Vermögensübertragung erfolgen muss (Formwechsel) oder eine (partielle) Gesamtrechtsübertragung erfolgt, ohne dass eine Vielzahl von Einzelübertragungsakten bzw. die Zustimmung der Gläubiger erforderlich ist. Denn die übertragenen Umwandlungen erfolgen durch eine rechtsgeschäftliche, insbesondere durch Verschmelzungs-, Spaltungs- und Übernahmeverträge geregelte **vollständige oder teilweise Gesamtrechtsnachfolge** des übernehmenden Rechtsträgers. Er tritt kraft Gesetzes in die Rechte und Pflichten des übertragenden Rechtsträgers ein.

2. Spaltungsarten und besondere Vorgaben für Spaltungen

Insbesondere dann, wenn im Zuge der Entflechtung bzw. anlässlich eines Konzessi- 334
onswechsels nicht das gesamte Vermögen des bisherigen Netzbetreibers übertragen werden soll, sondern lediglich einzelne Vermögenswerte (z.B. – bei entsprechender Spartenorganisation – eine Sparte oder bspw. ein Betriebsteil) als Gesamtheit zusammengefasst, kommt eine Übertragung im Wege der Spaltung in Betracht. In § 123 UmwG sind abschließend **drei Arten der Spaltung** geregelt:

- Aufspaltung (§ 123 Abs. 1 UmwG)
- Abspaltung (§ 123 Abs. 2 UmwG)
- Ausgliederung § 123 Abs. 3 UmwG).

Alle drei Spaltungsarten können entweder **zur Aufnahme oder zur Neugründung** erfolgen. Dies bedeutet, dass entweder ein bereits bestehender Rechtsträger den durch Spaltung übertragenen Gegenstand aufnimmt (Spaltung zur Aufnahme) oder der aufnehmende Rechtsträger (übernehmender Rechtsträger) erst durch die Übernahme der durch Spaltung separierten Vermögensteile neu entsteht (Spaltung zur Neugründung).

Alle drei Varianten der Spaltung sind mit einer **partiellen Gesamtrechtsnachfolge** verbunden. Dies bedeutet, dass in dem Umfang, der im Spaltungsvertrag bzw. Spaltungsplan vorgesehen ist, Vermögensgegenstände (Aktiva und Passiva) auf den oder die übernehmenden Rechtsträger übergehen, der jeweils übernehmende Rechtsträger also insoweit – ohne das Erfordernis von Einzelübertragungsakten – in die Rechtsstellung des übertragenden Rechtsträger eintritt.

a) Aufspaltung

Eine Aufspaltung liegt vor, wenn ein Rechtsträger (übertragender Rechtsträger) sein 335
(gesamtes) Vermögen aufspaltet und die durch Aufspaltung entstehenden Vermögensteile **jeweils als Gesamtheit** auf andere Rechtsträger (übernehmende Rechts-

träger) überträgt. Dies kann entweder zur Aufnahme oder zur Neugründung geschehen.

Die Aufspaltung ist dadurch gekennzeichnet, dass
- der übertragende Rechtsträger durch sie **ohne Abwicklung seines Vermögens** aufgelöst wird und erlischt;
- die **Anteilseigner des übertragenden Rechtsträgers Anteile oder Mitgliedschaftsrechte an den übernehmenden Rechtsträgern** erhalten.

b) Abspaltung

336 Bei der Abspaltung spaltet der übertragende Rechtsträger demgegenüber von seinem Vermögen **einen Teil oder mehrere Teile** ab und überträgt diese bzw. diesen jeweils **als Gesamtheit** auf einen oder mehrere schon bestehende übernehmende Rechtsträger (dann Abspaltung zur Aufnahme). Ebenfalls möglich ist, dass er den oder die abgespaltenen Teile seines Vermögens jeweils als Gesamtheit auf einen oder mehrere, von ihm dadurch (im Wege der Sachgründung) **gegründete(n) Rechtsträger** überträgt (dann Abspaltung zur Neugründung).

Die Abspaltung ist dadurch gekennzeichnet, dass
- der übertragende Rechtsträger (mit seinem restlichen Vermögen) **bestehen bleibt**;
- die **Anteilseigner des übernehmenden Rechtsträgers Anteile oder Mitgliedschaftsrechte an dem oder den übertragenden Rechtsträger(n)** erhalten.

c) Ausgliederung

337 Bei der Ausgliederung gliedert der übertragende Rechtsträger aus seinem Vermögen einen oder mehrere Teile aus und überträgt diese(n) jeweils als Gesamtheit auf einen bestehenden oder mehrere bestehende übernehmende Rechtsträger (Ausgliederung zur Aufnahme). Alternativ ist auch insoweit möglich, dass er diesen Teil seines Vermögens bzw. die mehreren ausgegliederten Vermögensteile jeweils als Gesamtheit auf einen oder mehrere von ihm dadurch gegründete(n) neue(n) Rechtsträger überträgt (dann Ausgliederung zur Neugründung), **wobei er selbst Anteile oder Mitgliedschaftsrechte an dem oder den aufnehmenden Rechtsträger(n) erhält.** Es entsteht also ein Mutter-Tochter-Verhältnis.

Die Ausgliederung ist dadurch gekennzeichnet, dass
- der übertragende Rechtsträger **bestehen bleibt**;
- der **übertragende Rechtsträger selbst** (und nicht wie bei der Abspaltung seiner Anteilsinhaber) die Anteile oder Mitgliedschaftsrechte an dem oder den übernehmenden Rechtsträger(n) erhält.

Nach § 131 Abs. 1 Nr. 1 S. 1 UmwG geht bei einer Ausgliederung nach § 123 Abs. 3 Nr. 2 UmwG das Vermögen des ausgegliederten Teils des übertragenden Rechtsträgers einschließlich der Verbindlichkeiten entsprechend der im Spaltungsvertrag vorgesehenen Aufteilung jeweils als Gesamtheit auf den übernehmenden Rechtsträger über (sog. **partielle Gesamtrechtsnachfolge**).

3. Verschmelzung

Unter einer Verschmelzung ist nach § 2 UmwG demgegenüber die Übertragung des Vermögens von mehreren Rechtsträgern **als Ganzes unter Auflösung des oder der übertragenden Rechtsträger ohne Liquidation (Abwicklung)** zu verstehen.[623] 338

Als Gegenleistung für die Übertragung werden **den Anteilsinhabern des übertragenden Rechtsträgers Anteile oder Mitgliedschaftsrechte an dem übernehmenden Rechtsträger gewährt**.

Der bzw. die übertragende(n) Rechtsträger erlöschen dabei im Wege der Auflösung ohne vorher in einem Liquidationsverfahren abgewickelt zu werden. Die Verschmelzung erfolgt entweder gemäß § 2 Nr. 1 UmwG als Verschmelzung zur Aufnahme oder sie kann nach § 2 Nr. 2 UmwG als Verschmelzung zur Neugründung durchgeführt werden. In letztgenannten Fall wird das Vermögen der übertragenden Rechtsträger auf einen von diesen neu gegründeten gemeinsamen Rechtsträger übertragen.

4. Anwachsung

Ähnliche arbeitsrechtliche Effekte wie eine Verschmelzung bzw. Aufspaltung kann eine Anwachsung (§ 738 BGB) haben, die allerdings nur bei Personengesellschaften in Betracht kommt, als die EVU typischerweise nicht verfasst sind. Sie sollen daher hier nicht näher betrachtet werden.[624] 339

5. Wirksamwerden der Umwandlung

Zivilrechtlich wirksam werden alle vorgenannten Umwandlungen nach dem Umwandlungsgesetz jedenfalls durch die **Eintragung der Umwandlung in das Handelsregister** (§§ 20 Abs. 1, 36 Abs. 1, 131 Abs. 1, 135 Abs. 1, 202 Abs. 1 UmwG). An diesem Tag treten auch die arbeitsrechtlichen Folgen einer Umwandlung ein.[625] 340

---

623 Nicht behandelt werden hier die Besonderheiten einer grenzüberschreitenden Verschmelzung oder europäischer Gesellschaftsformen.

624 Vgl. dazu *Schnitker/Grau*, ZIP 2008, 394; *Otto/Mückl*, BB 2011, 1978; *Vogt/Oltmanns*, NZA 2012, 1190.

625 *Mengel*, S. 43; Arens/Düwell/Wichert/*Arens/Düwell*, § 4 Rn 47; HWK/*Willemsen*, § 324 UmwG Rn 9.

Praxistipp
Eine Rückwirkung ist – anders als für bilanzielle Stichtage u.ä. – auch nicht durch Vereinbarung im Umwandlungsvertrag oder Spaltungsplan möglich.

6. Arbeitsrechtliche Wirkung von Umwandlungen im Überblick

a) Betriebsübergang

341 Eine der wichtigsten praktischen Folgen einer übertragenden Umwandlung kann ein Betriebsübergang i.S.d. § 613a BGB sein. Denn § 324 UmwG regelt nach der Rechtsprechung des BAG, dass § 613a BGB in allen Fällen der übertragenden Umwandlung Anwendung findet.[626]

aa) Rechtsgrundverweisung

342 Bei § 324 UmwG handelt es sich nach der Rechtsprechung des BAG allerdings um eine Rechtsgrund- und nicht um eine Rechtsfolgenverweisung,[627] sodass – mit Ausnahme des Merkmals „durch Rechtsgeschäft" (i.S. einer Einzelrechtsnachfolge)[628] – alle tatbestandlichen Voraussetzungen des § 613a BGB gegeben sein müssen, damit eine Umwandlungsmaßnahme mit einem Betriebsübergang verbunden ist.

bb) Bewertung von Spaltungen

343 In der Praxis kommen vor allem die Spaltung und Ausgliederung (§ 123 UmwG) sehr häufig vor, sind aber nicht zwangsläufig mit einem Betriebs(teil)übergang verbunden. Maßgeblich insoweit der Inhalt des Spaltungs- bzw. Ausgliederungsvertrages (§ 125 UmwG i.V.m. § 4 UmwG; vgl. auch den Wortlaut des § 126 I Nr. 9 UmwG: „... genaue Bezeichnung der übergehenden Betriebe und Betriebsteile unter Zuordnung zu den übernehmenden Rechtsträgern").

Hinsichtlich der Voraussetzungen des § 613a BGB, d.h. in Bezug auf die Frage, ob die Spaltung oder Ausgliederung überhaupt einen Betriebs(teil)übergang auslöst, gilt also ebenso wie im originären Anwendungsbereich von § 613a BGB der Grundsatz der Privatautonomie, so dass in der Praxis weitreichende Gestaltungsmöglichkeiten bestehen.

---

626 BAG, Urt. v. 24.6.1998 – 4 AZR 208/97 – NZA 1998, 1346.

627 BAG, Urt. v. 25.5.2000 – 8 AZR 416/99 – NZA 2000, 1115.

628 Zur praktischen Bedeutung im Kontext von Umwandlungen vgl. HWK/*Willemsen*/*Müller-Bonanni*, § 613a BGB Rn 190.

cc) Bewertung einer Verschmelzung

Auf die Verschmelzung trifft das nicht zu: Verfügt der übertragende Rechtsträger über einen oder mehrere Betriebe, ist es wegen der Gesamtrechtsnachfolge gemäß § 20 Abs. 1 Nr. 1 UmwG nicht möglich, lediglich einzelne Betriebsmittel unter Verbleib des Betriebs beim bisherigen (erlöschenden) Rechtsträger zu übertragen.[629] 344

Praxistipp !

Der Eintritt des aufnehmenden Rechtsträgers in die bestehenden Arbeitsverhältnisse nach § 613a BGB i.V.m. § 324 UmwG (bzw. § 20 Abs. 1 Nr. 1 UmwG)[630] lässt sich hier nur durch eine vorhergehende Betriebsstilllegung und Beendigung der Arbeitsverhältnisse beim übertragenden Rechtsträger vermeiden.[631] Bei EVU kommt dies – wie oben unter Kapitel 2 Rn 268 dargelegt – jedoch zumeist nicht in Betracht. Denkbar ist stattdessen, den Betrieb bzw. Betriebsteil vor Wirksamwerden der (ersten) Verschmelzung nach § 613a BGB, d.h. rechtsgeschäftlich im Wege der Einzelrechtsübertragung, auf einen anderen Rechtsträger zu übertragen, sodass er von der Verschmelzung nicht erfasst ist. Diese Lösung kommt insbesondere bei mehrstufigen Verschmelzungsvorgängen in Betracht.[632] Denkbar ist darüber hinaus, vor der Übertragung Kündigungen nach einem Erwerberkonzept auszusprechen,[633] sodass die Arbeitsverhältnisse „immerhin" lediglich im gekündigten Zustand übergehen und dann beim übernehmenden Rechtsträger mit Ablauf der Kündigungsfrist enden, ohne dass dem § 613a Abs. 4 BGB i.V.m. § 324 UmwG entgegensteht.

dd) Rechtsfolgen eines umwandlungsbedingten Betriebsübergangs

Übergang des Arbeitsverhältnisse kraft Gesetzes; Widerspruchsrecht des Arbeitnehmer.

Gemäß § 613a Abs. 1 BGB geht das Arbeitsverhältnis im Falle eines Betriebsinhaber- 345
wechsels kraft Gesetzes auf den neuen Betriebsinhaber über. Der gesetzliche Übergang erfasst den gesamten Inhalt des Arbeitsverhältnisse einschließlich der Versorgungsanwartschaften aktiver Arbeitnehmer (vgl. ausführlich unter Kapitel 2 Rn 302ff.). Genau dieselbe Rechtsfolge ergibt sich aufgrund der (partiellen) Gesamtrechtsnachfolge in den Fällen der Verschmelzung, Spaltung oder Vermögensübertragung.

Soweit § 613a BGB eingreift, braucht der einzelne Arbeitnehmer also im Rahmen der Verschmelzung, Spaltung usw. dem Übergang seines Arbeitsverhältnisse nicht zuzustimmen.

---

629 Kallmeyer/*Willemsen*, § 324 UmwG Rn 10.

630 Ob der Eintritt in Arbeitsverhältnisse nach § 613a Abs. 1 S. 1 BGB oder § 20 Abs. 1 Nr. 1 UmwG erfolgt, hat das BAG für den Fall der Verschmelzung offen gelassen, vgl. BAG, Urt. v. 6.8.2002 – 1 ZR 247/01 – NZA 2003, 449.

631 HWK/*Willemsen/Müller-Bonanni*, § 613a BGB Rn 189.

632 HWK/*Willemsen/Müller-Bonanni*, § 613a BGB Rn 64.

633 BAG, Urt. v. 20.9.2006 – 6 AZR 249/05 – NZA 2007, 387.

Praxistipp
Eine Zustimmung ist jedoch nach Teilen der Literatur bei rein spaltungsrechtlichen Übertragung von Arbeitsverhältnissen, also außerhalb eines Betriebs- oder Betriebsteilübergangs, erforderlich.[634]

Unterrichtung und Widerspruchsrecht

346 Nach § 324 UmwG i.V.m. § 613a Abs. 5, 6 BGB besteht im Rahmen von umwandlungsbedingten Betriebsübergängen neben der in jedem Fall eingreifenden Unterrichtungspflicht nach § 613a Abs. 5 BGB grundsätzlich auch ein Widerspruchsrecht nach § 613a Abs. 6 BGB. Erlischt der übertragende Rechtsträger allerdings infolge einer Verschmelzung oder Aufspaltung, besteht stattdessen **ein (befristetes) Recht des Arbeitnehmers zur außerordentlichen Kündigung nach § 626 BGB.**[635] Die Zwei-Wochen-Frist des § 626 Abs. 2 BGB beginnt mit Kenntnis von dem Wirksamwerden der zum Erlöschen führenden Umwandlung durch Eintragung in das Handelsregister.[636]

„Kündigungssperre" gemäß § 613a Abs. 4 BGB

347 § 613a Abs. 4 BGB, der eine Kündigung „wegen Betriebsübergangs" für unwirksam erklärt, Kündigungen „aus anderen Gründen" jedoch unberührt lässt, greift auch bei umwandlungsbedingten Betriebsübergängen ein.

Haftungsfragen.

348 § 324 UmwG nimmt allerdings lediglich Abs. 1 und Abs. 4 bis 6 des § 613a BGB in Bezug, während Abs. 2 und 3 ausdrücklich ausklammert werden. Die Konsequenzen daraus, insbesondere die Frage, ob in Bezug auf die Haftung für arbeitsrechtliche Ansprüche § 613a Abs. 2BGB **neben oder anstelle des umwandlungsrechtlichen Haftungsregimes** der §§ 22 und 133f. UmwG gilt, ist in der Literatur umstritten.[637] § 613a Abs. 3 BGB beantwortet diese Frage nicht. Letztlich dürften für den **Vorrang der umwandlungsrechtlichen Haftung** aber die besseren Gründe sprechen: Denn ein Grund für eine Schlechterstellung der Arbeitnehmer gegenüber anderen Gläubigern ist nicht erkennbar ist, sodass §§ 22, 133f. UmwG letztlich als leges speciales zu qualifizieren sind.[638]

Fortgeltung von Tarifverträgen und Betriebsvereinbarungen

349 § 324 UmwG stellt darüber hinaus klar, dass in Fällen der Verschmelzung, Spaltung und Vermögensübertragung auch § 613a Abs. 1 S. 2 bis 4 BGB Anwendung finden (vgl. ausführlich oben unter Kapitel 2 Rn 305ff.).

Ausgehend von der Rechtsprechung des BAG, nach der es sich bei den gemäß § 324 UmwG auch vorliegend anwendbaren Bestimmungen des § 613a Abs. 1 S. 2 bis

---

634 HWK/*Willemsen*, § 324 UmwG Rn 14, 27 m.w.N.

635 BAG, Urt v. 21.2.2008 – 8 AZR 157/07 – NZA 2008, 815; *Otto/Mückl*, BB 2011, 1978.

636 Ausführlich *Otto/Mückl*, BB 2011, 1978ff.

637 Vgl. zum Streitstand z.B. HWK/*Willemsen*, § 324 UmwG Rn 18 m.w.N.

638 Ebenso HWK/*Willemsen*, § 324 UmwG Rn 18; Beseler/Düwell/Göttling/*Düwell*, S. 471ff.

4 BGB lediglich um eine **Auffangregelung** handelt, ist auch in Umwandlungsfällen mit Blick auf die Tarifbindung zunächst zu prüfen, ob eine normative Tarifbindung (z.B. aufgrund identischer Tarifbindung des übernehmenden Rechtsträgers, Allgemeinverbindlichkeit des Tarifvertrags oder eines Beitritts des übernehmenden Rechtsträgers) fortbesteht.

Dies wird in Umwandlungsfällen allerdings in der Regel dann nicht der Fall 350
sein, wenn es sich um einen **Verbandstarifvertrag** handelt. Denn die Mitgliedschaft des (bisherigen) Arbeitgebers in einem bestimmten Arbeitgeberverband und damit auch die Bindung an einen Verbandstarifvertrag geht nach **§ 38 BGB** (soweit die Satzung nicht etwas anderes bestimmt, § 40 BGB) mit der Folge nicht kraft Gesamtrechtsnachfolge auf den neuen Rechtsträger über,[639] dass derartige Tarifverträge **nicht „automatisch" kollektivrechtlich weitergelten.**[640]

Umgekehrt gilt ein **Firmentarifvertrag** bei Verschmelzungen in aller Regel nor- 351
mativ weiter.[641] Denn bei ihm handelt es sich um eine der **Verbindlichkeiten i.S.d. § 20 Abs. 1 Nr. 1 UmwG**, die im Wege der Gesamtrechtsnachfolge auf den übernehmenden Rechtsträger übergeht.[642] Allerdings bleibt sein Geltungsbereich typischerweise mit der Folge auf die betriebliche Verhältnisse bei dem übertragenden Rechtsträger beschränkt, dass er nicht für die originären Arbeitnehmer des aufnehmenden Rechtsträgers gilt.[643]

Bei der Auf-/Abspaltung bzw. Ausgliederung ist eine differenzierte Bewertung 352
erforderlich. Bei derartigen Übertragungsvorgängen geht ein Firmentarifvertrag gemäß § 131 Abs. 1 Nr. 1 UmwG – wie das BAG in seinem Urteil vom 21.11.2012[644] zutreffend klargestellt hat – lediglich insoweit auf den bzw. die übernehmenden Rechtsträger über, wie dies **im Spaltungs- und Übernahmevertrag vorgesehen** ist.[645] Ob es hier zu einer „Vervielfachung" des Firmentarifvertrags kommen kann, ist in der Literatur umstritten.[646]

Ebenfalls von der Bewertung des § 613a Abs. 1 S. 2 bis 4 BGB als Auffangnorm 353
ausgehend gilt entsprechendes auch für **Betriebsvereinbarungen**: Behält der Be-

---

639 BAG, Urt. v. 13.7.1994 – 4 AZR 555/93 – NZA 1995, 479.

640 BAG,Urt. v. 5.10.1993 – 3 AZR 586/92 – NZA 1994, 848; BAG, Urt. v. 13.7.1994 – 4 AZR 555/93 – NZA 1995, 479; für die Möglichkeit einer Rechtsnachfolge in die Verbandsmitgliedschaft bei entsprechender Regelung im Spaltungs- und Übernahmevertrag LAG Baden-Württemberg, Beschl. v. 24.10.2000 – 10 TaBV 2/99 – BB 2001, 257.

641 BAG, Urt. v. 24.6.1998 – 4 AZR 208/97 – DB 1999, 290.

642 BAG, Urt. v. 24.6.1998 – 4 AZR 208/97 – DB 1999, 290.

643 Wie hier HWK/*Willemsen*, § 324 UmwG Rn 20 m.w.N.

644 BAG, Urt. v. 21.11.2012 – 4 AZR 85/11 – NZA 2013, 512.

645 Im Ergebnis wohl auch Rosin/*Schmutzer*/*Schoon*/*Stolzenburg*, § 7 EnWG Rn 60, welche die normative Geltung nur für den übertragenden Rechtsträger annehmen und eine abweichende Vereinbarung im Spaltungsvertrag zulassen wollen.

646 Vgl. z.B. HWK/*Willemsen*, § 324 UmwG Rn 20 m.w.N.

trieb nach der Verschmelzung oder Spaltung des Rechtsträgers seine Identität, gelten nach der Rechtsprechung des BAG alle bestehenden Betriebsvereinbarungen normativ für und gegen den neuen Betriebsinhaber (Rechtsträger) weiter.[647]

Wird dagegen ein Betriebsteil aus einem bestehenden Betrieb im Zuge der Umwandlung tatsächlich ausgegliedert (Betriebsspaltung), gelten die oben unter Kapitel 2 Rn 325 dargestellten Grundsätze.

Zuordnung von Arbeitnehmer bei Verschmelzung, Spaltung und Vermögensübertragung

Gestaltungsfreiheit hinsichtlich der Zuordnung von Betrieben und Betriebsteilen

354 Nach § 324 UmwG i.V.m. § 613a Abs. 1 S. 1 BGB geht das Arbeitsverhältnis auf den „neuen" Betriebsinhaber über. Wer das ist, bestimmt sich im Umwandlungsfalle nach den Bestimmungen des Verschmelzungs-, Spaltungs- bzw. Übertragungsvertrags, bei der Spaltung zur Neugründung nach dem Spaltungsplan gemäß § 136 UmwG.[648]

Da § 613a BGB lediglich die Rechtsfolgen einer Betriebs- bzw. Betriebsteilübertragung regelt, aber nicht die rechtsgeschäftliche Verfügungsmacht über derartige Vermögensgegenstände selbst regelt oder einschränkt, liegt es unbeschadet von § 324 UmwG i.V.m. § 613a BGB **in der Privatautonomie der beteiligten Rechtsträger**, die Zuordnung von Betrieben und Betriebsteilen für die Zeit nach der Umwandlung zu regeln, insbesondere bestehende Betriebe – vorbehaltlich etwaiger Mitbestimmungsrechte nach § 111 BetrVG – organisatorisch zu spalten und die so entstehenden Betriebsteile auf jeweils verschiedene Rechtsträger zu übertragen.[649] Für **die arbeitsrechtlichen Folgen sind dementsprechend die Festlegungen im Spaltungs- und Übernahmevertrag (vgl. § 126 Abs. 1 Nr. 9 UmwG) maßgeblich.**[650] Bei der Verschmelzung stellen sich derartige Fragen nicht, weil künftiger Betriebsinhaber (Arbeitgeber) nur der übernehmende bzw. (bei Verschmelzung im Wege der Neugründung) nur der neugegründete Rechtsträger sein kann.[651]

Bindung der Zuordnung von Arbeitsverhältnisse an § 324 UmwG i.V.m. § 613a Abs. 1 S. 1 BGB

355 Während über das „Ob" des Betriebsübergangs also auch bei umwandlungsrechtlichen Maßnahmen von den beteiligten Rechtsträgern frei disponiert werden kann, gilt dies für die Parteien des Spaltungsvertrages (bzw. bei Auf- oder Abspaltung zur Neugründung das Vertretungsorgan des übertragenden Rechtsträgers bei Aufstellung des Spaltungsplans nach § 136 UmwG) hinsichtlich der Zuordnung der Arbeits-

647 Vgl. BAG, Beschl. v. 5.2.1991 – 1 ABR 32/90 – NZA 1991, 639; BAG, Beschl. v. 27.7.1994 – 7 ABR 37/93 – NZA 1995, 222.

648 HWK/*Willemsen*, § 324 UmwG Rn 23.

649 HWK/*Willemsen*, § 324 UmwG Rn 23.

650 HWK/*Willemsen*, § 324 UmwG Rn 23.

651 HWK/*Willemsen*, § 324 UmwG Rn 23.

verhältnisse nicht. Denn § 324 UmwG i.V.m. § 613a Abs. 1 S. 1 BGB sieht **zwingend** vor, dass die Arbeitsverhältnisse mit dem Betrieb bzw. Betriebsteil verbunden bleiben müssen, in den sie eingegliedert sind.[652] Konsequenz daraus ist, dass die Arbeitsverhältnisse im Spaltungsvertrag/-plan bzw. Übernahmevertrag dem Betrieb(steil) zugeordnet werden müssen, in den sie eingegliedert sind. Eine dem entgegenstehende anderweitige Zuordnung im Spaltungs- oder Übernahmevertrag ist ohne Zustimmung des betreffenden Arbeitnehmer unwirksam.

Praxistipp
Weitergehende Gestaltungsmöglichkeiten eröffnet – z.B. für Mitarbeiter in Querschnittsfunktionen – die Zuordnung in einem Interessenausgleich gemäß § 323 Abs. 2 UmwG.[653]

b) Differenzierung zwischen Unternehmens- und Betriebsebene

Werden Umstrukturierungen auf der Grundlage von Umwandlungen nach dem UmwG durchgeführt, muss – wie vorstehend gezeigt – also stets zwischen Umstrukturierungswirkung auf der Unternehmensebene und etwaigen Umstrukturierungswirkungen auf der Betriebsebene differenziert werden. 356

aa) Keine Veränderung betrieblicher Strukturen

Bleiben betriebliche Strukturen durch die Umwandlung unberührt, stehen daher insbesondere keine Betriebsänderungen i.S.d. § 111 BetrVG in Rede. Sich daraus ergebende Mitbestimmungsrechte kommen nicht in Betracht. Denkbar sind umwandlungsbedingte Auswirkungen in diesem Fall lediglich insoweit, wie Arbeitsbedingungen oder die Bildung betriebsverfassungsrechtlicher Gremien **an den jeweiligen Rechtsträger** anknüpfen. 357

Praktisch bedeutsam ist dies – wie vorstehend gezeigt – insbesondere für die Tarifbindung, aber ggf. auch für sonstige an den Rechtsträger des Betriebs anknüpfende Arbeitsbedingungen. Mit Blick auf betriebsverfassungsrechtliche Vertretung können sich Auswirkungen insbesondere auf einen **Gesamt- bzw. Konzernbetriebsrat** ergeben, da diese Gremien ebenfalls bei einem bestimmten Rechtsträger gebildet werden.[654]

---

652 HWK/*Willemsen*, § 324 UmwG Rn 24; ErfK/*Oetker*, § 323 UmwG Rn 9 m.w.N.
653 Vgl. dazu z.B. ErfK/*Oetker*, § 323 UmwG Rn 7 ff.; *Studt*, S. 51 ff.
654 Vgl. dazu im Überblick z.B. *Gussen/Dauck*, Rn 283 ff.; *Grewe*, S. 179 ff. beide m.w.N.

bb) Umwandlung in Verbindung mit einer Betriebsänderung

358 Allerdings können Umwandlungen auf gesellschaftsrechtlicher Ebene mit Betriebsstrukturveränderungen einhergehen.

Dies ist insbesondere dann der Fall, wenn im Zusammenhang mit einer Spaltung des übertragenden Rechtsträgers zugleich eine Spaltung eines Betriebs i.S.d. § 111 S. 2 Nr. 3 BetrVG verbunden ist. Dann sind die insoweit einschlägigen Mitbestimmungsrechte zu beachten.

Denkbar ist allerdings z.B. auch, dass im Zusammenhang mit einer Verschmelzung nach § 2 UmwG parallel eine Zusammenfassung eines oder mehrerer übertragener Betriebe mit einem oder mehreren bestehenden Betrieben des übernehmenden Rechtsträgers erfolgt, die dann ebenfalls als Betriebsänderung i.S.d. § 111 S. 2 Nr. 3 BetrVG zu qualifizieren ist.

Die Kombinationsmöglichkeiten von die Unternehmensebene betreffenden Umwandlungsmaßnahmen mit Umstrukturierungen auf betrieblicher Ebene sind vielfältig.

c) Informationspflichten gegenüber Arbeitnehmervertretern

359 In den Fällen der übertragenden Umwandlung (Verschmelzung, Spaltung, Vermögensübertragung) muss – neben einer Unterrichtung des Wirtschaftsausschusses nach § 106 Abs. 3 Nr. 8 BetrVG – der Verschmelzungs- bzw. Spaltungsvertrag (oder Spaltungsplan), der (bzw. sein Entwurf) **dem zuständigen Betriebsrat einen Monat vor dem Tag der Versammlung der Anteilseigner** jedes beteiligten Rechtsträgers, die über die Zustimmung zur Umwandlungsmaßnahme beschließen soll, zuzuleiten ist (§§ 5 Abs. 3, 126 Abs. 3, 194 Abs. 2 UmwG), **die Folgen der Umwandlung für die Arbeitnehmer und ihre Vertretungen beschreiben.**[655] Die fehlende Zuleitung ist ein Eintragungshindernis (§ 17 Abs. 1 UmwG), verhindert also (bei Nichtbeachtung einer Zwischenverfügung nach § 382 FamFG) das Wirksamwerden der Umwandlung.[656]

! **Praxistipp**
Auf die Wahrung der Ein-Monats-Frist kann der Betriebsrat verzichten, nicht aber auf die Zuleitung selbst.[657]

---

655 Zu den inhaltlichen Anforderungen vgl. z.B. HWK/*Willemsen*, § 5 UmwG Rn 2ff., § 126 UmwG Rn 1ff.

656 ErfK/*Oetker*, § 5 UmwG Rn 13.

657 OLG Naumburg, Beschl. v. 17.3.2002 – 7 Wx 6/02 – GmbHR 2003, 1433.

III. Betriebsverfassungsrechtliche Herausforderungen

360 Mit dem Betriebsverfassungsrecht, das vor allem im BetrVG normiert ist, wirkt das EnWG in vielen Punkten als nicht abgestimmt. Jedenfalls ausdrückliche Vorgaben fehlen. Dies führt insbesondere mit Blick auf die Gestaltung von Betriebs- und Betriebsratsstrukturen zu Herausforderungen, welche die Rechtsprechung erst zu lösen beginnt. Nachfolgend werden vor diesem Hintergrund die für die betriebliche Praxis in diesem Zusammenhang besonders wichtigen Fragen bewertet.

1. Gemeinschaftsbetrieb im arbeitsrechtlichen Sinne

361 Insbesondere im Rahmen von Konzernstrukturen werden auf betrieblicher Ebene häufig aus Vereinfachungs- und Effizienzgründen übergreifende Strukturen gebildet. Im Zusammenhang mit der Umsetzung der Entflechtungsvorgaben ist dies häufig – dahingehenden Forderungen der Arbeitnehmervertreter entsprechend – auch mit dem Ziel geschehen, die vor der Umsetzung der Entflechtungsvorgaben bestehenden Mitbestimmungsstrukturen zu erhalten. Mittel zur Umsetzung dieses Ziels war dann die Fortführung der bisherigen Betriebsstruktur in Form eines sog. gemeinsamen Betriebs mehrerer Unternehmen (vgl. § 1 Abs. 2 BetrVG).

Praxistipp !

Das gleiche Lösungsmodell wird derzeit in der Praxis teilweise zu nutzen versucht, um den neuen Vorgaben zur Anreizregulierung gerecht zu werden (vgl. dazu näher unter Kapitel 2 Rn 435 f.).

---

a) Was ist ein Betrieb im betriebsverfassungsrechtlichen Sinn?

362 Ausgangspunkt derartiger Strukturierungsüberlegungen ist der „Betrieb“ im betriebsverfassungsrechtlichen Sinn.

aa) Betriebsbegriff

Arbeitsrechtlich ist unter einem Betrieb die organisatorische Einheit zu verstehen, innerhalb derer der Arbeitgeber allein oder in Gemeinschaft mit seinen Mitarbeitern mit Hilfe von sächlichen und immateriellen Mitteln bestimmte arbeitstechnische Zwecke fortgesetzt verfolgt, die sich nicht in der Befriedigung von Eigenbedarf erschöpfen.[658] Ein Betrieb i.d.S. setzt – auch betriebsverfassungsrechtlich – einen **einheitlichen organisatorischen Einsatz der Sachmittel und Personalressourcen** voraus. Die einen Betrieb konstituierende Leitungsmacht wird dabei dadurch be-

---

658 BAG, Beschl. v. 7.5.2008 – 7 ABR 15/07 – NZA 2009, 328; BAG, Beschl. v. 9.12.2009 – 7 ABR 38/08 – NZA 2010, 906.

stimmt, dass der **Kern der Arbeitgeberfunktionen in personellen und sozialen Angelegenheiten von derselben institutionalisierten Leitung im Wesentlichen selbstständig ausgeübt wird**. Entscheidend ist insoweit, wo schwerpunktmäßig über Arbeitsbedingungen und Organisationsfragen entschieden wird und in welcher Weise Einstellungen, Entlassungen und Versetzungen vorgenommen werden.[659]

bb) Gemeinschaftsbetrieb

363 Diese Leitungsmacht können – dann im Rahmen eines Gemeinschaftsbetriebs – auch mehrere Unternehmen gemeinsam ausüben. Nach ständiger Rechtsprechung des BAG ist von einem gemeinsamen Betrieb mehrerer Unternehmen (vgl. auch § 1 Abs. 2 BetrVG) auszugehen, wenn die in einer Betriebsstätte vorhandenen materiellen und immateriellen Betriebsmittel für einen einheitlichen arbeitstechnischen Zweck zusammengefasst, geordnet und gezielt eingesetzt werden und der Einsatz der menschlichen Arbeitskraft von einem einheitlichen Leitungsapparat gesteuert wird. Dazu müssen sich die beteiligten Unternehmen **zumindest stillschweigend zu einer gemeinsamen Führung rechtlich verbunden** haben. Diese einheitliche Leitung muss sich auf die wesentlichen Funktionen eines Arbeitgebers in sozialen und personellen Angelegenheiten erstrecken.[660] Nach Ansicht des BAG[661] vollzieht sich die Zusammenarbeit der an einem Gemeinschaftsbetrieb beteiligten Arbeitgeber bei Fehlen von anderweitigen Anhaltspunkten regelmäßig in Form einer **BGB-Gesellschaft (GbR) und zwar als Innen-GbR**.

b) Energiewirtschaftsrechtliche Vorgaben

364 Der Bildung eines derart organisierten Gemeinschaftsbetriebs zwischen EVU und der Netzgesellschaft als Netzbetreiber könnten die Vorgaben des § 7a EnWG zum operationellen Unbundling entgegenstehen.[662]

aa) Vorgaben nach § 7a Abs. 2 Nr. 1 EnWG

365 § 7a Abs. 2 Nr. 1 EnWG enthält für die Unternehmensleitung des Netzbetreibers (Netzgesellschaft) sowie für Führungskräfte, die hinsichtlich des Netzbetriebes über Letztentscheidungsbefugnisse unterhalb der Unternehmensleitung verfügen, insoweit eine doppelte Vorgabe.

---

659 BAG, Urt. v. 28.10.2010 – 2 AZR 392/08 – DB 2011, 118.

660 BAG, Urt. v. 9.6.2011 – 6 AZR 132/10 – EzA § 102 BetrVG 2001 Nr. 27.

661 BAG, Beschl. v. 16.4.2008 – 7 ABR 4/07 – NZA-RR 2008, 583.

662 In diesem Sinne *Fitting*, § 1 BetrVG Rn 56e; *Bachner*, dbr 2005, 13, 15; *Trenkle*, AiB 2005, 13, 14 f.; *Kaluza*, S. 382 ff. m.w.N. zur Gegenansicht.

Zuordnungsvorgaben für Netzmitarbeiter

366 Zunächst einmal muss dieser Personenkreis zwingend einer betrieblichen Einrichtung des Netzbetriebs angehören. Zugleich verbietet das EnWG eine Eingliederung in betriebliche Einrichtungen, die direkt oder indirekt für den laufenden Betrieb in den Bereichen Gewinnung, Erzeugung oder Vertrieb von Energie an Kunden zuständig sind; mit dem Ziel, insoweit Interessenkonflikte zu vermeiden, ordnet § 7a Abs. 2 Nr. 1 EnWG an, dass diese Personen einer betrieblichen Einrichtung des Netzbetreibers angehören müssen und keiner betrieblichen Einrichtung des EVU angehören dürfen.[663]

Energiewirtschaftliche und arbeitsrechtliche Qualifikation von „betrieblichen Einrichtungen"

367 „Betriebliche Einrichtung" i.S.d. § 7a EnWG sind dabei – wie gezeigt – „alle organisatorischen und/oder rechtsförmlichen Einheiten des Unternehmens oder der Betrieb als Ganzes".[664] Der Begriff umfasst „im weitesten Sinne alle zu dem jeweiligen Geschäftsbereich gehörenden Abteilungen einschließlich der Leitung"[665] und ist daher weiter als der arbeitsrechtliche Betriebsbegriff, umfasst ihn aber. **Ein arbeitsrechtlicher Betrieb[666] ist deshalb auch eine betriebliche Einrichtung i.S.d. § 7a EnWG.** Bereits dies schließt die Möglichkeit, einen Gemeinschaftsbetrieb zwischen EVU und Netzgesellschaft zu bilden, jedenfalls mit Blick auf die von § 7a Abs. 2 Nr. 1 EnWG erfassten Personen aus. Sie dürften einem derartigen gemeinsamen Betrieb nicht „angehören".

„Angehörigkeit" einer mit Netzaufgaben befassten Person

368 Im energiewirtschaftlichen Schrifttum ist aber umstritten, ob das „Angehören" einer betrieblichen Einrichtung des Netzbetreibers i.S.d. § 7a Abs. 2 Nr. 1 EnWG den Abschluss eines Anstellungsvertrags mit der Netzgesellschaft voraussetzt. Das wird zwar von der wohl herrschenden Meinung bejaht,[667] der sich auch die Regulierungsbehörden des Bundes und der Länder angeschlossen haben.[668] Die Gegenan-

---

663 *Büdenbender*, RdA 2006, 193, 197.

664 Britz/Hellermann/Hermes/*Hölscher*, § 8 Rn 15.

665 BerlinKomm/*Säcker*/*Schönborn*, § 8 EnWG Rn 19 m.w.N.

666 Vgl. BAG, Urt. v. 28.10.2010 – 2 AZR 392/08 – DB 2011, 118.

667 *Seel*, ET 2006, 71, 73; BerlinKomm/*Säcker*/*Schönborn*, § 8 EnWG Rn 20; Bartsch/*Schnitker*, Kap. 9 Rn 26; Britz/Hellermann/Hermes/*Hölscher*, § 8 Rn 16 m.w.N. – ähnlich wohl auch BT-Drucks. 15/3917, S. 53.

668 Vgl. BNetzA, Gemeinsame Auslegungsgrundsätze der Regulierungsbehörden des Bundes und der Länder zu den Entflechtungsbestimmungen der §§ 6–10 EnWG v. 1.9.2006, S. 18, abrufbar unter: http://www.bundesnetzagentur.de/SharedDocs/Downloads/DE/Sachgebiete/Energie/Unter nehmen_Institutionen/EntflechtungKonzessionArealnetze/Entflechtung/Entflechtung/Auslegungs grunsaetze5222pdf.pdf?__blob=publicationFile&v=7.; BNetzA, Konkretisierung der gemeinsamen Auslegungsgrundsätze der Regulierungsbehörden des Bundes und der Länder zu den Entflechtungsbestimmungen der §§ 6-10 EnWG v. 21.10.2008, S. 4 f., abrufbar unter: http://www.bundesnetz agentur.de/SharedDocs/Downloads/DE/Sachgebiete/Energie/Unternehmen_Institutionen/Entflech

sicht[669] lässt allerdings eine organisatorische Zuordnung zur betrieblichen Einrichtung des Netzbetreibers ausreichen. Fordert man für das „Angehören" mit der herrschenden Meinung einen Anstellungsvertrag, ist ein Gemeinschaftsbetrieb auch in Bezug auf die von § 7a Abs. 2 Nr. 1 EnWG erfassten Personen unproblematisch möglich. Den Vorgaben des § 7a Abs. 2 Nr. 1 EnWG wäre schlicht dadurch genügt, dass die von § 7a Abs. 2 Nr. 1 EnWG erfassten Personen lediglich einen Anstellungsvertrag mit der Netzgesellschaft, nicht aber mit dem EVU abschließen. Dann würden sie – obwohl eine gemeinsame betriebliche Einrichtung von Netzgesellschaft und EVU vorliegt – lediglich einer betrieblichen Einrichtung der Netzgesellschaft „angehören", nicht aber einer betrieblichen Einrichtung des EVU.

Irrelevanz der arbeitsvertraglichen Anbindung im Gemeinschaftsbetrieb

369 Damit würde im Rahmen eines Gemeinschaftsbetriebs aber **über das formale Kriterium des Anstellungsvertrags letztlich der Zweck des § 7a Abs. 2 Nr. 1 EnWG umgangen**, den die herrschende Meinung – ebenso wie die Regulierungsbehörden des Bundes und der Länder – mit ihrer Forderung nach dem Abschluss eines Anstellungsvertrags mit der Netzgesellschaft fördern will: Die Anstellung bei der Netzgesellschaft soll eine stärkere Bindung an die Interessen der Netzgesellschaft bewirken.[670] Die Gesetzesbegründung führt insoweit zum „Nichtangehören" zu einer betrieblichen Einrichtung des EVU aus:

„Das Verbot, dem Netzbetreiber zugehöriges Personal daneben auch in betrieblichen Einrichtungen des Produktvertriebs anzustellen, trägt der besonderen Relevanz dieses Wettbewerbsbereiches für das mögliche Interesse eines vertikal integrierten Unternehmens an diskriminierender Einflussnahme auf den Netzbetrieb Rechnung".[671]

„Anstellung" wird dabei erkennbar zumindest **auch im Sinne eines Arbeitseinsatzes** verstanden. Für die Frage, ob der Kern der Arbeitgeberfunktionen in sozialen und personellen Angelegenheiten von derselben institutionalisierten Leitung ausgeübt wird, ist jedoch ein **arbeitgeberübergreifender Personaleinsatz** entscheidend, der charakteristisch für den normalen Betriebsablauf ist.[672] Soweit die für einen Gemeinschaftsbetrieb kennzeichnende einheitliche Steuerung des Arbeits-

---

tung KonzessionArealnetze/Entflechtung/Entflechtung/KonkretisierungAuslegungsgrunsaetze 14798pdf.pdf?__blob=publicationFile&v=4.

669 Danner/Theobald/*Eder*, § 8 EnWG Rn 20.

670 BT-Drucks. 15/3917, S. 53; BNetzA, Gemeinsame Auslegungsgrundsätze der Regulierungsbehörden des Bundes und der Länder zu den Entflechtungsbestimmungen der §§ 6–10 EnWG v. 1.9.2006, S. 4 f., abrufbar unter: http://www.bundesnetzagentur.de/SharedDocs/Downloads/DE/Sachgebiete/Energie/Unternehmen_Institutionen/EntflechtungKonzessionArealnetze/Entflechtung/Entflechtung/Auslegungsgrunsaetze5222pdf.pdf?__blob=publicationFile&v=7; *Seel*, ET 2006, 71, 73 m.w.N.

671 BT-Drucks. 15/3917, S. 53.

672 BAG, Beschl. v. 22.6.2005 – 7 ABR 57/04 – NZA 2005, 1248.

einsatzes auf die § 7a Abs. 2 Nr. 1 Alt. 2 EnWG unterfallenden Personen erstreckt wird, würde über sie – entgegen dem von § 7a Abs. 2 Nr. 1 EnWG verfolgten Zweck – eine erhebliche gemeinsame Kontrolle durch EVU und Netzgesellschaft ausgeübt, welche die Interessenkonflikte, die § 7a Abs. 2 Nr. 1 EnWG gerade vermeiden will, eher fördert als verhindert.[673]

Dem kann insbesondere nicht entgegnet werden, dass sich die Vereinbarung über die Führung eines Gemeinschaftsbetriebs auf „arbeitsrechtliche Weisungen beschränkt und insbesondere die kaufmännische und technische Leitung des Netzbetriebs allein bei der Netzgesellschaft belässt", so dass ein Gemeinschaftsbetrieb – auch mit Blick auf die in § 7a Abs. 2 Nr. 1 EnWG genannten Personen – im Ergebnis uneingeschränkt zulässig wäre.[674] Es ist zwar richtig, dass die institutionalisiert einheitliche Leitung „nur" den Kern der Arbeitgeberfunktionen in personellen und sozialen Angelegenheiten umfassen muss, damit ein Gemeinschaftsbetrieb im arbeitsrechtlichen Sinne vorliegt. Daher brauchen darüber hinausgehende Funktionen nicht bei ihr angesiedelt und gebündelt zu werden. Denn maßgeblich für die Bestimmung des Vorliegens eines Gemeinschaftsbetriebs sind insbesondere die sich aus dem Direktionsrecht des Arbeitgebers ergebenden Weisungsbefugnisse. Entscheidungsbündelungen im technischen, kaufmännischen und buchhalterischen Bereich sind hingegen allenfalls von untergeordneter Bedeutung.[675] Wo die Entscheidungsbefugnisse in wirtschaftlich-kaufmännischen Angelegenheiten liegen, ist für einen gemeinsamen Betrieb mehrerer Unternehmen letztlich sogar unerheblich.[676] 370

Bereits die „wesentlichen sozialen und personellen" Angelegenheiten begründen aber **erhebliche Möglichkeiten der Einflussnahme des EVU auf den Netzbetrieb**. Das ist nicht nur für die Personalplanung – insbesondere in Bezug auf „Letztentscheider" i.S.d. § 7a Abs. 2 Nr. 1 Alt. 2 EnWG – evident, welche die Netzgesellschaft nach § 7a Abs. 4 S. 2 EnWG im erforderlichen Umfang gerade unabhängig vom EVU vornehmen können soll. Auch über eine Einflussnahme auf Arbeitszeit und Urlaub kann das EVU den Netzbetrieb unmittelbar steuern, was nach § 7a Abs. 4 S. 5 EnWG ausdrücklich verboten ist, ohne dass es insoweit – angesichts des Schutzzwecks der Norm – auf den formalen Charakter einer „Weisung" ankommen dürfte. Mittelbar kann das EVU auf den Netzbetrieb schließlich auch durch eine Abstimmung zu Vergütung, Einstellungen und Versetzungen sowie Kündigungen von „Letztentscheidern" i.S.d. § 7a Abs. 2 Nr. 1 Alt. 2 EnWG erheblichen Einfluss nehmen.[677] 371

---

673 A.A. *Seitz/Werner*, BB 2005, 1961, 1964.

674 So aber offenbar *Seitz/Werner*, BB 2005, 1961, 1964; erhebliche Zweifel demgegenüber mit Recht Bartsch/*Schnitker*, Kap. 9 Rn 46, 33.

675 Vgl. LAG Köln, Urt. v. 28.11.1997 – 11 Sa 248/97 – LAGE § 23 KSchG Nr. 17.

676 BAG, Beschl. v. 23.9.1982 – 6 ABR 42/81 – BAGE 40, 163; BAG, Beschl. v. 29.1.1987 – 6 ABR 23/85 – NZA 1987, 707.

677 Im selben Sinne *Kaluza*, S. 383ff.

372 Das legt jedenfalls für die Frage der Zulässigkeit einer Einbindung derartiger Entscheidungsträger in einen Gemeinschaftsbetrieb zwischen Netzgesellschaft und EVU eine **funktionale Betrachtungsweise** nahe, welche die Rechtsprechung auch in ähnlichen Kontexten vornimmt. So hat z.B. das LG Düsseldorf zur Beantwortung der Frage nach einer Begrenzung der Arbeitnehmermitbestimmung nach dem MitbestG durch Vorgaben des EnWG eine funktionale, am Gesetzeszweck ausgerichtete Betrachtung gewählt.[678] Eine derartige teleologisch-funktionale Betrachtung erscheint auch deshalb geboten, weil die **Generaldirektion Energie und Verkehr** sie im vorliegenden Kontext vorzunehmen scheint, indem sie in Bezug auf die im Netzbetrieb beschäftigten Personen – funktional – nach der Arbeit „für" und nicht „bei" der Netzgesellschaft abgrenzt und „Doppelfunktionen" nur für zulässig hält, wenn sie diskriminierungsfrei erfolgen.[679]

373 Dabei ist zu berücksichtigen, dass durch einen Gemeinschaftsbetrieb jedenfalls eine **Struktur geschaffen** wird, die dem Vorstand der EVU im Wege des abgestimmt ausgeübten Direktionsrechts eine Einflussnahmemöglichkeit auf den Netzbetrieb eröffnet.[680] Die allgemeine Regelung (z.B. in einem Beherrschungsvertrag), dass die Netzgesellschaft in netzrelevanten Fragen nach § 8 Abs. 4 EnWG a.F. (= § 7a Abs. 4 EnWG n.F.) gesellschaftsrechtlich weisungsfrei ist, verhindert eine Einflussnahme auf die Mitarbeiter i.S.d. § 7a Abs. 2 Nr. 1 Alt. 2 EnWG in einzelnen Fragen nicht.[681] Denn Voraussetzung eines Gemeinschaftsbetriebs ist gerade ein abgestimmtes, über eine einheitliche Steuerung vermitteltes Vorgehen von EVU und Netzgesellschaft in den wesentlichen personellen und sozialen Angelegenheiten. Der Gemeinschaftsbetrieb wird gerade durch diese Abstimmung und das einheitlich-abgestimmte Vorgehen gekennzeichnet. **Hier ist eine Einflussnahme durch das EVU nicht nur strukturell möglich, sondern wird sogar regel- und planmäßig der Fall sein.**

374 Angesichts dessen begründet der Einsatz von Mitarbeitern i.S.d. § 7a Abs. 2 Nr. 1 Alt. 2 EnWG im Rahmen eines Gemeinschaftsbetriebs die Gefahr, dass diese ihre Tätigkeit (auch) im Interesse des EVU entfalten. Hierfür ist gleichgültig, ob sie innerhalb der Netzgesellschaft von Weisungen des EVU freigestellt sind, d.h. ob kraft konzerninterner Regelung eine gezielte Einflussnahme des EVU auf einzelne Entscheidungen der Netzgesellschaft ausgeschlossen ist.[682] Die in der Rechtsprechung unterschiedlich beantwortete Frage, ob z.B. eine Freistellung von Weisungen gesell-

---

678 Vgl. LG Düsseldorf, Beschl. v. 19.8.2011 – 33 O 46/11 (AktE) – ZIP 2011, 1712; dazu *Mückl*, RdE 2012, 258.

679 Vermerk zu den Richtlinien 2003/54/EG und 2003/55/EG über den Elektrizitäts- und Erdgasmarkt vom 16.1.2004, S. 8, abrufbar unter: http://ec.europa.eu/energy/gas_electricity/interpretative_notes/doc/implementation_notes/2004_01_16_public_service_obligations_de.pdf.

680 Vgl. zu parallelen Überlegungen zum AEG VG Köln, Urt. v. 14.11.2007 – 18 K 1596/07 – juris.

681 Vgl. VG Köln, Urt. v. 14.11.2007 – 18 K 1596/07 – juris zur konzerninternen Rechtsberatung trotz Entflechtungsvorgabe.

682 Vgl. BVerwG, Urt. v. 18.5.2010 – 3 C 21/09 – BVerwGE 137, 58.

schafts- und arbeitsrechtlich überhaupt möglich und ob sie tatsächlich wirksam wäre,[683] kann dahinstehen. Eine Einflussnahme im Interesse des EVU kann nämlich – auch ohne Weisung – **von dem Arbeitnehmer selbst ausgehen**, weil die Förderung der Interessen des EVU zugleich in seinem eigenen persönlichen Interesse liegt.

Verfolgen EVU und Netzgesellschaft im Rahmen einer einheitlichen Arbeitsor- 375
ganisation unterschiedliche Interessen, wie dies vielfach nicht ausgeschlossen werden kann, gerät der Mitarbeiter i.S.d. § 7a Abs. 2 Nr. 1 Alt. 2 EnWG typischerweise in eine Interessenkollision: Auch wenn er also aufgrund unternehmensinterner Regeln sachlichen Weisungen des EVU in den Angelegenheiten der Netzgesellschaft nicht unterliegt, ist doch nicht ausgeschlossen und kann nicht sicher ausgeschlossen werden, dass er – bewusst oder nicht – auch in diesen Angelegenheiten die Interessen des EVU zur Geltung bringt, ggf. um seine Karriere zu fördern etc. Entsprechende Überlegungen hat das BVerwG[684] zum Anlass genommen, bereits die **konzerninterne Rechtsberatung eines Infrastrukturunternehmens durch Juristen der Konzernmutter** als unzulässige Einflussnahme i.S.d. § 9a AEG zu qualifizieren.[685]

Sofern sich EVU und Netzgesellschaft im Rahmen eines Gemeinschaftsbetriebs 376
in Bezug auf die wesentlichen personellen und sozialen Fragen abstimmen, dürfte diese Gefahr jedenfalls nicht geringer sein. Dies gilt erst recht, wenn man mit einer in der Literatur vertretenen Auffassung die Vorgaben des § 7a Abs. 3 EnWG zur beruflichen Handlungsfreiheit auf Leitungspersonen i.S.d. § 7a Abs. 2 Nr. 1 Alt. 1 EnWG beschränkt,[686] sodass Mitarbeiter i.S.d. § 7a Abs. 2 Nr. 1 Alt. 2 EnWG nicht erfasst sind. Ausgehend von dem Regelungsziel des § 7a Abs. 2 Nr. 1 EnWG, **bereits die bloße Gefahr eines Interessenkonflikts auszuschließen**,[687] wird man jedenfalls Personen i.S.d. § 7a Abs. 2 Nr. 1 EnWG von einem Gemeinschaftsbetrieb ausnehmen müssen. Dabei kann nicht auf das formale Kriterium des Anstellungsvertrags abgestellt werden, das im Rahmen eines Gemeinschaftsbetriebs infolge des abgestimmten Entscheidungsverhaltens der beteiligten Unternehmen (das Interessenkonflikte zu fördern geeignet ist) kein taugliches Differenzierungskriterium bildet.

bb) Vorgaben des § 7a Abs. 2 Nr. 2 EnWG

Für sonstige Mitarbeiter unterhalb der Leitungs- und Führungsebene des § 7a Abs. 2 377
Nr. 1 EnWG bestehen entsprechend strikte Vorgaben nicht.

---

683 Vgl. einerseits VG Köln, Urt. v. 14.11.2007 – 18 K 1596/07 – juris; andererseits OVG NRW, Urt. v. 20.5.2009 – 20 A 3609/07 – juris und 20 A 3607/07 – juris.

684 BVerwG, Urt. v. 18.5.2010 – 3 C 21/09 – BVerwGE 137, 58.

685 Zustimmend *Wachinger*, NVwZ 2010, 1343, 1346.

686 So Britz/Hellermann/Hermes/*Hölscher* § 8 Rn 31; a.A.: Hempel/Franke/*Schulte-Beckhausen*, § 8 EnWG Rn 34.

687 Vgl. *Büdenbender*, RdA 2006, 193, 197; BerlinKomm/*Säcker*/*Schönborn*, § 8 EnWG Rn 1 ff.

Qualifikation „sonstiger Netzmitarbeiter"

378 Personen, die sonstige Tätigkeiten ausüben, müssen insbesondere – auch nach der h.M. – nicht bei der Netzgesellschaft angestellt sein. Sie können selbst bei dem EVU angestellt sein. Denn sie üben für den diskriminierungsfreien Netzbetrieb nicht wesentliche Tätigkeiten aus, weshalb eine arbeitsvertragliche Anbindung an die Netzgesellschaft nach h.M. nicht erforderlich ist.[688] Daher ist auch ihr Einsatz im Rahmen von Shared Services möglich,[689] soweit dem nicht die Vorgaben zur informationellen Entflechtung (§ 6a EnWG) entgegenstehen. Dies spricht für die Zulässigkeit ihrer Einbindung in einen Gemeinschaftsbetrieb.[690]

Ausschließlichkeit fachlicher Weisungen durch die Netzgesellschaft

379 Entgegenstehen könnte dem jedoch, dass § 7a Abs. 2 Nr. 2 EnWG bei Einsatz dieser sonstigen Mitarbeiter für den Netzbetrieb verlangt, dass sie den fachlichen Weisungen der Leitung des Netzbetriebes unterstellt werden. In dem Umfang, in dem ein solches Weisungsrecht durch § 7a Abs. 2 Nr. 2 EnWG geboten wird, tritt zur Vermeidung von Interessenkollisionen notwendigerweise das Direktionsrecht des Unternehmens zurück, bei dem solche Mitarbeiter arbeitsvertragsrechtlich angebunden sind (sofern Anstellungsgesellschaft nicht gerade die Netzgesellschaft ist). Damit soll sichergestellt werden, dass die Leitungsebene des Netzbetriebes den erforderlichen Durchgriff auf alle für den Netzbetrieb tätigen Arbeitnehmer im Sinne einer allein netzbetriebsspezifischen Aspekten dienenden Tätigkeit hat.[691]

380 **Wichtig** für die Frage einer Einbindung der „sonstigen" Mitarbeiter in einen Gemeinschaftsbetrieb ist, dass § 7a Abs. 2 Nr. 2 EnWG nicht nur ein Recht auf Weisungen der Leitungsebene Netzbetrieb im Verhältnis zu derartigen Personalbegründet, sondern zugleich die **Pflicht zur Ausübung der diesbezüglichen Direktionsbefugnisse.**[692] Dies folgt aus dem Tatbestandsmerkmal „sind [...] zu unterstellen" sowie aus dem Zweck des § 7a Abs. 2 Nr. 2 EnWG. Die Leitungsebene Netzbetrieb ist daher gehalten, die ihr durch § 7a Abs. 2 Nr. 2 EnWG eröffneten Kompetenzen wahrzunehmen.

Dabei handelt es sich – ebenso wie bei § 7a Abs. 2 Nr. 1 EnWG – um zwingendes Recht, das durch vertragliche Absprachen nicht abbedungen werden kann.[693] Denkbar wäre daher auf den ersten Blick, dass bereits diese Anforderung auch einen Einsatz von „sonstigen" Mitarbeitern im Rahmen eines Gemeinschaftsbetriebs aus-

---

688 Britz/Hellermann/Hermes/*Hölscher* § 8 Rn 22; BerlinKomm/*Säcker/Schönborn*, § 8 EnWG Rn 24.

689 Britz/Hellermann/Hermes/*Hölscher* § 8 Rn 22; BerlinKomm/*Säcker/Schönborn*, § 8 EnWG Rn 24.

690 In diesem Sinn LAG Köln, Beschl. v. 15.9.2013 – 4 TaBV 74/12 – RdE 2013, 499 – allerdings ohne in den Entscheidungsgründen zum Ausdruck gekommenes Problembewusstsein.

691 *Büdenbender*, RdA 2006, 193, 197.

692 *Büdenbender*, RdA 2006, 193, 197.

693 *Büdenbender*, RdA 2006, 193, 197.

schließt. Denn die Notwendigkeit einer Wahrnehmung der fachlichen Weisung durch die Netzgesellschaft könnte einer gesellschaftsübergreifenden Steuerung des Arbeitseinsatzes entgegenstehen und damit gerade das Merkmal ausschließen, das einen Gemeinschaftsbetrieb kennzeichnet. Diese Überlegung dürfte aber letztlich nicht durchgreifen.

Erfolgen kann die Wahrnehmung des Direktionsrechts durch die Netzgesell- 381
schaft nämlich auch, indem die fachlichen Weisungen durch die Leitung der Netzgesellschaft (§ 7a Abs. 2 Nr. 1 EnWG) **gegenüber dem Vorgesetzten des „sonstigen" Mitarbeiters i.S.d. § 7a Abs. 2 Nr. 2 EnWG erfolgen.**[694] Der „sonstige" Mitarbeiter arbeitet dann entsprechend der fachlichen Weisung der Netzgesellschaft, aber im Rahmen der bestehenden und für ihn verbindlichen Betriebs- und Arbeitsorganisation,[695] die vorliegend im Rahmen eines Gemeinschaftsbetriebs durch die einheitliche Leitung bestimmt werden würde. Entsprechende fachliche Weisungen können dabei an die einheitliche Leitung **nicht nur im Einzelfall** ergehen, sondern auch in Form dauerhaft festgelegter Dienstanweisungen, z.B. in einem Service Level Agreement oder im Gleichbehandlungsprogramm i.S.d. § 7a Abs. 5 EnWG.[696]

Diese Konstruktion könnte – vorbehaltlich der Vorgaben zur Organisation durch den Netzbetreiber (§ 7a Abs. 4 EnWG) und zum informatorischen Unbundling (§ 6a EnWG) – jedenfalls in Bezug auf die „sonstigen" Mitarbeiter i.S.d. § 7a Abs. 2 Nr. 2 EnWG deren Einbindung in einen Gemeinschaftsbetrieb ermöglichen: Sie würden dann in den wesentlichen personellen und sozialen Angelegenheiten übergreifend und gemeinsam u.a. von EVU und Netzgesellschaft gesteuert und dürften lediglich, soweit sie für den Netzbetrieb der Netzgesellschaft tätig sind, ausschließlich den fachlichen Weisungen der Netzgesellschaft unterliegen. Die Netzgesellschaft würde die einheitliche Leitung insoweit im Einzelfall oder in Form einer Dauerfestlegung anweisen.

cc) Organisatorische Vorgaben des § 7a Abs. 4 EnWG

Entgegenstehen könnten selbst dieser Gestaltungsvariante allerdings die Vorgaben 382
von § 7a Abs. 4 S. 1 EnWG, die vorsehen, dass dem Netzbetreiber die tatsächlichen Entscheidungsbefugnisse in Bezug auf Betrieb, Wartung und Ausbau der Netzbetriebsmittel zustehen müssen und diese „unabhängig von der Leitung und den anderen betrieblichen Einrichtungen" des EVU ausgeübt werden können. **Dem Wortlaut nach schließt § 7a Abs. 4 S. 1 EnWG** daher – ungeachtet der Vorgaben des § 7a Abs. 2 EnWG – **einen Gemeinschaftsbetrieb zwischen Netzgesellschaft und EVU aus.** Denn ein Gemeinschaftsbetrieb wäre – mit Blick auf die einheitliche Be-

---

694 BerlinKomm/*Säcker/Schönborn*, § 8 EnWG Rn 27.
695 BerlinKomm/*Säcker/Schönborn*, § 8 EnWG Rn 27.
696 BerlinKomm/*Säcker/Schönborn*, § 8 EnWG Rn 27.

triebsleitung – sowohl eine betriebliche Einrichtung der Netzgesellschaft als auch eine betriebliche Einrichtung des EVU (vgl. oben unter Kapitel 2 Rn 367). Es lägen nicht zwei Einrichtungen vor, sondern eine „Zwittereinrichtung", die im Rahmen des Netzbetriebs nicht „unabhängig voneinander" ausgeübt wird; sie unterläge – mit Ausnahme der fachlichen Weisungsrechte – einer einheitlichen Steuerung durch EVU und Netzgesellschaft in den wesentlichen personellen und sozialen Fragen, insbesondere mit Blick auf den Arbeitseinsatz. Es spricht daher viel dafür, dass dies gegen den klaren Wortlaut von § 7a Abs. 4 S. 1 EnWG verstößt.

383 Eine den Wortlaut mit Blick auf den Gesetzeszweck einschränkende Reduktion des Anwendungsbereichs von § 7a Abs. 4 S. 1 EnWG zur Ermöglichung eines Gemeinschaftsbetriebs erscheint sehr zweifelhaft, wenn man sich vor Augen führt, dass der Gesetzgeber mit dieser Norm eine „Unabhängigkeit gegenüber der Leitung des integrierten Unternehmens und anderen betrieblichen Einrichtungen"[697] erreichen wollte. Denn der Arbeitseinsatz bezieht sich gerade auf den laufenden Netzbetrieb. **Der Gesetzgeber will deshalb voneinander unabhängige betriebliche Einrichtungen erreichen und gerade keine Gemeinschaftseinrichtungen.** Denktheoretisch möglich wäre es allerdings, die Vorgaben des Gesetzgebers allein auf gesellschaftsrechtliche Weisungen zu beschränken. Dies könnte mit der ausdrücklichen Beschränkung gesellschaftsrechtlicher Weisungsrechte in § 7a Abs. 4 S. 3ff. EnWG begründet werden. Dass damit dem Gesetzeszweck ausreichend Rechnung getragen wird, erscheint allerdings zweifelhaft.

Losgelöst von einer wortlautorientierten Argumentation dürfte es aber eine Frage des Einzelfalls sein, ob ein Gemeinschaftsbetrieb rein tatsächlich derart organisiert werden kann, dass den energierechtlichen Entflechtungsvorgaben in §§ 6ff. EnWG damit hinreichend nachgekommen werden kann. Dies wird in der Literatur durchaus bezweifelt.[698] Berücksichtigt man, dass die einheitliche Steuerung in den wesentlichen personellen und sozialen Angelegenheiten eine Nähe und ein Verbundenheitsgefühl der Belegschaft des Gemeinschaftsbetriebs schafft, die Interessenkonflikte ebenfalls zu fördern geeignet sind, muss eine derartige Interessenkonflikte vermeidende Organisation jedenfalls sehr deutlich dokumentiert werden.

dd) Informatorische Entflechtung

384 Bei der Ausgestaltung einer entsprechenden Betriebsorganisation müssen auch die Vorgaben des § 6a EnWG zum informatorischen Unbundling beachtet werden (vgl. zu ihnen unter Kapitel 2 Rn 188ff.).

Dementsprechend ist auch im Rahmen eines Gemeinschaftsbetriebs sicherzustellen, dass der Energievertrieb des EVU keine Kenntnisse über wirtschaftlich

697 BT-Drucks. 15/3917, S. 54.
698 Bartsch/*Schnitker*, Kap. 9 Rn 46, 33.

sensible Informationen erhält oder sich beschaffen kann. Dies setzt zum einen voraus, dass ein gemeinsam genutztes Datenverarbeitungssystem so ausgestaltet wird, das wirtschaftlich sensible Daten nur vom Netzbetrieb einsehbar sind, und zum anderen, dass die Vertraulichkeit nicht durch die Aufbauorganisation gefährdet wird.[699] Insofern dürfen Mitarbeiter, die mit Aufgaben des Energievertriebs befasst sind (also insbesondere Liefervertragsabschlüssen, Preisgestaltungen oder Kundenakquise), keine Zuständigkeiten in Bereichen haben, in denen wirtschaftlich sensible Informationen in Ausübung der Tätigkeit als Netzbetreiber gewonnen werden.[700] Als organisatorische Maßnahmen kommen insoweit die funktionale oder räumliche Trennung von Vertraulichkeitsbereichen, die Schaffung von Zutrittsbeschränkungen oder die Regelung von Zugriffsberechtigungen auf Daten in Betracht.[701]

Werden entsprechende Maßnahmen rechtlich bindend eingeführt und umge- 385
setzt, d.h. von den Mitarbeitern (nachweislich) eingehalten, **stehen die Vorgaben zum informationellen Unbundling einem arbeitsrechtlichen Gemeinschaftsbetrieb zwischen EVU und Netzgesellschaft nicht entgegen**. Berücksichtigt man auch hier, dass die einheitliche Steuerung in den wesentlichen personellen und sozialen Angelegenheiten eine Nähe und ein Verbundenheitsgefühl der Belegschaft des Gemeinschaftsbetriebs schafft, die Interessenkonflikte und Verstöße gegen Vertraulichkeitsvorgaben zu fördern geeignet sind, müsste eine derartige Interessenkonflikte Verstöße gegen Vertraulichkeitsvorgaben vermeidende Organisation jedenfalls wiederum sehr deutlich dokumentiert werden.

2. Fiktiver Gemeinschaftsbetrieb als zulässige Gestaltungsform?

Mit Blick auf den – durch die BNetzA geförderten – Trend zur großen bzw. breiten 386
Netzgesellschaft in der Praxis entschärfen wird sich die Frage der Zulässigkeit von fiktiven Betriebsstrukturen nach § 3 BetrVG.

a) Bisherige praktische Bedeutung

Diese Frage ist vor allem im Zusammenhang mit der Bildung schlanker oder „klei- 387
ner" Netzgesellschaften im Rahmen der Entflechtung entstanden. Mit Blick auf den hierdurch notwendig gewordenen Wechsel der Letztentscheider im Sinne des § 7a Abs. 2 Nr. 1 Alt. 2 EnWG zur Netzgesellschaft als neuem Arbeitgeber hatten vor allem Betriebsräte und Gewerkschaften gefordert, dass die bisherigen Betriebsratsstrukturen von der Entflechtung unberührt bleiben, d.h. erhalten werden müssten. Ange-

699 Danner/Theobald/*Eder*, § 9 EnWG Rn 33.
700 Danner/Theobald/*Eder*, § 9 EnWG Rn 39.
701 Britz/Hellermann/Hermes/*Hölscher*, § 9 Rn 16.

sichts der bereits aufgezeigten Zweifel an der Zulässigkeit eines echten Gemeinschaftsbetriebs im Sinne des § 1 Abs. 2 BetrVG waren insoweit vor allem fiktive Betriebsstrukturen aufgegriffen worden, um den Erhalt der bisherigen Struktur ohne echten Gemeinschaftsbetrieb zu bewirken.

b) Vereinbarungen nach § 3 Abs. 1 Nr. 3 BetrVG als (theoretische) Gestaltungsmöglichkeit

388 Ein fiktiver Gemeinschaftsbetrieb ist in diesem Zusammenhang auf der Grundlage einer Vereinbarung nach § 3 Abs. 1 Nr. 3 BetrVG denkbar.[702] Dass insoweit § 3 Abs. 1 Nr. 3 BetrVG und nicht § 3 Abs. 1 Nr. 1 BetrVG eingreift, hat das BAG zutreffend in seinem Beschluss vom 13.3.2013[703] klargestellt. Ein gemeinsamer Betrieb auf der Grundlage einer Vereinbarung nach § 3 Abs. 1 Nr. 3 BetrVG wirkt nach § 3 Abs. 5 BetrVG wie ein echter Gemeinschaftsbetrieb, d.h. wie ein gewöhnlicher Betrieb im betriebsverfassungsrechtlichen Sinne.[704]

c) Vereinbarkeit mit energiewirtschaftsrechtlichen Vorgaben?

389 Die Vereinbarkeit eines fiktiven Gemeinschaftsbetriebs in energiewirtschaftsrechtlichen Vorgaben ist (höchst-)richterlich noch nicht entschieden und wird in der Literatur differenziert beurteilt.

Überwiegend wird angenommen, dass die Bildung eines derartigen fiktiven Gemeinschaftsbetriebs mit energiewirtschaftsrechtlichen Vorgaben **vereinbar** sei.[705] Begründet wird dies im Wesentlichen damit, dass Sinn und Zweck der Entflechtungsvorgaben lediglich sei „die Verhinderung der gegenseitige Einflussnahme auf Angelegenheiten des laufenden Betriebs der jeweiligen Unternehmen, mithin in wirtschaftlichen und unternehmerischen Entscheidungen, während Aufgabe des Betriebsrats die Arbeitnehmervertretung in personellen und sozialen Angelegenheiten“ sei.[706]

390 Dabei wird aber übersehen, dass – worauf andere Teile der Literatur zutreffend hinweisen – der fiktive Betrieb ein echter betriebsverfassungsrechtlicher Betrieb und somit eine Organisationseinheit im Sinne des BetrVG und eine betriebliche Einrichtung im Sinne des § 7a Abs. 2 Nr. 1 EnWG ist.[707] Das folgt letztlich gerade aus der

---

702 Zu den Gestaltungsmöglichkeiten nach § 3 BetrVG vgl. *Gaul/Mückl*, NZA 2011, 657.

703 BAG, Beschl. v. 13.3.2013 – 7 ABR 70/11 – NZA 2013, 738.

704 Zu der Frage, wie ein fiktiver Betrieb wirkt, vgl. *Mückl*, DB 2010, 2615 ff.

705 *Günter*, IR 2011, 197, 201; *Steinbauer*, S. 101 f.; *Trenkle*, AiB 2005, 13, 15; *Bachner*, dbr 2005, 13, 16; Danner/Theobald/*Eder*, § 8 EnWG Rn 39; wohl auch *Seitz/Werner*, BB 2005, 1961, 1966.

706 *Steinbauer*, S. 100 f.; ebenso *Günter*, IR 2011, 197, 200.

707 In diesem Sinne Klees/Langerfeldt/*Heilmann/Langerfeld*, S. 250.

Aufrechterhaltung der Betriebsratsstrukturen. Denn die Beibehaltung dieser Strukturen bewirkt, dass Netzgesellschaft und EVU **mit einem gemeinsamen Betriebsrat verhandeln** müssen. Die Verhandlungen mit diesem Betriebsrat haben typischerweise sowohl erhebliche Auswirkungen auf die arbeitsorganisatorischen Abläufe (Arbeitszeit und Urlaub) als auch auf die Personalkosten, die in der unternehmerischen Realität große Bedeutung haben. Insofern können Verhandlungen mit einem gemeinsamen Betriebsrat – soweit sie Einfluss auf die Personalkosten und die Arbeitsorganisation haben – **die unternehmerische Handlungsfreiheit der Netzgesellschaft nicht unerheblich einschränken.**[708]

Auch wenn im Rahmen von fingierten Betriebsstrukturen keine „echte" einheit- 391
liche Leitung erforderlich ist – denn sonst läge bereits ein gewöhnlicher Gemeinschaftsbetrieb des § 1 Abs. 2 BetrVG vor –, ist nach der Rechtsprechung des BAG **ein Mindestmaß an Abstimmung erforderlich**, da dem Betriebsrat ein einheitlicher Verhandlungspartner gegenüberstehen muss.[709] Insofern sind Netzgesellschaft und EVU auch bei dieser Gestaltungsform in vielen Fällen zu einer Abstimmung gezwungen, welche – jedenfalls tendenziell – die Unabhängigkeit der Netzgesellschaft gefährdet.

Nicht beseitigt werden diese Bedenken durch die Überlegung, da kennzeich- 392
nend für den Gemeinschaftsbetrieb eine einheitliche Leitung lediglich in den wesentlichen personellen und sozialen Fragen sei, seien die **wirtschaftlichen Angelegenheiten im Sinne der §§ 106 ff. BetrVG auszugrenzen**, um so sicher zu stellen, dass den Vorgaben des EnWG, das eine unabhängige Entscheidungsgewalt der Netzgesellschaft in wirtschaftlichen Angelegenheiten verlange, auf diesem Wege erfüllt würden.

Denn dabei wird übersehen, **dass das BetrVG und das EnWG den Begriff der wirtschaftlichen Angelegenheiten nicht im gleichen Sinne bestimmen.** Die wesentlichen personellen und sozialen Angelegenheiten betreffen nämlich nicht nur die Arbeitsorganisation, sondern auch die Personalkosten und sind damit für das Unternehmen von wesentlicher wirtschaftlicher Bedeutung. Sie sind daher im Sinne des EnWG wirtschaftliche Angelegenheiten, sodass die vom EnWG verfolgte Zielsetzung gegen ein Gremium spricht, mit dem Netzgesellschaft und EVU möglicherweise – oder sogar (bedingt durch entsprechende Forderungen der Arbeitnehmerseite) typischerweise – einheitlich verhandeln müssen.

Denn die Netzgesellschaft wäre in den zwingend mitbestimmten Angelegenheiten (insbesondere § 87 BetrVG) davon abhängig, dass der Betriebsrat die sozialen und personellen Entscheidungen auch in ihrem Sinne mitträgt. Es bestünde daher die Gefahr, dass die Netzgesellschaft vor diesem Hintergrund nicht mehr völlig un-

---

708 Vgl. ähnlich *Kaluza*, S. 384.

709 Vgl. zu dem Erfordernis einer Anpassung an die organisatorischen und kooperativen Rahmenbedingungen der Arbeitgeberseite BAG, Beschl. v. 13.3.2013 – 7 ABR 70/11 – NZA 2013, 738.

abhängig agiert, sondern – nicht zulässig – im Interesse der Wettbewerbsbereiche handelt, **weil der Betriebsrat in diese Richtung drängt**. Es besteht also die Gefahr, dass die betriebliche Mitbestimmung des Betriebsrats **zumindest indirekt** die unternehmerischen Entscheidungen der Netzgesellschaft beeinflussen kann.[710] Zudem steigert eine unternehmensübergreifende Interessenvertretung der Arbeitnehmer die **Gefahr einer latenten Verquickung wirtschaftlicher Interessen** des Netzbetriebs und der anderen Wettbewerbsbereiche.[711]

! **Praxistipp**

393 Theoretisch ist zwar denkbar, dass mit dem gemeinsamen Gremium unterschiedliche Betriebsvereinbarungen abgeschlossen werden. Denn die Betriebsparteien dürfen auch innerhalb eines Betriebs Regelungen lediglich für bestimmte Arbeitnehmergruppen treffen.[712] In der Praxis drängen gerade Betriebsräte, die unbedingt erhalten werden wollen und daher fiktive Strukturen fordern, um dies zu ermöglichen, auch unter allen sonstigen Aspekten auf eine Beibehaltung der bisherigen Verhältnisse. Insofern besteht dort in der Regel die Tendenz, Mitarbeiter der Netzgesellschaft und des EVU einheitlich zu behandeln. Die Grundtendenz der Verhandlungsabsicht richtet sich daher (und sei es in bester Absicht) gegen eine Unabhängigkeit der Netzgesellschaft.

---

d) Nichtvorliegen der Vorgaben des § 3 Abs. 1 Nr. 3 BetrVG

394 Auch wenn damit bereits energiewirtschaftsrechtlich deutliche Zweifel an der Zulässigkeit eines fiktiven Gemeinschaftsbetriebs nach § 3 Abs. 1 Nr. 3 BetrVG bestehen, dürfte dies in den meisten Fällen dahinstehen können, weil die **mit dem Ziel einer Erhaltung der bisherigen Betriebsratsstrukturen** abgeschlossenen Vereinbarungen in aller Regelung die Voraussetzung, die das BAG in seinem Beschluss vom 13.3.2013[713] entwickelt hat, gar nicht erfüllen dürften:

Denn die Möglichkeit einer vom Gesetz abweichenden Ausgestaltung der Repräsentationsstrukturen der Arbeitnehmer in der Betriebsverfassung besteht, in den Betriebs- bzw. – in der Regel – Tarifvertragsparteien (vgl. § 3 Abs. 3 BetrVG) nur in dem durch § 3 Abs. 1 BetrVG bestimmten Umfang eröffnet.

! **Praxistipp**

§ 3 Abs. 2 BetrVG enthält einen – zu Recht kritisierten – sog. „Supertarifvorbehalt", nach dem eine Gestaltung auf der Grundlage einer Betriebsvereinbarung bereits dann ausscheidet, wenn das Unternehmen in irgendeiner Weise und unter irgendeinem Aspekt normativ gebunden ist. Lediglich eine Tarifbindung kraft arbeitsvertraglicher Bezugnahme genügt insoweit nicht.

---

710 *Kaluza*, S. 392.

711 In diesem Sinn Klees/Langerfeldt/*Heilmann*/*Langerfeldt*, S. 251; *Kaluza*, S. 393.

712 Vgl. *Fitting*, § 77 BetrVG Rn 35 sowie bereits BAG, Urt. v. 1.2.1957 – 1 AZR 195/55 – NJW 1957, 966.

713 BAG, Beschl. v. 13.3.2013 – 7 ABR 70/11 – NZA 2013, 738.

Danach können durch Tarifvertrag unter bestimmten Voraussetzungen unternehmenseinheitliche oder betriebsübergreifende Betriebsräte (Nr. 1a und b), Spartenbetriebsräte (Nr. 2) oder andere Arbeitnehmervertretungsstrukturen (Nr. 3) bestimmt werden. Die vereinbarten Tarifnormen gelten auch für die Arbeitnehmer, die nicht Mitglieder der abschließenden Gewerkschaft sind. Denn nach §§ 1 Abs. 1, 3 Abs. 2 TVG ist für die unmittelbare und zwingende Wirkung von betriebsverfassungsrechtlichen Tarifnormen **die Tarifbindung des Arbeitgebers ausreichend**. Die betriebsverfassungsrechtlichen Tarifnormen treten in ihrem Geltungsbereich aber nur dann an die Stelle der im Betriebsverfassungsgesetz enthaltenen organisatorischen Bestimmungen, wenn sie den Anforderungen des § 3 Abs. 1 BetrVG genügen. Das ist – jedenfalls, wenn lediglich die Erhaltung der bisherigen Strukturen beabsichtigt wird – häufig nicht der Fall. 395

aa) Voraussetzungen nach § 3 Abs. 1 Nr. 3 BetrVG

Nach § 3 Abs. 1 Nr. 3 BetrVG können durch Tarifvertrag „andere Arbeitnehmervertretungsstrukturen" bestimmt werden, „soweit dies insbesondere aufgrund der Betriebs-, Unternehmens- oder Konzernorganisation oder aufgrund anderer Formen der Zusammenarbeit von Unternehmen einer wirksamen und zweckmäßigen Interessenvertretung der Arbeitnehmer dient". 396

Praxistipp !

Hierbei kommt den Tarifvertrags- bzw. Betriebsparteien – ebenso wie bei § 3 Abs. 1 Nr. 1 und Nr. 2 BetrVG – ein Beurteilungs- und Gestaltungsspielraum zu.[714]

Allerdings ist mit § 3 Abs. 1 Nr. 3 BetrVG die Organisation der Betriebsverfassung nicht gänzlich in die Disposition der Tarifvertragsparteien gestellt. Erforderlich ist für § 3 Abs. 1 Nr. 3 BetrVG ein Zusammenhang zwischen 397

- vornehmlich **organisatorischen oder kooperativen Spezifika** auf Arbeitgeberseite und
- **wirksamer sowie zweckmäßiger Interessenvertretung** der Arbeitnehmer.[715]

Die vereinbarte Struktur muss im Hinblick auf diesen Zusammenhang zur Vertretung der Arbeitnehmerinteressen „besser geeignet" sein als die gesetzliche.[716]

Denn bereits der in § 3 Abs. 1 Nr. 3 BetrVG verwendete Ausdruck „aufgrund" macht deutlich, dass zwischen der Errichtung anderer Arbeitnehmervertretungsstrukturen einerseits und der „Betriebs-, Unternehmens- oder Konzernorganisation"

---

714 BAG, Beschl. v. 13.3.2013 – 7 ABR 70/11 – NZA 2013, 738.
715 BAG, Beschl. v. 13.3.2013 – 7 ABR 70/11 – NZA 2013, 738.
716 BAG, Beschl. v. 13.3.2013 – 7 ABR 70/11 – NZA 2013, 738.

oder „anderer Formen der Zusammenarbeit von Unternehmen" andererseits notwendig ein **Kausalzusammenhang** bestehen muss. Aus der Verwendung des Wortes „insbesondere" ergibt sich zwar, dass die Umstände, die eine Vereinbarung alternativer Arbeitnehmervertretungsstrukturen veranlassen können, nicht abschließend beschrieben sind. Sie müssen aber mit den in § 3 Abs. 1 Nr. 3 BetrVG genannten Gegebenheiten **wertungsmäßig vergleichbar** sein.[717]

398 Das folgt auch aus der inneren Systematik des § 3 Abs. 1 BetrVG: Nach Nrn. 1 und 2 des § 3 Abs. 1 BetrVG ist den Tarifvertragsparteien nämlich eine Regelungsbefugnis eröffnet, wenn dies

- die Bildung von Betriebsräten erleichtert oder
- einer sachgerechten Wahrnehmung
- der Interessen der Arbeitnehmer (Nr. 1) bzw.
- der Aufgaben des Betriebsrats (Nr. 2)

dient.

Im Unterschied hierzu knüpft § 3 Abs. 1 Nr. 3 BetrVG an besondere Umstände – vornehmlich betriebs-, unternehmens- oder konzernbezogene organisatorische oder unternehmenskooperative Rahmenbedingungen[718] – an.

399 Hiervon ausgehend sollen die gesetzlichen Arbeitnehmervertretungsstrukturen den Tarifvertragsparteien nach dem Sinn und Zweck von § 3 Abs. 1 Nr. 3 BetrVG nicht zur freien Disposition gestellt werden. Vielmehr geht es darum, in **besonderen Konstellationen**, in denen sich die im BetrVG vorgesehene Organisation für eine wirksame und zweckmäßige Interessenvertretung der Arbeitnehmer als nicht ausreichend erweist, die Möglichkeit zu eröffnen, in einem Tarifvertrag durch eine Änderung der Strukturen der Arbeitnehmervertretung für Abhilfe zu sorgen.[719]

Sinn und Zweck gebieten daher ein Verständnis dahingehend, dass die wirksame und zweckmäßige Interessenvertretung der Arbeitnehmer eine **Relation zu den in der Norm beschriebenen organisatorischen oder kooperativen oder ähnlichen Besonderheiten aufweisen muss.**[720] Denn mit § 3 Abs. 1 Nr. 3 BetrVG soll nach den Vorstellungen des Gesetzgebers[721] die Möglichkeit eröffnet sein,

„über die in Nummer 1 und 2 genannten speziellen Fälle hinaus auch dort eine wirksame und zweckmäßige Interessenvertretung der Arbeitnehmer zu errichten, wo dies aufgrund von Sonderformen der Betriebs-, Unternehmens- oder Konzernorganisation oder der Zusammenarbeit von Unternehmen in rechtlicher oder tatsächlicher Hinsicht generell mit besonderen Schwierigkeiten verbunden ist. ... Darüber

---

717 BAG, Beschl. v. 13.3.2013 – 7 ABR 70/11 – NZA 2013, 738.
718 BAG, Beschl. v. 13.3.2013 – 7 ABR 70/11 – NZA 2013, 738.
719 BAG, Beschl. v. 13.3.2013 – 7 ABR 70/11 – NZA 2013, 738; *Fitting*, § 3 BetrVG Rn 48.
720 BAG, Beschl. v. 13.3.2013 – 7 ABR 70/11 – NZA 2013, 738.
721 Vgl. BT-Drucks. 14/5741, S. 34.

hinaus hat die Regelung den Sinn, den Tarifvertragsparteien zu ermöglichen, auf zukünftige neue Entwicklungen von Unternehmensstrukturen in Produktion und Dienstleistung angemessen zu reagieren und entsprechende Arbeitnehmervertretungssysteme errichten zu können, ohne dabei auf ein Tätigwerden des Gesetzgebers angewiesen zu sein".

Der mit dem Ziel einer Flexibilisierung erklärte Regelungsgehalt ist damit einer- 400 seits durch einen Bezug zum gesetzlichen Vertretungsmodell beschrieben: Die mit dem Betriebsverfassungsgesetz verfolgten Zwecke müssen innerhalb einer alternativen Repräsentationsstruktur **besser erreicht werden können** als im Rahmen des gesetzlichen Vertretungsmodells.[722] Andererseits ist ein Bedürfnis nach alternativen Arbeitnehmervertretungsstrukturen nur insoweit anerkannt, als aufgrund bestimmter – vornehmlich organisatorischer oder funktionaler – Rahmenbedingungen die Errichtung einer wirksamen und zweckmäßigen Interessenvertretung rechtlich oder tatsächlich „generell mit besonderen Schwierigkeiten verbunden ist".[723]

Praxistipp !
Diese Voraussetzungen sind z.B. dann erfüllt, wenn Zweck der Vereinbarung ist, eine Kongruenz von Betriebsräten und tatsächlichen Entscheidungsträgern auf Seiten der Unternehmen zu erreichen.[724]

bb) Nichterfüllung durch bloßes Ziel der Strukturbeibehaltung

Die bloße Beibehaltung der bisherigen – vor der Umsetzung von gesetzlichen Ent- 401 flechtungsvorgaben bestehenden – Betriebsstruktur genügt diesen Vorgaben aber – jedenfalls für sich genommen – nicht. Es ist schon nicht erkennbar, dass die mit dem Betriebsverfassungsgesetz verfolgten Zwecke innerhalb eines fiktiven Gemeinschaftsbetriebs besser erreicht werden können als im Rahmen des gesetzlichen Vertretungsmodells, d.h. eines separaten Betriebsrats für die Netzgesellschaft (oder mehrerer Betriebsräte) und eines separaten Betriebsrat für das EVU, d.h. die Wettbewerbsbereiche. Dies gilt erst recht deshalb, weil die „organisatorischen und funktionalen Rahmenbedingungen", die das EnWG vorgibt, nach dem Sinn und Zweck des EnWG – jedenfalls in den zum echten Gemeinschaftsbetrieb, aber auch zum fiktiven Gemeinschaftsbetrieb vorstehend aufgezeigten Grenzen – **gerade nicht überwunden werden sollen.**

---

722 BAG, Beschl. v. 13.3.2013 – 7 ABR 70/11 – NZA 2013, 738; so auch z.B. *Annuß*, NZA 2002, 290, 292; ErfK/*Koch*, § 3 BetrVG Rn 6; GK-BetrVG/*Franzen*, § 3 BetrVG Rn 22; *Kania/Klemm*, RdA 2006, 22, 23.

723 BAG, Beschl. v. 13.3.2013 – 7 ABR 70/11 – NZA 2013, 738.

724 BAG, Beschl. v. 13.3.2013 – 7 ABR 70/11 – NZA 2013, 738.

Praxistipp
Die wirksame Vereinbarung übergreifender Betriebsratsstrukturen i.S. eines Gemeinschaftsbetriebs wird daher allenfalls dann in Betracht kommen, wenn die Entflechtung bewirkt, dass die bei dem EVU verbleibenden oder bei der Netzgesellschaft angestellten Arbeitnehmer keine betriebsratsfähige Zahl erreichen. Auch dann dürfen aber jedenfalls die in § 7a Abs. 2 Nr. 1 EnWG genannten Arbeitnehmer aus den insoweit zum echten Gemeinschaftsbetrieb entwickelten Überlegungen nicht in – und seien es fiktive – Betriebsstrukturen des EVU eingebunden werden.

Für übergreifende Betriebsratsstrukturen zwischen Netzgesellschaft und EVU bleibt damit in der betrieblichen Praxis nur sehr wenig Raum.

e) Folgen für fehlerhaft gebildete Betriebsräte

402 Betriebsverfassungsrechtlich betrachtet führt die Nichterfüllung der Vorgaben von § 3 Abs. 1 Nr. 3 BetrVG jedenfalls mit Blick auf bereits vor der Entscheidung des BAG vom 13.3.2013 gewählte Betriebsräte indes zu keinen wesentlichen Schwierigkeiten.

Denn die Verkennung des Betriebsbegriffs hat in der Regel **nicht die Nichtigkeit, sondern nur die Anfechtbarkeit** der darauf beruhenden Betriebsratswahl zur Folge. Dies gilt auch dann, wenn es um eine Verkennung der „richtigen" Rechtsgrundlage für die Bestimmung des Betriebsbegriffs geht, vorliegend also um die Frage, ob in den Betrieben nach §§ 1 und 4 BetrVG oder in den Organisationseinheiten nach dem (vermeintlich) unter den Vorgaben von § 3 Abs. 1 Nr. 3 BetrVG geschlossenen Tarifvertrags ein Betriebsrat zu wählen ist.[725] Denn die in § 3 Abs. 1 BetrVG geregelten Tatbestandsvoraussetzungen sind unter Verwendung unbestimmter Rechtsbegriffe beschrieben. Bei einer Betriebsratswahl, die auf der Grundlage eines sog. Zuordnungstarifvertrags nach § 3 Abs. 1 BetrVG durchgeführt wird, ist daher die Beurteilung seiner Wirksamkeit oder Unwirksamkeit regelmäßig mit schwierigen Fragestellungen verbunden.[726] Das schließt die Annahme einer Nichtigkeit der Wahl typischerweise aus, zumal die Betriebspartner und ein die Betriebsratswahlen einleitender Wahlvorstand bei einem bestehenden Zuordnungstarifvertrag nach der Rechtsprechung des BAG grundsätzlich von dessen Rechtswirksamkeit ausgehen dürfen.[727] Rein betriebsverfassungsrechtlich betrachtet sind die auf der Grundlage eines unwirksamen Tarifvertrags nach § 3 Abs. 1 Nr. 3 BetrVG daher **nach Ablauf der Anfechtungsfrist des § 19 Abs. 2 BetrVG wirksam gewählt.**[728]

---

725 BAG, Beschl. v. 13.3.2013 – 7 ABR 70/11 – NZA 2013, 738; vgl. zur Anfechtung der Wahl einer Schwerbehindertenvertretung auf der Grundlage eines unwirksamen Zuordnungstarifvertrags BAG, Beschl. v. 10.11.2004 – 7 ABR 17/04 – AP BetrVG 1972 § 3 Nr. 4; näher *Mückl/Koehler*, NZA-RR 2009, 513 ff.; a.A. z.B. *Plander*, NZA 2002, 483.

726 BAG, Beschl. v. 13.3.2013 – 7 ABR 70/11 – NZA 2013, 738.

727 BAG, Beschl. v. 13.3.2013 – 7 ABR 70/11 – NZA 2013, 738.

728 Vgl. zu den Gestaltungsmöglichkeiten zur Verhinderung und Beseitigung einer fehlerhaften Betriebsratswahl *Mückl/Aßmuth*, BB 2013, 1909 ff.

Dabei würde aber übersehen, dass § 7a Abs. 2 bis 4 EnWG eine Unabhängigkeit der Netzgesellschaft gewährleisten wollen, die – wie oben gezeigt – durch die Schaffung eines fiktiven Gemeinschaftsbetriebs gefährdet ist. Das LAG Köln[729] hat dies – ohne nähere Begründung und ohne in den Entscheidungsgründen erkennbares Problembewusstsein – ausgeschlossen. Eine zugelassene Rechtsbeschwerde wurde – leider – nicht eingelegt, sodass diese Frage weiterhin höchstrichterlich nicht entschieden ist. Mit Blick auf die vorstehend beschriebenen Bedenken, bleibt dies abzuwarten. 403

Fraglich ist für die betriebliche Praxis aber, welche Rechtsfolge betriebsverfassungsrechtlich mit einer i.S.d. EnWG fehlerhaften Wahl verbunden ist.

Praxistipp !

Ein Betriebsrat kann unter Berufung auf das EnWG allerdings weder eine bestimmte Gestaltung fordern, noch ablehnen. Denn das EnWG „begründet [...] offensichtlich keine betriebsverfassungsrechtlichen Rechte".[730]

404

Führt man sich noch einmal vor Augen, dass § 7a Abs. 2, 3 und 5 EnWG Rechtspflichten in dem dort beschriebenen Umfang zulasten der in die Pflicht genommenen Unternehmen/Personen begründen, wird deutlich, dass zunächst die Regulierungsbehörden **nach § 65 Abs. 1 EnWG eingreifen dürfen**, um unzulässige Betriebsstrukturen abzuschaffen.

Sie können dem Arbeitgeber z.B. aufgeben, einen entsprechenden Tarifvertrag zu kündigen.

Praxistipp !

Ist keine Kündigungsmöglichkeit vorgesehen, kommt ggf. eine außerordentliche Kündigung in Betracht.[731]

Ein Anpassungs- und ggf. Beendigungsanspruch dürfte – analog der Rechtslage zur nachträglichen Anpassung von Sozialplänen[732] – nach **§ 313 BGB** dann bestehen, wenn die energiewirtschaftsrechtliche Zulässigkeit als Geschäftsgrundlage infolge eines Eingreifens der Regulierungsbehörden weggefallen ist.

---

729 LAG Köln, Beschl. v. 15.2.2013 – 4 TaBV 74/12 – RdE 2013, 499.

730 LAG Köln, Beschl. v. 15.2.2013 – 4 TaBV 74/12 – RdE 2013, 499.

731 Zu Möglichkeiten einer kurzfristigen Beendigung der Tarifbindung vgl. *Mückl/Krings*, BB 2012, 769 ff.

732 Vgl. dazu *Bonanni/Mückl*, ArbRB 2009, 242.

3. Übergangsmandat des Betriebsrats

405 Angesichts des Umstands, dass es bei Entflechtung und Konzessionswechsel häufig zunächst an einer übertragbaren Einheit fehlt, stellt sich im Zusammenhang mit derartigen Maßnahmen häufig die Frage, ob sich das bei Spaltung eines Betriebs, in dem ein Betriebsrat gewählt wurde, ergebende Übergangsmandat gemäß § 21a BetrVG mit energiewirtschaftsrechtlichen Vorgaben vereinbar ist. Dies wird in der Literatur **überwiegend ohne nähere Begründung bejaht.**[733]

a) Energiewirtschaftsrechtliche Bedenken

406 Bedenken könnten hiergegen allerdings mit Blick auf die zum Gemeinschaftsbetrieb entwickelten Überlegungen bestehen. Denn auch im Rahmen eines Übergangsmandats besteht zunächst ein unternehmensübergreifend zuständiger Betriebsrat. Da das Übergangsmandat ein **zeitlich begrenztes Vollmandat** ist, greifen indes auf den ersten Blick dieselben Bedenken ein, die auch gegen die Zulässigkeit eines Gemeinschaftsbetriebs sprechen. Denn eine mittelbare Beeinträchtigung der Handlungsunabhängigkeit der Netzgesellschaft (§ 7a Abs. 4 EnWG) ist nicht von vornherein von der Hand zu weisen.

b) Zulässigkeit infolge Zuständigkeitstrennung

407 In Übereinstimmung mit der herrschenden Meinung in der Literatur wird man das Übergangsmandat aber deshalb für zulässig halten können, weil der Betriebsrat im Rahmen seines Übergangsmandats nach § 21a BetrVG keine übergreifenden Mitbestimmungsentscheidungen treffen darf, sondern lediglich für die Netzgesellschaft zuständig ist. Er ist als Betriebsrat also **für zwei separate, voneinander unabhängige Organisationseinheiten zuständig.** Darin liegt der entscheidende Unterschied zum Gemeinschaftsbetrieb und einer anderen Arbeitnehmervertretungsstruktur im Sinne des § 3 BetrVG.[734] Vor diesem Hintergrund erscheint die Handlungsunabhängigkeit der Netzgesellschaft als hinreichend gewährleistet.

c) Übergangsmandat für Letztentscheider?

408 Nimmt ein Betriebsrat das Übergangsmandat für die Netzgesellschaft und den verbliebenen Betriebsteil des EVU wahr, sind Letztentscheider, die ausnahmsweise Mitglied des Betriebsrats sind, bei der auf Mitbestimmung in Bezug auf die Wettbe-

---

733 Vgl. *Steinbauer*, S. 111 ff.; *Seitz/Werner*, BB 2005, 1961, 1963; *Bachner*, dbr 2005, 13, 15; *Trenkle*, AiB 2005, 13, 15; Rosin/*Schmutzer*/*Schoon*/*Stolzenburg*, § 7 EnWG Rn 63.

734 Vgl. Richardi/*Thüsing*, § 21a BetrVG Rn 16; *Fitting*, § 21a BetrVG Rn 20; spezifisch im vorliegenden Kontext: *Kaluza*, S. 389.

werbsbereiche **an der Ausübung ihres Mandats verhindert**. Dies folgt aus § 7a Abs. 2 Nr. 1 EnWG. Insoweit wird man die vom BAG in anderen Kontexten entwickelten Grundsätze zum Ausschluss infolge Interessenkonflikts[735] übertragen können.

Praxistipp !

Sind keine hinreichenden Ersatzmitglieder mehr vorhanden, muss nach § 13 Abs. 2 Nr. 2 BetrVG neu gewählt werden.[736]

---

4. Zulässigkeit der Bildung eines Konzernbetriebsrats?

Nach näherer Maßgabe von § 54 Abs. 1 BetrVG kann durch Beschlüsse der einzelnen 409
Gesamtbetriebsräte bzw. Betriebsräte in einem Unterordnungskonzern im Sinne des § 18 Abs. 1 AktG ein Konzernbetriebsrat errichtet werden.

Sofern die Entflechtungsvorgaben durch Bildung eines **Unterordnungskonzerns** umgesetzt worden sind, stellt sich in der betrieblichen Praxis daher die Frage, ob die Errichtung eines Konzernbetriebsrats mit den Entflechtungsvorgaben des EnWG vereinbar ist.

Dagegen könnte sprechen, dass es sich um eine unternehmensübergreifende Arbeitnehmervertretung handelt, die sowohl für die Mitarbeiter der Netzgesellschaft, als auch für das EVU zuständig ist. In der Literatur wird dennoch die Bildung eines Konzernbetriebsrats **bislang ausnahmslos für zulässig gehalten**.[737]

a) Kein Verstoß gegen § 7a Abs. 3 EnWG

Vereinbar dürfte die Bildung eines Konzernbetriebsrats zunächst einmal jedenfalls mit den Vorgaben für die berufliche Handlungsunabhängigkeit der Leitungspersonen der Netzgesellschaft in § 7a Abs. 3 EnWG sein. Denn der vom Konzernbetriebsrat benötigte Ansprech-, Verhandlungs- und Vertragspartner ist das herrschende Konzernunternehmen, das durch sein jeweiliges Leitungsorgan handelt und mit dem Konzernbetriebsrat ggf. Konzernbetriebsvereinbarungen abschließt.[738] Vor diesem Hintergrund müssen die Leitungspersonen der Netzgesellschaft niemals mit dem Konzernbetriebsrat verhandeln (bzw. dies ist vermeidbar), so dass ihre berufliche Handlungsunabhängigkeit nicht gefährdet ist.[739]

---

735 Vgl. zuletzt nur BAG, Urt. v. 22.8.2013 – 8 AZR 574/12 – ZTR 2014, 175.
736 Vgl. nur *Fitting*, § 25 BetrVG Rn 33.
737 Vgl. nur *Steinbauer*, S. 105 ff.; *Kaluza*, S. 401 ff.; wohl auch *Seitz/Werner*, BB 2005, 1961, 963.
738 BAG, Beschl. v. 12.11.1997 – 7 ABR 78/96 – AP BetrVG 1972 § 58 Nr. 2; BAG, Urt. v. 22.9.2002 – 3 ZR 554/00 – AP BetrVG 1972 § 77 Betriebsvereinbarung Nr. 4.
739 Wie hier *Kaluza*, S. 402 ff.

b) Verstoß gegen § 7a Abs. 2 Nr. 1 EnWG?

410 Problematischer erscheint ein Verstoß gegen § 7a Abs. 2 Nr. 1 EnWG. Denn der Konzernbetriebsrat ist eine betriebliche Einrichtung auch des herrschenden EVU und führt man sich vor Augen, dass der Konzern letztlich frei ist, freiwillige Leistungen bzw. alle freiwilligen Betriebsvereinbarungen auf der Ebene einzuführen, die er für zweckmäßig hält, ergibt sich

- über die kraft Gesetzes zwingend zustehende Zuständigkeit des Konzernbetriebsrats nach § 58 Abs. 1 BetrVG sowie
- die Zuständigkeit kraft Beauftragung nach § 58 Abs. 2 BetrVG

bei entsprechendem Gestaltungswillen der Konzernleitung bzw. der übrigen Betriebsräte eine **relativ breite Zuständigkeit des Konzernbetriebsrats**. Diese tritt neben die kraft Gesetzes zwingend bestehende Zuständigkeit, z.B. bei unternehmensübergreifenden Umstrukturierungen, bei denen der Konzernbetriebsrat kraft Gesetzes für die Verhandlung des Interessenausgleichs zuständig ist.

! **Praxistipp**
Gleiches gilt nicht notwendig für den Sozialplan.[740]

411 Mit Blick darauf, dass der Gesetzgeber ausweislich der Gesetzesbegründung das bestehende Mitbestimmungsrecht jedoch grundsätzlich nicht einschränken wollte, wird man das insoweit bestehende Mitbestimmungsrecht nicht notwendig dadurch vollständig ausschließen müssen, dass das Organ des Konzernbetriebsrats insgesamt untersagt wird.

Vielmehr wird man **beim einzelnen Mitbestimmungstatbestand** ansetzen müssen. Soweit mit Blick auf den einzelnen Mitbestimmungstatbestand der Interessenkonflikt droht, den § 7a EnWG verhindern will, wird man das **entsprechende Mitglied des Konzernbetriebsrats als an der Ausübung seines Amtes gehindert ansehen** müssen. Insoweit gilt nichts anderes, als im Rahmen des Übergangsmandats.

! **Praxistipp**
Dies gilt auch bei einer Zuständigkeit kraft Auftrags nach § 58 Abs. 2 BetrVG.

Es ist Aufgabe des Konzernbetriebsrats bzw. der entsendenden Betriebsräte, hier durch hinreichende Bestellung von Ersatzmitgliedern Sorge für seine Handlungsfähigkeit zu tragen. Dies gilt im vorliegenden Kontext umso mehr, als es sich beim Konzernbetriebsrat lediglich um eine fakultative Einrichtung handelt. Sie kann

740 Vgl. nur BAG, Beschl. v. 3.5.2006 – 1 ABR 15/05 – NZA 2007, 1245.

nicht stärker geschützt sein, als das gesetzlich zwingend vorgeschriebene Übergangsmandat gemäß § 21a BetrVG. Gleichzeitig ist aber auch nicht erkennbar, warum sie im weitergehenden Umfang untersagt werden sollte.

c) Verstoß gegen § 7a Abs. 4 EnWG?

Dies gilt auch mit Blick auf § 7a Abs. 4 EnWG, nach dem die Netzgesellschaft die 412
wesentlichen Entscheidungsbefugnisse in Bezug auf den für den Betrieb, die Wartung und den Ausbau des Netzes erforderlichen Vermögenswerte des Netzes besitzen und diese im Rahmen der Bestimmung des EnWG unabhängig von der Leitung und den anderen betrieblichen Einrichtungen des vertikal integrierten EVU ausüben muss. Denn diejenigen Angelegenheiten, bei denen die Netzgesellschaft gemäß § 7a Abs. 4 EnWG über unabhängige Entscheidungsbefugnisse verfügen muss, **beziehen sich ausschließlich auf den Netzbetrieb** und haben keinen unternehmensübergreifenden Charakter.[741] Diese Bereiche werden somit typischerweise nicht in den Zuständigkeitsbereich des Konzernbetriebsrats fallen, weil diesbezüglich keine konzerneinheitliche Regelung erforderlich ist.[742]

Praxistipp !

Soweit die Konzernleitung die zwingende Zuständigkeit des Konzernbetriebsrats nach § 58 Abs. 1 BetrVG dadurch gezielt begründet, dass sie eine Regelung auf Konzernebene einführen will – was allerdings nur bei freiwilligen Leistungen bzw. Betriebsvereinbarungen der Fall sein kann –, ist sie hieran ggf. gemäß § 7a EnWG gehindert, wenn dies die Unabhängigkeit der Netzgesellschaft unzulässig beeinflusst. Auch insoweit führt die notwendige Unabhängigkeit der Netzgesellschaft aber nicht dazu, das Organ des Konzernbetriebsrats insgesamt zu untersagen.

IV. Modellwechsel – Arbeitsrechtliche Wege von der schlanken zur breiten Netzgesellschaft

Zur Umsetzung der Entflechtungsvorgaben der §§ 6ff. EnWG hat die ganz überwie- 413
gende Zahl der vertikal integrierten EVU (Tochter-)Netzgesellschaften gegründet, die den Netzbetrieb meist im Wege der schuldrechtlichen Netzüberlassung (Verpachtung) übernommen haben und zum Netzbetrieb im Wege der (konzerninternen) Arbeitnehmerüberlassung Arbeitnehmer einsetzen.

---

741 *Kaluza*, S. 402.

742 In diesem Sinne auch *Steinbauer*, S. 109; *Kaluza*, S. 402.

1. Motivationen für einen Modellwechsel

a) Anreizregulierung

414 Diese sog. „schlanke" Netzgesellschaft wird die BNetzA – vermittelt über ihre Vorgaben zur Anreizregulierung (vgl. dazu unter Kapitel 2 Rn 54f.) – mit dem Beginn der zweiten Regulierungsperiode faktisch abschaffen. Ungeachtet der Fragwürdigkeit ihres Verständnisses der Anreizregulierungsvorgaben[743] mussten die betroffenen EVU hierauf grundsätzlich **bis zum 1.1.2014 arbeitsrechtlich reagieren.**

Nach Inkrafttreten der Entflechtungsvorgaben des EnWG haben sich in der Praxis im Wesentlichen drei (Entflechtungs-)Modelle herausgebildet:[744]

aa) Pacht- und Dienstleistungsmodell oder „schlanke" Netzgesellschaft

415 Das erste Modell ist das „Pacht- und Dienstleistungsmodell" oder die „schlanke Netzgesellschaft". Bei diesem Modell wird das Netzeigentum von den Eigentümern (in der Regel den Stadtwerken) an die Netzbetriebsgesellschaft (Netzgesellschaft) verpachtet. Ergänzend werden die Netzeigentumsgesellschaften mit der Durchführung von technischen und kaufmännischen Dienstleistungen für die verpachteten Leitungen und Anlagen beauftragt.[745] Über eigenes Personal verfügt die schlanke Netzgesellschaft nur in geringem, nämlich dem nach § 7a EnWG erforderlichen Umfang. Der ganz überwiegende Teil des Personals kommt im Wege der Arbeitnehmerüberlassung (oder „Personalgestellung") zum Einsatz.

bb) Breite Netzgesellschaft ohne Eigentumsübertragung

416 Das zweite Modell ist die „breite Netzgesellschaft ohne Eigentumsübergang". Im Gegensatz zum „Pacht- und Dienstleistungsmodell" verfügt die „breite Netzgesellschaft ohne Eigentumsübergang" selbst über das erforderliche Personal, um die oben genannten Dienstleistungen zu erbringen. Das Personal besitzt einen Arbeitsvertrag mit dem Netzbetreiber, wobei das Personal in der Regel von den Netzeigentümern übergeleitet wurde. Bei diesem Modell ist ein ergänzender Dienstleistungsvertrag zwischen Netzeigentümer und Netzbetriebsgesellschaft nicht erforderlich.

---

743 Kritisch *Baur/Hampel*, RdE 2011, 385ff.

744 *Walk/Wiese*, RdE 2012, 234ff.; *Kaluza*, S. 69ff.; Vgl. ferner *Trümner/Weinbrenner*, S. 10f.

745 Vgl. BNetzA, Leitfaden für Stromverteilernetzbetreiber „Große Netzgesellschaft", 2011, S. 1, abrufbar unter: abrufbar unter http://www.bundesnetzagentur.de/DE/Service-Funktionen/Beschlusskammern/1BK-Geschaeftszeichen-Datenbank/BK8-GZ/2011/2011_001bis100/BK8-11-024_BKV/BK8-11-024_Leitfaden_download.pdf?__blob=publicationFile&v=1.

cc) Breite Netzgesellschaft mit Eigentumsübertragung

Das dritte Modell ist die „breite Netzgesellschaft mit Eigentumsübergang". Neben dem erforderlichen Personal verfügt die Netzgesellschaft hier auch über das Eigentum am Netz, das ihr von den ursprünglichen Netzeigentümern übertragen wurde. Ein Pacht- oder Dienstleistungsvertrag ist nicht erforderlich und entfällt daher.[746] 417

dd) Fernwirkungen für die Entflechtungsvorgaben

Die „schlanke Netzgesellschaft" hat(te) personalpolitisch den Vorteil, dass das Netzeigentum und das Personal bei den Netzeigentümern verbleiben können. Dadurch wurden in der Vergangenheit umfangreiche Umstrukturierungen vermieden, was nicht zuletzt von Gewerkschaften und Betriebsräten gefordert worden war. Damit dürfte es nun vorbei sein. Denn die BNetzA wird die von § 11 Abs. 2 Nr. 9 ARegV erfassten Kosten nur dann als dauerhaft nicht beeinflussbar anerkennen, wenn das sie verursachende Personal auch tatsächlich beim Netzbetreiber angestellt ist. 418

Konsequenz daraus ist, dass aus bis zum 31.12.2008 geschlossenen tarifvertraglichen und betrieblichen Vereinbarungen Lohnzusatz- und Versorgungsleistungskosten bei der „schlanken Netzgesellschaft" weitestgehend nicht mehr als effizienzneutral bewertet werden.[747] **Bei der „schlanken Netzgesellschaft" fallen dementsprechend höhere Benchmarkkosten an**, da die Kosten aus Lohnzusatz- und Versorgungsleistungen, welche sie für die überlassenen Arbeitnehmer (den ganz überwiegenden Teil „ihres" Personals") zu tragen hat, voll in den Effizienzvergleich einbezogen werden. Dies hat zur Folge, **dass ein schlanker Netzbetreiber bei identischen Kosten im Bereich der Lohnzusatz- und Versorgungsleistungen immer ineffizienter ist als eine breite Netzgesellschaft.** Die BNetzA drängt durch ihr Verständnis also mittelbar zur Aufgabe des Pacht- und Dienstleistungsmodells, da es wirtschaftlich im Vergleich zu dem Modell der breiten Netzgesellschaft benachteiligt wird.

b) Neue Vorgaben für die Arbeitnehmerüberlassung

Losgelöst davon enthält das AÜG ein Verbot der dauerhaften Arbeitnehmerüberlassung, welches das BAG vermittelt über die novellierte Arbeitnehmerüberlassungs- 419

746 *Eder/Blumenthal*, IR 2007, 222, 223; *Kaluza*, S. 69 ff. m.w.N.

747 BNetzA, Leitfaden für Stromverteilernetzbetreiber „Große Netzgesellschaft", 2011, S. 5 ff., abrufbar unter: abrufbar unter http://www.bundesnetzagentur.de/DE/Service-Funktionen/Beschlusskammern/1BK-Geschaeftszeichen-Datenbank/BK8-GZ/2011/2011_001bis100 /BK8-11-024_BKV/BK8-11-024_Leitfaden_download.pdf?__blob=publicationFile&v=1.

richtlinie § 1 Abs. 1 S. 2 AÜG entnimmt.[748] Denn nach dieser Norm ist die Arbeitnehmerüberlassung nur **„vorübergehend"** zulässig. Das BAG hat bereits entschieden, dass es sich dabei nicht lediglich um einen politischen Programmsatz ohne Rechtsfolge handelt.[749] Die heftige Diskussion darum, was „vorübergehend" i.S.d. § 1 Abs. 1 S. 2 AÜG bedeutet, wird daher auch für die Entflechungsmodelle Fernwirkung haben. Besonderes Augenmerk wird die Praxis daher auf die Umsetzung der im Koalitionsvertrag enthaltenen Konkretisierungspläne legen müssen.[750]

2. Wege zur Bewahrung der Effizienzneutralität von Personalkosten

420 Zur „Rettung" der schlanken Netzgesellschaft bzw. der Effizienzneutralität diskutiert wird zuletzt die Bildung eines Gemeinschaftsbetriebs im arbeitsrechtlichen Sinne zwischen EVU und Netzgesellschaft. Diese Lösung dürfte aber – wie an anderer Stelle ausführlich dargelegt[751] – zur Vermeidung umfassenderer Restrukturierungsmaßnahmen allenfalls in engen Grenzen mit dem EnWG vereinbar sein. Völlig unklar ist darüber hinaus, ob die BNetzA einen Gemeinschaftsbetrieb als Umsetzungsmodell akzeptieren wird. Wahrscheinlich ist das nicht unbedingt. Soll die Bildung eines Gemeinschaftsbetriebs als Umsetzungslösung dennoch versucht werden, ist der Grat zwischen arbeitsrechtlich Erforderlichem und energiewirtschaftsrechtlich Untersagtem jedenfalls schmal.[752] Die Gestaltungspraxis muss die teilweise gegenläufigen Anforderungen ausgleichen, um operativ effektives und rechtlich zulässiges Arbeiten zu ermöglichen. Rechtlich und tatsächlich „sicherer" dürfte aber eine Übertragung der bei der Trägergesellschaft des EVU angestellten Mitarbeiter auf die Netzgesellschaft sein.

a) Ausgangsdilemma – kein Betriebsübergang durch bloße Netzübertragung

421 Problematisch ist dabei im Ausgangspunkt, dass die betroffenen Mitarbeiter zumeist bei der Begründung des Pachtmodells darüber informiert wurden, dass die Übertragung der Netze von der Netzeigentumsgesellschaft auf die Netzgesellschaft mit einem Betriebsübergang gemäß § 613a BGB verbunden gewesen sei. Dies ist – entgegen einer verbreiteten Bewertung – in dieser Pauschalität falsch (vgl. unter Kapitel 2 Rn 279).

---

748 BAG, Beschl. v. 10.7.2013 – 7 ABR 91/11 – NZA 2013, 1296.

749 BAG, Urt. v. 10.12.2013 – 9 AZR 51/13, BB 2014, 700.

750 Vgl. *Mückl*, Rn 49, 908 ff.

751 Vgl. unter Kapitel 2 Rn 364 ff. zu den allgemeinen energierechtlichen Grenzen eines Gemeinschaftsbetriebs und unter Kapitel 2 Rn 435 f. zu spezifischen Überlegungen im Zusammenhang mit den Vorgaben zur Anreizregulierung.

752 Vgl. *Mückl*, RdE 2013, 68 ff.

aa) Netzbetrieb durch die Netzgesellschaft als Hinderungsgrund für einen betriebsmittelintensiven Betriebsübergang

Losgelöst davon, dass viele Arbeitnehmer dementsprechend in der Vergangenheit ggf. falsch über das Vorliegen eines Betriebsübergangs unterrichtet worden sind, könnte ein entsprechender Betriebsübergang durch die Übertragung der Netze selbst dann nicht mehr ausgelöst werden, wenn mit einer Übertragung der Netze (theoretisch) ein (betriebsmittelintensiver) Betriebsübergang verbunden wäre. 422

Nicht geeignet hierfür ist insbesondere ein denkbarer Eigentumserwerb, weil die Eigentumsverhältnisse an den Betriebsmitteln im Rahmen des § 613a BGB irrelevant sind.[753] Entscheidend ist im Rahmen von § 613a BGB vielmehr, **dass die schlanke Netzgesellschaft ja bereits selbst die Netze betreibt**, so dass eine erneute „Übertragung" vom EVU auf die Netzgesellschaft ausscheidet. Bereits dies schließt einen Betriebs(teil)übergang durch Übertragung wesentlicher Betriebsmittel aus.

bb) „Psychologischer" Gesichtspunkt: Überzeugungsaufwand

Hinzu kommt, dass die Mitarbeiter in der Vergangenheit bei der Gründung der schlanken Netzgesellschaft und der Übernahme des Netzbetriebs durch sie vor dem Hintergrund des (angeblichen) damaligen Betriebsübergangs überzeugt worden sind, diesem Übergang ihres Arbeitsverhältnisses zu widersprechen. Will man nun ihren Übergang vom EVU auf die Netzgesellschaft bewirken, müssen sie also grundsätzlich **überzeugt werden, genau das zu tun** (Übertragung ihres Arbeitsverhältnisses auf die Netzgesellschaft), **von dem man ihnen bei Gründung der Netzgesellschaft und der Übernahme der Aufgabe des Netzbetriebs durch sie abgeraten hat**. 423

b) Lösungsmodelle

Dies erfordert einen erheblichen Überzeugungsaufwand jedenfalls dann, wenn das EVU als übertragender Rechtsträger im Zuge einer den neuen Vorgaben zur Anreizregulierung entsprechenden Entflechtung **nicht erlöschen soll**, d.h. Aufspaltung, Verschmelzung oder Anwachsung auf die Netzgesellschaft nicht in Betracht kommen. 424

Praxistipp

Das kann z.B. aus steuerrechtlichen Gründen oder deshalb der Fall sein kann, weil im Zusammenhang mit umwandlungsrechtlichen Restrukturierungsmaßnahmen die Aufdeckung stiller Reserven erfolgen müsste.

---

753 BAG, Urt. v. 10.5.2012 – 8 AZR 434/11 – NZA 2012, 1161.

Im Einzelnen sind hierzu vielerlei Wege denkbar, die allerdings nicht abschließend aufgezeigt werden können. Nachfolgend werden daher lediglich denkbare **Grundmodelle** vorgestellt, die auf den Einzelfall angepasst und ggf. mit weiteren Maßnahmen kombiniert werden müssen, aber den bestehenden Gestaltungsspielraum exemplarisch kennzeichnen.

aa) Lösungsmodell 1

425 Soweit ein „vorübergehendes" Erlöschen des EVU nicht in Betracht kommt und dementsprechend der gegenüber den betroffenen Arbeitnehmern erforderliche Überzeugungsaufwand geleistet werden soll, kann mit ihnen – ohne Rücksicht auf die Anwendbarkeit von § 613a BGB – zunächst der **Abschluss dreiseitiger Vereinbarungen** angestrebt werden. Dies bedeutet, dass der Arbeitnehmer überzeugt wird, mit dem EVU einen Aufhebungsvertrag abzuschließen und gleichzeitig mit der Netzgesellschaft (zu gleichen Bedingungen) ein neues Arbeitsverhältnis zu begründen.

Hauptproblem hierbei ist, dass die Mitarbeiter eben überzeugt werden müssen, einem Arbeitgeberwechsel zuzustimmen. Eine Umsetzung dieses Modells **gegen den Willen der Mitarbeiter** scheidet aus.

! Praxistipp

Berücksichtigt werden muss dabei neben den zu erwartenden Widerständen infolge des oben geschilderten genau gegenteiligen Rates in der Vergangenheit, dass viele Mitarbeiter – insbesondere von Stadtwerken – auch emotional mit ihrem bisherigen Arbeitgeber verbunden sind, so dass häufig keine Bereitschaft besteht, zu der als „geringerwertig" wahrgenommenen Netzgesellschaft zu wechseln. Hier müssen ggf. Anreize geschaffen werden, einem derartigen Wechsel zuzustimmen.

Wichtig ist dabei auch, einen etwaigen Betriebsrat und/oder die im Betrieb vertretenen Gewerkschaften von der Notwendigkeit eines Wechsels und einer positiven Begleitung der Restrukturierungsmaßnahme zu überzeugen.

! Praxistipp

Nur am Rande hingewiesen sei ferner darauf, dass die Übertragung entsprechender Arbeitsverhältnisse auch unter betriebsrentenrechtlichen Gesichtspunkten problematisch sein kann. Hier müssen ggf. komplexe Fragen geklärt werden.[754]

---

754 Näher zu betriebsrentenrechtlichen Fragestellungen bei Unternehmenskauf und Umstrukturierungen z.B. WHSS/*Schnitker*, Rn J 423ff.; *Reichel/Schmandt*, Rn C. 64ff.

bb) Lösungsmodell 2

Soweit vor dem Hintergrund etwaiger Vorbehalte auf Arbeitnehmerseite eine stärkere Annäherung bzw. ein **stärkeres Entgegenkommen gegenüber den Erwartungen der Arbeitnehmer erfolgen soll, kann in Abwandlung von Modell 1 die Begründung sog. Doppelarbeitsverhältnisse** erfolgen.[755] Dies bedeutet, dass das bestehende Arbeitsverhältnis zum EVU nicht aufgehoben, sondern ruhend gestellt wird. Gleichzeitig wird mit der Netzgesellschaft ein neues, aktives Arbeitsverhältnis (zu gleichen Bedingungen) begründet. Auch in diesem Fall müssen die Mitarbeiter überzeugt werden. Dies gelingt jedoch erfahrungsgemäß dann leichter, wenn – wie hier – das arbeitsrechtliche Band zum bisherigen Arbeitgeber nicht aufgelöst wird. Da vorliegend Personen in Rede stehen, die § 7a Abs. 2 Nr. 2 EnWG unterfallen, verstößt die doppelte arbeitsvertragliche Anbindung nicht gegen entflechtungsrechtliche Vorgaben. 426

Praxistipp !
Die Begründung von Doppelarbeitsverhältnissen bringt indes – neben vergleichbaren betriebsrentenrechtlichen Problemen – eine Vielzahl – leider langfristig – zu beachtender Gesichtspunkte, insbesondere einen erheblichen Verwaltungsaufwand, mit sich und ist vor diesem Hintergrund ggf. nicht die bevorzugte Lösung.

cc) Lösungsmodell 3

Als auf Lösungsmodell 1 und 2 aufbauende **Kompromisslösung** kann vor diesem Hintergrund stattdessen ggf. versucht werden, die Mitarbeiter durch (befristete) **Rückkehrzusagen**[756] von einem Arbeitgeberwechsel zu überzeugen. 427

Praxistipp !
Die freiwillige Vereinbarung von Rückkehrrechten kann auch in Betriebsvereinbarungen[757] erfolgen und ggf. die (kollektive) Ablehnung eines durch dreiseitige Vereinbarung bewirkten Arbeitgeberwechsels effektiv verhindern.

Bei der Gestaltung derartiger Zusagen ist aus Sicht des EVU vor allem wichtig, die Bedingungen der Rückkehr klar zu definieren und etwaige Einschränkungen (z.B. Konzernvorbehalt, zeitliche Befristung, Bestehen einer tatsächlichen Beschäftigungsmöglichkeit, etc.) ausdrücklich zu regeln, um ungewollte künftige Entwicklungen zu vermeiden. Denn im Falle eines (zeitlich und inhaltlich) unbegrenzten Rückkehrrechts kann durch Kündigung oder Ablösung der Betriebsvereinbarung

755 Vgl. zu Mehrfacharbeitsverhältnissen zuletzt *Lange*, NZA 2012, 1121 ff.
756 Näher *Rieble*, NZA 2002, 706 ff.
757 Zuletzt BAG, Urt. v. 14.3.2012 – 7 AZR 147/11 – NZA 2012, 1183 (LS).

jedenfalls nicht ohne Weiteres in die bereits erworbenen Besitzstände der ausgeschiedenen Mitarbeiter eingegriffen werden.[758]

dd) Lösungsmodell 4

428 Sofern ein entsprechender Überzeugungsaufwand nicht geleistet werden kann oder soll, kann eine Übertragung der Arbeitsverhältnisse auch **gegen den Willen der Arbeitnehmer** dadurch bewirkt werden, dass das EVU gemäß § 123 Abs. 1 UmwG aufgespalten wird (zu den Spaltungsformen vgl. unter Kapitel 2 Rn 334 ff.).

Diese Aufspaltung hat zunächst zur Folge, dass das EVU als übertragender Rechtsträger ohne Abwicklung seines Vermögens erlischt (§ 131 Abs. 1 Nr. 2 UmwG). Mit einer derartigen Aufspaltung ist eine Übertragung der Vermögensteile des EVU als Gesamtheit auf andere bestehende oder dadurch neu zu gründende Drittunternehmen verbunden. Je nachdem, ob die übernehmenden Rechtsträger schon bestehen oder ob sie durch die Übertragung der Vermögensteile erst entstehen, spricht man von der Aufspaltung „zur Aufnahme" oder „zur Neugründung". Die Anteilsinhaber des EVU erhalten im Gegenzug Anteile oder Mitgliedschaftsrechte an dem oder den übernehmenden Rechtsträger(n).[759]

Der (bestehende) übernehmende Rechtsträger kann in diesem Lösungsmodell die Netzgesellschaft sein. Im Spaltungsvertrag werden dann ihr die Arbeitsverhältnisse, die vom EVU (alt) auf die Netzgesellschaft übertragen werden müssen, als übernehmendem Rechtsträger zugeordnet.

429 Die Mitarbeiter können das im Ergebnis auch dann nicht sinnvoll verhindern, wenn dies mit einem Betriebsübergang gemäß § 613a BGB verbunden ist.[760] Denn ein **Widerspruchsrecht** der Arbeitnehmer gemäß §§ 324 UmwG, 613a Abs. 6 BGB **besteht** in diesem Fall nach der zutreffenden Rechtsprechung des BAG **nicht**.[761] Rechtsfolge der Aufspaltung ist schließlich – wie gesagt – das Erlöschen des EVU (alt), so dass ein übertragender Rechtsträger, zu dem die Mitarbeiter im Wege des Widerspruchs zurückkehren könnten, nicht mehr besteht. Als Ausgleich für den Wegfall des Widerspruchsrechts besteht im Ergebnis vor allem ein **außerordentliches Kündigungsrecht** der Arbeitnehmer (vgl. unter Kapitel 2 Rn 346), von dem in der Praxis aller Erfahrung nach allerdings kein Gebrauch gemacht wird.[762]

---

758 Zu den Risiken, die mit der Zusage von Rückkehrrechten verbunden sein können und zur richtigen Formulierung vgl. *Mückl*, Rn 769 ff.

759 Vgl. oben unter Kapitel 2 Rn 335.

760 Zur Qualifikation von § 324 UmwG als Rechtsgrundverweisung vgl. BAG, Urt. v. 22.5.2000 – 8 ZR 416/99 – DB 2000, 1966; BAG, Urt. v. 6.10.2005 – 2 AZR 316/04 – NZA 2006, 990.

761 BAG, Urt. v. 21.2.2008 – 8 AZR 157/07 – BB 2008, 1739.

762 Näher *Otto/Mückl*, BB 2011, 1978 ff.

Praxistipp
Zur Vermeidung von Irritationen am Markt sowie von Kunden und Geschäftspartnern sollte im Wege der Aufspaltung gleichzeitig ein neues EVU gegründet werden, das unter derselben Firma am Markt auftritt wie das vorhergehende EVU. Nach außen ist dann nahezu nicht erkennbar, dass das bisherige EVU als Rechtsträger nicht mehr existiert.

In der Praxis muss allerdings wohl erwogen werden, ob dieser Weg gewählt werden **430**
soll.

Praxistipp
Denkbar ist neben ggf. nicht effektiv verhinderbaren steuerrechtlichen Folgen insbesondere, dass – gerade wegen des fehlenden Widerspruchsrechts – mitbestimmungsrechtliche Gremien (Betriebsräte, Arbeitnehmervertreter im Aufsichtsrat) mit einer derartigen Lösung nicht einverstanden sind und sie dementsprechend nicht konstruktiv begleiten bzw. sogar zu verhindern suchen. Dies mag auch (kommunal)politische Implikationen mit sich bringen, die ebenfalls vermieden werden sollten. Wichtig ist daher, in ein entsprechendes Restrukturierungskonzept alle Stakeholder einzubinden.

ee) Lösungsmodell 5

Soweit die Mitarbeiter zwar überzeugt werden sollen, aber der Weg über den **431**
Abschluss dreiseitiger Vereinbarungen (gleich in welcher Form) zu mühselig oder nicht hinreichend erfolgversprechend erscheint, kann die Übertragung im Wege der Ausgliederung/Abspaltung aus/von dem EVU auf die Netzgesellschaft erfolgen (§ 123 Abs. 2 bzw. Abs. 3 UmwG).

Bei der Abspaltung (§ 123 Abs. 2 UmwG) spaltet das EVU als übertragender Rechtsträger von seinem Vermögen einen oder mehrere Teile (Betriebe bzw. Betriebsteile) ab und überträgt ihn/sie jeweils als Gesamtheit auf einen oder mehrere bestehende Rechtsträger (Abspaltung zur Aufnahme) oder auf einen oder mehrere, von ihm dadurch (im Wege der Sachgründung) gegründete(n) neue(n) Rechtsträger (Abspaltung zur Neugründung). Die Anteilsinhaber des EVU erhalten im Gegenzug Anteile oder Mitgliedschaftsrechte an dem oder den übernehmenden Rechtsträger(n).[763]

Bei der Ausgliederung (§ 123 Abs. 3 UmwG) gliedert das EVU als übertragender Rechtsträger wiederum aus seinem Vermögen einen oder mehrere Teil(e) aus und überträgt ihn/sie jeweils als Gesamtheit auf einen oder mehrere bestehende(n) Rechtsträger (Ausgliederung zur Aufnahme) bzw. auf einen oder mehrere, von ihm dadurch gegründete(n) neue(n) Rechtsträger (Ausgliederung zur Neugründung). Im Gegenzug erhält nun das EVU selbst Anteile oder Mitgliedschaftsrechte an dem oder den übernehmenden Rechtsträger(n). Es entsteht also ein Mutter-

763 Vgl. unter Kapitel 2 Rn 336.

Tochter-Verhältnis zwischen EVU (Mutter) und übernehmendem Rechtsträger (Tochter).[764]

432 Bei einer Abspaltung und Ausgliederung geht nach § 131 Abs. 1 Nr. 1 S. 1 UmwG das Vermögen des abgespaltenen/ausgegliederten Teils des EVU (übertragender Rechtsträger) einschließlich der Verbindlichkeiten (d.h. auch: der Arbeitsverhältnisse) entsprechend der im Spaltungsvertrag vorgesehenen Aufteilung jeweils als Gesamtheit auf den übernehmenden Rechtsträger über (sog. partielle Gesamtrechtsnachfolge). Werden im Spaltungsvertrag die Betriebe bzw. Betriebsteile, in welche die Mitarbeiter eingegliedert sind, die auf die Netzgesellschaft übergehen sollen, der Netzgesellschaft zugewiesen, hat dies mit dem Wirksamwerden der Spaltung durch Eintragung in das Handelsregister den Übergang aller im Spaltungsvertrag der Netzgesellschaft zugewiesenen Betriebe bzw. Betriebsteilen auf die Netzgesellschaft nach §§ 324 UmwG, 613a BGB zur Folge.

Praxistipp
Wichtig ist, dass die Mitarbeiter in diesem Fall ein Widerspruchsrecht gemäß §§ 324 UmwG, 613a Abs. 6 BGB besitzen. Sie müssen daher davon überzeugt werden, von diesem Widerspruchsrecht keinen Gebrauch zu machen. Als Mittel hierzu sind wiederum u.a. (befristete) Rückkehrzusagen denkbar.

ff) Lösungsmodell 6

433 Soweit umwandlungsrechtliche Maßnahmen nicht in Betracht kommen, kann es ggf. genügen, lediglich einen Teil der zu übertragenden Mitarbeiter des EVU vom Abschluss dreiseitiger Vereinbarungen zu überzeugen. Denn sofern dies der nach Zahl- und Sachkunde wesentliche Teil der Mitarbeiter des zu übertragenden Betriebs(teils) des EVU ist, ist der Abschluss entsprechender Vereinbarungen durch diesen Teil der Belegschaft mit einem Betriebsübergang i.S.d. § 613a BGB auf die Netzgesellschaft mit der Folge verbunden, dass auch die übrigen Mitarbeiter, die in den betreffenden Betrieb(steil) eingegliedert sind, die aber selbst nicht bereit waren, eine entsprechende Vereinbarung abzuschließen, gemäß § 613a Abs. 1 S 1 BGB auf die Netzgesellschaft übergehen.

Verhindert werden kann dies von den Mitarbeitern, die keine dreiseitige Vereinbarung abgeschlossen haben, nur dadurch, dass sie dem Übergang ihres Arbeitsverhältnisses auf die Netzgesellschaft gemäß § 613a Abs. 6 BGB widersprechen. Dies geschieht allerdings häufig nicht, wenn die nach Zahl- und Sachkunde wesentlichen Kollegen bereit sind, zur Netzgesellschaft zu wechseln. Denn viele Arbeitnehmer sind erfahrungsgemäß lediglich nicht dazu bereit, ihr Arbeitsverhältnis ak-

764 Kapitel 2 Rn 337.

tiv zu beenden, aber dennoch mit einem passiven Wechsel, d.h. der Nichtausübung ihres Widerspruchsrechts, einverstanden.

Praxistipp
Dies gilt erst recht, wenn sie – z.B. mithilfe von (befristeten) Rückkehrzusagen – überzeugt werden können, die Netzgesellschaft als neuen Arbeitgeber zunächst einmal „auszuprobieren".

---

c) Fazit

Mit ihren Vorgaben zur Anreizregulierung verfolgt die BNetzA erkennbar das Ziel, 434
die schlanke Netzgesellschaft als (ursprünglich am häufigsten gewähltes) Modell zur Erfüllung der Unbundlingvorgaben des EnWG abzuschaffen. Sie erzwingt damit letztlich Restrukturierungsmaßnahmen, die bei Inkrafttreten der Unbundlingvorgaben (personalpolitisch) vermieden werden sollten. Das verursacht – auch personalpolitisch – erheblichen Aufwand.

Zur „Rettung" der schlanken Netzgesellschaft bzw. zur Fortsetzung der Effizienzneutralität von Personalkosten diskutieren lassen sich verschiedene Gestaltungsvarianten. Im Vergleich zur Bildung eines Gemeinschaftsbetriebs im arbeitsrechtlichen Sinne zwischen EVU und Netzgesellschaft, der allenfalls in engen Grenzen mit dem EnWG vereinbar sein dürfte und von dem unklar ist, ob die BNetzA ihn als Umsetzungsmodell akzeptieren wird, dürfte eine Übertragung der bei dem EVU angestellten Mitarbeiter auf die Netzgesellschaft rechtlich und tatsächlich „sicherer" sein. Hier sind verschiedene Lösungsmodelle denkbar – von umwandlungsrechtlichen bis zu individualrechtlichen Lösungen.

Praxistipp
Gemeinsam ist ihnen im Ergebnis, dass sie von den Mitarbeitern und ihren Vertretungen mitgetragen werden müssen. Wichtig ist daher ein alle Interessen wahrendes Umstrukturierungskonzept, das auf die individuelle Unternehmens- und Konzernsituation abgestimmt ist.

Anlass, ein derartiges Konzept umzusetzen, bietet über die neuen Vorgaben zur Anreizregulierung hinaus § 1 Abs. 1 S. 2 AÜG, nach dem eine dauerhafte Arbeitnehmerüberlassung seit dem 1.12.2011 nicht mehr zulässig ist.

3. Ein Gemeinschaftsbetrieb als Mittel zur „Rettung" der schlanken Netzgesellschaft?

Zur „Rettung" der schlanken Netzgesellschaft diskutiert wird zuletzt vor allem die 435
Bildung eines Gemeinschaftsbetriebs im arbeitsrechtlichen Sinne zwischen EVU und Netzgesellschaft.

! **Praxistipp**
Auf den ersten Blick wirkt ein arbeitsrechtlicher Gemeinschaftsbetrieb angesichts des geringen Gründungsaufwands wie eine attraktive Lösung zur Rettung des Pacht- und Dienstleistungsmodells. Denn die erforderliche Innen-GbR ist schnell gegründet. Als Innen-GbR ist sie auch vermögenslos, sodass insbesondere keine (steuerlich relevanten) Vermögensübertragungen auf sie erfolgen (müssen).

Betriebsverfassungsrechtlich ist die Schaffung des Gemeinschaftsbetriebs zwar als Betriebsänderung zu qualifizieren (§ 111 S. 3 Nr. 3 BetrVG), die aber nur interessenausgleichs- und – mangels Nachteilen für die Arbeitnehmer – typischerweise nicht sozialplanpflichtig ist. Auch Nachteilsausgleichsansprüche (§ 113 BetrVG) sind in der Regel nicht zu befürchten. Die „Lösung" „Gemeinschaftsbetrieb" ist im Vergleich zu anderen Lösungsmodellen aus Sicht der beteiligten Unternehmen also nahezu „unschlagbar" unaufwändig und – lässt man etwaige Auswirkungen auf Betriebsvereinbarungen einmal unberücksichtigt – kostengünstig.

Auch die Interessen der Arbeitnehmervertreter werden ihr typischerweise nicht entgegenstehen. Denn regelmäßig haben die beteiligten Unternehmen Tarifverträge nach § 3 Abs. 1 Nr. 3 BetrVG abgeschlossen, auf deren Grundlage – betriebsverfassungs- und mitbestimmungsrechtlich – bereits ein Gemeinschaftsbetrieb zwischen EVU und Netzgesellschaft fingiert wird.[765] Die Vorgaben des BAG zu § 3 Abs. 1 Nr. 3 BetrVG dürften solchen Strukturen allerdings in der Regel entgegenstehen (vgl. ausführlich unter Kapitel 2 Rn 394 ff.), sodass für Arbeitnehmervertreter ggf. ein zusätzlicher Anreiz besteht, diese fingierte betriebsverfassungsrechtliche Struktur durch die Gründung eines echten Gemeinschaftsbetriebs lediglich nachzuvollziehen.

436 Zweifelhaft ist aber bereits, ob ein Gemeinschaftsbetrieb an sich zur Umsetzung der Vorgaben der BNetzA geeignet ist. Denn diese fordert im Rahmen der Anreizregulierung einen **Arbeitsvertrag mit der Netzgesellschaft**, der mit Wirkung für die derzeit im Wege der Arbeitnehmerüberlassung eingesetzten Arbeitnehmer durch den Gemeinschaftsbetrieb gerade nicht begründet wird. Denkbar ist daher, dass die BNetzA diese Lösung **bereits unter diesem „formalen" Gesichtspunkt nicht anerkennen wird.** Geäußert hat sie sich hierzu noch nicht und ggf. die arbeitsrechtliche Gestaltungsmöglichkeit eines Gemeinschaftsbetriebs bislang einfach nicht im Blick (gehabt).

Die Verfechter des Gemeinschaftsbetriebs als Lösungsmodell argumentieren – arbeitsrechtlich zutreffend – damit, dass sich Gemeinschaftsbetrieb und Arbeitnehmerüberlassung gegenseitig ausschließen,[766] sodass das Ziel, Leiharbeit zu verhindern, über den Gemeinschaftsbetrieb erreicht wird. Fraglich ist losgelöst davon aber – wie oben unter Kapitel 2 Rn 364 ff. gezeigt –, ob ein Gemeinschaftsbetrieb als

765 Vgl. zu dieser Fiktion und ihren Grenzen eingehend *Mückl*, DB 2010, 2615 ff.
766 Vgl. BAG, Beschl. v. 22.6.2005 – 7 ABR 57/04 – NZA 2005, 1248.

„Dritter Weg“ in der Energiewirtschaft überhaupt mit den Vorgaben des EnWG vereinbar ist. Hier wird die Praxis die Vorgaben der BNetzA und die Entwicklung in der arbeitsgerichtlichen Rechtsprechung genau beobachten müssen.

Das LAG Köln[767] hat einen fiktiven Gemeinschaftsbetrieb nach § 3 Abs. 1 Nr. 3 BetrVG – ohne nähere Begründung und ohne in den Entscheidungsgründen erkennbares Problembewusstsein – für mit dem EnWG vereinbar gehalten. Ob diese Bewertung auch für den „echten“ Gemeinschaftsbetrieb eingenommen werden würde, ist allerdings offen.

4. Fremdpersonaleinsatz bei der Netzgesellschaft

Nach §§ 6 ff. EnWG müssen lediglich die Kernaufgaben des Netzbetriebs auf die 437
Netzgesellschaft übertragen und von dieser mit eigenen Mitarbeitern wahrgenommen werden, während die übrigen Tätigkeitsbereiche außerhalb der Netzgesellschaft durch sog. Shared-Service-Einheiten erbracht werden können. Die Netzgesellschaft kann diese Aufgaben nach herrschender Meinung allerdings auch in Eigenregie mit Fremdpersonal erbringen.

a) Arbeitnehmerüberlassung

Grundlage für den Fremdpersonaleinsatz, der durch die Netzgesellschaft gesteuert 438
wird, ist dann eine sog. Arbeitnehmerüberlassung, die den Vorgaben des AÜG gerecht werden muss.

Praxistipp !
Nicht zulässig ist eine Arbeitnehmerüberlassung vom EVU an die Netzgesellschaft allerdings in Bezug auf Leitungspersonen und Letztentscheider im Sinne des § 7a Abs. 2 Nr. 1 EnWG.[768]

Mitarbeiter, die sonstige Tätigkeiten des Netzbetriebs wahrnehmen, können demgegenüber – jedenfalls entflechtungsrechtlich – durch die Netzgesellschaft von dem EVU entliehen werden. Sichergestellt werden muss in diesem Fall nur, dass die Netzgesellschaft das fachliche Weisungsrecht ausschließlich wahrnimmt und sie es unbeschränkt ausüben kann (vgl. näher unter Kapitel 2 Rn 379 ff.).

---

767 LAG Köln, Beschl. v. 15.2.2013 – 4 TaBV 74/12 – RdE 2013, 499.
768 Vgl. nur *Kaluza*, S. 243 m.w.N.

b) Kennzeichnung einer Arbeitnehmerüberlassung – Abgrenzung zu Dienst- und Werkvertrag

439 Die Arbeitnehmerüberlassung ist durch eine Aufspaltung der Arbeitgeberfunktion gekennzeichnet.[769] Im Rahmen einer Arbeitnehmerüberlassung wird das Direktionsrecht nämlich auf den Entleiher (hier die Netzgesellschaft) übertragen, während der Arbeitsvertrag und insbesondere die Vergütungspflicht aus dem Arbeitsvertrag sowie die Pflicht zur Urlaubsgewährung bei dem Verleiher (hier dem EVU) verbleibt.

! **Praxistipp**
Darin unterscheidet sich die Arbeitnehmerüberlassung einerseits vom sog. Gemeinschaftsbetrieb mehrerer Unternehmen und andererseits von einem Drittpersonaleinsatz auf der Grundlage eines Dienst- oder Werkvertrags, bei dem keine Übertragung des Direktionsrechts vom Vertragsarbeitgeber (EVU) auf den Auftraggeber (die Netzgesellschaft) erfolgt.[770]

Ein Drittpersonaleinsatz auf der Grundlage eines Dienst- oder Werkvertrags ist auch im entflochtenen Energiekonzern solange zulässig, wie die Netzgesellschaft das Alleinentscheidungsrecht in fachlichen Fragen beibehält.[771] Dies muss im entsprechenden Dienst- bzw. Werkvertrag sichergestellt werden.

c) Keine energiewirtschaftsrechtlichen Besonderheiten

440 Erfolgt eine Arbeitnehmerüberlassung zur Erbringung der sonstigen Tätigkeiten des Netzbetriebs durch Mitarbeiter des EVU, gelten insoweit arbeitnehmerüberlassungsrechtlich keine Besonderheiten.

Insbesondere werden die Vorgaben des AÜG nicht von § 7a Abs. 2 Nr. 2 EnWG verdrängt.[772] Denn § 7a Abs. 2 Nr. 2 EnWG stellt lediglich klar, dass durch energierechtliche Vorgaben eine Arbeitnehmerüberlassung nicht ausgeschlossen.[773] Eine Qualifikation von § 7a Abs. 2 Nr. 2 EnWG als lex specialis zu den Vorgaben des AÜG – wie in der Literatur teilweise angenommen – erscheint schon deshalb abwegig, weil der Wortlaut des § 7a Abs. 2 Nr. 2 EnWG auch einen drittbezogenen Personaleinsatz auf der Grundlage eines Dienst- oder Werkvertrags ermöglicht.[774]

---

769 Vgl. nur BAG, Urt. v. 17.4.2013 – 10 AZR 185/12 – EzA § 1 AEntG Nr. 14.
770 BAG, Urt. v. 18.1.2012 – 7 AZR 723/10 – NZA-RR 2012, 455.
771 Näher *Kaluza*, S. 246 ff. m.w.N.
772 So aber *Büdenbender*, RdA 2006, 193, 197; *ders.*, et 2006, 81, 85.
773 *Seel*, et 2006, 71, 73.
774 Vgl. Beisheim, in: *Beisheim/Edelmann*, S. 96, Fn. 120; BerlinKomm/*Säcker/Schönborn*, § 8 EnWG Rn 27; *Kaluza*, S. 250 ff.

Hinzu kommt, dass auch die Gesetzesmaterialien wiederum dagegen sprechen, in § 7a Abs. 2 Nr. 2 EnWG eine arbeitsrechtliche Sonderregelung zu sehen. Denn darauf finden sich in den Gesetzesmaterialien keine Hinweise. Im Gegenteil: Die Gesetzesmaterialien deuten eher darauf hin, dass der historische Gesetzgeber keine arbeitsrechtlichen Sonderregelungen treffen wollte (vgl. unter Kapitel 2 Rn 276). Dies gilt auch für Sonderregelungen im Verhältnis zum AÜG.[775] Daher verbleibt es auch für die Arbeitnehmerüberlassung im entflochtenen Energieversorgungskonzern bei den allgemeinen Vorgaben des AÜG.

d) Abnehmende praktische Bedeutung in der Energiewirtschaft

Losgelöst davon wird sich die praktische Bedeutung dieser Frage aufgrund der Vorgaben der BNetzA zur Anreizregulierung erheblich relativieren. Ein Personaleinsatz im Wege der Arbeitnehmerüberlassung macht aufgrund der Vorgaben der BNetzA – wie an anderer Stelle ausführlich gezeigt (vgl. unter Kapitel 2 Rn 54 f.) – unter wirtschaftlichen Gesichtspunkten zumeist keinen Sinn mehr. 441

Hinzu kommt das Verbot der dauerhaften Arbeitnehmerüberlassung, welches das BAG auf der Grundlage der novellierten Arbeitnehmerüberlassungsrichtlinie dem AÜG entnimmt.[776]

V. Grenzen von gemeinsamen Dienstleistungen (Shared-Services) – Was ist zulässig?

Nach den §§ 6 ff. EnWG müssen nur die Kernfunktionen des Netzbetriebs auf die Netzgesellschaft übertragen werden, während alle weiteren Tätigkeiten nicht von hier ausgeübt werden müssen, solange die Vorgaben des § 7a Abs. 2 Nr. 2 EnWG für „sonstige Tätigkeiten des Netzbetriebs“ beachtet werden. 442

1. Betriebswirtschaftlicher Hintergrund

Aus betriebswirtschaftlichen Überlegungen heraus wird vor diesem Hintergrund von allen Wertschöpfungsbereichen des Energieversorgungunternehmens regelmäßig versucht, Dienstleistungsbereiche wie z.B. die Finanzbuchhaltung, das Rechnungswesen, die Informationstechnologie, die Rechtsabteilung, das Controlling, den Einkauf und sonstige Verwaltungsfunktion unternehmens- bzw. konzernintern gemeinsam zu nutzen.[777] 443

---

775 Ebenso *Kaluza*, S. 251.

776 BAG, Beschl. v. 10.7.2013 – 7 ABR 91/11 – NZA 2013, 1296.

777 Rosin/*Schmutzer*/*Schoon*/*Stolzenburg*, § 7a EnWG Rn 49.

Praxistipp
Dies wird mit den Begriffen „Querschnittsfunktionen" bzw. „Shared-Services" bezeichnet.

Die Folge hiervon ist regelmäßig eine Zusammenführung dezentraler Dienstleistungsprozesse in einem selbstständigen Verantwortungsbereich (sog. Querschnittsabteilungen bzw. Shared-Services-Einheiten).[778]

Betriebswirtschaftlich ist **Hauptziel** der Errichtung derartiger Einheiten eine Kostenreduzierung, die mittels einer Konzentration der in den verschiedenen Organisationseinheiten gleichartig erbrachten Dienstleistung und hierdurch bewirkten **Skaleneffekten** in einer zentralen Einheit bewirkt wird.[779]

Als Skaleneffekt wird in der Betriebswirtschaftslehre die Abhängigkeit der Produktionsmenge von der Menge der eingesetzten Produktionsfaktoren definiert. Entsprechende Skaleneffekte können z.B. durch eine Reduktion der benötigten Hard- und Software, durch Einkaufsvorteile oder durch den Abbau von Doppelfunktionen erzielt werden. Zudem bewirkt die Konzentration in der Regel eine höhere Leistungserstellungskompetenz durch zentralisiertes Know-how sowie eine Fixkostendegression durch die Bündelung von Ressourcen und Kompetenzen.[780]

Praxistipp
Entsprechende Kostenreduktionspotentiale werden mit der voranschreitenden Regulierung in der betrieblichen Praxis immer wichtiger. Für Unternehmen, deren Netznutzungsentgelt bereits jetzt über dem Durchschnitt der zugeteilten Strukturklasse liegt, ermöglicht gerade dieser Ansatz, hohen Kosten zeitnah entgegenzuwirken.[781]

2. Praxisrelevante Gestaltungsmodelle

444 In der Praxis kommen regelmäßig **drei Modelle** in Betracht:[782]

- Entweder wird bei dem vertikal integrierten EVU eine eigenständige Organisationseinheit gebildet, die dann gemeinsame Dienstleistungen für mehrere Unternehmensbereiche erbringt (sog. **Shared-Services-Bereich**).
- Alternativ ist auch die Bündelung der gemeinsamen Dienstleistung in einer rechtlich und wirtschaftlich selbstständigen **Shared-Services-Gesellschaft** denkar, die z.B. als Schwestergesellschaft der Netzgesellschaft geführt wird.
- Schließlich kommt eine Fremdvergabe (sog. **Outsourcing**) von Shared-Services-Aufgaben an einen Dritten, also an einen externen Dienstleister, in Betracht.

778 Näher Rosin/*Schmutzer*/*Schoon*/*Stolzenburg*, § 7a EnWG Rn 48ff. mit Beispielen.
779 *Kaluza*, S. 156.
780 *Kaluza*, S. 156.
781 *Kaluza*, S. 156.
782 *Kaluza*, S. 157.

3. Energiewirtschaftsrechtliche Grenzen

Energiewirtschaftsrechtlich sind derartigen Maßnahmen allerdings Grenzen gesetzt: 445

a) Keine Delegation von Leitungsaufgaben

Zunächst einmal kommt eine Delegation von Geschäftsführungsaufgaben an Shared-Service-Einheiten gemäß § 7a Abs. 2 Nr. 1 EnWG nicht in Betracht. Denn da nach dieser Norm Leitungsaufgaben und Letztentscheidungen der Netzgesellschaft von deren eigenem Personal wahrgenommen werden müssen, scheidet eine Delegation derartiger Aufgaben an das EVU ebenso aus wie einer Übertragung auf einen externen Dienstleister.[783] 446

Praxistipp

Zu diesen wesentlichen Leitungsfunktionen, die nicht übertragen werden können, gehören die Vermarktung von Netzkapazitäten, die Netzsteuerung und alle sonstigen wesentlichen Tätigkeiten des Netzbetriebs (vgl. unter Kapitel 2 Rn 82 ff.). !

b) Beachtung der Bestimmungen des EnWG

Die Netzgesellschaft muss zudem gemäß § 7a Abs. 4 S. 1 EnWG die tatsächlichen Entscheidungsbefugnisse in Bezug auf die für den Betrieb, die Wartung und den Ausbau des Netzes erforderlichen Vermögenswerte besitzen und „im Rahmen dieser Bestimmungen" unabhängig ausüben können. Dies bedeutet, dass die Netzgesellschaft bei der Ausübung ihrer Entscheidungsbefugnisse die Bestimmungen des EnWG beachten muss.[784] 447

Dementsprechend ergeben sich aus den **§§ 11–16a EnWG bestimmte Arbeitsergebnisse, welche die Netzgesellschaft selbstständig erbringen muss**. Diese sind als „Kernfunktionen des Netzes" zu bewerten und deshalb von der Netzgesellschaft zwingend selbst zu leisten.[785]

Die Regulierungsbehörden haben die entsprechenden Vorgaben wie folgt konkretisiert:

- „Das Aufstellen des Wirtschaftsplans und der Mittelfristigplanung sowie das Umsetzen der genehmigten Wirtschaftsplanung in eine detaillierte Maßnahmenplanung;
- die Vertretung des Netzbetreibers im internen und externen Regulierungsprozess;

783 Vgl. nur *Kaluza*, S. 157 m.w.N.
784 Baur/Pritzsche/Simon/*Klauer*, S. 114; *Kaluza*, S. 157.
785 *Kaluza*, S. 157.

- das Festlegen der Strategie und der technischen Rahmenbedingungen bei Neu- und Ausbau des Netzes sowie bei Kooperationen zwischen Netzbetreibern; die Festlegung der Investitions- und Instandhaltungsstrategie sowie die Freigabe entsprechender Maßnahmen und schließlich
- die Rechtsfragen mit Diskriminierungspotential".[786]

Nach der Bewertung der Regulierungsbehörden scheidet die Auslagerung dieser Entscheidungsbefugnisse auf eine Shared-Services-Einheit daher aus, während sich mit Blick auf die übrigen Tätigkeitsbereiche aus den §§ 6ff. keine Vorgaben ergeben, die verbieten, diese organisatorisch bei den Netzgesellschaften als Verteilernetzbetreiberin anzusiedeln.

c) Besondere Vorgaben für Übertragungs- und Fernleitungsnetzbetreiber

448 Für Transportnetzbetreiber verbieten Art. 17 Abs. 1 lit. c der Stromrichtlinie und der Gasrichtlinie demgegenüber u.a. die Arbeitnehmerüberlassung und die Erbringung von Dienstleistungen für den Netzbetreiber durch andere Teile des vertikal integrierten EVU. Die Nutzung von Shared-Services ist damit sowohl für Übertragungs- als auch für Fernleitungsnetzbetreiber nicht zulässig (vgl. näher zu den insoweit maßgeblichen Entflechtungsvorgaben unter Kapitel 2 Rn 191ff. und insbesondere Kapitel 2 Rn 206, 227).

Daraus, dass **Verteilernetzbetreiber** in den entsprechenden Richtlinien nicht genannt sind, folgt allerdings im Umkehrschluss, dass für sie **die Nutzung von Shared-Services weiterhin zulässig** ist.[787]

d) Vorgaben zur informationellen Entflechtung

449 Voraussetzung hierfür ist allerdings, dass auch die Vorgaben zur informationellen Entflechtung (§ 6a EnWG) eingehalten werden (vgl. dazu unter Kapitel 2 Rn 188ff.).

Dies gilt in der betrieblichen Praxis vor allem mit Blick auf die Nutzung einer gemeinsamen EDV. Denn gemäß § 6a EnWG haben EVU und Netzbetreiber sicherzustellen, dass die Vertraulichkeit wirtschaftlich sensibler Informationen, von denen

---

786 BNetzA, Konkretisierung der gemeinsamen Auslegungsgrundsätze der Regulierungsbehörden des Bundes und der Länder zu den Entflechtungsbestimmungen in §§ 6-10 EnWG v. 21.10.2008, S. 8, abrufbar unter: http://www.bundesnetzagentur.de/SharedDocs/Downloads/DE/Sachgebiete/Energie/Unternehmen_Institutionen/Entflechtung KonzessionArealnetze/Entflechtung/Entflechtung/KonkretisierungAuslegungsgrunsaetze14798pdf.pdf?__blob=publicationFile&v=4 (Aufzählungszeichen vom Verfasser hinzugefügt).

787 *Kaluza*, S. 158ff. m.w.N.

sie in Ausübung ihrer Geschäftstätigkeit als Netzbetreiber Kenntnis erlangen, gewahrt wird.

Praxistipp
Vor diesem Hintergrund muss z.B. bei der Nutzung einer gemeinsamen EDV gewährleistet werden, dass die Wettbewerbsbereiche keinen Zugriff auf Daten der Netzgesellschaft haben. Dies gilt insbesondere mit Blick auf den Rechts-, Finanz- und Controllingbereich. Denn vor allem dort besteht die Gefahr, dass die von der Netzgesellschaft erlangten Informationen (insbesondere Vertrags- und Finanzdaten) missbräuchlich zum Vorteil der Wettbewerbsbereiche verwendet werden könnten.

Insofern muss bei der Verwendung von Shared-Services-Einheiten sichergestellt werden, dass entsprechende Informationen nicht vermittelt über diese Einheiten an die Wettbewerbsbereiche gelangen.

Praxistipp
Empfohlen wird vor diesem Hintergrund zumeist, die energienahen Shared-Services-Aufgaben auf einen externen Dritten zu übertragen, der sich in einem entsprechenden Geschäftsbesorgungsvertrag zur Vertraulichkeit verpflichtet[788]. Soweit in die Nutzung von Shared-Services-Einheiten kein externer Dritter eingebunden werden soll, muss die Weitergabe sensibler Informationen durch die interne Shared-Services-Einheit des EVU durch Informationsbarrieren (sog. „Chinese Worlds") unterbunden werden.

Losgelöst davon muss sichergestellt werden, dass Quersubventionen die an das Netzgeschäft gehen oder von diesem stammen, ausgeschlossen werden.[789]

Praxistipp
Um dies zu gewährleisten, muss die Dienstleistung zu üblichen Marktbedingungen erbracht werden.[790]

VI. Folgen für die Bildung von Aufsichtsräten

Mit Blick auf die Mitbestimmung durch Arbeitnehmervertreter im Aufsichtsrat ist 450
energiewirtschaftsrechtlich insbesondere fraglich,
- ob im entflochtenen Energieversorgungskonzern eine Zurechnung von Arbeitnehmern erfolgen kann und

788 Baur/Pritzsche/Simon/*Tödtmann*/*Setz*, S. 93; *Kaluza*, S. 160.
789 *Kaluza*, S. 160.
790 Generaldirektion Energie und Verkehr, Vermerk „die Entflechtungsregelung" v. 16.9.2004, Tz B. 4.2.2; *Kaluza*, S. 160.

– ob die Entflechtungsbestimmungen sich auf die Aufsichtsratsbesetzung auswirken.

1. Konzernzurechnung von Mitarbeitern der Netzgesellschaft zum EVU

a) Unternehmensmitbestimmung nach dem DrittelbG

aa) Konzernzurechnung

451 Mit Blick auf eine Konzernzurechnung nach dem DrittelbG dürfte dies regelmäßig ausscheiden. Denn gemäß § 2 Abs. 2 DrittelbG gelten die Arbeitnehmer eines Konzernunternehmens nur dann als solche des herrschenden Unternehmens, wenn zwischen den Unternehmen **ein Beherrschungsvertrag besteht oder das abhängige Unternehmen in das herrschende Unternehmen eingegliedert ist.** Nicht nach § 2 Abs. 2 DrittelbG zugerechnet werden können dem herrschenden Unternehmen die Arbeitnehmer solcher Unternehmen, die nur aufgrund **faktischer Beherrschung oder aufgrund anderer Unternehmensverträge** als Beherrschungsverträge in einen Konzern im Sinne des § 18 Abs. 1 AktG eingebunden sind.[791] Nach h.M. kommt aber ein Beherrschungsvertrag zwischen Netzgesellschaft als beherrschtem und EVU als herrschendem Unternehmen nicht in Betracht.[792]

bb) Wahlrecht

452 Diese gilt aber – wie das ArbG Wuppertal zu Recht klargestellt hat – **nur für Zurechnungsfragen und nicht für das aktive und passive Wahlrecht** zum Aufsichtsrat der Konzernmutter nach § 2 Abs. 1 DrittelbG.[793] Sofern daher die Voraussetzungen für eine Mitbestimmung nach dem DrittelbG ohne Zurechnung der Arbeitnehmer der Netzgesellschaft bei der Konzernmutter (dem EVU) gegeben sind, sind die Arbeitnehmer der Netzgesellschaft bei Vorliegen eines Unterordnungskonzerns zwischen EVU und Netzgesellschaft bei den Wahlen der Arbeitnehmervertreter für den Aufsichtsrat des EVU als Konzernmuttergesellschaft aktiv und passiv wahlberechtigt. Energiewirtschaftsrechtliche Bedenken stehen dem – wie gleich gezeigt wird (unter Kapitel 2 Rn 455ff.) – nicht entgegen.

---

791 Vgl. nur BayObLG, Beschl. v. 10.12.1992 – 3Z BR 130/92 – AP BetrVG 1952 § 77a Nr. 1; OLG Düsseldorf, Beschl. v. 27.12.1996 – 19 W 4/96 AktE – NZA-RR 1997, 213; OLG Zweibrücken, Beschl. v. 18.10.2005 – 3 W 136/05 – ZIP 2005, 1966; KG Berlin, Beschl. v. 7.9.2007 – 2 W 8/07 – NZG 2007, 913; Hanseatisches OLG Hamburg, Beschl. v. 29.10.2007 – 11 W 27/07 – DB 2007, 2762.

792 Vgl. nur *Kaluza*, S. 154 f. m.w.N.

793 ArbG Wuppertal, Beschl. v. 6.9.2011 – 7 BV 36/11 – ZIP 2012, 1079; dazu *Mückl*, EWiR 2012, 381 f.

Praxistipp
In der Praxis wird das Bestehen eines Unterordnungskonzerns aufgrund der typischerweise bestehenden Mehrheitsbeteiligung des vertikal integrierten EVU an der Netzgesellschaft der Regelfall sein. Die Arbeitnehmer der Netzgesellschaft werden daher für den Fall, dass das EVU ohne ihre Zurechnung nach dem DrittelbG mitbestimmt ist, typischerweise an den Wahlen zu beteiligen sein.

b) Unternehmensmitbestimmung nach dem MitbestG

Gleiches gilt für Wahlen nach dem MitbestG. Gemäß §§ 1 Abs. 1, 4 Abs. 1 MitbestG ist der Aufsichtsrat des vertikal integrierten EVU (bzw. der Netzgesellschaft) paritätisch zur Hälfte mit Arbeitnehmervertretern zu besetzen, sofern das Unternehmen in der Rechtsform einer AG, GmbH oder GmbH & Co. KG organisiert ist und in der Regel mehr als 2000 Arbeitnehmer beschäftigt. 453

aa) Zurechnung von Mitarbeitern nach § 5 MitbestG

Dies kann auch aufgrund einer Zurechnung der Arbeitnehmer anderer Konzerngesellschaften gemäß § 5 Abs. 1 MitbestG der Fall sein. Denn nach dieser Norm gelten Arbeitnehmer der beherrschenden Konzerngesellschaften als Arbeitnehmer des herrschenden Unternehmens, wenn ein Unterordnungskonzern im Sinne des § 18 Abs. 1 AktG besteht. 454

Praxistipp
Ausreichend ist insoweit – anders als nach § 2 Abs. 2 DrittelbG – auch ein faktischer Konzern. Ein Beherrschungsvertrag oder eine Eingliederung ist nicht erforderlich.

bb) Keine Einschränkung durch energiewirtschaftsrechtliche Vorgaben

Die energiewirtschaftlichen Kompetenz- und Weisungsbeschränkungen gegenüber Tochtergesellschaften nach § 8 Abs. 4 EnWG a.F. standen der mitbestimmungsrechtlichen Zurechnung der Arbeitnehmer im Konzern nach § 5 MitbestG nach der Bewertung des LG Düsseldorf in seinem Beschluss vom 19.8.2011 nicht entgegen.[794] 455

Im entschiedenen Fall stritten die Parteien um die Errichtung eines nach dem MitbestG paritätisch besetzten Aufsichtsrats bei einem vertikal integrierten EVU. Das EVU als herrschendes Unternehmen eines Konzerns (§ 18 Abs. 1 AktG) mit u.a. zwei von ihm beherrschten Netzgesellschaften (A und B GmbH) Arbeitnehmer selbst in der Regel weniger als 2000 Arbeitnehmer. Daher war der für die Anwendbarkeit des MitbestG maßgebliche Schwellenwert (§ 1 Abs. 1 MitbestG) nur erreicht, wenn die Arbeitnehmer der vom EVU beherrschten Netzgesellschaften nach § 5 Abs. 1 Mit-

794 LG Düsseldorf, Beschl. v. 19.8.2011 – 33 O 46/11 (AktE) – ZIP 2011, 1712.

bestG als Arbeitnehmer des EVU galten, sie ihm also zuzurechnen waren. Das EVU hatte dies unter Hinweis auf die Entflechtungsvorgaben der §§ 6ff. EnWG, insbesondere mit der Begründung verneint, § 8 Abs. 4 EnWG a.F. überlagere die Vorschriften des AktG und des MitbestG und schließe die Zurechnung von Arbeitnehmern im Konzern aus.

456 Das LG Düsseldorf folgte dem zu Recht nicht und wandte § 5 MitbestG an. Zur Begründung verwies es zunächst auf § 8 Abs. 4 S. 1 EnWG a.F. (§ 7 a Abs. 1 S. 1 EnWG n.F.), wonach das EVU zu gewährleisten habe, dass nur die Netzgesellschaft die tatsächliche Entscheidungsbefugnis in Bezug auf die für Betrieb, Wartung und Ausbau der Netze erforderlichen Vermögenswerte besitzt und entsprechende Entscheidungen jeweils unabhängig von der Leitung und den anderen betrieblichen Einrichtungen des EVU ausüben kann. Aus dieser entflechtungsrechtliche Grundvorgabe folgerte das Gericht dann, dass **Anweisungen zum laufenden Netzbetrieb durch das EVU entgegen allgemeinen gesellschaftsrechtlichen Grundsätzen nicht erlaubt** seien. Dies wird in § 8 Abs. 4 S. 4 EnWG a.F. (§ 7 a Abs. 1 S. 5 EnWG n.F.) explizit bestätigt, der den in § 8 Abs. 4 S. 1 EnWG normierten Grundsatz (klarstellend) konkretisiert.

Dem so skizzierten Pflichtenprogramm des EVU stellte das Gericht § 8 Abs. 4 S. 2 EnWG a.F. (§ 7a Abs. 1 S. 3 EnWG n.F.) gegenüber, der die Kompetenzen des EVU regelt. Bereits dem Wortlaut nach seien zur Wahrnehmung der wirtschaftlichen Befugnisse der Leitung des EVU und seiner Aufsichtsrechte über die Geschäftsführung des Netzbetreibers im Hinblick auf dessen Rentabilität gesellschaftsrechtliche Instrumente der Einflussnahme und Kontrolle erlaubt (und auch geboten), soweit ihre Ausübung zur Wahrnehmung berechtigter Interessen erforderlich ist. § 8 Abs. 4 EnWG schränke die Ausübung gesellschaftlicher Instrumente der Einflussnahme damit nicht generell ein, sondern lediglich in Bezug auf die dort genannten Entscheidungen.

Diese **(ausdrücklich nur insoweit vorgenommene) Beschränkung** der Weisungskompetenz sei aber kein Grund, die Zurechnung nach dem MitbestG – und damit die Mitbestimmungsrechte generell, also **auch außerhalb des Bereiches der Weisungsbeschränkungen** – zu unterbinden.

457 Diese – systematisch überzeugend begründeten – Feststellungen lassen sich aber uneingeschränkt auf § 7a Abs. 4 EnWG n.F. übertragen. Erkennbares rechtspolitisches Ziel ist dabei, einen „Missbrauch" der Entflechtungsvorgaben zur Aushöhlung von Mitbestimmungsrechten zu verhindern. Dies dürfte der Intention des Gesetzgebers entsprechen, der die Mitbestimmung im Aufsichtsrat der Konzernobergesellschaft durch die Entflechtungsvorgaben nach der Gesetzesbegründung nicht abschaffen wollte (vgl. unter Kapitel 2 Rn 276).

Für die Richtigkeit des vom LG Düsseldorf gefundenen Ergebnisses spricht aber vor allem eine **teleologische Auslegung**:[795] Ziel der Entflechtungsvorgaben ist eine

795 Vgl. dazu bereits *Mückl*, RdE 2012, 259 f.

Unabhängigkeit der Netzgesellschaft von dem sie beherrschenden EVU.[796] Dieses Ziel wird durch eine Zurechnung nach § 5 MitbestG aber nicht verhindert, sondern letztlich sogar gefördert. Denn wenn die Arbeitnehmer der Netzgesellschaft zu den Aufsichtsratswahlen bei dem EVU aktiv und passiv wahlberechtigt sind, können sie als Mitglieder im Aufsichtsrat des EVU bzw. über die von ihnen gewählten Mitglieder gerade dazu beitragen, die Unabhängigkeit der Netzgesellschaft zu sichern.

Auch in der umgekehrten Konstellation, in der einzelne Repräsentanten des EVU als Muttergesellschaft Mitglied im Aufsichtsrat der Netzgesellschaft sind, bestehen nach h.M. keine durchgreifenden Bedenken.[797] Die **Grenze** soll vielmehr erst überschritten sein, wenn Repräsentanten der Muttergesellschaft die **Mehrheit der Aufsichtsratsmitglieder der Netzgesellschaft** bilden[798] bzw. die Satzung ihnen energiewirtschaftsrechtlich unzulässige Spielräume eröffnet (vgl. nachfolgend unter Kapitel 2 Rn 462). Dies kann in der vorliegenden Fallkonstellation vermittelt über § 5 MitbestG aber niemals der Fall sein, sodass ein Erst-Recht-Schluss für seine Anwendbarkeit spricht. 458

c) Unternehmensmitbestimmung nach dem Montan-MitbestG

Gemäß § 1 Abs. 1, 2 Montan-MitbestG ist ebenfalls bei der Konzernmutter ein paritätisch mit Arbeitnehmervertretern besetzter Aufsichtsrat zu bilden (vgl. § 4 Montan-MitbestG), wenn im vertikal integrierten EVU, das in der Rechtsform der AG bzw. GmbH organisiert ist, in der Regel mehr als 1000 Arbeitnehmer beschäftigt werden. 459

Praxistipp
Der Montan-Industrie sind nur wenige Unternehmen zuzuordnen, unter diesen wenigen allerdings prominente Unternehmen. Dies ist z.B. bei RWE und E.ON der Fall, wobei die Konzernspitze des E.ON-Konzerns zwischenzeitlich in eine Europäische Aktiengesellschaft (SE) umgewandelt worden ist.

Im Unterschied zu § 5 MitbestG und § 2 DrittelbG sind im Rahmen des Montan-MitbestG bei der Berechnung der maßgeblichen Beschäftigtenzahl die Arbeitnehmer aus abhängigen Konzernunternehmen allerdings nicht einzubeziehen.[799] Dies gilt auch dann, wenn nach § 1 Abs. 4 S. 1 Montan-MitbestG die Voraussetzung für eine Konzernwahl vorliegt. Denn § 1 Abs. 2 Montan-MitbestG ist dort gerade nicht in Be-

796 BerlinKomm/*Säcker/Schönborn*, § 8 EnWG Rn 1ff., 6.
797 Vgl. Bartsch/*Schnitker*, § 9 Rn 50 m.w.N.
798 Bartsch/*Schnitker*, § 9 Rn 50.
799 Vgl. nur ErfK/*Oetker*, § 1 Montan-MitbestG Rn 14; *Engels*, BB 1981, 1349, 1354; *Wlotzke/Wißmann*, DB 1981, 623, 628.

zug genommen.[800] Einer Zurechnung der Arbeitnehmer der Netzgesellschaft zum vertikal integrierten Versorgungsunternehmen ist daher im Fall der Geltung des Montan-MitbestG nicht möglich.[801]

2. Besetzung des Aufsichtsrats

a) Aufsichtsrat des EVUs

460 Mit Ausnahme von nach dem Montan-MitbestG mitbestimmten Unternehmen ist es daher denkbar, dass Arbeitnehmer der Netzgesellschaft ein passives und aktives Wahlrecht zu den Aufsichtsratswahlen der Konzernmutter, also des vertikal integrierten EVU, besitzen.

Energiewirtschaftsrechtlich ist in diesem Zusammenhang vor allem fraglich, ob Letztentscheider, die nicht als leitende Angestellte im Sinne der § 5 Abs. 3 BetrVG, 3 Abs. 1 DrittelbG zu qualifizieren sein müssen, nach den Vorgaben von § 7a Abs. 2 Nr. 1 Alt. 2 EnWG nicht Mitglied des Aufsichtsrats des vertikal integrierten EVU sein dürfen. Davon wird man aber letztlich nicht ausgehen können.[802] Denn der **Aufsichtsrat** des vertikal integrierten EVU ist zwar eine **betriebliche Einrichtung** dieses EVU. Er ist aber gerade **nicht für den „laufenden Betrieb"** in den Wettbewerbsbereichen zuständig.[803] Denn für die Wahrnehmung der laufenden Geschäfte ist die Geschäftsführung bzw. der Vorstand des EVU zuständig. Die Aufsichtsbefugnisse des Aufsichtsrats weisen demgegenüber **kein relevantes Diskriminierungspotential** auf.

461 Auch das aktienrechtliche Verbot des § 100 Abs. 2 Nr. 1 AktG greift insoweit nicht ein, da es sich lediglich auf Geschäftsführung und Vorstände der Netzgesellschaft bezieht, nicht aber auf leitende Angestellte der Netzgesellschaft, die nicht deren Organe sind.[804] Denn leitende Angestellte des abhängigen Unternehmens – hier also der Netzgesellschaft – können aktienrechtlich betrachtet Aufsichtsratsmitglieder des herrschenden Unternehmens – hier also des EVU – sein.[805] Daher bestehen weder aktienrechtlich, noch energierechtlich durchgreifende Bedenken dagegen, **Letztentscheider der Netzgesellschaft als Mitglieder des Aufsichtsrats der anderen Gesellschaften des EVU bzw. als Aufsichtsratsmitglieder der Konzernobergesellschaft** zuzulassen.[806]

---

800 Vgl. nur ErfK/*Oetker*, § 1 Montan-MitbestG Rn 14; *Engels*, BB 1981, 1349, 1354; *Wlotzke/Wißmann*, DB 1981, 623, 628.

801 Ebenso *Kaluza*, S. 368.

802 Ebenso Rosin/*Schmutzer/Schoon/Stolzenburg*, § 7a EnWG Rn 19; i.E. *Bourwieg/Miller*, RdE 2008, 230, 233.

803 Vgl. *Rasbach*, S. 248; *Kaluza*, S. 369.

804 Vgl. *Kaluza*, S. 128, 369 ff.

805 Vgl. allgemein *Hüffer*, § 100 AktG Rn 5; MüKo-AktG/*Habersack*, § 100 AktG Rn 29.

806 So im Ergebnis auch *Rasbach*, S. 248; *Steinbauer*, S. 179 ff.; *Kaluza*, S. 370.

Gleiches gilt für alle sonstigen Arbeitnehmer der Netzgesellschaft. Sie können ebenfalls Mitglieder des Aufsichtsrats der anderen Gesellschaften des EVU bzw. der Konzernobergesellschaft sein.[807]

b) Aufsichtsrat der Netzgesellschaft

Soweit die Netzgesellschaft selbst in einer vom DrittelbG bzw. MitbestG oder Montan-MitbestG erfassten Rechtsform organisiert ist und die für eine Mitbestimmung maßgebliche Arbeitnehmerzahl beschäftigt, ist bei ihr losgelöst von der Frage, wo sonst im Konzern ein Aufsichtsrat zu bilden ist, ein mitbestimmter Aufsichtsrat zu bilden. **462**

Dieser Aufsichtsrat darf auch mit Anteilseignervertretern, d.h. mit Vertretern des vertikal integrierten EVU besetzt sein, solange ihm in der Satzung keine Rechte eingeräumt werden, die ihm gestatten, auf das operative Netzgeschäft Einfluss zu nehmen.[808]

Gleiches gilt auch für Arbeitnehmervertreter. Denn Aufsichtsratsmitglieder gehören nicht der Leitungsebene des Netzbetriebs im Sinne des § 7a Abs. 2 Nr. 1 EnWG an. Der Aufsichtsrat ist nämlich für den laufenden Betrieb der Netzgesellschaft nicht zuständig, sondern übt lediglich Aufsichtsrechte aus, die kein relevantes Diskriminierungspotential beinhalten. Daher können Arbeitnehmervertreter mit einem Arbeitsverhältnis zum EVU ebenso wie die Vertreter des EVU als Anteilseigener Mitglied im Aufsichtsrat der Netzgesellschaft sein, solange dem Aufsichtsrat in der Satzung der Netzgesellschaft keine weitergehenden Befugnisse eingeräumt werden, als dies energiewirtschaftsrechtlich zulässig ist.[809]

VII. Sozialversicherungsrechtliche Fernwirkungen

Sozialversicherungsrechtlich bringen die Entflechtungsvorgaben der §§ 6 ff. EnWG richtigerweise keine besonderen (i.S.v. „notwendigen") Fernwirkungen mit sich. Diskutieren lässt sich dies ohnehin lediglich mit Blick auf die Geschäftsführer der Netzgesellschaft. **463**

---

807 Ebenso *Kaluza*, S. 370.
808 Vgl. ausführlich *Kaluza*, S. 124 ff. m.w.N.
809 *Kaluza*, S. 371.

Praxistipp
Vorstände einer AG sind in dieser Beschäftigung keinen Weisungen der Gesellschafter unterworfen und deshalb unabhängig von den Entflechtungsvorgaben in dieser Beschäftigung nicht sozialversicherungspflichtig.[810]

Davon ist auch die Rechtsprechung bislang zutreffend ausgegangen. Die Entflechtungsvorschriften führen – wie das LSG Berlin-Brandenburg in seinem Urteil vom 11.11.2011[811] zutreffend klargestellt hat – für sich genommen nicht dazu, dass die Beschäftigung des Geschäftsführers einer Netz-GmbH sozialversicherungsrechtlich nicht als abhängig zu bewerten ist. Geschäftsführer einer Netz-GmbH unterliegen daher in dieser Tätigkeit der Sozialversicherungspflicht.

1. Sozialversicherungsrechtliche Selbständigkeit aufgrund Entflechtung?

464 Die Deutsche Rentenversicherung hatte dagegen zwar argumentiert, dass der Geschäftsführer einer Netz-GmbH in dieser Tätigkeit deshalb nicht der Sozialversicherungspflicht unterliege, weil die Gesellschaft kein Weisungsrecht ausübe. Aufgrund des EnWG müsse er als Geschäftsführer nämlich weisungsfrei arbeiten können. Infolge der §§ 6ff. EnWG verfüge er daher über eine dem Vorstand einer AG entsprechende unabhängige Stellung, die die Sozialversicherungspflicht ausschließe.

Das LSG Berlin-Brandenburg argumentierte demgegenüber zutreffend wie folgt: Personen, die gegen Arbeitsentgelt (abhängig) beschäftigt seien, unterlägen in der gesetzlichen Rentenversicherung der Versicherungs- bzw. Beitragspflicht (§ 1 Abs. 1 Nr. 1 SGB VI). Beurteilungsmaßstab für das Vorliegen einer abhängigen Beschäftigung sei § 7 Abs. 1 S. 1 SGB IV. Nach der Rechtsprechung des BSG sei bei **Fremdgeschäftsführern einer GmbH** regelmäßig eine abhängige Beschäftigung anzunehmen. Etwas anderes gelte nur in Einzelfällen, in denen die **Weisungsgebundenheit des Geschäftsführers gegenüber den Gesellschaftern aufgehoben** sei, wie dies z.B. bei Familienunternehmen der Fall sein könne, wenn der Geschäftsführer aufgrund der verwandtschaftlichen Beziehungen faktisch wie ein Alleininhaber die Geschäfte nach eigenem Gutdünken führe. So liege es hier aber nicht. Vielmehr hielten sich die Weisungsrechte der Gesellschafter gegenüber dem Geschäftsführer in einem üblichen Umfang, sodass er weisungsabhängig und daher sozialversicherungspflichtig beschäftigt sei.

465 Die Entflechtungsvorgaben des EnWG (die im entschiedenen Fall nach §§ 7 Abs. 2, 7a Abs. 7 EnWG nicht anwendbar waren) änderten daran nichts: Denn nach § 7a Abs. 3 EnWG hätten EVU geeignete Maßnahmen zu treffen, um die berufliche

810 Vgl. § 27 Abs. 1 Nr. 5 SGB III, ferner BSG, Urteil v.12.9.2011 – B 12 KR 17/09 R – DB 2011, 1759.

811 L 1 KR 165/09 – juris; vgl. dazu auch *Mückl*, IR 2012, 186 f.

Handlungsunabhängigkeit der Personen zu gewährleisten, die mit Leitungsaufgaben des Verteilernetzbetreibers betraut sind. Die Handlungsunabhängigkeit sei somit (nur) vorhanden, soweit durch sie die Unabhängigkeit der Verteilernetzbetreiber von den EVU gewährleistet werde, **nicht aber in Bezug auf alle anderen Tätigkeiten** im Unternehmen. Daher könnten auch § 7a Abs. 3 EnWG unterfallenden Personen in allen anderen Angelegenheiten von den Gesellschaftern Weisungen erteilt werden. Sie würden deshalb nicht, ohne Eigentümer zu sein, zu Unternehmern.

Das überzeugt mit Blick darauf, dass „Fernwirkungen" der Entflechtungsvorgaben auch in anderem Kontext weitestgehend nicht bestehen und bestehen sollen (vgl. unter Kapitel 2 Rn 276).

2. Maßgeblichkeit des konkret gelebten Beschäftigungsverhältnisses

Ob man die – lediglich als obiter dictum getroffenen – Feststellungen des LSG Ber- **466**
lin-Brandenburg auf die Anstellung anderer Netz-GmbH-Geschäftsführer übertragen kann, dürfte davon abhängen, wie die dortigen Beteiligten die Organstellung und den Anstellungsvertrag ausgestalten und „leben".[812]

Denn nicht die Vereinbarungen der Beteiligten, sondern die tatsächlichen Verhältnisse sind nach der Rechtsprechung des BSG für die sozialversicherungsrechtliche Qualifikation ausschlaggebend. Teilweise werden – wie unter Kapitel 2 Rn 125 ff. gezeigt – in der Literatur weitreichende Beschränkungen der Abberufungsmöglichkeiten und eine die Unabhängigkeit unterstützende wirtschaftliche Ausgestaltung des Anstellungsvertrags gefordert, die den GmbH-Geschäftsführer an den Vorstand einer AG annähern.

Abhängig von der tatsächlichen Handhabung eines entsprechend ausgestalteten Dienstverhältnisses des Netz-GmbH-Geschäftsführers kann daher im Einzelfall auch eine abweichende sozialversicherungsrechtliche Bewertung erreicht werden. Erst die Konkretisierung der aus den §§ 6 ff. EnWG für Organstellung und Anstellungsvertrag folgenden Vorgaben dürfte daher eine verallgemeinerbare sozialversicherungsrechtliche Bewertung ermöglichen.

812 Vgl. bereits *Mückl*, IR 2012, 186 f.

Kapitel 3
Grundstrukturen und Problemschwerpunkte des Tarifvertrags für Versorgungsbetriebe

A. Rechtliche Grundlagen

Der TV-V ist das zentrale Tarifvertrag der Versorgungswirtschaft und dies bedeutet insbesondere auch: der Energiewirtschaft. Er gibt den **tariflichen Marktstandard** wieder und ist insbesondere mit dem Ziel eingeführt worden, Versorgungsunternehmen wettbewerbsfähiger aufzustellen. Ein Verständnis seiner zentralen inhaltlichen Regelungen, aber auch der mit seiner Auslegung typischerweise verbundenen Problemstellungen ist daher für ein Verständnis des Arbeitsrechts der Energiewirtschaft unerlässlich. Deshalb beschäftigt sich dieses Kapitel – nach einer kurzen Vorstellung des Tarifvertrags als Regelungsinstrument und der für eine Tarifauslegung maßgeblichen Grundsätze – intensiv sowohl mit den Grundstrukturen als auch den Problemschwerpunkten des TV-V. 1

I. Was ist und welche Bedeutung hat ein Tarifvertrag?

Der TV-V ist ein Tarifvertrag. Eine echte Legaldefinition dessen, was ein „Tarifvertrag" ist, existiert zwar nicht. Die Regelungsgegenstände und Parteien eines Tarifvertrags lassen sich aber §§ 1f. TVG entnehmen: 2

1. Privatrechtlicher Vertrag

Der Tarifvertrag ist ein privatrechtlicher Vertrag, der zwar nach den Vorschriften der §§ 145ff. BGB abgeschlossen wird, aber hinsichtlich der Parteien, der Form und des Inhalts vom typischen Schuldvertrag des BGB abweicht. 3

2. Mögliche Parteien eines Tarifvertrags

Den Kreis der Parteien begrenzt zunächst § 2 TVG: Ein Tarifvertrag kann grundsätzlich nur zwischen einem Arbeitgeber (dann: „Haustarifvertrag" oder „Firmentarifvertrag" genannt) oder einem Arbeitgeberverband (dann „Verbandstarifvertrag" oder – etwas ungenau – „Flächentarifvertrag" genannt) auf der einen Seite und einer Gewerkschaft auf der anderen Seite geschlossen werden (§ 2 Abs. 1 TVG). Dies ist bei der Auslegung des Geltungsbereichs des TV-V wichtig, wie sogleich gezeigt wird. 4

3. Formale und inhaltliche Anforderungen

5 Formal bedarf ein Tarifvertrag, damit er wirksam ist, nach § 1 Abs. 2 TVG der Schriftform (§ 126 BGB) und besitzt nach § 1 Abs. 1 TVG einen bestimmten, nämlich den folgenden Inhalt:

Der **schuldrechtliche Teil** regelt die Rechte und Pflichten der Tarifvertragsparteien (§ 1 Abs. 1 HS. 1 TVG); der **normative Teil** enthält Rechtsnormen, die den Inhalt, den Abschluss und die Beendigung von Arbeitsverhältnissen sowie betriebliche und betriebsverfassungsrechtliche Fragen ordnen können (§ 1 Abs. 1 HS. 2 TVG).

Wie sich daher schon aus dem Wortlaut des § 1 Abs. 1 TVG ergibt, besitzt der Tarifvertrag damit eine Doppelnatur: Er ist ein Vertrag, der nicht nur Rechte und Pflichten der Parteien vorsieht (Schuldvertrag), sondern auch Rechtsnormen enthält (Normenvertrag).

4. Arten von Tarifverträgen

6 Nach dem Inhalt von Tarifnormen unterscheidet man häufig Entgelttarifverträge (Lohn-, Gehaltstarifverträge), welche die Vergütung des Arbeitnehmers regeln und in der Regel eine kürzere Laufzeit haben, und Manteltarifverträge (Rahmentarifverträge), die sonstige Arbeitsbedingungen regeln (z.B. Arbeitszeit, Urlaub, Probezeit, etc.) und in der Regel eine längere Laufzeit haben.

Nach dem Geltungsbereich lassen sich Firmen- und Verbandstarifverträge unterscheiden, nach dem Verhältnis zu anderen Tarifverträgen Ursprungs-, Änderungs-, Anschluss- und Paralleltarifverträge.

5. Einordnung des TV-V

7 Ausgehend von diesen Differenzierungskriterien ist der TV-V ein in sich abgeschlossener Mantel- und Entgelttarifvertrag, der (als sog. „Spartentarifvertrag") das bis zu seinem Inkrafttreten am 1.4.2002 geltende Tarifrecht für die Sparte der Versorgungsbetriebe ersetzt. Er enthält eine Regelung zu einer Vielzahl manteltariflicher und entgeltbezogener Fragen. Zusätzlich sind als Anlage 1 eine Eingruppierungsregelung und als weitere Anlagen die Entgelttabellen originärer Bestandteil des TV-V.

II. Tarifauslegung

8 Die Auslegung des normativen Teils eines Tarifvertrags folgt nach ständiger Rechtsprechung des BAG den für die **Auslegung von Gesetzen** geltenden Regeln.[1] Es gel-

1 BAG, Beschl. v. 24.8.2011 – 4 ABR 122/09 – juris; BAG, Urt. v. 15.2.2012 – 7 AZR 626/10 – NZA-RR 2013, 154.

ten die folgenden Grundsätze, die bei der Anwendung des TV-V stets berücksichtigt werden müssen:

- Auszugehen ist vom Tarifwortlaut, wobei der maßgebliche Sinn der Erklärung zu erforschen ist, ohne am Buchstaben der Tarifnorm zu haften.
- Bei nicht eindeutigem Wortsinn ist der wirkliche Wille der Tarifvertragsparteien mit zu berücksichtigen, soweit er in den tariflichen Normen seinen Niederschlag gefunden hat.
- Abzustellen ist dabei stets auf den tariflichen Gesamtzusammenhang, weil dieser Anhaltspunkte für den wirklichen Willen der Tarifvertragsparteien liefert und nur so Sinn und Zweck der Tarifnorm zutreffend ermittelt werden können.
- Lässt dies zweifelsfreie Auslegungsergebnisse nicht zu, können die Tarifanwendung und insbesondere die Gerichte für Arbeitssachen – ohne Bindung an eine Reihenfolge – weitere Kriterien, wie die Entstehungsgeschichte des Tarifvertrags oder die praktische Tarifübung, ergänzend heranziehen. Auch die Praktikabilität denkbarer Auslegungsergebnisse ist zu berücksichtigen.
- Im Zweifel gebührt derjenigen Tarifauslegung der Vorzug, die zu einer vernünftigen, sachgerechten, gesetzeskonformen und praktisch brauchbaren Regelung führt.[2]

III. Die Struktur des TV-V

Der TV-V besitzt – überblicksartig – folgende Struktur: 9

- In § 1 TV-V ist der Anwendungsbereich geregelt, der festlegt, unter welchen Bedingungen der TV-V für wen gilt.
- Die §§ 2 bis 19 und 23 TV-V legen die materiellen Inhalte fest, also das, was inhaltlich für die von § 1 TV-V erfassten tarifgebundenen Personen gilt.
- In §§ 20 bis 22a, 24 TV-V sind Anwendungs- und Übergangsvorschriften enthalten. Sie regeln insbesondere die Überleitung vom bisherigen Tarifrecht zum TV-V
- Hinzu kommen Anlagen zur Eingruppierung der Arbeitnehmer, d.h. zur Einordnung in Entgeltgruppen, die dort definiert sind, sowie zu (Stunden-)Entgelttabellen, d.h. zu der Vergütung, die den Entgeltgruppen zugeordnet ist.
- Darüber hinaus sind ergänzende Protokollerklärungen und Niederschriftserklärungen der Tarifvertragsparteien zu beachten. Sie haben – jedenfalls im vorliegenden Fall – ebenfalls tarifvertraglichen Charakter[3] und dienen zumeist der Ergänzung, Konkretisierung oder Klarstellung.

---

2 BAG, Urt. v. 15.5.2013 – 7 AZR 665/11 – ZTR 2014, 40.

3 Dies ist eine Auslegungsfrage, vgl. nur BAG, Beschl. v. 12.1.1993 – 1 ABR 42/92 – BAGE 72, 123.

B. Der Geltungsbereich des TV-V und seine wichtigsten Ausnahmen

10 Den TV-V anwenden müssen Unternehmen und Arbeitnehmer, die in seinen Geltungsbereich fallen.

I. Die normative Anwendung des TV-V

11 Der Geltungsbereich des TV-V unterscheidet zwischen zwei Fällen: Der unmittelbaren „zwingenden" Anwendung und der mittelbaren „freiwilligen" Anwendung. Damit wird auf allgemeine tarifrechtliche Kategorien Bezug genommen.

1. Unterscheide Tarifbindung und Tarifgeltung

12 Die tariflichen Normen, die den Inhalt, den Abschluss oder die Beendigung von Arbeitsverhältnissen regeln, gelten nach § 4 Abs. 1 TVG unmittelbar und zwingend zwischen den beiderseits Tarifgebundenen, die unter den Geltungsbereich des Tarifvertrags fallen.

Bereits der Gesetzeswortlaut unterscheidet damit zwischen den „Tarifgebundenen" und der „Geltung" des Tarifvertrags. Tarifbindung und -geltung bauen aufeinander auf: Der Tarifvertrag gilt nur zwischen beiderseits Tarifgebundenen. Liegt lediglich auf einer Seite eine Tarifbindung vor, gilt der TV-V gemäß § 4 TVG nicht.

Praxistipp
Teilweise trifft der TV-V allerdings auch Regelungen i.S.d. § 3 Abs. 2 TVG, für deren Anwendung die alleinige Tarifgebundenheit des Arbeitgebers ausreicht. Als betriebsverfassungsrechtliche Normen sind z.B. die Regelungen im Rahmen von Öffnungsklauseln i.S.d. § 77 Abs. 3 S. 2 BetrVG über Gestaltungsbefugnisse gemeinsam mit dem Betriebsrat zu qualifizieren,[4] wie sie sich z.B. in § 8 Abs. 4, 6 und 7 TV-V finden. Umstritten ist, ob die tarifliche Regelung der regelmäßigen Dauer der Arbeitszeit als Betriebsnorm i.S.d. § 3 Abs. 2 TVG zu qualifizieren ist. Das BAG hat das angenommen,[5] sodass dies – auf der Grundlage dieser Rechtsprechung – auch für § 8 Abs. 1 TV-V gelten würde. Konsequenz daraus wäre, dass der TV-V bei Tarifbindung des Arbeitgebers insoweit auch für nicht gewerkschaftlich organisierte Arbeitnehmer gilt.

Beispiel
Ist der Rechtsträger eines Versorgungsunternehmens, hier z.B. die Stadtwerke A AG, an den TV-V gebunden, weil auf Seiten der Stadtwerke A AG alle Geltungsvoraussetzungen erfüllt sind, gilt der TV-V – soweit keine Betriebsnorm bzw. betriebsverfassungsrechtliche Regelung i.S.d. § 3 Abs. 2

4 *Löwisch/Rieble*, § 1 TVG Rn 450.
5 BAG, Beschl. v. 18.81987 – 1 ABR 30/86 – NZA 1987, 779; a.A. z.B. *Löwisch/Rieble*, § 1 TVG Rn 455.

TVG in Rede steht – dennoch nicht im Verhältnis zwischen der Stadtwerke A AG und ihrem Arbeitnehmer AN1, der nicht Mitglied in der tarifschließenden Gewerkschaft (ver.di) ist. Die Stadtwerke A AG ist zwar tarifgebunden, der TV-V gilt im Verhältnis zum AN1 aber nicht. Gegenüber dem AN2, der ver.di-Mitglied ist, gilt der TV-V demgegenüber nach § 4 Abs. 1 TVG, weil infolge der ver.di Mitgliedschaft von AN2 eine beiderseitige Tarifbindung vorliegt.

2. Unmittelbare und zwingende Geltung

Nach § 4 Abs. 1 TVG gelten die Rechtsnormen des TV-V, die den Inhalt, Abschluss oder die Beendigung des Arbeitsverhältnisses ordnen, bei beiderseitiger Tarifbindung unmittelbar und zwingend. **Unmittelbarkeit** bedeutet, dass die Geltung der Vorschriften für die Betroffenen ohne Weiteres und ohne **zusätzlichen Übertragungsakt** eintritt[6]. **Zwingende Wirkung** bedeutet, dass von den tarifvertraglichen Regelungen **nicht zu Ungunsten der Arbeitnehmer** abgewichen werden darf.[7] Deshalb wird insofern auch von der „normativen Wirkung" eines Tarifvertrags gesprochen.[8] 13

Diese unmittelbare und zwingende Geltung bezieht sich – wie im vorstehenden Beispiel demonstriert – nur auf die Mitglieder der Tarifvertragsparteien und ggf. auf den einzelnen Arbeitgeber, der selbst Partei des Tarifvertrags ist (vgl. § 3 Abs. 1 TVG). Auf Gewerkschaftsseite sind dies die einzelnen Arbeitnehmer, die Mitglieder der am Tarifvertrag beteiligten Gewerkschaften sind.

3. Tarifpluralität und Tarifkonkurrenz

Bisweilen beanspruchen verschiedene Gewerkschaften, dass ihre Tarifverträge in einem Betrieb gelten. Dann stellt sich die Frage, in welchem Verhältnis derartige Tarifverträge stehen. 14

Beispiel
Praktisch geworden ist dies insbesondere im Krankenhausbereich, in dem Tarifverträge mit ver.di und dem Marburger Bund abgeschlossen worden sind. Die gleichen Fragen stellen sich aber insbesondere auch für Stadtwerke, wie das nachfolgende Beispiel deutlich macht.

Das Verhältnis eines Tarifvertrags zu anderen Tarifverträgen ist gesetzlich nicht geregelt, sondern wird – soweit die Tarifvertragsparteien keine Abgrenzung vorgenommen haben – im Wesentlichen durch die Rechtsprechung bestimmt, die hierzu die **Grundsätze der Tarifkonkurrenz** und Tarifpluralität entwickelt hat. Den lange

6 Vgl. BAG GS, Beschl. v. 16.9.1986 – GS 1/82 – NZA 1987, 168.
7 Vgl. BAG GS, Beschl. v. 16.9.1986 – GS 1/82 – NZA 1987, 168.
8 Vgl. BAG GS, Beschl. v. 16.9.1986 – GS 1/82 – NZA 1987, 168.

Jahre praktizierten **Grundsatz der Tarifeinheit** hat die Rechtsprechung vor wenigen Jahren wieder **aufgegeben**.

Beispiel
Ein Arbeitsverhältnis, das dem Center „Verkehr" eines Stadtwerks zugeordnet ist, unterfällt z.B. dann nicht dem TV-V, wenn der Tarifvertrag zur Einführung des TV-V für die Arbeitsverhältnisse der Mitarbeiter des Center „Verkehr" Sonderregelungen dahingehend trifft, dass diese nicht in den Geltungsbereich des TV-V einbezogen werden sollen, sondern ihrerseits dem Spartentarifvertrag Nahverkehrsbetriebe vom 25.5.2001 (TV-N NW) zuzuordnen sind.[9]

a) Tarifpluralität

15 Tarifpluralität liegt vor, wenn der Betrieb des Arbeitgebers vom Geltungsbereich zweier **von verschiedenen Gewerkschaften** geschlossenen Tarifverträge **für Arbeitsverhältnisse derselben Art** erfasst wird, an die der Arbeitgeber gebunden ist, während für den jeweiligen Arbeitnehmer je nach Tarifgebundenheit nur einer der beiden Tarifverträge Anwendung findet.[10]

Das BAG löste bis zum Jahr 2010 eine solche Tarifpluralität mithilfe des Grundsatzes der Tarifeinheit auf. Danach galt in einem Betrieb nur ein Tarifvertrag und zwar jeweils der speziellere. Diesen Grundsatz hat das BAG inzwischen aufgegeben.[11] Begründet hat es dies vor allem damit, dass es für einen derartigen Grundsatz keine Rechtsgrundlage gebe.

Praxistipp
Derzeit bestehen allerdings politische Initiativen, den Grundsatz der Tarifeinheit durch Gesetz einzuführen,[12] was jedoch verfassungsrechtlich mit Blick auf die Koalitionsfreiheit (Art. 9 Abs. 3 GG) fraglich ist.

b) Tarifkonkurrenz

16 Nach der Rechtsprechung des BAG liegt demgegenüber eine Tarifkonkurrenz vor, wenn **verschiedene Tarifverträge** mit sich überschneidenden Regelungsbereichen **für ein und dasselbe Arbeitsverhältnis** unmittelbar und zwingend gelten.[13]

Paradigma einer solchen Tarifkonkurrenz ist ein neben dem Verbandstarifvertrag geltender Firmentarifvertrag. Eine derartige Tarifkonkurrenz wird weiterhin

9 BAG, Urt. v. 24.3.2010 – 4 AZR 713/08 – ZTR 2010, 462.
10 BAG, Urt. v. 7.7.2010 – 4 AZR 549/08 – BAGE 135, 80.
11 Vgl. BAG, Beschl. v. 23.6.2010 – 10 AS 3/10 – ZIP 2010, 1309; BAG, Urt. v. 7.7.2010 – 4 AZR 549/08 – NZA 2010, 1068.
12 Vgl. *Mückl*, Rn 54 f.
13 BAG, Urt. v. 23.1.2008 – 4 AZR 312/01 – NZA 2008, 771.

durch den **Grundsatz der Spezialität** aufgelöst.[14] Denn nach der Rechtsprechung des BAG ist eine Tarifkonkurrenz, d.h. die Geltung von zwei oder mehr Tarifverträgen für dasselbe Arbeitsverhältnis, im Regelfall dahingehend aufzulösen, dass nur der speziellere Tarifvertrag zur Anwendung kommt.[15] Das ist der Tarifvertrag, der dem Betrieb räumlich, fachlich und persönlich am nächsten steht und deshalb den Erfordernissen und Eigenarten des Betriebes und der dort tätigen Arbeitnehmer am besten gerecht wird.[16]

Praxistipp !
Die gleichzeitige Geltung des TV-V und des TV-N NW im Unternehmen des Arbeitgebers ist kein Fall der Tarifpluralität, da beide in Frage kommenden Tarifwerke von denselben Tarifvertragsparteien abgeschlossen worden sind und auch kein Fall der Tarifkonkurrenz, weil die Tarifvertragsparteien des BMT-G 2 in dessen § 1a eine eigenständige Kollisionslösungsregelung im Sinne eines Vorrangs des TV-V bzw. des TV-N NW getroffen haben.[17]

II. Tarifbindung nach § 1 Abs. 1 und 2 TV-V

Ausgehend von den oben unter Kapitel 3 Rn 12 dargestellten Grundsätzen definiert § 1 Abs. 1 S. 1 TV-V die Voraussetzung für das Vorliegen einer Tarifbindung durch den TV-V wie folgt: 17
Nach § 1 Abs. 1 S. 1 TV-V gilt der TV-V für Arbeitnehmer
- in rechtlich selbstständigen Versorgungsbetrieben,
- die dem BetrVG unterliegen,
- in der Regel mehr als 20 wahlberechtigte Arbeitnehmer beschäftigen und
- Mitglieder der Arbeitgeberverbände sind, die der Vereinigung der kommunalen Arbeitgeberverbände (VKA) angehören.

Dieser allgemein gehaltene Geltungsbereich wird in § 1 Abs. 1 S. 2 und 3, Abs. 3, 4 TV-V **konkretisiert und eingeschränkt**:
- § 1 Abs. 4 TV-V nimmt zunächst den Bereich der Arbeitsrechtlichen Vereinigung Hamburg e.V. aus dem Geltungsbereich aus.
- § 1 Abs. 1 S. 2 und 3 konkretisieren den sachlichen Anwendungsbereich,
- während § 1 Abs. 3 TV-V den persönlichen Anwendungsbereich des TV-V näher bestimmt. Im Einzelnen gelten folgende Vorgaben:

14 BAG, Urt. v. 27.2.2013 – 4 AZR 78/11 – NZA 2013, 1026.
15 BAG, Urt. v. 23.1.2008 – 4 AZR 312/01 – NZA 2008, 771.
16 BAG, Urt. v. 23.1.2008 – 4 AZR 312/01 – NZA 2008, 771.
17 BAG, Urt. v. 24.3.2010 – 4 AZR 713/08 – ZTR 2010, 462.

1. Anwendungsvoraussetzungen nach § 1 Abs. 1 TV-V

18 Zunächst muss ein „rechtlich selbständiger Versorgungsbetrieb" i.S.d. TV-V vorliegen:

a) Rechtlich selbständiger Versorgungsbetrieb

19 Der Begriff des „rechtlich selbständigen Versorgungsbetriebs" ist in § 1 Abs. 1 S. 2 TV-V definiert. Danach sind rechtlich selbständige „Versorgungsbetriebe" solche Unternehmen, die nach Satzung oder Gesellschaftsvertrag Energie- und/oder Wasserversorgung betreiben, wenn in den genannten Bereichen mindestens 90% des Gesamtpersonalbestands eingesetzt sind.

Die Wortwahl der Tarifvertragsparteien – ein „Versorgungsbetrieb" wird als „Unternehmen" definiert, das dem BetrVG unterliegt – ist hier arbeitsrechtlich betrachtet **in mehrfacher Hinsicht irreführend**. Denn zunächst einmal sind „Betrieb" und „Unternehmen" keine Synonyme und können nicht als solche verwendet werden.[18] Beide Begriffe bezeichnen völlig unterschiedliche Organisationseinheiten.[19] Ein „Unternehmen" kann auch nicht dem BetrVG unterliegen, dessen Anwendungsvoraussetzungen in § 1 Abs. 1 S. 1 BetrVG ausdrücklich betriebs- und gerade nicht unternehmensbezogen ausgestaltet sind.

Hinzu kommt, dass ein Unternehmen als bloße Organisationseinheit nicht Träger von Rechten und Pflichten sein kann[20] und damit als Tarifsubjekt ausscheidet. Tarifsubjekt, d.h. tarifgebunden, kann nur der Rechtsträger des Unternehmens bzw. Betriebs, d.h. eine natürliche oder juristische Person (bzw. rechtsfähige Personengesellschaft), sein. Das folgt bereits daraus, dass der Tarifvertrag ein privatrechtlicher Vertrag ist und daher nur von natürlichen oder juristischen Personen bzw. rechtsfähige Vereinigungen (z.B. Personengesellschaften) geschlossen werden kann, zu denen das „Unternehmen" als bloße wirtschaftliche Organisationseinheit nicht zählt. Der **Rechtsträger des Versorgungsbetriebs** ist dementsprechend mit „Versorgungsbetrieb" gemeint.

Systematisch wird dieses Ergebnis ferner durch § 1 Abs. 1 S. 2 TV-V bestätigt, der bestimmt, dass nur Unternehmen, die „nach Satzung oder Gesellschaftsvertrag Energie- und/oder Wasserversorgung einschließlich zugehöriger Dienstleistungen betreiben", erfasst sind.[21] Ein Gesellschaftsvertrag liegt aber nur einer Gesellschaft zugrunde. Bei einer GmbH bzw. einer AG heißt er „Satzung" (vgl. §§ 23 AktG, 53 GmbHG).

---

18 Vgl. statt aller *Fitting*, § 1 BetrVG Rn 59.
19 Vgl. nur *Fitting*, § 1 BetrVG Rn 63 (Betrieb) und Rn 145 (Unternehmen) m.w.N.
20 BAG, Urt. v. 13.6.1985 – 2 AZR 452/84 – DB 1986, 1287.
21 Ebenso *Herzberg/Schlusen*, § 1 TV-V Rn 16.

aa) Was bedeutet rechtlich selbständig?

Rechtlich selbstständig sind solche Betriebe, die eine eigene Rechtspersönlichkeit besitzen (z.B. Aktiengesellschaften, GmbH).[22] Ausgeschlossen sind Betriebe, die der Rechtspersönlichkeit der Kommunen unterliegen (z.B. Ämter, Eigenbetriebe).[23] **20**

bb) Was ist ein Versorgungsbetrieb?

Ein „Versorgungsbetrieb" i.S.d. § 1 TV-V muss dem Wortlaut gemäß „nach Satzung oder Gesellschaftsvertrag Energie- und/oder Wasserversorgung einschließlich zugehöriger Dienstleistungen betreiben". **21**

Damit scheiden „Netzbetriebe" auf den ersten Blick aus dem Geltungsbereich des TV-V aus. Nach § 3 Nr. 18 EnWG gehören jedoch auch Netzgesellschaften zu den Versorgungsunternehmen. Die Protokollerklärung zu § 1 Abs. 1 S. 2 TV-V greift dies auf und bestätigt dementsprechend, dass auch rechtlich selbständige Netz- und Netzservicegesellschaften Versorgungsbetriebe i.S.d. § 1 Abs. 1 S. 2 TV-V sind.

Da im Rahmen der Tarifauslegung auch die Entstehungsgeschichte herangezogen werden kann, ist zur Bestimmung des „Versorgungsbetriebs" auch ein Rückgriff auf Vorgängerregelungen zulässig. Nach SR 2 t BAT zählen „Gas-, Wasser-, Elektrizitäts- und Fernheizwerke" zu den Versorgungsbetrieben. **22**

Das wird systematisch auch durch die Eingrenzung des Begriffs „Versorgung" in § 1 Abs. 1 S. 2 TV-V bestätigt, der nur die Versorgung mit Wasser und Energie benennt.

Praxistipp **!**

Zweifelhaft ist, ob auch die Versorgung mit Wärme, z.B. in Form der Fernwärme, als Versorgung mit Energie qualifiziert werden kann.[24]

Im Umkehrschluss bedeutet dies allerdings, dass z.B. Müllverbrennung, Bäderbetriebe, Hafenbetriebe und Verkehrsbetriebe[25] keine Versorgungsbetriebe i.S.d. TV-V sind.[26] Nicht erfasst ist ferner die Versorgung mit Telekommunikationsdienstleistungen und einer entsprechenden Infrastruktur z.B. in Form des Ausbaus von Glasfasernetzen.[27]

---

22 *Herzberg/Schlusen*, § 1 TV-V Rn 14.
23 *Herzberg/Schlusen*, § 1 TV-V Rn 14.
24 Für einen Einbezug *Herzberg/Schlusen*, § 1 TV-V Rn 17.
25 ArbG Hamm, Urt. v. 28.11.2007 – 3 Ca 1555/07 – juris.
26 *Herzberg/Schlusen*, § 1 TV-V Rn 17.
27 *Herzberg/Schlusen*, § 1 TV-V Rn 17.

Zur Versorgung gehörende Dienstleistungsbereiche dürften z.B. sein:
- Verwaltungsfunktionen und
- techn. Servicefunktionen (Werkstätten etc.).[28]

cc) Zahl der Arbeitnehmer in den Bereichen Energie- und/oder Wasserversorgung einschließlich zugehöriger Dienstleistungen

23 Präzisiert wird der Begriff des „Versorgungsbetriebs" i.S.d. TV-V in § 1 Abs. 1 S. 2 TV-V zusätzlich durch Vorgaben zu dem Anteil der Belegschaft, die in den vorgenannten Tätigkeitsfeldern beschäftigt sein muss. Es muss sich um 90 % des Gesamtpersonalbestandes handeln.

Bei der Ermittlung des Gesamtpersonalbestandes i.S. von § 1 Abs. 1 TV-V und der zu ermittelnden 90 %-Quote ist wie folgt vorzugehen:[29]
- Zunächst ist zur Ermittlung des „Gesamtpersonalbestands" auf die Anzahl der Arbeitnehmer des jeweiligen Arbeitgebers – **d.h. der „Köpfe"** – (und nicht auf die Anzahl der Stellen oder Full-Time-Equivalents (FTE)) abzustellen. Dabei kommt es nicht – wie im Rahmen des § 1 Abs. 1 S. 1 TV-V – auf die „in der Regel" beschäftigten Arbeitnehmer an, sondern auf die zum **Stichtag**, d.h. dem Tag der unmittelbaren Anwendung des TV-V, beschäftigte Arbeitnehmerzahl an.[30]
- Auch wenn nach § 1 Abs. 3 TV-V geringfügig Beschäftigte – wohl rechtswidrig[31] – sowie leitende Angestellte und Auszubildende nicht unter den Geltungsbereich des TV-V fallen, prägen sie doch das Unternehmen und sind deshalb zu berücksichtigen.[32]
- Keine Rolle spielt, ob die Arbeitnehmer am Stichtag tatsächlich arbeiten. Maßgebend ist der **rechtliche Bestand** des Arbeitsverhältnisses zum Stichtag.[33]
- Ruhende Arbeitsverhältnisse (Freistellungsphase der Altersteilzeit, Elternzeit, Sonderurlaub etc.) sollen aber ausgegrenzt werden, soweit eine volle Vertretung für die Ausfallzeit eingesetzt ist (die dann stattdessen mitzählt).[34] Ist keine volle Vertretung eingesetzt, ist der Arbeitnehmer mitzuzählen.[35] Werden während der

---

28 *Herzberg/Schlusen*, § 1 TV-V Rn 17.

29 Vgl. auch *Herzberg/Schlusen*, § 1 TV-V Rn 18 ff., die sich insoweit auf eine Auskunft des VKA – also die Auskunft einer der Tarifparteien – stützen.

30 *Herzberg/Schlusen*, § 1 TV-V Rn 20.

31 Vgl. unter Kapitel 3 Rn 33.

32 *Herzberg/Schlusen*, § 1 TV-V Rn 19.

33 *Herzberg/Schlusen*, § 1 TV-V Rn 20.

34 *Herzberg/Schlusen*, § 1 TV-V Rn 20.

35 *Herzberg/Schlusen*, § 1 TV-V Rn 20.

Vertretung Arbeitnehmer in ruhenden Arbeitsverhältnissen in Teilzeit eingesetzt, sind beide Arbeitsverhältnisse zu zählen.[36]

- Anschließend sind die Arbeitnehmer, die **dem Versorgungsbetrieb zuzuordnen** sind, zu identifizieren und zu zählen. Dasselbe gilt für die Arbeitnehmer, die den anderen Betrieben zuzuordnen sind.[37]
- Aus den ermittelten Zahlen muss folgen, dass zum Stichtag im Versorgungsbetrieb mindestens 90% der im ersten Schritt ermittelten Gesamtzahl der Arbeitnehmer beschäftigt sind.[38]

Beispiel[39]

Die Stadtwerk X AG beschäftigt am Stichtag einen Gesamtpersonalbestand von 3.000 Arbeitnehmern in den Geschäftsfeldern Strom, Gas, Wasser, Fernwärme, Müllverbrennung, Häfen und Bäder, davon:

Müllverbrennung:	90 Arbeitnehmer
Häfen:	80 Arbeitnehmer
Bäder:	100 Arbeitnehmer
Versorgungsbetrieb:	2.730 Arbeitnehmer = 91% des Gesamtpersonalbestandes.

Nach § 1 Abs. 1 TV-V ist der TV-V anwendbar.

Beispiel[40]

Die Stadtwerk Y GmbH beschäftigt am Stichtag einen Gesamtpersonalbestand von 2.500 Arbeitnehmer in den Geschäftsfeldern Strom, Gas, Wasser, Fernwärme, Müllverbrennung, Häfen und Bäder, davon:

Müllverbrennung:	90 Arbeitnehmer
Häfen:	80 Arbeitnehmer
Bäder:	100 Arbeitnehmer
Versorgungsbetrieb:	2.230 Arbeitnehmer = 74% des Gesamtpersonalbestandes.

Nach § 1 Abs. 1 TV-V ist der TV-V nicht anwendbar. Seine Anwendung kann aber entweder nach § 1 Abs. 2 TV-V oder durch Firmentarifvertrag bzw. einzelvertraglich mit den Arbeitnehmern vereinbart werden (vgl. dazu unter Kapitel 3 Rn 35ff. bzw. Kapitel 3 Rn 38f.).

---

dd) Sonderregeln im Fall der Einbindung in einen Konzern

§ 1 Abs. 1 S. 3 TV-V enthält eine Bereichsausnahme für Unternehmen, die in einen 24
Konzern (legaldefiniert in § 18 AktG) eingebunden sind, dem auch Unternehmen mit anderen Unternehmenszwecken angehören, wenn die hierfür eingesetzten Beschäftigten mindesten 10 v.H. des Gesamtpersonalbestands des Konzerns ausmachen.[41]

---

36 *Herzberg/Schlusen*, § 1 TV-V Rn 20.
37 *Herzberg/Schlusen*, § 1 TV-V Rn 21.
38 *Herzberg/Schlusen*, § 1 TV-V Rn 21.
39 Nach *Herzberg/Schlusen*, § 1 TV-V Rn 22.
40 Nach *Herzberg/Schlusen*, § 1 TV-V Rn 23.
41 A.A. – entgegen dem Wortlaut des § 1 TV-V – (wohl irrtümlich) *Herzberg/Schlusen*, § 1 TV-V Rn 18 (Gesamtpersonalbestand des „Unternehmens“ statt „Konzerns“).

Einbindung bedeutet, dass das Unternehmen dem Konzern angehören muss. Ob es herrschendes oder beherrschtes Unternehmen ist, spielt nach dem Wortlaut ebenso wenig eine Rolle wie die Frage, ob der Konzern als Unterordnungskonzern (§ 18 Abs. 1 AktG) oder als Gleichordnungskonzern (§ 18 Abs. 2 AktG) ausgestaltet ist.

Beispiel[42]

Die Stadtwerkwerke Holding AG hält alle Anteile an drei Gesellschaften: der Verkehrsbetrieb AG mit 3.000 Arbeitnehmern, der Versorgungsbetrieb AG mit 1.000 Arbeitnehmern und der Hafenbetriebe GmbH mit 80 Arbeitnehmern. Die Versorgungsbetrieb AG ist wiederum Alleingesellschafterin der der Kraftwerk-Union GmbH, der Netz-Union GmbH und der Entsorgungsgesellschaft mbH. Alle Unternehmen sind als beherrschte Unternehmen in den Unterordnungskonzern (§ 18 Abs. 1 AktG) der Stadtwerke Holding AG (herrschendes Unternehmen) eingebunden.

Da die Entsorgung nicht zur „Versorgung" i.S.d. § 1 Abs. 1 TV-V zählt, gehören die Arbeitnehmer der Entsorgungsgesellschaft mbH ebenso wie diejenigen der Verkehrsbetrieb AG und der Hafenbetriebe GmbH nicht zum Versorgungsbetrieb, während alle übrigen Arbeitnehmer der weiteren Gesellschaften die einschlägigen Vorgaben erfüllen.

Im Konzern sind demnach insgesamt 6.680 Arbeitnehmer beschäftigt, davon werden 4.080 Mitarbeiter nicht in den Geschäftsfeldern des Versorgungsbereichs beschäftigt, sondern im Geschäftsfeld „Entsorgung", „Verkehr" und „Hafenbetrieb". Das sind 61,08% des Gesamtpersonalbestandes im Konzern. § 1 Abs. 1 S. 3 TV-V besagt, dass Unternehmen aus dem Geltungsbereich herausfallen, wenn in einem Konzern mindestens 10 % der Gesamtbeschäftigten in Geschäftsfeldern außerhalb des Versorgungsbereichs arbeiten.

Eine Anwendung des TV-V kann daher wiederum nur entweder nach § 1 Abs. 2 TV-V oder durch Firmentarifvertrag bzw. einzelvertraglich mit den Arbeitnehmern vereinbart werden (vgl. dazu unter Kapitel 3 Rn 35 ff. bzw. Kapitel 3 Rn 38 f.).

25 Weitere Anwendungsvoraussetzung ist nach § 1 Abs. 1 TV-V, dass der Versorgungsbetrieb dem BetrVG unterliegt. Das zielt vor allem auf eine Ausgrenzung öffentlich-rechtlicher Rechtsträger.

ee) Art des Betriebs – Ausgrenzung öffentlich-rechtlicher Rechtsträger

26 Denn nach **§ 130 BetrVG** findet das BetrVG keine Anwendung auf Verwaltungen und Betriebe des Bundes, der Länder, der Gemeinden und sonstiger Körperschaften, Anstalten und Stiftungen des öffentlichen Rechts.

Hiervon ausgehend hängt die Anwendbarkeit des BetrVG von der formellen Rechtsform des Rechtsträgers des Betriebes oder der Verwaltung ab:[43]

– Alle Betriebe von Rechtsträgern mit privater Rechtsform, auch wenn sie der öffentlichen Hand (ausschließlich oder überwiegend, zB durch Aktienbesitz) ge-

---

42 Angelehnt an *Herzberg/Schlusen*, § 1 TV-V Rn 26 (dort mit ungewöhnlicher Konzernkonstruktion).

43 Für viele *Fitting*, § 130 BetrVG Rn 4.

hören, einschließlich der sog. gemischtwirtschaftlichen Betriebe von Rechtsträgern mit privater Rechtspersönlichkeit, unterliegen dem BetrVG.
- Alle öffentlichen Verwaltungen sowie alle unmittelbar von der öffentlichen Hand geführten Betriebe (sog. „Eigenbetriebe") fallen dagegen unter das PersVG des Bundes oder der Länder.[44]

Praxistipp

Keine Rolle spielt, wer wirtschaftlich gesehen Inhaber eines Betriebes ist.[45] Ebenfalls unerheblich ist, ob Tarifverträge für den öffentlichen Dienst angewandt werden.[46]

Beispiel

Das städtische Wasserwerk wird in der Form einer privatrechtlichen AG betrieben; sämtliche Aktien befinden sich in Händen der Stadt. Für Betriebe der AG gilt das BetrVG. Wird das Wasserwerk dagegen unmittelbar von der Stadt betrieben (Eigenbetrieb) oder als Amt innerhalb einer Dienststelle als Regiebetrieb geführt, gilt insoweit das PersVG.[47]

Praxistipp

Keine Rolle spielt, ob und inwieweit eine öffentliche Verwaltung Hoheitsaufgaben wahrnimmt oder nicht. Es gilt nach h.M. stets das PersVG.[48]

Vor diesem Hintergrund macht die im TV-V mehrfach vorgesehene Ausfüllung durch Dienstvereinbarungen (vgl. z.B. § 8 Abs. 6 S. 1 TV-V), die nur im Rahmen der Personalvertretungsgesetze abgeschlossen werden können, auf den ersten Blick wenig Sinn. Nutzbar ist sie erst, wenn der TV-V durch **Anerkennungstarifvertrag** (der auch ein Firmentarifvertrag sein kann) zur Anwendung gebracht wird.

ff) Voraussetzungen des § 1 Abs. 1 S. 1 BetrVG

Im Übrigen ergibt sich der Geltungsbereich des BetrVG aus dessen § 1 Abs. 1 S. 1. 27
Danach werden in Betrieben mit in der Regel mindestens fünf ständigen wahlberechtigten Arbeitnehmern (§ 7 BetrVG), von denen drei wählbar (§ 8 BetrVG) sind, Betriebsräte gewählt.[49]

---

44 BAG, Beschl. v. 30.7.1987 – 6 ABR 78/85 – AP Nr. 3 zu § 130 BetrVG 1972, BAG, Beschl. v. 18.1.1989 – 7 ABR 62/87 – AP Nr. 2 zu § 14 AÜG.
45 Für viele *Fitting*, § 130 BetrVG Rn 4.
46 BAG, Beschl. v. 3.12.1985 – 4 ABR 60/85 – AP Nr. 2 zu § 74 BAT.
47 *Fitting*, § 130 BetrVG Rn 4; DKKW/*Trümner*, § 130 BetrVG Rn 4.
48 Für viele *Fitting*, § 130 BetrVG Rn 4.
49 Näher zu diesen Anforderungen statt aller *Fitting*, § 1 BetrVG Rn 12ff.

b) In der Regel mehr als 20 „wahlberechtigte Arbeitnehmer“ beschäftigen

28 Mit der Forderung nach in der Regel 20 wahlberechtigten Arbeitnehmern knüpft der TV-V an die **entsprechenden Vorgaben im BetrVG** an, sodass die zu diesen Begriffen dort geregelten Vorgaben und entwickelten Grundsätze maßgeblich sind.[50]

- Maßgeblich für die Qualifikation als Arbeitnehmer ist daher § 5 BetrVG – wie ein Umkehrschluss aus § 1 Abs. 3 lit. a) TV-V bestätigt –,
- die Wahlberechtigung richtet sich nach § 7 BetrVG und
- für das Merkmal „in der Regel“ sind die hierzu vom BAG entwickelten Grundsätze anzuwenden.
  - Danach gilt: Maßgeblich ist die Personalstärke, die für das Unternehmen im Allgemeinen kennzeichnend ist, und nicht, wie viele Arbeitnehmer dem Unternehmen im Zeitpunkt der Entscheidung über die Anwendbarkeit des TV-V zufällig angehören.[51] Die Feststellung der maßgeblichen Unternehmensgröße erfordert regelmäßig sowohl einen Rückblick als auch eine Prognose.[52] Werden Arbeitnehmer nicht ständig, sondern lediglich zeitweilig beschäftigt, kommt es für die Frage der regelmäßigen Beschäftigung darauf an, ob sie normalerweise während des größten Teils eines Jahres, d.h. länger als sechs Monate beschäftigt werden.[53]

c) Mitgliedschaft in Arbeitgeberverband, der VKA angehört

29 Darüber hinaus muss der Arbeitgeber dem VKA angehören.[54]

2. Anwendungserhaltung bei Wegfall der Voraussetzungen

30 In der Protokollerklärung zu § 1 Abs. 1 TV-V ist klargestellt, dass der TV-V auch dann weiterhin gilt, wenn nachträglich die hierfür erforderlichen Voraussetzungen weggefallen sind.

Beispiel

Das kann z.B. dann der Fall sein, wenn die 90 %-Quote unterschritten wird (vgl. die Protokollerklärung zu § 1 Abs. 1 TV-V).

Ziel war es, tariflose Zustände zu vermeiden.

50 Ebenso *Herzberg/Schlusen*, § 1 TV-V Rn 33.
51 Vgl. BAG, Urt. v. 18.10.2011 – 1 AZR 335/10 – NZA 2012, 221.
52 BAG, Urt. v. 18.10.2011 – 1 AZR 335/10 – NZA 2012, 221.
53 BAG, Urt. v. 18.10.2011 – 1 AZR 335/10 – NZA 2012, 221.
54 Zum VKA vgl. dessen Selbstdarstellung unter www.vka.de.

3. Herausnahmen nach § 1 Abs. 3, 4 TV-V

Nach § 1 Abs. 3 und 4 TV-V unterfallen bestimmte Arbeitnehmergruppen nicht dem persönlichen Anwendungsbereich des TV-V. 31

a) Herausnahme bestimmter Arbeitnehmergruppen

§ 1 Abs. 3 TV-V nimmt bestimmte Gruppen von Arbeitnehmern von der Anwendung des TV-V aus. Dies sind zunächst 32

- leitende Angestellte i.S. von § 5 Abs. 3 BetrVG, wenn ihre Arbeitsbedingungen einzelvertraglich besonders vereinbart sind,und
- Arbeitnehmer, die ein über die höchste Entgeltgruppe des TV-V hinausgehendes Entgelt erhalten.

Praxistipp

Die letztgenannte Fallgruppe ist nicht einschlägig, wenn das Entgelt eines Arbeitnehmer durch eine dynamische Zulage gemäß § 22 Abs. 1 S. 9 TV-V den Betrag in Entgeltgruppe 15 Stufe 6 übersteigt. Denn nicht erfassen wollten die Tarifvertragsparteien die Arbeitnehmer, die aufgrund tarifvertraglicher Ansprüche ein höheres Entgelt verdienen.[55] Insoweit ist § 1 Abs. 3 TV-V teleologisch zu reduzieren. – Unberührt bleiben losgelöst davon vertragliche Inbezugnahmen des TV-V. Denn nach ihnen wirkt der TV-V als Bestandteil des Arbeitsvertrags und nicht normativ nach §§ 3, 4 TVG.

---

§ 1 Abs. 3 lit. a) TV-V betrifft insbesondere neueingestellte, nicht übergeleitete Arbeitnehmer, die generell ein über das Entgeltsystem des TV-V hinausgehendes Entgelt erhalten, d.h. vor allem sog. Außertarifliche (AT) Arbeitnehmer.[56]

Beispiel

Hierzu können z.B. gehören:[57]

- obere Führungskräfte,
- IT-Spezialisten,
- Key-Account-Manager,
- Energiehändler und
- vergleichbare Arbeitnehmer.

---

§ 1 Abs. 3 ist im Übrigen § 3 BAT nachgebildet. Weitere Beschäftigtengruppen, auf die der TV-V keine Anwendung findet, sind demnach: 33

- Auszubildende, Volontäre und Praktikanten; für diese Personengruppe gelten die bisherigen Tarifbestimmungen weiter.

---

55 Vgl. *Herzberg/Schlusen*, § 1 TV-V Rn 54 unter Hinweis auf eine Auskunft des KAV.

56 Vgl. *Herzberg/Schlusen*, § 1 TV-V Rn 54.

57 *Herzberg/Schlusen*, § 1 TV-V Rn 54.

- Arbeitnehmer, die Arbeiten nach § 260 SGB III verrichten oder
- für die Eingliederungszuschüsse nach §§ 217 ff. SGB III gewährt werden,
- Arbeitnehmer, die i.S.d. § 8 SGB IV – ohne Berücksichtigung von § 8 Abs. 2 S. 1 SGB IV – geringfügig beschäftigt sind.

! **Praxistipp**

Der Ausschluss geringfügig Beschäftiger dürfte gegen das Diskriminierungsverbot des § 4 TzBfG verstoßen und daher unwirksam sein.[58] Die Dauer der Beschäftigung spielt dabei – entgegen einer in der Literatur vertretenen Ansicht[59] – wegen § 4 Abs. 2 S. 1 TzBfG keine Rolle. Da zudem häufig Frauen und Rentner geringfügig beschäftigt sind, droht ggf. ein Verstoß gegen die Vorgaben des AGG (mittelbare Diskriminierung). Die betriebliche Praxis sollte diese Herausnahme daher besser nicht beachten.

- Arbeitnehmer nach § 6 Abs. 4 S. 2 TV-V, für die – abweichend von § 18 TV-V – eine eigenständige betriebliche Regelung zur Alters- und Hinterbliebenenversorgung besteht. (Eine bezirkliche Vereinbarung nach § 1 Abs. 2 TV-V bleibt jedoch unberührt).

b) Ausgrenzung der Arbeitsrechtlichen Vereinigung Hamburg e.V.

34 Darüber hinaus gilt der TV-V nicht für den Bereich der Arbeitsrechtlichen Vereinigung Hamburg e.V. (§ 1 Abs. 4 TV-V).

4. Anwendung des TV-V auf der Grundlage eines landesbezirklichen Tarifvertrags

a) Gestaltungsspielraum: Anwendung oder Herausnahme von Betrieben

35 Nach § 1 Abs. 2 TV-V können Betriebe durch landesbezirkliche Tarifverträge ganz oder teilweise in den Geltungsbereich freiwillig
- einbezogen oder
- ausgenommen werden.

An dieser Stelle wird der Begriff „Betrieb" i.S.d. allgemeinen arbeitsrechtlichen Betriebsbegriffs[60] verwendet.[61] Konsequenz daraus ist, dass rechtlich die Möglichkeit besteht, die Geltung des TV-V auf einzelne Betriebe oder Betriebsteile zu beschränken oder auch Betriebe bzw. Betriebsteile gezielt von der Geltung des TV-V auszunehmen.[62]

---

58 Ebenso im Ergebnis wohl *Herzberg/Schlusen*, § 1 TV-V Rn 59.
59 Anders – ohne Begründung – *Herzberg/Schlusen*, § 1 TV-V Rn 58.
60 BAG, Urt. v. 17.1.2008 – 2 AZR 902/06 – NZA 2008, 872 und dazu *Otto/Mückl*, BB 2008, 1231 ff.
61 *Herzberg/Schlusen*, § 1 TV-V Rn 45.
62 Vgl. *Herzberg/Schlusen*, § 1 TV-V Rn 45.

Beispiel

Die Anwendbarkeit kann z.B. für folgende Unternehmen und Betriebe vereinbart werden:[63]

- rechtlich unselbständige Betriebe (z.B. Eigenbetriebe);
- kleine Versorgungsbetriebe mit weniger als 20 wahlberechtigten Arbeitnehmern;
- Versorgungsbetriebe, die weniger als 90% ihres Gesamtpersonalbestandes im Energie- und/oder Wasserbereich einsetzen;
- Versorgungsbetriebe, die in einen Konzern eingebunden sind, der weniger als 90% seines Gesamtpersonalbestandes im Energie- und/oder Wasserbereich einsetzt.

Praxistipp

Welche Betriebe durch einen entsprechenden Landesbezirksvertrag in den Geltungsbereich des TV-V einbezogen werden können, lässt der TV-V bewusst offen. Es können daher auch Betriebe mit anderen Geschäftsfeldern als der Versorgung einbezogen werden.[64]

b) Formale Voraussetzungen

Erfüllt werden müssen für die Herein- bzw. Herausnahme die folgenden formalen 36
Voraussetzungen:[65]

- Antrag beim zuständigen Arbeitgeberverband;
- Angabe des Zeitpunktes, ab dem der TV-V (nicht mehr) gelten soll;
- Angabe, ob und inwieweit der Betrieb (ganz oder teilweise) (nicht mehr) einbezogen werden soll.

c) Hinweinwachsen in den TV-V

Während das Herauswachsen aus dem TV-V in der Protokollerklärung zu § 1 Abs. 1 37
TV-V und der Abschluss landesbezirklicher Tarifverträge in § 1 Abs. 2 TV-V geregelt sind, ist die Frage des Hineinwachsens nicht ausdrücklich geregelt. Sie ist allerdings – soweit die Anwendungsvereinbarung nach § 1 Abs. 2 TV nicht auch vom TV-V abweichenden Regelungen enthält – auch eher theoretischer Natur. Denn der TV-V kommt dann entweder automatisch oder jedenfalls nach Kündigung zwingend inhaltsgleich zur Anwendung.[66]

Enthält die Anwendungsvereinbarung abweichende Regelungen, ist sie insoweit konstitutiv und kommt – sofern keine auflösende Bedingung vereinbart wurde – bis zu ihrer Beendigung (z.B. durch Kündigung) weiterhin zur Anwendung.[67]

63 Vgl. auch *Herzberg/Schlusen*, § 1 TV-V Rn 47.
64 *Herzberg/Schlusen*, § 1 TV-V Rn 50.
65 *Herzberg/Schlusen*, § 1 TV-V Rn 46.
66 Vgl. nur *Herzberg/Schlusen*, § 1 TV-V Rn 47 f.
67 Vgl. auch *Herzberg/Schlusen*, § 1 TV-V Rn 53.

III. Im TV-V nicht vorgesehene Gestaltungsmöglichkeiten

1. Firmentarifvertrag

38 Soweit die jeweils zuständige Gewerkschaft (ver.di und/oder dbb) damit einverstanden ist, kann der TV-V auch als sog. Firmentarifvertrag ohne Einbindung des VKA abweichend von der Geltungsbereichsdefinition in § 1 Abs. 1, 3 TV-V für die jeweiligen Gewerkschaftsmitglieder normativ nach §§ 3, 4 TVG zur Anwendung gebracht werden. Denkbar sind dann selbstverständlich auch **inhaltliche Anpassungen**, die auf die Verhältnisse des Unternehmens und seine Bedürfnisse besser abgestimmt sind als der „gewöhnliche“ TV-V.

! **Praxistipp**

Dieser Gestaltungsspielraum scheint – rein praktisch – bei einem landesbezirklichen Tarifvertrag als (firmenbezogenem) Verbandstarifvertrag nicht zu bestehen. Denn nach Auffassung der Arbeitgeberverbände geht es bei den landesbezirklichen Tarifverhandlungen nicht darum, für einzelne Betriebe landesbezirkliches Tarifrecht zu schaffen, sondern lediglich den Geltungsbereich des TV-V zu regeln. Verhandlungen über dessen Inhalt kommen daher – soweit der KAV verhandeln soll – nicht in Betracht. Entscheidend für die betriebliche Praxis ist daher, ob dies von Seiten der der Gewerkschaften eben so gesehen wird. Zumindest haben die Gewerkschaften schon einmal eine „betriebliche Kommission“ für die Tarifverhandlungen auf landesbezirklicher Ebene gefordert. Dies lässt vermuten, dass die Verhandlungen für die Gewerkschaftsseite mehr als ein bloßer formaler Akt sind.[68]

Der Abschluss eines Firmentarifvertrags ist, soweit die zuständige Gewerkschaft einverstanden ist, – entgegen einer teilweise von manchen Arbeitgeberverbänden vertretenen Auffassung – nach der ständigen Rechtsprechung des BAG jederzeit möglich. Der Firmentarifvertrag verdrängt mit seinem Inkrafttreten den zuvor abgeschlossenen Verbandstarifvertrag.[69]

2. Arbeitsvertragliche Inbezugnahme

39 Losgelöst davon können die Regelungen des TV-V (ggf. auch in modifizierter Form) auch durch arbeitsvertragliche Inbezugnahme zur Anwendung gebracht werden. Sie gelten dann – kraft Bezugnahme im Arbeitsvertrag – als Inhalt des Arbeitsvertrages.[70]

---

68 Vgl. dazu *Herzberg/Schlusen*, § 1 TV-V Rn 46.

69 BAG, Urt. v. 24.1.2001 – 4 AZR 655/99 – NZA 2001, 788; BAG, Urt. v. 4.4.2001 – 4 AZR 237/00 – NZA 2001, 1085.

70 Vgl. dazu z.B. Henssler/Moll/Bepler/*Henssler*, Teil 10 Rn 1ff.

Praxistipp
Soweit der TV-V normativ gilt, können infolge des Günstigkeitsprinizps (§ 4 Abs. 3 TVG) allerdings arbeitsvertraglich nur für den Arbeitnehmer günstigere Abweichungen vom TV-V vereinbart werden.

C. Anbahnung eines Arbeitsverhältnisses im Geltungsbereich des TV-V

Der TV-V enthält sich weitgehend allgemeiner Ausführungen und Regelungen zum 40
Arbeitsverhältnis. Er verweist damit – ohne dies ausdrücklich zu tun – **weitgehend auf die Regelungen des allgemeinen Arbeitsrechts.**[71]

Wie der TVöD/TVL enthält der TV-V dementsprechend keine Regelungen zum sogenannten Anbahnungsverhältnis. Dabei handelt es sich um ein Schuldverhältnis (§ 311 Abs. 2 BGB), das bereits vor dem Abschluss eines Arbeitsvertrags dadurch entsteht, dass im Zusammenhang mit der Anbahnung eines Arbeitsverhältnisses Rechts- und Sachfragen geklärt und insbesondere mit den Personen, die sich beworben haben, Gespräche geführt werden.[72]

Das Anbahnungsverhältnis ist ein gesetzliches Schuldverhältnis, aus dem 41
gemäß § 241 Abs. 2 BGB die Pflicht zu gegenseitiger Rücksichtnahme erwächst. Die vorsätzliche oder fahrlässige Verletzung dieser Pflicht kann zu Schadensersatzansprüchen (§ 280 BGB) führen. Diese Ansprüche sind auf den Ersatz des Vertrauensschadens (negatives Interesse) und nicht bloß auf das Erfüllungsinteresse gerichtet.[73] Der Geschädigte ist daher so zu stellen, wie er gestanden hätte, wenn das schädigende Ereignis nicht eingetreten wäre.[74]

Zu denken ist im Rahmen der Anbahnung eines Arbeitsverhältnisses insbesondere an die Verletzung von **Aufklärungs-, Sorgfalts- und Loyalitätspflichten**, die bei Beginn der Vertragsverhandlungen unabhängig davon entstehen, ob es später zu einem Vertragsabschluss kommt oder nicht.[75]

Beispiel
Werden dem Arbeitgeber unaufgefordert Bewerbungsunterlagen zugesandt, entsteht nach Teilen der Literatur z.B. bereits die Obhutspflicht zum sorgsamen Umgang mit den übermittelten Unterlagen.[76]

---

71 Vgl. *Hoffmann*, ZTR 2001, 54, 57.
72 *Conze/Karb*, Rn 321 ff.
73 BAG, Urt. v. 26.9.2012 – 10 AZR 370/11 – juris.
74 BAG, Urt. v. 26.9.2012 – 10 AZR 370/11 – juris.
75 BAG, Urt. v. 26.9.2012 – 10 AZR 370/11 – juris.
76 *Conze/Karb*, Rn 326; a.A. – wohl zutreffend – Küttner/*Poeche/Reinecke*, Bewerbung Rn 3; ErfK/*Preis*, § 611 BGB Rn 265.

Im Rahmen der Anbahnung von Arbeitsverhältnissen ist darüber hinaus insbesondere an **Informationspflichten** zu denken. So haben sich die künftigen Vertragspartner gegenseitig über besondere Umstände zu informieren, die den Rahmen des Üblichen überschreiten.[77]

! **Praxistipp**
Unberücksichtigt bleiben können in diesem Zusammenhang Umstände, die sich aus der Stellenbeschreibung, aus dem beabsichtigten Arbeitsplatz oder aus der Sachlage von selbst ergeben. Aufgeklärt werden muss arbeitgeberseitig aber z.B. über gefährliche Arbeitsumstände, überdurchschnittliche Arbeitsanforderungen, häufige Reisetätigkeit oder auch außergewöhnliche Arbeitszeitregelungen.[78]

Unter ganz außergewöhnlichen Umständen kann der Arbeitgeber beim Bewerber auch die berechtigte Annahme wecken, es werde ein Arbeitsvertrag abgeschlossen werden. Kündigt der Bewerber im Vertrauen darauf sein bisheriges Arbeitsverhältnis, kann der Arbeitgeber schadensersatzpflichtig sein, wenn er die Einstellung nicht vornimmt.

Wird demgegenüber bei Einstellungsverhandlungen dem Bewerber gegenüber kommuniziert, dass es für die Einstellung noch der Zustimmung einer anderen Stelle – z.B. der Personalvertretung oder einer vorgesetzten Behörde bzw. eines Ratsbeschlusses – bedarf, tritt keine Schadensersatzpflicht ein, falls die Einstellung am Fehlen des erforderlichen Einverständnisses scheitert.[79]

D. Welche Vorgaben gelten für den Arbeitsvertrag?

I. Tarifliche und gesetzliche Formvorgaben

42 Für den Abschluss von Arbeitsverträgen bestehen kraft Gesetzes grundsätzlich keine Formvorgaben.

! **Praxistipp**
Befristete Arbeitsverträge (genauer: Befristungsabreden) müssen indes – vor Beginn der Tätigkeitsaufnahme[80] – schriftlich (§ 126 BGB) abgeschlossen werden, damit die Befristung wirksam ist (§ 14 Abs. 4 TzBfG). Sonst gilt der Vertrag nach § 16 TzBfG im Zweifel als unbefristet.

77 *Conze/Karb*, Rn 327.
78 Vgl. ErfK/*Preis*, § 611 BGB Rn 261; *Conze/Karb*, Rn 327.
79 Vgl. ErfK/*Preis*, § 611 BGB Rn 264; vgl. ferner BAG, Urt. v. 14.6.1972 – 4 AZR 315/71 – BAGE 24, 307.
80 ErfK/*Müller-Glöge*, § 14 TzBfG Rn 122 m.w.N.

Nach § 2 Abs. 1 S. 1 TV-V sind Arbeitsverträge allerdings schriftlich unter Angabe der Entgeltgruppe abzuschließen. Diese tarifvertragliche Vorschrift schränkt die Formfreiheit bei Abschluss des Arbeitsvertrags aber nicht ein. Vielmehr handelt es sich um keine konstitutive (= zwingende), sondern um eine **deklaratorische (klarstellende) Formvorschrift.**[81] Ein wirksamer Arbeitsvertrag kann damit auch unter Geltung des TV-V mündlich abgeschlossen werden.

II. Nebenabreden und betriebliche Übung

1. Schriftformerfordernis für Nebenabreden

Ein **konstitutives Schriftformerfordernis** enthält hingegen § 2 Abs. 1 S. 2 TV-V für 43
Nebenabreden.[82] Es handelt sich im Ergebnis um die gesetzlich vorgeschriebene Form, da zu den Rechtsnormen nach Art. 2 EGBGB auch der nach § 1 Abs. 1 TVG normative Teil von Tarifverträgen zählt.[83] § 2 Abs. 1 S. 2 TV-V ist Teil der normativen Regelungen des TV-V. Ist die vorgeschriebene Form nicht eingehalten, sind die in Rede stehenden Nebenabreden daher **gemäß § 125 S. 1 BGB nichtig.**[84]

Diesem konstitutiven Schriftformerfordernis unterliegen allerdings nur Nebenabreden. Die Hauptpflichten eines Arbeitsverhältnisses (Arbeitsleistung und Entgeltzahlung) können grundsätzlich nicht Gegenstand einer Nebenabrede sein.

Beispiel
Dies gilt z.B. für die Zusage eines übertariflichen Entgelts oder die Änderung der wöchentlichen Arbeitszeit.

Ob derartige Abreden als Nebenabrede bezeichnet werden, spielt keine Rolle.

Beispiel
Denkbarer Gegenstand von Nebenabreden kann vor allem die Gewährung von Sozialleistungen sein, wie z.B. Essenszuschüssen und/oder Fahrtkostenzuschüssen.

---

81 *Herzberg/Schlusen*, § 2 TV-V Rn 10; *Conze/Karb*, Rn 490 (für die gleichlautende Bestimmung im TVöD).
82 *Herzberg/Schlusen*, § 2 TV-V Rn 20; *Conze/Karb*, Rn 2138 (für die gleichlautende Bestimmung im TVöD).
83 BAG, Urt. v. 8.5.1980 – 2 AZR 427/78 – juris.
84 *Herzberg/Schlusen*, § 2 TV-V Rn 22.

2. Schriftformerfordernis hinsichtlich Probezeitvereinbarungen

44 Ebenfalls ein **konstitutives Schriftformerfordernis** sieht § 2 Abs. 2 S. 2 TV-V mit Blick auf die Probezeit vor. Insoweit handelt es sich nicht um eine Nebenabrede. Dies ist ausgehend von § 2 Abs. 2 S. 1 TV-V systemfremd und eine ausdrückliche Anordnung daher erforderlich. Nach § 2 Abs. 2 S. 2 TV-V ist sowohl der Verzicht auf eine Probezeit als auch deren Verlängerung schriftlich zu vereinbaren. Möglich ist eine Verlängerung auf bis zu maximal sechs Monate.

Praxistipp
Losgelöst von diesen tariflichen Vorgaben sollte in den Arbeitsvertrag zur Verhinderung betrieblicher Übungen eine wirksame doppelte Schriftformklausel aufgenommen werden. Dies ist auch bei Arbeitsverträgen im Geltungsbereich des TV-V möglich.[85]

3. Flexibilisierung von Nebenabreden durch den TV-V

45 Eine besondere Form der Flexibilisierung von Arbeitsbedingungen sieht mit Blick auf Nebenabreden § 2 Abs. 1 S. 3 TV-V vor. Nach dieser Norm kann in einer Nebenabrede vereinbart werden, dass sie jederzeit mit einer Frist von zwei Wochen zum Monatsende gesondert gekündigt werden kann. Damit ist eine erhebliche Erleichterung verbunden. Denn eine derartige **Teilkündigung** ist ohne entsprechende tarifliche Gestattung nach der Rechtsprechung des BAG unwirksam.[86] Denkbare Instrumente zur Flexibilisierung von Arbeitsbedingungen sind demgegenüber **Freiwilligkeits- und Widerrufsvorbehalt.**[87] Diese unterliegen allerdings in der Regel der AGB-Kontrolle (§§ 307ff. BGB). Die Rechtsprechung hat die Wirksamkeitsanforderungen an beide Flexibilisierungsinstrumente zunehmen verschärft.[88]

Praxistipp
Einen erheblichen Gestaltungsspielraum räumt der Erste Senat des BAG dem Arbeitgeber allerdings gemeinsam mit dem Betriebsrat ein. Nach der jüngsten Rechtsprechung des Ersten Senats des BAG[89] sind als Allgemeine Geschäftsbedingungen ausgestaltete Arbeitsverträge – und d.h. nahezu alle Arbeitsverträge – betriebsvereinbarungsoffen. Dies bedeutet, dass – abweichend vom im Verhältnis zwischen Arbeitsvertrag und Betriebsvereinbarung an sich geltenden Günstigkeitsprinzip – arbeitsvertraglich vereinbarte Arbeitsbedingungen auf der Grundlage einer Betriebsvereinbarung verschlechternd abgelöst werden können.[90]

---

85 Vgl. zur Parallelregelung in § 2 Abs. 3 TVÖD LAG Rheinland-Pfalz, Urt. v. 23.5.2013 – 10 Sa 25/13 – PflR 2013, 550.

86 BAG, Urt. v. 25.9.2013 – 4 AZR 173/12 – BB 2013, 2483; BAG, Urt. v. 15.4.2008 – 1 AZR 86/07 – BAGE 126, 251.

87 Vgl. *Mückl*, Rn 209 ff.

88 Vgl. *Mückl*, Rn 209 ff.

89 BAG, Urt. v. 5.3.2013 – 1 AZR 417/12 – NZA 2013, 916; BAG, Urt. v. 5.3.2013 – 1 AZR 880/11 – juris.

90 Vgl. *Mückl*, Rn 698 f.

Ist für eine Nebenabrede einzelvertragliche keine gesonderte Kündigungsmöglichkeit im Sinne des § 2 Abs. 1 S. 3 TV-V vorgesehen, kann sich der Arbeitgeber von der Nebenabrede nur durch **Änderungskündigung (§ 2 KSchG)** lösen. Voraussetzung hierfür ist im Geltungsbereich des KSchG, dass die Änderung sozial gerechtfertigt ist. Besteht ein Betriebs- bzw. Personalrat, ist dieser ebenso wie im Fall der Beendigungskündigung vor dem Ausspruch der Änderungskündigung zu beteiligen (§ 102 BetrVG bzw. §§ 68, 79 BPersVG).

E. Welche Vorgaben bestehen für allgemeine Arbeitsbedingungen?

Zur Ausgestaltung des Arbeitsverhältnisses selbst macht der TV-V – im Gegensatz zum BAT – kaum inhaltliche Vorgaben. 46

I. Weitgehender Verweis auf das allgemeine Arbeitsrecht

Ausnahmen sind die Regelungen zur in der Regel dreimonatigen, längstens aber sechsmonatigen Probezeit (§ 2 Abs. 2 TV-V), die Regelung zur Verpflichtung zur Anzeige von Nebentätigkeiten (§ 3 Abs. 2 TV-V) sowie die Verpflichtung, ärztliche Untersuchungen vornehmen zu lassen (§ 3 Abs. 3 TV-V). 47

Im Umkehrschluss folgte daraus, dass der TV-V – stillschweigend – weitestgehend auf das allgemeine Arbeitsrecht verweist.

Praxistipp !

Dies gilt z.B. hinsichtlich Fragen der Arbeitnehmerhaftung, Personalakten, Dienst- und Schutzkleidung, Dienstwohnung und sonstigen Sachleistungen.

Näher behandelt werden vor diesem Hintergrund lediglich die im TV-V ausdrücklich geregelten Inhalte: die Pflicht zur Anzeige von Nebentätigkeiten und die Vorgaben für ärztliche Untersuchungen.

II. Die Pflicht zur Anzeige von Nebentätigkeiten

Das nach Art. 2 Abs. 1, 12 Abs. 1 GG geschützten Recht, sich seinen Beruf, Arbeitsplatz und seine Ausbildungsstätte frei zu wählen,[91] schließt auch ein generelles 48

91 BVerfG, Beschl. v. 5.5.1987 – 1 BvR 981/81 – BVerfGE 75, 284.

Verbot jeglicher Nebentätigkeiten aus. Eine tarifvertragliche Einschränkung ist daher nur dann möglich, wenn die in Rede stehende Nebentätigkeit geeignet ist, die Pflicht des Arbeitnehmers zur Erfüllung seiner Arbeitsaufgaben oder sonstige dienstliche Interessen zu beeinträchtigen.[92]

Praxistipp
Dies ist insbesondere bei verbotenem Wettbewerb der Fall. Keine Rolle spielt insoweit, ob der Arbeitnehmer Vollzeit oder Teilzeit arbeitet.[93]

Die Tarifvertragsparteien haben nach Art. 9 Abs. 3 GG das Recht, die Wirtschafts- und Arbeitsbedingungen zu regeln. Das schließt ihre Befugnis ein, **Nebenpflichten für Nebentätigkeiten** aufzuerlegen, die außerhalb der dem Hauptarbeitgeber geschuldeten Arbeitszeit liegen.[94] Von diesem Recht haben sie in § 3 Abs. 2 TV-V Gebrauch gemacht.

1. Anzeigepflicht bezüglich entgeltlicher Nebentätigkeit

49 § 3 Abs. 2 S. 1 TV-V sieht als Einschränkung zunächst lediglich vor, dass jede entgeltliche Nebenbeschäftigung dem Arbeitgeber rechtzeitig vor ihrer Ausübung schriftlich angezeigt werden muss.

a) Nebentätigkeit

50 Unter einer Nebentätigkeit i.S.v. § 3 Abs. 2 S. 1 TV-V versteht man jede Tätigkeit, die der Arbeitnehmer **außerhalb seines Hauptarbeitsverhältnisses** im Rahmen eines anderen Vertragsverhältnisses zu leisten verpflichtet ist. Keine Rolle spielt, ob die Nebentätigkeit auf der Grundlage eines Dienst-, Werk- oder Arbeitsvertrags erfolgt.

Praxistipp
Nebentätigkeiten können bei demselben Arbeitgeber oder einem Dritten erfolgen. Soweit sie bei demselben Arbeitgeber erfolgen, sind sie tariflich irrelevant, weil sie notwendig „angezeigt" sind.

Beispiel
Damit fallen unter den Begriff der Nebentätigkeit z.B. auch:[95]
– öffentliche Ehrenämter,
– Mandate in Parlamenten,

92 *Conze/Karb*, Rn 2149.
93 *Herzberg/Schlusen*, § 3 TV-V Rn 7.
94 BAG, Urt. v. 26.6.2001 – 9 AZR 343/00 – DB 2001, 2657.
95 Vgl. *Herzberg/Schlusen*, § 3 TV-V Rn 8.

- Tätigkeit als ehrenamtlicher Richter oder Schiedsmann,
- Tätigkeiten in Organen oder Ausschüssen der Sozialversicherung,
- schriftstellerische, wissenschaftliche, künstlerische Tätigkeiten oder Vortragstätigkeiten und
- Tätigkeiten zur Wahrung von Berufsinteressen oder Berufsverbänden oder in Selbsthilfeeinrichtungen.

b) Entgeltlichkeit der Nebentätigkeit

Anzeigepflichtig i.S.d. § 3 Abs. 2 S. 1 TV-V sind jedoch nur die Nebentätigkeiten, für 51
die der Arbeitnehmer ein Entgelt erhält.

Das Entgelt für die geleistete Arbeit wird im arbeitsrechtlichen Sprachgebrauch auch als „Gehalt" bezeichnet.[96] Gemeint ist damit eine Leistung durch den Arbeitgeber.[97]

Praxistipp !
Arbeitsentgelt kann aber auch ganz oder teilweise von einer dritten, außerhalb des Arbeitsverhältnisses stehenden Person erbracht werden.[98]

§ 14 Abs. 1 S. 1 SGB IV definiert Arbeitsentgelt in diesem Sinne als „die laufenden oder einmaligen Einnahmen aus einer Beschäftigung, gleichgültig, ob ein Rechtsanspruch auf die Einnahmen besteht, unter welcher Bezeichnung oder in welcher Form sie geleistet werden und ob sie unmittelbar aus der Beschäftigung oder im Zusammenhang mit ihr erzielt werden". Nach § 107 Abs. 2 S. 1 GewO können auch Sachbezüge als Teil des Arbeitsentgelts vereinbart werden.

Praxistipp !
Wenn die Tarifvertragsparteien einen in der Rechtssprache üblichen Begriff verwenden, ist mangels anderer Anhaltspunkte davon auszugehen, dass sie ihn in diesem Sinne gebrauchen.[99]

Vor diesem Hintergrund dürfte der Begriff der Entgeltlichkeit in § 3 Abs. 2 S. 1 TV-V **weit auszulegen** sein.[100] Entgeltlichkeit liegt daher nicht lediglich bei einer Gegenleistung für die Nebentätigkeit durch den dortigen Arbeit- oder Auftraggeber in Geld vor, sondern auch bei sonstigen geldwerten Leistungen (z.B. Verpflegung, Unterkunft, etc.).

---

96 BAG, Urt. v. 19.4.2011 – 3 AZR 350/09 – NZA-RR 2011, 603 (LS).
97 BAG, Urt. v. 19.4.2011 – 3 AZR 350/09 – NZA-RR 2011, 603 (LS).
98 Vgl. § 38 Abs. 1 S. 3 EStG; BAG, Urt. v. 28.9.2005 – 5 AZR 408/04 – DB 2006, 512; Küttner/*Seidel*, Lohnabzugsverfahren Rn 14 f.
99 BAG, Urt. v. 19.4.2011 – 3 AZR 350/09 – NZA-RR 2011, 603 (LS).
100 Ebenso *Herzberg/Schlusen*, § 3 TV-V Rn 8.

Praxistipp
Kein Entgelt i.S.d. § 3 Abs. 2 TV-V sind jedoch angemessene Aufwandsentschädigungen (z.B. der Ersatz von Fahrtkosten).[101]

2. Inhalt der Anzeigepflicht des Arbeitnehmers

52 Die Nebentätigkeit ist dem Arbeitgeber rechtzeitig vor der Ausübung schriftlich anzuzeigen. „Rechtzeitigkeit" ist vorliegend gegeben, wenn dem Arbeitgeber **noch ausreichend Zeit zur Verfügung steht**, um festzustellen, ob durch die beabsichtigte Nebentätigkeit die arbeitsvertraglichen Pflichten des Arbeitnehmers oder berechtigte Interessen des Arbeitgebers beeinträchtigt werden könnten.[102]

Für den Inhalt der Anzeigepflicht folgt daraus, dass dem Arbeitgeber bestimmte Informationen zur Verfügung gestellt werden müssen. Der Arbeitnehmer hat den Arbeitgeber über

- die Höhe des tatsächlichen oder geschätzten Entgelts,
- den zeitlichen Umfang und die zeitliche Lage
- die Häufigkeit der Leistung sowie
- den Namen des Arbeitgebers oder des Auftraggebers

schriftlich zu informieren.[103]

Praxistipp
Sollten sich im Laufe der Zeit qualitative Änderungen nach bereits erfolgter Genehmigung der Nebentätigkeit ergeben, sind diese dem Arbeitgeber unverzüglich mitzuteilen.[104]

3. Untersagungsrecht des Arbeitgebers

53 § 3 Abs. 2 S. 2 TV-V stellt klar, dass die Ausübung der Nebentätigkeit nicht der Einwilligung des Arbeitgebers bedarf. Besteht jedoch die **begründete Besorgnis**, dass mit der Ausübung der Nebentätigkeit berechtigte Interessen des Arbeitgebers oder arbeitsvertragliche Pflichten des Arbeitnehmers beeinträchtigt werden, kann der Arbeitgeber die Ausübung der Nebentätigkeit **untersagen**.

Praxistipp
Eine zu besorgende Beeinträchtigung der arbeitsvertraglichen Pflichten ist insbesondere dann anzunehmen, wenn der Arbeitnehmer aufgrund seiner zusätzlichen Beanspruchung in Bezug auf seine

101 Ebenso *Herzberg/Schlusen*, § 3 TV-V Rn 8.
102 *Herzberg/Schlusen*, § 3 TV-V Rn 9.
103 *Herzberg/Schlusen*, § 3 TV-V Rn 9.
104 *Herzberg/Schlusen*, § 3 TV-V Rn 9.

(körperliche oder geistige) Leistungsfähigkeit für die Haupttätigkeit beeinträchtigt wird.[105] Dies kommt insbesondere dann in Betracht, wenn die Nebentätigkeit einen erhöhten krankheitsbedingten Ausfall des Arbeitnehmers verursacht.

§ 3 Abs. 2 S. 2 TV-V gestattet dem Arbeitgeber die Untersagung ferner dann, wenn die Ausübung der Nebentätigkeit durch den Arbeitnehmer berechtigte Interessen des Arbeitgebers beeinträchtigt.

Hierzu zählen neben der Erfüllung der arbeitsvertraglichen Pflichten durch den Arbeitnehmer **alle Umstände, die das Verhältnis zu Kunden, Kollegen oder das Image beeinflussen könnten.**[106]

4. Verstoß gegen die Anzeigepflicht

Die Aufnahme einer Nebentätigkeit ohne die entsprechende Anzeige gemäß § 3 54
Abs. 2 TV-V stellt eine arbeitsvertragliche Pflichtverletzung dar. Dies kann, je nach dem Grad der Schwere der Pflichtverletzung, unterschiedlich sanktioniert werden. Es können eine Abmahnung, eine ordentliche oder in ganz besonders schweren Fällen auch eine außerordentliche Kündigung die Folge sein. Entsteht dem Arbeitgeber aus der Pflichtverletzung ein Schaden, ist der Arbeitnehmer dem Arbeitgeber bei vom Arbeitgeber nachgewiesenen Vertretenmüssen (vgl. § 619a BGB) zum Schadenersatz verpflichtet.

5. Abgrenzung zum verbotenen Wettbewerb

Dem Arbeitnehmer ist während des rechtlichen Bestehens eines Arbeitsverhältnis- 55
ses allerdings jede Konkurrenztätigkeit zum Nachteil seines Arbeitgebers untersagt, auch wenn keine entsprechenden individual- oder kollektivvertraglichen Regelungen bestehen.[107] Für Handlungsgehilfen ist dies in § 60 Abs. 1 HGB ausdrücklich geregelt. **Der Arbeitsvertrag schließt** über den Geltungsbereich dieser Vorschrift hinaus aber **ein Wettbewerbsverbot ein** (§ 241 Abs. 2 BGB).[108] Die insoweit von der Rechtsprechung entwickelten Maßstäbe gelten grundsätzlich auch für die Ausübung von Nebentätigkeiten, etwa im Rahmen eines weiteren Arbeitsverhältnisses.[109]

Bei der Beurteilung, unter welchen Voraussetzungen sich eine Tätigkeit bei einem anderen Arbeitgeber als Konkurrenz auswirkt, soll es dabei nach der bisheri-

---

105 *Herzberg/Schlusen*, § 3 TV-V Rn 11.
106 Vgl. z.B. BAG, Urt. v. 28.2.2002 – 6 AZR 357/01 – DB 2002, 1560.
107 BAG, Urt. v. 24.3.2010 – 10 AZR 66/09 – DB 2010, 1240.
108 BAG, Urt. v. 20.9.2006 – 10 AZR 439/05 – BAGE 119, 294.
109 BAG, Urt. v. 24.3.2010 – 10 AZR 66/09 – DB 2010, 1240.

gen Rechtsprechung unerheblich sein, auf welche Art und Weise der Arbeitnehmer den auch im Tätigkeitsbereich seines Hauptarbeitgebers aktiven Konkurrenten unterstützt, sofern der Nebentätigkeit nicht ausnahmsweise von vornherein jegliche unterstützende Wirkung abgesprochen werden kann.[110] Ebenso wenig soll es auf die Funktion des Arbeitnehmers beim Konkurrenten ankommen; vielmehr sei dem Arbeitnehmer **„jedwede Dienstleistung“** für diesen verboten.[111]

! **Praxistipp**
Die Anzeige der Nebentätigkeit sollte unternehmensseitig vor diesem Hintergrund auch dazu genutzt werden, ggf. verbotenen Wettbewerb zu unterbinden.

---

56 Der 10. Senat des BAG[112] hat allerdings Bedenken, ob an dieser Rechtsprechung festgehalten werden kann, wenn es sich lediglich um **einfache Tätigkeiten** handelt, die allenfalls zu einer **untergeordneten wirtschaftlichen Unterstützung** des Konkurrenzunternehmens führen können, und im Übrigen schutzwürdige Interessen des Arbeitgebers nicht berührt werden. In jedem Fall müsse – so der 10. Senat – bei der Bestimmung der Reichweite des Wettbewerbsverbots die durch Art. 12 Abs. 1 GG geschützte Berufsfreiheit des Arbeitnehmers Berücksichtigung finden. Daher sei im Rahmen einer Gesamtwürdigung aller Umstände des Einzelfalls festzustellen, ob nach Art der Haupt- und Nebentätigkeit und der beteiligten Unternehmen überhaupt eine Gefährdung oder Beeinträchtigung der Interessen des Arbeitgebers vorliegt. Es spreche – so der 10. Senat weiter – viel dafür, dass die Reichweite des Wettbewerbsverbots auf unmittelbare Konkurrenztätigkeiten beschränkt werden muss und **bloße Hilfstätigkeiten ohne Wettbewerbsbezug** nicht erfasst werden. Dies gelte insbesondere, wenn der Arbeitnehmer lediglich eine Teilzeittätigkeit ausübt und deshalb zur Sicherung seines Lebensunterhalts auf die Ausübung einer weiteren Erwerbstätigkeit angewiesen ist. Gerade im Bereich der einfacheren Tätigkeiten sei das in zunehmendem Maß der Fall.

! **Praxistipp**
Hiervon ausgehend muss die betriebliche Praxis einen differenzierenden Maßstab anlegen: Tätigkeiten für Konkurrenzunternehmen können danach jedenfalls untersagt werden, wenn es sich um unmittelbare Konkurrenztätigkeiten handelt. Stehen lediglich mittelbare Konkurrenztätigkeiten in Rede, muss differenziert werden. Bloße Hilfstätigkeiten ohne Wettbewerbsbezug sollten eher nicht untersagt werden. Im Zweifel sollte (mit Blick auf mögliche Schäden) aber eine Untersagung erfolgen.

---

110 Vgl. BAG 24.6.1999 – 6 AZR 605/97 – AP BGB § 611 Nebentätigkeit Nr. 5.
111 Vgl. BAG, Urt. v. 16.8.1990 – 2 AZR 113/90 – AP BGB § 611 Treuepflicht Nr. 10.
112 BAG, Urt. v. 24.3.2010 – 10 AZR 66/09 – DB 2010, 1240.

III. Ärztliche Untersuchungen – was kann der Arbeitgeber verlangen?

1. Allgemeine Grenzen der Mitwirkungspflicht bei ärztlichen Untersuchungen

Ärztliche Untersuchungen greifen in das nach Art. 1 GG i.V.m. Art. 2 Abs. 1 GG verfassungsrechtlich gewährleistete Recht auf körperliche Integrität als Bestandteil des allgemeinen Persönlichkeitsrecht ein.[113] Der Arbeitgeber kann die Mitwirkung des Arbeitnehmers daher nach der Rechtsprechung des BAG nur **aus gegebener Veranlassung**, also nur bei berechtigten Zweifeln an der Arbeitsfähigkeit des Mitarbeiters, verlangen.[114] 57

2. Umsetzung durch den TV-V

Diese Vorgaben setzt § 3 Abs. 3 TV-V jedenfalls insoweit um, als er vorgibt, dass der Arbeitgeber bei gegebener Veranlassung berechtigt ist, den Arbeitnehmer durch einen Vertrauensarzt dahingehend untersuchen zu lassen, ob er zur Leistung der arbeitsvertraglich geschuldeten Tätigkeit in der Lage ist. Die **Kosten der Untersuchung** trägt nach § 3 Abs. 3 S. 2 TV-V der Arbeitgeber. 58

Der Verstoß gegen eine tarif- oder einzelvertraglich geregelte Pflicht des Arbeitnehmers, bei gegebener Veranlassung auf Wunsch des Arbeitgebers an einer ärztlichen Untersuchung zur Feststellung der Arbeitsfähigkeit mitzuwirken, kann daher je nach den Umständen des Einzelfalls geeignet sein, eine Kündigung zu rechtfertigen.[115]

Das BAG hat mit Blick auf den erforderlichen – tariflich als „gegebene Veranlassung" umschriebenen – sachlichen Grund schon früh klargestellt, dass ein solcher nicht nur in der **Fürsorgepflicht für den Arbeitnehmer selbst, sondern auch in der Fürsorgepflicht gegenüber anderen Arbeitnehmern** liegen kann. Weiterhin kommt auch die Berücksichtigung **des Pflichtenkreises des jeweiligen Betriebes** in Frage.[116]

Hiervon ausgehend ist eine gegebene Veranlassung immer dann gegeben, wenn der Arbeitgeber sicherstellen muss oder Zweifel daran hat, dass der Arbeitnehmer die arbeitsvertraglich geschuldete Leistung ausüben kann.[117] Das bedeutet, dass Ziel der Untersuchung auf Seiten des Arbeitgebers sein muss, festzustellen, ob der Arbeitnehmer **arbeitsfähig in Bezug auf seine spezifische Arbeitsaufgabe** ist.[118] Unzulässig ist eine Untersuchung mit abweichendem Ziel.

---

113 Vgl. allgemein BVerfG, Beschl. v. 24.6.1993 – 1 BvR 689/92 – BVerfGE 89, 69 und für das Arbeitsverhältnis ErfK/*Schmidt*, Art. 2 GG Rn 92ff.

114 BAG, Urt. v. 27.9.2012 – 2 AZR 811/11 – ZTR 2013, 265.

115 BAG, Urt. v. 27.9.2012 – 2 AZR 811/11 – ZTR 2013, 265.

116 Vgl. BAG, Urt. v. 23.2.1967 – 2 AZR 124/66 – DB 1967, 1182.

117 Ebenso *Herzberg/Schlusen*, § 3 TV-V Rn 15.

118 Ebenso *Herzberg/Schlusen*, § 3 TV-V Rn 15.

3. Zulässiger Vertrauensarzt

59 Das allgemeine Persönlichkeitsrecht schließt allerdings das **Recht auf freie Arztwahl** ein. Dieses Recht wird durch die Protokollerklärung zu § 3 Abs. 3 S. 1 TV-V eingeschränkt, nach der „Vertrauensarzt" i.S.d. TV-V derjenige Arzt ist, auf den sich Arbeitgeber und Betriebsrat geeinigt haben.

Praxistipp
Hiervon ausgehend kann bei entsprechender Einigung der Betriebsparteien die Aufgabe des Vertrauensarztes auch durch den Betriebsarzt ausgeübt werden.[119]

Zweifelhaft ist aber, ob diese Vorgaben den verfassungsrechtlichen Anforderungen genügen. Denn mit Blick auf die vergleichbare Regelung in § 3 Abs. 4 TV-N hat das BAG angenommen, dass es mit Blick auf die schutzwürdigen Belange des Arbeitnehmers nicht etwa in dessen Belieben stehe, wer die Begutachtung durchführt. Die Auswahl habe vielmehr **nach billigem Ermessen** (§ 315 Abs. 1 BGB) zu erfolgen.[120] Mache der Arbeitnehmer rechtzeitig vor oder während der Begutachtung begründete Bedenken etwa gegen die Fachkunde oder Unvoreingenommenheit des begutachtenden Arztes geltend, so könne es je nach den Umständen allein billigem Ermessen entsprechen, dass der Arbeitgeber einen anderen Arzt mit der Begutachtung beauftrage.[121]

Mit dieser Einschränkung ist es nach der Rechtsprechung des BAG zur Gewährleistung gleichmäßiger Untersuchungsstandards grundsätzlich interessengerecht, das Bestimmungsrecht dem Arbeitgeber einzuräumen.[122] Mit Blick darauf, dass dem Arbeitnehmer in § 3 TV-V ein derartiges Recht nicht eingeräumt wird, sondern eine Begrenzung der Auswahlentscheidung allein durch den Arbeitgeber und den Betriebsrat erfolgt, ist zweifelhaft, ob die tarifliche Regelung den verfassungsrechtlichen Vorgaben genügt. Ggf. kann sie aber verfassungskonform ausgelegt werden.[123]

F. Eingruppierung von Mitarbeitern/innen nach dem TV-V

60 Während operativ für den Arbeitgeber insbesondere die Regelungen zur Arbeitszeit von besonderer Bedeutung sind, gilt ökonomisch nichts anderes für die Regelungen

---

119 *Herzberg/Schlusen*, § 3 TV-V Rn 16.
120 BAG, Urt. v. 27.9.2012 – 2 AZR 811/11 – ZTR 2013, 265.
121 So zu § 7 Abs. 2 BAT BAG, Urt. v. 7.11.2002 – 2 AZR 475/01 – BAGE 103, 277.
122 BAG, Urt. v. 27.9.2012 – 2 AZR 811/11 – ZTR 2013, 265.
123 Vgl. BAG, Urt. v. 21.7.1993 – 4 AZR 468/92 – NZA 1994, 181 und – allerdings sehr weit gehend – BAG, Urt. v. 31.7.2002 – 7 AZR 118/01 – NZA 2003, 620 (als zu weitgehend qualifiziert von *Löwisch/Rieble*, § 1 TVG Rn 1526).

zur Vergütung, die sich im TV-V in den Vorgaben zur Eingruppierung und Stufenzuordnung i.V.m. den Vorgaben zu Entgeltgruppen und Tabellenentgelten finden. Ausgangspunkt für die Bestimmung der Vergütung des Mitarbeiters ist stets die Eingruppierung.

I. Grundlagen der Eingruppierung gemäß § 5 TV-V

1. Was ist eine Eingruppierung?

Eine Eingruppierung (auch i.S.d. § 99 BetrVG) ist die erstmalige oder erneute Einreihung in eine im Betrieb geltende Vergütungsordnung.[124] Sie besteht in der **Zuordnung des Arbeitnehmers zu einer bestimmten Gruppe der Vergütungsordnung** nach Maßgabe der dafür gültigen Kriterien.[125] Bei einer Eingruppierung handelt es sich um keinen konstitutiven Akt, sondern um **Rechtsanwendung** und die Kundgabe einer Rechtsansicht.[126] 61

Praxistipp !

Gleiches gilt nach § 75 Abs. 1 S. 1 Nr. 2 BPersVG für die Mitbestimmung durch den Personalrat. Danach hat der Personalrat in Personalangelegenheiten der Arbeitnehmer unter anderem mitzubestimmen bei Eingruppierung. Eine „Eingruppierung" ist auch im Personalvertretungsrecht die Einreihung des Arbeitnehmers in ein kollektives Entgeltschema; sie ist „ein Akt strikter Rechtsanwendung".[127]

Unter Eingruppierung versteht man also die Einordnung einzelner Arbeitnehmer in ein kollektives Entgeltschema, typischerweise die Zuordnung zu einer tarifvertraglich festgelegten Lohn- oder Gehaltsgruppe, die allgemein durch bestimmte Tätigkeitsmerkmale, teilweise auch durch das Lebensalter oder die Zeit der Berufstätigkeit (Berufserfahrung) umschrieben wird.[128]

Praxistipp !

Bei einer lediglich individuellen Lohn- oder Gehaltsvereinbarung scheidet daher ein Mitbestimmungsrecht des Betriebsrats nach § 99 BetrVG aus, weil es an einer kollektiv gestalteten Regelung fehlt.[129]

---

124 BAG, Beschl. v. 12.1.2011 – 7 ABR 15/09 – NZA-RR 2011, 574.
125 BAG, Beschl. v. 4.5.2011 – 7 ABR 10/10 – NZA 2011, 1239.
126 BAG, Beschl. v. 4.5.2011 – 7 ABR 10/10 – NZA 2011, 1239.
127 OVG NRW, Beschl. v. 14.5.2013 – 20 A 83/12.PVB – PersR 2013, 320.
128 LAG Schleswig-Holstein, Beschl. v. 10.1.2008 – 4 TaBV 27/07 – EzTöD 600 § 5 TV-V Stufenzuordnung Nr. 1.
129 LAG Schleswig-Holstein, Beschl. v. 10.1.2008 – 4 TaBV 27/07 – EzTöD 600 § 5 TV-V Stufenzuordnung Nr. 1.

2. Abgrenzung zur Umgruppierung

62 Um eine Umgruppierung handelt es sich demgegenüber bei der **Feststellung des Arbeitgebers**, dass die Tätigkeit des Arbeitnehmers **nicht oder nicht mehr** der Entgelt-/Vergütungs- bzw. Lohngruppe entspricht, in der er eingruppiert ist, sondern die Tätigkeit einer anderen – höheren oder niedrigeren – Gruppe zuzuordnen ist.[130]

Hauptanwendungsfälle der Umgruppierung sind die **Herabgruppierung** und die **Höhergruppierung**. Ein Sonderfall der Herabgruppierung ist dabei die sogenannte **korrigierende Rückgruppierung**. Sie liegt vor, wenn die Tätigkeitsbewertung durch den Arbeitgeber zunächst falsch vorgenommen worden ist und der Arbeitnehmer infolge dessen eine zu hohe Vergütung erhält. Ziel der Rückgruppierung ist daher, den tarifwidrigen Zustand dadurch zu korrigieren, dass dem Arbeitnehmer durch den Arbeitgeber einseitig mitgeteilt wird, dass er nun tarifgerecht niedriger eingruppiert ist und dementsprechend eine der richtigen Entgeltgruppe entsprechende niedrigere Vergütung erhält.[131]

Praxistipp

Die Umgruppierung ist daher zwar eine Eingruppierung, dennoch lassen sich beide Fälle nach folgender Faustformel abgrenzen:
Die Eingruppierung ist die (erstmalige) Zuordnung des Arbeitnehmers zu einer bestimmten Entgelt-/, Vergütungs- bzw. Lohngruppe bei der Einstellung, die Umgruppierung ein Wechsel der Gruppe während des Laufs des Arbeitsverhältnisses (Neu-Eingruppierung).[132]

---

3. Bedeutung der Eingruppierung

63 Die Eingruppierung ist maßgeblich für das Entgelt des Arbeitnehmers. Die wesentlichen Regelungen zur Bestimmung des maßgeblichen Entgelts sind in den **§ 5 und § 6 TV-V** enthalten. Ergänzt werden sie durch die Anlage 1, welche die Eingruppierung von Arbeitnehmern in den Versorgungsbetrieben zum Gegenstand hat, sowie die Anlagen 2a, 2b, 3a und 3b, welche die Entgelttabellen und die Stundenentgelttabellen enthalten.

4. Grundsatz der Tarifautomatik

64 Insoweit gilt der Grundsatz der Tarifautomatik. Dies bedeutet, dass der Arbeitnehmer nicht (durch den Arbeitgeber) eingruppiert wird, sondern kraft TV-V in folge seiner Tätigkeit – automatisch – eingruppiert ist. Dies folgt aus **§ 5 Abs. 1 S. 1 TV-V**, nach dem der Arbeitnehmer entsprechend seiner mindestens zu Hälfte regelmäßig

---

130 BAG, Beschl. v. 22.4.2009 – 4 ABR 14/08 – NZA 2009, 1286.
131 Groeger/*Schlewing*, Teil 7 Rn 3.
132 Groeger/*Schlewing*, Teil 7 Rn 3.

auszuübenden Tätigkeit in eine Entgeltgruppe nach Anlage 1 eingruppiert ist, und § 6 Abs. 1 TV-V, nach dem Arbeitnehmer Entgelt nach der Anlage 2 erhalten.

Der Grundsatz der Tarifautomatik bedeutet, dass sich die Eingruppierung des Arbeitnehmers **als Rechtsfolge automatisch aus dem Tarifvertrag ergibt** und alle Erklärungen der Arbeitsvertragsparteien zur Eingruppierung **rein deklaratorisch** sind. Denn bei kongruenter Tarifgebundenheit ergibt sich die tarifliche Eingruppierung unmittelbar und zwingend aus dem Tarifvertrag.

Praxistipp !

Bei einer lediglich vertraglichen Vereinbarung der Geltung des TV-V gelten zwar die tariflichen Regelungen nicht unmittelbar und zwingend. In diesem Fall soll allerdings die einzelvertragliche Inbezugnahme des TV-V das widerspiegeln, was ansonsten tariflich gilt.[133] Die Nennung der Entgeltgruppe im Arbeitsvertrag ist daher im Regelfall als Wissenserklärung und nicht als Willenserklärung zu qualifizieren.[134]

Die Angabe im Arbeitsvertrag kennzeichnet daher typischerweise lediglich diejenige Entgeltgruppe, die nach der Bewertung des Arbeitgebers nach den vereinbarten tariflichen Eingruppierungsregelungen die richtige ist.[135] Auch in den Fällen **vertraglicher Inbezugnahme** ergibt sich die Eingruppierung daher in aller Regel **automatisch** aus dem für die auszuübende Tätigkeit maßgeblichen Tätigkeitsmerkmalen des TV-V.

Im Einzelfall denkbar ist jedoch, dass die entsprechende Vereinbarung konsti- 65
tutiv ist. Dies ist durch eine **Auslegung nach §§ 133, 157 BGB** festzustellen.[136] Die reine Angabe der Entgeltgruppe im Arbeitsvertrag oder in einer Eingruppierungsmitteilung kann nach der ständigen Rechtsprechung des BAG allerdings grundsätzlich **nicht dahin ausgelegt** werden, dass dem Arbeitnehmer ein eigenständiger, von den tariflichen Bestimmungen **unabhängiger arbeitsvertraglicher Anspruch** auf eine bestimmte Vergütung zustehen soll. Insoweit hat das BAG nämlich mehrfach betont, dass ohne Hinzutreten weiterer Umstände ein Arbeitnehmer des öffentlichen Dienstes die Angabe der Entgeltgruppe schon deshalb nicht in diesem Sinn verstehen könne, weil der Arbeitgeber des öffentlichen Dienstes grundsätzlich keine übertarifliche Vergütung, sondern nur das gewähren wolle, was dem Arbeitnehmer tarifrechtlich zusteht.[137]

---

133 Vgl. Groeger/*Schlewing*, Teil 7 Rn 37.

134 Vgl. Groeger/*Schlewing*, Teil 7 Rn 37.

135 Vgl. BAG, Urt. v. 20.6.2012 – 4 AZR 304/10 – ZTR 2013, 26.

136 BAG, Urt. v. 16.2.2000 – 4 AZR 62/99 – DB 2001, 596; BAG, Urt. v. 17.7.2003 – 8 AZR 376/02 – ZTR 2004, 28.

137 Vgl. BAG, Urt. v. 24.1.2007 – 4 AZR 28/06 – ZTR 2007, 495; BAG, Urt. v. 21.2.2007 – 4 AZR 187/06 – ZTR 2007, 677.

Praxistipp
Vor diesem Hintergrund müssen die Parteien eine gewünschte Abweichung vom TV-V hinreichend deutlich zum Ausdruck bringen. Dies kann etwa geschehen, indem sie nach der Bezeichnung der Entgeltgruppe, gemäß welcher der Arbeitnehmer vergütet werden soll, die Vorschriften des TV-V lediglich „im Übrigen“ für anwendbar erklären.[138]

5. Für die Eingruppierung irrelevante Faktoren

66 In seinem Urteil vom 27.8.2008[139] hat das BAG ausdrücklich klargestellt, dass dies Eingruppierung **der subjektiven Bewertung des Arbeitgebers entzogen** und allein aufgrund objektiver Merkmale nach tariflichen Bestimmungen vorzunehmen ist. Der Inhalt eines Stellenplans sei eingruppierungsrechtlich ohne Bedeutung. Gleiches gelte für die Einschätzung eines Vorgesetzten des Arbeitnehmers. Teile ein Arbeitgeber dem Arbeitnehmer das Ergebnis einer Kommission zur Bewertung der Stellenbeschreibung mit, äußere er damit nur eine Rechtsauffassung. Etwas anderes ergebe sich auch nicht aus der Bezahlung vergleichbarer Mitarbeiter. Diese Umstände könnten allenfalls für die Begründung eines Anspruchs auf der Grundlage des arbeitsrechtlichen Gleichbehandlungsgrundsatzes herangezogen werden.

Daraus folgt für die betriebliche Praxis, dass unter anderen **folgende Kriterien für die tarifgerechte Eingruppierung unerheblich** sind:[140]

- Die Entgeltgruppe, aus welcher der Arbeitnehmer tatsächlich sein Entgelt erhält,
- die Eingruppierung des Vorgängers auf dieser Stelle,
- die Eingruppierung vergleichbarer Beschäftigter,
- die Einschätzung des Vorgesetzten,
- Stellenausschreibungen,
- Stellenbeschreibungen,
- die Qualität der geleisteten Arbeit und
- die Ausweisung der Stelle im Haushalts- oder Stellenplan.

II. Die „auszuübende“ Tätigkeit als Bestimmungsfaktor der tariflichen Eingruppierung

67 Gemäß § 5 Abs. 1 S. 1 TV-V ist der Arbeitnehmer in der Entgeltgruppe eingruppiert, die seiner **mindestens zur Hälfte regelmäßig auszuübenden Tätigkeit** ent-

---

138 Groeger/*Schlewing*, Teil 7 Rn 40.
139 BAG, Urt. v. 27.8.2008 – 4 AZR 484/07 – ZTR 2009, 211.
140 Groeger/*Schlewing*, Teil 7 Rn 78.

spricht. Damit ist die **auszuübende und nicht die ausgeübte** Tätigkeit der maßgebliche Bestimmungsfaktor der tariflichen Eingruppierung.

1. Die wirksam zugewiesene Tätigkeit

Voraussetzung für eine auszuübende Tätigkeit ist deren wirksame Zuweisung durch 68 den Arbeitgeber. Dies bedeutet, dass die Tätigkeit dem Arbeitnehmer von der für Organisationsfragen/Personalangelegenheiten **zuständigen Stelle** – schriftlich, mündlich oder konkludent – zugewiesen worden seien muss.[141] Andere Tätigkeiten sind für die Eingruppierung grundsätzlich irrelevant. Sofern der Arbeitnehmer solche Tätigkeiten zwar wahrnimmt, sie ihm jedoch nicht wirksam übertragen worden sind, dürfen sie **nicht berücksichtigt** werden.[142]

Hiervon ausgehend lassen sich auch die in der Praxis immer wieder problematischen Fälle eindeutig entscheiden, in denen dem Arbeitnehmer von seinem unmittelbaren Vorgesetzten (der nicht für die Organisationsfragen/Personalangelegenheiten zuständigen Stelle) – häufig in Unkenntnis der möglichen tariflichen Folgen – Aufgaben übertragen werden, die an sich zu einer veränderten Eingruppierung führen würden.[143] Denn der Arbeitnehmer ist zunächst einmal verpflichtet, dienstlichen Anordnungen nachzukommen und vertraut regelmäßig darauf, dass diese Anordnung auch von der zuständigen Stelle veranlasst bzw. mit ihr abgestimmt sind. Reklamiert er nun die Zahlung einer höheren Vergütung mit der Begründung, er übe eine höherwertige Tätigkeit aus, begegnen Arbeitgeber diesem Begehren in der betrieblichen Praxis häufig mit dem Argument, die Tätigkeiten seien dem Arbeitnehmer aber nicht wirksam von der zuständigen Stelle übertragen worden.

Bereits in seinem Urteil vom 26.3.1997[144] hat das BAG indes ausdrücklich klarge- 69 stellt, dass die mit den im Arbeitsumfeld tätigen Kollegen und ggf. auch mit dem unmittelbaren Fachvorgesetzten abgestimmten Ausübung einer höherwertigen Tätigkeit durch den Arbeitnehmer ohne – sei es konkludente – Zustimmung der für Personalangelegenheiten zuständigen Stelle des öffentlichen Arbeitgebers ein Anspruch des Arbeitnehmers auf Höhergruppierung **nicht zu begründen** vermag. Dies hat das BAG in seinem Urteil vom 31.7.2002[145] noch einmal ausdrücklich bestätigt.

---

141 BAG, Urt. v. 18.5.1994 – 4 AZR 449/93 – DB 1994, 2506; BAG, Urt. v. 26.3.1997 – 4 AZR 489/95 – AP Nr. 223 zu §§ 22, 23 BAT 1975.

142 BAG, Urt. v. 31.10.1990 – 4 AZR 260/90 – AP Nr. 152 zu §§ 22, 23 BAT 1975.

143 Vgl. hierzu und zum Folgenden auch Groeger/*Schlewing*, Teil 7 Rn 45.

144 BAG, Urt. v. 26.3.1997 – 4 AZR 489/95 – AP Nr. 223 zu §§ 22, 23 BAT 1975.

145 BAG, Urt. v. 31.7.2002 – 4 AZR 203/01 – AP Nr. 293 zu §§ 22, 23 BAT 1975.

2. Veränderung der Tätigkeit des Arbeitnehmers ohne Mitwirkung des Arbeitgebers

70 Schwierig ist in der betrieblichen Praxis bisweilen auch der Umgang mit den Fällen, in denen sich die Tätigkeit des Arbeitnehmers ohne Mitwirkung des Arbeitgebers so ändert, dass sie den Tätigkeitsmerkmalen einer höheren Entgeltgruppe entspricht. Eine Regelung entsprechend § 13 TVöD, die den Fall regelt, dass sich die höherwertige Tätigkeit in anderer Weise als durch Übertragung ergeben hat, findet sich im TV-V nicht. Dies wird man als **bewusste Entscheidung der Tarifvertragsparteien** mit der Folge bewerten müssen, dass in diesem Fall keine Höhergruppierung erfolgt. Dies folgt auch im **Umkehrschluss aus § 5 Abs. 3 TV-V**, der die vorübergehende Übertragung einer höherwertigen Tätigkeit durch Gewährung einer Zulage regelt. Denn selbst bei nur vorübergehender höherwertiger Tätigkeit bedarf es zur Gewährung dieser Zulage einer Übertragung durch den Arbeitgeber. Eine schleichende Veränderung ohne entsprechenden Übertragungsakt, führt nicht zu einem Anspruch auf eine derartige Zulage. Erst recht muss dies daher für eine Umgruppierung gelten. Da § 5 Abs. 3 TV-V dem Arbeitgeber die Übertragung von höherwertigen Tätigkeiten ermöglicht, die nicht auf Dauer angelegt ist, also nicht zur Eingruppierung im tariflichen Sinne führt, sind im Rahmen des TV-V **nur dauerhaft übertragene Tätigkeiten eingruppierungsrelevant.**[146]

! **Praxistipp**

Damit ist auch dem sogenannten „ständigen Abwesenheitsvertreter" die Tätigkeit auf Dauer übertragen. Denn hier gehört die Vertretung zu der Arbeitsleistung, die der Arbeitnehmer dem Arbeitgeber schuldet.[147] In die tarifliche Bewertung mit einzubeziehen sind daher auf Dauer auszuübende, ständige Vertretungstätigkeiten. Auf den zeitlichen Umfang kommt es insoweit nicht an.[148] Vielmehr ist der zeitliche Umfang der Vertretungstätigkeit lediglich für die Frage bedeutsam, welchen zeitlichen Anteil an der Gesamttätigkeit die entsprechende Teiltätigkeit hat.[149]

---

71 Der bei der Übertragung der Tätigkeit **zum Ausdruck gekommene Wille des Arbeitgebers** legt fest, ob eine Tätigkeit von dem Arbeitnehmer (nicht) nur vorübergehend auszuüben ist.[150] Eine entsprechende Zuweisung der Tätigkeit zur dauerhaften Wahrnehmung kann sowohl schriftlich als auch mündlich oder durch konkludentes Verhalten erfolgen.[151]

---

146 Ebenso für den TVöD und den TV-L Groeger/*Schlewing*, Teil 7 Rn 50 m.w.N.

147 BAG, Urt. v. 24.3.1993 – 10 AZR 416/91 – ZTR 1993, 334; BAG, Urt. v. 21.10.1998 – 10 AZR 224/98 – NZA 1999, 492.

148 Groeger/*Schlewing*, Teil 7 Rn 52.

149 Ebenso für den TVöD und TV-L Groeger/*Schlewing*, Teil 7 Rn 52 m.w.N.

150 BAG, Urt. v. 25.2.1987 – 4 AZR 217/86 – AP Nr. 14 zu § 24 BAT.

151 BAG, Urt. v. 24.1.1973 – 4 AZR 104/72 – AP Nr. 63 zu §§ 22, 23 BAT.

Praxistipp
In der betrieblichen Praxis empfiehlt sich aus Gründen der Rechtssicherheit aber, die Tätigkeitsübertragung unter genauer Bezeichnung der Tätigkeit sowie der Übertragungsart schriftlich vorzunehmen.[152] Denn bestehen hierüber Zweifel, gehen diese nach der Rechtsprechung des BAG zu Lasten des Arbeitgebers.[153]

III. Die „regelmäßig" auszuübende Tätigkeit

Nach § 5 Abs. 1 S. 1 TV-V ist die „regelmäßig" auszuübende Tätigkeit maßgeblich. 72
Der Begriff der „Regelmäßigkeit" setzt nach der Rechtsprechung des BAG **eine gewisse Stetigkeit und Dauer** voraus. Auf den Rhythmus der Wiederholungen kommt es jedoch nicht an, sodass Schwankungen und Ausnahmen möglich sind.[154] Diese – beweglichen Kriterien – sind auch im Rahmen des § 5 Abs. 1 TV-V maßgeblich.[155]

IV. Begriff und Bedeutung der „Tätigkeit" i.S.d. TV-V

1. Maßgeblichkeit der gesamten Tätigkeit

Zur tarifgerechten Eingruppierung ist die gesamte nicht nur vorübergehend, son- 73
dern im vorgenannten Sinne „regelmäßig" auszuübende Tätigkeit zu bewerten. Denn nach § 5 Abs. 1 S. 1 TV-V ist der Arbeitnehmer entsprechend seiner mindestens zur Hälfte regelmäßig auszuübenden Tätigkeit in eine Entgeltgruppe nach Anlage 1 eingruppiert.

Soweit in Anlage 1 allerdings ausdrücklich ein von § 5 Abs. 1 S. 1 TV-V abweichendes Maß (also nicht die Hälfte) bestimmt ist, gilt nach § 5 Abs. 1 S. 2 TV-V dieses in der Anlage 1 bestimmte abweichende Maß.

Beispiel
Einziges Beispiel hierfür ist die Entgeltgruppe (EG) 6 Fallgruppe (FG) 6.2: „mindestens zu einem Fünftel".

152 Ebenso Groeger/*Schlewing*, Teil 7 Rn 53.
153 BAG, Urt. v. 19.3.1986 – 4 AZR 642/84 – AP Nr. 116 zu §§ 22, 23 BAT 1975.
154 BAG, Urt. v. 24.9.2008 – 10 AZR 106/08 – NZA 2008, 1424; vgl. zum Begriff der „regelmäßigen" Arbeitsstelle BAG, Urt. v. 5.11.1992 – 6 AZR 228/91 – AP Nr. 1 zu § 2 SR 2a MTB II und zum Begriff der „regelmäßigen" Arbeitszeit BAG, Urt. v. 3.5.1989 – 5 AZR 249/88 – AP Nr. 19 zu § 2 LohnFG.
155 *Herzberg/Schlusen*, § 5 TV-V Rn 4; *Richter/Gamisch*, S. 18.

Praxistipp
Vor diesem Hintergrund müssen Stellenbeschreibungen nicht nur die Tätigkeiten benennen, sondern gleichzeitig die entsprechenden Zeitanteile enthalten.[156]

74 Aus dem Umstand, dass eine auszuübende Tätigkeit häufig aus mehreren Teiltätigkeiten unterschiedlichen Umfangs besteht, folgt dabei, dass jeder Teil berücksichtigt werden muss.[157] Tätigkeiten mit einem kleineren Zeitanteil müssen demnach ebenso berücksichtigt werden wie Tätigkeiten mit einem größeren Zeitanteil.[158]

Nach dem TV-V kommt es aber darauf an, welche Tätigkeit überwiegt. Dies folgt aus den Vorgaben hinsichtlich des Maßes der jeweiligen Teiltätigkeit. Erreicht keine der vom Arbeitnehmer auszuübenden Tätigkeiten das in § 5 Abs. 1 S. 1 oder 2 TV-V geforderte Maß, werden höherwertige Tätigkeiten gemäß § 5 Abs. 1 S. 3 TV-V zu der jeweils nächstniedrigen Tätigkeit hinzugerechnet, bis das geforderte Maß erreicht wird.[159]

Ausgehend von dieser Regelung ist im Rahmen des TV-V – anders als in anderen Tarifverträgen – **keine sog. zusammenfassende Betrachtung möglich**. Es gilt vielmehr der in § 5 Abs. 1 S. 3 TV-V vorgesehene Mechanismus.[160] Dies steht der Zusammenfassung von Einzeltätigkeiten zu einer einheitlich zu bewertenden Gesamttätigkeit oder von mehreren jeweils eine Einheit bildenden Teiltätigkeiten für deren jeweils einheitliche tarifliche Bewertung nach der Rechtsprechung des BAG zu parallel gehaltenen tariflichen Regelungen aber nicht entgegen.[161] Daher gelten vergleichbare Regeln und Kriterien wie bei der Bestimmung des Arbeitsvorgangs nach dem BAT, lediglich die anzuwendenden Maßstäbe sind weniger streng.[162]

2. Begriffsbestimmung

75 Vor diesem Hintergrund ist in § 5 Abs. 1 S. 1 TV-V mit „Tätigkeit" die Gesamttätigkeit gemeint, während in § 5 Abs. 1 S. 3 TV-V und in Anlage 1 zum TV-V die Einzeltätigkeiten gemeint sind, die zur Erfüllung der Aufgabe (Gesamttätigkeit) verrichtet werden.[163]

156 Vgl. *Richter/Gamisch*, S. 24, die allerdings – entgegen der Rechtsprechung des BAG (vgl. dazu oben unter Kapitel 3 Rn 66) – die Stellenbeschreibung als für die Eingruppierung maßgeblich qualifizieren.
157 Vgl. Groeger/*Schlewing*, Teil 7 Rn 77.
158 Vgl. Groeger/*Schlewing*, Teil 7 Rn 77.
159 *Hoffmann*, ZTR 2001, 54, 56.
160 Vgl. *Richter/Garmisch*, S. 22 f.
161 Vgl. BAG, Urt. v. 27.8.2008 – 4 AZR 484/07 – ZTR 2009, 211.
162 Vgl. BAG, Urt. v. 27.8.2008 – 4 AZR 484/07 – ZTR 2009, 211.
163 *Herzberg/Schlusen*, § 5 TV-V Rn 6.

Praxistipp
Zur Feststellung der tatsächlichen zeitlichen Arbeitsanteile der einzelnen Tätigkeiten kann der Arbeitgeber ggf. das Anfertigen von Aufzeichnungen kraft Direktionsrechts anordnen.[164] Da der Arbeitnehmer am ehesten in der Lage ist, seine Tätigkeit genau zu beschreiben, ist er dem Arbeitgeber insoweit zur Auskunft verpflichtet und es ist ihm daher regelmäßig zumutbar, auch qualifizierte und detaillierte Tätigkeitsberichte zu erstellen.[165] Ein Mitbestimmungsrecht des Betriebsrats kommt insoweit nach der Rechtsprechung nur in Betracht, wenn die Aufzeichnung durch eine technische Einrichtung i.S.d. § 87 Abs. 1 Nr. 6 BetrVG.[166]

3. Erforderliche Schritte

Aus § 5 Abs. 1 TV-V folgt, dass zur Eingruppierung ein komplexer Bewertungsvorgang erforderlich ist, der sich in **vier Schritten** vollzieht: 76

1. Da die tarifliche Bewertungseinheit die Gesamttätigkeit ist, ist die gesamte auszuübende Tätigkeit des Arbeitnehmers (Bewertungsgegenstand) zunächst in Teiltätigkeiten zu zerlegen, d.h. es sind die Teiltätigkeiten festzustellen.
2. Jede Teiltätigkeit ist dann einzeln zu bewerten. Für jede Teiltätigkeit ist daher der zeitliche Anteil an der Gesamtarbeitszeit zu ermitteln und es ist zu prüfen, welche tariflichen Anforderungen die Tätigkeit erfüllt.
3. Schließlich erfolgt eine Bewertung der gesamten Tätigkeit. Es ist zu prüfen, ob mindestens zur Hälfte eine Tätigkeit anfällt, die einem bzw. mehreren Tätigkeitsmerkmalen entspricht (§ 5 Abs. 1 S. 1, 2 TV-V).[167]
4. Ist dies nicht der Fall, erfolgt nach § 5 Abs. 1 S. 3 TV-V eine Zurechnung der höherwertigen zur nächstgeringerwertigen Tätigkeit, bis das nach § 5 Abs. 1 S. 1, 2 TV-V geforderte Maß erreicht ist.

Beispiel[168] 77

Tätigkeit laut Stellenbeschreibung	Zuordnung zu einer Entgeltgruppe	Zeitanteil der auszuübenden Tätigkeit
a...	6	30%
b...	7	45%
c...	8	25%

164 *Richter/Gamisch*, S. 25.
165 BAG, Urt. v. 19.4.2007 – 2 AZR 78/06 – ZTR 2007, 564.
166 Vgl. nur BAG, Beschl. v. 23.4.1985 – 1 ABR 39/81 – DB 1985, 1897; ArbG Ulm, Beschl. v. 8.2.2007 – 1 BV 7/06 – juris.
167 Vgl. zu diesen Schritten *Herzberg/Schlusen*, § 5 TV-V Rn 8 ff.; in Bezug auf Arbeitsvorgänge nach dem BAT näher Groeger/*Schlewing*, Teil 7 Rn 83 ff.
168 Beispiel nach *Herzberg/Schlusen*, § 5 TV-V Rn 17.

Ausgehend von dieser Verteilung ist der Mitarbeiter infolge der Tarifautomatik in der EG 7 eingruppiert. Denn die 25% der Tätigkeit c in EG 8 erreichen die 50%-Schwelle des § 5 Abs. 1 S. 1, 2 TV-V nicht, sodass sie gemäß § 5 Abs. 1 S. 3 TV-V der nächstniedrigeren EG 7 hinzuzurechnen sind. Die Tätigkeiten b und c erreichen addiert einen zeitlichen Umfang von 70%, sodass die 50%-Schwelle des § 5 Abs. 1 S. 1, 2 TV-V in der EG 7 überschritten und der Mitarbeiter in die EG 7 einzugruppieren ist. Tätigkeit a spielt bei der Gesamtbewertung keine Rolle mehr.

78 **Beispiel**[169]

Tätigkeit laut Stellenbeschreibung	Zuordnung zu einer Entgeltgruppe	Zeitanteil der auszuübenden Tätigkeit
a...	4	20%
b...	5	20%
c...	6	20%
d...	7	20%
e...	8	20%

In diesem Beispiel ist ausgehend von den am vorherigen Beispiel erläuterten Schritten die mindestens zur Hälfte auszuübende Tätigkeit (§ 5 Abs. 1 S. 1, 2 TV-V) erst erreicht, wenn die Tätigkeiten c, d, und e zusammengerechnet werden (§ 5 Abs. 1 S. 3 TV-V). Der Mitarbeiter ist daher in die EG 6 eingruppiert.

79 **Beispiel**[170]

Tätigkeit laut Stellenbeschreibung	Zuordnung zu einer Entgeltgruppe	Zeitanteil der auszuübenden Tätigkeit
a...	5	30%
b...	6	20%
c...	7	15%
d...	8	35%

In diesem Beispiel ist die Hälfte der regelmäßig auszuübenden Tätigkeit erreicht, wenn die 35% der Tätigkeit d zu den 15% der nächstniedrigeren Tätigkeit c addiert werden. Der Mitarbeiter ist daher in die EG 7 eingruppiert. Dass die Tätigkeiten a und b addiert ebenfalls 50% ausmachen, spielt keine Rolle. Denn nach § 5 Abs. 1 S. 3 TV-V erfolgt die Addition von der höheren zur niedriegeren EG, sodass im Beispiel allein auf die Addition von d und c abzustellen ist.

V. Aufbau der Entgeltordnung – Entgeltgruppen und Tätigkeitsbeispiele

80 Die für die die Eingruppierung maßgeblichen Vorgaben folgen aus:
- § 5 Abs. 1 TV-V,
- den Vorbemerkungen der Anlage 1 TV-V

169 Beispiel nach *Herzberg/Schlusen*, § 5 TV-V Rn 17.
170 Beispiel nach *Herzberg/Schlusen*, § 5 TV-V Rn 17.

– dem Eingruppierungskatalog der Anlage 1 TV-V, der die Zuordnung zu den vereinbarten Entgeltgruppen und die hierfür maßgeblichen Oberbegriffe i.V.m. den Tätigkeitsbeispielen vorgibt.

Praxistipp
Für NRW existiert ein ergänzender Eingruppierungskatalog. !

---

1. Systematik der Anlage 1 zum TV-V

Die maßgeblichen Entgeltgruppen, in die eine Eingruppierung nach § 5 Abs. 1 TV-V **81**
erfolgen kann, und die für die Eingruppierung maßgebenden Oberbegriffe und Tätigkeitsbeispiele sind in der Anlage 1 zum TV-V geregelt. Die einzelnen Entgeltgruppen sind einerseits durch personenbezogene Merkmale (Bsp.: „wissenschaftliche Hochschulausbildung") und andererseits durch tätigkeitsbezogene Anforderungen geprägt.

Die letztgenannten Anforderungen müssen nicht die jeweiligen Arbeitsplatzinhaber erfüllen, sondern die diesen **zugewiesene Tätigkeit muss sie fordern.**[171] Hierzu gehört u.a. die Anforderung:
- der gründlichen Fachkenntnisse (FG 4.1),
- der gründlichen und vielseitigen Fachkenntnisse (FG 5.2, FG 6.2),
- der besonderen Spezialkenntnisse (FG 7.1),
- der selbständigen Leistungen (EG 6, FG 6.2, FG 7.2, FG. 8.2),
- der besonders verantwortungsvollen Tätigkeiten (FG 9.1),
- der besonderen Schwierigkeit und Bedeutung (FG 10.1) ,
- des Maßes der Verantwortung (FG 8.1, FG 11.2).

Die Tätigkeitsmerkmale sind in ihrer Mehrzahl sehr allgemein gehalten und enthalten sog. unbestimmte Rechtsbegriffe, deren Anwendung der uneingeschränkten Nachprüfung durch die Arbeitsgerichte unterliegt.[172]

a) Anforderungsgruppen

Allerdings wiederholen sich bestimmte Anforderungen in mehreren Entgeltgrup- **82**
pen, sodass sich der Entgeltgruppenkatalog der Anlage 1 zum TV-V in folgende Anforderungsgruppen (Qualifikationsebenen) aufteilen lässt:[173]

---

171 Vgl. für den TVöD Groeger/*Schlewing*, Teil 7 Rn 149.
172 Vgl. nur Groeger/*Schlewing*, Teil 7 Rn 150.
173 *Herzberg/Schlusen*, § 5 TV-V Rn 26; *Richter/Gamisch*, S. 31.

Anforderungsgruppe	Entgeltgruppen	Merkmal
A	1–4	Tätigkeiten, die keine Ausbildung erfordern.
B	5–8	Tätigkeiten, die eine Berufsausbildung bzw. gründliche und vielseitige Fachkenntnisse erfordern.
C	9–10	Tätigkeiten, die eine Fachhochschulausbildung bzw. Heraushebung aus EG 8 durch besondere Verantwortung erfordern.
D	11–15	Tätigkeiten, die eine wissenschaftliche Hochschulbildung bzw. erhebliche Heraushebung aus EG 10 durch das Maß der Verantwortung erfordern.

Für die richtige Eingruppierung innerhalb der zu einer Anforderungsgruppe gehörenden Entgeltgruppen kommt es darauf an, welcher Oberbegriff bzw. welches Heraushebungsmerkmal innerhalb der Anforderungsgruppe die auszuübende Tätigkeit erfüllt.

Beispiel[174]

83 In der Anforderungsgruppe B „Tätigkeiten, die eine Berufsausbildung erfordern“, kommen vier Eingruppierungsmöglichkeiten in Frage. Für jede Entgeltgruppe stehen zwei Oberbegriffe zur Verfügung. Einer dieser Oberbegriffe muss für die zutreffende Eingruppierung erfüllt sein (Vorbemerkung 2 zu Anlage 1 zum TV-V),[175] wobei die Entgeltgruppen aufeinander aufbauen (sog. Baukastenprinzip):[176]

Die EG 5 ist zutreffend, wenn die Tätigkeit
- eine Berufsausbildung oder
- gründliche und vielseitige Fachkenntnisse erfordert (Heraushebung gegenüber Oberbegriff in EG 4).

Die EG 6 ist zutreffend, wenn die Tätigkeit nach EG 5 darüber hinaus
- besonders hochwertige oder besonders vielseitige Tätigkeiten oder
- mindestens zu $^{1}/_{5}$ selbständige Leistungen beinhaltet.

Die EG 7 ist zutreffend, wenn die Tätigkeit nach EG 6 darüber hinaus
- besondere Spezialkenntnisse oder
- statt $^{1}/_{5}$ zu mind. 50% selbständige Leistungen erfordert.

Die EG 8 ist zutreffend, wenn die Tätigkeit nach EG 7 darüber hinaus
- sich durch das Maß ihrer Verantwortung heraushebt oder
- gründliche, umfassende Fachkenntnisse und selbständige Leistungen erfordert.

---

174 Nach *Herzberg/Schlusen*, § 5 TV-V Rn 26.

175 Dabei bleibt der Oberbegriff des „gleichwertigen Arbeitnehmers“ in diesem Beispiel unberücksichtigt, weil er in allen Entgeltgruppen vorkommt.

176 Vgl. *Richter/Gamisch*, S. 37.

Nach Vorbemerkung 1 S. 2 zur Anlage 1 zum TV-V entsprechen die in den in der Anlage 1 zum TV-V enthaltenen Beispielen zu den Entgeltgruppen umschriebenen Tätigkeiten der Wertigkeit eines Oberbegriffs. Die Tätigkeitsbeispiele sollen also durch Konkretisierung helfen, den richtigen Obergriff und damit die korrekte Entgeltgruppe zu finden.[177] 84

b) Der „sonstige" Arbeitnehmer

Eine Reihe von Tätigkeitsmerkmalen sieht als personenbezogene (subjektive) Anforderung bestimmte Fachkenntnisse oder eine bestimmte Ausbildung vor. Um zu gewährleisten, dass Arbeitnehmer, die zwar nicht über die formale Vor- bzw. Ausbildung bzw. den formalen Nachweis entsprechender Kenntnisse verfügen, aber entsprechende Fähigkeiten – wie auch immer erworben – besitzen, in gleicher Weise vergütet werden wie diejenigen mit dem formalen Abschluss bzw. Kenntnisnachweis, haben die Tarifvertragsparteien in den meisten Fällen die Geltung der Tätigkeitsmerkmale auch für die sonstigen Arbeitnehmer vereinbart.[178] 85

Um sonstiger „Angestellter" im Sinne der Eingruppierungsnormen des BAT zu sein, müssen nach der Rechtsprechung des BAG kumulativ zwei Voraussetzungen erfüllt sein:[179] 86

- **Subjektiv** muss der Angestellte über Fähigkeiten und Erfahrungen verfügen, die denen entsprechen, die ein Absolvent der geforderten Ausbildung hat. Das Wissen und Können muss dabei nicht exakt wie das sein, das durch die geforderte Ausbildung vermittelt wird. Erforderlich ist aber eine ähnlich gründliche Beherrschung eines entsprechenden umfangreichen Wissensgebietes. Fähigkeiten und Erfahrungen auf einem eng begrenzten Teilgebiet sind nicht ausreichend.[180]
- **Objektiv** muss der Angestellte zudem eine mit dem der geforderten Ausbildung entsprechenden Zuschnitt auszuüben haben.[181]

Der TV-V ist insoweit allerdings weniger streng, indem er – als objektives Element – lediglich „gleichwertige" Tätigkeiten fordert. Die Rechtsprechung zum BAG dürfte daher nicht uneingeschränkt übertragbar sein.[182] Zurückgegriffen werden kann aber jedenfalls auf die Rechtsprechung des BAG zu ähnlichen Anforderungen in anderen 87

177 *Herzberg/Schlusen*, § 5 TV-V Rn 26; *Richter/Gamisch*, S. 33.
178 Vgl. Groeger/*Schlewing*, Teil 7 Rn 174.
179 Vgl. Groeger/*Schlewing*, Teil 7 Rn 175.
180 Vgl. BAG, Urt. v. 8.10.1997 – 4 AZR 151/96 – AP Nr. 232 zu §§ 22, 23 BAT 1975.
181 BAG, Urt. v. 18.12.1996 – 4 AZR 319/95 – AP Nr. 221 zu §§ 22, 23 BAT 1975.
182 Diese Differenzierung aufgreifend *Herzberg/Schlusen*, § 5 TV-V Rn 44; gegen jegliche Bezugnahme darauf *Richter/Gamisch*, S. 36.

Tarifverträgen. In seinem Urteil vom 19.8.2004[183] hat das BAG zu einer gleichwertigen Tätigkeit folgende Feststellungen getroffen:

Da die Tarifvertragsparteien für die verwendeten Begriffe "gleichwertige Kenntnisse und Fertigkeiten" keine eigene Definition vorgenommen hätten und es sich darüber hinaus nicht um feststehende Rechtsbegriffe handele, sei der allgemeine Sprachgebrauch maßgeblich:

In **subjektiver Hinsicht** sei danach erforderlich, dass der Arbeitnehmer in der Ausübung „Fachwissen und praktisches Können (Kenntnisse und Fertigkeiten) erworben hat, das mit dem mittels der [...] Berufsausbildung erworbenen Wissen und Können vergleichbar ist". In **objektiver Hinsicht** müsse „es sich nach der Auslegung bei der ausgeübten Tätigkeit ebenfalls um eine Tätigkeit handeln, für die die durch die Berufspraxis erworbenen Kenntnisse und Fertigkeiten benötigt werden".

Praxistipp

Es muss jedenfalls eine praktische Erfahrung vorliegen, die – mit Blick auf die durch sie vermittelten Kenntnisse und Fertigkeiten – der jeweils vorgeschriebenen Ausbildungszeit entspricht.[184]

---

2. Die Vorbemerkungen zur Anlage 1 zum TV-V

88 Wie bereits die vorstehenden Hinweise deutlich machen, sind für den richtigen Umgang mit den in Anlage 1 zum TV-V enthaltenen Entgeltgruppen die Vorgaben in den Vorbemerkungen zur Anlage 1 zum TV-V (Vorbem.) entscheidend, welche die Eingruppierung insoweit näher bestimmen, als sie vor allem den richtigen Umgang mit Oberbegriffen und Tätigkeitsbeispielen festlegen:

a) Bedeutung der Oberbegriffe und Tätigkeitsbeispiele

89 Nach Vorbem. 1 S. 1 müssen die Tätigkeiten des Arbeitnehmers die Voraussetzungen eines Oberbegriffs und die ihm zugrundeliegende Wertigkeit erfüllen.

Beispiel

Die EG 5 gilt für Arbeitnehmer mit Tätigkeiten, die eine abgeschlossene Ausbildung in einem anerkannten Ausbildungsberuf erfordern. Daraus folgt nach Vorbem. 1 S. 1, dass die auszuübende Tätigkeit eine entsprechende Wertigkeit für das Erfordernis der Berufsausbildung haben muss. Konsequenz daraus ist, dass ein Arbeitnehmer, der zwar über eine der EG 5 entsprechende Ausbildung verfügt, aber eine Tätigkeit mit einer niedrigeren Wertigkeit, z.B. der der EG 3 auszuüben hat, kraft Tarifautomatik nicht in die EG 5, sondern in die EG 3 eingruppiert ist.

---

183 BAG, Urt. v. 19.8.2004 – 8 AZR 375/03 – EzA § 4 TVG Chemische Industrie Nr. 7.
184 Vgl. *Richter/Gamisch*, S. 36.

Nach Vorbem. 1 S. 2 entsprechen die der jeweiligen Entgeltgruppe beigefügten Tätigkeitsbeispiele der Wertigkeit eines Oberbegriffs. Die Tätigkeitsbeispiele sollen also das Verständnis des abstrakt gehaltenen Oberbegriffs **erleichtern und konkretisieren.**[185] 90

Nach der ständigen Rechtsprechung des BAG sind die allgemeinen Merkmale einer Vergütungsgruppe allerdings grundsätzlich erfüllt, wenn der Arbeitnehmer eine Tätigkeit ausübt, die als **Regel-, Richt- oder Tätigkeitsbeispiel** zu dieser Vergütungsgruppe genannt ist.[186]

Praxistipp !

Daraus folgt für den TV-V, dass eine Subsumtion unter einen der abstrakten Oberbegriffe entbehrlich ist, wenn eine Beispielstätigkeit zu 50% der Arbeitszeit auszuüben ist.[187] Die Beispielstätigkeiten haben grundsätzlich Vorrang.

Diese Bedeutung für die Eingruppierung in ein tarifliches Vergütungssystem haben Richt-, Regel- oder Tätigkeitsbeispiele nach der Rechtsprechung des BAG aber nur dann, wenn sie lediglich **einmal als Beispiele** in einer bestimmten Vergütungsgruppe erscheinen.[188] Wird die vom Arbeitnehmer ausgeübte Tätigkeit von einem Tätigkeitsbeispiel nicht oder nicht voll erfasst, muss grundsätzlich auf die allgemeinen Merkmale (Oberbegriffe) zurückgegriffen werden.[189] Dies gilt auch, wenn die Tätigkeitsbeispiele ihrerseits unbestimmte Rechtsbegriffe enthalten.[190] Die unbestimmten Rechtsbegriffe sind dann im Lichte der Oberbegriffe auszulegen.[191] 91

Allerdings kann sich aus dem Wortlaut oder dem tariflichen Gesamtzusammenhang auch ergeben, dass die von den Tarifvertragsparteien genannten Beispielstätigkeiten **nur der Erläuterung der abstrakten Tätigkeitsmerkmale** dienen sollen und die Erfüllung der Merkmale eines Richt-, Regel- oder Tätigkeitsbeispiels allein noch nicht ausreicht, den Anforderungen der abstrakten Tätigkeitsmerkmale zu genügen.[192]

Für die betriebliche Praxis wichtig ist daher, dass ein Eingruppierungsbeispiel lediglich zu einer **„Mindesteingruppierung“** führt.[193] Dies folgt aus Vorbem. 1 S. 3. Denn darin heißt es: „Sind Tätigkeiten als Beispiel nur in einer Entgeltgruppe ver-

185 *Herzberg/Schlusen*, § 5 TV-V Rn 26; *Richter/Gamisch*, S. 33.
186 BAG, Urt. v. 8.3.2006 – 10 AZR 129/05 – NZA 2007, 159.
187 *Richter/Gamisch*, S. 34.
188 BAG, Urt. v. 8.3.2006 – 10 AZR 129/05 – NZA 2007, 159.
189 BAG, Urt. v. 8.3.2006 – 10 AZR 129/05 – NZA 2007, 159.
190 BAG, Urt. v. 8.3.2006 – 10 AZR 129/05 – NZA 2007, 159.
191 BAG, Urt. v. 8.3.2006 – 10 AZR 129/05 – NZA 2007, 159.
192 BAG, Urt. v. 8.3.2006 – 10 AZR 129/05 – NZA 2007, 159.
193 *Herzberg/Schlusen*, § 5 TV-V Rn 30; *Richter/Gamisch*, S. 34.

einbart, wird dadurch nicht ausgeschlossen, dass die Anforderungen eines Oberbegriffs einer höheren Entgeltgruppe erfüllt sein können".[194]

b) Gleichwertigkeit der Oberbegriffe in einer Entgeltgruppe

92 Nach Vorbem. 2 sind mehre Oberbegriffe in einer Entgeltgruppe gleichwertig. Konsequenz daraus ist, dass die Erfüllung eines Oberbegriffs für die entsprechende Eingruppierung ausreicht.

c) Vereinbarung weiterer Tätigkeitsbeispiele

93 Vorbem. 3 eröffnet den Tarifparteien die bislang lediglich in NRW genutzte Möglichkeit,[195] auf landesbezirklicher Ebene weitere Tätigkeitsbeispiele zu vereinbaren.

! **Praxistipp**
Dies kann auch für Entgeltgruppen erfolgen, in denen der TV-V originär keine Tätigkeitsbeispiele vorsieht (z.B. EG 1).

d) Eingruppierung der Vorarbeiter und Vorhandwerker

94 Vorbem. 4 trifft eine Sonderregelung für die Vergütung der Vorarbeiter und Vorhandwerker.

! **Praxistipp**
Der Vorarbeiter hat die Aufgabe, mit den ihm zugeteilten Kräften gemeinsam zu arbeiten, ihnen „vorzuarbeiten", also durch praktische Arbeit Anweisung und Beispiel zu geben.[196] Das kennzeichnet eine Vorarbeitertätigkeit.

Anstelle einer Zulage (wie in anderen Tarifverträgen) werden diese Arbeitnehmer für die Dauer ihrer Tätigkeit eine Entgeltgruppe höher eingruppiert. Diese Eingruppierung ist – im Rahmen der Billigkeit (§ 315 BGB) – jederzeit widerruflich.[197]

! **Praxistipp**
Deshalb ist keine Änderungskündigung erforderlich, wenn der Arbeitnehmer von der Vorarbeiter-/Vorhandwerkertätigkeit entbunden werden soll.[198]

---

194 Beispiel bei *Richter/Gamisch*, S. 35.
195 Zur Nutzung lediglich in NRW vgl. *Herzberg/Schlusen*, § 5 TV-V Rn 32.
196 LAG Köln, Urt. v. 14.2.2011 – 5 Sa 1123/10 – juris.
197 Ebenso LAG Köln, Urt. v. 14.2.2011 – 5 Sa 1123/10 – juris; *Richter/Gamisch*, S. 38.
198 *Herzberg/Schlusen*, § 5 TV-V Rn 33; *Richter/Gamisch*, S. 38.

3. Die Entgeltgruppen im Einzelnen

a) Entgeltgruppenaufbau im TV-V

Wie bereits erläutert worden ist, lassen sich die Entgeltgruppen des TV-V in Anforderungsgruppen zusammenfassen, wobei die Entgeltgruppen aufeinander aufbauen (sog. **Baukastenprinzip**).[199] Zur Konkretisierung der Anforderungen innerhalb der einzelnen Entgeltgruppen lassen sich neben den in der Anlage 1 zum TV-V enthaltenen Beispielen[200] – unter Beachtung der Besonderheiten des TV-V – die von der Rechtsprechung des BAG zu den gleichlautenden Begriffen im BAT entwickelten Grundsätze übertragen.[201] 95

b) Anforderungsgruppe 1 (EG 1–4)

In den EG 1–4 sind Tätigkeiten, die keine anerkannte Berufsausbildung erfordern, geregelt. Gefordert wird allenfalls eine eingehende fachliche Einarbeitung oder gründliche Fachkenntnisse unterhalb einer anerkannten Berufsausbildung (vgl. EG 4). 96

aa) EG 1

Die EG 1 umfasst Arbeitnehmer mit einfachsten Tätigkeiten, für die bezirklich ein Ausschließlichkeitskatalog vereinbart werden soll.[202] 97

Praxistipp !

Umgesetzt ist das bislang nur in NRW.[203] Hintergrund dafür dürfte das – wohl nicht zutreffende – Verständnis sein, dass ohne entsprechenden Katalog keine Eingruppierung in die EG 1 vorgenommen werden darf.[204]

Es handelt sich um eine Sondergruppe in Form einer Niedrigentgeltgruppe, die für Bereiche, in denen in der Regel Outsorcing oder Fremdvergabe zum Verlust von Arbeitsplätzen geführt haben, Chancen eröffnen soll, die **Wettbewerbsfähigkeit entsprechender Arbeitsplätze** im Unternehmen zu ermöglichen.[205]

Zur Bestimmung von einfachsten Tätigkeiten kann losgelöst davon auf die Rechtsprechung des BAG zum gleichen Begriff im TVöD zurückgegriffen werden.[206] 98

---

199 Vgl. *Richter/Gamisch*, S. 37.
200 Eine Kommentierung der Beispiele findet sich bei *Richter/Gamisch*, S. 46 ff.
201 Vgl. *Richter/Gamisch*, S. 15.
202 *Hoffmann*, ZTR 2001, 54, 58.
203 Vgl. *Herzberg/Schlusen*, § 5 TV-V Rn 40.
204 So aber z.B. *Richter/Gamisch*, S. 108.
205 *Hoffmann*, ZTR 2001, 54, 58; *Richter/Gamisch*, S. 108.
206 Ebenso *Richter/Gamisch*, S. 108.

In seinem Beschluss vom 28.1.2009[207] hat das BAG insoweit klargestellt, dass einfachste Tätigkeiten zunächst einmal keine Vor- oder Ausbildung erfordern, weil dies regelmäßig schon für einfache Tätigkeiten gelte.

Unter einfachsten Tätigkeiten seien daher insbesondere **un- und angelernte Tätigkeiten** zu verstehen.[208] Dabei darf, in Abgrenzung zu den einfachen Tätigkeiten, keine eingehende fachliche Einarbeitung erforderlich sein.[209] Es muss vielmehr eine sehr kurze Einweisung oder Anlernphase in die übernommenen Aufgaben für eine ordnungsgemäße Erfüllung der arbeitsvertraglich übertragenen Aufgabe ausreichend sein.[210] Allerdings hat eine damit verbundene Einarbeitungszeit von einem, in besonders gelagerten Einzelfällen auch bis zu maximal zwei Tagen nicht zwingend zur Folge, dass nicht mehr von einer einfachsten Tätigkeit ausgegangen werden kann. Denn selbst eine einfachste Tätigkeit bedarf zumindest einer kurzen Anlernphase im Sinne einer Einweisung und einer ebensolchen Einarbeitungszeit.[211]

Bei der Einarbeitungszeit ist nach der Rechtsprechung des BAG allerdings zu unterscheiden, ob diese erforderlich ist, um allein ein **gewisses Maß an Arbeitsgeschwindigkeit** zu erreichen (Erwerb von Routine bei feststehenden Tätigkeitsabläufen) oder **um die Arbeitsabläufe als solche zu beherrschen** (etwa wenn verschiedenartige Details der Tätigkeit zu erfassen sind). Im letzteren Fall spricht der Umstand einer mehrtägigen Einarbeitungszeit regelmäßig gegen eine Einordnung als einfachste Tätigkeit.[212]

99 Aus den vorgenannten Kriterien ergibt sich nach der Rechtsprechung des BAG zugleich, dass es sich bei „einfachsten Tätigkeiten" **im Wesentlichen um gleichförmige und gleichartige – gleichsam „mechanisch" durchzuführende – Tätigkeiten** handeln muss, deren Verrichtung keine nennenswerten eigenen Überlegungen erfordert.[213] Denn nur dann kann eine kurze Einweisung in die Tätigkeit in der Regel ausreichend sein. Deshalb handelt es sich zumeist auch um Tätigkeiten mit einer klaren Aufgabenzuweisung.

Eine einfachste Tätigkeit kann aber auch dann vorliegen, wenn sie ohne weiteres aufgrund von Einzelanweisungen durchgeführt werden kann. Anders verhält es sich, wenn dem Arbeitnehmer im Rahmen der Aufgaben ein **eigenständiger, nicht gänzlich unbedeutender Entscheidungs- oder Verantwortungsbereich** übertragen wurde.[214] Ebenfalls von Bedeutung kann nach der Rechtsprechung des BAG sein, dass

---

207 4 ABR 92/07 – NZA 2009, 1042.

208 BAG, Beschl. v. 28.1.2009 – 4 ABR 92/07 – NZA 2009, 1042.

209 BAG, Beschl. v. 28.1.2009 – 4 ABR 92/07 – NZA 2009, 1042.

210 BAG, Beschl. v. 28.1.2009 – 4 ABR 92/07 – NZA 2009, 1042.

211 BAG, Beschl. v. 28.1.2009 – 4 ABR 92/07 – NZA 2009, 1042.

212 BAG, Beschl. v. 28.1.2009 – 4 ABR 92/07 – NZA 2009, 1042.

213 BAG, Beschl. v. 28.1.2009 – 4 ABR 92/07 – NZA 2009, 1042; LAG Baden-Württemberg, Beschl. v. 11.10.2007 – 19 TaBV 8/06 – juris.

214 BAG, Beschl. v. 28.1.2009 – 4 ABR 92/07 – NZA 2009, 1042.

es im Einzelfall zur Durchführung der übertragenen Tätigkeit regelmäßig einer **Abstimmung mit anderen Personen** wie Beschäftigten oder Kunden bedarf. Dies kann bei der Gesamtbewertung ein Aspekt sein, der gegen eine gleichförmige und gleichartige Tätigkeit spricht, weshalb im Ergebnis keine einfachste Tätigkeit mehr vorliegt.[215]

bb) EG 2

Die EG 2 umfasst Arbeitnehmer mit einfachen Tätigkeiten, die in der Anlage 1 zum **100**
TV-V definiert und mit Beispielen erläutert sind.

cc) EG 3

Arbeitnehmer mit Tätigkeiten, die eine eingehende fachliche Einarbeitung erfor- **101**
dern, sind in EG 3 eingruppiert. Nähere Angaben dazu, welche Anforderungen an eine eingehende fachliche Einarbeitung in inhaltlicher und zeitlicher Hinsicht zu stellen sind, enthält der TV-V nicht. Letztlich wird man daher eine Abgrenzung anhand der EG 2, die lediglich „eine Einarbeitung" fordert und diese als „die Vermittlung und Aneignung von Kenntnissen und Fertigkeiten, um die Tätigkeiten sach- und fachgerecht ausüben zu können", definiert, sowie der EG 4 vornehmen müssen, die „nähere Kenntnisse von Gesetzen, Tarifbestimmungen usw. im Rahmen der auszuübenden Tätigkeit" fordert.[216]

Ein **„Training on the job"** ist also erforderlich, aber auch ausreichend. Im Umkehrschluss kann insoweit aus FG 5.1 gefolgert werden, dass die Einarbeitungszeit deutlich kürzer als eine Ausbildungszeit sein muss.

Praxistipp **!**

Realistisch erscheint – abhängig von der Tätigkeit – in Anlehnung an die Bestimmung der Vergleichbarkeit im Rahmen einer Sozialauswahl ein Zeitraum von bis zu sechs Wochen, höchstens aber bis zu drei Monaten.[217]

Es müssen zwar Fachkenntnisse und Fertigkeiten vermittelt werden. Zu den **Fachkenntnissen** sind all diejenigen Kenntnisse eines Arbeitnehmers zu rechnen, die unerlässlich sind, um die übertragenen Aufgaben ordnungsgemäß erfüllen zu können.[218]

---

215 BAG, Beschl. v. 28.1.2009 – 4 ABR 92/07 – NZA 2009, 1042.

216 Ebenso *Herzberg/Schlusen*, § 5 TV-V Rn 37 unter Hinweis auf die VKA-Clearingstelle; *Richter/Gamisch*, S. 110.

217 Teilweise a.A. *Richter/Gamisch*, S. 110f., die einen Zeitraum von bis zu 6 Monaten zulassen wollen.

218 Vgl. Groeger/*Schlewing*, Teil 7 Rn 151.

Gleichzeitig dürfen in der EG 3 aber keine „gründlichen" Fachkenntnisse erforderlich sein, um die Tätigkeit fach- und sachgerecht ausüben zu können. Wichtig für das richtige Verständnis von EG 3 ist also auch eine zutreffende Bewertung von EG 4.

dd) EG 4

102 Arbeitnehmer, die Tätigkeiten ausüben, die gründliche Fachkenntnisse erfordern, sind – soweit sie dies tun sollen (§ 5 Abs. 1 S. 1 TV-V) – in EG 4 eingruppiert. Der Unterschied zur EG 3 besteht vor allem in der geforderten „Gründlichkeit" der Fachkenntnisse, welche die Anlage 1 zum TV-V näher dahin erläutert, dass **nähere Kenntnisse von Gesetzen, Verwaltungsvorschriften und Tarifbestimmungen** usw. im Rahmen der auszuübenden Tätigkeiten erforderlich sein müssen.

Nach der Rechtsprechung des BAG hat das Tatbestandsmerkmal „gründlich" **sowohl ein qualitatives als auch ein quantitatives Element**: Es müssen Fachkenntnisse von nicht ganz unerheblichem Ausmaß und nicht nur oberflächlicher Art erforderlich sein.[219]

Dabei ist es nach der zum BAT entwickelten Rechtsprechung nicht notwendig, dass sich die Fachkenntnisse auf Rechtsvorschriften beziehen. Vielmehr hat das BAG z.B. auch fremdsprachliche oder bautechnische Kenntnisse sowie Kenntnisse unterschiedlicher Regelwerke für die Flächenberechnung, die Ermittlung der Nutzer sowie der Nutzung und für die Feststellung der Kapazitätswirksamkeit vorhandener Flächen als ausreichend bewertet.[220]

Dies gilt nach der Rechtsprechung des BAG auch dann, wenn die gründlichen Fachkenntnisse auf dem abgegrenzten Teilgebiet, in dem der Arbeitnehmer beschäftigt ist, benötigt werden, während **allseitige Fachkenntnisse nicht erforderlich** sind.[221]

! **Praxistipp**
Mit Blick auf die konkretisierenden Beispiele fällt auf, dass das Tätigkeitsbeispiel 4.3.4 (Montagearbeiten in Netzen) sich in der EG 5 FG 5.3 als Tätigkeitsbeispiel 5.4.7 wortgleich wiederholt. Eine Abgrenzung ist hier nur anhand der Oberbegriffe,[222] d.h. im Ergebnis danach möglich, ob mit Tätigkeiten, die eine abgeschlossene Ausbildung erfordern, gleichwertige Tätigkeiten ausgeübt werden sollen. Insoweit gelten die oben zum „sonstigen Arbeitnehmer" entwickelten Grundsätze (vgl. unter Kapitel 3 Rn 85ff.).

---

219 BAG, Urt. v. 28.9.1994 – 4 AZR 542/93 – AP Nr. 185 zu §§ 22, 23 BAT 1975; BAG, Urt. v. 21.3.2012 – 4 AZR 266/10 – ZTR 2012, 440.

220 BAG, Urt. v. 4.8.1993 – 4 AZR 515/92 – NZA 1994, 39; BAG, Urt. v. 20.10.1993 – 4 AZR 45/93 – NZA 1994, 560; BAG, Urt. v. 21.3.2012 – 4 AZR 266/10 – ZTR 2012, 440; ausführlicher Katalog bei *Richter/Gamisch*, S. 112ff.

221 BAG, Urt. v. 10.12.1997 – 4 AZR 221/96 – AP Nr. 237 zu §§ 22, 23 BAT 1975.

222 Ebenso *Richter/Gamisch*, S. 52.

c) Anforderungsgruppe 2 (EG 5–8)

Die EG 5 bis 8 haben gemeinsam, dass sie 103

- entweder eine abgeschlossene Ausbildung in einem anerkannten Ausbildungsberuf voraussetzen
- oder gründliche und vielseitige Fachkenntnisse verlangen.

Die vorgenannten EG machen durch die jeweils enthaltene Bezugnahme auf die vorhergehende EG das „Baukastenprinzip" besonders deutlich. Die Bezugnahmen führen allerdings gleichzeitig dazu, dass bei höheren EG jeweils die Anforderungen der niedrigeren EG „mitgedacht" werden müssen.

aa) EG 5

FG 5.1

In die Fallgruppe (FG) 5.1 sind die Arbeitnehmer einzuordnen, deren Tätigkeit eine 104
abgeschlossene Ausbildung in einem anerkannten Ausbildungsberuf voraussetzt **(objektives Merkmal)**, die der Stelleninhaber besitzen muss **(subjektives Merkmal)**.[223]

Praxistipp !

Nicht ausreichend ist, dass das Wissen und Können des Ausbildungsberufes lediglich nützlich oder wünschenswert[224] bzw. nur auf einem eng begrenzten Teilgebiet eines Ausbildungsberufs vorhanden ist.[225]

Ob es sich um „entsprechende Tätigkeit" handelt, wird nach der Rechtsprechung des BAG vor allem am Aufgabenzuschnitt deutlich, aber – insoweit etwas inkonsequent zu seinen früheren Feststellungen (vgl. Kapitel 3 Rn 66) – auch am Vergütungsniveau der Vorbeschäftigungen.[226]

Praxistipp !

Ob eine „entsprechende Tätigkeit" vorliegt, kann anhand des einschlägigen Berufsbildes geprüft werden.[227]

FG 5.2

Die FG 5.2 hebt sich mit der Forderung von gründlichen und vielseitigen Fach- 105
kenntnissen vom Oberbegriff der FG 4.1 (gründliche Fachkenntnisse) dadurch he-

---

223 Vgl. zu dieser Doppelvoraussetzung oben unter Kapitel 3 Rn 86.
224 Vgl. *Herzberg/Schlusen*, § 5 TV-V Rn 44 m.w.N.
225 Vgl. *Richter/Gamisch*, S. 116 m.w.N.
226 BAG, Urt. v. 21.11.2013 – 6 AZR 23/12 – ZTR 2014, 148.
227 Vgl. BAG, Urt. v. 27.8.2008 – 4 AZR 484/07 – NZA-RR 2009, 264 („Normaltätigkeit").

raus, dass hier eine **Erweiterung des Umfangs** der Fachkenntnisse gefordert wird.[228] Dabei kann sich die Vielseitigkeit insbesondere aus der Menge der anzuwenden Vorschriften und Bestimmungen ergeben[229] und zwar auch dann, wenn der Arbeitnehmer nur auf einem speziellen, abgegrenzten Sachgebiet tätig wird,[230] solange es sich nicht nur um eine routinemäßige Abarbeitung handelt.[231] Erfahrungswissen, das er für die ihm übertragene Tätigkeit benötigt, kann ebenfalls ausreichen,[232] solange es sich nicht lediglich um Allgemeinwissen oder bloße Lebenserfahrung handelt.[233]

FG 5.3

106 In die FG 5.3 sind die Arbeitnehmer einzugruppieren, die aufgrund ihrer Fähigkeiten oder Erfahrungen gleichwertige Tätigkeiten wie in den FG 5.1 und 5.2 ausüben. Es finden wiederum die oben Kapitel 3 Rn 85ff. unter entwickelten Grundsätze Anwendung.

bb) EG 6

107 Die Oberbegriffe der EG 6 bauen auf Oberbegriffen der EG 5 auf, nämlich
- einerseits auf der FG 5.1 (Ausbildung) und
- andererseits auf der FG 5.2 (gründliche und vielseitige Fachkenntnisse).

Sie sind ein typisches Beispiel für sog. **„Heraushebungsmerkmale“**.

Praxistipp
Nach der Rechtsprechung des BAG ist daher zunächst zu prüfen, ob die Tätigkeit den Merkmalen der FG 5.1 bzw. 5.2 entspricht. Dann ist nach ständiger Rechtsprechung die Prüfung anhand der qualifizierenden Merkmale der jeweils höheren Entgeltgruppen vorzunehmen.[234] Ebenso ist für die nachfolgenden EG vorzugehen, soweit sie auf den Oberbegriffen der vorhergehenden FG aufbauen.[235]

FG 6.1

108 Eine Eingruppierung in die FG 6.1 setzt voraus, dass ein Arbeitnehmer der Fallgruppe 5.1 Tätigkeiten ausübt, die besonders hochwertig oder besonders vielseitig sind.

---

228 Vgl. BAG, Urt. v. 28.9.1994 – 4 AZR 542/93 – AP Nr. 185 zu §§ 22, 23 BAT 1975; BAG, Urt. v. 21.3.2012 – 4 AZR 266/10 – ZTR 2012, 440; ebenso *Herzberg/Schlusen*, § 5 TV-V Rn 45.

229 Vgl. Groeger/*Schlewing*, Teil 7 Rn 154.

230 BAG, Urt. v. 29.8.1984 – 4 AZR 338/82 – AP Nr. 94 zu §§ 22, 23 BAT 1975; BAG, Urt. v. 23.9.2009 – 4 AZR 308/08 – ZTR 2010, 243; *Richter/Gamisch*, S. 124.

231 Vgl. *Richter/Gamisch*, S. 124f. m.w.N.

232 BAG, Urt. v. 29.8.1984 – 4 AZR 338/82 – AP Nr. 94 zu §§ 22, 23 BAT 1975.

233 Vgl. nur *Richter/Gamisch*, S. 125 m.w.N.

234 BAG, Urt. v. 29.1.1986 – 4 AZR 465/84 – AP Nr. 115 zu §§ 22, 23 BAT 1975.

235 Vgl. nur *Richter/Gamisch*, S. 121.

Konkretisiert und definiert werden diese Vorgaben in dem beigefügten Klammerzusatz dahin, dass dies hochwertiges fachliches Können sowie besondere Umsicht und Zuverlässigkeit erfordert. Besonders vielseitige Tätigkeiten erfordern wiederum vielseitiges fachliches Können und breitere Einsetzbarkeit.

Bei der Auslegung dieser unbestimmten Rechtsbegriffe kann auf den **allgemeinen Sprachgebrauch** zurückgegriffen werden:[236]

- hochwertiges fachliches Können = hohe Qualität in einem Fachgebiet, mit Sachverstand auf einem bestimmten Gebiet etwas leisten;
- Umsicht/Zuverlässigkeit = kluges, zielbewusstes Beachten aller wichtigen Umstände; Besonnenheit/Vertrauenswürdigkeit; keine besondere Kontrolle erforderlich
- vielseitig = viele Dinge beherrschend, kann in größeren Arbeitsgebieten eingesetzt werden.

FG 6.2

Die FG 6.2 umfasst Arbeitnehmer der FG 5.2, die Tätigkeiten ausüben, die zusätzlich mindestens zu einem Fünftel selbständige Leistungen erfordern. 109

Selbständige Leistungen erfordern nach dem erläuternden Klammerzusatz ein den vorausgesetzten Fachkenntnissen entsprechendes selbständiges Erarbeiten eines Ergebnisses unter Entwicklung einer eigenen geistigen Initiative. Eine leichte geistige Arbeit kann – so der Klammerzusatz weiter – diese Anforderung nicht erfüllen.

Nach der Rechtsprechung des BAG darf das Tatbestandsmerkmal „selbständige Leistungen" **nicht** mit dem Begriff „selbständig arbeiten", **d.h. ohne direkte Aufsicht oder Lenkung durch Weisungen tätig zu sein, verwechselt** werden.[237] Unter selbständiger Leistung ist vielmehr eine **Gedankenarbeit** zu verstehen, die im Rahmen der für die Entgeltgruppe vorausgesetzten Fachkenntnisse **hinsichtlich der einzuschlagenden Wege, wie insbesondere hinsichtlich des zu findenden Ergebnisses eine eigene Beurteilung und eine eigene Entschließung** erfordert.[238] 110

Kennzeichnend für selbständige Leistungen im tariflichen Sinne können nach der Rechtsprechung des BAG – ohne Bindung an verwaltungsrechtliche Fachbegriffe – ein wie auch immer gearteter Ermessens-, Entscheidungs-, Gestaltungs- oder Beurteilungsspielraum bei der Erarbeitung eines Arbeitsergebnisses sein.[239] Erwartet wer-

---

236 *Herzberg/Schlusen*, § 5 TV-V Rn 48; *Richter/Gamisch*, S. 118 f.

237 BAG, Urt. v. 10.12.1997 – 4 AZR 221/96 – AP Nr. 237 zu §§ 22, 23 BAT 1975; BAG, Urt. v. 6.6.2007 – 4 AZR 456/06 – ZTR 2008, 156; BAG, Urt. v. 6.6.2007 – 4 AZR 505/06 – ZTR 2008, 156; BAG, Urt. v. 22.4.2009 – 4 AZR 166/08 – ZTR 2009, 581; BAG, Urt. v. 21.3.2012 – 4 AZR 266/10 – ZTR 2012, 440.

238 Groeger/*Schlewing*, Teil 7 Rn 158.

239 BAG, Urt. v. 14.8.1985 – 4 AZR 21/84 – AP Nr. 109 zu §§ 22, 23 BAT 1975. Vgl. zur Auslegung dieser Begriffe (anhand des allgemeinen Sprachgebrauchs) *Richter/Gamisch*, S. 134 f.

den Abwägungsprozesse, die Anforderungen an das Überlegungsvermögen stellen.[240] Der Arbeitnehmer muss dementsprechend unterschiedliche Informationen (Fachwissen auf der einen Seite und die damit zu bewältigende Situation auf der anderen Seite)[241] verknüpfen, untereinander abwägen und zu einer Entscheidung kommen.[242]

Beispiel
Geistige Arbeit wird also immer dann geleistet, wenn der Angestellte sich bei der Arbeit fragen muss:[243] Wie geht es nun weiter? Worauf kommt es nun an? Was muss als Nächstes geschehen?

111 Ist der „richtige Weg" des Arbeitnehmers demgegenüber bis in alle Einzelheiten durch bindende Vorschriften vorgezeichnet, ist für die Annahme eines irgendwie gearteten Gestaltungsspielraums, also für die Annahme selbständiger Leistungen, kein Raum.[244]

Beispiel
Das ist z.B. der Fall, wenn das zu erarbeitende Ergebnis durch strenge förmliche Vorgaben des Arbeits- oder Rechtsgebiets genau vorgezeichnet ist.[245] Gleiches gilt, wenn zahlreiche, stark ausdifferenzierte Formulare zur Bearbeitung zu benutzen sind.[246] So hat das BAG z.B. die Tätigkeit eines Sachbearbeiters Kassen- und Mahnwesen eines Stadtwerkes in Bezug auf die Einleitung und Durchführung des gerichtlichen Mahnverfahrens nicht als „selbständige Leistung" bewertet.[247]

Wichtig ist losgelöst davon, dass das sonst übliche zeitliche Maß von 50% hier – bislang einzigartig – nicht erforderlich ist. Vielmehr reichen 1/5 selbstständige Leistungen aus.

FG 6.3

112 In die FG 6.3 sind die Arbeitnehmer eingruppiert, die aufgrund ihrer Fähigkeiten oder Erfahrungen entsprechende gleichwertige Tätigkeiten ausüben.

Praxistipp
Arbeitnehmer, die die Tätigkeit eines Handwerks- und Industriemeister auszuüben haben, aber die entsprechende Ausbildung nicht besitzen, können nach der Gleichwertigkeitsklausel des Oberbegriffes 6.3 auch in die Entgeltgruppe 6 eingruppiert werden.[248] Hier dürfte es sich – wie ein Um-

240 Groeger/*Schlewing*, Teil 7 Rn 158.
241 *Richter/Gamisch*, S. 133.
242 Groeger/*Schlewing*, Teil 7 Rn 158.
243 BAG, Urt. v. 10.12.1997 – 4 AZR 221/96 – AP Nr. 237 zu §§ 22, 23 BAT 1975.
244 BAG, Urt. v. 14.8.1985 – 4 AZR 21/84 – AP Nr. 109 zu §§ 22, 23 BAT 1975.
245 Vgl. LAG Sachsen, Urt. v. 27.11.2002 – 2 Sa 572/01 – ZTR 2003, 457.
246 BAG, Urt. v. 25.11.1981 – 4 AZR 305/79 – AP Nr. 51 zu §§ 22, 23 BAT 1975.
247 BAG, Urt. v. 28.9.1994 – 4 AZR 542/93 – AP Nr. 185 zu §§ 22, 23 BAT 1975.
248 *Herzberg/Schlusen*, § 5 TV-V Rn 50.

kehrschluss aus FG 7.4.1 deutlich macht – um Meister ohne fachliche Aufsicht über Handwerker oder Facharbeiter handeln.[249]

Es finden wiederum die oben Kapitel 3 Rn 85ff. unter entwickelten Grundsätze Anwendung.

cc) EG 7

Auch in der EG bauen die Oberbegriffe auf den Merkmalen der FG 6.1 und 6.2 auf. 113

FG 7.1

Eine Eingruppierung in die FG 7.1 setzt dementsprechend voraus, dass Arbeitneh- 114
mer der FG 6.1 Tätigkeiten ausüben, die besondere Spezialkenntnisse erfordern.

Der Begriff „besondere Spezialkenntnisse" ist im TV-V nicht definiert, weshalb auf den **allgemeinen Sprachgebrauch** zurückgegriffen werden muss.[250] Das Adjektiv „besondere" besagt: außergewöhnlich, nicht alltäglich; über das Normale, das Übliche hinaus. Spezialkenntnisse sind nach dem allgemeinen Sprachgebrauch Kenntnisse spezieller bzw. besonderer Art, also keine allgemein bekannten Kenntnisse.

In Anlehnung an die Rechtsprechung des BAG[251] zu einer „Spezialausbildung" muss es sich jedenfalls um Kenntnisse handeln, die ein besonderes Gebiet abdecken, das **nicht bereits in der grundständigen Ausbildung vermittelt** worden ist. Die bloße Einarbeitung in die konkrete berufliche Tätigkeit ist ebenso wenig mit dem Erwerb von „Spezialkenntnissen" verbunden wie die Aktualisierung der beruflichen Kenntnisse und Fähigkeiten und eine berufliche Weiterbildung im Hinblick auf veränderte technische Entwicklungen.[252]

FG 7.2

Die FG 7.2 setzt als Heraushebung aus FG 6.2 voraus, dass der Umfang der selbstän- 115
digen Leistungen mindestens 50% beträgt. Im Übrigen ergeben sich keine relevanten Unterschiede.

FG 7.3

FG 7.3 erfasst wiederum die sog. „sonstigen Arbeitnehmer", sodass die oben Kapi- 116
tel 3 Rn 85ff. unter entwickelten Grundsätze Anwendung finden.

dd) EG 8

Die Oberbegriffe der EG 8 bauen wiederum auf den FG 7.1 oder 7.2 auf. 117

---

249 Ebenso – ohne Begründung – *Herzberg/Schlusen*, § 5 TV-V Rn 50.

250 *Herzberg/Schlusen*, § 5 TV-V Rn 52; *Richter/Gamisch*, S. 120.

251 Für die Übertragbarkeit dieser Rechtsprechung auch *Richter/Gamisch*, S. 120.

252 BAG, Urt. v. 20.5.2009 – 4 AZR 184/08 – AP Nr. 12 zu § 1 TVG Tarifverträge: Arbeiterwohlfahrt.

FG 8.1

118 Die FG 8.1 erfasst Arbeitnehmer, deren Tätigkeit sich durch das Maß ihrer Verantwortung erheblich aus der FG 7.1 heraushebt.

Nach der Rechtsprechung des BAG ist in diesem Kontext auf die Bedeutung des Wortes „Verantwortung" im allgemeinen Sprachgebrauch zurückzugreifen.[253] Dieser versteht darunter die mit einer bestimmten Stellung oder Aufgabe verbundene Verantwortung, d.h. die **Verpflichtung, der jeweiligen Stellung oder Aufgabe entsprechend dafür zu sorgen, dass innerhalb eines bestimmten Rahmens oder Lebensbereiches alles einen guten, sachgerechten und geordneten Verlauf nimmt.**[254]

119 In diesem allgemeinen Sinne verstehen die Tarifvertragsparteien unter „Verantwortung" im Sinne des zur Beurteilung stehenden Tarifmerkmals die Verpflichtung des Arbeitnehmers, dafür einstehen zu müssen, dass in dem ihm übertragenen Dienst- oder Arbeitsbereich die dort – auch von anderen Arbeitnehmern – zu erledigenden Aufgaben **sachgerecht, pünktlich und vorschriftsgemäß** ausgeführt werden.[255]

Dabei kann sich je nach der Lage des Einzelfalles die tariflich geforderte Verantwortung des Arbeitnehmers auf andere Mitarbeiter oder dritte Personen, Sachen, Arbeitsabläufe, zu gewinnende wissenschaftliche Resultate oder – wie etwa beim Einsatz von Computern – auf technische Zusammenhänge beziehen.[256]

! **Praxistipp**
Für das Vorliegen der tariflich geforderten herausgehobenen Verantwortung kann auch der Umstand sprechen, dass die Tätigkeit des betreffenden Arbeitnehmers keiner weiteren oder nur einer lockeren Kontrolle oder Überprüfung unterliegt.[257]

Soweit die Tarifvertragsparteien in FG 8.1 eine erhebliche Heraushebung fordern, ist eine beträchtliche, gewichtige Heraushebung und damit besonders weitreichende, hohe Verantwortung notwendig.[258]

FG 8.2

120 In die FG 8.2 sind Arbeitnehmer einzugruppieren, deren Tätigkeit gründliche, umfassende Fachkenntnisse und selbständige Leistungen erfordern. Gründliche, umfassende Fachkenntnisse bedeuten gegenüber gründlichen und vielseitigen Fachkenntnissen (Fallgruppe 7.2) nach dem definierenden Klammerzusatz in FG 8.2 eine **Steigerung der Tiefe und Breite nach.**

---

253 BAG, Urt. v. 29.1.1986 – 4 AZR 465/84 – AP Nr. 115 zu §§ 22, 23 BAT 1975.
254 BAG, Urt. v. 29.1.1986 – 4 AZR 465/84 – AP Nr. 115 zu §§ 22, 23 BAT 1975.
255 BAG, Urt. v. 29.1.1986 – 4 AZR 465/84 – AP Nr. 115 zu §§ 22, 23 BAT 1975.
256 BAG, Urt. v. 29.1.1986 – 4 AZR 465/84 – AP Nr. 115 zu §§ 22, 23 BAT 1975.
257 BAG, Urt. v. 29.1.1986 – 4 AZR 465/84 – AP Nr. 115 zu §§ 22, 23 BAT 1975.
258 BAG, Urt. v. 29.1.1986 – 4 AZR 465/84 – AP Nr. 115 zu §§ 22, 23 BAT 1975; *Herzberg/Schlusen*, § 5 TV-V Rn 56.

Die gründlichen, umfassenden Fachkenntnisse müssen nach der Rechtsprechung des BAG zum BAT, die insoweit übertragen werden kann,[259] allerdings nicht für sich, sondern **insgesamt** gegenüber den Merkmalen „gründlich" und „vielseitig" eine Steigerung aufweisen, d.h. auch hinsichtlich der Gründlichkeit.[260] Der Begriff „gründliche, umfassende Fachkenntnisse" ist daher den gründlichen und vielseitigen Fachkenntnissen zusammenfassend gegenüberzustellen und einheitlich zu bewerten.[261]

Damit reicht eine größere Breite allein nicht aus.[262] Darüber hinaus muss auch 121
eine Steigerung in der Tiefe vorhanden sein. Das bedeutet, dass die Tätigkeit vertiefte Kenntnisse der Materie erfordern muss.[263] Nur wenn – entsprechend dem Klammerzusatz – eine entsprechende Steigerung unter beiden Aspekten (Qualität [= Tiefe] und Quantität [= Breite]) im Vergleich zu dem Tätigkeitsmerkmal „gründliche und vielseitige Fachkenntnisse" festgestellt werden kann, ist das Tätigkeitsmerkmal „gründliche, umfassende Fachkenntnisse" erfüllt.[264]

Praxistipp !
Hiervon ausgehend werden umfassende Fachkenntnisse für einen Aufgabenkreis jedenfalls dann nicht benötigt, wenn er im Verhältnis zu dem Gesamtgebiet oder den Gebieten des Arbeitgebers nur einen relativ geringen Ausschnitt darstellt.[265]

FG 8.3

FG 8.3 erfasst wiederum die sog. „sonstigen Arbeitnehmer", sodass die oben Kapi- 122
tel 3 Rn 85ff. entwickelten Grundsätze Anwendung finden.

d) Anforderungsgruppe 3 (EG 9 und 10)

In einer dritten Anforderungsgruppe zusammenfassen lassen sich Arbeitnehmer, 123
deren Tätigkeiten

- entweder mindestens einen (Fach-)Hochschulabschluss[266] (d.h. Bachelor- oder Mastergrad)[267] erfordert (FG. 9.2) oder

---

259 Ebenso *Richter/Gamisch*, S. 129.

260 Vgl. ebenso Groeger/*Schlewing*, Teil 7 Rn 156.

261 BAG, Urt. v. 8.11.1967 – 4 AZR 9/67 – AP Nr. 12 zu §§ 22, 23 BAT; BAG, Urt. v. 18.2.1998 – 4 AZR 552/96 – ZTR 1998, 321.

262 Vgl. Groeger/*Schlewing*, Teil 7 Rn 156.

263 Vgl. Groeger/*Schlewing*, Teil 7 Rn 156.

264 Vgl. Groeger/*Schlewing*, Teil 7 Rn 156.

265 BAG, Urt. v. 10.12.1997 – 4 AZR 221/96 – AP Nr. 237 zu §§ 22, 23 BAT 1975.

266 Beispiele für entsprechende Tätigkeiten bei *Richter/Gamisch*, S. 156ff.

267 Vgl. *Herzberg/Schlusen*, § 5 TV-V Rn 59f., 62; *Richter/Gamisch*, S. 155. Da der Wortlaut des TV-V Bachelor und Master nicht erfasst, ist insoweit eine entsprechende rechtsfortbildende Lückenfüllung durch Analogie erforderlich, vgl. *Richter/Gamisch*, S. 152.

– sich dadurch aus der FG 8.2. (gründliche, umfassende Fachkenntnisse und selbständige Leistungen) herausheben, dass sie besonders verantwortungsvoll (FG 9.1) bzw. von besonderer Schwierigkeit und Bedeutung (FG 10.1) sind.

aa) EG 9

124 Diese EG ist die Einstiegsentgeltgruppe für Fachhochschulabsolventen bzw. Arbeitnehmer mit dem Bachelorgrad mit entsprechender Tätigkeit und die Aufstiegsentgeltgruppe für Arbeitnehmer der Fallgruppe 8.2.[268]

! **Praxistipp**
Nicht ausreichend ist analog zu dem bei FG 5.1 Gesagten, dass das Wissen und Können der (Fach-) Hochschulausbildung lediglich nützlich oder wünschenswert ist.[269]

FG 9.1

125 Die FG 9.1 ermöglicht den Aufstieg aus der EG 8 in die EG 9, wenn die Tätigkeit der Fallgruppe 8.2 besonders verantwortungsvoll ist. Voraussetzung ist, dass die auszuübenden Tätigkeiten „besonders verantwortungsvoll" sind.

Von einer derartigen „besonderen Verantwortung" kann nach der Rechtsprechung des BAG nur dort gesprochen werden, wo sich die Tätigkeit des Arbeitnehmers, **gemessen an und ausgehend von der Summe der Erfordernisse** der Vergütungsgruppe, aus welcher sich die Tätigkeit durch eine besondere Verantwortlichkeit herausheben muss, durch das Maß der geforderten Verantwortung in gewichtiger, beträchtlicher Weise heraushebt.[270]

126 Die Feststellung, ob sich ein Arbeitnehmer mit seiner Tätigkeit dadurch im Sinne der FG 9.1 aus der FG 8.2 heraushebt, dass diese Tätigkeit „besonders verantwortungsvoll" ist, lässt sich nur gemessen an den in der FG 8.2 gestellten Anforderungen treffen. Unausgesprochen setzt auch die FG 8.2 ein bestimmtes, der darin beschriebenen Tätigkeit adäquates Maß an Verantwortung voraus.[271] Denn anderenfalls enthielte dieses Tätigkeitsmerkmal für den durch FG 9.1 und FG 8.2 gebotenen Verantwortungsvergleich keine Vergleichsgröße. Die Prüfung der Anforderungen der besonderen Verantwortung setzt daher nach ständiger Rechtsprechung

---

268 *Herzberg/Schlusen*, § 5 TV-V Rn 60.
269 Vgl. *Richter/Gamisch*, S. 156 m.w.N.
270 BAG, Urt. v. 19.3.1986 – 4 AZR 642/84 – AP Nr. 116 zu §§ 22, 23 BAT 1975; BAG, Urt. v. 9.5.2007 – 4 AZR 351/06 – n. v.
271 Vgl. BAG, Urt. v. 4.4.2001 – 4 AZR 187/00 – EzBAT BAT §§ 22, 23 B.1 Allgemeiner Verwaltungsdienst VergGr. IVa Nr. 19; BAG, Urt. v. 12.5.2004 – 4 AZR 371/03 – AP Nr. 301 zu §§ 22, 23 BAT 1975.

einen wertenden Vergleich mit der bereits in FG 8.2 geforderten Verantwortung voraus.[272]

Praxistipp !
Im Eingruppierungsrechtsstreit obliegt es dem Kläger, diejenigen Tatsachen darzulegen, die diesen Vergleich ermöglichen.[273]

FG 9.2
Die FG 9.2 setzt demgegenüber voraus, dass die Tätigkeit einen Fachhochschulab- 127
schluss bzw. Bachelorgrad erfordert.[274]

FG 9.3
FG 9.3 erfasst wiederum die sog. „sonstigen Arbeitnehmer", sodass die oben Kapi- 128
tel 3 Rn 85ff. entwickelten Grundsätze Anwendung finden.

Dies bedeutet nach ständiger Rechtsprechung des BAG im vorliegenden Zusammenhang, dass die Tätigkeit des Arbeitnehmers ohne notwendigen unmittelbaren Bezug zu einer konkreten akademischen Fachdisziplin gleichwohl ein **Urteilsvermögen, einen Bildungsstand und Allgemeinwissen** eines gleich in welchem besonderen oder allgemeinen Fachgebiet **ausgebildeten Akademikers**, also eine nicht fachspezifische, sondern allgemein akademische Qualifikation erfordert.[275] Ob ein (sonstiger) Arbeitnehmer eine einer akademischen Ausbildung entsprechende Tätigkeit ausübt, ist daher nur feststellbar, **wenn er im Einzelnen darlegt**, aus welchen Gründen er ohne das Urteilsvermögen, wie es ein einschlägig ausgebildeter Akademiker aufweist, seine Aufgaben nicht ordnungsgemäß erledigen könnte.[276] Es muss erkennbar sein, dass akademisches Arbeiten i.S.d. Überschauen von Zusammenhängen und selbständige Ergebnisentwicklung für das Arbeitsergebnis schlechthin erforderlich ist.[277]

bb) EG 10

Eine Eingruppierung in die EG 10 ist denkbar, wenn sich die auszuübenden Tätig- 129
keiten aus den FG 9.1 oder 9.2 durch besondere Schwierigkeit und Bedeutung herausheben.

---

272 Vgl. BAG, Urt. v. 4.4.2001 – 4 AZR 187/00 – EzBAT BAT §§ 22, 23 B.1 Allgemeiner Verwaltungsdienst VergGr. IVa Nr. 19; BAG, Urt. v. 12.5.2004 – 4 AZR 371/03 – AP Nr. 301 zu §§ 22, 23 BAT 1975.

273 BAG, Urt. v. 27.8.2008 – 4 AZR 470/07 – ZTR 2009, 143.

274 *Herzberg/Schlusen*, § 5 TV-V Rn 62.

275 BAG, Urt. v. 15.3.2006 – 4 AZR 157/05 – NZA-RR 2007, 56 (LS).

276 BAG, Urt. v. 15.3.2006 – 4 AZR 157/05 – NZA-RR 2007, 56 (LS).

277 BAG, Urt. v. 15.3.2006 – 4 AZR 157/05 – NZA-RR 2007, 56 (LS).

FG 10.1

130 Nach der ständigen Rechtsprechung des BAG zum BAT bezieht sich die tarifliche Anforderung der besonderen Schwierigkeit der Tätigkeit auf die **fachliche Qualifikation** des Arbeitnehmers, d.h. auf sein fachliches Können und seine fachliche Erfahrung.[278] Es wird also ein Wissen und Können verlangt, das die Anforderungen der FG 9.1 und 9.2 in gewichtiger Weise – d.h. beträchtlich – übersteigt.

Diese erhöhte Qualifikation kann sich – so das BAG – im Einzelfall aus der **Breite und Tiefe des geforderten fachlichen Wissens und Könnens** ergeben, aber auch **aus außergewöhnlichen Erfahrungen** oder einer sonstigen gleichwertigen Qualifikation, etwa besonderen Spezialkenntnissen. Dabei sei allerdings zu beachten, dass die Tarifvertragsparteien die Anforderungen der besonderen Schwierigkeit und Bedeutung gegenständlich nicht beschränkt hätten. Sie forderten lediglich, dass die Tätigkeit des Arbeitnehmers selbst die erforderliche Qualifikation verlange. Deshalb müsse sich die Schwierigkeit **unmittelbar aus der Tätigkeit** ergeben, so dass eine Tätigkeit nicht deshalb als besonders schwierig im tariflichen Sinne angesehen werden könne, weil sie etwa unter belastenden oder in sonstiger Weise unangenehmen Bedingungen geleistet werden müsse.[279]

131 Eine Heraushebung durch eine „besondere Schwierigkeit" liegt nach der Rechtsprechung des BAG dann vor, wenn die Schwierigkeit der Tätigkeit in herausgehobener, erhöhter Weise gesteigert ist.[280] Verlangt wird hier eine beträchtliche, gewichtige Heraushebung in den fachlichen Anforderungen gegenüber der FG 9.1 bzw. 9.2.[281]

Das Merkmal der „Bedeutung" der Tätigkeit knüpft nach der Rechtsprechung des BAG an die **Auswirkungen der Tätigkeit** an.[282] Da die Tarifvertragsparteien davon abgesehen haben, den Begriff der Bedeutung gegenständlich oder inhaltlich zu begrenzen, kann sie grundsätzlich durch jede Art der Auswirkung der Tätigkeit des Arbeitnehmers begründet werden. Dabei kommen Auswirkungen aus der Art oder der Größe des Aufgabengebietes sowie aus der Tragweite für den innerdienstlichen Bereich oder für die Allgemeinheit in Betracht.[283]

Während bei der Heraushebung durch „besondere Schwierigkeit" eine beträchtliche, gewichtige Heraushebung bei den fachlichen Anforderungen gegenüber der

---

278 BAG, Urt. v. 1.8.2001 – 4 AZR 298/00 – ZTR 2002, 178; BAG, Urt. v. 25.2.2009 – 4 AZR 20/08 – ZTR 2009, 479; BAG, Urt. v. 19.5.2010 – 4 AZR 912/08 – ZTR 2010, 577; BAG, Urt. v. 21.3.2012 – 4 AZR 292/10 – ZTR 2012, 628.

279 BAG, Urt. v. 4.9.1995 – 4 AZR 174/95 – AP Nr. 217 zu §§ 22, 23 BAT 1975.

280 BAG, Urt. v. 21.6.2000 – 4 AZR 389/99 – ZTR 2001, 125.

281 Vgl. BAG, Urt. v. 9.7.1997 – 4 AZR 780/95 – AP Nr. 39 zu §§ 22, 23 BAT 1975.

282 BAG, Urt. v. 23.2.2005 – 4 AZR 191/04 – ZTR 2005, 643; BAG, Urt. v. 19.5.2010 – 4 AZR 912/08 – ZTR 2010, 577; BAG, Urt. v. 21.3.2012 – 4 AZR 292/10 – ZTR 2012, 628.

283 BAG, Urt. v. 29.9.1993 – 4 AZR 690/92 – AP Nr. 7 zu §§ 22, 23 BAT Sozialarbeiter; BAG, Urt. v. 20.5.2009 – 4 AZR 184/08 – ZTR 2009, 636.

FG 9.1 bzw. 9.2 verlangt wird, genügt bei der „gesteigerten Bedeutung“ eine deutlich wahrnehmbare Heraushebung.[284]

FG 10.2

FG 10.2 erfasst wiederum die sog. „sonstigen Arbeitnehmer“, sodass die oben Kapitel 3 Rn 85ff. entwickelten Grundsätze Anwendung finden. 132

e) Anforderungsgruppe 4 (EG 11–15)

Diese Anforderungsgruppe ist i.d.R. für Arbeitnehmer vorgesehen, deren Tätigkeit eine wissenschaftliche Hochschulausbildung bzw. den Mastergrad voraussetzen.[285] 133

aa) EG 11

In die EG 11 sind Arbeitnehmer eingruppiert, deren Tätigkeit entweder eine wissenschaftliche Hochschulausbildung bzw. Mastergrad verlangt oder sich durch das Maß der Verantwortung erheblich aus der Fallgruppe 10.1 heraushebt. 134

FG 11.1

Die FG 11.1 bildet insoweit – wie sich im Umkehrschluss aus FG 12.1 ergibt: für die Dauer eines Jahres – die Einstiegsgruppe für Tätigkeiten, die einen wissenschaftlichen Hochschulabschluss bzw. Mastergrad erfordern.

FG 11.2

Die FG 11.2 bildet demgegenüber die Aufstiegsfallgruppe für Arbeitnehmer mit Tätigkeiten nach der FG 10.1, wenn sich ihre auszuübenden Tätigkeiten durch das „Maß der Verantwortung“ erheblich aus der FG 10.1 herausheben. Insoweit gelten die zur FG.8.1 entwickelten Grundsätze entsprechend (vgl. unter Kapitel 3 Rn 118f.).

FG 11.3

FG 11.3 erfasst wiederum die sog. „sonstigen Arbeitnehmer“, sodass die oben Kapitel 3 Rn 85ff. entwickelten Grundsätze Anwendung finden. 135

bb) EG 12

Praxistipp !

Die Heraushebungsmerkmale in den EG ab EG 12 sind bewusst „abstrakt“ gehalten, um Flexibilität bei der Entgeltfindung in diesem hochqualifizierten Bereichen gewährleisten zu können.[286]

---

284 Vgl. *Richter/Gamisch*, S. 163f.; für den BAT Groeger/*Schlewing*, Teil 7 Rn 166.
285 *Herzberg/Schlusen*, § 5 TV-V Rn 67.
286 *Herzberg/Schlusen*, § 5 TV-V Rn 72.

FG 12.1

137 In die FG 12.1 werden Arbeitnehmer mit wissenschaftlicher Hochschulausbildung bzw. Mastergrad nach einjähriger einschlägiger Berufstätigkeit in der EG 11 höhergruppiert.

Praxistipp
Ein weiterer Aufstieg ist nur möglich, wenn die Tätigkeit die besonderen Heraushebungsmerkmale der nachfolgenden EG (wie Schwierigkeit und Bedeutung, Verantwortung oder eine weitere erhebliche Heraushebung in EG 15) erfüllt.[287]

FG 12.2

138 FG 12.2 erfasst wiederum die sog. „sonstigen Arbeitnehmer", sodass die oben Kapitel 3 Rn 85ff. entwickelten Grundsätze Anwendung finden.

cc) EG 13

FG 13.1

139 Die FG 13.1 bildet die Aufstiegsfallgruppe für Arbeitnehmer mit Tätigkeiten nach der FG 12.1, wenn sich ihre auszuübenden Tätigkeiten durch das „besondere Schwierigkeit und Bedeutung" aus der FG 12.1 herausheben. Insoweit gelten die zur FG.10.1 entwickelten Grundsätze entsprechend (vgl. unter Kapitel 3 Rn 130f.).

FG 13.2

140 FG 13.2 erfasst wiederum die sog. „sonstigen Arbeitnehmer", sodass die oben Kapitel 3 Rn 85ff. entwickelten Grundsätze Anwendung finden.

dd) EG 14

FG 14.1

141 Die FG 14.1 bildet demgegenüber die Aufstiegsfallgruppe für Arbeitnehmer mit Tätigkeiten nach der FG 13.1, wenn sich ihre auszuübenden Tätigkeiten durch das „Maß der Verantwortung" erheblich aus der FG 13.1 herausheben. Insoweit gelten die zur FG.8.1 entwickelten Grundsätze entsprechend (vgl. unter Kapitel 3 Rn 118f.).

FG 14.2

142 FG 14.2 erfasst wiederum die sog. „sonstigen Arbeitnehmer", sodass die oben Kapitel 3 Rn 85ff. entwickelten Grundsätze Anwendung finden.

ee) EG 15

Die EG 15 ist die Spitzenentgeltgruppe im TV-V.

---

287 *Herzberg/Schlusen*, § 5 TV-V Rn 72.

FG 15.1

Die Merkmale der FG 15.1 sehen gegenüber denen der FG 14.1 eine weitere Steigerung insofern vor, als sich die auszuübenden Tätigkeiten „erheblich aus der Entgeltgruppe 14.1 herausheben" müssen. Es geht um eine nochmalige Steigerung der Verantwortung.[288] 143

In Übertragung der vom BAG für die Anforderungen an vergleichbare Spitzenpositionen entwickelten Grundsätze wird man insoweit fordern müssen,[289] dass nur Arbeitnehmer erfasst sind,

- welche die Leitung größter Organisationseinheiten innehaben,
- bei denen insbesondere die Personalführung und die organisatorische Befähigung höchste Anforderungen stellen sowie
- die Entscheidung von Grundsatzfragen allgemeiner und richtungsweisender Bedeutung zu bearbeiten sind,
- wenn dabei wissenschaftliche Probleme zu lösen sind, die eine hervorragende entsprechende Qualifikation voraussetzen.[290]

Praxistipp !

Dabei ist es nach der Rechtsprechung des BAG nicht erforderlich, dass all diese Merkmale gemeinsam vorliegen. Vielmehr reicht es aus, dass die eine oder andere Voraussetzung erfüllt ist.[291]

FG 15.2

FG 15.2 erfasst wiederum die sog. „sonstigen Arbeitnehmer", sodass die oben Kapitel 3 Rn 85ff. entwickelten Grundsätze Anwendung finden. 144

4. Ergänzung der Anlage 1 durch landesbezirklichen Tarifvertrag in NRW

Von der durch Vorbem. 3 eröffneten Möglichkeit, weitere Tätigkeitsbeispiele zu vereinbaren, haben die Tarifvertragsparteien bislang – soweit ersichtlich – lediglich in NRW Gebrauch gemacht.[292] Die dort vereinbarten Tätigkeitsbeispiele betreffen den Bäderbereich und den Bereich der Informations- und Kommunikationstechnik (IT-Bereich) in NRW. Auch für die EG 1 wurden Tätigkeitsbeispiele vereinbart, die allerdings nur für Bäderbetriebe in NRW gelten. 145

---

288 *Richter/Gamisch*, S. 173.
289 Für die Übertragbarkeit auch *Richter/Gamisch*, S. 174.
290 BAG, Urt. v. 19.2.2003 – 4 AZR 265/02 – ZTR 2003, 508.
291 BAG, Urt. v. 19.2.2003 – 4 AZR 265/02 – ZTR 2003, 508.
292 Vgl. *Herzberg/Schlusen*, § 5 TV-V Rn 73.

VI. Mitbestimmung des Betriebsrats

1. Beteiligung des Betriebsrats bei Eingruppierungen

146 Ist von einer Eingruppierung gemäß § 99 BetrVG auszugehen, ist der Betriebsrat nach Maßgabe von § 99 BetrVG zu beteiligen. Diese Beteiligung des Betriebsrats besteht in einer Mitbeurteilung,[293] d.h. in einer **Richtigkeitskontrolle**. Sie dient der einheitlichen und gleichmäßigen Anwendung der Lohn- und Gehaltsgruppenordnung in gleichen und vergleichbaren Fällen, damit aber auch der **innerbetrieblichen Lohngerechtigkeit** und der **Transparenz** der im Betrieb vorgenommenen Eingruppierungen.[294]

! **Praxistipp**
Der Betriebsrat kann daher die Zustimmung zu einer Eingruppierung auch mit der Begründung verweigern, nur eine niedrigere als die vorgesehene Vergütung sei zutreffend.[295]

147 Das BAG hat bis zum Jahr 2011 regelmäßig formuliert, die Verpflichtung zur Eingruppierung setze eine „im Betrieb und für den Arbeitnehmer geltende Vergütungsordnung" voraus.[296] Wiederholt hat es auch von einem „auf das Arbeitsverhältnis anwendbaren Tarifvertrag" gesprochen.[297]

Soweit dies dahingehend verstanden werden kann, eine betriebsverfassungsrechtliche Verpflichtung des Arbeitgebers zur Eingruppierung eines Arbeitnehmers bestehe nur, wenn dieser selbst aufgrund beiderseitiger Tarifbindung, einzelvertraglicher Bezugnahme oder aus anderen Gründen einen Anspruch auf Anwendung des Tarifvertrags habe, hält daran der – seit dem 1.1.2010 für betriebsverfassungsrechtliche Streitigkeiten über die Mitbestimmung bei personellen Einzelmaßnahmen ausschließlich zuständige – 7. Senat des BAG nicht fest.

Für die betriebliche Mitbestimmung nach § 99 Abs. 1 BetrVG kommt es – wie der Senat im Beschluss vom 4.5.2011[298] klargestellt hat – nicht auf einen Anspruch des einzelnen Arbeitnehmers auf die Anwendung des Tarifvertrags, sondern darauf an, ob die Vergütungsordnung im Betrieb gilt. Ist das der Fall, ist der Arbeitgeber betriebsverfassungsrechtlich verpflichtet, eine Eingruppierung vorzunehmen und hieran den Betriebsrat zu beteiligen.[299]

---

293 OVG NRW, Beschl. v. 14.5.2013 – 20 A 83/12.PVB – PersR 2013, 320; LAG Schleswig-Holstein, Beschl. v. 10.1.2008 – 4 TaBV 27/07 – EzTöD 600 § 5 TV-V Stufenzuordnung Nr 1.
294 LAG Schleswig-Holstein, Beschl. v. 10.1.2008 – 4 TaBV 27/07 – EzTöD 600 § 5 TV-V Stufenzuordnung Nr 1.
295 LAG Schleswig-Holstein, Beschl. v. 10.1.2008 – 4 TaBV 27/07 – EzTöD 600 § 5 TV-V Stufenzuordnung Nr 1.
296 Vgl. z.B. BAG, Beschl. v. 14.4.2010 – 7 ABR 91/08 – AP BetrVG 1972 § 99 Eingruppierung Nr. 44.
297 Vgl. BAG, Beschl. v. 9.3.2011 – 7 ABR 118/09, ZTR 2011, 513.
298 BAG, Beschl. v. 4.5.2011 – 7 ABR 10/10 – NZA 2011, 1239.
299 BAG, Beschl. v. 4.5.2011 – 7 ABR 10/10 – NZA 2011, 1239.

2. Vorgaben des TV-V

a) Mitbestimmungsrecht trotz Tarifautomatik

Vorgaben zur Mitbestimmung des Betriebsrats bzw. Personalrats bei der Eingruppierung trifft § 5 TV-V nicht ausdrücklich. Entgegen einer in der Literatur[300] und Teilen der Praxis vertretenen Auffassung ändert aber – ausgehend von den vorstehenden Grundsätzen – insbesondere die in § 5 TV-V vorgesehene Tarifautomatik bei dem Vorliegen einer Eingruppierung nichts am Bestehen eines Mitbestimmungsrechts des Betriebsrats nach § 99 BetrVG. 148

b) Umfang des Mitbestimmungsrechts

Das Mitbestimmungsrecht des Betriebsrats erstreckt sich nicht nur auf die Frage, welcher Entgeltgruppe der Mitarbeiter zuzuordnen ist. 149

aa) Erstreckung auf Stufenzuordnung

Auch bei der Frage, in welche Stufe der jeweiligen Entgeltgruppe der Arbeitnehmer gemäß § 5 Abs. 2 S. 1 und 2 TV-V eingeordnet wird, handelt es sich um eine Rechtsanwendung, die der Mitbeurteilung des Betriebsrats unterliegt.[301] 150

Bei §§ 4, 5 Abs. 2 S. 2 TV-V handelt es sich dabei nicht um bloße Verfahrensvorschriften.[302] § 5 Abs. 2 S. 2 TV-V knüpft für die Einordnung in die jeweiligen Stufen vielmehr an die Betriebszugehörigkeit gemäß § 4 TV-V an. Auch wenn es sich dabei im Regelfall um eine äußerst einfache Rechtsanwendung handeln dürfte, bleibt es Rechtsanwendung.

Praxistipp !
Schwierige rechtliche Fragen können sich hier im Zusammenhang mit Betriebsübergangen (ggf. nach dem UmwG) stellen. Gleiches gilt bei einer kurzen Unterbrechung der Betriebszugehörigkeit beim selben Arbeitgeber, mit der die Frage verbunden sein kann, inwieweit vorherige Zeiten auf die Betriebszugehörigkeit angerechnet werden müssen.

Hiervon ausgehend bedeutet Eingruppierung im vorliegenden Zusammenhang auch nicht lediglich die Überprüfung der Tätigkeitsmerkmale nach der Anlage 1 zum TV-V. Zur Eingruppierungsentscheidung gehört vielmehr nicht nur die Feststellung der Entgeltgruppe, sondern auch die Festlegung der zutreffenden Stufe innerhalb der 151

300 So früher, jetzt aber wie hier *Herzberg/Schlusen*, TV-V § 5 Rn 119 ff.

301 LAG Schleswig-Holstein, Beschl. v. 10.1.2008 – 4 TaBV 27/07 – EzTöD 600 § 5 TV-V Stufenzuordnung Nr 1; LAG Schleswig-Holstein, Beschl. v. 15.9.2011 – 5 TaBV 19/11 – ZTR 2012, 128.

302 LAG Schleswig-Holstein, Beschl. v. 10.1.2008 – 4 TaBV 27/07 – EzTöD 600 § 5 TV-V Stufenzuordnung Nr 1.

Entgeltgruppe,[303] wenn damit unterschiedliche Rechtsfolgenwirkungen verbunden sein können.[304]

bb) Förderliche Zeiten

152 Dem Betriebsrat ist im Verfahren nach § 99 BetrVG bei der Vornahme von Eingruppierungen und Eingruppierung anlässlich von Einstellungen nach Ansicht der Rechtsprechung auch mitzuteilen, in welchem Umfange förderliche Zeiten berücksichtigt worden sind. Dem steht nicht entgegen, dass es sich bei der Berücksichtigung von förderlichen Zeiten gemäß § 5 Abs. 2 S. 3 TV-V um eine Ermessensentscheidung des Arbeitgebers handelt.[305]

Der Betriebsrat hat jedoch **kein Mitbestimmungsrecht bei der einzelfallbezogenen Entscheidung** des Arbeitgebers hinsichtlich der Anrechnung förderlicher Zeiten.[306] Der Betriebsrat kann sich daher im Verfahren gemäß § 99 BetrVG bei einer konkret zu beurteilenden Eingruppierung nicht gegen den Arbeitgeber mit der Auffassung durchsetzen, förderliche Zeiten seien in einem bestimmten Umfang zu berücksichtigen oder nicht zu berücksichtigen. Insoweit fehlt es an seinem Mitbestimmungsrecht.[307]

Demgegenüber hat der Betriebsrat ein Mitbeurteilungsrecht bei der Frage, **ob überhaupt förderliche Zeiten vorliegen.**[308] Damit er dies beurteilen kann, muss der Arbeitgeber ihm im Verfahren nach § 99 BetrVG auch mitteilen, in welchem Umfang er beabsichtigt, förderliche Zeiten zu berücksichtigen.[309]

VII. Einstufung innerhalb der Entgeltgruppe

153 Die Einstufung innerhalb der anwendbaren Entgeltgruppe ist in § 5 Abs. 2 TV-V geregelt.

---

303 LAG Schleswig-Holstein, Beschl. v. 10.1.2008 – 4 TaBV 27/07 – EzTöD 600 § 5 TV-V Stufenzuordnung Nr 1.

304 LAG Schleswig-Holstein, Beschl. v. 15.9.2011 – 5 TaBV 19/11 – ZTR 2012, 128.

305 LAG Schleswig-Holstein, Beschl. v. 10.1.2008 – 4 TaBV 27/07 – EzTöD 600 § 5 TV-V Stufenzuordnung Nr 1.

306 LAG Schleswig-Holstein, Beschl. v. 10.1.2008 – 4 TaBV 27/07 – EzTöD 600 § 5 TV-V Stufenzuordnung Nr 1.

307 LAG Schleswig-Holstein, Beschl. v. 10.1.2008 – 4 TaBV 27/07 – EzTöD 600 § 5 TV-V Stufenzuordnung Nr 1.

308 LAG Schleswig-Holstein, Beschl. v. 10.1.2008 – 4 TaBV 27/07 – EzTöD 600 § 5 TV-V Stufenzuordnung Nr 1.

309 LAG Schleswig-Holstein, Beschl. v. 10.1.2008 – 4 TaBV 27/07 – EzTöD 600 § 5 TV-V Stufenzuordnung Nr 1.

Praxistipp
In der EG 1 ist – wie sich aus § 5 Abs. 2 S. 1 TV-V ergibt – keine Stufenaufteilung vorgesehen. Zu dieser EG wurde ein einheitlicher Entgeltbetrag vereinbart, der sich weder durch Zeitablauf noch durch besondere Leistungen verändern kann.[310]

1. Systematik der Einstufung

Nach § 5 Abs. 2 S. 1 TV-V sind die EG 2 bis 15 in **sechs Stufen** aufgeteilt. Begonnen wird bei der Einstufung nach § 5 Abs. 2 S. 2 TV-V grundsätzlich mit der Stufe 1. 154

Die jeweils nächste Stufe erreicht der Arbeitnehmer gemäß dem in § 5 Abs. 2 S. 2 TV-V geregelten Grundsatz innerhalb seiner Entgeltgruppe unter Berücksichtigung der Betriebszugehörigkeit (§ 4 TV-V) nach folgenden Zeiten:
- Stufe 2 nach zwei Jahren in Stufe 1,
- Stufe 3 nach zwei Jahren in Stufe 2,
- Stufe 4 nach drei Jahren in Stufe 3,
- Stufe 5 nach vier Jahren in Stufe 4,
- Stufe 6 nach vier Jahren in Stufe 5.

Folgende Ausnahmefälle von diesen Grundsätzen sind in § 5 Abs. 2 S. 3 bis 5 TV-V geregelt:
- „Förderliche Zeiten“ können nach § 5 Abs. 2 S. 3 TV-V für die Stufenzuordnung berücksichtigt werden.
- Bei Leistungen, die „erheblich über dem Durchschnitt“ liegen, kann nach § 5 Abs. 2 S. 4 TV-V die erforderliche Zeit in den Stufen verkürzt werden.
- Bei Leistungen, die „erheblich unter dem Durchschnitt“ liegen, kann nach § 5 Abs. 2 S. 5 TV-V die erforderliche Zeit in jeder Stufe einmal bis zur Hälfte verlängert werden.

Praxistipp
Für Beschwerdefälle sieht § 5 Abs. 2 S. 6 TV-V eine betriebliche Kommission vor (vgl. § 6 Abs. 5 TV-V zu dem entsprechenden Verfahren), die für entsprechende Beschwerdefälle zuständig ist.[311]

2. Regelfall der Ein- und Höherstufung

Im Entgeltsystem des TV-V besteht keine Korrelation zwischen Entgeltstufe und Lebensalter des Beschäftigten. Maßgeblich sind vielmehr 155

310 *Herzberg/Schlusen*, § 5 TV-V Rn 83.
311 Zu deren Kompetenzen vgl. *Herzberg/Schlusen*, § 5 TV-V Rn 106 ff.

- Erfahrung,
- Leistung und
- Betriebszugehörigkeit.[312]

Wie vorstehend skizziert, beginnt demnach jeder Arbeitnehmer grundsätzlich in Stufe 1 und muss – jedenfalls – die so lange wie vorstehend wiedergegeben dauernden Verweilzeiten innerhalb seiner Entgeltgruppe verbringen.

Praxistipp
Nach § 5 Abs. 2 S. 4 und 5 TV-V kann unter Leistungsgesichtspunkten eine Korrektur erfolgen.

§ 5 Abs. 2 S. 2 TV-V legt dabei fest, dass der Arbeitnehmer die jeweils nächste Stufe „innerhalb seiner Entgeltgruppe" nach Ablauf der in § 5 Abs. 2 S. 2 TV-V genannten Stufenlaufzeiten „unter Berücksichtigung der Betriebszugehörigkeit" nach § 4 TV-V erreicht. Die Laufzeit der Stufe in der jeweiligen Entgeltgruppe bestimmt sich also nach zwei Tatbestandsmerkmalen, die **kumulativ** erfüllt sein müssen.[313]

156 Vor Herausforderungen stellt die betriebliche Praxis im Rahmen des § 5 Abs. 2 S. 2 TV-V angesichts dieser relativ einfachen Grundstruktur vor allem die Frage danach, welche Zeiten im Rahmen des § 5 Abs. 2 TV-V nicht als Zeiten der „Betriebszugehörigkeit" i.S.d. § 4 TV-V zu bewerten sind.[314]

Schwierig kann die Beantwortung dieser Fragen vor allem im Zusammenhang mit Umstrukturierungen auf Betriebs- und/oder Unternehmensebene sein.[315] Eine Berücksichtigung der bei einem anderen Arbeitgeber verbrachten Betriebszugehörigkeit kraft Gesetzes kommt nämlich nur in Betracht, wenn ein Betriebsübergang i.S.d. § 613a BGB vorliegt (vgl. dazu unter Kapitel 2 Rn 246ff.).

Praxistipp
Wenn das BAG annimmt, „Der Verweis auf § 4 TV-V soll [...] lediglich klarstellen, dass nur die Zeiten beim aktuellen Arbeitgeber, nicht aber die bei einem anderen Arbeitgeber maßgeblich sind",[316] wird man das nicht dahin verstehen dürfen, dass die gesetzliche Rechtsfolge des § 613a BGB insoweit nicht eingreift. Das dürfte nämlich auch mit den vom EuGH in der Rs. Scattolon entwickelten Grundsätzen unvereinbar sein (vgl. dazu unter Kapitel 2 Rn 313).

---

312 BAG, Urt. v. 27.1.2011 – 6 AZR 578/09 – ZTR 2011, 365.
313 BAG, Urt. v. 27.1.2011 – 6 AZR 578/09 – ZTR 2011, 365.
314 Wohl ebenfalls von einer funktionsdifferenzierenden Auslegung des Begriffs der Betriebszugehörigkeit i.S.d. § 4 TV-V ausgehend *Herzberg/Schlusen*, § 4 TV-V Rn 5ff.
315 Ebenso LAG Schleswig-Holstein, Beschl. v. 10.1.2008 – 4 TaBV 27/07 – EzTöD 600 § 5 TV-V Stufenzuordnung Nr 1.
316 BAG, Urt. v. 27.1.2011 – 6 AZR 578/09 – ZTR 2011, 365.

Auch mit einer kurzen Unterbrechung der Betriebszugehörigkeit bei demselben Arbeitgeber kann die Frage verbunden sein, inwieweit vorherige Zeiten auf die Betriebszugehörigkeit angerechnet werden müssen.[317]

Bei der Beantwortung der letzten Kategorie von Fragen ist wichtig, sich noch einmal den Zweck des Stufenaufstiegs vor Augen zu führen:

Die Entgeltstufen des TV-V knüpfen, wie die in § 5 Abs. 2 S. 2 TV-V festgelegten Stufenlaufzeiten zeigen, an die zunehmende Erfahrung des Arbeitnehmers bei Ausübung seiner Tätigkeit an. Der Stufenaufstieg im Entgeltsystem des TV-V soll die **gewonnene Berufserfahrung honorieren.**[318] Die Tarifvertragsparteien sind offenkundig davon ausgegangen, dass die Abreitnehmer durch die Ausübung der ihnen übertragenen Tätigkeit laufend Kenntnisse und Erfahrungen sammeln, die die Arbeitsqualität und -quantität verbessern.[319]

Hiervon ausgehend wird man alle Zeiten unberücksichtigt lassen können, in denen keine Berufserfahrung erworben wird.[320] Das entspricht auch der vom VKA vorgenommenen Bewertung.[321]

Beispiel

Unberücksichtigt bleiben dürfen daher z.B. Zeiten eines längeren Sonderurlaubs.[322] Gleiches gilt – wie das BAG für den TVöD entschieden hat – für eine Elternzeit, in der keine Teilzeittätigkeit stattfindet.[323]

---

3. Ausnahmefälle

Ausnahmefälle von den vorstehenden Grundsätzen sind in § 5 Abs. 2 S. 3 bis 5 TV-V geregelt. 157

a) Berücksichtigung förderlicher Zeiten

Nach § 5 Abs. 2 S. 3 TV-V können zunächst einmal „förderliche Zeiten" für die Stufenzuordnung berücksichtigt werden. 158

---

317 Vgl. LAG Schleswig-Holstein, Beschl. v. 10.1.2008 – 4 TaBV 27/07 – EzTöD 600 § 5 TV-V Stufenzuordnung Nr 1.

318 BAG, Urt. v. 27.1.2011 – 6 AZR 578/09 – ZTR 2011, 365.

319 BAG, Urt. v. 27.1.2011 – 6 AZR 578/09 – ZTR 2011, 365.

320 Ebenso im Ergebnis *Herzberg/Schlusen*, § 4 TV-V Rn 10.

321 Vgl. *Herzberg/Schlusen*, § 4 TV-V Rn 7.

322 Vgl. die bei *Herzberg/Schlusen*, § 4 TV-V Rn 7 wiedergegebene Entscheidung der VKA-Clearingstelle.

323 BAG, Urt. v. 27.1.2011 – 6 AZR 526/09 – NZA 2011, 1361.

aa) Kennzeichnung „förderlicher" Zeiten

159 Welche Zeiten „förderlich" im Tarifsinne sind, ist noch nicht höchstrichterlich entschieden. Der TV-V beinhaltet selbst keine Eingrenzung dessen, was als förderliche Zeiten berücksichtigt werden kann. Das LAG Baden-Württemberg hat für eine vergleichbare Regelung angenommen, es reiche aus, dass

- die frühere Tätigkeit mit der auszuübenden Tätigkeit in sachlichem Zusammenhang stehe,
- die dabei erworbenen Kenntnisse, Fertigkeiten und Erfahrungen für die Erfüllung der auszuübenden Tätigkeit offenkundig von Nutzen seien und
- diese Zeiten letztlich Voraussetzung für die Entscheidung zur Einstellung des Beschäftigten gewesen seien.[324]

Diese Definition greift auf das Verständnis des Begriffs der „förderlichen Tätigkeit" iSd. § 10 Abs. 1 S. 1 Nr. 2 BeamtVG zurück.[325] Danach ist eine Tätigkeit „förderlich", wenn sie für die Dienstausübung des Beamten nützlich ist. Das ist der Fall, wenn sie entweder erst aufgrund der früher gewonnenen Fähigkeiten und Erfahrungen ermöglicht oder wenn sie jedenfalls erleichtert und verbessert wird.[326]

Da nach dem Sinn und Zweck der Stufenzuordnungen die Berufserfahrung, die der Arbeitnehmer grundsätzlich durch fortlaufende Ausübung eingruppierungsrelevanter Tätigkeiten gewinnt, honoriert werden soll,[327] können in aller Regel Ausbildungszeiten sowie Zeiten berufsfremder Aktivitäten, die in gar keinem Zusammenhang mit der betreffenden Entgeltgruppe stehen, von vornherein keine „förderlichen Zeiten" i.S.v. § 5 Abs. 2 S. 3 TV-V sein.[328]

bb) Richtiger Umgang mit Restlaufzeiten

160 Restlaufzeiten sind – ebenso wie bei der Stufenzuordnung aufgrund einschlägiger Berufserfahrung und nach Höhergruppierungen – auch bei der Anerkennung förderlicher Zeiten grundsätzlich nicht zu berücksichtigen.[329]

Ordnet der Arbeitgeber den neueingestellten Arbeitnehmer unter Anerkennung förderlicher Zeiten einer bestimmten Stufe zu, beginnt in dieser Stufe grundsätzlich die Laufzeit bei null. Erst nach Durchlaufen der vollen Stufenlaufzeit steigt der Ar-

---

324 LAG Baden-Württemberg, Urt. v. 27.9.2012 – 11 Sa 74/12 – juris (Revision anhängig unter 6 AZR 1008/12; Termin ist noch nicht bestimmt).

325 Groeger/*Spelge*, Teil 8 Rn 29.

326 BVerwG, Urt. v. 14.3.2002 – 2 C 4.01 – ZTR 2002, 400.

327 BAG, Urt. v. 27.1.2011 – 6 AZR 578/09 – ZTR 2011, 365; LAG Schleswig-Holstein, Beschl. v. 15.9.2011 – 5 TaBV 19/11 – ZTR 2012, 128.

328 LAG Schleswig-Holstein, Beschl. v. 15.9.2011 – 5 TaBV 19/11 – ZTR 2012, 128.

329 Für den TVöD Groeger/*Spelge*, Teil 8 Rn 31.

beitnehmer in die nächsthöhere Stufe auf, wenn der Arbeitgeber nicht die Laufzeit wegen besonderer Leistungen nach § 5 Abs. 2 S. 4 TV-V verkürzt oder auch die angebrochene Stufenlaufzeit ausdrücklich als förderlich anerkennt.[330]

Andererseits ist die Stufenlaufzeit auch nicht etwa um die Zeit zu verlängern, die der Dauer der „übersprungenen" Stufen entspricht.[331] Denn der Arbeitgeber hat mit seiner Ermessensentscheidung anerkannt, dass der neueingestellte Arbeitnehmer von Beginn an die erforderlichen Kenntnisse hat, um die Tätigkeit seiner Entgeltgruppe in der zuerkannten Stufe von Beginn an uneingeschränkt und vollwertig verrichten zu können. Daher hat er dann, wenn er die Stufenlaufzeit dieser Stufe erfüllt, nach der Bewertung des TV-V auch dann, wenn er in den darunter liegenden Stufen nie tätig gewesen ist, das erforderliche Maß an Berufserfahrung gewonnen, um in die nächsthöhere Stufe aufzusteigen.

Praxistipp !

Etwas anderes gilt nur dann, wenn seine Leistungen in der zuerkannten Stufe so schlecht sind, dass die Voraussetzungen einer Verlängerung der Stufenlaufzeit gemäß § 5 Abs. 2 S. 5 TV-V vorliegen.[332]

cc) Ermessensspielraum des Arbeitgebers

§ 5 Abs. 2 S. 3 TV-V ist dem Wortlaut nach („können") als Ermessensvorschrift ausgestaltet. 161 Ob und in welchem Umfang eine Anrechnung von Beschäftigungszeiten überhaupt vorgenommen werden soll, hängt daher von einer Ermessensentscheidung des Arbeitgebers ab.[333]

Praxistipp !

Einen einklagbaren Rechtsanspruch auf die Anrechnung förderlicher Zeiten hat der Arbeitnehmer nicht.[334]

b) Über- bzw. unterdurchschnittliche Leistungen

Während § 5 Abs. 2 S. 2 TV-V seinem Wortlaut und der inneren Systematik des § 5 162 Abs. 2 TV-V nach lediglich für durchschnittliche Leistungen gilt, machen § 5 Abs. 2

---

330 Vgl. LAG Rheinland-Pfalz, Urt. v. 20.10.2010 – 8 Sa 416/10 – juris.

331 Für den TVöD Groeger/*Spelge*, Teil 8 Rn 31, dort auch zum Folgenden.

332 Für den TVöD Groeger/*Spelge*, Teil 8 Rn 31.

333 LAG Schleswig-Holstein, Beschl. v. 10.1.2008 – 4 TaBV 27/07 – EzTöD 600 § 5 TV-V Stufenzuordnung Nr 1; LAG Schleswig-Holstein, Beschl. v. 15.9.2011 – 5 TaBV 19/11 – ZTR 2012, 128; vgl. zu § 16 Abs. 2 Satz 4 TV-L: LAG Rheinland-Pfalz, Urt. v. 20.10.2010 – 8 Sa 416/10 – juris.

334 LAG Schleswig-Holstein, Beschl. v. 10.1.2008 – 4 TaBV 27/07 – EzTöD 600 § 5 TV-V Stufenzuordnung Nr 1; LAG Schleswig-Holstein, Beschl. v. 15.9.2011 – 5 TaBV 19/11 – ZTR 2012, 128; vgl. zu § 16 Abs. 2 Satz 4 TV-L: LAG Rheinland-Pfalz, Urt. v. 20.10.2010 – 8 Sa 416/10 – juris.

S. 4 und 5 TV-V deutlich, dass bei der Stufenzuordnung auch Leistungsgesichtspunkte berücksichtigt werden können.

aa) Überdurchschnittliche Leistungen

163 Für eine Verkürzung fordert § 5 Abs. 2 S. 4 TV-V „erheblich" über dem Durchschnitt liegende Leistungen.

Voraussetzungen

164 Für die Frage der „Erheblichkeit" kann dabei auf die zur Auslegung dieses Merkmals im Rahmen der EG 15.1 entwickelten Grundsätze zurückgegriffen werden (vgl. unter Kapitel 3 Rn 143). Denn Gründe, hier eine abweichende Bewertung vorzunehmen, sind nicht ersichtlich, da die Stufenzuordnung letztlich eine „Eingruppierung innerhalb derselben Entgeltgruppe" bildet, sodass es folgerichtig ist, insoweit dieselben Grundsätze anzuwenden.

Das spricht auch dafür, die „Leistung" i.S.d. § 5 Abs. 2 S. 4, 5 TV-V mit einer in der Literatur vertretenen Auffassung als die „tatsächlich benötigte Zeit zum [in der nächsten Stufe erforderlichen] Erwerb von Erfahrungswissen und Kompetenz" zu definieren.[335]

Diese Zeit muss im vorgenannten Sinne – im Vergleich zur typischen Dauer – „erheblich" unter dem Durchschnitt liegen, um als „überdurchschnittlich" i.S.d. TV-V qualifiziert werden zu können.

Das scheint auch systematisch mit Blick darauf sinnvoll, dass die Leistung i.S.d. § 5 Abs. 2 TV-V – unter Berücksichtigung des Zwecks der Stufenzuordnung – nicht mit der „Leistung" i.S.d. § 6 Abs. 5 TV-V identisch sein muss.[336] Richtig dürfte vielmehr sein, dass „Leistungen" im letztgenannten Sinne Kennzeichen dafür sein können, dass eine überdurchschnittliche Leistung i.S.d. § 5 TV-V vorliegt. Sie müssen es aber nicht. Denn sie können auch lediglich auf dem typischen Erfahrungs- und Kompetenzlevel besonders gut und daher honorierungswürdig – z.B. durch eine Leistungszulage – sein.

Gestaltungsgrenzen?

165 Für die vorgesehene Verkürzung der Verweildauer in den Stufen bei über dem Durchschnitt liegenden Leistungen ist im TV-V keine Grenze oder kein Rahmen vorgeschrieben.

! **Praxistipp**
Herausragende Leistungen i.S.d. § 5 Abs. 2 TV-V können daher in der betrieblichen Praxis auch in sehr kurzer Frist und – bei wiederholtem Vorliegen der Voraussetzungen – auch durch wiederholte Verkürzung honoriert werden.[337]

---

335 So – ohne Klammerzusatz und daher etwas ungenau – *Herzberg/Schlusen*, § 5 TV-V Rn 93.

336 In diesem Sinne auch *Herzberg/Schlusen*, § 5 TV-V Rn 93.

337 *Herzberg/Schlusen*, § 5 TV-V Rn 93.

Kein Anspruch auf Verkürzung

Parallel zu den Überlegungen zu § 5 Abs. 2 S. 3 TV-V besteht auch im Rahmen des § 5 Abs. 2 S. 4 TV-V kein Anspruch auf eine vorzeitige Höherstufung wegen überdurchschnittlicher Leistungen. 166

bb) Unterdurchschnittliche Leistungen

Für den Leistungsbegriff und die „Erheblichkeit" gilt auch im Rahmen des § 5 Abs. 2 S. 5 TV-V nichts anderes. Nach dieser Norm ist eine Verzögerung des Stufenaufstiegs möglich. 167

Im Unterschied zu § 5 Abs. 2 S. 4 TV-V ist insoweit erforderlich, dass die Zeit zum Erwerb der typischen Kenntnisse und Fähigkeiten – im Vergleich zur typischen Dauer – „erheblich" über dem Durchschnitt liegen, um als „überdurchschnittlich" i.S.d. TV-V qualifiziert werden zu können. Sie muss also **ungewöhnlich lang dauern**.

Beachtet werden muss in diesem Zusammenhang die speziell zu § 5 Abs. 2 S. 5 TV-V abgegebene Protokollerklärung, nach der bei Leistungsminderungen, die auf einem anerkannten Arbeitsunfall beruhen, diese Ursache in geeigneter Weise berücksichtigt werden soll.

Im Unterschied zu § 5 Abs. 2 S. 4 TV-V ist darüber hinaus bei der Verlängerung der Stufenzeit eine Obergrenze vorgesehen. Denn nach § 5 Abs. 2 S. 5 TV-V darf die erforderliche Zeit in jeder Stufe nur einmal bis zur Hälfte verlängert werden.

Praxistipp !

Insgesamt wäre somit eine Verlängerung um 7,5 Jahre denkbar.[338] In der betrieblichen Praxis dürfte ein entsprechender Arbeitnehmer, der über so einen langen Zeitraum unter dem Durchschnitt liegende Leistungen erbringt, aber kaum tragbar sein.[339] Die Verlängerung der Stufenlaufzeiten ist allerdings ein im Vergleich zu einer leistungsbedingten Kündigung[340] milderes Mittel und ist daher im Regelfall vor Ausspruch der Kündigung geboten.[341]

---

4. Mitbestimmung

Wie bereits dargelegt (vgl. Kapitel 3 Rn 146ff., 150ff.), erstreckt sich das Mitbestimmungsrecht von Betriebs- bzw. Personalrat auf die Frage der richtigen Stufenzuordnung, soweit diese unterschiedliche Rechtsfolgen mitsichbringen kann, inklusive der Frage, ob förderliche Zeiten vorliegen, allerdings nicht mit Blick auf deren Berücksichtigung. 168

---

338 *Herzberg/Schlusen*, § 5 TV-V Rn 92.

339 *Herzberg/Schlusen*, § 5 TV-V Rn 92.

340 Vgl. zu den Anforderungen an eine Kündigung wegen Low Performance Kap. 10 und 11 in: *Fuhlrott/Mückl* (erscheint 2014).

341 Ebenso *Herzberg/Schlusen*, § 5 TV-V Rn 92.

G. Umgruppierung und Übertragung höherwertiger Tätigkeiten

I. Höhergruppierung

169 Die Höhergruppierung ist – wie dargelegt – ein Unterfall der Umgruppierung. Sie bedeutet die Zuordnung des Arbeitnehmers zu einer höheren Vergütungs- bzw. Entgeltgruppe und begründet einen Anspruch des Arbeitnehmers auf entsprechende Bezahlung aus dieser höheren Vergütungs- bzw. Entgeltgruppe. Kennzeichnend für die Höhergruppierung ist, dass der Ist-Zustand der Vergütung nicht dem tariflichen Soll-Zustand entspricht, sondern hinter ihm zurückbleibt.[342]

1. Ursachen für eine Höhergruppierung

a) Zuweisung einer höherwertigen Tätigkeit durch den Arbeitgeber

170 Ursache einer derartigen Abweichung des Ist-Zustandes vom Soll-Zustand kann zunächst einmal sein, dass der Arbeitgeber dem Arbeitnehmer auf Dauer Tätigkeiten zugewiesen hat, die den Merkmalen einer höheren Entgeltgruppe entsprechen. Dies ist in der Regel nicht vom Direktionsrecht des Arbeitgebers gedeckt, so dass eine **Vertragsänderung** erforderlich ist, die in der Regel dadurch zustande kommt, dass der Arbeitnehmer die neue auf Dauer zugewiesene Tätigkeit **vorbehaltlos ausübt.** Aufgrund der im § 5 Abs. 1 S. 1 TV-V festgelegten Tarifautomatik folgt die Eingruppierung in die höhere Entgeltgruppe automatisch aus dem TV-V.

b) Hineinwachsen in eine höherwertige Tätigkeit ohne Handeln des Arbeitgebers

171 Eine Höhergruppierung **ohne Handeln des Arbeitgebers** ist im Rahmen des TV-V – da eine Vorschrift wie in §§ 13 TVöD/TV-L im TV-V nicht enthalten ist – **ausgeschlossen.**

c) Die nicht billigem Ermessen entsprechende vorübergehende Übertragung einer höherwertigen Tätigkeit

172 Zu einer Abweichung des Ist-Zustandes vom tariflichen Soll-Zustand kann es allerdings auch dadurch kommen, dass der Arbeitgeber dem Arbeitnehmer nach § 5 Abs. 3 TV-V nur vorübergehend eine höherwertige Tätigkeit überträgt und dies nicht billigem Ermessen (§ 315 BGB) entspricht. In diesem Fall **gilt** die Übertragung der Tätigkeit – sofern nicht lediglich die zeitliche Dauer anders bestimmt wird – nicht nur als vorübergehend, sondern **als auf Dauer erfolgt.**[343]

---

342 Groeger/*Schlewing*, Teil 7 Rn 100.
343 BAG, Urt. v. 15.5.2002 – 4 AZR 433/01 – ZTR 2003, 80.

d) Die falsche Eingruppierung des Arbeitnehmers

Schließlich kann eine Abweichung des Ist-Zustandes vom Soll-Zustand auch deshalb vorliegen, weil die vom Arbeitnehmer laut Arbeitsvertrag auszuübende Tätigkeit nicht seiner Eingruppierung entspricht. Er ist dann fehlerhaft, nämlich zu niedrig eingruppiert worden, weil der Arbeitgeber die vom Arbeitnehmer zu verrichtende Tätigkeit **irrtümlich zu niedrig bewertet** hat. Ausgehend von den vom BAG entwickelten Grundsätzen bringt der Arbeitgeber durch die Angabe der Entgeltgruppe im Arbeitsvertrag jedoch nur zum Ausdruck, dass er das Entgelt gewähren will, das sich bei Anwendung der tariflichen Regelungen ergibt. Vor diesem Hintergrund hat der Arbeitnehmer aufgrund der in § 5 Abs. 1 S. 1 TV-V geregelten Tarifautomatik einen Anspruch auf Bezahlung der Vergütung aus der zutreffenden höheren Entgeltgruppe.[344] 173

2. „Anspruch" auf Höhergruppierung außerhalb der Tarifautomatik

Denkbar sind Ansprüche auf eine Vergütung nach einer höheren Entgeltgruppe in Ausnahmefällen auch außerhalb der Tarifautomatik, also aufgrund einer anderen rechtlichen Basis. 174

a) Vertragliche Vereinbarung

Zunächst einmal können die Arbeitsvertragsparteien natürlich im Arbeitsvertrag eine von den tariflichen Vorgaben abweichende, höhere Vergütung vereinbaren. Ausgehend von dem vorgenannten Auslegungsgrundsatz des BAG muss dies dann hinreichend deutlich zum Ausdruck gebracht werden. 175

b) Anspruch aus dem Gleichbehandlungsgrundsatz

In der betrieblichen Praxis selten sind Ansprüche auf Höhergruppierung aus dem Gleichbehandlungsgrundsatz. Denn nach der ständigen Rechtsprechung des BAG schützt der Gleichbehandlungsgrundsatz den Arbeitnehmer lediglich gegenüber der Gestaltungsmacht des Vertragsarbeitgebers. 176

Praxistipp !

Zur Begründung eines Anspruchs aus dem Gleichbehandlungsgrundsatz kann sich ein Arbeitnehmer daher nicht auf eine Eingruppierung vergleichbarer Arbeitnehmer bei anderen Arbeitgebern berufen.[345]

---

344 Ebenso für den TVöD/TV-L Groeger/*Schlewing*, Teil 7 Rn 105.

345 BAG, Urt. v. 7.3.1995 – 3 AZR 282/94 – NZA 1996, 48; BAG, Urt. v. 26.9.2012 – 4 AZR 688/10 – ZTR 2013, 242.

Losgelöst davon greift der Gleichbehandlungsgrundsatz nur dort ein, wo der Arbeitgeber (bewusst) ein eigenes Regelungswerk schafft. Er ist daher in den Fällen **bloßen Normvollzugs** nicht anwendbar. Deshalb scheidet auch ein Anspruch auf „Gleichbehandlung im Irrtum" aus.[346] Sofern der Arbeitnehmer also tarifvertragsgemäß eingruppiert ist, kann er sich in aller Regel nicht darauf berufen, dass vergleichbare Arbeitnehmer ggf. **irrtümlich eine höhere Vergütung** erhalten.[347]

177 Hinzukommt, dass der Gleichbehandlungsgrundsatz im Bereich der Vergütung nur eingeschränkt gilt, weil insoweit der **Grundsatz der Vertragsfreiheit** im Prinzip Vorrang besitzt. Gewährt der Arbeitgeber allerdings Leistungen nach einem bestimmten erkennbaren und **generalisierenden Prinzip** aufgrund einer abstrakten Regelung, findet der Gleichbehandlungsgrundsatz mit der Folge Anwendung, dass der Arbeitgeber Arbeitnehmer von einer solchen Regelung nur aus sachlichen Gründen ausschließen darf.[348] Eine derartige – die Gleichbehandlungspflicht auslösende – nicht gerechtfertigte unterschiedliche Behandlung liegt nach der Rechtsprechung des BAG vor, wenn der Arbeitgeber an andere vergleichbare Arbeitnehmer bewusst zusätzliche freiwillige Leistungen erbringt.[349]

178 Ein Anspruch auf Gleichbehandlung kann auch dann bestehen, wenn der Arbeitgeber an andere vergleichbare Arbeitnehmer eine höhere Vergütung zahlt, weil er sich tariflich für verpflichtet hält. Dies allerdings nur ausnahmsweise der Fall, wenn er **nach Kenntnis von seinem Irrtum die bis dahin ohne Rechtsgrund erbrachten Leistungen weiter gewährt und rechtlich mögliche Rückforderungsansprüche nicht geltend macht**. Denn ab diesem Zeitpunkt erbringt er dann bewusst zusätzliche freiwillige Leistungen mit der Folge, dass er die bislang von der Leistung ausgeschlossenen vergleichbaren Arbeitnehmer gleich behandeln muss.[350]

! **Praxistipp**

Vor diesem Hintergrund sollten entsprechende Leistungen eingestellt werden, wenn entsprechende Irrtümer erkannt werden. Zudem sollte der Irrtum und die Umstände, die ihn erkennbar gemacht haben, dokumentiert werden. Denn auch dann, wenn der Arbeitgeber erst zukünftig die Leistungen an die bisher begünstigten Arbeitnehmer einstellt, hat der übergangene Arbeitnehmer jedenfalls für die Vergangenheit, d.h. für den Zeitraum bis zur Einstellung der Leistungen, einen Anspruch auf Gleichbehandlung.[351] Stellt der Arbeitgeber aber die rechtsgrundlosen Zahlungen alsbald, nachdem er seinen Irrtum erkannt hat, ein und ergreift er alle rechtlich möglichen Maßnahmen zur nachträg-

---

346 BAG, Urt. v. 16.5.2012 – 4 AZR 372/10 – ZTR 2012, 575; BAG, Urt. v. 23.10.2012 – 4 AZR 48/11 – AP Nr.12 zu § 12 AVR Diakonisches Werk.

347 Groeger/*Schlewing*, Teil 7 Rn 110.

348 BAG, Urt. v. 16.5.2012 – 4 AZR 372/10 – ZTR 2012, 575; BAG, Urt. v. 23.10.2012 – 4 AZR 48/11 – AP Nr.12 zu § 12 AVR Diakonisches Werk.

349 BAG, Urt. v. 24.2.2000 – 6 AZR 504/98 – juris.

350 BAG, Urt. v. 27.8.2008 – 4 AZR 484/07 – ZTR 2009/2/11.

351 BAG, Urt. v. 26.10.1995 – 6 AZR 125/95 – BB 1996, 119.

lichen Korrektur seines Irrtums, ist für die Anwendung des arbeitsrechtlichen Gleichbehandlungsgrundsatzes kein Raum.[352]

c) Schadensersatzanspruch

Schließlich ist ein Anspruch auf Höhergruppierung bzw. jedenfalls auf Vergütung 179
nach einer höheren Entgeltgruppe in Einzelfällen auch als Schadensersatzanspruch denkbar. Dies wird allerdings nur in **sehr seltenen Fällen** möglich sein.

Beispiel
Denkbar ist dies z.B., wenn der Arbeitgeber eine Stelle unter Angabe einer bestimmten Entgeltgruppe ausschreibt und ihm im Zeitpunkt des Bewerbungsgesprächs bzw. des Vertragsschlusses eine mögliche künftige tarifliche Verschlechterung bekannt ist. In diesem Fall ist er aufgrund seiner Fürsorgepflicht gehalten, den sich bewerbenden Arbeitnehmer auf die mögliche Verschlechterung der tariflichen Eingruppierung hinzuweisen. Unterlässt er dies im Bewerbungsgespräch beziehungsweise beim späteren Vertragsschluss, kann er dem Arbeitnehmer gegenüber zum Schadensersatz verpflichtet sein, sofern es zu einem späteren Zeitpunkt tatsächlich zu einer Rückgruppierung kommt.[353]

3. Einstufung bei Höhergruppierung

Der TV-V bestimmt nicht ausdrücklich, welcher Stufe Arbeitnehmer unmittelbar nach 180
der Höhergruppierung zuzuordnen sind. **Das BAG hat diese Frage offengelassen.**[354]

Entgegen einem in der betrieblichen Praxis verbreiteten Missverständnis werden Stufenlaufzeiten bei einer Höhergruppierung aber richtigerweise nicht „mitgenommen". Vielmehr beginnt jede Höhergruppierung – soweit nicht förderliche Zeiten i.S.d. § 5 Abs. 2 S. 3 TV-V berücksichtigt werden können – auf Stufe 1 der neuen Entgeltgruppe.[355] Das folgt aus § 5 Abs. 2 S. 2 TV-V.

Praxistipp
Soweit dies in der Praxis – wie häufig – als unbefriedigend bewertet wird, sollte nicht (bewusst) falsch eingruppiert, sondern vielmehr mit (anrechenbaren) übertariflichen Zulagen gearbeitet werden. Entgegen einer in der Literatur vertretenen Ansicht[356] ist ein „Arbeiten" mit förderlichen Zeiten in der Regel nicht zulässig. Denn es widerspricht der vom BAG angenommenen Logik der Nichtmitnahme angebrochener Stufenlaufzeiten und der Grundidee von Stufenlaufzeiten selbst, die ja gerade darin liegt, dass bei Beginn der Tätigkeit in der neuen EG bisherige, in der geringeren EG erworbene Berufserfahrung nicht als „förderliche Zeit" nutzbar ist.

352 BAG, Urt. v. 26.11.1998 – 6 AZR 335/97 – NZA 1999, 1108.
353 BAG, Urt. v. 13.6.1996 – 8 AZR 415/94 – juris.
354 BAG, Urt. v. 27.1.2011 – 6 AZR 578/09 – ZTR 2011, 365.
355 Zutreffend *Herzberg/Schlusen*, § 5 Rn 96; a.A. für die Mitnahme der Stufe ohne Begründung Breier/Dassau/Kiefer/Lang/Langenbrinck, TVöD, Stand Januar 2011, § 5 TV-V Rn 26.
356 *Herzberg/Schlusen*, § 5 TV-V Rn 104f.

181 Ausgangspunkt hierfür ist, dass § 5 Abs. 2 S. 2 TV-V – wie gesehen – festlegt, dass der Arbeitnehmer die jeweils nächste Stufe „innerhalb seiner Entgeltgruppe" nach Ablauf der in § 5 Abs. 2 S. 2 TV-V genannten Stufenlaufzeiten „unter Berücksichtigung der Betriebszugehörigkeit" nach § 4 TV-V erreicht. Die Laufzeit der Stufe in der jeweiligen Entgeltgruppe bestimmt sich also nach zwei Tatbestandsmerkmalen, die kumulativ erfüllt sein müssen.

Dabei schließt das Merkmal „innerhalb seiner Entgeltgruppe" nach einer Stufenzuordnung des Arbeitnehmers in der höheren Entgeltgruppe die Berücksichtigung von Zeiten, die **in einer niedrigeren Entgeltgruppe zurückgelegt worden sind**, für die Stufenlaufzeit nach der Bewertung des BAG aus.[357] Insoweit sei der Wortlaut der Vorschrift eindeutig. Denn andernfalls wäre die Einschränkung „in seiner Entgeltgruppe" überflüssig. Aus dieser Formulierung ergibt sich jedoch, dass nach der Zuordnung zu einer Stufe der höheren Entgeltgruppe für den weiteren Stufenaufstieg des Arbeitnehmers nur die Stufenlaufzeit in **„seiner" Entgeltgruppe zählen soll**. „Seine" Entgeltgruppe ist allein die aktuell maßgebliche des Arbeitnehmers, also die Entgeltgruppe, in die er seit seiner Höhergruppierung eingruppiert ist. Für den Aufstieg in den Stufen der höheren Entgeltgruppe zählt daher allein die in dieser Entgeltgruppe zurückgelegte Zeit.[358]

182 Aus dem zweiten Tatbestandsmerkmal, der Betriebszugehörigkeit, folgt nach der Bewertung des BAG nichts anderes,[359] zumal der Zweck der mit dem TV-V erstmals in einem Vergütungssystem des öffentlichen Dienstes eingeführten Entgeltstufen dieses Auslegungsergebnis bestätigt und etwaige verbliebene Auslegungszweifel beseitigt. Denn die Entgeltstufen des TV-V knüpfen, wie die in § 5 Abs. 2 S. 2 TV-V festgelegten Stufenlaufzeiten zeigen, **an die zunehmende Erfahrung des Arbeitnehmers bei Ausübung seiner Tätigkeit an**. Der Stufenaufstieg im Entgeltsystem des TV-V soll die gewonnene Berufserfahrung honorieren. Die Tarifvertragsparteien sind offenkundig davon ausgegangen, dass die Arbeitnehmer durch die Ausübung der ihnen übertragenen Tätigkeit laufend Kenntnisse und Erfahrungen sammeln, die die Arbeitsqualität und -quantität verbessern. Diese Annahme einer **Produktivitätssteigerung durch Erfahrungsgewinn** entspricht der Lebenserfahrung. Denn Erfahrungswissen kann auch nach längerer Dauer des Arbeitsverhältnisses noch wachsen.[360] Die Berücksichtigung von Zeiten für den Stufenaufstieg, die in einer niedrigeren Entgeltgruppe zurückgelegt worden sind, **würde diesem Zweck der Honorierung von Berufserfahrung widersprechen.**[361]

---

357 BAG, Urt. v. 27.1.2011 – 6 AZR 578/09 – ZTR 2011, 365
358 BAG, Urt. v. 27.1.2011 – 6 AZR 578/09 – ZTR 2011, 365.
359 BAG, Urt. v. 27.1.2011 – 6 AZR 578/09 – ZTR 2011, 365.
360 BAG, Urt. v. 27.1.2011 – 6 AZR 578/09 – ZTR 2011, 365.
361 BAG, Urt. v. 27.1.2011 – 6 AZR 578/09 – ZTR 2011, 365.

Der höhergruppierte Arbeitnehmer muss daher in der Stufe, der er nunmehr zugeordnet ist, grundsätzlich erst die volle Laufzeit durchmessen, um die von den Tarifvertragsparteien für den weiteren Stufenaufstieg vorausgesetzte Erfahrung in dieser Stufe zu gewinnen, so dass die bei typisierender Betrachtung damit verbundene Verbesserung seiner Arbeitsleistung eintritt.[362] 183

In der höheren Entgeltgruppe **beginnt** also nach Zuordnung zu einer Stufe der Erfahrungsgewinn in dieser Stufe als Voraussetzung für den (weiteren) Stufenaufstieg in der höheren Entgeltgruppe von **Neuem**.[363] 184

Praxistipp
Bei einer vom Durchschnitt abweichenden schnelleren Entwicklung des Arbeitnehmers kann der Arbeitgeber die Stufenlaufzeit in der höheren Entgeltgruppe ggf. nach § 5 Abs. 2 S. 4 TV-V verkürzen. !

II. Herabgruppierung und Rückgruppierung

Zu einer Abweichung des Ist-Zustands vom tariflichen Soll-Zustand kann es auch umgekehrt dadurch kommen, dass der Arbeitnehmer eine Tätigkeit ausübt, die tariflich geringer bewertet ist als diejenige, für die er sein Entgelt erhält. Er erhält dann eine höhere Vergütung, als ihm nach dem Tarifrecht zusteht. Auch insoweit kommen unterschiedliche Ursachen in Betracht: 185

1. Herabgruppierung durch Zuweisung einer geringer zu bewertenden Tätigkeit

Eine Herabgruppierung kann zunächst einmal darin ihre Ursache haben, dass dem Arbeitnehmer eine im Vergleich zu seiner Eingruppierung geringer zu bewertende Tätigkeit zugewiesen wird. Dies ist nicht im Rahmen des Direktionsrechts (§ 106 GewO) möglich und bedarf daher in jedem Fall einer entsprechenden vertraglichen Vereinbarung, die der Arbeitgeber ggf. im Wege der – sozial gerechtfertigten (§ 2 KSchG) – Änderungskündigung durchsetzen kann. Maßgeblich sind insoweit die allgemein für Änderungskündigungen geltenden Grundsätze. 186

2. Herabgruppierung infolge einer Veränderung der Wertigkeit der Tätigkeit ohne Übertragung

Neben den im Energiewirtschaftsbereich denkbaren Aufgabenverlagerungen durch den Gesetzgeber, d.h. durch entflechtungsrechtliche Vorgaben, kann sich eine He- 187

362 BAG, Urt. v. 27.1.2011 – 6 AZR 578/09 – ZTR 2011, 365.
363 BAG, Urt. v. 27.1.2011 – 6 AZR 578/09 – ZTR 2011, 365; ebenso Groeger/*Spelge*, Teil 8 Rn 63.

rabgruppierung auch infolge einer Veränderung der Wertigkeit der Tätigkeit ohne Übertragung einer anderen Tätigkeit dadurch ergeben, dass sich die tatsächlichen Verhältnisse ohne (sachfremde) Einflussnahme des Arbeitgebers ändern. In derartigen Fällen hat das BAG angenommen, dass **auch insoweit die Tarifautomatik eingreift** und es keine gesetzliche Bestimmung gebe, die für eine tarifvertraglich vorgesehene Änderung der Arbeitsbedingungen aufgrund tatsächlicher Umstände zwingend den Ausspruch einer Änderungskündigung gemäß § 2 KSchG (KSchG) vorschreibe.[364] Die Änderung der tatsächlichen Umstände betreffe lediglich einen nach der einschlägigen tariflichen Regelung vergütungsrelevanten Umstand, lasse aber die arbeitsvertragliche Position des Arbeitnehmers unberührt.

3. Korrigierende Rückgruppierung

188 Von den vorstehenden Fallkonstellationen abzugrenzen sind die Fälle der korrigierenden Rückgruppierung.

In der betrieblichen Praxis kommt es bisweilen vor, dass dem Arbeitgeber bei der Tätigkeitsbewertung ein **Irrtum** unterläuft und er den Arbeitnehmer deshalb höher vergütet, als dies bei aufgrund zutreffender Eingruppierung tariflich geschuldet ist. Diesen tarifwidrigen Zustand kann der Arbeitgeber durch eine korrigierende Rückgruppierung beseitigen.

Nach ständiger Rechtsprechung des BAG bedarf die Korrektur einer irrtümlich fehlerhaften Eingruppierung nämlich **keiner Vertragsänderung** und damit keiner Änderungskündigung. Der Arbeitgeber kann sie vielmehr einseitig vornehmen.[365] Hintergrund hierfür ist wiederum die Annahme des BAG, dass die Eingruppierungsmitteilung im Arbeitsvertrag lediglich eine **Wissens- und keine Willenserklärung** ist, so dass dem Arbeitnehmer kein eigenständiger, von den tariflichen Bestimmungen unabhängiger arbeitsvertraglicher Anspruch auf eine bestimmte Vergütung zugesagt werden soll.

! **Praxistipp**
Der Arbeitnehmer muss also im Streitfall nachweisen, dass keine lediglich deklaratorisch, sondern eine konstitutive Zusage erfolgen sollte.

189 Grenzen der korrigierenden Rückgruppierung können sich allenfalls im Einzelfall nach **Treu und Glauben** (§ 242 BGB) ergeben. So ist es dem Arbeitgeber nach dem Verbot des widersprüchlichen Verhaltens (venire contra factum proprium) als

364 Vgl. BAG, Urt. v. 19.3.2003 – 4 AZR 391/02 – DB 2005, 342.

365 BAG, Urt. v. 23.8.1995 – 4 AZR 352/94 – ZTR 1996, 169; BAG, Urt. v. 15.2.2006 – 4 AZR 66/05 – ZTR 2006, 538; BAG, Urt. v. 15.6.2011 – 4 AZR 737/09 – ZTR 2012, 26; BAG, Urt. v. 4.7.2012 – 4 AZR 673/10 – ZTR 2013, 83.

rechtmissbräuchlich untersagt, sich auf die fehlerhafte Eingruppierung zu berufen, wenn besondere Umstände die Rechtsausübung als treuwidrig erscheinen lassen.[366]

Voraussetzung hierfür ist, dass durch das Verhalten des Arbeitgebers für den Arbeitnehmer ein **schützenswertes Vertrauen** auf den Fortbestand des bisherigen Zustands entstanden ist.[367] Im vorliegenden Zusammenhang ist das insbesondere aufgrund nach der Eingruppierung eingetretener Umstände denkbar.[368]

Beispiel
Angeknüpft werden kann zum Beispiel daran, dass der Arbeitgeber zu erkennen gegeben hat, er werde die Entgeltgruppe weiter gewähren, auch wenn deren tarifliche Vorrausetzungen nicht vorliegen. Ebenfalls denkbar ist dies, wenn der Arbeitgeber wiederholt eine korrigierende Rückgruppierung des Arbeitnehmers bei unveränderter Tätigkeit und Tarifrechtslage nicht durchführt.[369] Denkbar ist auch, dass sich ein entsprechendes Vertrauen aus der Zusammenschau einzelner Umstände ergibt, von denen jeder für sich genommen noch keinen hinreichenden Vertrauenstatbestand begründen kann.[370] Dies hat das BAG z.B. in Fällen angenommen, in denen der Arbeitnehmer über viele Jahre hinweg (zwischen zehn und zwanzig Jahre) die umstrittene Vergütung erhalten hatte und ihm die Eingruppierung mehrfach als korrekt bestätigt worden war.[371]

4. Einstufung bei Herabgruppierung

Im Rahmen einer Herabgruppierung wird man die zur Höhergruppierung ent- **190**
wickelten Grundsätze entsprechend anwenden müssen (vgl. dazu unter Kapitel 3 Rn 180ff.).[372]

Praxistipp
Insbesondere bei einer nicht bloß korrigierenden Rückgruppierung wird man hier allerdings weitaus häufiger als im Rahmen von Höhergruppierungen „förderliche Zeiten" berücksichtigen können.

366 BAG, Urt. v. 4.12.1997 – 2 AZR 799/96 – NZA 1998, 420.
367 BAG, Urt. v. 23.9.2009 – 4 AZR 220/08 – ZTR 2010, 298; BAG, Urt. v. 20.4.2011 – 4 AZR 368/09 – ZTR 2011, 672.
368 Vgl. BAG, Urt. v. 10.3.2004 – 4 AZR 202/03 – ZTR 2004, 635; BAG, Urt. v. 15.6.2011 – 4 AZR 737/09 – ZTR 2012, 26.
369 Vgl. BAG, Urt. v. 24.1.2007 – 4 AZR 28/06 – ZTR 2007, 502; BAG, Urt. v. 23.9.2009 – 4 AZR 220/08 – ZTR 2010, 298.
370 BAG, Urt. v. 14.9.2005 – 4 AZR 348/04 – AP Nr. 32 § 2 BAT-O.
371 Vgl. BAG, Urt. v. 8.10.1997 – 4 AZR 167/96 – AP Nr. 2 zu § 23 b BAT; BAG, Urt. v. 14.9.2005 – 4 AZR 348/04 – AP Nr. 3 zu § 2 BAT-O.
372 Ebenso *Herzberg/Schlusen*, § 5 TV-V Rn 98.

III. Vorübergehende Übertragung einer höherwertigen Tätigkeit

191 Wird einem Arbeitnehmer vorübergehend eine höherwertige Tätigkeit übertragen und hat er sie mindestens einen Monat ausgeübt, erhält er nach § 5 Abs. 3 TV-V eine Zulage für die Dauer der Übertragung. Die Zulage bemisst sich gemäß § 5 Abs. 3 S. 2 TV-V „aus dem Unterschied zwischen dem Entgelt, das dem Arbeitnehmer zustehen würde, wenn er in der nächsthöheren Entgeltgruppe eingruppiert wäre, und der Entgeltgruppe, in der er eingruppiert ist".

Praxistipp
§ 5 Abs. 3 TV-V kommt nur dann zur Anwendung, wenn sich die Eingruppierung des Arbeitnehmers nach den tariflichen Eingruppierungsvorschriften richtet.[373]

Ob die vorübergehend übertragene Tätigkeit gegenüber der bisherigen Tätigkeit als höherwertig zu qualifizieren ist, richtet sich ausschließlich nach der Bewertungsskala des TV-V, also nach dessen Entgeltgruppen.

1. Voraussetzung und Zulässigkeit einer vorübergehenden Übertragung einer höherwertigen Tätigkeit

192 Für die Frage nach den Voraussetzungen und der Zulässigkeit der vorübergehenden Übertragung einer höherwertigen Tätigkeit kann auf die **bisherige Rechtsprechung des BAG zum BAT** für die Anwendung und Auslegung des TV-V Bezug genommen werden.[374]

a) Doppelte Billigkeitsprüfung

193 Nach der Rechtsprechung des BAG[375] ist die Rechtmäßigkeit der vorübergehenden oder vertretungsweisen Übertragung einer höherwertigen Tätigkeit nach den Regeln zu bewerten, die der Arbeitgeber bei der Ausübung seines arbeitsvertraglichen Leistungsbestimmungsrechts (Direktionsrechts) nach § 106 GewO (vgl. auch § 315 Abs. 1 BGB) einzuhalten hat. Sie muss daher billigem Ermessen entsprechen.

373 Vgl. BAG, Urt. v. 11.9.2012 – 10 AZR 203/11 – ZTR 2012, 569.

374 Vgl. für die Parallelregelung in § 14 TVöD/TV-L BAG, Urt. v. 17.9.2002 – 4 AZR 174/01 – NZA 2003, 159.

375 BAG, Urt. v. 17.9.2002 – 4 AZR 174/01 – NZA 2003, 159; BAG, Urt. v. 18.9.2012 – 10 AZR 134/11, ZTA 2012, 444; BAG, Urt. v. 4.9.2012 – 4 AZR 759/10, ZTA 2013, 24.

Praxistipp
Die Zulage muss aber auch dann gezahlt werden, wenn der nachfolgende erste Schritt rechtswidrig ist.[376]

Das BAG nimmt insoweit eine **doppelte Billigkeitskontrolle** vor:[377]
- Im ersten Schritt (sofern sich der Arbeitnehmer gegen die Tätigkeitsübertragung an sich wendet) ist entscheidend, ob es billigen Ermessen entspricht, dem Arbeitnehmer die anders bewertete Tätigkeit überhaupt, wenn auch nur vorübergehend, zu übertragen **(Billigkeit der Tätigkeitsübertragung an sich)**.
- Im zweiten Schritt ist, wenn die Übertragung von Anfang an oder erst nach einer bestimmten Zeit mit einer höheren Vergütung oder einer vorübergehenden Zulage verbunden ist, zu prüfen, ob es billigem Ermessen entspricht, diese Tätigkeit nur vorübergehend zu übertragen, sowie – da § 5 Abs. 3 TV-V für die vorübergehende Übertragung einer höherwertigen Tätigkeit keine zeitliche Begrenzung vorsieht – ob die Dauer der Übertragung billigen Ermessen entspricht. Dabei ist unter Berücksichtigung aller Umstände des Einzelfalls abzuwägen, ob das Interesse des Arbeitgebers daran, die Tätigkeit nur vorübergehend zu übertragen, oder das Interesse des Arbeitnehmers an der Beibehaltung der höherwertigen Tätigkeit und – falls damit verbunden – auch der besseren Bezahlung überwiegt **(Billigkeit der „Nicht-Dauerhaftigkeit" der Übertragung)**.

Soweit die vorübergehende Übertragung der Tätigkeit nicht billigem Ermessen entspricht, erfolgt die Bestimmung der Leistung gemäß § 315 Abs. 3 S. 2 BGB durch richterliche Entscheidung.[378] Abhängig davon, worin die Unbilligkeit liegt, kann diese Entscheidung bei der vorübergehenden Übertragung einer höherwertigen Tätigkeit vorsehen, dass die Übertragung – mit der Folge einer Höhergruppierung –[379] nicht nur vorübergehend, sondern dauerhaft erklärt wird, oder die zeitliche Dauer anders bestimmt wird.

Praxistipp
Die Beweislast dafür, dass die Ausübung des Direktionsrechts billigem Ermessen entspricht, trägt derjenige, der Leistungsbestimmungsrecht ausübt, also der Arbeitgeber.[380]

376 Vgl. *Herzberg/Schlusen*, § 5 TV-V Rn 110, die davon ausgehen, der Grund für die Übertragung spiele keine Rolle.
377 Vgl. zum Folgenden auch Groeger/*Schlewing*, Teil 7 Rn 62.
378 Groeger/*Schlewing*, Teil 7 Rn 63.
379 Vgl. *Herzberg/Schlusen*, § 5 TV-V Rn 111.
380 BAG, Urt. v. 18.9.2012 – 10 AZR 134/11, ZTR 2012, 444; BAG, Urt. v. 4.9.2012 – 4 AZR 759/10, ZTR 2013, 24.

b) Mehrmalige Übertragung einer höherwertigen Tätigkeit

194 Mit Blick darauf, dass § 5 Abs. 3 TV-V keine zeitliche Grenze für die Dauer der „vorübergehenden" Übertragung vorsieht, ist es denkbar, dass dem Arbeitnehmer dieselbe oder eine entsprechende höhere Tätigkeit mehrfach nacheinander übertragen wird. In diesem Fall ist nach der Rechtsprechung des BAG nicht nur die letzte Übertragung auf ihre Billigkeit zu überprüfen. Vielmehr unterliegt **jede Übertragung für sich genommen der gerichtlichen Billigkeitskontrolle.**[381] Voraussetzung hierfür ist nicht, dass der Arbeitnehmer einen Vorbehalt hinsichtlich jeder einzelnen vorübergehenden Übertragung erklärt.[382]

Folge einer einzigen der mehreren vorübergehenden Übertragungen ohne Wahrung billigen Ermessens hinsichtlich der „Nicht-Dauerhaftigkeit" kann sein, dass die Übertragung kraft richterlicher Entscheidung entsprechend § 315 Abs. 3 S. 2 BGB als auf Dauer erfolgt anzusehen ist. Unerheblich ist daher, ob die zeitlich nachfolgenden vorübergehenden Übertragungen derselben oder einer höherwertigen Tätigkeit ihrerseits billigem Ermessen entsprechen, wenn bereits die vorhergehende Übertragung als auf Dauer erfolgt anzusehen ist.[383]

2. Form der Übertragung

195 § 5 Abs. 3 TV-V sieht für die vorübergehende Übertragung keine formalen Vorgaben vor. Sie kann daher **ausdrücklich oder konkludent erfolgen.**[384] Nach der Rechtsprechung des BAG muss für den Arbeitnehmer aber hinreichend deutlich erkennbar werden, dass er nur vorübergehend eine höherwertige Tätigkeit ausüben soll. Etwaige Zweifel in diesem Zusammenhang gehen daher zulasten des Arbeitgebers.[385]

! **Praxistipp**

In der betrieblichen Praxis sollten, um Auslegungsfragen und ggf. Rechtstreite zu vermeiden, die vorübergehende Übertragung einer höherwertigen Tätigkeit stets schriftlich erfolgen[386] und mit dem ausdrücklichen Hinweis auf den vorübergehenden Charakter der Maßnahme verbunden werden.[387] Eine etwaige Verletzung des Mitbestimmungsrechts des Betriebsrats bei der vorübergehen-

---

381 Groeger/*Schlewing*, Teil 7 Rn 64.

382 Groeger/*Schlewing*, Teil 7 Rn 64.

383 BAG, Urt. v. 22.9.2003 – 4 AZR 553/01, ZTR 2003, 514; BAG, Urt. v. 18.9.2012 – 10 AZR 134/11, ZTR 2012, 444.

384 Groeger/*Schlewing*, Teil 7 Rn 65.

385 BAG, Urt. v. 15.9.20102 – 4 AZR 433/01, ZTR 2003, 80; BAG, Urt. v. 19.9.1986 – 4 AZR 642/84 – AP Nr. 116 zu §§ 22, 23 BAT 1975.

386 *Herzberg/Schlusen*, § 5 TV-V Rn 112 empfiehlt sogar eine schriftliche Nebenabrede zum Arbeitsvertrag.

387 Ebenso Groeger/Schlewing, Teil 7 Rn 66.

den Übertragung einer höherwertigen Tätigkeit führt allerdings nicht dazu, dass von einer Übertragung auf Dauer auszugehen ist.[388] Denn selbst wenn die Übertragung der höherwertigen Tätigkeit deshalb kollektivrechtlich unwirksam wäre, führt dies ja gerade nicht zu einer Übertragung auf Dauer, sondern im Gegenteil gerade dazu, dass die Übertragung der Tätigkeit unwirksam und deshalb vom Arbeitgeber wieder zu beseitigen wäre.

IV. Höhe der Zulage nach § 5 Abs. 3 S. 2 TV-V

Die Höhe der Zulage ist in § 5 Abs. 3 S. 2 TV-V geregelt und bemisst sich danach „aus 196
dem Unterschied zwischen dem Entgelt, das dem Arbeitnehmer zustehen würde, wenn er in der nächsthöheren Entgeltgruppe eingruppiert wäre, und der Entgeltgruppe in der er eingruppiert ist".

Um hier Wertungswidersprüche zwischen § 5 Abs. 3 S. 2 TV-V und der Einstufung bei einer Höhergruppierung zu vermeiden, müssen insoweit hinsichtlich der Stufenzuordnung dieselben Grundsätze gelten (vgl. dazu Kapitel 3 Rn 180 ff.), sodass keine automatische „Mitnahme" der Stufe der aktuellen Eingruppierung erfolgt.[389]

Völlig unabhängig von der Wertigkeit der vorübergehend übertragenen Tätig- 197
keit ist nach dem Wortlaut des § 5 Abs. 3 S. 2 TV-V immer nur die nächsthöhere Entgeltgruppe für die Bemessung der Zulage maßgebend.[390]

Beispiel[391]
Wenn z.B. ein Schaltwart, der in der EG 5 eingruppiert ist, einen Meister nach EG 7 vertritt, kann er nur eine Zulage bis zur EG 6 erhalten.

Sofern der Arbeitnehmer als sog. „Überläufer" oder durch den vorgezogenen Bewährungsaufstieg bei der Überleitung bereits höher eingruppiert ist, kann sich bei der Ausübung einer nur um eine EG höher bewerteten Tätigkeit ergeben, dass keine Zulage anfällt.[392]

Beispiel[393]
Ein Bote nach dem Tätigkeitsbeispiel 2.3 der Anlage 1 TV-V ist als Überlauffall in der EG 3 eingruppiert. Er vertritt einen Pförtner nach Tätigkeitsbeispiel 3.3. Trotz Übertragung einer höherwertigen Tätigkeit fällt keine Zulage an, da er bereits das Entgelt nach EG 3 bezieht. Vertritt jedoch der glei-

388 BAG, Urt. v. 17.9.2002 – 4 AZR 174/01 – NZA 2003, 159.
389 Ebenso *Herzberg/Schlusen*, § 5 TV-V Rn 114 mit Beispiel.
390 *Herzberg/Schlusen*, § 5 TV-V Rn 115.
391 Nach *Herzberg/Schlusen*, § 5 TV-V Rn 115.
392 *Herzberg/Schlusen*, § 5 TV-V Rn 116.
393 Nach *Herzberg/Schlusen*, § 5 TV-V Rn 116.

che Arbeitnehmer wie im obigen Fall einen Kraftfahrer nach Tätigkeitsbeispiel 5.4.5 kann er wieder eine Entgeltgruppe mehr (Differenz von EG 3 zu EG 4) als Zulage erhalten.

Praxistipp
Nach der Protokollerklärung zu § 5 Abs. 3 TV-V gilt diese Norm auch für die Vertretung von Vorhandwerkern und Vorarbeitern.

V. Mitbestimmung des Betriebsrats

198 Für die Mitbestimmung des Betriebsrats gelten auch im Rahmen von Höher- und Herabgruppierung die oben unter Kapitel 3 Rn 146ff. geschilderten Grundsätze.

Die vorübergehende Übertragung einer höherwertigen Tätigkeit ist in der Regel eine Versetzung i.S.d. §§ 95 Abs. 3, 99 BetrVG und bedarf daher ebenfalls der Zustimmung des Betriebsrats.

Praxistipp
Arbeitgeberseitig kann, wenn dies aus sachlichen Gründen dringend erforderlich ist, die Versetzung nach § 100 Abs. 1 S. 1 BetrVG auch vorläufig ohne Zustimmung des Betriebsrats durchgeführt werden. Der Arbeitgeber muss nach § 100 Abs. 1 S. 2 BetrVG aber den Arbeitnehmer über die Sach- und Rechtslage aufklären, nach § 100 Abs. 2 S. 1 BetrVG den Betriebsrat unverzüglich von der vorläufigen Versetzung unterrichten und – wenn der Betriebsrat daraufhin unverzüglich bestreitet, dass die Maßnahme aus sachlichen Gründen dringend erforderlich ist – innerhalb von drei Tagen beim Arbeitsgericht die Ersetzung der Zustimmung des Betriebsrats sowie die Feststellung beantragen, dass die Maßnahme aus sachlichen Gründen dringend erforderlich war.

H. Die Vergütung nach dem TV-V

I. Systematik der Vergütung nach § 6 TV-V und Anlage 2 TV-V

199 Die Frage nach der richtigen Vergütung ist im TV-V – lässt man Sondervergütungen einmal unberücksichtigt – im Wesentlichen in den §§ 5 und 6 TV-V geregelt.

Denn Grundlage für die Entgeltfindung ist die Eingruppierung (inklusive Stufenzuordnung) nach § 5 TV-V i.V.m. Anlage 1 TV-V, die in § 6 Abs. 1 TV-V i.V.m. Anlage 2 TV-V um die korrespondierenden Entgelte ergänzt wird. (§ 6 Abs. 2 TV-V regelt zudem den Bemessungszeitraum sowie Zahlungsdatum und -form).

Die Bemessungsgrundlage für die Entgeltfortzahlung ist in § 6 Abs. 3 TV-V geregelt, während § 6 Abs. 5 bis 7 TV-V die Möglichkeiten einer leistungsbezogenen Vergütung regeln.

200 Weitere tarifliche Entgeltansprüche können aus
- § 10 TV-V (Ausgleich für Sonderformen der Arbeit),
- § 12 TV-V (Erschwerniszuschläge),

- § 16 TV-V (Jahressonderzahlung),
- § 17 TV-V (Besondere Zahlungen) und
- §§ 22/22a TV-V (Entgelt aus der Überleitung) entstehen.

Praxistipp

Mit Inkrafttreten des 5. Änderungstarifvertrages ergeben sich zwischen den Tarifgebieten Ost und West nur noch folgende Unterschiede:

- Stundenentgelte (deshalb ist in der Anlage 3 TV-V eine Tabelle West und eine Tabelle Ost enthalten)
- wöchentliche Arbeitszeit (West 39 Std./Ost 40 Std.)
- ergänzende Tarifverträge (§ 21 TV-V)
- sog. „Unkündbarkeit" (§§ 22 Abs. 7, 22 a Abs. 7 TV-V).[394]

II. Entgelttabelle nach § 6 Abs. 1 TV-V i.V.m. Anlage 2 TV-V

Nach § 6 Abs. 1 TV-V erhalten die Arbeitnehmer, die unter den TV-V fallen, das Entgelt nach der Tabelle der Anlage 2. Dies bedeutet, dass sich die betragsmäßige Bewertung der EG und der einzelnen Stufen aus den Tabellen ergeben, die dem TV-V als Anlagen 2.1–2.3 (Tarifgebiet West und Ost) sowie 3a.1–3a.3 (Tarifgebiet West) bzw. 3b.1–3b.3 (Tarifgebiet Ost) beigefügt und damit Bestandteil des TV-V sind.[395] 201

In der Entgelttabelle sind die Entgelte der jeweiligen Stufe der EG festgelegt, wobei in EG 1 nur ein Entgeltbetrag vereinbart wurde.

Der Aufbau der Entgelttabelle in der Anlage 2.1–2.3 führt dazu, dass die höchste Stufe der nächstniedrigeren EG betragsmäßig höher dotiert ist als die ersten drei Stufen der nächsthöheren EG.

Beispiel

Vgl. z.B. die EG 5 Stufe 6 der Anlage 2.3 (Betrag = EUR 2.837,50) im Vergleich zur EG 6 Stufe 3 der Anlage 2.3 (Betrag = EUR 2.796,28).

Hintergrund hierfür ist die Bewertung der Tarifvertragsparteien, dass die Entgeltstufen des TV-V an die **zunehmende Erfahrung des Arbeitnehmers** bei Ausübung seiner Tätigkeit anknüpfen. Denn der Stufenaufstieg im Entgeltsystem des TV-V soll die gewonnene Berufserfahrung honorieren. Die Tarifvertragsparteien sind offenkundig davon ausgegangen, dass die Beschäftigten durch die Ausübung der ihnen übertragenen Tätigkeit laufend Kenntnisse und Erfahrungen sammeln, die die Arbeitsqualität und -quantität verbessern. Diese Annahme einer Produktivitätssteigerung durch Erfahrungsgewinn entspricht der Lebenserfahrung. Denn Erfahrungs-

394 Vgl. nur *Herzberg/Schlusen*, § 6 TV-V Rn 4.
395 Vgl. auch *Hoffmann*, ZTR 2001, 54, 59.

wissen kann auch nach längerer Dauer des Arbeitsverhältnisses noch wachsen.[396] Das gilt aber nur innerhalb derselben Entgeltgruppe, weswegen es gerechtfertigt erscheint, bei einem Tätigkeitswechsel **nicht vom gleichen Produktivitätsniveau** und damit nicht von der gleichen Wertigkeit wie auf der letzten Stufe der vorhergehenden EG auszugehen, soweit nicht die Zeiten auf der nächstniedrigeren Entgeltgruppe als „förderliche Zeiten" i.S.d § 5 Abs. 2 S. 3 TV-V zu berücksichtigen sind.

III. Bemessungszeitraum und Fälligkeit sowie Zahlungsform des Entgelts

202 § 6 Abs. 2 TV-V regelt ergänzend den Bemessungszeitraum sowie Zahlungsdatum (Fälligkeit) und -form des Entgelts.

1. Bemessungszeitraum

203 In § 6 Abs. 2 S. 1 TV-V ist als maßgeblicher Bemessungszeitraum für das Entgelt der Kalendermonat geregelt.

a) Entgeltbegriff

204 Zum „Entgelt" i.S.d. § 6 Abs. 2 S. 1 TV-V gehören – wie ein Umkehrschluss aus § 6 Abs. 3 S. 2 TV-V deutlich macht – neben dem sich aus der jeweiligen Entgelttabelle (Anlage 2.1–2.3 TV-V) ergebenden Betrag grundsätzlich auch die sonstigen Entgeltbestandteile wie z.B.

- vermögenswirksame Leistungen,
- Besitzstandszulagen (nach § 22/22a TV-V) und
- – bei Entgeltfortzahlung – die sog. „unständigen" Entgeltbestandteile, soweit sie nicht nach § 6 Abs. 3 S. 2 TV-V ausgeschlossen sind.[397]

Beispiel

Zu den unständigen Entgeltbestandteilen zählen z.B.

- Zulagen für höherwertige Tätigkeiten,
- Zeitzuschläge,
- Überstunden,
- Stundenentgelte,
- Entgelte für Rufbereitschaft und Bereitschaftsdienst,
- Schicht- und Wechselschichtzulagen sowie
- Erschwerniszuschläge.[398]

---

396 BAG, Urt. v. 27.1.2011 – 6 AZR 578/09 – ZTR 2011, 365.

397 *Herzberg/Schlusen*, § 6 TV-V Rn 8.

398 *Herzberg/Schlusen*, § 6 TV-V Rn 8.

b) Richtiger Umgang mit unständigen Entgeltbestandteilen

aa) Grundsatz

Die unständigen Entgeltbestandteile sind grundsätzlich nach den Kriterien **des Monats zu bemessen, in dem die zu vergütende Tätigkeit geleistet worden ist.**[399] 205

bb) Ausnahme

Wenn Arbeitsstunden dem Arbeitszeitkonto gutgeschrieben und zu einem späteren 206 Zeitpunkt teilweise in Geld ausgezahlt werden, ist nicht der Auszahlungsmonat als Kalendermonat maßgeblich, sondern der Kalendermonat, in dem die Bemessung in Geld vereinbart wird.[400]

2. Fälligkeit und Auszahlung des Entgeltes

a) Fälligkeit

Nach § 6 Abs. 2 S. 2 TV-V ist das Entgelt am letzten Tag des laufenden Monats fällig. 207 Insoweit finden die §§ 187 ff. BGB Anwendung.

Praxistipp !

Bis zum 2. Änderungstarifvertrag, der mit Wirkung zum 1.1.2003 in Kraft getreten ist, war das Fälligkeitsdatum der 15. des Kalendermonats. Gemäß der Protokollerklärung zu § 6 Abs. 2 S. 2 TV-V wird die Umsetzung der Umstellung des Zahlungszeitpunktes allerdings einer betrieblichen Bewertung überlassen.

Während die Umstellung des Zahlungszeitpunktes nicht der Mitbestimmung des Betriebsrates unterliegt (§ 87 Abs. 1 Einleitungssatz BetrVG), ist die Beibehaltung des 15. eines Monats als Fälligkeitstermin mitbestimmungspflichtig nach § 87 Abs. 1 Nr. 4 BetrVG. Da sich mit der Verschiebung für den Arbeitgeber – ohne Mitbestimmungspflicht – wirtschaftlich positive Effekte ergeben, sollte in aller Regel umgestellt werden. Denn:[401]

- Es entstehen Zinsvorteile durch die Verschiebung des Auszahlungstermins.
- Die Fälligkeit der Sozialversicherungsbeiträge verschiebt sich vom 25. des laufenden Monats auf den 15. des Folgemonats (§ 23 Abs. 1 S. 2 SGB IV).
- Umlagen und Sanierungsgelder werden erst zu dem Zeitpunkt fällig, in dem das zusatzversorgungspflichtige Entgelt dem Pflichtversicherten zufließt.

Die Fälligkeit der sog. „unständigen" Entgeltbestandteile ist im TV-V – anders als in § 24 Abs. 1 S. 4 TVöD – nicht explizit geregelt und kann daher – unter Beachtung des Mitbestimmungsrechts nach § 87 Abs. 1 Nr. 4 BetrVG – auf betrieblicher Ebene geregelt werden.

---

399 *Herzberg/Schlusen*, § 6 TV-V Rn 9.
400 *Herzberg/Schlusen*, § 6 TV-V Rn 9.
401 Vgl. dazu *Herzberg/Schlusen*, § 6 TV-V Rn 20.

! **Praxistipp**
Denkbar ist insoweit natürlich, schlicht die Regelung des § 24 Abs. 1 S. 4 TVöD zu übernehmen.[402]

b) Auszahlung

208 § 6 Abs. 2 S. 2 TV-V sieht eine bargeldlose Auszahlung des Entgeltes auf ein vom Arbeitnehmer zu benennendes Girokonto im Inland vor.

! **Praxistipp**
Ausgeschlossen sind damit nicht nur ausländische Konten, sondern auch Konten eines anderen Typs (z.B. Sparkonto).

Nicht erforderlich ist nach dem Wortlaut des § 6 Abs. 2 S. 2 TV-V aber, dass es sich um das eigene Konto des Arbeitnehmers handelt. Denkbar ist daher auch die Benennung des Kontos eines Dritten (z.B. Ehepartner).[403]

! **Praxistipp**
Eventuell anfallende Kontoführungsgebühren trägt immer der Arbeitnehmer.

Die Nichtbenennung eines Kontos führt zum Gläubigerverzug des Arbeitnehmers gemäß § 293 BGB. Bis zur Benennung eines Kontos ist der Arbeitgeber daher berechtigt, die Zahlung zurückzuhalten. Der rechtzeitige Transfer des Entgelts erfolgt nach § 270 BGB aber auf Gefahr und auf Kosten des Arbeitgebers.[404]

IV. Bemessungsgrundlage der Entgeltfortzahlung

209 § 6 Abs. 3 TV-V regelt die Bemessungsgrundlage für die Entgeltfortzahlung in den dort geregelten Fällen.

1. Fälle der Entgeltfortzahlungsregelung

210 Erfasst ist – wie sich aus der abschließenden Aufzählung ergibt: ausschließlich – die Entgeltfortzahlung an

- am 24. und 31. Dezember (sog. Vorfesttage) (§ 8 Abs. 3 S. 2 TV-V);
- an Krankheitstagen (§ 13 Abs. 1 TV-V);

---

402 So die Empfehlung von *Herzberg/Schlusen*, § 6 TV-V Rn 12.
403 *Herzberg/Schlusen*, § 6 TV-V Rn 14.
404 *Herzberg/Schlusen*, § 6 TV-V Rn 15 m.w.N.

- während des Erholungsurlaubs (§ 14 Abs. 1 TV-V) und
- während Arbeitsbefreiungen in besonderen Fällen (§ 15 Abs. 2-4 TV-V).

In anderen Fällen, findet § 6 Abs. 3 TV-V keine Anwendung, sodass auf die entsprechenden gesetzlichen Regelungen (soweit vorhanden) zurückgegriffen werden muss.[405]

Beispiel
Dies gilt z.B. für die Entgeltfortzahlung an Feiertagen (§ 2 EFZG) und bei Beschäftigungsverboten nach § 11 MuSchG sowie bei der Berechnung des Zuschusses zum Mutterschutzgeld.[406]

2. Bemessungsgrundlage der Entgeltfortzahlung

Als Bemessungsgrundlage ist nach § 6 Abs. 3 S. 1 TV-V „der Durchschnitt der ta- 211
riflichen Entgelte maßgebend, die in den letzten drei dem maßgeblichen Ereignis für die Fortzahlung vorhergehenden vollen Kalendermonaten gezahlt worden sind".

a) Tarifliche Entgelte

Zum „Entgelt" i.S.d. § 6 Abs. 3 S. 1 TV-V gehören – wie ein Umkehrschluss aus § 6 212
Abs. 3 S. 2 TV-V deutlich macht – neben dem sich aus der jeweiligen Entgelttabelle (Anlage 2.1–2.3 TV-V) ergebende Betrag grundsätzlich auch die sonstigen Entgeltbestandteile, soweit sie nicht nach § 6 Abs. 3 S. 2 TV-V ausdrücklich nicht berücksichtigt werden dürfen.[407]

Außertarifliche Entgelte bleiben nach dem Wortlaut der Norm („tarifliche") unberücksichtigt, soweit dem nicht zwingende gesetzliche Vorgaben (wie z.B. nach dem BUrlG oder dem EFZG) entgegenstehen.[408]

b) Volle Kalendermonate

Zu berücksichtigen sind für die Durchschnittsberechnung darüber hinaus nach dem 213
Wortlaut des § 6 Abs. 3 S. 1 TV-V nur „volle Kalendermonate", d.h. nur die Kalendermonate, in denen für alle Arbeitstage vor dem maßgeblichen Ereignis tarifliches Entgelt i.S. von § 6 Abs. 3 S. 1 TV-V gezahlt worden ist.[409]

---

405 *Herzberg/Schlusen*, § 6 TV-V Rn 21.
406 Vgl. nur *Herzberg/Schlusen*, § 6 TV-V Rn 22f.
407 *Herzberg/Schlusen*, § 6 TV-V Rn 25.
408 Ebenso *Herzberg/Schlusen*, § 6 TV-V Rn 26.
409 Ähnlich – allerdings auf Kalendertage abstellend – *Herzberg/Schlusen*, § 6 TV-V Rn 27.

Beispiel
Wenn ein Arbeitsverhältnis nicht am Monatsersten, sondern am 15. des Kalendermonats (z.B. März) beginnt, ist dieser Kalendermonat (März) kein „voller" Monat und daher nicht zu berücksichtigen. Gleiches gilt, wenn das Arbeitsverhältnis z.B. bis zur Monatsmitte ohne Entgeltanspruch ruhte.
Tritt ein Arbeitnehmer aber z.B. am 15.7. seinen Sommerurlaub an, sind für den Entgeltfortzahlungsanspruch die Monate April bis Juni maßgeblich, soweit in ihnen an allen Arbeitstagen tarifliches Entgelt gezahlt worden ist.[410]

c) Berechnung des Drei-Monats-Durchschnitts

214 Nach § 6 Abs. 3 S. 1 TV-V ist der Durchschnitt der tariflichen Entgelte, die in den letzten drei vorhergehenden vollen Kalendermonaten gezahlt worden sind, für die Entgeltfortzahlung zu errechnen.

aa) Sonderfälle des Berechnungszeitraums

Kurzes Arbeitsverhältnis

215 Hat das Arbeitsverhältnis weniger als drei Monate bestanden, können keine drei Monate berücksichtigt werden. Soweit ein Entgeltfortzahlungsanspruch besteht, sind für die Berechnung nur die bereits vollendeten vollen Kalendermonate zugrunde zu legen.[411]

Dauerhafte Veränderungen

216 Dauerhafte Veränderungen des Arbeitsverhältnisses sind nach einer in der Literatur vertretenen Auffassung bei der Durchschnittsberechnung sowohl zu Gunsten als auch zu Lasten des Arbeitnehmers zu berücksichtigen.[412]

Beispiel
Wird z.B. die Arbeitszeit auf Dauer verändert und tritt der Entgeltfortzahlungsfall nach dieser Änderung ein, wird nach dieser Auffassung bei der Durchschnittsberechnung nur der Zeitraum nach der arbeitsvertraglichen Veränderung berücksichtigt.[413]

Diese Auffassung ist aber vom Wortlaut der Norm nicht gedeckt und auch vom Sinn und Zweck her nicht überzeugend. Denn Sinn der Durchschnittsberechnung ist, dem Arbeitnehmer – vermittelt über den Vergütungsstandard – den Lebensstandard zu gewährleisten, auf den er sich eingestellt hat.[414] Dann kann aber bei einer tarif-

410 Vgl. ferner die ähnlichen Beispiele bei *Herzberg/Schlusen*, § 6 TV-V Rn 27.
411 *Herzberg/Schlusen*, § 6 TV-V Rn 29.
412 *Herzberg/Schlusen*, § 6 TV-V Rn 29 m.w.N.
413 *Herzberg/Schlusen*, § 6 TV-V Rn 29 m.w.N.
414 Vgl. zu diesem Aspekt der Entgeltfortzahlung im Krankheitsfall BAG, Urt. v. 26.6.2002 – 5 AZR 592/00, AP Nr. 61 zu § 4 EntgeltFG.

lich angelegten rückblickenden Betrachtung, die gerade auf den Durchschnitt der vergangenen Entgelte abstellt, nicht willkürlich ein Ereignis herausgegriffen werden, dass dann die Vergangenheit im Übrigen obsolet macht. Richtigerweise wird man daher auch bei Veränderungen im maßgeblichen Dreimonatszeitraum eine **Durchschnittsberechnung** vornehmen müssen.

bb) Berücksichtigung der Zeit

Darüber, ob sich die Durchschnittsberechnung auf Monate, Wochen, Arbeitstage, **217**
Kalendertage, Arbeitsstunden, oder Kalenderstunden bezieht, gibt § 6 Abs. 3 S. 1 TV-V keine Auskunft. Für regelmäßige Entgelte i.S.d. Anlagen 2.1–2.3 spielt dies zwar keine Rolle.[415]

Praxistipp **!**

In die Durchschnittsberechnung sind nach dem Wortlaut auch Zeiten mit einzubeziehen, in denen schon Fortzahlungstatbestände vorlagen. Denn darauf, ob der Arbeitnehmer während dieser Zeiten keine Arbeit geleistet hat, kommt es nicht an. Maßgeblich ist vielmehr allein, ob für die vorangehende Zeit tarifliches Entgelt gezahlt worden ist.[416]

Für die betriebliche Praxis wichtig wird die Frage der zeitlichen Rechengröße aber bei **variablen Entgeltbestandteilen**, die nicht nach § 6 Abs. 3 S. 2 TV-V von der Berechnung ausgenommen sind.

Insoweit wird man mit Blick auf das aus § 6 Abs. 4 TV-V i.V.m. § 8 TV-V folgende Berechnungsmodell aber eine **Berechnung nach Stunden** für sinnvoll halten dürfen.[417]

Praxistipp **!**

Nach dem Wortlaut kommt es auf „gezahlte" Entgelte an, sodass umgewandelte Entgeltbestandteile unberücksichtigt bleiben (vgl. auch die Protokollerklärung zu § 11 Abs. 3 TV-V, die klarstellt, dass es sich bei der Wahl dieses Wortlauts um eine bewusste Entscheidung der Tarifparteien handelt).[418]

---

3. Ausgenommene Entgeltbestandteile

Gemäß § 6 Abs. 3 S. 2 TV-V sind – abschließend – folgende Entgeltbestandteile von **218**
der Durchschnittsberechnung nach § 6 Abs. 3 S. 1 TV-V ausgenommen:

---

415 *Herzberg/Schlusen*, § 6 TV-V Rn 31.
416 *Herzberg/Schlusen*, § 6 TV-V Rn 31.
417 Ebenso *Herzberg/Schlusen*, § 6 TV-V Rn 30.
418 *Herzberg/Schlusen*, § 6 TV-V Rn 31.

- Leistungszulagen nach § 6 Abs. 5 TV-V;
- Leistungsprämien nach § 6 Abs. 6 TV-V;
- Sonderzahlungen nach § 16 TV-V;
- besondere Zahlungen nach § 17 Abs. 1 TV-V und
- zusätzlich für Überstunden gezahlte Entgelte (mit Ausnahme der dienstplanmäßig vorgesehen Überstunden).

a) Überstundenentgelte

219 Einer näheren Bestimmung bedürfen zunächst die Überstundenentgelte. Gemeint – und deshalb in die Durchschnittsberechnung **nicht** einzubeziehen – sind damit nicht nur die Zuschläge nach § 10 Abs. 1 TV-V, sondern auch andere Arbeitsentgelte (insbesondere das Entgelt für die Überstunden an sich), die für die Überstunden auf tarifvertraglicher Grundlage gezahlt werden.[419]

! **Praxistipp**
Nicht vergleichbar mit Überstunden sind Zeiten einer Rufbereitschaft, so dass die insoweit gezahlten Entgelte zu berücksichtigen sind.[420]

Dass es sich nicht um „dienstplanmäßig vorgesehene Überstunden" handeln muss, meint, dass die maßgeblichen Überstunden nicht in einem Dienstplan von vornherein eingeplant sein müssen.[421] Denn sind sie dienstplanmäßig eingeplant, ist mit Blick auf den Sinn und Zweck der Entgeltfortzahlung (vgl. zu ihm Kapitel 3 Rn 216) – wie § 6 Abs. 3 S. 2 im Klammerzusatz zutreffend klarstellt – ihre Berücksichtigung geboten.

b) Zusätzliche entlohnte Arbeitsstunden ohne Überstundencharakter i.S.d. TV-V

220 Schwierigkeiten bereitet in der betrieblichen Praxis demgegenüber bisweilen die Beantwortung der Frage, wie mit Arbeitsstunden umzugehen ist, die **keine Überstunden** i.S. des TV-V sind (§ 10 Abs. 2 TV-V und § 9 Abs. 6 TV-V) und aus betrieblichen Gründen nicht durch Freizeit ausgeglichen, sondern **bezahlt wurden**.

Dabei ist zunächst zu berücksichtigen, dass der TV-V in § 9 Abs. 7 und 8 definiert, was er mit Überstunden meint; bestätigt wird dies ausdrücklich in § 10 Abs. 2 TV-V und § 9 Abs. 6 TV-V. Bereits anhand des Wortlauts ist daher klar, dass Stunden nach § 10 Abs. 2 TV-V und § 9 Abs. 6 TV-V keine Überstunden i.S.d. § 6 Abs. 3 S. 2 TV-V sind. Sie sind daher bei der Berechnung auch dann zu berücksichtigen, wenn sie nicht „dienstplanmäßig" vorgesehen waren.

---

419 *Herzberg/Schlusen*, § 6 TV-V Rn 32.
420 *Herzberg/Schlusen*, § 6 TV-V Rn 26.
421 Vgl. *Herzberg/Schlusen*, § 6 TV-V Rn 26.

Gegen eine analoge Anwendung des § 6 Abs. 3 S. 2 TV-V spricht im Übrigen auch der Sinn und Zweck der auf die Vergangenheit gerichteten Durchschnittsberechnung (vgl. zu ihm Kapitel 3 Rn 216).[422] Er bildet auch den Hintergrund dafür, dass dienstplanmäßig angeordnete Überstunden in die Berechnung einbezogen werden.

V. Berechnung der Stundenentgelte nach dem TV-V

Nach § 6 Abs. 4 S. 1 TV-V ist zur Ermittlung von Stundenentgelten (z.B. für den Wert einer Überstunde) das monatliche Entgelt nach § 6 Abs. 1 TV-V durch das 4,348-fache der regelmäßigen wöchentlichen Arbeitszeit (§ 8 Abs. 1 S. 1 TV-V) zu teilen. 221

1. Hintergrund für die geregelte Wochenanzahl

Die in § 6 Abs. 4 TV-V geregelte Wochenanzahl von 4,348 errechnet sich wie folgt:[423] 222

3 Jahre × 365 Kalendertage + 1 Jahr × 366 Kalendertage (Schaltjahr) : 4 = durchschnittlich 365,25 Kalendertage/Jahr : 84 (7 Wochentage × 12) = 4,348

2. Errechnung der monatlichen Stundenzahl

Die monatliche Arbeitsstundenzahl ergibt sich vor diesem Hintergrund aus der Multiplikation von 4,348 mit der regelmäßigen wöchentlichen Arbeitszeit nach § 8 Abs. 1 S. 1 TV-V wie folgt:[424] 223

- Tarifgebiet Ost (40 Wochenstunden) 4,348 × 40 = 173,92 Stunden/Monat
- Tarifgebiet West (39 Wochenstunden) 4,348 × 39 = 169,57 Stunden/Monat

3. Ermittlung der Stundenvergütung

Die maßgeblichen Stundensätze sind in der Anlage 3a (Tarifgebiet West) bzw. 3b (Tarifgebiet Ost) vereinbart.

Praxistipp !

Sofern sich ein Mitarbeiter noch in einer individuellen Zwischenstufe (§ 22 Abs. 1 S. 8 TV-V) befindet, sind die Stundenentgelte individuell zu ermitteln.

---

422 Für möglich halten eine Analogie hingegen – ohne Begründung – *Herzberg/Schlusen*, § 6 TV-V Rn 26.

423 *Herzberg/Schlusen*, § 6 TV-V Rn 33.

424 *Herzberg/Schlusen*, § 6 TV-V Rn 33.

VI. Leistungsorientiertes Entgelt

224 Ein wesentliches Gestaltungsmittel zur Effizienzsteigerung ist die Einführung einer leistungsorientierten Vergütung, die der TV-V in § 6 Abs. 5 bis 7 regelt.

Praxistipp
Daneben können selbstverständlich außertariflich leistungsorientierte Gehaltsbestandteile eingeführt werden, wobei – sofern es sich um einen kollektiven Tatbestand handelt – die Mitbestimmungsrechte des Betriebsrats nach § 87 Abs. 1 Nr. 10 BetrVG bzw. die entsprechenden Regelungen der Personalvertretungsgesetze beachtet werden müssen.[425] Dabei ist das „Ob“ ebenso mitbestimmungsfrei wie die Festlegung des zu verteilenden Volumens. Erst hinsichtlich der Verteilung selbst („Wie“) greifen – unter der vorgenannten Voraussetzung – Mitbestimmungsrechte ein.

---

1. Gestaltungsmöglichkeiten nach dem TV-V

225 Grundbaustein der leistungsabhängigen Vergütung im TV-V ist die Regelung von Leistungszulagen in § 6 Abs. 5 TV-V und von Leistungsprämien in § 6 Abs. 6 TV-V. Ergänzt werden diese Instrumente durch das Gestaltungsmittel des leistungsabhängigen Stufenaufstiegs in § 5 Abs. 2 S. 4 und 5 TV-V sowie die Aufstockung der Sonderzahlung in § 16 TV-V.

Praxistipp
In wie weit von diesen Möglichkeiten Gebrauch gemacht wird, entscheidet der Arbeitsgeber mitbestimmungsfrei.[426] Das Gleiche gilt für das hierfür zur Verfügung gestellte Budget.[427] Erst wenn der Arbeitgeber sich entschieden hat, leistungsbezogenes Entgelt einzuführen, greifen die Zuständigkeiten der betrieblichen Kommission nach § 6 Abs. 5 S. 3ff., Abs. 6 S. 3 TV-V sowie die Mitbestimmungsrechte des Betriebsrates nach dem BetrVG (vgl. § 6 Abs. 3 S. 3 TV-V).

---

226 **Leistungszulagen gemäß § 6 Abs. 5 TV-V** werden, wenn sie zum wirtschaftlichen Erfolg des Betriebes beigetragen haben, für Leistungen gewährt, die am **Ende** des Beurteilungszeitraums festgestellt werden.

Praxistipp
Als Beurteilungszeitraum wird typischerweise das Kalender- oder Geschäftsjahr festgelegt.

---

227 Im Unterschied dazu werden **Leistungsprämien nach § 6 Abs. 6 TV-V** für eine am **Anfang** des Beurteilungszeitraums vereinbarte oder festgelegte Leistung (die nicht

---

425 Zu den Risiken einer Missachtung vgl. z.B. *Fitting*, § 87 BetrVG Rn 448 m.w.N.
426 *Herzberg/Schlusen*, § 6 TV-V Rn 34.
427 *Herzberg/Schlusen*, § 6 TV-V Rn 34.

notwendig im „wirtschaftlichen Erfolg des Betriebs“ liegen muss) ausgelobt. Kombinierte Verfahren sind möglich.[428]

2. Gewährung von Leistungszulagen

a) Voraussetzungen für die Gewährung von Leistungszulagen

Die Voraussetzungen, unter denen der Arbeitgeber – wenn er sich hierfür mitbe- 228
stimmungsfrei entscheidet – Leistungszulagen i.S.d. TV-V einführen kann, sind in § 6 Abs. 5 S. 1 TV-V festgelegt. Danach sind Voraussetzung für die Gewährung einer Leistungszulage:

- Die Entscheidung des Arbeitgebers, eine Leistungszulage i.S.d. § 6 Abs. 5 TV-V einzuführen;
- erheblich überdurchschnittliche Leistungen hinsichtlich Arbeitsqualität und -quantität und
- ein Beitrag dieser Leistungen zum wirtschaftlichen Erfolg des „Betriebs“.

aa) Arbeitsqualität und Arbeitsquantität (Kriterien des Leistungsgrades)

Messkriterien für die Gewährung von Leistungszulagen i.S. des TV-V sind nach § 6 229
Abs. 5 S. 1 TV-V die Arbeitsqualität und die Arbeitsquantität des in Rede stehenden Arbeitnehmers. Beurteilt wird – wie ein Umkehrschluss aus § 6 Abs. 6 S. 2 TV-V deutlich macht – die **individuelle** Leistung.

Mit der „Arbeitsqualität“ ist die „Güte“ des Arbeitsergebnisses gemeint. Insoweit erfolgt eine wertende Betrachtung, die sich – wie im Umkehrschluss aus der Messgröße Arbeitsquantität folgt – nicht notwendig abschließend zahlenmäßig bestimmen lässt, aber mittelbar auch auf zahlenmäßige Bewertungen gestützt werden kann.[429]

Beispiel 230

Messkriterien/Kennzahlen können z.B. sein:[430]

- Kundenorientierung;
- Kundenzufriedenheit (ermittelbar anhand eines Vergleichs der Anzahl der Reklamationen zur Anzahl der Leistungen);
- oder der Servicegrad (Geschwindigkeit, Umfang und Nachhaltigkeit von Problemlösungen oder Innovationen, Entwicklungen, Erfindungen usw.);
- fachliche Kompetenz/konzeptionelles Handeln;
- Vollständigkeit der Aufgabenerledigung;
- Initiative/Einsatzbereitschaft;

---

428 *Herzberg/Schlusen*, § 6 TV-V Rn 35.

429 In diesem Sinne wohl auch *Herzberg/Schlusen*, § 6 TV-V Rn 39.

430 Vgl. Groeger/*Brock*, Teil 3 C Rn 49; *Herzberg/Schlusen*, § 6 TV-V Rn 39.

- Organisation/Planung/Selbstkontrolle;
- Wirtschaftlichkeit/kostenbewusstes Handeln;
- Flexibilität/vielseitige Verwendbarkeit.

Mit der „Arbeitsquantität“ ist demgegenüber – wie bereits der Wortlaut deutlich macht – die zahlenmäßig bestimmbare „Menge“ der Arbeitsergebnisse gemeint, bei denen aber – wie die nachfolgenden Beispiele deutlich machen – eine wertende Betrachtung mittelbar über die Gewichtung der Arbeitsergebnisse, die mengenmäßig erbracht werden sollen, erfolgen muss, um eine möglichst objektive und nachvollziehbare Leistungsbeurteilung zu erreichen.

Beispiel
Messkriterien/Kennzahlen können sein:[431]
- Anzahl der zu bearbeitenden Vorgänge;
- benötigte Zeit zur Abwicklung einer Aufgabe/eines Vorgangs;
- Komplexität der zu erledigenden Aufgaben (ohne Einbezug dieses Kriteriums sind z.B. zeitliche Vorgaben für die Aufgabenerledigung bzw. zur Quantität nicht sinnvoll möglich);
- Menge der „Routinetätigkeiten“ im Vergleich zum Umfang ständig wechselnder Aufgabenstellungen.

Praxistipp
In der betrieblichen Praxis wichtig ist in diesem Zusammenhang vor allem ein Erwartungsmanagement. Denn führt man sich noch einmal vor Augen, dass die Leistungszulagen Anreize für einen besonderen Einsatz des Arbeitnehmers erzeugen sollen, müssen entsprechende Vorgaben zwar fordernd, aber realistisch sein, wenn das Versprechen bzw. die Aussicht auf eine entsprechende Zulage motivierend wirken soll. Sinnvoll ist daher eine realistische Ausgangseinschätzung, die idealerweise von Feedbackgesprächen während des Beurteilungszeitraums sowie von einem Abschlussgespräch begleitet wird.[432]

bb) Erheblich über dem Durchschnitt liegende Leistungen

231 Nach § 6 Abs. 5 S. 1 TV-V können Leistungszahlungen bei „erheblich über dem Durchschnitt liegenden Leistungen“ gewährt werden. Voraussetzung ist daher ein **Vergleich der Normalleistung mit der individuellen Leistung.**

Dieser Vergleich ist nur möglich, wenn die Leistungen der Arbeitnehmer laufend geprüft und dokumentiert werden.

431 Vgl. dazu auch *Herzberg/Schlusen*, § 6 TV-V Rn 40.
432 Vgl. zu begleitenden Gesprächen ebenso *Herzberg/Schlusen*, § 6 TV-V Rn 40.

Praxistipp
Soweit dies unter Einsatz technischer Leistungsmessinstrumente (z.B. elektronische Erfassung, Speicherung und Auswertung der Leistungsdaten) geschieht, ist das Mitbestimmungsrecht nach § 87 Abs. 1 Nr. 6 BetrVG zu beachten. Erfolgt die Leistungsdokumentation und Auswertung händisch, greift dieses Mitbestimmungsrecht nicht ein.[433]

Dabei ist die durchschnittliche – typische – Leistung durch das Entgelt nach § 6 TV-V i.V.m. den Anlagen 2 und 3 TV-V abgegolten.

Hiervon ausgehend muss das betriebiche System (§ 6 Abs. 5 S. 3 TV-V) einen **Abgleich der durchschnittlichen mit der persönlichen Leistung** vorsehen. 232

Ergebnis dieses Abgleichs muss eine erheblich über dem Durchschnitt liegende Leistung sein. Welches Maß erforderlich ist, damit eine „erheblich" über dem Durchschnitt liegende Leistung vorliegt, legt der TV-V nicht fest. Letztlich wird man hierzu allerdings die zum leistungsbedingten Stufenaufstieg entwickelten Kriterien übertragen können (vgl. dazu unter Kapitel 3 Rn 164). Erforderlich sind letztlich Spitzenleistungen, die deutlich über dem Durchschnitt liegen. Daher hängt die Gewährung auch **von der Leistungsfähigkeit der Vergleichsgruppe** ab. Ist diese besonders leistungsfähig, ist es deutlich schwieriger „überdurchschnittliche" Leistungen zu erzielen.

Praxistipp
Daher können sich dann, wenn zugleich gruppenbezogene Leistungsprämien nach § 6 Abs. 6 TV-V ausgelobt werden, durchaus Wechselwirkungen zwischen beiden Instrumenten ergeben, die bei der Ausgestaltung der jeweiligen leistungsbezogenen Vergütung berücksichtigt werden sollten, damit der Leistungsanreiz im Rahmen des § 6 Abs. 5 TV-V nicht unverhältnismäßig abgeschwächt wird. Steuerbar ist dies u.a. durch eine sinnvoll gewählte Vergleichsgruppenbildung, die sich z.B. an den vom BAG zu § 125 InsO (ausgewogene Personalstruktur) entwickelten Überlegungen orientieren kann.[434]

Hiervon ausgehend wird prozentual nur ein kleiner Teil der in die Vergleichsgruppe 233
einzubeziehenden Arbeitnehmer eine Leistungszulage erhalten können. Jedenfalls muss der Teil weniger als 50% aller einbezogenen Arbeitnehmer ausmachen.[435] Ausgehend davon, dass der Wortlaut des § 6 Abs. 5 S. 1 TV-V letztlich Spitzenleistungen fordert, wird man die Gruppe der Bezugsberechtigten aber realistischerweise mit **maximal 10%** ansetzen können. Denn für größere Gruppen sieht der TV-V in § 6 Abs. 6 S. 2 TV-V die Leistungsprämie als Anreiz vor. Damit der Leistungszulage ein sinnvoller eigener Anwendungs- und Wirkbereich zukommt, wird man die Gruppe der Zulageberechtigten daher klein halten müssen. Dass damit große Teile der Be-

433 Vgl. nur *Fitting*, § 87 BetrVG Rn 227.
434 Vgl. BAG, Urt. v. 19.12.2013 – 6 AZR 790/12 – ZIP 2014, 536 und dazu *Mückl*, EWiR 2014, 295 f.
435 Ebenso *Herzberg/Schlusen*, § 6 TV-V Rn 42.

legschaft von Leistungszulagen ausgeschlossen werden, liegt in der Natur der Sache und ist gerade Zielsetzung einer Honorierung erheblich überdurchschnittlicher individueller Leistungen.

Praxistipp
Welche Leistungen mit einer Leistungszulage honoriert werden sollen, wird – wie vorstehend bereits am Beispiel der Wechselwirkung zwischen Leistungszulage und –prämie erläutert – letztlich auch von den finanziellen Möglichkeiten des jeweiligen Unternehmens und der Gestaltung des gesamten leistungsbezogenen Entgeltkonzeptes abhängen.[436]

---

cc) Wirtschaftlicher Erfolg des „Betriebes"

234 Voraussetzung für die Auszahlung der Leistungszulage ist schließlich, dass die Leistungen des Arbeitnehmers zum wirtschaftlichen Erfolg „des Betriebes" beigetragen haben.

Praxistipp
Der „wirtschaftliche Erfolg" ist im TV-V nicht definiert und sollte daher in dem betrieblich zu vereinbarenden System festgelegt werden.[437]

Soweit der TV-V in § 6 Abs. 3 S. 1 vom Erfolg des „Betriebes" spricht, dürfte es sich – ebenso wie im Rahmen des § 1 TV-V – wiederum um eine sprachliche Ungenauigkeit handeln. In der Literatur wird „Betrieb" in diesem Kontext – ohne Diskussion – mit „Unternehmen" übersetzt.[438]

235 Angesichts der Ungenauigkeit der Tarifvertragsparteien bei der Unterscheidung zwischen „Unternehmen" und „Betrieb" wird man in der betrieblichen Praxis aber – ohne Verstoß gegen den Wortlaut – **sowohl unternehmensbezogene als auch betriebsbezogene Kennzahlen für zulässig halten** dürfen. Denn die Gesamtheit des Erfolgs aller Betriebe bildet den Erfolg des Unternehmens ab, sodass kein Grund erkennbar ist, lediglich betriebsbezogene Kennzahlen zuzulassen.

Praxistipp
Betriebsbezogene Kennzahlen bieten den Arbeitnehmern größere Steuerungsmöglichkeiten, das Risiko eines Ausfalls der Leistungszulage – mangels wirtschaftlichen Erfolgs des Unternehmens – zu minimieren. Letztlich kann über eine betriebsbezogene Betrachtung also eine „Quersubvention" anderer Betriebe verhindert werden. Dies hat der Arbeitgeber in der Hand, der mit Blick darauf, dass es sich um eine freiwillige Leistung handelt, mitbestimmungsfrei entscheiden kann, auf welcher Ebene (einzelbetrieblich oder betriebsübergreifend bzw. unternehmensweit) er die Leistungs-

---

436 Ebenso *Herzberg/Schlusen*, § 6 TV-V Rn 42.
437 Ebenso *Herzberg/Schlusen*, § 6 TV-V Rn 44.
438 So z.B. *Herzberg/Schlusen*, § 6 TV-V Rn 44.

zulage einführen möchte. Dadurch kann er auch das auf der Arbeitnehmerseite zuständige Gremium (Betriebsrat, Gesamtbetriebsrat) bestimmen.

Konzernweite Kennzahlen sind nach dem Wortlaut des § 5 Abs. 3 S. 1 TV-V hingegen 236
nicht wählbar. Denn zwischen „Betrieb/Unternehmen" und „Konzern", differenziert der TV-V sprachlich hinreichend, wie § 1 TV-V deutlich macht.

Praxistipp
Sie können allerdings Gegenstand einer außertariflichen Zulage sein.

Beispiel
Als Kennzahlen kommen z.B. Umsatz, Gewinn oder EBIT in Betracht.

dd) Jederzeit und widerrufliche Gewährung

Die Leistungszulage i.S.d. § 6 Abs. 5 TV-V ist gemäß dessen S. 1 jederzeit widerruf- 237
lich. Sie steht also bereits tariflich unter einem sog. **Widerrufsvorbehalt**, der nach § 310 Abs. 4 S. 1 BGB nicht den strengen Vorgaben der AGB-Kontrolle in ihrer Ausgestaltung durch die Rechtsprechung des BAG genügen muss.[439]

Das Merkmal **„jederzeit"** bezieht sich dabei – entgegen einer in der Literatur vertretenen Auffassung[440] – nicht auf die Einführung, sondern auf die **Widerruflichkeit**. Dass entsprechende Zulagen jederzeit eingeführt werden können, ist eine Selbstverständlichkeit, die keiner besonderen Regelung bedarf. Wichtig für die durch die Widerruflichkeit angestrebte Flexibilität ist aber, dass der Widerrufszeitpunkt wählbar ist. Damit wird dem Arbeitgeber nämlich ermöglicht, auf kurzfristige (typischerweise nicht hinreichend vorhersehbare) negative Ereignisse zu reagieren, wie z.B. Auftragseinbrüche, geänderte gesetzgeberische Vorgaben oder Entwicklungen in der Rechtsprechung, die sich wirtschaftlich nachteilig auswirken.

Dieses Ergebnis wird **systematisch durch § 6 Abs. 5 S. 2 TV-V bestätigt**, wonach über die Zulage jedes Jahr neu zu entscheiden ist. Denn durch diese – an die klassische Ausgestaltung von Freiwilligkeitsvorbehalten angelehnte[441] – Vorgabe wird der Arbeitgeber vor einer über ein Jahr hinaus andauernden Verpflichtung geschützt.[442] Ein **Schutzbedürfnis**, dem die Widerruflichkeit Rechnung tragen könnte, besteht daher **nur innerhalb des Jahres**.

---

439 Vgl. zu Alternativen für die Flexibilisierung der Vergütung nach aktueller Rechtsprechung z.B. *Mückl*, Rn 194 ff.
440 So aber *Herzberg/Schlusen*, § 6 TV-V Rn 43.
441 Vgl. dazu *Mückl*, Rn 209 ff.
442 Ebenso *Herzberg/Schlusen*, § 6 TV-V Rn 45.

Praxistipp
Keine Rolle für die Frage der Zulässigkeit des Widerrufs spielt daher – entgegen einer in der Literatur vertretenen Ansicht –,[443] wie lange die Leistungszulage bereits gewährt wurde. Grenze der Widerruflichkeit ist vielmehr das billige Ermessen des Arbeitgebers (§ 315 BGB).

b) Entwicklung eines betrieblichen Systems

238 Nach § 6 Abs. 3 S. 3 TV-V sind die Kriterien für Leistungszulagen und das Verfahren in einem betrieblich zu vereinbarenden System festzulegen.

Praxistipp
Dies kann in Form einer Betriebsvereinbarung oder einer anderen Vereinbarung (z.B. auch als Regelungsabrede) geschehen.[444]

Gegenstand dieser Vereinbarung sollte **mindestens** sein:[445]
- Art und Zeitpunkt der Zulagengewährung (laufende Leistungen oder Einmalzahlungen);
- Festlegung der Kriterien, nach denen die individuelle Leistung zu bewerten ist;
- Festlegung der Kriterien zur Bestimmung der Vergleichsgruppe;
- Festlegung der Kriterien zur Leistungsdokumentation;
- Verfahren zur Bewertung der Leistungen (Zuständigkeit, Zeitpunkt, etc.);
- Zuständigkeit der betrieblichen Kommission (§ 6 Abs. 5 S. 4, 5 TV-V i.V.m. der Protokollerklärung zu § 6 Abs. 5 TV-V);
- Verfahren bei Beschwerden (§ 6 Abs. 5 S. 6 TV-V).

c) Zusammensetzung und Zuständigkeit der betrieblichen Kommission

239 Um ein System zur leistungsorientierten Vergütung entwickeln, anwenden, steuern und überwachen zu können, ist nach § 6 Abs. 3 S. 4 TV-V zunächst die betriebliche Kommission einzurichten.

aa) Zuständigkeit der betrieblichen Kommission

240 § 6 Abs. 5 S. 4 bis 6 TV-V regelt die Zuständigkeit der betrieblichen Kommission wie folgt:
- Mitwirkung bei der Entwicklung und dem ständigen Controlling des Systems;

443 So aber *Herzberg/Schlusen*, § 6 TV-V Rn 43.
444 Vgl. auch *Herzberg/Schlusen*, § 6 TV-V Rn 46.
445 Vgl. auch *Herzberg/Schlusen*, § 6 TV-V Rn 47.

- Beratung bei schriftlich begründeten Beschwerden, die sich auf Mängel des Systems bzw. seiner Anwendung beziehen; u.a. durch
- Vorschläge dazu, ob und in welchem Umfang der Beschwerde im Wege der Korrektur des Systems bzw. von Systembestandteilen oder auch von einzelnen konkreten Anwendungsfällen abgeholfen werden soll.

Praxistipp !
Die abschließende Entscheidung trifft nach § 6 Abs. 5 S. 6 TV-V allerdings der Arbeitgeber. Die Kommission hat also allein Controlling-, Vorschlags- und Beratungsfunktion.

bb) Zusammensetzung der betrieblichen Kommission

Die Mitglieder der betrieblichen Kommission werden nach § 6 Abs. 5 S. 4 HS. 2 TV-V 241
je zur Hälfte vom Arbeitgeber und vom Betriebsrat bzw. Personalrat aus dem Betrieb benannt.

Praxistipp !
Die Einschränkung „aus dem Betrieb" wird man – analog den zum wirtschaftlichen Erfolg entwickelten Überlegungen (vgl. dazu Kapitel 3 Rn 234f.) – bei einem betriebsübergreifenden bzw. unternehmensweiten System als Synonym für „aus dem bzw. den betroffenen Betrieben" interpretieren müssen.[446] Nicht zulässig ist daher die Benennung Dritter, z.B. von Arbeitnehmern dritter Betriebe oder Gewerkschaftsvertretern, die nicht in einem der betroffenen Betriebe beschäftigt sind.

3. Leistungsprämien wegen besonderer Zielerreichungen

Gemäß § 6 Abs. 6 TV-V können an Arbeitnehmer, deren Arbeitsaufgabe die Errei- 242
chung von vereinbarten oder festgelegten besonderen Zielen umfasst, in Abhängigkeit von der Zielerreichung Leistungsprämien gezahlt werden. Nach § 6 Abs. 6 S. 2 TV-V können derartige Prämien auch an Gruppen von Arbeitnehmern gewährt werden.

Praxistipp !
Ob die Leistungsprämie alternativ oder zusätzlich zur Leistungszulage nach § 6 Abs. 5 TV-V gewährt werden kann, lässt § 6 Abs. 6 TV-V offen. Da aber letztlich beide Leistungen Motivationscharakter haben, ist kein Grund erkennbar, von einer Alternativität auszugehen.[447]

---

446 A.A. *Herzberg/Schlusen*, § 6 TV-V Rn 48, die insoweit – widersprüchlich zu dem (ebenfalls nicht zutreffenden) alleinigen Abstellen auf den wirtschaftlichen Erfolg des Unternehmens – nur Angehörige eines Betriebs zulassen wollen.
447 Offen gelassen von *Herzberg/Schlusen*, § 6 TV-V Rn 49.

Leistungsprämien können nach dem Wortlaut sowohl Gegenstand einer Zielvereinbarung („vereinbarte“) als auch einer Zielvorgabe („festgelegten“) sein.[448]

Ein Anspruch auf die Vereinbarung oder Vorgabe von Zielen besteht nach dem Wortlaut des § 6 Abs. 6 TV-V allerdings nicht („können“). Vielmehr kann der Arbeitgeber hierüber nach **billigem Ermessen** (§ 315 BGB) entscheiden. Auf die Art der Aufgabe, für die Ziele vereinbart oder vorgegeben werden, kommt es nicht an.[449]

4. Keine Zusatzversorgungspflicht

243 § 6 Abs. 7 TV-V stellt klar, dass die nach § 6 Abs. 5 und 6 TV-V gewährten leistungsbezogenen Entgelte nicht zusatzversorgungspflichtig sind.

5. Mitbestimmungsrechte des Betriebsrates nach dem BetrVG

244 Mitbestimmungsrechte des Betriebsrates im Zusammenhang mit den leistungsbezogenen Entgelten können sich aus § 87 Abs. 1 Nr. 6, 10 und 11 BetrVG ergeben.[450] Mit Blick auf die besonders praxisrelevanten, nach § 87 Abs. 1 Nr. 10 BetrVG mitbestimmungspflichtigen Entlohnungsgrundsätze gewährt der TV-V in Bezug auf eine leistungsabhängige Vergütung insbesondere folgende Gestaltungsspielräume:
- Art der Ergebnisbeteiligung (Bewertung der individuellen Leistung, Zielerreichung, Beteiligung am Unternehmenserfolg u.Ä.);
- Bemessungsgrundlagen (Beurteilung, Zielerreichung u.Ä.);
- Berechnungsmethoden (prozentual, Festprämien etc.);
- Fälligkeit (jährlich, quartalsmäßig, monatlich usw.).[451]

I. Arbeitszeitregelungen

245 Die Fixierung oder Flexibilisierung der Zeiten, in denen der Arbeitnehmer seine Arbeitsleistung zu erbringen hat, ist in der betrieblichen Praxis ein entscheidender Faktor für die **operative Gestaltung der Arbeitsabläufe** und den Unternehmenserfolg.

Dabei ist das Arbeitszeitrecht durch ein Ineinandergreifen einer Vielzahl von Rechtsgrundlagen gekennzeichnet. Grenzen für die Ausgestaltung von Arbeitszeit-

448 Vgl. zur Zielvereinbarung nach dem TVöD z.B. Groeger/*Brock*, Teil 3 C Rn 32ff.
449 *Herzberg/Schlusen*, § 6 TV-V Rn 50.
450 Vgl. *Herzberg/Schlusen*, § 6 TV-V Rn 64.
451 Vgl. *Herzberg/Schlusen*, § 6 TV-V Rn 64.

modellen ergeben sich nicht nur aus dem ArbZG und ergänzenden Arbeitsschutzvorschriften, die durch die europäische Arbeitszeitrichtlinie geprägt sind. Hinzu kommen Sondervorschriften im Mutterschutzgesetz und im Jugendarbeitsschutzgesetz.

Innerhalb dieser Vorgaben gestaltet der TV-V in seinem Anwendungsbereich den Rahmen für die regelmäßige Arbeitszeit (§ 8 TV-V), für Sonderformen der Arbeit (§ 9 TV-V) sowie den Ausgleich für derartige Sonderformen der Arbeit (§ 10 TV-V), den Einsatz von Arbeitszeitkonten (§ 11 TV-V) und eine Teilzeitbeschäftigung (§ 7 TV-V) aus.

Dabei verfolgt der TV-V im Vergleich zum bisherigen Tarifrecht das Ziel einer Flexibilisierung, indem er insbesondere auf betrieblicher Ebene neue Arbeitszeitmodelle zulässt. Zu nennen sind in diesem Zusammenhang vor allem der wöchentliche Arbeitszeitkorridor (§ 8 Abs. 6 TV-V) und die tägliche Rahmenarbeitszeit (§ 8 Abs. 7 TV-V). Denn diese Arbeitszeitgestaltungen machen es unter Einbindung eines Arbeitszeitkontos möglich, die Arbeitszeit der Arbeitnehmer im Wege des Direktionsrechts flexibel an die Bedürfnisse des Betriebs anzupassen. Ziel ist dabei insbesondere die Vermeidung teurer Überstundenzuschläge.

Umgesetzt werden können diese Modelle nur durch Betriebs- oder Dienstvereinbarungen, sodass die Mitbestimmungsrechte des Personalrats (§ 75 Abs. 3, Abs. 4 BPersVG bzw. § 72 Abs. 4 Nr. 1, 2 LPersVG NRW) bzw. Betriebsrats (§ 87 Abs. 2 Nr. 2, 3 BetrVG) zu beachten sind.

I. Arbeitszeitbegriff

Arbeitsschutzrechtlich ist die Arbeitszeit in **§ 2 Abs. 1 ArbZG** als Zeit vom Beginn 246
bis zum Ende der Arbeit ohne die Ruhepausen definiert. Diesen Arbeitszeitbegriff lässt der TV-V unberührt und legt in § 8 Abs. 1 lediglich **vergütungsrechtlich** den Begriff der „regelmäßigen Arbeitszeit" fest. Er bestimmt damit, welche Arbeitsleistung der Arbeitnehmer zu erbringen hat, um einen Anspruch auf das volle tarifliche Tabellenentgelt zu erhalten.

Zu Beginn und Ende der Arbeitszeit trifft der TV-V keine spezifischen Regelungen, sodass die allgemeinen Regeln Anwendung finden. Danach beginnt die Arbeitszeit mit der Arbeitsaufnahme bzw. zumindest damit, dass der Arbeitnehmer dem Arbeitgeber die geschuldete Arbeitsleistung vertragsgemäß anbietet, sodass der Arbeitgeber in der Lage ist, die Arbeitskraft des Arbeitnehmers zu verwerten.[452] Beendet ist die Arbeitszeit, wenn der Arbeitnehmer die Arbeit einstellt oder seine Arbeitskraft nicht mehr vertragsgemäß anbietet.[453]

452 *Baeck/Deutsch*, ArbZG § 2 Rn 9.
453 *Baeck/Deutsch*, ArbZG § 2 Rn 9.

Hiervon ausgehend zählen **Wegezeiten von der Betriebsstätte** nicht zur Arbeitszeit.[454] Nichts anderes gilt grundsätzlich auch für **Umkleide- und Waschzeiten**[455] sowie sonstige **Vorbereitungszeiten**. Etwas anderes kann mit Blick auf Umkleidezeiten allerdings dann gelten, wenn das Tragen von Dienstkleidung lediglich fremdnützig oder bereits aus arbeitsschutzrechtlichen Gründen erforderlich ist.[456] Auch Ruhepausen sind grundsätzlich nicht als Arbeitszeit zu werten. Nach § 8 Abs. 1 S. 2 TV-V werden bei Wechselschichtarbeit die gesetzlich vorgeschriebenen allerdings in die Arbeitszeit eingerechnet.

II. Dauer der durchschnittlichen wöchentlichen Arbeitszeit

247 Die regelmäßige wöchentliche Arbeitszeit ist in § 8 Abs. 1 S. 1 TV-V dahin geregelt, dass sie ausschließlich der Pausen für die in § 6 Abs. 4 S. 2 TV-V genannten Arbeitnehmer durchschnittlich 39 Stunden wöchentlich und für die in § 6 Abs. 4 S. 3 TV-V genannten Arbeitnehmer durchschnittlich 40 Stunden wöchentlich beträgt. Bei Wechselschichtarbeit werden gemäß § 8 Abs. 1 S. 2 TV-V die gesetzlich vorgeschriebenen Pausen in die Arbeitszeit ausnahmsweise eingerechnet.

Diese tarifvertragliche Festlegung bedeutet nicht, dass der Arbeitnehmer tatsächlich in der Woche lediglich 39 bzw. 40 Stunden muss. Vielmehr kann die Arbeitszeit flexibel auf die Wochen eine Jahres verteilt werden. Denn die tarifvertraglich festgelegte Dauer der Arbeitszeit muss – als **Ergebnis einer Ausgleichsrechnung** nach § 8 Abs. 2 S. 1 TV-V – erst innerhalb eines Ausgleichszeitraums von bis zu einem Jahr erreicht werden. Insofern handelt es sich um nicht mehr als um eine **Rechengröße** zur Bestimmung der Arbeitsleistung, die der Arbeitnehmer als Gegenleistung für das Entgelt zu erbringen hat.[457]

Konsequenz daraus ist, dass die regelmäßige wöchentliche Arbeitszeit in einzelnen Wochen sowohl über- als auch unterschritten werden kann. Grenzen ergeben sich zunächst aus § 8 Abs. 1 S. 3 TV-V, wonach die regelmäßige Arbeitszeit auf fünf Tage und aus notwendigen betrieblichen Gründen auch auf sechs Tage verteilt werden kann. Eine weitere Grenze ergibt sich aus § 3 ArbZG, wonach die werktäglich Arbeitszeit der Arbeitnehmer acht Stunden nicht überschreiten darf. Nach § 3 S. 2 ArbZG kann sie allerdings auf bis zu zehn Stunden verlängert werden, wenn innerhalb von sechs Kalendermonaten oder innerhalb von 24 Wochen im Durchschnitt acht Stunden werktäglich nicht überschritten werden. Unter Nutzung der durch § 7

---

454 *Baeck/Deutsch*, ArbZG § 2 Rn 9, BAG, Urt. v. 26.9.1960 – 1 AZR421/58 – AP Nr. 2 zu § 611 BGB Wegezeit.

455 BAG, Urt. v. 18.9.2011 – 5 AZR 181/10 – EzA § 611 BGB 2002 Mehrarbeit Nr 2.

456 BAG, Urt. v. 19.9.2012 – 5 AZR 678/11 – NZA-RR 2013, 63.

457 Ebenso für die Parallelregelung im TVöD in Groeger/*Brock*, Teil 3 L Rn 16.

ArbZG eröffneten Möglichkeiten sieht der TV-V allerdings einen anderen Ausgleichszeitraum vor, nämlich nach § 8 Abs. 2 S. 1 einen Zeitraum von bis zu einem Jahr.

1. Verteilung der Arbeitszeit

a) Ausgleichszeitraum

Die durch § 8 Abs. 2 S. 1 TV-V bewirkte Verlängerung des Ausgleichszeitraums auf 248
ein Jahr ermöglicht eine Flexibilisierung der Gestaltung von Arbeitszeitmodellen. Für Arbeitnehmer, die ständig Wechselschicht- oder Schichtarbeit zu leisten haben, kann sogar noch ein längerer Zeitraum zugrunde gelegt werden (§ 8 Abs. 2 S. 2TV-V). Der TV-V nutz damit die Öffnungsklausel in § 7 Abs. 1 Nr. 1b ArbZG.

Wichtig für die betriebliche Praxis ist, dass der Ausgleichszeitraum von einem Jahr **nicht identisch mit dem Kalenderjahr** ist, sondern flexibel bestimmt werden kann.[458] In die Durchschnittsberechnung für eine Woche sind dann sowohl die vorangegangenen als auch die darauf folgenden 51 Wochen einzubeziehen.[459] Nicht erforderlich ist insoweit grundsätzlich, dass der Beginn des Ausgleichszeitraums von Vornherein feststeht.

Etwas anderes folgt – entgegen einer in der Literatur vertretenen Ansicht –[460] auch nicht aus dem Wortlaut von § 6 Abs. 6 S. 2 TV-V. Denn dabei handelt es sich um eine Sonderregelung, die lediglich für die Rahmenzeit bzw. den Arbeitszeitkorridor von Bedeutung ist. Für Arbeitszeitgestaltungen außerhalb derartiger Modelle, zum Beispiel Schicht- oder Wechselschichtarbeit, besteht richtigerweise **kein Erfordernis einer vorherigen Festlegung des Ausgleichszeitraums**. Vielmehr genügt es, wenn innerhalb eines Zeitraums von einem Jahr ein Arbeitszeitausgleich erfolgt.[461]

Die **Berechnung** des erforderlichen Ausgleichs geschieht wie folgt: 249

- Im ersten Schritt muss der Arbeitgeber die vom Arbeitnehmer aufgrund seiner festen Arbeitszeit, dem Dienstplan, bzw. im Rahmen von Gleitzeitmodellen oder nach einem Schichtplan geleisteten Arbeitsstunden zu addieren.
- Im nächsten Schritt sind sie der regelmäßigen wöchentlichen Arbeitszeit gegenüber zu stellen.
- Schließlich erfolgt im Jahreszeitraum eine laufende Saldierung.

---

458 Ebenso für die Parallelregelung im TVöD in Groeger/*Brock*, Teil 3 L Rn 32 m.w.N.

459 Vgl. BAG, Urt. v. 30.9.2000 – 6 AZR 680/798 – NZA 2001, 111; BAG, Urt. v. 12.12.2012 – 5 AZR 918/11, – juris (für einen Ausgleichszeitraum von 26 Wochen).

460 Vgl. für den TVöD in diesem Sinn Bepler/Böhle/Meerkamp/Stöhr/*Welkoborsky*, § 6 TVöD-AT Rn 6.

461 Ebenso Groeger/*Brock*, Teil 3 L Rn 32.

Praxistipp
Davon zu unterscheiden ist das Arbeitszeitkonto nach § 11 TV-V. Denn für den laufenden Ausgleich der Arbeitszeit im Rahmen des § 8 Abs. 2 TV-V gelten die einschränkenden Regelungen des Arbeitszeitkontos nach § 11 TV-V nicht. Der Ausgleich gemäß § 8 Abs. 2 TV-V beschränkt sich auf eine schlichte Saldierung der geschuldeten Arbeitszeit mit der tatsächlich geleisteten Arbeitszeit.[462]

b) Verteilung auf Wochentage

250 Nach § 8 Abs. 1 S. 3 TV-V kann die regelmäßige Arbeitszeit auf fünf Tage, aus notwendigen betrieblichen Gründen auch auf sechs Tage, verteilt werden. Der TV-V weicht damit von dem ArbZG ab, das grundsätzlich von einer 6-Tage-Woche ausgeht. Weitere Festlegungen erfolgen allerdings nicht. Dies führt zum Beispiel dazu, dass flexibler bestimmt werden kann, **welche Arbeitstage frei sein können**. In den von §§ 9–11 ArbZG eröffneten Grenzen kann daher zum Beispiel auch der Sonntag als regelmäßiger Arbeitstag ausgestaltet werden.

Parallel zu den oben zum Ausgleichszeitraum entwickelten Grundsätzen ist auch der Bezugsrahmen „Woche" **nicht notwendig identisch mit der Kalenderwoche**. Vielmehr kann ein 7-Tageszeitraum flexibel festgelegt werden. Dies kann dazu führen, dass zehn Arbeitstage am Stück gearbeitet werden muss, wenn die freien Tage der ersten Woche am Wochenanfang liegen und die freien Tage der letzten Woche am Ende des jeweiligen 7-Tageszeitraums.[463]

Praxistipp
Das mit Blick auf die Verteilung der Arbeitszeit grundsätzlich bestehende Direktionsrecht wird – wenn entsprechende Gremien bestehen – durch die Mitbestimmungsrechte von Personal- und Betriebsrat begrenzt.

251 Lediglich aus notwendigen betrieblichen Gründen kann die Arbeitszeit nach § 8 Abs. 1 S. 3 TV-V auf **sechs Tage in der Woche** verteilt werden. Ebenso wie im Rahmen des TVöD hat die Rechtsprechung bislang nicht geklärt, welche Anforderungen an einen **notwendigen betrieblichen Grund** zu stellen sind. In der Literatur ist dies dem entsprechend **umstritten**.

Denkbar ist, den Begriff in Anlehnung an § 9 TzBfG und § 30 BetrVG dahin auszulegen, dass es sich um dringende betriebliche Gründe handeln muss. Dies würde bedeuten, dass die Gründe „gleichsam zwingend" sein müssen.[464]

---

462 Groeger/*Brock*, Teil 3 L Rn 33 (für den TVöD).
463 Ebenso für den TVöD Groeger/*Brock*, Teil 3 L Rn 35.
464 Vgl. BAG, Urt. v. 16.9.2008 – 9 AZR 781/07 – NZA 2008, 1285; *Fitting*, § 30 BetrVG Rn 10; ErfK/*Koch*, § 30 BetrVG Rn 1.

Dagegen lässt sich allerdings einwenden, dass der TV-V in § 9 Abs. 1 S. 3 gerade nicht von dringenden betrieblichen Gründen spricht, während er diese in § 8 Abs. 4 definiert.

Richtig dürfte daher sein, dass die „notwendigen" betrieblichen Gründe zwar schwerwiegender sein müssen als „einfache" betriebliche Gründe (vgl. § 8 Abs. 3 S. 3 TV-V), hieran aber **keine überspannten Anforderungen** gestellt werden dürfen. Nicht zutreffend ist deshalb die Ansicht, die Gründe müssten sich „unabweisbar" aus dem Dienst- und Arbeitsablauf ergeben.[465] Umgekehrt genügen bloße Zweckmäßigkeiten im Rahmen des § 8 Abs. 1 S. 3 TV-V nicht.

2. Ruhepausen

a) Vorgaben im ArbZG

Nach § 4 ArbZG muss die Arbeit durch im Voraus feststehende Ruhepausen unter- 252
brochen werden. Die Pause muss 30 Minuten bei einer Arbeitszeit von über sechs Stunden und 45 Minuten bei einer Arbeitszeit von mehr als neun Stunden betragen. Die Mindestdauer der einzelnen Ruhepausen beträgt 15 Minuten.

Von diesen Vorgaben kann jedoch nach § 7 Abs. 1 Nr. 2 ArbZG durch Tarifvertrag abgewichen werden. Dies greift § 8 Abs. 4 TV-V auf, wonach aus dringenden betrieblichen Gründen (z.B. Revisionen, Störungen, außergewöhnliche Reparaturarbeiten) auf der Grundlage einer Betriebs- oder Dienstvereinbarung im Rahmen der §§ 7 und 12 ArbZG von den Vorschriften des ArbZG abgewichen werden kann.

b) Pausenbegriff

Was eine Pause ist, ist im TV-V nicht spezifisch geregelt. Man wird daher auf die von der Rechtsprechung zu § 4 ArbZG entwickelten Grundsätze zurückgreifen müssen. Danach ist eine Pause eine Unterbrechung der Arbeitszeit von bestimmter Dauer, in welcher der Arbeitnehmer keine Arbeit zu leisten hat, sondern sich erholen kann. Voraussetzung ist grundsätzlich, dass **der Arbeitnehmer frei darüber entscheiden kann, wo und wie er diese Zeit verbringt.**[466] Das Recht des Arbeitnehmers, den Betrieb oder Arbeitsplatz zu verlassen, kann nach der Rechtsprechung des BAG allerdings eingeschränkt werden.[467] Die Unterbrechung der Arbeit setzt notwendig die Freistellung des Arbeitnehmers von seiner Arbeitspflicht voraus.[468]

---

465 So aber *Herzberg/Schlusen*, § 8 TV-V Rn 41 unter Übernahme der Diskussion zum TVöD; dabei wird allerdings der Wortlaut von § 8 Abs. 4 TV-V in diesem Zusammenhang übersehen.

466 BAG, Urt. v. 29.10.2002 – 1 AZR 603/01 – NZA 2003, 1212.

467 BAG, Urt. v. 21.9.1990 – 1 AZR 567/89 – NZA 1991, 154.

468 BAG, Urt. v. 23.9.1992 – 4 AZR 562/91 – NZA 1993, 752.

Nicht als Pause zu qualifizieren ist daher neben der Vollarbeit auch die Arbeitsbereitschaft oder die Anordnung von Bereitschaftsdienst.[469] Nicht zur Arbeitszeit zählt dem gegenüber die Anordnung von Rufbereitschaft.[470] Da aber § 4 ArbZG vorsieht, dass die Ruhepausen im Voraus feststehen, muss der Arbeitnehmer auch ihre Dauer vor Pausenbeginn kennen. Denn andernfalls kann er sich nicht auf die Pause einrichten und müsste sich durchgehend zur Arbeit bereit halten.[471]

! **Praxistipp**
Während Pausen grundsätzlich keine Arbeitszeit und daher vom Arbeitgeber nicht zu vergüten sind, sind sie bei Wechselschicht gemäß § 8 Abs. 1 S. 2 in die Arbeitszeit einzurechnen und daher zu vergüten.

---

3. Teilzeit

253 § 7 Abs. 1 TV-V gewährt dem Arbeitnehmer einen Anspruch auf Teilzeit, wenn die betrieblichen Verhältnisse es zulassen. Diese generalklauselartige Umschreibung wird in einer Protokollerklärung zu § 7 Abs. 1 TV-V in Übernahme des Wortlauts von § 11 Abs. 1 S. 1 bis 3 TVöD konkretisiert.

a) Praktische Bedeutung

Mit Inkrafttreten des TzBfG hat § 7 Abs. 1 TV-V einen **Großteil seiner praktischen Bedeutung eingebüßt**. Wichtig für die betriebliche Praxis ist im Ausgangspunkt aber, dass § 7 Abs. 1 TV-V nach der Rechtsprechung des BAG nicht durch § 8 Abs. 4 TzBfG verdrängt wird.[472]

Der in § 8 Abs. 4 TzBfG geregelte Anspruch des Arbeitnehmers auf Verringerung der Arbeitszeit und ihre Verteilung ist zwar zwingend und bindet auch die Tarifvertragsparteien (§ 22 Abs. 1 TzBfG). Tarifliche Regelungen, die dem gesetzlichen Verringerungsanspruch widersprechen, sind daher unwirksam.

Günstigere Vereinbarungen sind aber nicht ausgeschlossen. Hierzu gehört § 7 Abs. 1 TV-V i.V.m. der Protokollerklärung. Denn darin wird dem Arbeitnehmer – abweichend von § 8 Abs. 4 TzBfG – ermöglicht, die Arbeitszeit **befristet herabzusetzen** (Umkehrschluss aus § 7 Abs. 2 TV-V).[473] Für den Anspruch nach § 8 Abs. 4 TzBfG gilt das nicht.[474]

---

469 BAG, Urt. v. 29.10.2002 – 1 AZR 603/01 – NZA 2003, 1212.
470 *Baeck/Deutsch*, § 4 ArbZG Rn 11, ErfK/*Wank*, § 4 ArbZG Rn 1.
471 BAG, Urt. v. 29.10.2002 – 1 AZR 603/01 – NZA 2003, 1212.
472 Vgl. BAG, Urt. v. 18.3.2003 – 9 AZR 126/02 – AP Nr. 3 zu § 8 TzBfG.
473 Vgl. auch *Herzberg/Schlusen*, § 7 TV-V Rn 28.
474 Vgl. BAG, Urt. v. 18.3.2003 – 9 AZR 126/02 – AP Nr. 3 zu § 8 TzBfG.

Praxistipp
Etwas anderes gilt allerdings nach § 15 Abs. 5 BEEG bei Elternzeit. Weitere Teilzeitansprüche ergeben sich ggf. aus § 81 Abs. 5 S. 2 SGB IX, § 3 PflegeZG bzw. § 10 FPfZG.

b) Voraussetzungen des Teilzeitanspruchs

aa) Allgemeine Voraussetzungen

Der Teilzeitanspruch setzt nach § 7 Abs. 1 TV-V voraus, dass die betrieblichen Ver- 254
hältnisse die Teilzeittätigkeit zulassen. Dies führt nach der Rechtsprechung des BAG zu einer **dreistufigen Prüfung**, die deshalb den zu § 8 TzBfG entwickelten Grundsätzen entspricht, weil von ihnen nicht zum Nachteil des Arbeitnehmers abgewichen werden kann:[475]

- Festzustellen ist zunächst, welches betriebliche Organisationskonzept der vom Arbeitgeber als erforderlich angesehenen Arbeitszeitregelung zugrunde liegt. **Organisationskonzept** ist das Konzept, mit dem die unternehmerische Aufgabenstellung im Betrieb verwirklicht werden soll. Das Organisationskonzept muss die Arbeitszeitregelung bedingen. Ob ein solches Konzept besteht, auch tatsächlich durchgeführt wird und ob sich daraus das vorgetragene Arbeitszeitmodell ergibt, ist von den Gerichten für Arbeitssachen voll zu überprüfen. Nicht zu überprüfen ist die Entscheidung des Arbeitgebers, welche Aufgaben er betrieblich verfolgt und die sich daraus ergebenden Folgeentscheidungen, soweit sie nicht willkürlich sind.
- In einer zweiten Stufe ist zu prüfen, inwieweit die Arbeitszeitregelung dem Arbeitszeitverlangen des Arbeitnehmers **tatsächlich entgegensteht**. Dabei ist auch der Frage nachzugehen, ob durch eine dem Arbeitgeber zumutbare Änderung von betrieblichen Abläufen oder des Personaleinsatzes die betrieblich erforderliche Arbeitszeitregelung unter Wahrung des Organisationskonzepts mit dem individuellen Arbeitszeitwunsch des Arbeitnehmers zur Deckung gebracht werden kann.
- Können die beiderseitigen Interessen **nicht in Einklang gebracht** werden, so ist zuletzt das **objektive Gewicht** der vom Arbeitgeber vorgetragenen Beeinträchtigung zu prüfen.

Praxistipp
Zulässig wäre es aber, z.B. in einem Firmentarifvertrag, die Ablehnungsgründe festzulegen (§ 8 Abs. 4 S. 3 TzBfG). Im Geltungsbereich dieses Tarifvertrags könnten dann auch nicht tarifgebundene Arbeitnehmer über entsprechende Vereinbarungen verpflichtet werden (§ 8 Abs. 4 S. 4 TzBfG).

475 BAG, Urt. v. 18.5.2004 – 9 AZR 319/03 – NZA 2005, 108.

bb) Besondere Voraussetzungen nach der Protokollnotiz

255 Nach Abs. 1 S. 1 der Protokollnotiz zu § 7 TV-V besteht ein vom Arbeitgeber nur ausnahmsweise ablehnbarer Anspruch auf Teilzeitbeschäftigung. Er setzt **kumulativ** voraus,

- dass der Arbeitnehmer
  - mindestens ein Kind unter 18 Jahren oder
  - einen nach ärztlichem Gutachten pflegebedürftigen Angehörigen
- tatsächlich betreut oder pflegt und
- dringende betriebliche Belange nicht entgegenstehen.

Beruht das Teilzeitverlangen auf einer derartigen Betreuungssituation, kann es nur ausnahmsweise abgelehnt werden. Im Streitfall trägt nach der Rechtsprechung des BAG der Arbeitgeber die **Darlegungs- und Beweislast** für die „dringenden betrieblichen Belange", die er dem Teilzeitbegehren entgegenhält. Die Prüfung des dringenden Belanges orientiert sich auch insoweit an der Rechtsprechung des BAG zu § 8 TzBfG.[476]

Danach liegen dringende betriebliche Belange im Sinne von Abs. 1 S. 1 der Protokollerklärung zu § 7 TV-V nur vor, wenn sie der Verkürzung der Arbeitszeit als „zwingende Hindernisse" entgegenstehen. Dem Arbeitgeber ist bei der Entscheidung über die Verringerung der Arbeitszeit damit **kein Ermessen** eingeräumt. Seine Interessen an der Beibehaltung der bisherigen Arbeitszeit und die Interessen des Arbeitnehmers an deren Veränderung sind nicht abzuwägen.

Das wirkt sich andererseits auf die Rechtsstellung des Arbeitnehmers aus: Gibt es entgegenstehende Gründe, kann er keine vertragliche Verringerung seiner Arbeitszeit beanspruchen, so nachvollziehbar und wichtig seine Interessen an einer besseren Vereinbarkeit von Familie und Beruf sein mögen. Dieses vom BAG angenommene **„Alles- oder Nichts-Prinzip"** bedingt zugleich, dass nur wirklich objektiv gewichtige Gründe des Arbeitgebers geeignet sind, die Ablehnung des Antrags zu rechtfertigen.

c) Befristung der Teilzeittätigkeit

256 Auf Antrag ist die Teilzeitbeschäftigung nach Abs. 1 S. 1 der Protokollnotiz zu § 7 TV-V auf bis zu fünf Jahre zu befristen, Abs. 1 S. 2 der Protokollnotiz zu § 7 TV-V. Aus § 7 Abs. 2 TV-V wird man allerdings im Umkehrschluss folgern müssen, dass generell eine Befristungsmöglichkeit besteht.[477]

Die Befristungsmöglichkeit nach § 7 Abs. 1 TV-V dürfte – außerhalb der Sonderregelung in Abs. 1 der Protokollnotiz – allerdings nur einmal bestehen. Denn Abs. 1

---

476 BAG, Urt. v. 18.5.2004 – 9 AZR 319/03, NZA 2005, 108; BAG, Urt. v. 16.10.2007 – 9 AZR 321/06, ZTR 2008, 166; BAG, Urt. v. 18.2.2003 – 9 AZR 164/02, NZA 2003, 1392; BAG, Urt. v. 21.6.2004 – 9 AZR 409/04, NZA 2006, 316.

477 A.A. wohl *Herzberg/Schlusen*, § 7 TV-V Rn 28.

S. 3 der Protokollnotiz zu § 7 TV-V ermöglicht für eine Befristung nach Maßgabe des Abs. 1 der Protokollnotiz eine Verlängerung, wenn spätestens sechs Monate vor Ablauf der Teilzeitbeschäftigung ein entsprechender Antrag gestellt wird. Daraus wird man im **Umkehrschluss** folgern müssen, dass eine derartige Möglichkeit in Bezug auf den allgemeinen Anspruch nach § 7 Abs. 1 TV-V nicht besteht.

Praxistipp
Die Befristung soll dem Interesse des Arbeitnehmers dienen, sich eine Rückkehr in die Vollbeschäftigung offen zu halten. Denn ohne eine Befristungsabrede hat er lediglich den in § 7 Abs. 2 TV-V eingeräumten Anspruch, bei späterer Besetzung eines Vollzeitarbeitsplatzes bei gleicher Eignung im Rahmen der betrieblichen Möglichkeiten bevorzugt berücksichtigt zu werden.

d) Vergleichsentgeltermittlung für Teilzeit-Arbeitnehmer

Bei teilzeitbeschäftigten Arbeitnehmern sind nach § 7 Abs. 3 TV-V die Leistungen 257
nach § 6 Abs. 1 TV-V und § 16 Abs. 1 TV-V sowie die Leistung des Arbeitgebers und der Eigenbetrag des Arbeitnehmers nach § 17 Abs. 2 TV-V entsprechend dem Verhältnis der vereinbarten durchschnittlichen regelmäßigen Arbeitszeit zur regelmäßigen Arbeitszeit eines entsprechenden vollbeschäftigten Arbeitnehmers zu bemessen.

Für die **Berechnung** der zeitratierlichen Kürzung des Entgelts wird das Vollzeitentgelt durch die regelmäßige Arbeitszeit in Wochenstunden dividiert und anschließend mit der individuellen Arbeitszeit des Teilzeitbeschäftigten in Wochenstunden multipliziert.[478]

Beispiel
Ein Teilzeitbeschäftigter mit 50% der durchschnittlichen wöchentlichen Arbeitszeit erhält demgemäß nur 50% der Leistungen nach § 6 Abs. 1 TV-V und § 16 Abs. 1 TV-V sowie der Leistung des Arbeitgebers nach § 17 Abs. 2 TV-V. Der Eigenbetrag des Arbeitnehmers nach § 17 Abs. 2 TV-V wird ebenfalls auf 50% abgesenkt.

Dass § 10 Abs. 5 und 7 TV-V in § 7 Abs. 3 TV-V nicht genannt sind, dürfte mit der Folge als **Redaktionsversehen** zu bewerten sein, dass auch eine Wechselschichtzulage entsprechend der Teilzeit – im Einklang mit der Rechtsprechung des BAG zu § 24 Abs. 2 TVöD[479] – gekürzt werden darf.[480] Denn es ist kein Grund ersichtlich, Teilzeit-Arbeitnehmer besser zu stellen als Vollzeitbeschäftigte.

478 Vgl. Groeger/*Brock*, Teil 3 L Rn 212.
479 BAG, Urt. v. 24.9.2008 – 10 AZR 634/07, ZTR 2009, 18; ebenso schon zuvor LAG Hamm v. 10.5.2007 – 17 Sa 1890/06, ZTR 2007, 543; LAG Bln.-Bbg. v. 22.6.2007 – 8 Sa 788/07, ZTR 2007, 615; LAG Hessen v. 28.8.2007 – 1 Sa 1872/06, juris; LAG Köln v. 19.11.2007 – 14 Sa 715/07, juris.
480 Wie hier – ohne Begründung – *Herzberg/Schlusen*, § 10 TV-V Rn 30.

III. Arbeitszeitmodelle nach dem TV-V

258 Der TV-V gibt kein bestimmtes Arbeitszeitmodell vor. Insofern bestehen betrieblich zahlreiche Gestaltungsmöglichkeiten, die von festen Arbeitszeiten bis zur Nutzung flexibler Möglichkeiten der Rahmenzeit bzw. des Arbeitszeitkorridors reichen.

1. Feste Arbeitszeit

259 Weiterhin möglich ist zunächst einmal selbstverständlich die Einführung einer festen Arbeitszeit. Dies kann z.B. dadurch geschehen, dass die wöchentlich vorgegebene Arbeitszeit gleichmäßig auf die Wochentage verteilt wird.

Praxistipp
Dieses Arbeitszeitmodell ist zwar einfach nachzuvollziehen, aber unflexibel. Denn unvorhergesehene Schwankungen des Arbeitsanfalls können dann lediglich durch teure, zuschlagspflichtige Überstunden aufgefangen werden. Umgekehrt haben auch die Arbeitnehmer keine Möglichkeit, von der vorgegebenen festen Arbeitszeit abzuweichen. Bei diesem Modell wird es in der betrieblichen Praxis daher häufig zu einer für alle Beteiligten nicht wünschenswerten Fixierung kommen.

Praxistipp
Auch die feste Arbeitszeit als einfachstes Arbeitszeitmodell unterliegt losgelöst davon der Mitbestimmung des Betriebs bzw. Personalrats, der aufgrund seines insoweit bestehenden Initiativrechts ebenfalls ein flexibleres Arbeitszeitmodell im Rahmen des TV-V anstoßen kann.[481]

2. Dienstpläne und schwankende Arbeitszeiten

260 Dienstpläne legen im Voraus für jeden Arbeitnehmer fest, wann er in welchem Umfang arbeiten muss. Dabei kann die im Dienstplan festgelegte Arbeitszeit von der regelmäßigen wöchentlichen Arbeitszeit nach § 8 Abs. 1 TV-V abweichen und muss erst durch den Arbeitszeitausgleich gemäß § 8 Abs. 2 TV-V erreicht werden. Prinzipiell kann der Arbeitgeber daher in Dienstplänen **flexibel** auf den betrieblichen Bedarf reagieren. Dies gilt allerdings nur, soweit die Arbeit auch **geplant werden kann**. Denn Dienstpläne bedeuten für den Arbeitgeber deshalb eine Selbstbindung, weil eine flexible und kurzfristige Änderung in aller Regel nicht mehr möglich ist. Konsequenz daraus ist dann erneut die Leistung von teuren, weil zuschlagspflichtigen Überstunden.

481 Vgl. Groeger/*Brock*, Teil 3 L Rn 45.

Praxistipp

Losgelöst davon unterliegen Dienstplanregelungen regelmäßig gemäß § 87 Abs. 1 Nr. 2 BetrVG der Mitbestimmung des Betriebsrats.[482] Etwas arbeitgeberfreundlicher ist insoweit § 75 Abs. 4 BPersVG, nach dem sich die Mitbestimmung in Betrieben mit häufigen kurzzeitigen Schwankungen der Arbeitszeit nicht auf den einzelnen Dienstplan, sondern nur auf die Aufstellung von Rahmengrundsätzen beschränkt.

3. Gleitzeit/Vertrauensarbeitszeit

Weil die feste Arbeitszeit und auch die Arbeitszeitgestaltung durch Dienstpläne in der betrieblichen Praxis häufig zu starr sind, um interessengerecht zu sein, werden zunehmend Gleitzeitmodelle, bisweilen auch eine Vertrauensarbeitszeit,[483] genutzt. Hintergrund hierfür ist unter anderem das Ziel, den Arbeitnehmern eine autonome Gestaltung der Arbeitszeit zu ermöglichen. Eine spezifische Regelung hierzu findet sich im TV-V dennoch nicht. Im Gegensatz zum TVöD stellt auch keine Protokollerklärung klar, dass Gleitzeitregelungen unabhängig von den Vorgaben zum Arbeitszeitkorridor und zur Rahmenzeit in § 8 Abs. 6 und 7 TV-V möglich sein sollen. Insofern wird man dies bezüglich von einer **bewussten Entscheidung** der Tarifvertragsparteien ausgehen müssen, welche die Einführung einer Gleitzeit außerhalb der vorgenannten Gestaltungsmöglichkeiten ausschließt. Gleiches gilt für eine Vertrauensarbeitszeit. 261

4. Arbeitszeitkorridor

Während die feste Arbeitszeit ebenso wie die Arbeitszeit nach Dienstplan dem Arbeitgeber eine kurzfristige Reaktion auf ungeplanten Arbeitsbedarf nur durch Einsatz **zuschlagspflichtiger Überstunden** ermöglicht, kann dies zunächst einmal durch Vereinbarung eines Arbeitszeitkorridors nach § 8 Abs. 6 TV-V **vermieden** werden. Danach kann durch Betriebs- oder Dienstvereinbarung ein wöchentlicher Zeitkorridor von bis zu 45 Stunden eingerichtet werden (§ 8 Abs. 6 S. 1 TV-V). Die innerhalb eines derartigen Arbeitszeitkorridors geleisteten zusätzlichen Arbeitsstunden werden im Rahmen des nach § 8 Abs. 2 S. 1 TV-V festgelegten Zeitraums ausgeglichen (§ 8 Abs. 6 S. 2 TV-V). 262

Praxistipp

Der Wert von 45 Stunden ist eine Höchstgrenze, welche die Betriebsparteien unterschreiten können.

482 *Fitting*, § 87 BetrVG Rn 100; Groeger/*Brock*, Teil 3 L Rn 48.
483 Vgl. zu Mitbestimmungsrechten insoweit z.B. *Fitting*, § 87 BetrVG Rn 112.

a) Wirtschaftliche Bedeutung

263 Verständlich wird die wirtschaftliche Bedeutung von § 8 Abs. 6 TV-V erst in Zusammenschau mit den Überstundendefinitionen in § 9 Abs. 7 und 8 TV-V. Nach § 9 Abs. 7 TV-V sind Überstunden die auf Anordnung des Arbeitgebers geleisteten Arbeitsstunden, die über die im Rahmen der regelmäßigen Arbeitszeit eines Vollbeschäftigten (§ 8 Abs. 1 S. 1 TV-V) für die Woche dienstplanmäßig bzw. betriebsüblich festgesetzten Arbeitsstunden hinausgehen. Abweichend von § 9 Abs. 7 TV-V sind nach **§ 9 Abs. 8 lit. a) TV-V** nur die Arbeitsstunden Überstunden, die im Fall der Festlegung eines Arbeitszeitkorridors nach § 8 Abs. 6 TV-V über 45 Stunden oder über die vereinbarte Obergrenze hinaus gehen.

Konsequenz daraus ist, dass der Arbeitgeber innerhalb des Arbeitszeitkorridors von bis zu 45 Stunden die Arbeitszeit flexibel anordnen kann, ohne dringende betriebliche Bedürfnisse darlegen oder Überstundenzuschläge zahlen zu müssen.[484]

Die innerhalb des Korridors geleisteten zusätzlichen Arbeitsstunden müssen im Rahmen des nach § 8 Abs. 2 S. 1 TV-V festgelegten Ausgleichszeitraums ausgeglichen werden.

b) Voraussetzungen für die Einführung

264 Für die betriebliche Praxis wichtig ist insbesondere die Vorgabe, dass der Arbeitszeitkorridor lediglich durch **Betriebs- bzw. Dienstvereinbarung** eingerichtet werden kann (§ 8 Abs. 6 S. 1 TV-V) und daher mitbestimmungspflichtig ist.[485] Eine bloße Regelungsabrede genügt nicht.[486] Letztlich müssen sich die Betriebsparteien insoweit wechselseitig überzeugen, da die **Erzwingung** eines Arbeitszeitkorridors über ein Einigungsstellenverfahren **nicht möglich** ist. Dies folgt aus dem Umstand, dass die Mitbestimmung nach § 87 Abs. 1 Nr. 2 BetrVG lediglich den Beginn und das Ende der täglichen Arbeitszeit einschließlich der Pausen sowie die Verteilung der Arbeitszeit auf die Wochentage ermöglicht, auf der Grundlage dieser punktuellen Regelungsmöglichkeiten einen Arbeitszeitkorridor aber nicht durchgesetzt werden kann.[487] Denn insbesondere die Dauer der wöchentlichen Arbeitszeit als solche unterliegt nicht der erzwingbaren Mitbestimmung und kann daher nicht durch Einspruch der Einigungsstelle erzwungen werden.[488]

265 Für Dienstvereinbarungen gilt nichts anderes, wie die Tarifvertragsparteien ausdrücklich in der Niederschriftserklärung Nr. 5 zu § 8 Abs. 9 TV-V klargestellt haben.

---

484 Vgl. OVG Berlin-Brandenburg, Beschl v. 23.9.2009 – OVG 62 PV 4.07 – PersR 2009, 372.

485 OVG Berlin-Brandenburg, Beschl v. 23.9.2009 – OVG 62 PV 4.07 – PersR 2009, 372 zu § 75 Abs. 3 Nr. 1 BPersVG.

486 Groeger/*Brock*, Teil 3 L Rn 58.

487 Groeger/*Brock*, Teil 3 L Rn 58.

488 ErfK/*Kania*, § 87 BetrVG Rn 25.

Danach liegt eine einvernehmliche Dienstvereinbarung nur ohne Entscheidung der Einigungsstelle vor. Da § 8 Abs. 9 TV-V bestimmt, dass für einen Betrieb, in dem ein Personalvertretungsgesetz Anwendung findet, eine Regelung nach § 8 Abs. 6 S. 1 TV-V in einem landesbezirklichen Tarifvertrag getroffen werden kann, wenn eine Dienstvereinbarung nicht einvernehmlich zustande kommt, ergibt eine systematisch Auslegung, dass die Dienstvereinbarung im Sinne des § 8 Abs. 6 S. 1 TV-V einvernehmlich zustande kommen muss. Ein Umkehrschluss auf das Fehlen der Einvernehmlichkeitserfordernis hinsichtlich einer Betriebsvereinbarung ist zwar zulässig, führt aber praktisch – wie gezeigt – nicht weiter.

Praxistipp !

Da die bloße Vereinbarung des Arbeitszeitkorridors als solche etwaige weitere Mitbestimmungsrechte des Betriebs- bzw. Personalrats nicht entfallen lässt, ist ein Arbeitszeitkorridor in der betrieblichen Praxis regelmäßig nur dann praktikabel, wenn entweder von Gesetzes wegen die Beteiligungsrechte auf die Festlegung von Rahmenregeln beschränkt sind (vgl. § 75 Abs. 4 BPersVG) oder die Arbeitnehmervertretung ihr Mitbestimmungsrecht dahin ausübt, dass sie dem Arbeitgeber die Gestaltung der Arbeitszeit in einem vorgegebenem Rahmen überlässt.[489]

Neben dem Abschluss einer entsprechenden Betriebs- oder Dienstvereinbarung ist Voraussetzung für die Einführung eines Arbeitszeitkorridors nach § 11 Abs. 1 S. 3 TV-V die **Einrichtung eines Arbeitszeitkontos.** Ziel dieser Vorgabe ist es, den Arbeitnehmern die Disposition über das sich nach dem Jahreszeitraum ergebene Arbeitszeitguthaben und (auf Wunsch) über Überstunden und Überstundenzuschläge zu ermöglichen.[490]

5. Rahmenzeit

Eine Flexibilisierung der Arbeitszeit bewirkt darüber hinaus die in § 8 Abs. 7 TV-V **266**
geregelte Rahmenzeit, die durch Betriebs- oder Dienstvereinbarung in der Zeit von 06:00 bis 20:00 Uhr in Höhe von bis zu 12 Stunden eingeführt werden kann (§ 8 Abs. 7 S. 1 TV-V). Die innerhalb der täglichen Rahmenzeit geleisteten zusätzlichen Arbeitsstunden werden im Rahmen des nach § 8 Abs. 2 S. 1 TV-V festgelegten Zeitraums ausgeglichen.

---

489 Groeger/*Brock*, Teil 3 L Rn 61.
490 Vgl. Groeger/*Brock*, Teil 3 L Rn 57.

a) Wirtschaftliche Bedeutung

267 Die wirtschaftliche Bedeutung dieser Regelung erschließt sich wiederrum erst durch eine Zusammenschau mit **§ 9 Abs. 8 lit. b TV-V**. Danach sind abweichend von § 9 Abs. 7 TV-V nur die Arbeitsstunden zuschlagspflichtige Überstunden i.S.d. § 10 Abs. 1 S. 1 lit. a TV-V, die im Fall der Einführung einer täglichen Rahmenzeit nach § 8 Abs. 7 TV-V außerhalb der Rahmenzeit angeordnet worden sind.

Operativ betrachtet ermöglicht die Regelung dem Arbeitgeber Flexibilität, da auch bei der Rahmenzeit das Direktionsrecht des Arbeitgebers in vollem Umfang erhalten bleibt. Der Arbeitgeber kann innerhalb des in der Betriebs- bzw. Dienstvereinbarung festgesetzten Rahmens die Arbeitszeiten nämlich einseitig vorgeben.[491]

b) Gestaltungsspielraum

268 Inhaltlich macht der TV-V insoweit kaum Vorgaben und eröffnet damit grundsätzlich einen Gestaltungsspielraum. Der Arbeitszeitrahmen muss in einer entsprechenden Betriebs- oder Dienstvereinbarung allerdings auf höchstens zwölf Stunden festgelegt werden. Die Vereinbarung einer kürzeren Rahmenzeit ist selbstverständlich möglich. Die Rahmenzeit muss aber in der Zeit von 06:00 bis 20:00 Uhr festgelegt werden. Daraus ergibt sich eine **doppelte Grenze**:

- Nicht möglich ist zunächst einmal, den vollen Zeitraum von 06:00 bis 20:00 Uhr als Rahmenzeit vorzusehen, da hierdurch die Höchstdauer von 12 Stunden überschritten würde.
- Ebenfalls nicht zulässig, ist ein 12-stündiger Rahmen außerhalb des vorgenannten Zeitraums, z.B. von 09:00 bis 21:00 Uhr.

Weitere Gestaltungsgrenzen ergeben sich aus **§ 8 Abs. 8 TV-V**, wonach die Rahmenzeit nicht mit einem Arbeitszeitkorridor kombiniert werden kann. Lediglich alternative Gestaltungen sind zulässig. Nicht möglich ist die Nutzung dieser Gestaltungsform darüber hinaus bei **Wechselschicht- und Schichtarbeit** (§ 8 Abs. 8 TV-V).

c) Voraussetzungen

269 Auch die Einführung einer Rahmenzeit setzt nach § 11 Abs. 1 S. 3 TV-V die Einrichtung eines Arbeitszeitkontos zwingend voraus und kann nach § 8 Abs. 7 S. 1 TV-V lediglich durch **Betriebs- oder Dienstvereinbarung** erfolgen, sodass eine Mitwirkung des Personal- oder Betriebsrats erforderlich ist.

---

491 Vgl. Groeger/*Brock*, Teil 3 L Rn 63.

IV. Einrichtung des Arbeitszeitkontos

1. Verpflichtung zur Einrichtung eines Arbeitszeitkontos bei Arbeitszeitkorridor oder Rahmenzeit

Wie § 11 Abs. 1 S. 3 TV-V deutlich macht, steht die Regelung zum Arbeitszeitkonto in 270
§ 11 TV-V vor allem im Zusammenhang mit der Ermöglichung einer Nutzung der Arbeitszeitmodelle Arbeitszeitkorridor und Rahmenzeit. Die zum TVöD geführte Diskussion darüber, ob die Vorgaben des § 10 TVöD die Ausgestaltung jeder Arbeitszeitsaldierung durch Kontierung – also auch eines Arbeitszeitkontos im untechnischen Sinne – betreffen, oder ob das Arbeitszeitkonto lediglich eine spezielle Ausprägung im Rahmen der neugeschaffenen Flexibilisierungsmöglichkeiten ist, muss im Rahmen des TV-V nicht geführt werden. Denn der TV-V sieht – wie gezeigt – den Einsatz des Arbeitszeitmodells Gleitzeit ebenso wenig vor wie eine Vertrauensarbeitszeit.

a) Hintergrund

Hintergrund für die Vorgaben zum Arbeitszeitkonto ist daher jedenfalls im Rahmen 271
des TV-V ein Ausgleich zwischen Arbeitgeber- und Arbeitnehmerinteressen im Zusammenhang mit der **Flexibilisierung der Arbeitszeitmodelle**:

Da Arbeitszeitkorridor und Rahmenzeit dem Arbeitgeber im Vergleich zum bisherigen Tarifrecht ein sehr weitrechendes Direktionsrecht einräumen, sollten – sozusagen als Kompensation – dem Arbeitnehmer jedenfalls für von ihm erarbeitete Guthaben ebenfalls eine höhere Arbeitszeitsouveränität eingeräumt werden. Dies hat seinen Ausdruck darin gefunden, dass auf dem Konto angesammelte Arbeitszeitguthaben in Freizeit ausgeglichen werden müssen. Nicht möglich ist daher ein Ausgleich von Minderarbeit durch den Arbeitgeber, indem Minderarbeit mit einem Guthaben auf dem Arbeitszeitkonto saldiert wird.[492] Darin unterscheidet sich das Arbeitszeitkonto nach § 11 TV-V von anderen Formen des Arbeitszeitausgleichs.

b) Erforderlichkeit eines Arbeitszeitkontos

Führt man sich diesen Hintergrund vor Augen, muss ein Arbeitszeitkonto allerdings 272
auch nicht in jedem Fall eingeführt werden, sondern allein dann, wenn der Arbeitgeber die nur alternativ möglichen Arbeitszeitmodelle Arbeitszeitkorridor und Rahmenzeit nutzen möchte.

492 Ebenso für das Arbeitszeitkonto nach § 10 TVöD Groeger/*Brock*, Teil 3 L Rn 70.

Für andere Arbeitszeitmodelle, insbesondere eine fixierte Arbeitszeit, eine Arbeit nach Schicht- oder Wechselschichtplänen, kann ein Arbeitszeitkonto im Sinne des § 11 TV-V **freiwillig** eingeführt werden.

! **Praxistipp**
Nicht erforderlich ist die Einführung eines Arbeitszeitkontos aber insbesondere, um die durch § 8 Abs. 2 TV-V eröffnete Gestaltungsmöglichkeit (Jahresausgleichszeitraum) nutzen zu können. Dies folgt im Umkehrschluss aus § 11 Abs. 3 S. 1 TV-V, wonach auf das Arbeitszeitkonto u.a. Zeiten gebucht werden können, die bei Anwendung des nach § 8 Abs. 2 TV-V festgelegten Zeitraumes als Zeitguthaben oder als Zeitschuld bestehen bleibt. Daraus folgt, dass die Ausgleichsberechnung nach § 8 Abs. 2 TV-V zunächst erfolgen muss und deren Ergebnis dann ggf. in einem Arbeitszeitkonto nach § 11 TV-V abgebildet werden kann.

Letztlich bewirkt die Einführung eines Arbeitszeitkontos nach § 11 TV-V daher eine Absicherung der Arbeitnehmer: Zeiten, die nicht innerhalb des allgemeinen Zeitausgleichs ausgeglichen werden können, können danach auf das Arbeitszeitkonto umgebucht werden, sodass für sie besondere – erleichterte – Regelungen für den Ausgleich gelten. Dass die Regelung eine Absicherung der Arbeitnehmer bezweckt, folgt aus § 11 Abs. 3 S. 2 TV-V, nach dem der Arbeitnehmer für einen in der Betriebs- oder Dienstvereinbarung festgelegten Zeitraum entscheidet, welche der in § 11 Abs. 3 S. 1 TV-V genannten Zeiten auf das Arbeitszeitkonto gebucht werden.

2. Inhalt der Betriebs- oder Dienstvereinbarung

273 Nach § 11 Abs. 1 S. 1 TV-V kann ein Arbeitszeitkonto grundsätzlich nur durch Betriebs- oder Dienstvereinbarung eingerichtet werden. Hiervon macht § 11 Abs. 1 S. 2 TV-V eine Ausnahme für Betriebe, in denen ein Personalvertretungsgesetz Anwendung findet. Dort kann ein Arbeitszeitkonto auch in einem landesbezirklichen Tarifvertrag eingeführt werden, wenn eine Dienstvereinbarung nicht einvernehmlich zustande kommt.

a) Fehlende Erzwingbarkeit

274 Für die parallel gehaltene Regelung in § 8 Abs. 9 TV-V haben die Tarifvertragsparteien in der Niederschriftserklärung Nr. 5 festgelegt, dass eine einvernehmliche Dienstvereinbarung nur ohne Entscheidung der Einigungsstelle vorliegt. Diese Bewertung wird man auf § 11 Abs. 1 S. 2 TV-V mit der Folge übertragen müssen, dass ein Arbeitszeitkonto auf der Grundlage einer Dienstvereinbarung **nicht durch Spruch der Einigungsstelle** eingeführt werden kann.

Gleiches gilt, obwohl eine entsprechende Regelung für Betriebsvereinbarungen fehlt, im praktischen Ergebnis auch für eine Einführung durch Betriebsvereinbarung. Denn die dem Spruch der Einigungsstelle zugänglichen Mitbestimmungsrechte reichen nicht aus, um ein Arbeitszeitkonto im Sinne des § 11 TV-V einzuführen, weil sie ihrerseits nicht umfassend genug sind, um die Einführung eines der alternativen flexiblen Arbeitszeitmodelle (Arbeitszeitkorridor bzw. Rahmenzeit) im Wege eines Spruchs durchzusetzen.[493]

b) Gestaltungsspielraum

275 Für die inhaltliche Ausgestaltung einer derartigen Betriebs- oder Dienstvereinbarung trifft der TV-V kaum nähere Vorgaben, sodass insoweit ein relativ weiter Gestaltungsspielraum besteht.

aa) Räumlicher Geltungsbereich

276 Deutlich wird dies zunächst einmal in § 11 Abs. 2 S. 1 TV-V, wonach sich der Geltungsbereich von Betriebs- oder Dienstvereinbarungen entweder auf den gesamten Betrieb erstreckt oder Betriebsteile hiervon ausgenommen werden können. Innerhalb des festgelegten Geltungsbereiches werden aber alle Arbeitnehmer, für die ein Arbeitszeitkonto eingerichtet wird, von den Regelungen des Arbeitszeitkontos erfasst (§ 11 Abs. 2 S. 2 TV-V).

bb) Zeitguthaben und Zeitschuld

277 Zwingende Vorgaben trifft § 11 Abs. 4 TV-V im Ergebnis darüber hinaus nur für die höchstmögliche Zeitschuld, während das höchstmögliche Zeitguthaben letztlich offengelassen wird. Denn in § 11 Abs. 4 lit. a) TV-V ist geregelt, dass die höchstmögliche Zeitschuld bis zu 40 Stunden betragen darf, während das höchstzulässige Zeitguthaben ein Vielfaches von 40 Stunden sein kann, das innerhalb des für das Arbeitszeitkonto bestimmten Zeitrahmens anfallen kann. Da ein „Vielfaches" von 40 Stunden jeder Betrag über 40 Stunden sein kann, ist der Wert von 40 Stunden als **minimaler Betrag** für ein Zeitguthaben zu interpretieren. Hintergrund hierfür ist, dass andernfalls die mit dem Konto bezweckte Arbeitszeitflexibilität und -souveränität wieder eingeschränkt würde.

Kappungsgrenzen, das heißt Grenzen bei deren Überschreitung die über sie hinausgehenden Stunden verfallen, können für Arbeitszeitkonten im Sinne des § 11 TV-V nicht vereinbart werden.[494]

cc) Grenzen von Ansprüchen der Arbeitnehmer

278 Eine weitere zwingende inhaltliche Vorgabe enthält § 11 Abs. 4 lit. b TV-V insofern als danach nach dem Umfang des beantragten Freizeitausgleiches gestaffelte Fris-

---

493 Vgl. dazu unter Kapitel 3 Rn 264.

494 Ebenso für das Arbeitszeitkonto nach § 10 TVöD Groeger/*Brock*, Teil 3 L Rn 77a.

ten für das Abbuchen von Zeitguthaben und den Abbau von Zeitschulden durch den Arbeitnehmer vorzusehen sind. Aus der Bezugnahme auf den „beantragten" Freizeitausgleich folgt, dass der Arbeitnehmer grundsätzlich einen Anspruch auf die Gewährung der von ihm vorgearbeiteten in Freizeit auszugleichenden Zeit hat. Dies wird man allerdings mit Blick auf die berechtigten Interessen des Arbeitgebers, die durch den Arbeitszeitkorridor und die Rahmenarbeitszeit gewahrt werden sollen, dahin einschränken müssen, dass der Arbeitgeber über einen beantragten Freizeitausgleich nur, aber immerhin, im **Rahmen billigen Ermessens gemäß § 315 BGB entscheiden** muss. Konsequenz daraus ist, dass er zum Beispiel aus Gründen des Betriebsablaufs bzw. wegen Abbauwünschen anderer Arbeitnehmer berechtigt ist, einen beantragten Freizeitausgleich abzulehnen. (vgl. den Rechtsgedanken von § 7 Abs. 1 S. 1 HS. 2 BUrlG). Da es sich insoweit aber um Freizeitausgleich und nicht um Urlaub handelt, den der TV-V in §§ 14f. gesondert regelt, kommt eine Anwendung von § 87 Abs. 1 Nr. 5 BetrVG auch dann nicht in Betracht, wenn sich Arbeitnehmer und Arbeitgeber darüber uneinig sind, ob der Arbeitgeber die Grenzen des § 315 BGB gewahrt hat. Eine analoge Anwendung von § 87 Abs. 1 Nr. 5 BetrVG scheidet bereits mangels einer planwidrigen Regelungslücke als Voraussetzung einer Analogie aus. Denkbar ist allerdings, in einer entsprechenden Betriebs- oder Dienstvereinbarung eine derartige – dann allerdings freiwillige – Regelung aufzunehmen.

dd) Gestaltungsspielraum des Arbeitgebers

279 Losgelöst davon erweitert § 11 Abs. 4 lit. c) TV-V den Gestaltungsspielraum des Arbeitgebers insoweit, als aus dieser Regelung und einem Umkehrschluss aus § 11 Abs. 4 lit. b) TV-V folgt, dass der Arbeitgeber grundsätzlich berechtigt ist, **einseitige Abbuchungen vom Arbeitszeitkonto** vorzusehen. Die entsprechende Betriebs- oder Dienstvereinbarung muss hierfür allerdings bestimmte Zeiten vorsehen. Beispielhaft sind in § 11 Abs. 4 lit. c) TV-V Brückentage genannt. Denkbar ist eine entsprechende Regelung aber auch für Brauchtumstage.

Nicht möglich ist demgegenüber eine schlichte Saldierung von angefangenen Minusstunden mit auf dem Arbeitszeitkonto angesammelten Guthaben. Dies folgt wiederum im Umkehrschluss aus § 11 Abs. 4 lit. c) TV-V, der eine Berechtigung des Arbeitgebers zum Abbuchen von Zeitguthaben lediglich für bestimmte Zeiten vorsieht, während § 11 Abs. 4 lit. b) TV-V für eine – in den Grenzen billigen Ermessens des Arbeitgebers – bestehende Arbeitszeitsouveränität des Arbeitnehmers streitet.

ee) Folgen eines kurzfristigen Widerrufs

280 § 11 Abs. 4 lit. d) TV-V sieht als letzte inhaltliche Vorgabe für entsprechende Betriebs- oder Dienstvereinbarungen vor, dass darin die Folgen eines kurzfristigen

Widerrufs des bereits genehmigten Freizeitausgleiches durch den Arbeitgeber geregelt werden müssen. Inhaltlich besteht insoweit weitestgehend Gestaltungsfreiheit. Insbesondere deutet der Wortlaut des § 11 Abs. 4 lit. d) TV-V darauf hin, dass grundsätzlich ein Widerrufsrecht des Arbeitgebers besteht. Sinnvoll dürfte vor allem sein, den wertausfüllungsbedürftigen Begriff „kurzfristig" in entsprechenden Betriebs- oder Dienstvereinbarungen zu definieren. Denn für die nähere Konkretisierung dieses Begriffs enthält der TV-V keine Hinweise.

3. Buchbare Zeiten

Welche Zeiten auf das Arbeitszeitkonto gebucht werden können, regelt § 11 Abs. 3 **281**
S. 1 TV-V dahin, dass dies

- die bei Anwendung des nach § 8 Abs. 2 TV-V festgelegten Zeitraums als Zeitguthaben oder als Zeitschuld bestehen bleibenden Zeiten sind sowie
- nicht durch Freizeit ausgeglichene Zeiten nach § 10 Abs. 5 und Abs. 2 TV-V sowie
- im Verhältnis 1:1 in Zeit umgewandelte Zuschläge nach § 10 Abs. 1 S. 4 TV-V und
- Rufbereitschaftsentgelte nach § 10 Abs. 3 TV-V sowie
- landesbezirklich festgelegte Bereitschaftsdienstentgelte.

Darüber, welche der vorgenannten Zeiten auf das Arbeitszeitkonto gebucht werden, entscheidet nach § 11 Abs. 3 S. 2 TV-V der Arbeitnehmer.

4. Arbeitsunfähigkeit während eines gewährten Zeitausgleichs

Eine Regelung, die § 9 BurlG entspricht, ist im TV-V – anders als in § 10 Abs. 4 TVöD **282**
– nicht vorgesehen. Erkrankt der Arbeitnehmer während eines Zeitausgleichs, bleibt die durch den Freizeitausgleich herbeigeführte Minderung des Zeitguthabens daher hiervon unberührt.

5. Keine Vorgaben zu Langzeitkonten

Aus der Regelung in § 11 Abs. 5 S. 1 TV-V, nach welcher der Arbeitgeber mit dem Ar- **283**
beitnehmer die Einrichtung eines Langzeitkontos vereinbaren kann, folgt im **Umkehrschluss**, dass das Arbeitszeitkonto im Sinne des § 11 TV-V kein Langzeitkonto ist. Ein entsprechendes Langzeitkonto dient in der betrieblichen Praxis dem Aufbau eines Arbeitszeitguthabens mit dem Ziel, vorzeitig aus dem aktiven Arbeitsverhältnis auszuscheiden und das Arbeitsverhältnis bei fortgesetzter (reduzierter) Vergütung passiv (d.h. ohne Arbeitspflicht) fortzusetzen.

Inhaltliche Vorgaben trifft der TV-V zum Langzeitkonto nicht. § 11 Abs. 5 S. 2 stellt lediglich klar, dass in diesem Fall der Betriebsrat zu beteiligen und eine Regelung zur Insolvenzsicherung zu treffen ist.[495] Diese Vorgaben folgen allerdings bereits aus §§ 7b ff. SGB IV und § 87 Abs. 1 BetrVG/§ 75 Abs. 2 BetrVG, soweit der für das Eingreifen dieser Vorschriften erforderliche kollektive Tatbestand gegeben ist. Individuelle Regelungen können insoweit in den von der Rechtsprechung entwickelten Grenzen eines kollektiven Tatbestands ohne Beteiligung des Betriebsrats vereinbart werden.[496]

Die Vorgabe, eine Regelung zur Insolvenzsicherung zu treffen, wird man dahin einschränken müssen, dass es sich um einen insolvenzfähigen Arbeitgeber handeln muss. Dies folgt letztlich bereits aus § 7i Abs. 9 SGB IV, nach dem die Vorgaben zur Insolvenzsicherung nicht anwendbar sind, wenn über das Vermögen des Arbeitgebers die Eröffnung des Insolvenzverfahrens nicht zulässig ist. Dann macht eine Insolvenzsicherung keinen Sinn.

V. Die Öffnungsklausel nach § 8 Abs. 4 TV-V

284 Mit dem Ziel einer Flexibilisierung der Arbeitszeit öffnet der TV-V den Betriebsparteien umfangreiche Möglichkeiten, im Rahmen der §§ 7 und 12 ArbZG von den Regelungen des ArbZG abzuweichen, macht von ihnen aber nur an wenigen Stellen unmittelbar Gebrauch.

Beispiel
Ein Beispiel hierfür bildet die Verlängerung des Ausgleichszeitraums auf ein Jahr in § 8 Abs. 2 S. 1 TV-V, durch die eine Abweichung von § 7 Abs. 1 Nr. 1 lit. b) ArbZG ermöglicht wird.

Generalklauselartig wird den Betriebsparteien in § 8 Abs. 4 TV-V eine Regelungsbefugnis eröffnet, die aber dadurch eingeschränkt wird, dass entsprechende Abweichungen nur aus dringenden betrieblichen Gründen erfolgen dürfen.

1. Erstreckung auf nicht tarifgebundene Arbeitnehmer

285 Die praktische Wirkung entsprechender Vereinbarungen wird jedoch dadurch effektiviert, dass es sich dabei um so genannte Betriebsnormen im Sinne des § 3 Abs. 2 TVG handelt (vgl. oben unter Kapitel 3 Rn 12), die auch gegenüber nicht tarifgebun-

495 Zu Treuhandmodellen vgl. BAG, Urt. v. 18.7.2013 – 6 AZR 47/12 – NZA 2013, 1440 und dazu *Mückl*, EWiR 2013, 733.

496 Für ein Mitbestimmungsrecht in diesem Zusammenhang BeckOK-TVöD/*Welkoborsky*, § 10 TVöD-AT Rn 37.

denen Arbeitnehmern dann Anwendung finden, wenn allein der Arbeitgeber tarifgebunden ist.[497]

Praxistipp
Auch nicht tarifgebundene Arbeitgeber können aber im Geltungsbereich des TV-V nach § 7 Abs. 3 S. 1 ArbZG von der Öffnungsklausel Gebrauch machen, indem sie die Geltung der abweichenden tariflichen Regelungen durch Betriebs- oder Dienstvereinbarungen mit dem Betriebs- oder Personalrat vereinbaren. Besteht keine entsprechende Arbeitnehmervertretung, kann die Vereinbarung mit dem Arbeitnehmer erfolgen. Dies setzt allerdings Schriftform (§ 126 BGB) voraus. !

---

2. Betriebs- und Dienstvereinbarung

Voraussetzung einer Nutzung dieser Gestaltungsmöglichkeit mit dem Betriebs- 286
oder Personalrat ist der Abschluss einer formellen Betriebs- oder Dienstvereinbarung. Andere Absprachen der Betriebsparteien, z.B. eine Regelungsabrede, genügen nicht.

Erzwingbar sind entsprechende betriebliche Regelungen dann, wenn die Abweichungen vom ArbZG Teil eines Regelungsgegenstands sind, welcher der erzwingbaren Mitbestimmung unterliegt. In der betrieblichen Praxis wird dies mit Blick auf die erzwingbare Mitbestimmung der Lage und Gestaltung der Arbeitszeiten nach §§ 87 Abs. 1 Nr. 2 BetrVG, 75 Abs. 3 Nr. 1 BPersVG häufig der Fall sein,[498] so dass eine Nutzung der Öffnungsmöglichkeit auch durch **Spruch der Einigungsstelle** erzwungen werden kann.[499]

3. Abweichung nur bei dringenden betrieblichen Gründen

Die Gestaltungsmöglichkeiten der Betriebsparteien werden durch die Vorgaben des 287
ArbZG zu Grenzen einer Abweichung sowie dadurch eingeschränkt, dass der TV-V die Nutzung der Gestaltungsmöglichkeiten nur aus dringenden betrieblichen Gründen zulässt.

Praxistipp
Da insoweit anders als nach § 9 TzBfG keine einseitige Regelung durch den Arbeitgeber in Rede steht, sondern eine Vereinbarung der Betriebsparteien, wird man ihnen einen weiten Einschätzungsspielraum zusprechen müssen.[500] Die Rechtsprechung hat die Grenzen dieses Einschätzungsspielraums noch nicht definiert. !

---

497 Vgl. zur Qualifikation als Betriebsnorm *Baeck/Deutsch*, § 7 ArbZG Rn 22.
498 Vgl. *Baeck/Deutsch*, § 7 ArbZG Rn 40; Groeger/*Brock*, Teil 3 L Rn 97.
499 Vgl. Groeger/*Brock*, Teil 3 L Rn 97.
500 Ebenso für § 6 Abs. 4 TVÖD Groeger/*Brock*, Teil 3, Rn 99.

Im Rahmen ihrer Gestaltungsfreiheit müssen sich die Betriebsparteien allerdings an die aus entsprechenden betrieblichen Gründen ergebenden immanenten Grenzen halten.

Beispiel
Wenn z.B. lediglich in einem Betriebsteil die Voraussetzungen in Form von dringenden betrieblichen Gründen vorliegen, ist es nicht möglich, für den Gesamtbetrieb entsprechende Abweichungen zu vereinbaren.[501] In der betrieblichen Praxis sollte daher auf eine möglichst konkrete Regelung geachtet werden. Denn eine den tariflichen Vorgaben nicht gerecht werdende Betriebsvereinbarung ermöglicht keine Abweichung vom ArbZG, so dass das Risiko von Arbeitszeitverstößen des Arbeitgebers besteht.

4. Die Abweichungsmöglichkeiten im Einzelnen

288 Im Einzelnen eröffnet § 8 Abs. 4 TV-V i.V.m. § 7 ArbZG und § 12 ArbZG die folgenden Abweichungen von den Vorgaben des ArbZG:

289 – Zunächst einmal kann gemäß § 7 Abs. 1 Nr. 1 ArbZG abweichend von §§ 3 und 6 Abs. 2 ArbZG die Arbeitszeit **über 10 Stunden werktäglich hinaus verlängert werden**, wenn in die Arbeitszeit **regelmäßig und in erheblichem Umfang Arbeitsbereitschaft oder Bereitschaftsdienst** fällt. Maximal kann die Verlängerung der Arbeitszeit bis zu 24 Stunden erfolgen. Daran muss sich dann allerdings zwingend die gesetzlich vorgesehene 11- bzw. 10-stündige Ruhezeit anschließen. Darüber hinaus muss regelmäßig und in erheblichem Umfang Arbeitsbereitschaft oder Bereitschaftsdienst anfallen. Dies setzt voraus, dass Zeiten der Arbeitsbereitschaft nicht nur ausnahmsweise, sondern typischerweise anfallen und sich laufend, wenn auch in gleichmäßigen Abständen, mit Zeiten der Vollarbeit abwechseln.[502] Ausreichend ist, wenn erfahrungsgemäß mit einem Wechsel zu rechnen ist.[503]

290 – Feste zahlenmäßige Grenzen bestehen für die Bestimmung eines „erheblichen“ Umfangs nicht. Vielmehr sind die Umstände des Einzelfalls maßgeblich.[504] Vielfach werden jedoch **25 bis 30%** Arbeitsbereitschaft oder Bereitschaftsdienst als Untergrenze angesehen,[505] wobei eine niedrigere Untergrenze von **20%** für den Bereitschaftsdienst ebenfalls als vertretbar bewertet wird.[506]

---

501 Vgl. Groeger/*Brock*, Teil 3 L Rn 100.
502 *Baeck/Deutsch*, § 7 ArbZG Rn 49.
503 *Baeck/Deutsch*, § 7 ArbZG Rn 49.
504 Groeger/*Brock*, Teil 3 L Rn 103.
505 Groeger/*Brock*, Teil 3 L Rn 103 m.w.N.
506 ErfK/*Wank*, § 7 ArbZG Rn 6; *Baeck/Deutsch*, § 7 ArbZG Rn 51.

- Als weitere Gestaltungsmöglichkeit sieht § 7 Abs. 1 Nr. 2 ArbZG vor, dass die Gesamtdauer der Ruhepausen in Schichtbetrieben auf **kurze Pausen** von angemessener Dauer aufgeteilt werden kann. In Abweichung von § 4 S. 2 ArbZG können Ruhepausen die Dauer von 15 Minuten unterschreiten, solange die Gesamtdauer der gesetzlich vorgeschriebenen Pausen insgesamt erreicht wird. Diese Gestaltungsmöglichkeit kann insbesondere **im Schicht- und Wechselschichtbetrieb** genutzt werden.[507] 291
- Abweichungsmöglichkeiten bestehen auch mit Blick auf die durch § 5 ArbZG vorgegebene **Ruhezeit** von elf bzw. 10 Stunden. Denn nach § 7 Abs. 1 Nr. 3 ArbZG kann sie um bis zu zwei Stunden – d.h. mindestens auf neun Stunden – gekürzt werden, wenn die Art der Arbeit dies erfordert und die Kürzung innerhalb eines festzulegenden Ausgleichzeitraums ausgeglichen wird. 292
- § 7 Abs. 1 Nr. 4 ArbZG erlaubt zudem Abweichungen von der in § 6 Abs. 2 ArbZG gesondert geregelten Arbeitszeit der **Nachtarbeiter**. Verschoben werden kann durch die Tarifvertragsparteien nach § 7 Abs. 1 Nr. 5 ArbZG in diesem Zusammenhang auch der gesetzliche Beginn des Nachtzeitraums von 23:00 Uhr auf die zwischen 22:00 Uhr und 24:00 Uhr. 293
- Abweichungen von den Vorgaben des § 5 Abs. 1 ArbZG zur **Ruhezeit bei Rufbereitschaft** sind gemäß § 7 Abs. 2 Nr. 1 ArbZG möglich. Diese Regelung ermöglicht nicht nur die Kürzung der Ruhezeit, sondern auch eine Anpassung ihrer Modalitäten.[508] Denkbar ist z.B., dass die Betriebsparteien auf eine ununterbrochene Ruhezeit verzichten, indem sie Zeiträume vor und nach einer Unterbrechung durch Inanspruchnahme zusammenrechnen.[509] **Nicht möglich** ist allerdings eine Abweichung von der Vorgabe des § 5 Abs. 3 ArbZG, nach der die Ruhezeit mindestens die Hälfte der gesetzlichen Ruhezeit von $5^1/_2$ Stunden betragen muss. 294

Praxistipp !

In seinem Urteil vom 24.2.1982[510] hat das BAG allerdings eine Ruhezeit von weniger als sechs Stunden, die durch Tarifvertrag eingeführt werden sollte, für unvereinbar mit der Menschenwürdegarantie in Art. 1 Abs. 1 GG gehalten. Die betriebliche Praxis sollte darauf achten, mindestens eine sechsstündige Ruhezeit vorzusehen.

- Während die Regelung in § 7 Abs. 2 Nr. 2 und 3 ArbZG im vorliegenden Kontext typischerweise ohne Bedeutung sind, kann nach § 7 Abs. 2 Nr. 4 ArbZG von den Regelungen über **werktägliche Arbeitszeit, Ruhepausen und Ruhezeiten** 295

507 Vgl.Groeger/*Brock*, Teil 3 L Rn 104.
508 Vgl.Groeger/*Brock*, Teil 3 L Rn 107.
509 *Baeck/Deutsch*, § 7 ArbZG, Rn 87.
510 4 AZR 223/80, NJW 1982, 2140.

von Arbeitgebern, die der Tarifbindung eines für den öffentlichen Dienst geltenden oder eines im wesentlichen inhaltsgleichen Tarifvertrags unterliegen, abgewichen werden, um der Eigenart der Tätigkeit bei derartigen Stellen zu entsprechen. Da der **TV-V als ein solcher Tarifvertrag zu qualifizieren** ist, zumal er weitgehend parallel zum TVöD ausgestaltet ist, können die Betriebsparteien im Rahmen des TV-V auch diese Gestaltungsmöglichkeiten für sich nutzbar machen.

Praxistipp
Alle Gestaltungsmöglichkeiten in § 7 Abs. 2 ArbZG können allerdings nur unter der Voraussetzung genutzt werden, dass der Gesundheitsschutz der Arbeitnehmer durch einen entsprechenden Zeitausgleich gewährleistet wird, der in der Betriebs- oder Dienstvereinbarung selbst enthalten sein muss. Dabei ist insbesondere auch § 7 Abs. 8 ArbZG zu beachten.

296 – Unter der Voraussetzung, dass regelmäßig und in erheblichem Umfang Arbeitsbereitschaft oder Bereitschaftsdienst geleistet wird, kann eine **dauerhafte ausgleichslose Verlängerung der Arbeitszeit auf über 48 Stunden wöchentlich** auf der Grundlage von § 7 Abs. 2a ArbZG festgelegt werden. Die entsprechende Betriebs- bzw. Dienstvereinbarung muss aber durch besondere Regelung sicherstellen, dass die Gesundheit der Arbeitnehmer nicht gefährdet wird.[511] Zudem steht die Verlängerung der Arbeitszeit unter Nutzung der von § 7 Abs. 2a ArbZG eröffneten Gestaltungsmöglichkeiten nach § 7 Abs. 7 ArbZG unter dem Vorbehalt einer **schriftlichen und widerruflichen Einwilligung des Arbeitnehmers**. Für die Energiewirtschaft ist dies (leider) ohne Bedeutung, weil § 8 Abs. 4 TV-V diese Sonderregelung nicht in Bezug nimmt.

297 – Weitere Gestaltungsmöglichkeiten eröffnet § 8 Abs. 4 TV-V allerdings in Verbindung mit § 12 ArbZG für die Arbeit an **Sonn- und Feiertagen**. Danach kann die Zahl der beschäftigungsfreien Sonntage von mindestens 15 auf mindestens 10 abgesenkt werden.

– Die Möglichkeit, gemäß § 12 Nr. 2 ArbZG den **Wegfall von Ersatzruhetagen** für auf Werktage fallende Feiertage vorzusehen bzw. Arbeitnehmer innerhalb eines festzulegenden Ausgleichszeitraums freizustellen, dürfte allerdings durch die abschließende Regelung in **§ 8 Abs. 3 TV-V verdrängt** sein.

– Nutzen können die Betriebsparteien demgegenüber die in § 12 Nr. 4 ArbZG eröffnete Möglichkeit, die Arbeit an **Sonn- und Feiertagen in Schichtbetrieben auf maximal 12 Stunden** zu verlängern, um auf diese Weise zusätzliche freie Schichten an Sonn- und Feiertagen zu erreichen.

511 Vgl. Groeger/*Brock*, Teil 3 L Rn 111.

VI. Sonderformen der Arbeit

1. Verpflichtung zu Sonderformen der Arbeit

Nach § 8 Abs. 5 TV-V ist der Arbeitnehmer im Rahmen begründeter betrieblicher Notwendigkeiten zur Leistung von Sonntags-, Feiertags-, Nacht-, Wechselschicht-, Schichtarbeit sowie zu Bereitschaftsdienst, Rufbereitschaft, Überstunden und Mehrarbeit verpflichtet. Mit Ausnahme der Sonn- und Feiertagsarbeit werden diese Begriffe in **§ 9 TV-V** definiert und geregelt. 298

Praxistipp

Besonderheiten für Teilzeit-Arbeitnehmer sind in § 7 TV-V, der die Teilzeitbeschäftigung regelt, nicht vorgesehen. Insofern kann nicht davon ausgegangen werden, dass sie nur dann zu Sonderformen der Arbeit verpflichtet werden können, wenn dies entweder im Arbeitsvertrag vorgesehen ist oder der Arbeitnehmer diesen Sonderformen zugestimmt hat. Mit Blick darauf, dass dies zum TVÖD teilweise anders bewertet wird,[512] ist der betrieblichen Praxis allerdings eine klarstellende Regelung im Arbeitsvertrag zu empfehlen.

2. Die einzelnen Sonderformen der Arbeit

a) Sonn- und Feiertagsarbeit

aa) Arbeitsschutzrechtliche Grenzen der Gestaltungsfreizeit

Arbeitsschutzrechtliche Grenzen einer Verpflichtung zur Leistung von Sonn- und Feiertagsarbeit ergeben sich aus **§§ 9 bis 11 ArbZG**. Nach § 9 Abs. 1 ArbZG dürfen Arbeitnehmer an Sonn- und gesetzlichen Feiertagen von 00:00 Uhr bis 24:00 Uhr grundsätzlich nicht beschäftigt werden. Ausnahmen sind gemäß § 10 ArbZG nur möglich, sofern die Arbeiten nicht an Werktagen vorgenommen werden können. 299

Weitere Ausnahmen von dem grundsätzlichen Verbot in § 9 Abs. 1 ArbZG können gemäß § 13 Abs. 1 und 2 ArbZG durch Rechtsverordnung der Bundesregierung bzw. Landesregierungen geregelt werden. Mit Blick auf entsprechende Verordnungen muss – wie ein Urteil des Hessischen VGH vom 12.9.2013[513] deutlich gemacht hat – allerdings im Einzelfall geprüft werden, ob die jeweilige Verordnung von der gestaffelten Verordnungsermächtigung in § 13 ArbZG noch gedeckt ist.

Losgelöst davon muss für Sonn- und Feiertagsarbeit nach § 11 ArbZG ein zeitlicher Ausgleich geschaffen werden. Auch dürfen durch Sonn- und Feiertagsarbeit die Höchstarbeitszeiten und Ausgleichszeiträume nicht überschritten werden. Ferner müssen gemäß § 11 Abs. 3 ArbZG Ersatzruhetage gewährt werden. Abweichungen von diesen Vorgaben sind allerdings – wie vorstehend unter Kapitel 3 Rn 297

512 Vgl. Groeger/*Brock*, Teil 3 L Rn 115 m.w.N.
513 8 C 1776/12.N – NVwZ 2014, 380.

dargelegt wurde – durch Betriebs- bzw. Dienstvereinbarung auf der Grundlage von § 8 Abs. 4 TV-V i.V.m. § 12 ArbZG möglich.

bb) Entgeltfortzahlung an Feiertagen

300 Soweit an Feiertagen – wie in § 9 ArbZG vorgesehen – nicht gearbeitet wird, richtet sich die Vergütung nach § 2 Abs. 1 EFZG, der jedoch nur gesetzliche Feiertage, nicht aber kirchliche Feier- und Gedenktage sowie regionale Brauchtumstage (z.B. den Rosenmontag) erfasst. An diesen Tagen besteht grundsätzlich eine Arbeitspflicht, soweit nicht etwa – z.B. auf Grundlage einer betrieblichen Übung – etwas anderes vereinbart ist.[514]

Praxistipp

Voraussetzung für den Entgeltfortzahlungsanspruch ist, dass der Feiertag allein ursächlich für den Arbeitsausfall war. Ist der Arbeitnehmer arbeitsunfähig erkrankt, bleibt der Arbeitgeber gemäß § 4 Abs. 2 EFZG dem Grunde nach zur Entgeltfortzahlung im Krankheitsfall nach § 3 EFZG verpflichtet.[515] Die Vergütungshöhe richtet sich aber nach § 2 EFZG. Für den Fall, dass Urlaub des Arbeitnehmers und Feiertage zusammenfallen, gibt § 3 Abs. 2 BUrlG vor, dass Feiertage nicht auf den Urlaub angerechnet werden dürfen. Konsequenz daraus ist, dass ein Anspruch auf Feiertagsentlohnung besteht. Etwas anderes gilt nur dann, wenn z.B. aufgrund von Wechselschichtarbeit auch am Feiertag eine Arbeitspflicht bestanden hätte. Denn dann fällt die Arbeit nicht „wegen" des Feiertags, sondern wegen des Urlaubs aus.[516]

---

cc) Dienstplangestaltung an Feiertagen

301 Nach § 8 Abs. 3 S. 1 TV-V vermindert sich die regelmäßige Arbeitszeit für jeden gesetzlichen Feiertag, der auf einen Werktag fällt, um die dienstplanmäßig ausgefallenen Stunden. Nach den Feststellungen des BAG im Urteil vom 8.12.2010[517] bezweckt diese Regelung, auch die Arbeitnehmer, die alleine infolge der Dienstplangestaltung am Feiertag ohnehin frei hatten, ersatzweise in den Genuss einer dem Feiertag gleichwertigen bezahlten Freizeit kommen zu lassen. Dies wird auch durch die Protokollerklärung zu § 8 Abs. 3 S. 1 TV-V bestätigt, nach der die Verminderung der regelmäßigen Arbeitszeit die Arbeitnehmer betrifft, die wegen des Dienstplans am Feiertag frei haben und deshalb ohne diese Regelung nacharbeiten müssten.

Konsequenz daraus ist, dass der Dienstplan die **alleinige Ursache** für den Arbeitsausfall sein muss. Nicht genügend ist, dass der Arbeitgeber die Feiertage bei

514 BAG, Urt. v. 12.9.1994 – 5 AZR 41/93 – NZA 1994, 694.

515 Zur Entgeltfortzahlung im Krankheitsfall und ihren Grenzen ausführlich Fuhlrott/Mückl/*Mückl*, Kapitel 3.

516 Vgl. HWK/*Schliemann*, § 2 EFZG Rn 18.

517 5 AZR 667/09 – NZA 2011, 927 (zur Parallelregelung in § 6 Abs. 3 S. 3 TVÖD).

der Dienstplangestaltung gezielt ausspart.[518] Denn durch die Verkürzung der regelmäßigen Arbeitszeit werden diese Arbeitnehmer so gestellt wie ihre Kollegen, die am Feiertag zu dienstplanmäßiger Arbeit verpflichtet gewesen wären und aus diesem Grund Entgeltfortzahlung erhalten.[519] Ergebnis dieser Bewertung ist, dass für alle Arbeitnehmer auf diese Weise **unabhängig von Zufälligkeiten des Dienstplans** eine Minderung der regelmäßigen Arbeitszeit erfolgt, deren Höhe im Einzelfall zu bestimmen ist. Sie richtet sich danach, wie viele Stunden der betreffende Arbeitnehmer hätte arbeiten müssen, wenn er dienstplanmäßig zur Feiertagsarbeit herangezogen worden wäre.[520]

dd) Sonderregelungen für Vorfesttage

Für die sog. Vorfesttage am 24.12. und 31.12. trifft § 8 Abs. 3 S. 2 TV-V eine Sonderregelung. 302 Danach werden die Arbeitnehmer an diesen Tagen nur unter Fortzahlung des Entgelts nach § 6 Abs. 3 TV-V von der Arbeit freigestellt, soweit es die betrieblichen Verhältnisse zulassen. Dies bedeutet, dass die Arbeitsbefreiung versagt werden kann, wenn die Art der zu erbringenden Leistung die Anwesenheit von Arbeitnehmern erfordert oder Notfalls- bzw. unvorhergesehene Terminarbeiten stattfinden müssen. In derartigen Fällen muss nach § 8 Abs. 3 S. 3 TV-V ein entsprechender Freizeitausgleich innerhalb von drei Monaten gewährt werden.

b) Nachtarbeit

Der Begriff der Nachtarbeit im Sinne des TV-V wird in § 9 Abs. 5 dahin definiert, dass 303 dies die Arbeit zwischen 21:00 Uhr und 06:00 Uhr ist.

Praxistipp !

Zu unterscheiden von der Nachtarbeit sind Nachtschichten im Sinne des TV-V. Denn Nachtschichten sind nach § 9 Abs. 1 S. 3 TV-V die Arbeitsschichten, die mindestens zwei Stunden Nachtarbeit umfassen.

Losgelöst von dieser tariflichen Definition sind bei der Anordnung von Nachtarbeit die **arbeitsschutzrechtlichen Grenzen** des § 6 ArbZG zu beachten. Der durch § 6 Abs. 5 ArbZG geforderte Ausgleich für Nachtarbeit wird im TV-V durch den in den § 10 Abs. 1 S. 2 lit. b TV-V geregelten Nachtzuschlag vorgenommen.

---

518 Groeger/*Brock*, Teil 3 L Rn 122.

519 BAG, Urt. v. 8.12.2010 – 5 AZR 667/09 – NZA 2011, 927; LAG Hamm, Urt. v. 24.9.2012 – 11 Sa 1750/11 – juris.

520 BAG, Urt. v. 8.12.2010 – 5 AZR 667/09 – NZA 2011, 927; LAG Hamm, Urt. v. 24.9.2012 – 11 Sa 1750/11 – juris.

c) Wechselschichtarbeit

aa) Begriff

304 Wechselschichtarbeit ist nach § 9 Abs. 1 S. 1 TV-V die Arbeit nach einem Schichtplan, der einen regelmäßigen Wechsel der täglichen Arbeitszeit in Wechselschichten vorsieht, bei denen der Arbeitnehmer durchschnittlich längstens nach Ablauf eines Monats erneut zur Nachtschicht herangezogen wird. Die in § 9 Abs. 1 S. 1 TV-V angesprochenen Wechselschichten sind in § 9 Abs. 1 S. 2 TV-V dahin definiert, dass es sich um wechselnde Arbeitsschichten handelt, in denen ununterbrochen bei Tag und Nacht, werktags, sonntags und feiertags gearbeitet wird.

Entscheidend ist danach zunächst einmal, ob **im Arbeitsbereich** des zu beurteilenden Arbeitnehmers **ununterbrochen gearbeitet** wird. Auf den Arbeitnehmer selber kommt es dabei selbstverständlich nicht an. Arbeit in diesem Sinne ist nach der Rechtsprechung des BAG allerdings nur die **volle Arbeitsleistung.** Dies bedeutet, dass insbesondere die Anordnung von Bereitschaftsdiensten und Arbeitsbereitschaft nicht ausreichend ist, um eine ununterbrochene Arbeit zu begründen.[521]

! **Praxistipp**
Abzustellen ist allerdings auf die Organisationseinheit,[522] sodass die Anordnung von Bereitschaftsdienst für einzelne Arbeitnehmer der Annahme von Wechselschichten dann nicht entgegensteht, wenn während des Bereitschaftsdienstes für andere Arbeitnehmer derselben Organisationseinheit gleichzeitig Vollarbeit angeordnet ist.[523]

305 Ausgehend von der Definition der Wechselschichtarbeit in § 9 Abs. 1 S. 1 TV-V muss sich die Arbeitszeit der Arbeitnehmer nach einem vorher festgelegten Schichtplan sowohl mit Blick auf die **Wochentage**, an denen zu arbeiten ist, als auch im Hinblick auf die **zeitliche Lage der Arbeit an diesen Tagen** (Frühschicht, Spätschicht, Nachtschicht) **verschieben.** Dabei reicht eine mindestens einmal im Monat erfolgende tatsächliche Heranziehung zur Nachtschicht aus.[524]

Nicht erforderlich ist auch, dass die verschiedenen Schichten in einem annähernd gleichen Umfang geleistet werden.[525] Ferner muss die Arbeitszeit des einzelnen Arbeitnehmers nicht tatsächlich einem regelmäßigen Wechsel unterliegen, solange der Schichtplan einen solchen Wechsel vorsieht.[526]

---

521 BAG, Urt. v. 24.9.2008 – 10 AZR 669/07 – NZA 2009, 45; BAG, Urt. v. 5.9.1997 – 10 AZR 639/96 – NZA 1997, 1179.

522 Vgl. Groeger/*Brock*, Teil 3 L Rn 130.

523 BAG, Urt. v. 18.9.2011 – 10 AZR 255/10 – ZTR 2011, 724; BAG, Urt. v. 24.9.2008 – 10 AZR 669/07 – NZA 2009, 45.

524 Vgl. BAG, Urt. v. 19.10.1989 – 6 AZR 111/88 – TZR 1990, 200.

525 BAG, Urt. v. 13.10.1993 – 10 AZR 294/92 – NZA 1994, 805.

526 Vgl. BAG, Urt. v. 9.12.1998 – 10 AZR 207/98 – NZA 1999, 998.

Ein Anspruch auf eine Wechselschichtzulage nach § 10 Abs. 5 und 7 TV-V setzt indes voraus, dass der Arbeitnehmer ständig Wechselschichtarbeit oder versorgungs- bzw. entsorgungstypische Wechselschichtarbeit leistet, wobei die versorgungs- bzw. entsorgungstypische Wechselschicht- bzw. Schichtarbeit in § 10 Abs. 9 TV-V definiert wird. Voraussetzung ist daher, dass der Arbeitnehmer abwechselnd nach dem Schichtplan **in allen Schichtarten** eingesetzt wird.[527]

bb) Folgen einer Qualifikation als Wechselschichtarbeit für die betriebliche Praxis

Aus einer Qualifikation als (versorgungs- bzw. entsorgungstypische) Wechselschichtarbeit folgt zunächst einmal, dass nach § 10 Abs. 5 bzw. Abs. 7 (i.V.m. Abs. 9) TV-V ein Anspruch auf Zahlung einer Wechselschichtzulage besteht. Zudem werden nach § 8 Abs. 1 S. 2 TV-V die gesetzlich vorgeschriebenen Pausen in die Arbeitszeit eingerechnet. Darüber hinaus erhält der Arbeitnehmer bei Wechselschichtarbeit für je zwei zusammenhängende Monate gemäß § 14 Abs. 4 S. 2 TV-V einen zusätzlichen Urlaubstag. 306

Praxistipp !

Wichtig für die Gestaltungspraxis ist, dass Wechselschichtarbeit gemäß § 8 Abs. 8 TV-V nicht mit einem Arbeitszeitkorridor bzw. einer Rahmenzeit verbunden werden kann.

Ständige Wechselschichtarbeit eröffnet allerdings auch für den Arbeitgeber weitere Spielräume. So kann bei Arbeitnehmern, die ständig Wechselschicht- oder Schichtarbeit zu leisten haben, ein längerer Ausgleichszeitraum zugrunde gelegt werden (§ 8 Abs. 2 S. 2 TV-V).

d) Schichtarbeit

Die Schichtarbeit wird in § 9 Abs. 2 TV-V als die Arbeit nach einem Schichtplan definiert, der einen regelmäßigen Wechsel des Beginns der täglichen Arbeitszeit um mindestens zwei Stunden in Zeitabschnitten von längstens einem Monat vorsieht, und die innerhalb einer Zeitspanne von mindestens 13 Stunden geleistet wird. 307

Ausgehend von dieser Definition muss die Arbeit nach einem Schichtplan **im Unterschied zur Wechselschichtarbeit** nicht „rund um die Uhr" an allen Kalendertagen stattfinden, sodass Arbeitsunterbrechungen zwischen verschiedenen Schichten unschädlich sind.[528]

---

527 Vgl. BAG, Urt. v. 24.9.2008 – 10 AZR 140/08 – NZA-RR 2009, 107; BAG, Urt. v. 13.9.2012 – 10 AZR 351/11 – NZA 2012, 1301.

528 BAG, Urt. v. 2.10.1996 – 10 AZR 232/96 – NZA 1997, 504.

308 Darüber hinaus setzt § 9 Abs. 2 TV-V nicht voraus, dass der Arbeitnehmer immer gleichmäßig in allen Schichten eingesetzt wird. Ausreichend ist nach der Rechtsprechung des BAG vielmehr, wenn mindestens **einmal im Monat** ein Schichtwechsel in Form eines Wechsels des Beginns der täglichen Arbeitszeit um mindestens zwei Stunden stattfindet.[529] Voraussetzung ist allerdings, dass zwischen dem Beginn der einen Schicht und dem Beginn der anderen Schicht kein längerer Zeitraum als ein Zeitmonat liegt.[530] Konsequenz daraus ist, dass bei einem Wechsel der Schichten in einem längeren Turnus keine Schichtarbeit im Sinne des TV-V vorliegt.

Praxistipp
Wichtig ist für die betriebliche Praxis, dass sogenannte „geteilte Dienste“, bei denen der Arbeitnehmer täglich zum gleichen Zeitpunkt die Arbeit aufnimmt und sie nach einer Arbeitsunterbrechung am selben Tag fortsetzt, für sich genommen nicht als Schichtarbeit im Sinne des TV-V zu qualifizieren sind. Denn die Arbeit kann an jedem Tag nur einmal begonnen werden, sodass der Arbeitnehmer nach der Arbeitsunterbrechung die tägliche Arbeitszeit fortsetzt und nicht erneut beginnt.[531]

Praxistipp
Ganz wichtig für die betriebliche Praxis ist darüber hinaus, dass Schichtarbeit nach der Rechtsprechung des BAG selbst dann vorliegen kann, wenn der Schichtplan nicht vom Arbeitgeber aufgestellt wurde, sondern der Arbeitnehmer aufgrund der vom Arbeitgeber geschaffenen zeitlichen Vorgaben rein tatsächlich – auch selbst organisiert – Schichtarbeit leistet.[532] Dies bedeutet, dass der Arbeitnehmer durch Selbstorganisation für sich Schichtzuschläge nach § 10 Abs. 6 und 8 TV-V sowie einen Zusatzurlaub nach § 14 Abs. 4 S. 1 TV-V herbeiführen kann. Denn bei Schichtarbeit erhält der Arbeitnehmer nach dieser Norm für je vier zusammenhängende Monate einen zusätzlichen Urlaubstag. Darauf muss bei der Gestaltung arbeitgeberseitiger zeitlicher Vorgaben geachtet werden.

309 Weitere Voraussetzung für das Vorliegen von Schichtarbeit ist nach § 9 Abs. 2 TV-V eine Zeitspanne von 13 Stunden, innerhalb derer die Arbeit geleistet wird. Ausreichend ist dabei, dass diese Zeitspanne zwischen dem frühesten Beginnzeitpunkt und dem spätesten Endzeitpunkt **einmal im Monat** erreicht wird. Dies muss nicht notwendigerweise an einem Wochentag geschehen.[533] Die Mindestzeitspanne kann vielmehr auch durch die **Kombination verschiedener Wochentage** erreicht werden.

---

529 Vgl. BAG, Urt. v. 22.9.1995 – 10 AZR 167/94 – ZTR 1995, 407; LAG Baden-Württemberg, Urt. v. 30.9.2008 – 10 Sa 66/07 – juris.

530 BAG, Urt. v. 13.9.2012 – 10 AZR 351/11 – NZA 2012, 1301.

531 BAG, Urt. v. 12.12.2012 – 10 AZR 354/11 – ZTR 2013, 248.

532 BAG, Urt. v. 24.9.2010 – 10 AZR 570/09 – ZTR 2010, 407; BAG, Urt. v. 12.12.2012 – 10 AZR 354/11 – ZTR 2013, 248.

533 LAG Baden-Württemberg, Urt. v. 30.9.2008 – 10 Sa 66/07 – juris.

Beispiel

Nach der Rechtsprechung des BAG genügt z.B. ein Schichtbeginn samstags um 07:00 Uhr (mit Ende der Arbeitszeit um 11:30 Uhr) und ein Schichtende montags um 20:00 Uhr (bei einem Beginn um 11:30 Uhr).[534]

e) Mehrarbeit

Mehrarbeit sind nach § 9 Abs. 6 TV-V die Arbeitsstunden, die der Teilzeit-Arbeitnehmer über die vereinbarte regelmäßige Arbeitszeit hinaus bis zur regelmäßigen wöchentlichen Arbeitszeit **eines Vollbeschäftigten** (§ 8 Abs. 1 S. 1 TV-V) leistet. 310

„Mehrarbeit" ist dementsprechend **nicht dasselbe wie Überstunden**. Zuschlagspflichtige Überstunden leistet ein Teilzeitbeschäftigter nämlich nach der vorgenannten Regelung erst dann, wenn die regelmäßige Arbeitszeit Vollzeitbeschäftigter überschritten wird. Für Mehrarbeit bis zu dieser Grenze wird gemäß § 10 Abs. 2 TV-V nur das dort geregelte Stundenentgelt ohne Zuschläge gezahlt. Darin liegt sowohl nach der Rechtsprechung des EuGH, als auch der Rechtsprechung des BAG keine unzulässige Diskriminierung Teilzeitbeschäftigter, da diese für die gleiche Anzahl geleisteter Arbeitsstunden dieselbe Gesamtvergütung erhalten wie ein Vollzeitbeschäftigter.[535]

f) Überstunden

aa) Grundsätzliche Überstundenregelung

Nach § 9 Abs. 7 TV-V sind Überstunden, die auf Anordnung des Arbeitgebers geleisteten Arbeitsstunden, die Arbeitsstunden, die über die im Rahmen der regelmäßigen Arbeitszeit eines Vollbeschäftigten (§ 8 Abs. 1 S. 1 TV-V) für die Woche dienstplanmäßig bzw. betriebsüblich festgesetzten Arbeitsstunden hinausgehen. 311

Daraus folgt einerseits, dass dienstplanmäßig angeordnete Arbeitsstunden niemals Überstunden im Sinne des TV-V sind. Darüber hinaus kann ein Arbeitnehmer grundsätzlich auch nicht aus Eigenantrieb Überstunden i.S.d. TV-V leisten. Denn Voraussetzung hierfür ist eine Anordnung des Arbeitgebers.

Praxistipp

Diese Anordnung kann allerdings auch konkludent erfolgen. Gleiches gilt im Ergebnis, wenn der Arbeitgeber die Leistung entsprechender zusätzlicher Stunden erkennt und sie duldet. Denn dann liegen nach der Rechtsprechung des BAG ebenfalls Überstunden vor.[536]

534 BAG, Urt. v. 21.10.2009 – 10 AZR 70/09 – ZTR 2010, 770; BAG, Urt. v. 13.9.2012 – 10 AZR 351/11 – NZA 2012, 1301.

535 Vgl. EuGH, Urt. v. 15.12.1994 – Rs. C-399/92 – NZA 1995, 218; BAG, Urt. v. 25.9.1996 – 6 AZR 138/94 – ZTR 1997, 84; BAG, Urt. v. 23.9.1998 – 6 AZR 558/96 – juris.

536 BAG, Urt. v. 6.10.1994 – 6 AZR 266/94 – ZTR 1995, 118.

312 Da als Überstunden nur Arbeitsstunden zu qualifizieren sind, die über die im Rahmen der regelmäßigen Arbeitszeit eines Vollbeschäftigten für die Woche dienstplanmäßig bzw. betriebsüblich festgesetzten Arbeitsstunden hinausgehen, müssen die dienstplanmäßig bzw. betriebsüblich festgesetzten Arbeitsstunden überschritten werden. Maßgeblich ist insoweit nicht die regelmäßige wöchentliche Arbeitszeit gemäß § 8 Abs. 1 S. 1 TV-V, die lediglich den Rahmen vorgibt, sondern die für den Arbeitnehmer **individuell** für die jeweilige Woche dienstplanmäßig bzw. betriebsüblich festgelegte Arbeitszeit. Diese wird typischerweise nur bei festen Arbeitszeitmodellen mit der Arbeitszeit gemäß § 8 Abs. 1 TV-V übereinstimmen. Sieht der Dienstplan demgegenüber ein im zeitlichen Umfang schwankenden Arbeitseinsatz vor, richtet sich das Vorliegen einer Überstunde nach den dort vorgegebenen Arbeitszeiten.

Beispiel
Sieht der Dienstplan z.B. vor, dass in einer Woche 35 Stunden zu arbeiten sind, kann bereits die 36. Arbeitsstunde eine Überstunde sein. Bei einem Dienstplan, der in der jeweiligen Woche eine Arbeitszeit von 40 Stunden vorsieht, kann demgegenüber erst die 41. Arbeitsstunde eine Überstunde sein.

Selbst angeordnete Überarbeit ist aber nur dann als Überstunde zu qualifizieren, wenn sie nicht innerhalb der folgenden Kalenderwoche ausgeglichen wird.

Beispiel
Wird z.B. an einem Donnerstag Überarbeit geleistet, können die dabei gearbeiteten Stunden bis zum Sonntag der Folgewoche noch mit der Folge ausgeglichen werden, dass keine Überstundenzuschläge gezahlt werden müssen. Nicht verwechselt werden darf dieser Ausgleichszeitraum mit dem Ausgleichszeitraum nach § 8 Abs. 2 S. 2 TV-V. Beide Ausgleichszeiträume verfolgen einen unterschiedlichen Zweck und sind voneinander unabhängig.

bb) Abweichende Überstundenregelung

313 § 9 Abs.8 TV-V enthält Ausnahmen von dem in § 9 Abs. 7 TV-V geregelten Grundsätzen zur Qualifikation von Überstunden. Im Einzelnen gilt:

Im Fall der Festlegung eines **Arbeitszeitkorridors** nach § 8 Abs. 6 TV-V sind Überstunden nur die Überstunden im Sinne des § 9 Abs. 7 TV-V, die über 45 Stunden oder die vereinbarte Obergrenze hinaus geleistet werden.

Ähnliches gilt im Fall der Einführung einer **täglichen Rahmenzeit** nach § 8 Abs. 7 TV-V. Hier sind nur die außerhalb der Rahmenzeit im Sinne des § 9 Abs. 7 TV-V als Überstunden zu qualifizierenden Stunden Überstunden im Sinne des TV-V.

Nur schwer verständlich ist demgegenüber die Regelung zur Überstundenqualifikation im Fall von **Wechselschicht- oder Schichtarbeit**. Insoweit können aber die vom BAG zur Parallelregelung in § 7 Abs. 8 lit. c TVÖD entwickelten Grundsätze übertragen werden. Denn in seinem Urteil vom 25.4.2013[537] hat das BAG zu dem insoweit gleichlautenden § 7 Abs. 8 lit. c TVÖD eine **vom Text der Norm abweichende, korrigierende „Lesart" entwickelt**, die – so die Feststellung des BAG – allein Sinn ergebe.

Danach sind im Schichtplan selbst ausgewiesene und geleistete Stunden nur dann Überstunden, wenn **die regelmäßige Arbeitszeit bezogen auf die gesamte Dauer des Schichtplanturnus überschritten wird**. Da in diesem Fall die Überstunden bereits die direkte Folge des Schichtplans selbst sind, handelt es sich sozusagen um „eingeplante" Überstunden. „Schichtplanturnus" im Sinne der Rechtsprechung des BAG ist dabei nicht der regelmäßige Schichtumlauf, nach dem eine im Schichtplan festgelegte Schichtfolge neu durchlaufen wird, sondern die längere Periode, für die der Schichtplan, der mehrere Durchläufe des jeweiligen Schichtumlaufs vorsehen kann, gilt.[538]

Wie zusätzliche, nicht im Schichtplan festgesetzte Stunden zu qualifizieren 314
sind, **hat das BAG noch nicht abschließend entschieden**. Fraglich und umstritten ist hier in der Literatur, ob eine Entstehung von Überstunden dadurch verhindert werden kann, dass diese nach den allgemeinen Regeln ausgeglichen werden, oder ob dies nicht möglich ist. Konsequenz der letztgenannten Auffassung wäre, dass zuschlagspflichtige Überstunden bereits dann entstehen, wenn die tägliche Arbeitszeit, die im Schichtplan festgelegt ist, überschritten wird. Auch wenn das BAG sich hierzu nicht abschließend positioniert hat, lassen seine Feststellungen allerdings eher eine Tendenz dazu erkennen, **eine Ausgleichsmöglichkeit zu verneinen**. Denn, dass Überstunden im Sinne des § 9 Abs. 8 lit. c TV-V bei Wechselschicht „bereits dann zwingend ohne eine Ausgleichsmöglichkeit während des noch laufenden Schichtplanturnus entstehen" dürften, wenn zu den im Schichtplan festgesetzten „täglichen Arbeitsstunden zusätzliche, nicht im Schichtplan ausgewiesene Stunden angeordnet würden", ließe sich nach der Bewertung des BAG „mit einer besonderen Erschwernis für Wechselschichtarbeiter, die unvorhergesehen über die im Schichtplan festgelegte tägliche Arbeitszeit hinaus in Anspruch genommen werden, erklären." Denn diese „Erschwernis ist von der Schicht bzw. Wechselschichtzulage gemäß § [10 Abs. 5 bis 8 TV-V] die einen Ausgleich für die Störung des gleichmäßigen Tagesrhythmus gewähren soll, [...] nicht abgedeckt."[539]

Ausgleichend weist das BAG in diesem Zusammenhang allerdings auch auf **Gestaltungsmöglichkeiten für den Arbeitgeber** hin. Denn die Qualifizierung des 315
Schichtplanturnus als denjenigen Zeitraum, für den der Schicht- oder Dienstplan im Voraus festgelegt wird, ermögliche es, „bereits bei der Erstellung des Schichtplans Schwankungen im prognostizierten Arbeitsanfall über seine Laufzeit hinweg" zu

537 6 AZR 800/11, ZTR 2013, 437.

538 BAG, Urt. v. 25.9.2013 – 6 AZR 800/11 – ZTR 2013, 437.

539 BAG, Urt. v. 25.4.2013 – 6 AZR 800/11 – ZTR 2013, 437.

berücksichtigen. Zudem würden „Spielräume eröffnet, die es ermöglichen, noch abweichend vom (ursprünglichen) Schichtplan Arbeitsstunden in einer Schichtplanänderung anzuordnen, ohne dass dadurch Überstunden entstehen, wenn, bezogen auf die gesamte Laufzeit des Schichtplans die regelmäßige wöchentliche Arbeitszeit nicht überschritten“ werde.[540] Hierdurch können zuschlagspflichtige Überstunden vermieden werden, sodass die vom BAG tendenziell verneinte Ausgleichsmöglichkeit nicht oder jedenfalls nur begrenzt praktisch spürbar wird.[541]

g) Bereitschaftsdienst

316 Bereitschaftsdienst leistet nach § 9 Abs. 3 TV-V der Arbeitnehmer, der sich auf Anordnung des Arbeitgebers außerhalb der regelmäßigen Arbeitszeit an einer vom Arbeitgeber bestimmten Stelle aufhält, um im Bedarfsfall die Arbeit aufzunehmen. Abweichend von der früheren Rechtsprechung des BAG[542] sieht das ArbZG seit dem 1.1.2004 vor dem Hintergrund einer durch die Rechtsprechung des EuGH[543] und der sich hieran anschließenden geänderten Rechtsprechung des BAG[544] vor, dass Bereitschaftsdienste **nicht mehr als Ruhezeit zu bewerten** sind, sondern voll zur Arbeitszeit i.S.d. § 2 ArbZG zu zählen sind.[545] Die arbeitgeberseitige Anordnung von Bereitschaftsdienst unterliegt allerdings der Billigkeitskontrolle nach § 315 BGB.

! **Praxistipp**

Für die betriebliche Praxis wichtig ist, dass Bereitschaftsdienst unmittelbar im Anschluss an die regelmäßige Arbeitszeit angeordnet werden kann. Konsequenz daraus ist, dass der Arbeitgeber, wenn über den Ablauf der Regelarbeitszeit hinausgehend noch Arbeit anfällt, insoweit den bereits festgelegten Bereitschaftsdienst in Anspruch nehmen kann, ohne Überstunden anordnen zu müssen.[546] Zuschlagspflichtige Überstunden können daher durch die Anordnung von Bereitschaftsdienst vermieden werden. Wirtschaftlich sinnvoll ist das, wenn das Entgelt für Bereitschaftsdienst nach § 10 Abs. 4 TV-V landesbezirklich so geregelt ist, dass es geringer ausfällt, als die Vergütung von Überstunden zuzüglich etwaiger Überstundenzuschläge.

! **Praxistipp**

Die Einführung von Bereitschaftsdiensten außerhalb der regelmäßigen Arbeitszeit führt allerdings zur vorübergehenden Verlängerung der betriebsüblichen Arbeitszeit, sodass die Anordnung von

540 BAG, Urt. v. 25.4.2013 – 6 AZR 800/11 – ZTR 2013, 437.
541 Ähnlich Groeger/*Brock*, Teil 3 L Rn 148.
542 BAG, Urt. v. 30.1.1996 – 3 AZR 1030/94 – NZA 1996, 1164.
543 EuGH v. 3.10.2000 – RS.C – 303/98 – NZA 2000, 1227 – SIMAP; EuGH v. 9.9.2003 – RS.C – 151/02 – NZA 2003, 1019 – Jäger.
544 BAG, Beschl. v. 18.2.2003 – 1 ABR 2/02 – NZA 2003, 742.
545 BAG, Urt. v. 16.12.2009 – 5 AZR 157/09 – NZA 2010, 505.
546 BAG, Urt. v. 25.4.2007 – 6 AZR 799/06 – NZA 2007, 1108.

Bereitschaftsdiensten dem Mitbestimmungstatbestand des § 87 Abs. 1 Nr. 3 BetrVG[547] beziehungsweise den entsprechenden Vorgaben der Personalvertretungsgesetze unterfällt.[548]

h) Rufbereitschaft

Rufbereitschaft leistet nach § 9 Abs. 4 S. 1 TV-V der Arbeitnehmer, der sich auf Anordnung des Arbeitgebers außerhalb der regelmäßigen Arbeitszeit **an einer dem Arbeitgeber anzuzeigenden Stelle aufhält, um auf Abruf die Arbeit aufzunehmen**. Nach § 9 Abs. 4 S. 2 TV-V wird Rufbereitschaft nicht dadurch ausgeschlossen, dass der Arbeitnehmer vom Arbeitgeber mit einem „Europieper, einem Funktelefon oder einem vergleichbaren technischen Hilfsmittel ausgestattet" ist. 317

Im Gegensatz zum Bereitschaftsdienst ist bei der Rufbereitschaft der Aufenthaltsort des Arbeitnehmers nicht durch eine Anordnung des Arbeitgebers beschränkt und kann nicht durch den Arbeitgeber vorgegeben werden. Begrenzt wird die Wahlfreiheit des Arbeitnehmers hinsichtlich seines Aufenthaltsorts nach der Rechtsprechung aber dadurch, dass er sich nicht in einer Entfernung zum Arbeitsort aufhalten darf, die dem **Zweck der Rufbereitschaft** zuwiderläuft.[549] Konsequenz daraus ist, dass der Arbeitnehmer einen Aufenthaltsort wählen muss, der es ihm innerhalb eines vertretbaren Zeitraums ermöglicht, die Arbeit tatsächlich aufzunehmen. Zulässig ist, dass der Arbeitgeber für diesen Zeitraum Höchstzeiten vorgibt.[550]

Praxistipp

Wichtig für die betriebliche Praxis ist, dass die Vorgabe derartiger Höchstzeiten mit einer derart starken mittelbaren Beschränkung des Aufenthaltsortes verbunden sein kann, dass die Anordnung des Arbeitgebers nicht mehr als Rufbereitschaft, sondern als Bereitschaftsdienst zu qualifizieren ist.[551]

Beispiel

Eine zur Qualifikation als Bereitschaftsdienst führende Beschränkung des Aufenthaltsorts durch zeitliche Vorgaben hat das BAG zum Beispiel bei Höchstzeiten von zehn Minuten[552] und 20 Minuten[553] angenommen. Als Faustregel wird man eine Grenze von 30 Minuten annehmen können.[554]

547 BAG, Beschl. v. 29.2.2000 – 1 ABR 15/99 – NZA 2000, 1243.
548 Groeger/*Brock*, Teil 3 L Rn 153.
549 BAG, Urt. v. 19.12.1991 – 6 AZR 592/89 – NZA 1992, 560; BAG, Urt. v. 31.9.2002 – 6 AZR 214/00 – ZTR 2002, 432.
550 Vgl. Groeger/*Brock*, Teil 3 L Rn 156.
551 Vgl. Groeger/*Brock*, Teil 3 L Rn 156.
552 BAG, Urt. v. 19.12.1991 – 6 AZR 592/89 – NZA 1992, 560.
553 BAG, Urt. v. 31.9.2001 – 6 AZR 214/00 – ZTR 2002, 432; vgl. auch LAG Rheinland-Pfalz, Urt. v. 20.9.2012 – 1 Sa 81/12 – ZTR 2013, 19 (15-20 Minuten).
554 Vgl. *Pieper*, ZTR 2002, 420, 422; Groeger/*Brock*, Teil 3 L Rn 156.

318 Arbeitszeitrechtlich ist die Rufbereitschaft – anders als der Bereitschaftsdienst – auch unter Berücksichtigung der Vorgaben der Europäischen Arbeitszeitrichtlinie grundsätzlich **nicht als Arbeitszeit im Sinne des ArbZG** zu qualifizieren. Denn Arbeitszeit in diesem Sinne sind lediglich die Zeiten der tatsächlichen Inanspruchnahme während des Rufbereitschaftsdienstes, in denen der Arbeitnehmer tatsächlich voll Arbeit leistet.[555]

Konsequenz aus der Qualifikation der Zeiten **tatsächlicher Inanspruchnahme** während des Rufbereitschaftsdienstes als Arbeitszeit ist u.a., dass die Anordnung von Überstunden bereits dann vorliegt, wenn ein Arbeitnehmer im Anschluss an die regelmäßige Arbeitszeit **laut Dienstplan** zur Rufbereitschaft eingeteilt ist und der Arbeitgeber anordnet, dass die Arbeit als in Anspruch genommene Rufbereitschaft im unmittelbaren Anschluss an die Beendigung der Regelarbeitszeit fortzusetzen ist.[556] Denn nach der Rechtsprechung des BAG stellt sich eine entsprechende Anordnung des Arbeitgebers als **Änderung des Dienstplans** und nicht als Abruf zur Aufnahme der Arbeit dar.[557] Hintergrund hierfür ist letztlich auch, dass der Arbeitnehmer in Folge der Anordnung der Fortsetzung der Arbeit seinen Aufenthaltsort nicht frei bestimmen kann, sodass im Ergebnis ein weiterer Aufenthalt am Arbeitsplatz unmittelbar im Anschluss an die Beendigungen der Regelarbeitszeit angeordnet worden ist.[558]

319 Die Anordnung von Rufbereitschaft ist im TV-V weder mit Blick auf formale noch inhaltliche Vorgaben näher eingeschränkt. Sie dürfte als einseitige Anordnung des Arbeitgebers allerdings gemäß § 315 BGB billiges Ermessen nicht überschreiten.[559]

Losgelöst davon unterliegt sie – soweit ein kollektiver Tatbestand gegeben ist – nach § 87 Abs. 1 Nr. 3 BetrVG als vorübergehende Verkürzung oder Verlängerung der betriebsüblichen Arbeitszeit der Mitbestimmung des Betriebsrats[560] bzw. gemäß § 72 Abs. 4 BPersVG als Grundsatz für die Aufstellung von Dienstplänen der Mitbestimmung des Personalrats (ggf. nach den entsprechenden Vorschriften der Landespersonalvertretungsgesetze).[561]

---

555 *Baeck/Deutsch*, § 2 ArbZG Rn 52, 54.
556 Vgl. Groeger/*Brock*, Teil 3 L Rn 158.
557 BAG, Urt. v. 26.11.1992 – 6 AZR 455/91 – NZA 1993, 659.
558 BAG, Urt. v. 24.9.2007 – 6 AZR 799/06 – NZA 2007, 1108.
559 Vgl. Groeger/*Brock*, Teil 3 L Rn 159.
560 BAG, Beschl. v. 21.12.1982 – 1 ABR 14/81 – DB 1983, 611.
561 Vgl. Groeger/*Brock*, Teil 3 L Rn 159.

VII. Ausgleich für Sonderformen der Arbeit

1. Zeitzuschläge

Für die Leistung von Überstunden, Nacht-, Sonn- und Feiertagsarbeit sowie die Arbeit an Vorfesttagen und an Samstagen sieht § 10 Abs. 1 TV-V einen Ausgleich durch Zeitzuschläge vor. Wie bereits der Wortlaut („Zuschläge“) deutlich macht, treten sie neben das für die Arbeit geschuldete Entgelt.[562] 320

a) Verhältnis zum Entgelt

Die in § 10 Abs. 1 S. 2 TV-V aufgeführten Zeitzuschläge „erhält“ der Arbeitnehmer nämlich „neben dem Entgelt für die tatsächliche Arbeitsleistung“. Mangels anderweitiger tariflicher Regelung soll der Arbeitnehmer für „seine“ tatsächliche Arbeitsleistung also zunächst „sein“ Entgelt erhalten. Das ihm nach dem TV-V zustehende Entgelt richtet sich nach seiner Entgeltgruppe und Stufe (§ 5 TV-V).[563] 321

Praxistipp

Keine Zuschlagspflicht besteht dementsprechend während Zeiten der Entgeltfortzahlung ohne Arbeitsleistung nach §§ 8 Abs. 3 S. 2, 13 Abs. 1 S. 1, 14 und 15 TV-V.[564] In der regelmäßigen Arbeitszeit liegende Bereitschaftszeiten sind nach der Rechtsprechung des BAG aber keine Zeiten ohne tatsächliche Arbeitsleistung. Denn mit der Ableistung von Bereitschaftszeiten erfüllt der Arbeitnehmer seine Hauptleistungspflicht und erhält auch für sie Entgelt für tatsächliche Arbeitsleistung i.S.v. § 10 Abs. 1 S. 1 TV-V.[565]

---

b) Höhe der Zuschläge

Die Zuschläge betragen je Stunde einen bestimmten Prozentsatz des auf eine Stunde entfallenden Anteils des monatlichen Entgelts der Stufe 1 der jeweiligen Entgeltgruppe nach Maßgabe der Anlagen 3a und 3b TV-V (§ 10 Abs. 1 S. 2 TV-V). § 10 Abs. 1 S. 2 TV-V sieht insoweit folgende Prozentsätze vor: 322

a)	Für Überstunden	30 v.H.
b)	Für Nachtarbeit	25 v.H.
c)	Für Sonntagsarbeit	25 v.H.
d)	Für Feiertagsarbeit	135 v.H.
e)	Für Arbeit am 24.12. und am 31.12.	40 v.H.

---

562 BAG, Urt. v. 24.9.2008 – 6 AZR 259/08, AP Nr. 2 zu § 8 TVöD.
563 Vgl. BAG, Urt. v. 11.5.2005 – 4 AZR 303/04 – NZA 2005, 1313.
564 BAG, Urt. v. 28.7.2010 – 5 AZR 342/09 – NZA-RR 2011, 28.
565 Vgl. BAG, Urt. v. 28.7.2010 – 5 AZR 342/09 – NZA-RR 2011, 28.

f)	Für Arbeit an Samstagen ab 13:00 Uhr, soweit diese nicht im Rahmen von Wechselschicht- oder Schichtarbeit anfällt	20 v.H.

323 Bemessungsgrundlage bei den dynamisch ausgestalteten Zuschlägen ist immer Stufe 1 der jeweiligen Entgeltgruppe des Arbeitnehmers. Dies gilt unabhängig davon, in welcher Stufe sich der Arbeitnehmer tatsächlich befindet.

Praxistipp
Feiertag i.S.d. TV-V ist nur ein staatlich anerkannter Feiertag.[566] Dies entspricht einem vom BAG in ständiger Rechtsprechung vertretenen Auslegungsgrundsatz: Verwendet ein Tarifvertrag einen Rechtsbegriff, der vom Gesetzgeber in anderem Zusammenhang gebraucht wird, und bedienen die Tarifvertragsparteien sich damit der juristischen Fachsprache, ist dieser Begriff in seiner allgemeinen rechtlichen Bedeutung auszulegen, sofern sich nicht aus dem Tarifvertrag etwas anderes ergibt.[567]

Beispiel
Nicht als Feiertage i.S.d. TV-V zu qualifizieren sind daher z.B. Oster- und Pfingstsonntag.[568]

c) Zahlung „je Stunde"

324 Dass Zeitzuschläge nach § 10 Abs. 1 S. 2 TV-V „je Stunde" die vorgenannten Prozentsätze betragen, wirft die Frage auf, ob nur volle Stunden eine Zuschlagspflicht auslösen. Für die Parallelregelung in § 8 TVöD wird dies mit der Folge abgelehnt, dass dann, wenn die tatsächliche Arbeitsleistung geringer als eine volle Zeitstunde andauert, die Zuschläge anteilig bezahlt werden.[569] Führt man sich vor Augen, dass Zweck der Zuschläge ein Ausgleich für die mit den Sonderformen der Arbeit verbundenen Erschwernisse ist, spricht dies für eine Berücksichtigung nicht vollständiger Stunden, die wohl auch nicht durch den Hinweis auf einen unverhältnismäßigen Abrechnungsaufwand abgelehnt werden kann. Höchstrichterlich entschieden ist dies allerdings – soweit ersichtlich – noch nicht.

d) Sonderregelung für Mehrarbeit

325 Eine Sonderregelung trifft der TV-V in § 10 Abs. 2 für Arbeitsstunden, die keine Überstunden sind und die aus betrieblichen Gründen nicht innerhalb des nach § 8

---

566 *Herzberg/Schlusen*, § 10 TV-V Rn 7.
567 BAG, Urt. v. 17.3.2010 – 5 AZR 317/09 – DB 2010, 1406.
568 Vgl. BAG, Urt. v. 17.3.2010 – 5 AZR 317/09 – DB 2010, 1406.
569 Vgl. nur Groeger/*Brock*, Teil 3 L Rn 163 m.w.N.

Abs. 2 S. 1 oder 2 TV-V festgelegten Zeitraums mit Freizeit ausgeglichen werden. Für derartige Arbeitsstunden erhält der Arbeitnehmer je Stunde 100 v.H. des auf eine Stunde entfallenden Anteils des monatlichen Entgelts der jeweiligen Entgeltgruppe und Stufe nach Maßgabe der Anlagen 3a und b.

aa) Klarstellungsfunktion

Nach der Rechtsprechung des BAG ist § 10 Abs. 2 TV-V zunächst als Klarstellung 326 dafür zu verstehen, dass für die von ihm erfassten Arbeitsstunden vom Arbeitgeber nur die Grundvergütung des Arbeitnehmers ohne Überstundenzuschlag zu zahlen ist.[570]

bb) Bedeutung für die betriebliche Praxis

Bedeutung hat die Norm aber in der betrieblichen Praxis auch für Mehrarbeit, zu- 327 nächst einmal nämlich für diejenige von Teilzeitbeschäftigten (vgl. § 9 Abs. 6 TV-V):[571]

Da Überstunden erst vorliegen, wenn die regelmäßige wöchentliche Arbeitszeit eines Vollzeitbeschäftigten überschritten wird, sind die über die individuelle Arbeitszeit hinausgehenden Arbeitsstunden bis zur regelmäßigen Wochenarbeitszeit eines Vollzeitbeschäftigten **keine gemäß § 10 Abs. 1 TV-V zuschlagspflichtigen Überstunden**. Die Arbeitszeit wird ohne Zuschläge gemäß § 10 Abs. 2 TV-V bezahlt.

Auch bei Vollzeitbeschäftigten greift diese Regelung z.B. dann ein, wenn nicht vom Arbeitgeber angeordnete Mehrarbeit geleistet wird oder innerhalb der Rahmenzeit bzw. des täglichen Arbeitszeitkorridors nach § 8 Abs. 6, 7 TV-V anfällt.[572] Die geleistete Mehrarbeit geht für die Arbeitnehmer nicht verloren, sondern wird vergütet.

e) Zusammentreffen mehrerer Zeitzuschläge

Das Zusammentreffen mehrerer Zeitzuschläge regelt § 10 Abs. 1 S. 3 TV-V. Danach 328 können Zuschläge für Sonntags-, Feiertags-, Vorfest- und Samstagsarbeit (§ 10 Abs. 1 S. 2 lit. c) bis f) TV-V) nicht kumuliert werden. Es wird stets nur der höchste Zeitzuschlag gezahlt.

Praxistipp !

Im Umkehrschluss folgt daraus allerdings, dass andere Zeitzuschläge, wenn sie zusammen treffen (z.B. Nachtarbeit und Überstunden) zusammengerechnet werden.[573]

---

570 Vgl. BAG, Urt. v.11.5.2005 – 4 AZR 303/04 – NZA 2005, 1313.

571 Vgl. auch *Herzberg/Schlusen*, § 10 TV-V Rn 15.

572 *Herzberg/Schlusen*, § 10 TV-V Rn 15.

573 Vgl. in diesem Sinne auch *Herzberg/Schlusen*, § 10 TV-V Rn 3f.

Beispiel[574]

329 Ein Wechselschichtarbeitnehmer arbeitet 7 Tage á 8 Stunden in der Nachtschicht von Mittwoch, dem 21.Dezember, bis Dienstag, dem 27. Dezember, jeweils von 22:00 bis 6:00 Uhr. Dann sind folgende Zeitzuschläge zu zahlen:

Mittwoch:	22:00 bis 24:00 Uhr = 2 Stunden nach b) mit 25%
Donnerstag:	0:00 bis 6:00 Uhr = 6 Stunden nach b) mit 25%
	22:00 bis 24:00 Uhr = 2 Stunden nach b) mit 25%
Freitag:	0:00 bis 6:00 Uhr = 6 Stunden nach b) mit 25%
	22:00 bis 24:00 Uhr = 2 Stunden nach b) mit 25%
Samstag:	0:00 bis 6:00 Uhr = 6 Stunden nach b) mit 25%
	0:00 bis 6:00 Uhr = 6 Stunden nach e) mit 40%
	22:00 bis 24:00 Uhr = 2 Stunden nach b) mit 25%
	22:00 bis 24:00 Uhr = 2 Stunden nach e) mit 40%
Sonntag:	0:00 bis 6:00 Uhr = 6 Stunden nach b) mit 25%
	0:00 bis 6:00 Uhr = 6 Stunden nach d) mit 135%
	22:00 bis 24:00 Uhr = 2 Stunden nach b) mit 25%
	22:00 bis 24:00 Uhr = 2 Stunden nach d) mit 135%
Montag:	0:00 bis 6:00 Uhr = 6 Stunden nach b) mit 25%
	0:00 bis 6:00 Uhr = 6 Stunden nach d) mit 135%
	22:00 bis 24:00 Uhr = 2 Stunden nach b) mit 25%
	22:00 bis 24:00 Uhr = 2 Stunden nach d) mit 135%
Dienstag:	0:00 bis 6:00 Uhr = 6 Stunden nach b) mit 25%
	22:00 bis 24:00 Uhr = 2 Stunden nach b) mit 25%
Mittwoch:	0:00 bis 6:00 Uhr = 6 Stunden nach b) mit 25%

Beispiel[575]

330 Ein Arbeitnehmer leistet Überstunden von Samstag, den 1. Mai 23:00 Uhr bis Sonntag 2:30 Uhr. Dann sind folgende Zeitzuschläge zu zahlen:

Samstag:	23:00 bis 24:00 Uhr = 1	Stunde nach b) mit 25%
	23:00 bis 24:00 Uhr = 1	Stunde nach d) mit 135%
Sonntag:	0:00 bis 2:30 Uhr = 2,5	Stunden nach b) mit 25%

Für Samstagsarbeit (§ 10 Abs. 1 S. 2 lit. f) TV-V) ist in diesem Beispiel kein Zeitzuschlag zu gewähren, da beim Zusammentreffen mit Feiertagsarbeit (§ 10 Abs. 1 S. 2 lit. d) TV-V) nach § 10 Abs. 1 S. 3 TV-V nur der höchste Zeitzuschlag zu gewähren ist.

574 Nach *Herzberg/Schlusen*, § 10 TV-V Rn 6.
575 Nach *Herzberg/Schlusen*, § 10 TV-V Rn 6.

f) Umwandlung von Zuschlägen in Zeit

§ 10 Abs. 1 S. 4 TV-V ermöglicht den Arbeitnehmern, Zeitzuschläge in Zeit umzuwandeln und auf einem Arbeitszeitkonto gemäß § 11 TV-V gutzuschreiben. 331

aa) Berechnung

Komplizierter als im TVöD ist die Berechnung des Umwandlungsbetrags in Zeit. Das BAG hat zu der insoweit § 10 Abs. 1 S. 4 TV-V gleichlautenden Bestimmung in § 11 Abs. 1 S. 4 TV-N NW die **folgende Berechnungsmethode befürwortet:**[576] 332

Der Arbeitgeber setzt das auf der Basis der Stufe 1 der jeweiligen Entgeltgruppe des Arbeitnehmers errechnete Zeitzuschlagsentgelt ins Verhältnis zu der Arbeitszeit, die der Arbeitnehmer mit der für ihn maßgeblichen Stufe der für ihn maßgeblichen Entgeltgruppe des TV-V benötigt hätte, um das Zeitzuschlagsentgelt zu verdienen.

Beispiel

Nicht geeignet ist daher folgende Berechnung: Ein 25%-iger Zuschlag wird in 15 Minuten umgerechnet.

Beispiel

Geeignet ist demgegenüber folgende Berechnung:[577]

Der Arbeitnehmer ist in EG 7 Stufe 5 eingruppiert und erhält ein Tabellenentgelt von EUR 3.116,80 pro Monat bzw. EUR 15,80 pro Stunde (gemäß Tabellen West 2013). Er hat 10 Überstunden geleistet und dafür einen Zeitzuschlag von 30% der EG 7 Stufe 1 erhalten. Der Zeitzuschlag in Geld beträgt also EUR 47,40. Der Arbeitnehmer möchte diesen Geldbetrag nach § 10 Absatz 1 Satz 4 TV-V in Zeit umwandeln. 333

EUR 47,40 entspricht in EG 7 Stufe 1 einer Zeitleistung von 3 Stunden (= 3 × EUR 15,80 = EUR 47,4). Der Arbeitnehmer ist jedoch in Stufe 5 seiner EG 7 eingestuft. Hier entsprechen EUR 47,40 einer Zeitleistung von 2,54 Std. (2,54 × EUR 18,64 = EUR 47,40). Dem Zeitkonto des Arbeitnehmers werden daher 2,54 Stunden gutgeschrieben.

Begründet hat das BAG[578] dies mit dem Wortlaut und der Systematik der Norm: 334

Danach werden in Zeit umgewandelt die „nach den vorstehenden Sätzen zu zahlenden Zeitzuschläge“. Bei diesen handelt es sich nicht um einen bestimmten Prozentsatz des individuellen (Stunden-)Entgelts des Arbeitnehmers, sondern um einen bestimmten Prozentsatz des auf eine Stunde entfallenden Anteils des monatlichen Entgelts der Stufe 1 der Entgeltgruppe des Arbeitnehmers (§ 10 Abs. 1 S. 2 TV-V). Dieser sich ergebende Geldbetrag ist „im Verhältnis 1:1“ in Zeit umzuwandeln. Die Formulierung „im Verhältnis 1:1“ belegt nach der Bewertung des BAG,

576 BAG, Urt. v. 13.10.2010 – 5 AZR 378/09 – ZTR 2011, 94.
577 Beispiel (aktualisiert) nach *Herzberg/Schlusen*, § 10 TV-V Rn 11.
578 BAG, Urt. v. 13.10.2010 – 5 AZR 378/09 – ZTR 2011, 94.

dass die nach § 10 Abs. 1 S. 4 TV-V als Ergebnis der Berechnung zu gewinnende Zeit ihrem Wert nach dem sich aus § 10 Abs. 1 S. 2 und 3 TV-V errechneten Geldbetrag entsprechen soll. Andernfalls wäre dieser Zusatz überflüssig.

Die Umrechnung von Geld in Zeit im Verhältnis 1:1 erfordert nach der Rechtsprechung des BAG daher, den gemäß § 10 Abs. 1 S. 2 und 3 TV-V ermittelten Geldbetrag (als zu zahlende Zeitzuschläge i.S.d. § 10 Abs. 1 S. 4 TV-V) ins Verhältnis zu setzen zu dem individuellen Entgelt des Arbeitnehmers. Denn nur so lasse sich der Wert ermitteln, den der Geldbetrag „Zeitzuschlag" für den jeweiligen Beschäftigten in bezahlter Zeit hat.

Hätten die Tarifvertragsparteien übereinstimmend eine Umwandlung des Geldbetrags „Zeitzuschlag" in Zeit nur auf der Grundlage der in § 10 Abs. 1 S. 2 TV-V aufgeführten Prozentsätze gewollt, hätte es § 10 Abs. 1 S. 4 TV-V gar nicht bedurft. Vielmehr hätte es genügt, in § 10 Abs. 1 S. 4 TV-V wie in § 8 Abs. 1 S. 4 TV-L und § 8 Abs. 1 S. 4 TVöD zu formulieren. Dort heißt es, dass die zu zahlenden Zeitzuschläge „entsprechend dem jeweiligen Vomhundertsatz einer Stunde in Zeit umgewandelt (faktorisiert)" werden. Genau diese Lösung haben die Parteien aber nicht gewählt.

bb) Voraussetzungen einer Umwandlung

335 Diese Umwandlung in Freizeitausgleich hat drei kumulative Voraussetzungen:
- Der Arbeitnehmer muss sie gewünscht haben.
- Es muss ein Arbeitszeitkonto eingerichtet worden sein.
- Die betrieblichen Verhältnisse müssen die Umwandlung zulassen.

g) Irrtümliche Entrichtung von Zuschlägen

336 Werden irrtümlich – z.B. für vermeintliche Feiertage – Zuschläge erbracht, begründet dies dann keine Ansprüche aus betrieblicher Übung, wenn die Belegschaft von einer tarifvertraglichen Anspruchsgrundlage ausgeht.

Beispiel
Aus der Sicht der Belegschaft stellte sich z.B. die Gewährung eines Feiertagszuschlags für Ostersonntage als Erfüllung eines tariflichen Anspruchs dar.[579]

In einem solchen Fall wird die Leistungsgewährung nicht als stillschweigendes Angebot zur Begründung einer betrieblichen Übung mit dem Inhalt einer übertariflichen Verpflichtung wahrgenommen, sondern als Normvollzug.[580]

579 Vgl. BAG, Urt. v. 17.3.2010 – 5 AZR 317/09 – DB 2010, 1406.
580 Vgl. BAG, Urt. v. 17.3.2010 – 5 AZR 317/09 – DB 2010, 1406.

2. Rufbereitschaft

a) Vergütungsstruktur und Zusammensetzung

Bei der Vergütung von Rufbereitschaft treffen nach § 10 Abs. 3 TV-V ggf. mehrere Komponenten zusammen:[581] 337

- Zunächst einmal die Rufbereitschaftspauschale für die Bereitschaft als solche.
- Dann ggf. ein gerundetes Stundenentgelt für die tatsächliche Arbeitsleistung, die – unabhängig davon, ob Überstunden vorliegen – mit dem Entgelt für Überstunden bezahlt wird.
- Und schließlich ggf. weitere Zeitzuschläge nach § 10 Abs. 1 S. 2 TV-V.

b) Die Rufbereitschaftspauschale

Für Rufbereitschaft wird nach § 10 Abs. 3 S. 1 TV-V zunächst eine tägliche Pauschale 338 **je Entgeltgruppe** gezahlt. Maßgeblich ist also – anders als bei Überstunden – nicht für alle Arbeitnehmer dieselbe Entgeltgruppe. Vielmehr ist auf die Entgeltgruppe abzustellen, in die der jeweilige Rufbereitschaft leistende Arbeitnehmer eingruppiert ist.

Die Rufbereitschaftspauschale beträgt gemäß § 10 Abs. 3 S. 2 TV-V

- für die Tage von Montag bis Freitag das Zweifache bzw.
- für Samstage, Sonn- und Feiertage das Vierfache

des tariflichen Stundenentgelts nach Maßgabe der Anlagen 3a und 3b.

Für die Bemessung der Pauschale ist nach § 10 Abs. 3 S. 3 TV-V der Tag maßgeblich, **an dem die Rufbereitschaft beginnt.** Nach der Protokollerklärung ist zur Ermittlung der Tage einer Rufbereitschaft, für die eine Pauschale gezahlt wird, auf den Tag des Beginns der Rufbereitschaft abzustellen. Das hat zur Konsequenz:

Beispiel

Bei einer freitags beginnenden Rufbereitschaft wird auch dann nur das Zweifache Stundenentgelt gezahlt, wenn die Bereitschaft bis Samstag andauert.

Weitere Folge der Protokollerklärung ist, dass für **angebrochene Folgetage keine** 339 **Pauschale** gezahlt wird.[582]

In der Niederschriftserklärung 6. „Zu § 10 Abs. 3“ wird dies durch folgendes Beispiel erläutert:

581 *Herzberg/Schlusen*, § 10 TV-V Rn 22.
582 Vgl. für die gleichlautende Regelung im TVöD Groeger/*Brock*, Teil 3 L Rn 175 m.w.N.

Beispiel

„Beginnt eine Wochenendrufbereitschaft am Freitag um 15.00 Uhr und endet am Montag um 7.00 Uhr, so erhält der Arbeitnhmer folgende Pauschalen: 2 Std. für Freitag, je 4 Std. für Samstag und Sonntag, keine Pauschale für Montag. Er erhält somit 10 Stundenentgelte".

c) Arbeitsabruf während der Rufbereitschaft

340 Ein Abruf von Arbeit während der Rufbereitschaft wird gemäß § 10 Abs. 3 S. 4 4 TV-V gesondert wie folgt vergütet:

Für die Arbeitsleistung innerhalb der Rufbereitschaft einschließlich der hierfür erforderlichen Wegezeiten wird nach der Rechtsprechung des BAG **jede angefangene Stunde auf eine volle Stunde gerundet** und mit dem Entgelt für Überstunden sowie etwaiger Zeitzuschläge nach § 10 Abs. 1 TV-V bezahlt.[583]

Bei mehreren Arbeitseinsätzen innerhalb einer Rufbereitschaft ist – so das BAG – „die Dauer der einzelnen Arbeitseinsätze zunächst jeweils auf volle Stunden aufzurunden und anschließend zu addieren".[584]

Beispiel

Konsequenz daraus ist, dass z.B. zwei je halbstündige Einsätze nicht zunächst aufaddiert werden können, um auf diese Weise die Rundung zu vermeiden.[585]

Eine § 8 Abs. 3 S. 5 TVöD entsprechende Regelung für den Fall, dass die Arbeitsleistung am Aufenthaltsort gemäß § 7 Abs. 4 TVöD erbracht wird, etwa per Telefon oder E-Mail, sieht der TV-V nicht vor, sodass insoweit ebenfalls eine Rundung erfolgen muss.

Zeitzuschläge nach § 10 Abs. 1 S. 2 lit. b) bis f) TV-V sind allerdings nur für die Zeit der tatsächlichen Arbeitsleistung zu gewähren, sodass insoweit genau, d.h. ohne Rundung, abzurechnen ist.[586]

d) Umbuchung auf ein Arbeitszeitkonto

341 Nach § 10 Abs. 3 S. 5 TV-V kann die Vergütung für die Rufbereitschaft in Zeit auf ein Arbeitszeitkonto gemäß § 11 TV-V gebucht werden, wenn ein solches betrieblich

583 BAG, Urt. v. 24.9.2008 – 6 AZR 259/08 – ZTR 2009, 22.

584 BAG, Urt. v. 24.9.2008 – 6 AZR 259/08 – ZTR 2009, 22.

585 A.A. wohl *Herzberg/Schlusen*, § 10 TV-V Rn 20, die dies allerdings als rechtlich „strittig" (im Sinne von zweifelhaft) qualifizieren. Mit der Rechtsprechung des BAG dürfte diese Auffassung nicht vereinbar sein.

586 BAG, Urt. v. 24.9.2008 – 6 AZR 259/08 – ZTR 2009, 22; wie hier *Herzberg/Schlusen*, § 10 TV-V Rn 21.

eingerichtet ist und die Betriebs-/Dienstvereinbarung die Buchung entsprechender Kontingente freigegeben hat (§ 11 Abs. 3 S. 1 TV-V).

e) Stundenweise Rufbereitschaft

Für eine nur stundenweise Rufbereitschaft, die keine tägliche Pauschale zulässt, 342 treffen die Sätze 7 bis 9 des § 8 Abs. 3 TVöD eine Sonderregelung. Eine entsprechende Regelung fehlt im TV-V. Das deutet darauf hin, dass die tägliche Pauschale nach § 10 Abs. 3 S. 1 TV-V nicht nur (wie nach dem TVöD) für eine ununterbrochene Rufbereitschaft von mehr als zwölf Stunden gezahlt werden soll. Wirtschaftlich betrachtet macht das allerdings keinen Sinn und führt zu einer wohl mit Art. 3 GG unvereinbaren Gleichbehandlung ungleicher Sachverhalte. Denkbar ist, von einer **unbewussten Regelungslücke** auszugehen, die z.B. analog den Regeln des in § 8 Abs. 3 S. 7 bis 9 TVöD entwickelten Regelungsmodells geschlossen werden könnte.

3. Bereitschaftsdienst

Das Entgelt für den Bereitschaftsdienst soll nach dem Willen der Tarifvertragspartei- 343 en landesbezirklich geregelt werden. Derartige landesbezirkliche Regelungen liegen – soweit ersichtlich – noch nicht vor. Solange sie noch nicht erfolgt sind, gelten – mangels Ablösung – die bisherigen Regelungen zum Bereitschaftsdienst weiter.[587]

4. Schichtzulagen bei Wechselschicht- und Schichtarbeit

Die besondere Belastung durch Wechselschicht- und Schichtarbeit wird gemäß § 10 344 Abs. 5 bis 9 TV-V durch Zulagen ausgeglichen.[588]

a) Differenzierung nach Arten der Wechselschicht- und Schichtarbeit

Der TV-V differenziert dabei zwischen sonstiger Wechselschicht- (§ 10 Abs. 5 TV-V) 345 und Schichtarbeit (§ 10 Abs. 6 TV-V) und versorgungs- bzw. entsorgungstypischer Wechselschicht- (§ 10 Abs. 7 TV-V) und Schichtarbeit (§ 10 Abs. 8 TV-V), wobei letztere in § 10 Abs. 9 TV-V definiert sind.

Praxistipp !

Bei versorgungs- bzw. entsorgungstypischer Wechselschicht- (§ 10 Abs. 7 TV-V) und Schichtarbeit (§ 10 Abs. 8 TV-V) wird eine höhere Ausgleichszulage gezahlt als bei sonstiger Wechselschicht- und Schichtarbeit. Darin liegt die praktische Bedeutung dieser Differenzierung.

---

587 Im Ergebnis ebenso *Herzberg/Schlusen*, § 10 TV-V Rn 25.

588 Vgl. auch *Herzberg/Schlusen*, § 10 TV-V Rn 26: „Lästigkeit".

Was die Tarifvertragsparteien mit versorgungs- bzw. entsorgungstypischer Wechselschichtarbeit meinen, haben sie in § 10 Abs. 9 TV-V zum Ausdruck gebracht.

Dort wird dieser Begriff definiert, ohne an bestimmte Eigenarten der Wechselschichtarbeit selbst anzuknüpfen, etwa eine vollkontinuierliche Schichtarbeit im Rahmen einer 7-Tage-Woche. Vielmehr wird allein darauf abgestellt, dass es sich um eine typische Wechselschichttätigkeit handeln soll, die in Versorgungs- bzw. Entsorgungsbetrieben anfällt, ohne hierfür bestimmte sachliche Anforderungen zu regeln. Dementsprechend wird in den Tätigkeitsbeispielen in S. 1 alleine auf das Tätigwerden in bestimmten Versorgungsbetrieben bzw. Betriebsteilen abgestellt und ebenso bei den in S. 2 aufgeführten Ausnahmen auf die dort genannten betrieblichen Tätigkeitsfelder.

346 Da die Definition des Abs. 9 nicht bestimmte sachliche Kriterien für eine versorgungs- und entsorgungstypische Wechselschichtarbeit enthält, soll nach dem Willen der Tarifvertragsparteien allein **das betriebliche Tätigkeitsfeld ausschlaggebend** sein. Aus der Zusammenschau der Sätze 1 und 2 wird erkennbar, dass nur in Betrieben bzw. Betriebsteilen, die für ein Versorgungsunternehmen „typisch" sind, d.h. zu dessen „Kernbereich" zählen, die „versorgungs- bzw. entsorgungstypische" Wechselschichttätigkeit geleistet werden kann.[589]

Entscheidend ist danach, welche Betriebe nach dem Willen der Tarifvertragsparteien als Versorgungsbetriebe angesehen werden können, in denen die tarifvertraglich geregelte typische Wechselschichtarbeit anfällt. Insoweit ist auf den **Gesamtzusammenhang der tarifvertraglichen Regelung** abzustellen und die Definition des Versorgungsbetriebes in § 1 Abs. 1 S. 2 TV-V zu berücksichtigen. Danach beschränkt sich der tarifvertragliche Begriff des Versorgungsbetriebes auf die Energie- und/oder Wasserversorgung einschließlich zugehöriger Dienstleistungen. Es kann nicht davon ausgegangen werden, dass die Tarifvertragsparteien den Begriff des Versorgungsbetriebes im Rahmen der Regelungen in § 10 TV-V anders verstanden haben, als dies von ihnen in § 1 Abs. 1 TV-V geregelt worden ist.[590]

347 Danach muss es sich bei dem Versorgungsbetrieb, in dem die in § 10 Abs. 9 TV-V geregelte typische Wechselschichtarbeit geleistet wird, um einen Betrieb handeln, der der Energie- und/oder Wasserversorgung einschließlich zugehöriger Dienstleistungen dient. Die Auflistung der betrieblichen Einrichtungen bzw. betrieblichen Teilbereiche in § 10 Abs. 9 S. 1 und 2 TV-V bezieht sich folglich alleine auf Unternehmen i.S.d. § 1 Abs. 1 S. 2 TV-V, also solche, die **Energie- und/oder Wasserversorgung einschließlich zugehöriger Dienstleistungen** betreiben. Aus der Zusammenschau des § 10 Abs. 9 S. 1 und S. 2 TV-V lässt sich entnehmen, welche betriebliche Bereiche nach dem Verständnis und dem Willen der Tarifvertragspar-

589 LAG Nürnberg, Urt. v. 25.5.2011 – 4 Sa 706/10 – ZTR 2011, 725.
590 LAG Nürnberg, Urt. v. 25.5.2011 – 4 Sa 706/10 – ZTR 2011, 725.

teien zum Kernbereich eines Energie- und/oder Wasserversorgungsunternehmens i.S.d. § 1 Abs. 1 TV-V zählen (betriebliche Tätigkeitsfelder in den Beispielen a.) bis d.) und damit geeignet dafür sind, dass dort „versorgungstypische Wechselschichtarbeit anfällt, und welche nicht (betriebliche Tätigkeitsfelder des S. 2).[591]

Nur wenn in einem solchen Bereich ständig Wechselschichtarbeit zu leisten ist, sollen die Voraussetzungen des § 10 Abs. 7 TV-V erfüllt und damit die erhöhte Wechselschichtzulage geschuldet sein.[592]

Wenn die Tarifvertragsparteien davon ausgegangen sind, in § 10 Abs. 9 TV-V 348
eine aus sich heraus verständliche Sonderregelung getroffen zu haben, bedurfte es keiner weiteren tarifvertraglichen Regelungen, um zu klären, in welchen betrieblichen Bereichen eines in den Geltungsbereich des Tarifvertrages fallenden Unternehmens eine „versorgungs- und entsorgungstypische" Wechselschichtarbeit erbracht wird und in welchen nicht. Dies gilt insbesondere auch für Unternehmen, die von der Möglichkeit des § 1 Abs. 2 TV-V Gebrauch gemacht und die Anwendung des TV-V vereinbart haben, ohne dass es sich hierbei um ein Versorgungsunternehmen i.S.d. § 1 Abs. 1 TV-V handelt.[593]

b) Differenzierung nach Dauer der Wechselschicht- und Schichtarbeit

Losgelöst davon wird zwischen ständiger und nicht ständiger Wechselschicht- und 349
Schichtarbeit differenziert. Ständige Wechselschicht- und Schichtarbeit wird durch eine monatliche Pauschale ausgeglichen (§ 10 Abs. 5–8 S. 1 TV-V), nicht ständige Wechselschicht- und Schichtarbeit durch eine „pro Stunde" gewährte Zulage (§ 10 Abs. 5 bis 8 S. 2 TV-V).

c) Kennzeichnung „ständiger" und „nicht ständiger" Wechselschicht- bzw. Schichtarbeit

aa) Ständige Wechselschicht- und Schichtarbeit

„Ständige" Wechselschicht- bzw. Schichtarbeit liegt nach der Rechtsprechung des 350
BAG nur dann vor, wenn der Arbeitnehmer „dauernd" bzw. „fast ausschließlich" in Schicht bzw. Wechselschicht arbeitet.[594]

Das BAG verlangte zur Vorgängerregelung im BAT eine Heranziehung zur (Wechsel-)Schichtarbeit für einen Zeitraum von mindestens zehn aufeinanderfol-

591 LAG Nürnberg, Urt. v. 25.5.2011 – 4 Sa 706/10 – ZTR 2011, 725.

592 LAG Nürnberg, Urt. v. 25.5.2011 – 4 Sa 706/10 – ZTR 2011, 725.

593 LAG Nürnberg, Urt. v. 25.5.2011 – 4 Sa 706/10 – ZTR 2011, 725.

594 Vgl. zu parallelen Regelungen BAG, Urt. v. 16.8.2000 – 10 AZR 512/99 – ZTR 2001, 28; BAG, Urt. v. 20.4.2005 – 10 AZR 302/04 – AP Nr. 3 zu § 24 BMT-G II; BAG, Urt. v. 24.3.2010 – 10 AZR 58/09 – NZA 2010, 958.

genden Wochen.[595] Nachdem mit der Tarifreform der Anknüpfungspunkt des BAG für einen Zehnwochenzeitraum in § 33a Abs. 1 BAT entfallen ist, wird man wegen der Monatsbezogenheit der Pauschale nun mindestens einen Zeitraum von **zwei Monaten** Schicht- bzw. Wechselschichtarbeit verlangen müssen.[596] Eine unbefristete Anordnung ist – entgegen einer in der Literatur vertretenen Auffassung[597] – aber nach dem Wortlaut und Zweck der Tarifnorm nicht erforderlich.

Eine Unterbrechung durch Arbeitsbefreiung, Freizeitausgleich, bezahlten Urlaub oder Arbeitsunfähigkeit in den Grenzen des § 13 TV-V dürfte – analog zu der Protokollerklärung zu § 27 TVöD – für das Vorliegen ständiger Wechselschichtarbeit unschädlich sein.[598]

bb) „Leisten" von Wechselschicht- und Schichtarbeit

351 Anspruch auf die Zulagen haben die Arbeitnehmer nur dann, wenn sie Wechselschicht- bzw. Schichtarbeit „leisten". Dies gilt sowohl für die ständige als auch für die nicht ständige (Wechsel-)Schichtarbeit. Anspruchsvoraussetzung ist damit grundsätzlich die **tatsächliche Erbringung der Arbeitsleistung** in jeder der verschiedenen Schichtarten, wobei weder eine gleichmäßige Verteilung der verschiedenen Schichtarten noch die Ableistung einer Mindestanzahl bestimmter Schichten erforderlich ist.[599]

Der tatsächlichen Erbringung der Arbeitsleistung steht es – in Übertragung der Rechtsprechung des BAG zum TVöD – gleich, wenn die Leistung der tariflich geforderten Schichten **nur deshalb nicht** erfolgt ist, weil der Arbeitnehmer wegen Krankheit (§ 13 Abs. 1 TV-V), Erholungsurlaub (§ 14 Abs. 1 TV-V), Zusatzurlaub (§ 14 Abs. 4 TV-V), Arbeitsbefreiung (§ 15 Abs. 2 TV-V) oder wegen des Vorliegens der Voraussetzungen des § 8 Abs. 3 S. 1 TV-V unter Fortzahlung der Bezüge gemäß § 6 Abs. 3 TV-V von der Arbeitsleistung befreit ist.[600] Dann reicht es aus, dass er die erforderlichen Schichten ohne die Freistellung geleistet hätte.[601]

---

595 BAG, Urt. v. 16.8.2000 – 10 AZR 512/99 – ZTR 2001, 28.

596 Vgl. für den TVöD z.B. *Hock/Kramer/Schwerdle*, ZTR 2006, 622, 635; Groeger/*Brock*, Teil 3 L Rn 183 m.w.N.

597 So aber *Herzberg/Schlusen*, § 10 TV-V Rn 27.

598 Vgl. BAG, Urt. v. 24.3.2010 – 10 AZR 58/09 – NZA 2010, 958; ebenso *Herzberg/Schlusen*, § 10 TV-V Rn 35.

599 Vgl. BAG, Urt. v. 13.6.2012 – 10 AZR 351/11 – NZA 2012, 1301 m.w.N.

600 Ebenso *Herzberg/Schlusen*, § 10 TV-V Rn 35.

601 Vgl. für die ständige Wechselschichtzulage nach dem TVöD BAG, Urt. v. 24.3.2010 – 10 AZR 58/09 – NZA 2010, 958; BAG, Urt. v. 24.3.2010 – 10 AZR 152/09 – DB 2010, 1407 und für die ständige Schichtzulage nach dem TVöD BAG, Urt. v. 24.3.2010 – 10 AZR 570/09 – ZTR 2010, 407; ebenso für den Anspruch auf Zusatzurlaub gemäß § 27 TVöD: BAG, Urt. v. 17.11.2009 – 9 AZR 923/08 – ZTR 2010, 311.

cc) „Nicht ständige" Wechselschicht- bzw. Schichtarbeit

„Nicht ständige" Wechselschicht- bzw. Schichtarbeit leisten Arbeitnehmer hingegen dann, wenn ihnen diese Art von Tätigkeit lediglich vertretungsweise (etwa als „Springer") oder gelegentlich zugewiesen wird.[602] 352

Praxistipp

Ausgehend von der Definition der Wechselschichtarbeit in § 9 Abs. 1 TV-V muss ein Arbeitnehmer zunächst in allen vorkommenden Schichten eingesetzt worden sein, um überhaupt als Wechselschichtdienstleistender qualifiziert werden zu können. Im Zweifel ist die Feststellung daher nur im Nachhinein möglich.[603]

Beispiel

Eine Vertretung z.B. nur an einem Wochenende oder nur in der Nachtschicht würde davon ausgehend zwar zur Zahlung von Zeitzuschlägen, nicht aber zu einer stundenweisen Zahlung der Wechselschichtzulage führen.[604]

d) Anbindung an die Tarifentwicklung

Die Wechselschicht- bzw. Schichtzulage ist nach § 10 Abs. 10 TV-V an die tarifliche Entwicklung gekoppelt. Das bedeutet, dass sich die Zulagen um denselben Prozentsatz erhöhen um den sich das Tabellenentgelt in Anlage 2 erhöht. 353

J. Auswirkungen von Störungen des Arbeitsverhältnisses

I. Was gilt bei Arbeitsunfähigkeit infolge Krankheit?

Wer krankheitsbedingt arbeitsunfähig ist, braucht nicht zu arbeiten. Davon geht auch der TV-V implizit aus, wie § 13 TV-V deutlich macht, der die Entgeltfortzahlung im Krankheitsfall regelt. Wie die Arbeitsunfähigkeit wegen Krankheit rechtstechnisch einzuordnen ist, ist umstritten. Während der Gesetzgeber wohl ebenso wie Teile des Schrifttums der Annahme einer Unzumutbarkeit zugeneigt,[605] nehmen andere an, dass der wegen Krankheit Arbeitsunfähige gemäß § 275 Abs. 1 BGB kraft Gesetzes von seiner Leistungspflicht frei wird.[606] 354

---

602 BAG, Urt. v. 24.3.2010 – 10 AZR 58/09 – NZA 2010, 958; BAG, Urt. v. 13.6.2012 – 10 AZR 351/11 – NZA 2012, 1301.

603 *Herzberg/Schlusen*, § 10 TV-V Rn 32.

604 *Herzberg/Schlusen*, § 10 TV-V Rn 32.

605 BT-Drucks. 14/6857, S. 47; *Löwisch*, NZA 2001, 465f.

606 Vgl. zum alten Recht BAG, Urt. v. 8.9.1998 – 9 AZR 273/97 – NZA 1999, 824; *Däubler*, NZA 2001, 1329, 1332.

Richtig dürfte sein, mit einem anderen Teil der Literatur[607] danach zu differenzieren,

- ob dem Arbeitnehmer die Arbeitsleistung auf Grund seines Gesundheitszustandes objektiv nicht möglich ist, sodass er kraft Gesetzes gemäß § 275 Abs. 1 BGB von seiner Leistungspflicht frei wird, oder
- ob er potenziell zur Arbeitsleistung im Stande wäre, sodass „nur" ein Fall der Unzumutbarkeit i.S.d. § 275 Abs. 3 BGB vorliegt.

Nach der Rechtsprechung des BAG[608] liegt eine Arbeitsunfähigkeit bereits vor, wenn der Arbeitnehmer die Arbeit nur **unter der Gefahr** aufnehmen oder fortsetzen könnte, in absehbarer Zeit seinen Gesundheitszustand zu verschlechtern. Bleibt der Arbeitnehmer jedoch in solchen Fällen weiterhin zur Arbeitsleistung im Stande, liegt richtigerweise ein Fall des § 275 Abs. 3 BGB vor.[609]

! **Praxistipp**

Dies ist insofern keine theoretische Frage, als sich der Arbeitnehmer auf § 275 Abs. 3 BGB berufen muss, damit eine Arbeitsbefreiung eintritt, während die Arbeitsbefreiung als Rechtsfolge von § 275 Abs. 1 BGB kraft Gesetzes eintritt und von Amts wegen zu beachten ist.[610]

II. Entgeltfortzahlung im Krankheitsfall

355 Für die Entgeltfortzahlung im Krankheitsfall verweist § 13 Abs. 1 S. 1 TV-V weitgehend auf die gesetzlichen Bestimmungen bzw. wiederholt § 3 EFZG wortgleich und trifft insoweit keine eigenständige Regelung.

Konstitutiv sind – indem sie von den gesetzlichen Vorgaben abweichen – allerdings folgende Regelungen des § 13 Abs. 1 S. 1 TV-V:

- Nichtbestehen einer Wartezeit, da § 13 Abs. 1 S. 1 TV-V sie nicht vorsieht;
- Nutzung der Tariföffnungsklausel des § 4 Abs. 4 EFZG[611] zur Festlegung des Arbeitsentgelts durch Verweis auf § 6 Abs. 3 TV-V.[612]

Die Vorgaben dafür, dass während des laufenden Arbeitsverhältnisses ein Entgeltfortzahlungsanspruch des Arbeitnehmers besteht, sind darüber hinaus in § 3 EFZG

---

607 ErfK/*Preis*, § 611 BGB Rn 685; HWK/*Thüsing*, § 611 BGB Rn 393 m.w.N.
608 BAG, Urt. v. 1.6.1983 – 5 AZR 468/80 – AP Nr. 54 zu § 1 LohnFG.
609 ErfK/*Preis*, § 611 BGB Rn 685; HWK/*Thüsing*, § 611 BGB Rn 393 m.w.N.
610 ErfK/*Preis*, § 611 BGB Rn 673; HWK/*Thüsing*, § 611 BGB Rn 390 m.w.N.
611 Zu den durch sie eröffneten Gestaltungsmöglichkeiten Fuhlrott/Mückl/*Mückl*, Kapitel 3 Rn 99 ff.
612 Vgl. *Herzberg/Schlusen*, § 13 TV-V Rn 1.

geregelt.[613] Eine weitere Anspruchsgrundlage für den Sonderfall einer Entgeltfortzahlung bei Spende von Organen oder Geweben findet sich in § 3a EFZG.

Die **Anspruchsvoraussetzungen** nach § 3 EFZG lauten: 356

- Bestehen eines Arbeitsverhältnisses i.S.d. EFZG (§ 1 EFZG),
- seit ununterbrochen mindestens vier Wochen (§ 3 Abs. 3 EFZG) – diese sog. Wartezeit gilt im Rahmen des TV-V nach dessen § 13 Abs. 1 S. 1 nicht –,
- Erkrankung des Arbeitnehmers (§ 3 Abs. 1 S. 1 EFZG),
- Arbeitsunfähigkeit infolge der Erkrankung (§ 3 Abs. 1 S. 1 EFZG),
- alleinige Ursächlichkeit der Erkrankung für den Arbeitsausfall (§ 3 Abs. 1 S. 1 EFZG) und
- kein (überwiegendes) Verschulden des Arbeitnehmers an der Erkrankung (§ 3 Abs. 1 S. 1 EFZG).

Für den Fall, dass diese Voraussetzungen erfüllt sind, ist die **Anspruchsdauer** in § 3 Abs. 1 S. 1 und 2 EFZG geregelt: 357

- Sie beträgt wegen derselben Erkrankung grundsätzlich „nur" einmalig bis zu sechs Wochen (§ 3 Abs. 1 S. 1 EFZG).
- § 3 Abs. 1 S. 2 EFZG macht davon in zwei Fällen eine Ausnahme, die nach § 13 Abs. 1 S. 1 TV-V auch im Rahmen des TV-V maßgeblich ist:
- der Arbeitnehmer vor der erneuten Arbeitsunfähigkeit mindestens sechs Monate nicht infolge derselben Krankheit arbeitsunfähig war oder
- seit Beginn der ersten Arbeitsunfähigkeit infolge derselben Krankheit eine Frist von zwölf Monaten abgelaufen ist.

Die **Anspruchshöhe** ist in §§ 4, 4a EFZG geregelt, wobei § 4 EFZG die Fortzahlung des regelmäßigen Arbeitsentgelts vorsieht, während § 4a EFZG bestimmt, in welchem Umfang Sondervergütungen zulässig infolge Krankheit gekürzt werden können. Insoweit trifft § 13 Abs. 1 S. 1 TV-V mit dem Verweis auf § 6 Abs. 3 TV-V eine Sonderregelung.

Praxistipp !

Ebenfalls durch § 13 Abs. 1 S. 1 TV-V in Bezug genommen sind die Anzeige- und Nachweispflichten nach §§ 5, 9 Abs. 2 EFZG.[614]

---

613 Ausführlich zu den Grenzen des Entgeltfortzahlungsanspruchs Fuhlrott/Mückl/*Mückl*, Kapitel 3 Rn 4 ff.

614 Vgl. nur *Herzberg/Schlusen*, § 13 TV-V Rn 11 sowie BAG, Urt. v. 24.3.2010 – 10 AZR 58/09 – NZA 2010, 958; ausführlich zu ihnen Fuhlrott/Mückl/*Mückl*, Kapitel 3 Rn 118 ff.

III. Wann ist in welcher Höhe ein Krankengeldzuschuss zu gewähren?

1. Anspruch auf Krankengeldzuschuss

358 Nach Ablauf der sechswöchigen Entgeltfortzahlungsfrist besteht gemäß § 13 Abs. 1 S. 2 TV-V unter den folgenden Voraussetzungen ein Anspruch auf einen Krankengeldzuschuss:

a) Anspruchsvoraussetzungen

359 Nach § 13 Abs. 1 S. 2 TV-V ist Voraussetzung zunächst einmal, dass der Arbeitnehmer zu Beginn der krankheitsbedingten Arbeitsunfähigkeit eine Betriebszugehörigkeit (§ 4 TV-V) von sechs Monaten zurückgelegt hat.

Praxistipp
Die Fristberechnung richtet sich nach den §§ 187 ff. BGB.

Weitere Voraussetzung für den Anspruch auf Krankengeldzuschuss ist, dass tatsächlich Krankengeld gezahlt wird (vgl. § 13 Abs. 1 S. 2, Abs. 2 S. 3 TV-V).

Krankengeld wird gemäß § 44 Abs. 1 SGB V grundsätzlich immer dann gezahlt, wenn ein Versicherter aufgrund einer Krankheit arbeitsunfähig geworden ist. Bei verschuldeter Arbeitsunfähigkeit gilt allerdings § 52 SGB V.

2. Berechnung der Anspruchshöhe

360 Der Anspruch auf einen Krankengeldzuschuss besteht gemäß § 13 Abs. 2 S. 1 TV-V in Höhe des Unterschiedsbetrags zwischen dem festgesetzten Nettokrankengeld des Sozialversicherungsträgers und dem Nettoarbeitsentgelt.

a) Nettokrankengeld

361 Das Nettokrankengeld ist in einer Niederschriftserklärung wie folgt definiert:

Klausel
„Nettokrankengeld ist das um die Arbeitnehmeranteile zur Sozialversicherung reduzierte Krankengeld".

---

b) Nettoarbeitsentgelt

362 Das dem Krankengeldzuschuss zugrunde liegende Nettoarbeitsentgelt errechnet sich nach § 6 Abs. 3 TV-V aus dem Durchschnitt der tariflichen Entgelte der letzten drei dem maßgeblichen Ereignis vorangehenden vollen Kalendermonate.

Dabei sind einige Entgeltarten explizit ausgenommen worden, namentlich
- das zusätzlich für Überstunden gezahlte Arbeitsentgelt (mit Ausnahme der dienstplanmäßig vorgesehenen Überstunden),
- Leistungszulagen (§ 6 Abs. 5 TV-V),
- Leistungsprämien (§ 6 Abs. 6 TV-V),
- Sonderzahlungen (§ 16 TV-V) sowie
- besondere Zahlungen (§ 17 Abs. 1 TV-V).

Praxistipp !
Aus der Herausnahme von besonderen Zahlungen nach § 17 Abs. 1 TV-V folgt – soweit man kein Redaktionsversehen annimmt – im Umkehrschluss, dass die besonderen Zahlungen gemäß § 17 Abs. 2 TV-V (vermögenswirksame Leistungen) nicht ausgenommen sind.[615]

c) Privat Versicherte

Nach Inkrafttreten des TV-V wird für sechs Wochen Entgeltfortzahlung geleistet. Im 363
Anschluss erhält der Arbeitnehmer längstens bis zum Ablauf der 39. Woche der Arbeitsunfähigkeit einen Krankengeldzuschuss in Höhe der Differenz zwischen dem Nettoarbeitsentgelt und dem von der Krankenkasse zu zahlenden Nettokrankengeld.

Als Privatversicherter entsteht jedoch kein gesetzlicher Anspruch auf Krankengeld. Erforderlich ist der Abschluss einer entsprechenden privaten Versicherung. Da die Höhe des Krankengeldes von der individuellen Vereinbarung des Arbeitnehmers mit der Versicherung abhängt, geht der TV-V für die Berechnung des Krankengeldzuschusses von einem **fiktiven Krankengeldhöchstsatz** aus (§ 13 Abs. 2 S. 4 TV-V).

3. Sozialversicherungsrechtliche Besonderheiten

Da die Berechnung des Nettoarbeitsentgelts und des Nettokrankengelds unter- 364
schiedlichen Vorgaben folgt, kann es bei schwankenden Bezügen zu einer Differenz zwischen dem nach § 13 TV-V in Verbindung mit § 6 Abs. 3 TV-V errechneten Nettoarbeitsentgelt und dem Nettoarbeitsentgelt nach § 47 Abs. 2 SGB V kommen, die dann – mangels Eingreifen von § 23 c SGB IV – zur Sozialversicherungspflichtigkeit des übersteigenden Teils der laufend gezahlten arbeitgeberseitigen Leistungen führt.[616]

Praxistipp !
Losgelöst davon ist der Krankengeldzuschuss steuerpflichtiger Arbeitslohn.[617]

---

615 *Herzberg/Schlusen*, § 13 TV-V Rn 47.
616 Vgl. näher *Herzberg/Schlusen*, § 13 TV-V Rn 42 ff.
617 *Herzberg/Schlusen*, § 13 TV-V Rn 41; vgl. auch Groeger/*Grimm*, Teil 3 F Rn 23.

Gemäß § 47 Abs. 1 S. 1 SGB V betragen die Leistungen des Sozialversicherungsträgers 70% des regelmäßigen Arbeitsentgelts, so dass die restlichen 30% des Arbeitsentgelts vom Arbeitgeber als Krankengeldzuschuss gezahlt werden.

4. Anspruchsdauer

a) Grundsatz

365 Die Dauer des Anspruchs auf Zahlung des Krankengeldzuschusses ist in § 13 Abs. 2 S. 2 TV-V geregelt. Ein Krankengeldzuschuss wird längstens bis zum Ende der 39. Krankheitswoche gezahlt. Für die Berechnung der Bezugszeiten ist vom Beginn der Arbeitsunfähigkeit auszugehen und nicht vom Beginn der Auszahlung des Krankengeldzuschusses.[618]

Der Krankengeldzuschuss wird also höchstens 33 Wochen lang gezahlt. Der Entgeltfortzahlungszeitraum wird in den 39-Wochenzeitraum eingerechnet.[619]

b) Beendigung des Arbeitsverhältnisses

366 Das Entgelt im Krankheitsfall und der Krankengeldzuschuss werden nach § 13 Abs. 3 S. 1 TV-V nicht über das Ende des Arbeitsverhältnisses hinaus gezahlt.

aa) Krankengeldzuschuss

367 Da der Krankengeldzuschuss eine tarifliche Leistung ist, die über den bereits kraft Gesetzes nach § 3 EFZG bestehenden Entgeltfortzahlungsanspruch hinaus geht, konnten die Tarifvertragsparteien dies zwar für den Krankengeldzuschuss wirksam festlegen.[620] Der Anspruch auf den Krankengeldzuschuss endet daher am letzten Tag des Arbeitsverhältnisses.

bb) Entgeltfortzahlung

368 § 13 Abs. 3 S. 1 TV-V verstößt aber gegen § 8 EFZG,[621] soweit er eine Beendigung des Anspruchs auf Entgeltfortzahlung bei Beendigung des Arbeitsverhältnisses ohne Ausnahme vorsieht.

---

618 *Herzberg/Schlusen*, § 13 TV-V Rn 50.
619 *Herzberg/Schlusen*, § 13 TV-V Rn 50.
620 *Herzberg/Schlusen*, § 13 TV-V Rn 55.
621 Zu § 8 EFZG ausführlich Fuhlrott/Mückl/*Mückl/Herrnstadt*, Kapitel 5 Rn 44 ff.

Denn gemäß § 8 Abs. 1 S. 1 EFZG, von dem auch nicht durch Tarifvertrag abgewichen werden darf,[622] regelt, dass dann, wenn der Arbeitgeber das Arbeitsverhältnis aus Anlass der Arbeitsunfähigkeit kündigt, der Anspruch auf Entgeltfortzahlung hiervon nicht berührt wird.

Das Gleiche gilt nach § 8 Abs. 1 S. 2 EFZG, wenn der Arbeitnehmer das Arbeitsverhältnis aus einem vom Arbeitgeber zu vertretenden Grunde kündigt, der den Arbeitnehmer zur Kündigung aus wichtigem Grund ohne Einhaltung einer Kündigungsfrist berechtigt.

Soweit § 13 Abs. 3 S. 1 TV-V auch in den vorgenannten Fällen eine Entgeltfortzahlung ausschließt, ist die Regelung unwirksam. Dies hat aber nicht die Unwirksamkeit der Gesamtregelung zur Folge. § 13 Abs. 3 S. 1 TV-V ist vielmehr geltungserhaltend dahin zu reduzieren, dass er die von § 8 Abs. 1 EFZG geregelten Fälle nicht erfasst.[623] Denn die AGB-rechtliche Transparenzkontrolle greift insoweit nach § 310 Abs. 4 S. 1 BGB ebenso wenig[624] ein wie das Verbot der geltungserhaltenden Reduktion.[625]

Praxistipp !
Sinngemäß ist die Norm daher wie § 22 Abs. 4 S. 1 TVöD zu lesen und gedanklich folgender Satz zu ergänzen: „[...]; § 8 EFZG bleibt unberührt".

5. Wegfall/Verringerung des Anspruchs bei Verschulden des Arbeitnehmers

Nach § 13 Abs. 2 S. 3 TV-V entfällt oder vermindert sich der Anspruch auf Krankengeldzuschuss, wenn die Krankenkasse „wegen Verschuldens" kein oder nur anteiliges Krankengeld zahlt. Mit dem „Verschulden" ist – wie im Rahmen des § 3 EFZG – kein Verschulden i.S.d. § 276 BGB,[626] sondern vielmehr ein „Verschulden gegen sich selbst" gemeint. 369

6. Vorschuss auf Rente

a) Regelung des TV-V

Nach § 13 Abs. 3 S. 2 TV-V gelten Krankengeldzuschüsse, die über den Zeitpunkt, zu 370
dem der Arbeitnehmer eine Rente

– aus der gesetzlichen Rentenversicherung,

622 Vgl. zu den Grenzen tariflicher Gestaltungsmöglichkeiten Fuhlrott/Mückl/*Mückl*, Kapitel 3 Rn 98 ff.

623 Im Ergebnis ebenso (allerdings ohne Begründung) *Herzberg/Schlusen*, § 13 TV-V Rn 56.

624 Vgl. statt aller nur HWK/*Gaul*, § 77 BetrVG Rn 21.

625 Vgl. BAG, Beschl. v. 26.4.2005 – 1 ABR 1/04 – DB 2005, 2030; BAG, Beschl. v. 19.10.2011 – 4 ABR 116/09 – NZA-RR 2012, 417.

626 Näher zum Verschuldensbegriff des EFZG Fuhlrott/Mückl/*Mückl*, Kapitel 3 Rn 42 ff.

- aus einer zusätzlichen Alters- oder Hinterbliebenenversorgung oder
- aus einer sonstigen Versorgungseinrichtung

erhält, gewährt worden sind, als Vorschuss auf die für den Zeitraum der Überzahlung zustehende Rente; die Ansprüche gehen insoweit auf den Arbeitgeber über.

Nach § 13 Abs. 3 S. 3 TV-V gelten die für die Zeit nach dem Tage der Zustellung des Rentenbescheides überzahlten Krankengeldzuschüsse in vollem Umfang als Vorschuss, wenn der Arbeitnehmer schuldhaft verzögert, dem Arbeitgeber die Zustellung des Rentenbescheides mitzuteilen. Ansprüche gehen in diesem Fall in Höhe der für die Zeit nach dem Tage der Zustellung des Rentenbescheides überzahlten Leistungen auf den Arbeitgeber über.

b) Regelungsinhalt

aa) Versehentliche Überzahlung durch den Arbeitgeber

371 Gemeint ist damit, dass der Anspruch auf den Krankengeldzuschuss als solcher mit dem Zeitpunkt endet, von dem an der Arbeitnehmer eine Rente erhält.[627] Der Krankengeldzuschuss wandelt sich ab dem vorgenannten Zeitpunkt in einen Vorschuss auf die Rentenzahlung um, sodass die Rentenansprüche des Arbeitnehmers insoweit unter Beachtung von § 53 Abs. 2 Nr. 1 SGB I auf den Arbeitgeber übergehen.[628]

Der tarifliche Anspruchsübergang umfasst nach der Rechtsprechung des BAG gemäß § 53 Abs. 2 Nr. 1 SGB I hinsichtlich der Rente aus der gesetzlichen Rentenversicherung nur die Rentenansprüche, die in demselben Zeitraum fällig geworden sind, für den der Arbeitgeber Krankenbezüge gezahlt hat, die als Vorschüsse gelten. Eine Erstreckung auf Rentenansprüche aus der gesetzlichen Rentenversicherung, die nach Ablauf dieses Zeitraums fällig geworden sind, wäre wegen Verstoßes gegen § 53 Abs. 2 Nr. 1 SGB I nichtig.[629] Voraussetzung für den Anspruch ist also, dass – trotz dem Arbeitgeber vorliegenden Rentenbescheid – (versehentlich) Krankengeldzuschüsse gewährt werden.

bb) Unterlassene bzw. verzögerte Mitteilung durch den Arbeitnehmer

372 Für die Fälle, in denen der Arbeitnehmer die Bekanntgabe der Zustellung des Rentenbescheides dem Arbeitgeber schuldhaft nicht oder verzögert mitgeteilt hat, trifft § 13 Abs. 3 S. 3 TV-V eine – mit § 13 Abs. 3 S. 2 TV-V korrespondierende – Sonderregelung. In diesen Fällen gelten für die Zeit nach dem Tage der Zustellung des Rentenbescheides überzahlte Krankengeldzuschüsse in vollem Umfang als Vorschuss.

---

627 *Herzberg/Schlusen*, § 13 TV-V Rn 57.

628 *Herzberg/Schlusen*, § 13 TV-V Rn 57.

629 BAG, Urt. v. 29.6.2000 – 6 AZR 50/99 – NZA 2001, 670.

Praxistipp
Anders als im BAT/-O und im BMT-G/-O gelten „sonstige überzahlte Bezüge“ nicht als Vorschuss. Daher ist z.B. die Überzahlung einer Sonderzahlung nach § 16 TV-V nicht als Rentenvorschuss zu qualifizieren. Ein Rückzahlungsanspruch kann daher nur innerhalb der Ausschlussfrist nach § 20 TV-V geltend gemacht werden.

IV. Auswirkungen auf die Sonderzahlung nach § 16 TV-V

Für jeden Kalendermonat, in dem kein Anspruch auf Entgelt (§ 6 TV-V), Entgeltfortzahlung im Krankheitsfall (§ 13 TV-V) oder Fortzahlung des Entgelts während des Erholungsurlaubs (§ 14 TV-V) besteht, ermäßigt sich der Anspruch auf die Sonderzahlung nach § 16 Abs. 1 S. 4 TV-V um ein Zwölftel.

1. Entgeltfortzahlung i.S.d. § 16 Abs. 1 S. 4 TV-V

In der betrieblichen Praxis hatte sich mit Blick auf diese Vorgaben wiederholt die 373
Frage ergeben, ob sich lediglich Zeiten der Entgeltfortzahlung i.S.d. § 13 Abs. 1 S. 1 TV-V nicht anspruchsmindernd auswirken oder ob dies auch für Zeiten des Krankengeldzuschusses i.S.d. § 13 Abs. 1 S. 2 TV-V gilt. Geschürt hatte diese Zweifel der Tarifwortlaut.

Denn der Wortlaut, von dem bei der Tarifauslegung vorrangig auszugehen ist, ist nicht eindeutig. Denkbar ist, dass nur Kalendermonate mit gesetzlicher Entgeltfortzahlung im Krankheitsfall nach § 3 EFZG bzw. tariflicher § 13 Abs. 1 S. 1 TV-V von der Kürzung ausgenommen sind. Bereits der Klammerzusatz „(§ 13)“ spricht aber – wie das BAG in seinem Urteil vom 26.9.2012[630] zu Recht klargestellt hat – eher dafür, dass dies für alle Kalendermonate gilt, in denen der Arbeitgeber **Leistungen nach § 13 TV-V**, d.h. Leistungen der Entgeltfortzahlung im Krankheitsfall und daran anschließend Leistungen des Zuschusses zum Krankengeld, erbringt.

Der tarifliche Gesamtzusammenhang des TV-V bestätigt diese Bewertung.[631] 374
Denn die Überschriften der Tarifnormen geben im Rahmen des TV-V das tarifliche Verständnis des nachfolgenden (unter ihnen enthaltenen) Regelungszusammenhangs wieder. Enthält eine Tarifnorm mehrere Regelungsgegenstände, ergibt sich dies im Rahmen des TV-V aus der Überschrift (§ 2 TV-V „Arbeitsvertrag, Probezeit“, § 15 TV-V „Sonderurlaub, Arbeitsbefreiung“). § 13 TV-V („Entgeltfortzahlung im Krankheitsfall“) regelt hiervon ausgehend, was nach tariflichem Verständnis als Entgeltfortzahlung im Krankheitsfall verstanden werden soll. Wegen des Klammer-

630 BAG, Urt. v. 26.9.2012 – 10 AZR 330/11 – ZTR 2012, 713.
631 BAG, Urt. v. 26.9.2012 – 10 AZR 330/11 – ZTR 2012, 713.

zusatzes „(§ 13)“ liegt es nahe, dieses tarifliche Verständnis auch der Kürzungsregel des § 16 Abs. 1 S. 4 TV-V zugrunde zu legen.

375 Verbleibende Zweifel beseitigt nach der Bewertung des BAG die **Tarifgeschichte**:[632] Der TV-V habe als Spartentarifvertrag Arbeitnehmer aus dem BMT-G und dem BAT nach Maßgabe von § 1 Abs. 1 TV-V erstmalig in ein einheitliches Tarifrecht überführt; der TV-V ersetze nach § 1a BMT-G und § 1a BAT in seinem Anwendungsbereich beide Tarifverträge. Für Arbeiter und Angestellte in kommunalen Versorgungsbetrieben konnte damit der BMT-G, der BAT oder der TV-V zur Anwendung kommen. Nach den Zuwendungstarifverträgen bestehe der Anspruch auf eine Zuwendung unabhängig davon, ob der Angestellte oder Arbeiter im Zuwendungsjahr arbeitsunfähig erkrankt ist und ob er Entgeltfortzahlung im Krankheitsfall oder einen Krankengeldzuschuss bezieht; auch nach Ablösung beider Tarifwerke unterbleibe nach § 20 Abs. 4 TVöD/TV-L eine Minderung des Anspruchs für Zeiten, in denen Krankengeldzuschuss gezahlt wird. Durchgreifende Anhaltspunkte dafür, dass der Anspruch auf Sonderzahlung nach § 16 TV-V in diesem Punkt grundlegend anders ausgestaltet sei als in den zunächst weiter geltenden Tarifwerken bzw. dem TVöD/TV-L, seien nicht erkennbar und hätten deutlich zum Ausdruck gebracht werden müssen. Dies sei unterblieben.[633]

Für die betriebliche Praxis steht damit fest, dass in Zeiten der Zahlung eines Krankengeldzuschusses keine Kürzung der Sonderzahlung nach § 16 Abs. 1 S. 4 TV-V erfolgt.

2. Elternzeit (ohne Entgeltanspruch)

376 In der Literatur wird zudem vertreten, dass die Kalendermonate einer Elternzeit, in denen kein Entgeltanspruch besteht, im Rahmen des § 16 Abs. 1 S. 4 TV-V anspruchsmindernd wirken.[634]

Begründet wird dies unter Hinweis darauf, dass das BAG in seinem Urteil vom 27.1.2011[635] klargestellt hatte, dass derartige Zeiten keine Stufenlaufzeiten i.S.d. § 17 TVöD sind. Der Stufenaufstieg im Entgeltsystem des TVöD soll – ebenso wie in dem des TV-V – die gewonnene Berufserfahrung honorieren. In der Zeit, in der das Arbeitsverhältnis wegen der Inanspruchnahme von Elternzeit unter Suspendierung der beiderseitigen Hauptpflichten ruht, wird aber keine Berufserfahrung gewonnen, sodass eine Nichtberücksichtigung gerechtfertigt und insbesondere nicht diskriminierend ist.[636]

632 BAG, Urt. v. 26.9.2012 – 10 AZR 330/11 – ZTR 2012, 713.
633 BAG, Urt. v. 26.9.2012 – 10 AZR 330/11 – ZTR 2012, 713.
634 So *Herzberg/Schlusen*, § 16 TV-V Rn 16.
635 BAG, Urt. v. 27.1.2011 – 6 AZR 526/09 – NZA 2011, 1361.
636 BAG, Urt. v. 27.1.2011 – 6 AZR 526/09 – NZA 2011, 1361.

Diese Überlegung wird man in der Tat richtigerweise auf § 16 Abs. 1 S. 4 TV-V übertragen müssen, wenn man sich noch einmal den Zweck der Sonderleistung nach § 16 TV-V vor Augen führt. Denn gerade der Umstand, dass § 16 Abs. 1 S. 4 TV-V eine Kürzung für die Zeiträume vorsieht, in denen weder ein Anspruch auf Entgelt noch auf Entgeltfortzahlung besteht, macht deutlich, dass die Sonderleistung grundsätzlich nur dann voll gezahlt werden soll, **wenn der Arbeitnehmer arbeitet**, d.h. seine Leistung und seinen Beitrag zur Unternehmensleistung erbringt. Dies spricht dagegen, die Sonderleistung nach § 16 TV-V als eine reine Treueprämie zu qualifizieren.[637] 377

Richtigerweise wird man sie – mit Blick auf die Vorgabe eines am 1.12. bestehenden Arbeitsverhältnisses – mit der Folge als sog. „Sonderleistung mit Mischcharakter" qualifizieren müssen,[638] dass die vom BAG zu leistungsabhängigen Sonderleistungen entwickelten Grundsätze Anwendung finden.[639] Hiervon ausgehend besteht dann zulässigerweise zeitanteilig kein Anspruch, wenn während einer Zeit keine Leistung erbracht wird, obwohl der Arbeitnehmer leisten könnte, wenn er wollte (was bei den in § 16 Abs. 1 S. 4 TV-V als nicht anspruchsmindernd qualifizierten Fällen nicht der Fall ist).

Entscheidet sich der Arbeitnehmer daher autonom für eine (vorübergehende) Nichtleistung infolge Elternzeit, trägt er in dieser Zeit nichts zum Betriebsergebnis bei und partizipiert im entsprechenden Umfang auch nicht vermittelt über die Sonderleistung nach § 16 TV-V an dem Ergebnis der betrieblichen Anstrengungen (§ 16 Abs. 1 S. 4 TV-V).

K. Urlaubsregelungen und Arbeitsbefreiung

Vorgaben für den Urlaubsanspruch und die Arbeitsbefreiung trifft der TV-V in §§ 14, 15. Allerdings hat jeder Arbeitnehmer bereits nach dem BUrlG kraft Gesetzes einen Anspruch auf einen gesetzlichen Mindesturlaub unter Fortzahlung der Vergütung und nach § 616 BGB einen Anspruch auf fortgesetzte Vergütung bei einer in seiner Person liegenden, verhältnismäßig nicht erheblichen Verhinderung an der Arbeitsleistung. 378

637 Ebenso *Herzberg/Schlusen*, § 16 TV-V Rn 1.

638 A.A. *Herzberg/Schlusen*, § 16 TV-V Rn 1 (reine „Leistungshonorierung"). Dagegen spricht aber bereits der Umstand, dass sich Zeiten der Entgeltfortzahlung – also gerade ohne Leistung – nicht anspruchsmindernd auswirken.

639 Ausführlich dazu *Mückl*, Rn 71 ff.; zum Gestaltungsspielraum bei krankheitsbedingter Kürzung Fuhlrott/Mückl/*Mückl*, Kapitel 3 Rn 138 ff., 161 ff.

Praxistipp
Daneben kommen ggf. § 19 JArbSchG, § 17 MuSchG, § 17 BEEG und/oder § 4 ArbPlSchG zur Anwendung.

Das BUrlG wird überlagert durch Art. 7 der Arbeitszeitrichtlinie 2003/88 EG, aus dem ebenfalls ein Recht auf bezahlten Jahresurlaub folgt. Bei diesem Recht handelt es sich um einen besonders bedeutsamen Grundsatz des Sozialrechts der Union.[640]

379 In Tarifverträgen kann gemäß § 13 BUrlG zwar von den Bestimmungen des BUrlG abgewichen werden. Dies gilt aber nicht für

- § 1 BUrlG, wonach jeder Arbeitnehmer in jedem Kalenderjahr Anspruch auf bezahlten Erholungsurlaub hat;
- § 2 BUrlG, wonach Arbeitnehmer i.S.d. Gesetzes Arbeiter, Angestellte u. Auszubildende sind, und
- § 3 Abs. 1 BUrlG, wonach der Urlaub jährlich mindestens 24 Werktage beträgt.

Mit Blick auf den Erholungsurlaubsanspruch ergänzt § 14 TV-V daher – teilweise lediglich klarstellend – die Vorgaben zu des BurlG. § 14 Abs. 1 S. 1 TV-V stellt z.B. lediglich klar, dass die Arbeitnehmer in jedem Kalenderjahr Anspruch auf Erholungsurlaub unter Fortzahlung des Arbeitsentgelts (§ 6 Abs. 3 TV-V) haben.

I. Entstehung des Urlaubsanspruchs

380 Zum Entstehen des Urlaubsanspruchs trifft der TV-V keine ausdrücklichen Regelungen. Insbesondere ist keine explizite Wartezeitregelung analog § 4 BUrlG vorgesehen. Aus § 14 Abs. 5 letzter HS TV-V, nach dem § 5 BUrlG unberührt bleibt, wird man aber folgern müssen, dass der Urlaubsanspruch erstmals voll lediglich nach der Wartezeit des § 4 BUrlG besteht. Denn in § 5 Abs. 1 lit a) BUrlG, der nach § 14 Abs. 5 letzter HS TV-V „unberührt“ bleibt, entsteht der Anspruch auf Erholungsurlaub während der Wartezeit gemäß § 4 BUrlG nur anteilig. Dies wird man daher auch im Rahmen des TV-V annehmen müssen.[641]

---

640 Grundlegend EuGH, Urt. v. 20.1.2009 – C-350/06 „Schultz-Hoff“ sowie die Folgeurteile des BAG, Urt. v. 24.3.2009 – 9 AZR 983/07 – NZA 2009, 538 und v. 23.3.2010 – 9 AZR 128/09 – NZA 2010, 810 zum Urlaubsanspruch bei Dauererkrankten und EuGH, Urt. v. 22. 11. 2011 – C-214/10 „KHS“ zur zeitlichen Begrenzung des Urlaubsanspruchs bei Dauererkrankten. Zur deutschen Rezeption vgl. nachfolgend unter Kapitel 3 Rn 393 ff.

641 Ebenso – ohne Begründung – *Herzberg/Schlusen*, § 14 TV-V Rn 20.

II. Der Anspruch auf Erholungsurlaub

1. Berechnung der Urlaubsdauer

Die Staffelung der Urlaubsdauer hängt von zwei verschiedenen Bemessungsfakto- **381** ren ab, der Verteilung der wöchentlichen Arbeitszeit (§ 14 Abs. 3 S. 2 TV-V) und der Leistung von Schicht- oder Wechselschichtarbeit (§ 14 Abs. 4 TV-V).

a) Regelfall

Ausgehend von einer Verteilung der wöchentlichen Arbeitszeit auf fünf Tage in der **382** Kalenderwoche beträgt der Urlaubsanspruch nach § 14 Abs. 3 S. 1 TV-V 30 Arbeitstage. Dabei ist unerheblich, an welchen Kalendertagen die Arbeit geleistet wird; maßgeblich ist allein die regelmäßige Arbeitszeit.[642]

b) Abweichende Verteilung der wöchentlichen Arbeitszeit

Gemäß § 14 Abs. 3 S. 2 TV-V erhöht oder vermindert sich der Urlaubsanspruch entspre- **383** chend, wenn eine andere Verteilung der wöchentlichen Arbeitszeit vorliegt. Dies bedeutet, dass sich der Urlaubsanspruch für Arbeitnehmer, die weniger als fünf Tage in der Woche arbeiten, für jeden Arbeitstag, den sie im Verhältnis zu dem in der 5-Tage-Woche arbeitenden Mitarbeiter zusätzlich arbeitsfrei haben, vermindert. Für Arbeitnehmer, die an mehr als fünf Tagen arbeiten, erhöht er sich entsprechend.

Dass § 14 Abs. 3 S. 2 TV-V nicht auf die „durchschnittliche" Arbeitszeit abstellt, ist als Redaktionsversehen zu bewerten.[643] Denn nahezu jeder Schichtplan sieht eine von fünf Tagen abweichende Verteilung vor. Das haben die Parteien erkennbar nicht gemeint, sodass § 14 Abs. 3 S. 2 TV-V ergänzend dahin auszulegen ist, dass es auch insoweit entscheidend auf die durchschnittliche wöchentliche Arbeitszeit ankommt.[644]

Praxistipp **!**
Die durchschnittliche Dauer der täglichen Arbeitszeit ist dabei unbeachtlich. Daher haben Teilzeit-Arbeitnehmer den gleichen Urlaubsanspruch wie Vollzeitbeschäftigte.[645]

Zur Berechnung des zustehenden Urlaubs für den Fall, dass eine kürzere oder längere regelmäßige Arbeitszeit als fünf Tage in der Woche vorliegt, ist folgende Formel anzuwenden:

---

642 Ebenso für den TVöD Groeger/*Grimm*, Teil 3 M Rn 4 m.w.N.
643 Vgl. *Herzberg/Schlusen*, § 14 TV-V Rn 8.
644 Ebenso *Herzberg/Schlusen*, § 14 TV-V Rn 8.
645 Ebenso für den TVöD Groeger/*Grimm*, Teil 3 M Rn 4 m.w.N.

Die dem Arbeitnehmer bei Zugrundelegung einer Fünftagewoche nach § 14 Abs. 3 S. 1 TV-V zustehende Anzahl an Urlaubstagen ist durch fünf zu teilen und mit der Anzahl der tatsächlich zu leistenden Arbeitstage pro Woche zu multiplizieren.[646]

c) Wechsel von Vollzeit- in Teiltätigkeit

384 Wechselt ein Mitarbeiter im laufenden Kalenderjahr von einer Vollzeit- in eine Teilzeittätigkeit mit weniger als fünf Arbeitstagen pro Woche, gilt – europarechtlich bedingt – Folgendes:

Sofern der Mitarbeiter den während seiner Vollzeitbeschäftigung erworbenen Urlaub vor dem Übergang in die Teilzeitbeschäftigung tatsächlich nicht mehr in Anspruch nehmen konnte, darf dieser Urlaub nach der Rechtsprechung des EuGH nicht im Verhältnis zu der Zahl der Wochenarbeitstage eines Vollzeitbeschäftigten gekürzt werden.[647] Abweichend von der bisherigen Rechtsprechung des BAG ist dementsprechend nicht mehr der Beschäftigungsumfang bei Realisierung des Urlaubsanspruchs für dessen Höhe maßgeblich.[648] Vielmehr bleibt der vor dem Übergang in das Teilzeitarbeitsverhältnis erworbene Urlaubsanspruch in vollem Umfang erhalten.

! **Praxistipp**

Dies gilt aber nur dann, wenn der Mitarbeiter an der Ausübung des Urlaubsanspruchs vor der Änderung seiner Arbeitszeit gehindert war. Ansonsten bleibt es bei der bislang durch das BAG vorgenommenen Bewertung.[649]

d) Umgang mit Bruchteilen

385 Wenn bei der Berechnung von Urlaubsansprüchen ein Bruchteil verbleibt, der mindestens einen halben Urlaubstag ergibt, ist auf einen vollen Urlaubstag aufzurunden. Zwar fehlt im TV-V eine dies ausdrücklich klarstellende Regelung (vgl. z.B. § 26 Abs. 1 S. 5 TVöD). Dasselbe folgt aber aus § 5 Abs. 2 BUrlG, sodass im Rahmen des TV-V nichts anderes gilt.[650]

---

646 *Herzberg/Schlusen*, § 14 TV-V Rn 8; ebenso für den TVöD Groeger/*Grimm*, Teil 3 M Rn 4 m.w.N.

647 EuGH, Urt. v. 13.6.2013 – Rs. C-415/12 – NZA 2013, 775 – Brandes; vgl. bereits EuGH, Urt. v. 22.4.2010 – Rs. C-486/08 – NZA 2010, 557 – Tirol.

648 BAG, Urt. v. 28.4.1998 – 9 AZR 314/97 – NZA 1999, 156.

649 Groeger/*Grimm*, Teil 3 M Rn 6 m.w.N.

650 *Herzberg/Schlusen*, § 14 TV-V Rn 10.

e) Unterjähriger Beginn/unterjährige Beendigung des Arbeitsverhältnisses

386 Hat das Arbeitsverhältnis unterjährig begonnen oder endet es unterjährig, sieht § 14 Abs. 5 TV-V eine eigene, von § 5 BUrlG abweichende Regelung vor. Denn danach hat der Arbeitnehmer Anspruch auf jeweils ein Zwölftel des Gesamturlaubs pro vollem Beschäftigungsmonat.[651] § 5 BUrlG bleibt insoweit unberührt.

Praxistipp
Maßgeblich ist der Beschäftigungsmonat, der nicht mit dem Kalendermonat identisch sein muss.[652]

Diese Regelung geht zugunsten der Mitarbeiter über die gesetzliche Regelung des Mindesturlaubs nach § 5 BUrlG hinaus.[653] Denn § 5 BUrlG sieht in Abs. 1 lit. a) bis c) nur bei

- Nichterfüllung der Wartezeit, § 5 Abs. 1 lit. a) BUrlG,
- Ausscheiden aus dem Arbeitsverhältnis vor Erfüllung der Wartezeit, § 5 Abs. 1 lit. b) BUrlG oder
- Ausscheiden aus dem Arbeitsverhältnis nach erfüllter Wartezeit in der ersten Hälfte eines Kalenderjahres, § 5 Abs. 1 lit. c) BUrlG

eine Zwölftelung des Urlaubsanspruchs vor. Soweit § 14 Abs. 5 TV-V zugunsten des Arbeitnehmers wirkt, können dementsprechend höhere Ansprüche entstehen als nach dem BUrlG.

Ein Abweichen von den gesetzlichen Regelungen ist jedoch nur möglich, solange der unabdingbare gesetzliche Mindesturlaub (§ 3 Abs. 1 BUrlG) unberührt bleibt.[654] Ob dies der Fall ist, muss anhand einer Vergleichsberechnung festgestellt werden.[655]

aa) Beginn vor dem 1.7. und ab dem 1.7.

387 Nach § 4 BUrlG wird der volle Urlaubsanspruch erstmalig nach sechsmonatigem Bestehen des Arbeitsverhältnisses erworben. Zu zwölfteln ist der Urlaub nach § 5 Abs. 1 lit. a) BUrlG nur für die Zeiten eines Jahres, für die wegen Nichterfüllung der Wartezeit kein voller Urlaubsanspruch erworben werden kann. Das ist bei Beginn des Arbeitsverhältnisses nach dem 1.7. eines Jahres der Fall. Dann besteht ein Gleichlauf zwischen TV-V und BUrlG.

---

651 Staffelung bei *Herzberg/Schlusen*, § 14 TV-V Rn 11.

652 Herzgberg, § 14 TV-V Rn 9.

653 Vgl. *Herzberg/Schlusen*, § 14 TV-V Rn 9; für den TVöD *Conze/Karb*, Rn 3076; Groeger/*Grimm*, Teil 3 M Rn 8.

654 BAG, Urt. v. 24.10.2000 – 9 AZR 610/99 – NZA 2001, 663.

655 Vgl. Herzgberg, § 14 TV-V Rn 9ff.; für den TVöD *Conze/Karb*, Rn 3078; Groeger/*Grimm*, Teil 3 M Rn 8.

Soweit das Arbeitsverhältnis in der ersten Hälfte des Urlaubsjahres – also vor dem 1.7. – beginnt, findet gemäß § 14 Abs. 5 TV-V eine Zwölftelung des Urlaubsanspruches statt, während nach § 4 BUrlG der volle Urlaubsanspruch erworben wird; er wird also nicht nach § 5 Abs. 1 BUrlG gezwölftelt.

In diesen Fällen können also – je nach Eintrittsdatum – die Regelungen des BUrlG für den Arbeitnehmer günstiger und damit vorrangig anzuwenden sein.

Praxistipp
Diese gelten dann aber nur für den gesetzlichen Mindesturlaub und – soweit der TV-V nichts anderes bestimmt – nicht für den tariflichen Mehrurlaub.[656]

bb) Unterjährige Beendigung des Arbeitsverhältnisses vor und nach Erfüllung der Wartezeit

388 Gleiches gilt – abhängig von der Erfüllung der Wartezeit und dem Beendigungszeitpunkt – auch bei einer Beendigung des Arbeitsverhältnisses:

Sofern das Arbeitsverhältnis in der zweiten Hälfte des Urlaubsjahres nach erfüllter Wartezeit endet, sieht §14 Abs. 5 TV-V eine Zwölftelung der Urlaubsansprüche vor, während gemäß §§ 4, 5 Abs. 1 lit. c) BUrlG der volle gesetzliche Urlaubsanspruch erworben wird. Die Vergleichsberechnung ergibt, dass die gesetzliche Mindesturlaubsdauer des § 3 Abs. 1 BUrlG günstiger sein kann als die Regelung des § 14 Abs. 5 TV-V. Der günstigere gesetzliche Urlaubsanspruch verdrängt den Anspruch aus dem TV-V.

2. Begriff des Arbeitstages/Umgang mit Feiertagen

389 Die Höhe des Urlaubsanspruchs bemisst sich gemäß § 14 Abs. 3 TV-V nach Arbeitstagen. Was ein Arbeitstag ist, wird im TV-V nicht definiert. Es können jedoch die Vorgängertarifverträgen getroffenen Regelungen zugrunde gelegt werden:[657] Danach sind Arbeitstage alle Kalendertage, an denen der Arbeitnehmer zu arbeiten hat bzw. zu arbeiten hätte.[658]

Konsequenz daraus ist, dass als Arbeitstag i.S.d. § 14 TV-V auch Tage zu qualifizieren sind, an denen für den Arbeitnehmer an sich eine Arbeitspflicht bestünde, dieser jedoch aufgrund eines von ihm nicht zu vertretenden Grundes (z.B. wegen unverschuldeter Arbeitsunfähigkeit) von der Erbringung der Arbeitsleistung befreit ist.[659] Dies folgt im Umkehrschluss auch aus § 14 Abs. 3 S. 3 TV-V.

---

656 *Herzberg/Schlusen*, § 14 TV-V Rn 11; Conze/Karb, Personalbuch, Rn 3080; a.A. offenbar Groeger/*Grimm*, Teil 3 M Rn 3.
657 Zum Parallelproblem im TVöD Groeger/*Brock*, Teil 3 M Rn 13 m.w.N.
658 BAG, Urt. v. 15.1.2013 – 9 AZR 430/11 – NZA 2013, 1091.
659 Vgl. Groeger/*Brock*, Teil 3 M Rn 13 m.w.N.

Nach § 14 Abs. 3 S. 3 TV-V verlängert sich der Erholungsurlaub um einen Arbeitstag, wenn in den Urlaub ein gesetzlicher Feiertag fällt, der auf einen Werktag fällt, an dem der Arbeitnehmer dienstplanmäßig zu arbeiten hätte (, wenn er nicht Urlaub hätte). Dies gilt nach § 14 Abs. 3 S. 4 TV-V auch dann, wenn ein gesetzlicher Feiertag, der üblicherweise auf einen Werktag fällt, ausnahmsweise auf einen Sonntag fällt, an dem der Arbeitnehmer dienstplanmäßig zu arbeiten hätte. Diese Regelung hat folgenden Hintergrund: 390

Urlaubsrechtlich sind die Feiertage nur dadurch von Bedeutung, dass dann, wenn die übliche Arbeitszeit schon durch einen Feiertag ausfällt und deshalb das Arbeitsentgelt fortzuzahlen ist, dieser Tag für die Urlaubsgewährung nicht zur Verfügung steht, da der Arbeitnehmer ohnehin keine Arbeitsleistung schuldet.[660] Denn die Erfüllung eines Anspruchs auf Erholungsurlaub setzt voraus, dass der Arbeitnehmer durch sog. Freistellungserklärung des Arbeitgebers zu Erholungszwecken von seiner sonst bestehenden Arbeitspflicht befreit wird. Dies ist auch an den gesetzlichen Feiertagen möglich und notwendig, an denen der Arbeitnehmer ansonsten zur Arbeit verpflichtet wäre. Ohne die Gewährung von Urlaub müsste der Arbeitnehmer – wie dienstplanmäßig vorgesehen – an diesen Feiertagen arbeiten.[661]

Deshalb sind von gewährten Urlaubstagen alle Arbeitstage, an denen der Arbeitnehmer ohne die Gewährung von Urlaub hätte arbeiten müssen (ggf. inkl. Sonn- und Feiertage), auf den tariflichen Urlaubsanspruch anzurechnen.[662] Denn wäre eine Anrechnung auf den Urlaub nicht möglich, könnte dem Arbeitnehmer an einem gesetzlichen Feiertag, an dem er zur Arbeit verpflichtet ist, kein Urlaub gewährt werden; er müsste während seines Urlaubs an diesem Tag arbeiten und am Feiertag ggf. seinen Urlaub unterbrechen. Dies stünde im Widerspruch zu dem Gebot der zusammenhängenden Urlaubsgewährung nach § 7 Abs. 2 S. 1 BUrlG.[663]

Hiervon ausgehend trägt § 14 Abs. 3 S. 3 TV-V dem Umstand Rechnung, dass 391
auch ein werktäglicher Feiertag ein anzurechnender Arbeits- und damit Urlaubstag sein kann. Für den Fall, dass ein Arbeitnehmer an diesem Tag Urlaub hat und ohne diesen Urlaub auch tatsächlich hätte arbeiten müssen, wird ihm ein zusätzlicher Urlaubstag gewährt, der letztlich – parallel zu § 48 BAT – das Nichteingreifen des arbeitsfreien Feiertags aufgrund der Schichtplanung ausgleicht, weil andere Arbeitnehmer aufgrund des Feiertags frei hatten. Ziel der Regelung dürfte damit vor allem die Verhinderung einer Ungleichbehandlung von Arbeitnehmern im Normaldienst und solchen im Schicht- bzw. Wechselschichtdienst sein.[664]

660 BAG, Urt. v. 15.1.2013 – 9 AZR 430/11 – NZA 2013, 1091.
661 BAG, Urt. v. 15.1.2013 – 9 AZR 430/11 – NZA 2013, 1091.
662 BAG, Urt. v. 15.1.2013 – 9 AZR 430/11 – NZA 2013, 1091.
663 BAG, Urt. v. 15.1.2013 – 9 AZR 430/11 – NZA 2013, 1091.
664 Offenbar übersehen wird § 14 Abs. 3 S. 3, 4 TV-V durch *Herzberg/Schlusen*, § 14 TV-V Rn 7.

3. Urlaubsübertragung

392 Wenn der Arbeitnehmer den ihm zustehenden Urlaub nicht geltend macht, erlischt der Anspruch auf Urlaub grundsätzlich am Ende des Kalenderjahres. Gemäß § 7 Abs. 3 S. 2 BUrlG und § 14 Abs. 2 S. 1 TV-V ist eine Übertragung möglich, wenn dringende betriebliche Gründe oder Gründe in der Person des Arbeitnehmers dies rechtfertigen. Im Umkehrschluss folgt daraus, dass es keinen zwingenden Anspruch auf Übertragung des Urlaubs in das nächste Jahr gibt. Falls keine Gründe vorliegen, die eine Übertragung der Urlaubsansprüche in das nächste Jahr rechtfertigen, verfällt der Urlaubsanspruch dementsprechend ersatzlos.[665]

Ermöglichen dringende betriebliche oder in der Person des Arbeitnehmers liegende Gründe eine Übertragung des Urlaubs in das nächste Jahr i.S.d. § 7 Abs. 3 S. 2 BUrlG, genügt es nach § 14 Abs. 2 S. 3 TV-V – abweichend von § 7 Abs. 3 S. 2 BUrlG –, wenn der Urlaub **bis zum 31. März angetreten** wird (§ 7 Abs. 3 S. 3 BUrlG: „genommen"), die vollständige Abwicklung kann dann in den nächsten Monat hineinreichen.[666]

Ist die Urlaubsinanspruchnahme kurz vor dem 31. März wegen bis zu diesem Zeitpunkt andauernder Verhinderung aus Gründen der Arbeitsunfähigkeit oder aus betrieblichen/dienstlichen Gründen nicht möglich, **findet mit einer Frist bis zum 31. Mai eine weitere Übertragung statt** (§ 14 Abs. 2 S. 3 TV-V).

! **Praxistipp**

Wird der Urlaub dagegen bis zum 31. März angetreten und tritt dann ein urlaubsverhinderndes Ereignis (z.B. Krankheit) ein, gilt § 14 Abs. 2 S. 3 TV-V nicht und der Urlaub verfällt, weil die Tarifvertragsparteien eine bis zum 31. März andauernde Arbeitsunfähigkeit oder Arbeitsverhinderung vorausgesetzt haben.[667]

Die Übertragung des Urlaubs bedarf keiner Form und auch keiner Mitwirkung des Arbeitnehmers. Sie vollzieht sich von selbst und wird dem Urlaub des nachfolgenden Jahres „hinzugerechnet".[668]

---

665 BAG, Urt. v. 23.1996 – 9 AZR 901/94 – BB 1996, 964; *Herzberg/Schlusen*, § 14 TV-V Rn 23; Groeger/*Grimm*, Teil 3 M Rn 15.

666 Vgl. Groeger/*Grimm*, Teil 3 M Rn 15.

667 BAG, Urt. v. 19.3.1996 – 9 AZR 67/95 – NZA 1996, 942.

668 BAG, Urt. v. 9.8.1994 – 9 AZR 384/92 – NZA 1995, 174.

4. Verfall des Urlaubs bei Dauererkrankung

a) Ausschluss von Erholungsurlaub bei krankheitsbedingter Arbeitsunfähigkeit nach deutschem Recht

Die Erfüllung eines Anspruchs auf Erholungsurlaub setzt nach der Rechtsprechung des BAG voraus, dass der Arbeitnehmer im Voraus durch eine unwiderrufliche Freistellungserklärung des Arbeitgebers zu Erholungszwecken von seiner sonst bestehenden Arbeitspflicht befreit wird.[669] Ist der Arbeitnehmer arbeitsunfähig erkrankt, scheidet eine Urlaubsgewährung folgerichtig aus, da schon keine Arbeitspflicht besteht, von welcher der Arbeitnehmer zu Erholungszwecken befreit werden könnte. Denn die Arbeitspflicht entfällt bei krankheitsbedingter Arbeitsunfähigkeit bereits nach § 275 Abs. 1 BGB,[670] sofern nicht ein Fall des § 275 Abs. 3 BGB vorliegt und der Arbeitnehmer die insoweit bestehende Einrede nicht erhebt. Infolge des Entfallens der Arbeitspflicht ist eine **Urlaubsgewährung während der krankheitsbedingten Arbeitsunfähigkeit ausgeschlossen.**[671] Dies wird durch § 9 BUrlG bestätigt, nach dem die durch ärztliches Zeugnis nachgewiesenen Tage der Arbeitsunfähigkeit bei einer Erkrankung während des Urlaubs nicht auf den Jahresurlaub nach dem BUrlG angerechnet werden. 393

Wie die Arbeitsunfähigkeit wegen Krankheit rechtstechnisch einzuordnen ist, ist umstritten. Während der Gesetzgeber wohl ebenso wie Teile des Schrifttums der Annahme einer Unzumutbarkeit zugeneigt,[672] nehmen andere an, dass der wegen Krankheit Arbeitsunfähige gemäß § 275 Abs. 1 BGB kraft Gesetzes von seiner Leistungspflicht frei wird.[673] 394

Richtig dürfte sein, mit einem anderen Teil der Literatur[674] danach zu **differenzieren**,

- ob dem Arbeitnehmer die Arbeitsleistung auf Grund seines Gesundheitszustandes objektiv nicht möglich ist, sodass er kraft Gesetzes gemäß § 275 Abs. 1 BGB von seiner Leistungspflicht frei wird, oder
- ob er potenziell zur Arbeitsleistung im Stande wäre, sodass „nur" ein Fall der Unzumutbarkeit i.S.d. § 275 Abs. 3 BGB vorliegt.

Nach der Rechtsprechung des BAG[675] liegt eine Arbeitsunfähigkeit bereits vor, wenn der Arbeitnehmer die Arbeit nur unter der Gefahr aufnehmen oder fortsetzen könn- 395

---

669 BAG, Urt. v. 16.7.2013 – 9 AZR 50/12 – ArbR 2013, 520 (LS).

670 Vgl. BAG, Urt. v. 15.2.2012 – 7 AZR 774/10 – NZA 2012, 1112 zur Aufrechterhaltung des Vergütungsanspruchs entgegen § 326 BGB nach § 3 EFZG.

671 Für viele ErfK/*Gallner*, § 7 BUrlG Rn 21 m.w.N.

672 BT-Drucks. 14/6857, S. 47; *Löwisch*, NZA 2001, 465f.

673 Vgl. zum alten Recht BAG, Urt. v. 8.9.1998 – 9 AZR 273/97 – NZA 1999, 824; *Däubler*, NZA 2001, 1329, 1332.

674 ErfK/*Preis*, § 611 BGB Rn 685; HWK/*Thüsing*, § 611 BGB Rn 393 m.w.N.

675 BAG, Urt. v. 1.6.1983 – 5 AZR 468/80 – AP Nr. 54 zu § 1 LohnFG.

te, in absehbarer Zeit seinen Gesundheitszustand zu verschlechtern. Bleibt der Arbeitnehmer jedoch in solchen Fällen weiterhin zur Arbeitsleistung im Stande, liegt richtigerweise ein Fall des § 275 Abs. 3 BGB vor.[676]

Praxistipp
Dies ist insofern keine theoretische Frage, als sich der Arbeitnehmer auf § 275 Abs. 3 BGB berufen muss, damit eine Arbeitsbefreiung eintritt, während die Arbeitsbefreiung als Rechtsfolge von § 275 Abs. 1 BGB kraft Gesetzes eintritt und von Amts wegen zu beachten ist.[677]

b) Ausschluss von Erholungsurlaub bei krankheitsbedingter Arbeitsunfähigkeit nach europäischem Recht

396 Etwas anderes folgt auch nicht aus Art. 7 RL 2003/88/EG, wie der EuGH in der Sache „*Schultz-Hoff*" in dem Teil „*Stringer*" klargestellt hat, der eine britische Regelung betrifft.[678] Denn nach Auffassung des EuGH steht Art. 7 Abs. 1 RL 2003/88/EG einzelstaatlichen Rechtsvorschriften oder Gepflogenheiten nicht entgegen, nach denen ein Arbeitnehmer im sog. „Krankheitsurlaub" nicht berechtigt ist, während eines Zeitraums, der in die Zeit des Krankheitsurlaubs fällt, bezahlten Jahresurlaub zu nehmen.

Praxistipp
Der Begriff des Krankheitsurlaubs dürfte auf eine direkte Übersetzung der französischen und englischen Begriffe zurückzuführen sein („congé de maladie", „sick leave"). Für die deutsche Rechtslage ist die krankheitsbedingte Arbeitsunfähigkeit gemeint.[679]

Der vom deutschen Recht – wie eben dargelegt – vorgesehene Ausschluss einer Verbindung von krankheitsbedingter Arbeitsunfähigkeit und Urlaub entspricht angesichts seiner gesundheitspolitischen Zielrichtung den Vorstellungen des Unionsrechts.[680] Denn auch unionsrechtlicher Zweck des bezahlten Jahresurlaubs ist es, sich zu erholen und über einen Zeitraum für Entspannung und Freizeit zu verfügen.[681]

397 Davon geht auch das BAG nach seiner Rechtsprechungsänderung infolge der Entscheidung des EuGH in der Rechtssache „*Schultz-Hoff*" weiterhin zu Recht aus.

---

676 ErfK/*Preis*, § 611 BGB Rn 685; HWK/*Thüsing*, § 611 BGB Rn 393 m.w.N.
677 ErfK/*Preis*, § 611 BGB Rn 673; HWK/*Thüsing*, § 611 BGB Rn 390 m.w.N.
678 EuGH, Urt. v. 20.1.2009 – C-350/06 und C-520/06, C-350/06, C-520/06, NZA 2009, 135 – *Schultz-Hoff.*
679 Vgl. nur ErfK/*Gallner*, § 7 BUrlG Rn 21.
680 Vgl. nur ErfK/Gallner, § 7 BUrlG Rn 21.
681 EuGH, Urt. v. 20.1.2009 – C-350/06 und C-520/06, C-350/06, C-520/06 – NZA 2009, 135 – *Schultz-Hoff.*

Denn die Rechtsprechungsänderung betrifft nicht die Erfüllbarkeit, sondern die Übertragung und das Erlöschen des Urlaubs(-abgeltungs)anspruchs.[682]

c) Untergang des Urlaubsanspruchs trotz Arbeitsunfähigkeit

§ 7 Abs. 3 BurlG ist vor diesem Hintergrund zwar aufgrund der Vorgaben des Art. 7 der Richtlinie 2003/88/EG unionsrechtskonform so auszulegen, dass der **gesetzliche Urlaub nicht erlischt**, wenn der Arbeitnehmer bis zum Ende des Urlaubsjahres und/oder des Übertragungszeitraums erkrankt und deshalb arbeitsunfähig ist. Das führt aber zu keinem unbegrenzten Ansammeln von Urlaubsansprüchen bei Krankheit. 398

Der EuGH hatte bereits in der sog. „KHS-Entscheidung" vom 22.11.2011[683] festgestellt, dass tarifliche Vorschriften zur Übertragung von Urlaubsansprüchen nicht gegen Unionsrecht verstoßen, wenn sie einen generellen Übertragungszeitraum von 15 Monaten für sämtliche Urlaubsansprüche vorsehen. Mit Urteil vom 7.8.2012[684] hatte das BAG diese Rechtsprechung aufgegriffen und entschieden, dass nach unionskonformer Auslegung des § 7 Abs. 3 BUrlG gesetzliche Urlaubsansprüche, die der Arbeitnehmer aus gesundheitlichen Gründen nicht in natura nehmen kann, **15 Monate nach Ablauf des Urlaubsjahres** verfallen.

In seinem Urteil vom 16.10.2012[685] hatte der Senat ergänzend klargestellt, dass 399 weder Art. 31 Abs. 2 EU-GRCharta noch die Grundsätze über die unmittelbare Geltung von Richtlinien gegenüber dem Staat und seinen Einrichtungen einer derartigen unionsrechtskonformen Auslegung des BUrlG entgegenstehen. Diese Grundsätze hat das BAG in seinem Urteil vom 11.6.2013[686] in einem Fall bestätigt, in dem die Parteien über die Abgeltung des gesetzlichen Mindesturlaubs und des Schwerbehindertenzusatzurlaubs aus dem Jahr 2006 stritten.

Nach den Feststellungen des BAG waren die in Rede stehenden Urlaubsansprüche bei unionsrechtskonformer Auslegung des § 7 Abs. 3 BUrlG bereits vor Beendigung des Arbeitsverhältnisses verfallen. Zwar sei § 7 Abs. 3 BUrlG aufgrund der Vorgaben des Art. 7 RL 2003/88/EG unionsrechtskonform so auszulegen, dass der gesetzliche Urlaub nicht erlösche, wenn der Arbeitnehmer bis zum Ende des Urlaubsjahres und/oder des Übertragungszeitraums erkrankt und deshalb arbeitsunfähig sei. Dies habe aber nur zur Folge, dass der aufrechterhaltene Urlaubsanspruch zu dem im Folgejahr entstandenen Urlaubsanspruch hinzutrete und damit erneut der Fristenregelung in § 7 Abs. 3 BUrlG unterfalle. Bestehe aber die Arbeitsunfähigkeit –

---

682 Vgl. nur BAG, Urt. v. 24.3.2009 – 9 AZR 983/07 – NZA 2009, 538. Ausführlich zum Untergang des Urlaubsanspruchs Fuhlrott/Mückl/*Mückl*, Kapitel 5 Rn 101 ff.

683 Rs. C-214/20 – NZA 2011, 1333.

684 9 AZR 353/10 – NZA 2012, 1216.

685 9 AZR 63/11 – NZA 2013, 326.

686 9 AZR 855/11 – n.v.

wie hier – **über den 31.3. des zweiten auf das Urlaubsjahr folgenden Jahres fort,** gebiete das Unionsrecht keine Aufrechterhaltung des Urlaubsanspruchs mehr. Der zunächst aufrecht erhaltene Urlaubsanspruch erlösche daher zu diesem Zeitpunkt.

! **Praxistipp**
Dies gilt nach Ansicht des BAG auch für den Staat als Arbeitgeber, dem gegenüber die Arbeitszeitrichtlinie – wie im entschiedenen Fall – unmittelbar zur Anwendung komme.[687]

d) Verfall des tariflichen Mehrurlaubs

400 Die richtlinienkonforme Fortbildung des § 7 Abs. 3 und Abs. 4 BUrlG erfasst allerdings nach der Rechtsprechung des BAG nur die **gesetzlichen Mindesturlaubsansprüche.**[688] Zwar sei grundsätzlich von einem „Gleichlauf" der gesetzlichen und übergesetzlichen tarifvertraglichen Ansprüche auszugehen. Bei Vorliegen deutlicher Anhaltspunkte könne jedoch auch ein **abweichender Regelungswille der Tarifvertragsparteien** angenommen werden.[689]

Mit Urteil vom 22.5.2012[690] hat der 9. Senat klargestellt, die Tarifvertragsparteien des öffentlichen Dienstes der Länder hätten mit § 26 Abs. 2 lit. a) TV-L ein eigenständiges, vom BUrlG abweichendes Fristenregime geschaffen. Dies ergebe sich zum einen aus der Regelung in § 26 Abs. 2 lit. a) S. 1 TV-L, wonach bereits der Urlaubsantritt innerhalb der ersten drei Monate des Folgejahres ausreicht und zum anderen aus der Übertragungsfristverlängerung bis zum 31. Mai bei Arbeitsunfähigkeit oder Bestehen betrieblicher/dienstlicher Gründe in § 26 Abs. 2 lit. a) S. 2 TV-L.[691]

Da der TV-L und der TV-V insoweit inhaltsgleiche Bestimmungen enthalten, **wird man dies auch im Rahmen des TV-V annehmen müssen.** Damit verfällt der tarifliche Mehrurlaub – abweichend vom gesetzlichen Mindesturlaub – auch bei fortdauernder Arbeitsunfähigkeit bereits mit Ablauf der jeweils geltenden tarifvertraglichen bzw. beamtenrechtlichen Übertragungsfrist.

---

687 BAG, Urt. v. 11.6.2013 – 9 AZR 855/11 – n.v.

688 BAG, Urt. v. 4.5.2010 – 9 AZR 183/09, NZA 2010, 1011; BAG, Urt. v. 12.4.2011 – 9 AZR 80/10, NZA 2011, 1050; BAG, Urt. v. 22.5.2012 – 9 AZR 618/10, NZA 2012, 987; vgl. auch EuGH v. 3.5.2012 – Rs. C-337/10 – ZTR 2012, 365 – Neidel.

689 BAG, Urt. v. 12.4.2011 – 9 AZR 80/10, NZA 2011, 1050; BAG, Urt. v. 22.5.2012 – 9 AZR 618/10, NZA 2012, 987.

690 9 AZR 618/10 – NZA 2012, 987.

691 BAG, Urt. v. 22.5.2012 – 9 AZR 618/10 – NZA 2012, 987.

e) Urlaubsabgeltung

Eine eigenständige Regelung zur Urlaubsabgeltung trifft der TV-V nicht, sodass sich diese nach § 7 Abs. 4 BUrlG richtet. Dies gilt folgerichtig sowohl für den gesetzlichen Mindesturlaub als auch für den tariflichen Mehrurlaub.[692] 401

Nach § 7 Abs. 4 BUrlG sind Urlaubszeiten, die wegen der Beendigung des Arbeitsverhältnisses ganz oder teilweise nicht mehr gewährt werden können, abzugelten. Der noch bestehende und nicht erfüllte Urlaubsanspruch des Arbeitnehmers wandelt sich mit der Beendigung des Arbeitsverhältnisses kraft Gesetzes in den Abgeltungsanspruch um, ohne dass es weiterer Handlungen des Arbeitnehmers oder Arbeitgebers bedarf.[693] Ein Abgeltungsanspruch entsteht allerdings dann nicht, wenn der Arbeitnehmer mit dem Ende des Übertragungszeitraums ausscheidet und der nicht genommene Urlaub wegen Fristablaufs erlischt.[694]

Auf die Art der Beendigung kommt es für die Entstehung des Abgeltungsanspruchs grundsätzlich nicht an.

Praxistipp

Wenn das Arbeitsverhältnis durch den Tod des Arbeitnehmers beendet wird, besteht allerdings auch ein Anspruch.[695] !

Im Gegensatz zu seiner früheren Rechtsprechung[696] nimmt das BAG nicht mehr an, dass aufgrund der Unabdingbarkeit des Urlaubsabgeltungsanspruchs (§§ 7 Abs. 4, 13 Abs. 1 S. 3 BUrlG) über diesen auch nicht wirksam durch Rechtsgeschäft verfügt werden könne. Nach der vorhergehenden Rechtsprechung war aufgrund dieser Annahme ausgeschlossen, diesen Anspruch in einem gerichtlichen oder außergerichtlichen Vergleich zum Gegenstand eines negativen Schuldanerkenntnisses zu machen. 402

Aufgrund der Rechtsprechung des EuGH im Urteil vom 20.1.2009[697] hatte das BAG jedoch die Surrogatstheorie zunächst nur partiell, dann aber vollständig aufgegeben. Nach aktueller Rechtsprechung des BAG ist der Anspruch auf Abgeltung des Urlaubs bei lang andauernder Arbeitsunfähigkeit des Arbeitnehmers ein **reiner Geldanspruch**, der sich nicht mehr von sonstigen Entgeltansprüchen aus dem Arbeitsverhältnis unterscheidet und deshalb nicht mehr dem Fristenregime des BUrlG unterfällt.[698]

---

692 Vgl. BAG, Urt. v. 22.5.2012 – 9 AZR 618/10 – NZA 2012, 987.

693 BAG, Urt. v. 20.1.1998 – 9 AZR 812/96, NZA 1998, 816; BAG, Urt. v. 19.8.2003 – 9 AZR 619/02, AP Nr. 29 zu § 7 BUrlG; ErfK/*Gallner*, § 7 BUrlG Rn 71.

694 BAG, Urt. v. 12.3.2013 – 9 AZR 292/11, ZTR 2013, 316.

695 EuGH, Urt. v. 12.6.2014 – C-118/13 – NJW 2014, 2415 – Bollacke.

696 BAG, Urt. v. 21.7.1978 – 6 AZR 1/77 – AP Nr. 5 zu § 13 BUrlG; BAG, Urt. v. 31.5.1990 – 8 AZR 132/89 – NZA 1990, 935.

697 C-350/06 und C-520/06, C-350/06, C-520/06 – NZA 2009, 135 – *Schultz-Hoff*.

698 BAG, Urt. v. 19.6.2012 – 9 AZR 652/10 – NZA 2012, 1087.

Praxistipp
Die Surrogatstheorie gilt aber auch für den Fall der Arbeitsfähigkeit des aus dem Arbeitsverhältnis ausscheidenden Arbeitnehmers nicht mehr.[699]

Da sich der Abgeltungsanspruch nach der Rechtsprechung des BAG ein reiner Geldanspruch ist, unterliegt er auch der tariflichen Ausschlussfrist des § 20 TV-V,[700] die mit Fälligkeit des Abgeltungsanspruchs, also mit Beendigung des Arbeitsverhältnisses, zu laufen beginnt.

III. Wann besteht ein Anspruch auf Zusatzurlaub?

403 Einen Anspruch auf Zusatzurlaub sieht der TV-V lediglich bei Schicht- oder Wechselschichtarbeit und auch dann nur unter den in § 14 Abs. 4 S. 1 und 2 TV-V definierten Bedingungen vor.

Praxistipp
Kraft Gesetzes besteht ein Anspruch auf Zusatzurlaub z.B. für Schwerbehinderte nach § 125 SGB IX.

Bei Schichtarbeit erhält der Arbeitnehmer gemäß § 14 Abs. 4 S. 1 TV-V für je vier zusammenhängende Monate einen zusätzlichen Urlaubstag. Bei Wechselschichtarbeit erhält der Arbeitnehmer nach § 14 Abs. 4 S. 2 TV-V für je zwei zusammenhängende Monate einen zusätzlichen Urlaubstag.

Praxistipp
Maßgeblich sind insoweit nicht volle Kalendermonate, sondern Zeitmonate.[701] Eine Unterbrechung durch Urlaub, bezahlte Arbeitsbefreiung oder Arbeitsunfähigkeit spielt keine Rolle und hindert die Anspruchsentstehung nicht.[702]

404 Unklar ist, ob die Zwölftelungsregelung des § 14 Abs. 5 TV-V auch für den Zusatzurlaub für Schicht- und Wechselschichtarbeit gilt. Da § 14 Abs. 4 S. 1 und 2 TV-V allerdings einen anderen Bezugszeitraum vorgibt als § 14 Abs. 1 S. 1 TV-V, spricht die innere Systematik des § 14 TV-V gegen diese Ansicht. Richtigerweise entsteht der Zusatzurlaubsanspruch daher autonom ausschließlich nach den Vorgaben des § 14 Abs. 4 S. 1 und 2 TV-V.[703]

---

699 BAG, Urt. v. 19.6.2012 – 9 AZR 652/10 – NZA 2012, 1087.
700 Vgl. BAG, Urt. v. 9.8.2011 – 9 AZR 365/10, NZA 2011, 1421.
701 *Herzberg/Schlusen*, § 14 TV-V Rn 39.
702 *Herzberg/Schlusen*, § 14 TV-V Rn 39.
703 Ebenso für den TVöD Groeger/*Grimm*, Teil 3 M Rn 32 m.w.N.

Für Arbeitnehmer, die Schichtarbeit oder Wechselschichtarbeit leisten, ohne die Voraussetzungen des § 14 Abs. 4 S. 1 oder 2 TV-V zu erfüllen, soll bei annähernd gleicher Belastung gemäß § 14 Abs. 4 S. 3 TV-V die Gewährung zusätzlicher Urlaubstage durch Betriebs- oder Dienstvereinbarung geregelt werden. 405

Praxistipp
Im Umkehrschluss folgt daraus, dass ohne eine entsprechende Betriebs- oder Dienstvereinbarung kein Anspruch auf Zusatzurlaub besteht, sofern die Voraussetzungen des § 14 Abs. 4 S. 1 und 2 TV-V nicht erfüllt sind.

Aus der Bezugnahme in § 14 Abs. 4 S. 3 TV-V auf dessen Sätze 1 und 2 wird in der Literatur darauf geschlossen, dass sich die annähernd gleiche Belastung nur auf den zusammenhängenden Zeitraum von vier bzw. zwei Monaten beziehen kann.[704]

Praxistipp
Hiervon ausgehend dürfte sich die Betriebs- oder Dienstvereinbarung überwiegend mit der Urlaubsgewährung für ständige Vertreter befassen.[705] Ein darüber hinausgehender Anwendungsbereich ist kaum denkbar.

Praxistipp
Von der in § 9 Abs. 1 bzw. 2 TV-V aufgeführten Definition von Schicht- bzw. Wechselschichtarbeit kann nicht abgewichen werden.[706]

IV. Wann muss Sonderurlaub gewährt werden?

1. Anspruchsvoraussetzungen

Bei Vorliegen wichtiger Gründe kann der Arbeitnehmer – wenn die betrieblichen Verhältnisse es zulassen – auf Antrag Sonderurlaub ohne Fortzahlung des Entgelts erhalten (§ 15 Abs. 1 TV-V), sofern er das Vorliegen des wichtigen Grundes darlegt und auf Verlangen des Arbeitgebers glaubhaft macht.[707] 406

704 *Herzberg/Schlusen*, § 14 TV-V Rn 41.
705 *Herzberg/Schlusen*, § 14 TV-V Rn 41.
706 *Herzberg/Schlusen*, § 14 TV-V Rn 16.
707 *Herzberg/Schlusen*, § 15 TV-V Rn 5; ebenso für den TVöD Groeger/*Grimm*, Teil 3 M Rn 33.

2. Anspruchsinhalt

407 Ein Rechtsanspruch auf Erteilung des Urlaubs besteht nicht.[708] Der Anspruch ist vielmehr darauf gerichtet, dass der Arbeitgeber die Entscheidung über die Gewährung und die Dauer des Sonderurlaubs **nach billigem Ermessen** trifft.[709]

Praxistipp

§ 15 Abs. 1 TV-V enthält keine Aussage zur Dauer eines Sonderurlaubs, sodass über sie nach billigem Ermessen entschieden werden muss. Daher kann die Sonderurlaubsdauer in den Grenzen billigen Ermessens beliebig lang sein. Auch einer – ggf. mehrmaligen – Verlängerung steht tarifrechtlich nichts im Wege.[710] Eine Antragsfrist sieht der TV-V ebenfalls nicht vor.[711]

Dabei sind die Belange des Arbeitnehmers mit denen des Arbeitgebers abzuwägen (§ 315 BGB).[712] Ein dringendes betriebliches Interesse ist im Umkehrschluss aus § 15 Abs. 3, 4 TV-V aber zur Ablehnung nicht erforderlich. Es genügt, dass die betrieblichen Verhältnisse den Sonderurlaub nicht zulassen. Liegt ein wichtiger Grund vor, ist der Entscheidungsspielraum des Arbeitgebers eingeschränkt.[713]

3. Wichtiger Grund

408 Der TV-V definiert den Begriff „wichtiger Grund" nicht. Hauptgründe für die Inanspruchnahme von Sonderurlaub sind in der betrieblichen Praxis jedoch

- die Erfüllung familiärer Pflichten (auch Pflege),[714]
- die Berufsausbildung und
- die Fortbildung.[715]

Beispiel

Die Rechtsprechung hat einen wichtigen Grund bei der Aufnahme eines Studiums[716] oder der Erreichung eines berufsqualifizierenden Abschlusses[717] angenommen.

---

708 *Herzberg/Schlusen*, § 15 TV-V Rn 2.
709 Vgl. *Herzberg/Schlusen*, § 15 TV-V Rn 2.
710 *Herzberg/Schlusen*, § 15 TV-V Rn 6.
711 *Herzberg/Schlusen*, § 15 TV-V Rn 6.
712 BAG, Urt. v. 30.10.2001 – 9 AZR 426/00, ZTR 2002, 337.
713 Vgl. Groeger/*Grimm*, Teil 3 M Rn 33.
714 Beachte dazu allerdings das PflegeZG.
715 Vgl. *Herzberg/Schlusen*, § 15 TV-V Rn 5; Groeger/*Grimm*, Teil 3 Rn 33 m.w.N.
716 BAG, Urt. v. 25.1.1994 – 9 AZR 540/91, ZTR 1994, 247.
717 BAG, Urt. v. 9.6.1998 – 9 AZR 63/97, ZTR 1999, 35.

Praxistipp
Die Qualifizierung muss nach der Rechtsprechung des BAG allerdings nicht im Zusammenhang mit der beruflichen Tätigkeit stehen.[718]

4. Rechtsfolgen der Gewährung von Sonderurlaub

a) Ruhen der Hauptpflichten

Die Rechtsfolgen eines Sonderurlaubs regelt der TV-V – mit Ausnahme der fehlen- 409
den Entgeltfortzahlung – nicht ausdrücklich.

Praxistipp
Der mit einem Sonderurlaub verbundene Verzicht auf Fortzahlung des Entgelts schließt folgerichtig auch die Ansprüche auf Lohnfortzahlung im Krankheitsfalle sowie die Zahlung von vermögenswirksamen Leistungen aus.[719] Bei einem vor Antritt eines bereits genehmigten unbezahlten Sonderurlaubs erkrankten Arbeitnehmer endet die Lohnfortzahlungspflicht damit vom Beginn des Sonderurlaubs an,[720] weil insoweit keine Monokausalität i.S.d. § 3 EFZG mehr vorliegt.[721]

Während des Sonderurlaubs ruhen nach h.M. die wechselseitigen Hauptpflichten aus dem Arbeitsverhältnis.[722]

b) Betriebszugehörigkeit

Soweit teilweise angenommen wird,[723] es solle eine entsprechende Kürzung der Be- 410
triebszugehörigkeitszeiten erfolgen, wenn der unbezahlte Sonderurlaub 14 Tage überschreitet, bietet der TV-V hierfür keine Anhaltspunkt. Diese Auffassung ist daher abzulehnen und die Lösung bei einer entsprechenden Auslegung der jeweiligen Norm des TV-V bzw. der ihn ergänzenden Vereinbarungen zu suchen.

Soweit die Stufenzuordnung nach § 5 Abs. 2 TV-V von der Betriebszugehörigkeit abhängig ist, kann z.B. entweder der Wortlaut „unter Berücksichtigung" nutzbar gemacht werden, um Zeiten des Sonderurlaubs auszugrenzen.

Alternativ kann z.B. bei der Gewährung von Sonderurlaub von der Kürzungsmöglichkeit des § 5 Abs. 2 S. 5 TV-V Gebrauch gemacht werden. § 5 Abs. 2 S. 5 TV-V wäre dann insoweit analog anzuwenden.[724] Denn der Stufenaufstieg soll die durch

---

718 BAG, Urt. v. 30.10.2001 – 9 AZR 426/00, ZTR 2002, 337.
719 *Herzberg/Schlusen*, § 15 TV-V Rn 11.
720 *Herzberg/Schlusen*, § 15 TV-V Rn 11.
721 Vgl. ausführlich zur Monokausalität als Voraussetzung für den Entgeltfortzahlungsanspruch Fuhlrott/Mückl/*Mückl*, Handbuch, Kapitel 3 Rn 15 ff.
722 Vgl. *Herzberg/Schlusen*, § 15 TV-V Rn 15; Groeger/*Grimm*, Teil 3 M Rn 33.
723 So *Herzberg/Schlusen*, § 15 TV-V Rn 10.
724 In diesem Sinne *Herzberg/Schlusen*, § 15 TV-V Rn 10.

die praktische Arbeit während der Betriebszugehörigkeit gewonnene Erfahrung und die entsprechenden Kenntnisse reflektieren, die bei einer entsprechenden Betriebszugehörigkeit typisiert „vermutet" werden. Da in Zeiten des Sonderurlaubs aber nicht gearbeitet wird, sodass die „Vermutung" nicht mehr gerechtfertigt ist, erscheint eine analoge Anwendung denkbar. Es fehlt nämlich eine § 15 Abs. 2 S. 3 TV-V entsprechende Regelung, ohne dass hierfür ein Grund erkennbar ist, sodass eine planwidrige Regelungslücke vorliegen dürfte.

c) Regelung in Ergänzungsvereinbarungen

411 Soweit der TV-V den Abschluss ergänzender Betriebs- oder Dienstvereinbarungen vorsieht, sind die Auswirkungen eines Sonderurlaubs dort zu regeln (z.B. beim Jubiläumsgeld, beim Sterbegeld).[725]

d) Sonderzahlung nach § 16 TV-V

412 Nach § 16 Abs. 1 TV-V ermäßigt sich der Anspruch auf die Sonderzahlung um ein Zwölftel für jeden Kalendermonat, in dem der Arbeitnehmer keinen Anspruch auf Entgelt hat.

Beispiel[726]
Da der TV-V insoweit den Kalendermonat meint, würde z.B. ein unbezahlter Sonderurlaub vom 5.4 bis zum 28.5 eines Jahres keine Kürzung der Sonderzahlung zur Folge haben, sofern an den verbleibenden Tagen der Monate April und Mai noch Anspruch auf Entgelt bestehen würde. Anders wäre dies bei einem vom 5.4. bis 31.5. dauernden Sonderurlaub.

e) Auswirkungen auf den Erholungsurlaubsanspruch

413 Der TV-V enthält keine den bisherigen Tarifverträgen entsprechende Regelung, wonach der Erholungsurlaub sich für jeden vollen Kalendermonat eines unbezahlten Sonderurlaubs um ein Zwölftel vermindert. Das BUrlG trifft hierzu ebenfalls keine Regelung. Das BAG hat allerdings in seinem Urteil vom 7.8.2012[727] klargestellt, dass das Entstehen eines Urlaubsanspruchs **nicht von einem aktiven Arbeitsverhältnis abhänge** und daher auch im Rahmen eines ruhenden Arbeitsverhältnisses ein entsprechender Anspruch entstehe. Hiervon ausgehend wird man im Rahmen des TV-V nichts anderes annehmen können.[728] Dies gilt umso mehr, als die Kürzungsre-

725 In diesem Sinne *Herzberg/Schlusen*, § 15 TV-V Rn 11.
726 Beispiel nach *Herzberg/Schlusen*, § 15 TV-V Rn 12.
727 9 AZR 353/10 – DB 2012, 2462.
728 A.A. wohl *Herzberg/Schlusen*, § 15 TV-V Rn 15, die dies allerdings letztlich offen lassen.

gelung der vorhergehenden Tarifverträge bewusst nicht übernommen wurde. Dies rechtfertigt insoweit einen Umkehrschluss darauf, dass für das ruhende Arbeitsverhältnis die allgemeinen Grundsätze Anwendung finden sollen.

f) Belehrung und Bestätigung

Wegen der teilweise gravierenden Folgen für den Arbeitnehmer wird in der Litera- 414
tur regelmäßig empfohlen, ihn vor Beginn seines unbezahlten Sonderurlaubs auf die Folgen hinzuweisen und sich die entsprechende Belehrung quittieren zu lassen.[729]

V. Arbeitsbefreiung

Einen konstitutiven Anspruch auf eine Arbeitsbefreiung gewährt § 15 Abs. 2 TV-V. 415

1. Verdrängung von § 616 BGB

Ob damit der gesetzliche Anspruch nach § 616 BGB abbedungen werden sollte – was 416
grundsätzlich möglich ist –,[730] ist dem Wortlaut nach nicht klar. Denn Voraussetzung eines entsprechenden Anspruch ist eine Betriebs- oder Dienstvereinbarung „in Anlehnung an § 616 BGB".

Führt man sich aber vor Augen, dass § 15 Abs. 3, 4 TV-V gesonderte Fälle regeln und im Übrigen gemäß § 15 Abs. 2 TV-V eine Konkretisierung durch die Betriebsparteien erfolgen soll, sprechen die besseren Gründe dafür, dass die Tarifparteien keinen konkurrierenden allgemeinen gesetzlichen Anspruch bestehen lassen wollten. § 15 Abs. 2 bis 4 TV-V **regelt die Arbeitsbefreiung daher abschließend und bedingt § 616 BGB ab**.[731]

2. Tariflich geregelte Fälle

a) Tagungen von Gewerkschaftsvertretern

Gewerkschaftsvertretern sind für die Teilnahme an Tagungen bis zu sechs Tage Ar- 417
beitsbefreiung pro Jahr unter Fortzahlung des Entgelts zu gewähren, § 15 Abs. 3 S. 2 TV-V, soweit dem nicht dringende betriebliche Interessen entgegenstehen. Erforderlich ist wiederum eine Entscheidung im Rahmen billigen Ermessens (§ 315 BGB).

---

729 So *Herzberg/Schlusen*, § 15 Rn 14; ähnlich Groeger/*Brock*, Teil 3 M Rn 33 (zweckmäßig).
730 BAG, Urt. v. 13.12.2001 – 6 AZR 30/01 – NZA 2002, 1105.
731 Offenbar a.A. – aber unklar – *Herzberg/Schlusen*, § 15 TV-V Rn 17.

Unter der vorgenannten Voraussetzung kann der Arbeitgeber seine Zustimmung versagen.[732]

Dabei ist nicht jede gewerkschaftliche Aktivität als „Tagung" zu qualifizieren. Dies gilt vielmehr nur für Zusammenkünfte, die satzungsgemäß vorgesehenen Handlungen dienen, z.B. Beschlussfassungen.[733]

Praxistipp
Die im TV-V verwendeten Begriffe bezüglich der Organisationsstrukturen beziehen sich auf diejenigen von ver.di, können aber analog auf entsprechende Organe anderer Gewerkschaften angewendet werden.[734]

b) Tarifverhandlungen

418 Eine unbegrenzte Freistellung von der Arbeit unter voller Entgeltfortzahlung kann demgegenüber nach § 15 Abs. 3 S. 2 TV-V zur Teilnahme an Tarifverhandlungen verlangt werden. Eingeschränkt wird dies allerdings durch die aktuelle Niederschriftserklärung:[735]

Klausel
„Die Tarifvertragsparteien sind sich darüber einig, dass eine Freistellung für Tagungen der Bundesfachgruppenvorstände nur in Betracht kommt, wenn der Angestellte in einem Bereich beschäftigt ist, der unter die Organisationszugehörigkeit der Bundesfachgruppe fällt."

c) Beteiligung an Prüfungs- und Berufsbildungsausschüssen/Tätigkeit in Organen von Sozialversicherungsträgern

419 Gemäß § 15 Abs. 4 TV-V kann
- für die Teilnahme an Sitzungen von Prüfungs- und Berufsbildungsausschüssen nach dem BBiG sowie
- für eine Tätigkeit in Organen von Sozialversicherungsträgern

eine Befreiung von der Arbeit unter voller Entgeltfortzahlung (§ 6 Abs. 3 TV-V) gewährt werden.

Der Arbeitnehmer hat zwar keinen Anspruch auf die Freistellung, sondern wiederum nur auf eine Entscheidung nach billigem Ermessen (§ 315 BGB). Allerdings

732 Vgl. Groeger/*Brock*, Teil 3 M Rn 25.
733 Vgl. Groeger/*Brock*, Teil 3 M Rn 25.
734 Vgl. Groeger/*Brock*, Teil 3 M Rn 25.
735 Als einschränkend wird dies auch bewertet von *Herzberg/Schlusen*, § 15 TV-V Rn 30.

kann die Freistellung (nur) verweigert werden, falls zwingende betriebliche Interessen entgegenstehen.

Praxistipp
Mit dem Begriff der „Organe der Selbstverwaltungsträger" sind die Selbstverwaltungsorgane der Sozialversicherungsträger gemeint.[736] § 31 SGB IV nennt insoweit z.B. die Vertreterversammlung und den Vorstand. Nicht erfasst sind Beiräte oder Widerspruchsausschüsse (z.B. §§ 64, 103 SGB IX).[737]

3. Sonstige Fälle – Erfordernis einer Betriebs- oder Dienstvereinbarung

Alle sonstigen Fälle einer Arbeitsbefreiung i.S.d. § 15 Abs. 2 TV-V bedürfen einer 420
entsprechenden Betriebs- oder Dienstvereinbarung. Fehlt es an ihr, besteht kein Anspruch nach § 616 BGB.

Praxistipp
Die in § 15 Abs. 3, 4 TV-V eigenständig geregelten Tatbestände dürfen allerdings nicht Bestandteil der nach § 15 Abs. 2 TV-V abzuschließenden Betriebs- oder Dienstvereinbarung sein.[738]

L. Beendigung von Arbeitsverhältnissen – Welche Vorgaben des TV-V beachtet werden müssen

I. Möglichkeiten zur Beendigung des Arbeitsverhältnisses

Mit der Beendigung des Arbeitsverhältnisses beschäftigt sich der TV-V nur sehr 421
punktuell. Sie ist auf unterschiedliche Weise möglich. Sie muss allerdings stets schriftlich erfolgen (§§ 623 BGB, 14 Abs. 4, 21 TzBfG, 19 Abs. 5 TV-V). Die in der Praxis am häufigsten vorkommenden Beendigungsmöglichkeiten sind:
- Kündigung (ordentliche und außerordentliche);
- Aufhebungsvertrag (= Vereinbarung über die Beendigung)
- Befristung (= Ablauf einer vereinbarten Zeit);
- auflösende Bedingung (= Eintritt eines bestimmten, ungewissen Ereignisses);
- Auflösung des Arbeitsvertrages durch das Arbeitsgericht (§ 9 KSchG);
- Tod des Arbeitnehmers.

736 Groeger/*Brock*, Teil 3 M Rn 26.
737 Groeger/*Brock*, Teil 3 M Rn 26.
738 *Herzberg/Schlusen*, § 15 TV-V Rn 30.

II. Welche Vorgaben macht der TV-V?

422 § 19 Abs. 1 TV-V greift diese Beendigungsmöglichkeiten auf und konkretisiert sie (im Fall des § 19 Abs. 1 lit. d) in § 19 Abs. 3 TV-V) teilweise.

1. Aufhebungsvertrag

423 Rein deklaratorisch ist allerdings die Regelung in § 19 Abs. 1 lit. b) TV-V, die klarstellt, dass die Arbeitsvertragsparteien das Arbeitsverhältnis jederzeit durch Aufhebungsvertrag, dort „Auflösungsvertrag" genannt, – schriftlich (§ 19 Abs. 5 TV-V) – beenden können.

2. Arbeitsvertragliche Befristung und Bedingung

424 Gleiches gilt für die Regelung in § 19 Abs. 1 lit. c) TV-V, wonach das Arbeitsverhältnis infolge einer arbeitsvertraglich vereinbarten Befristung oder auflösenden Bedingung (§ 158 Abs. 2 BGB) endet. Inhaltliche Regelungen tritt der TV-V auch insoweit mit der Folge weitgehend nicht, dass nach §§ 620 Abs. 3 BGB, 14, 21 TzBfG die allgemeinen Regeln gelten. In § 19 Abs. 1 lit. a) TV-V ist demgegenüber ein Fall der Befristung, in § 19 Abs. 1 lit. d) TV-V ein Fall der auflösenden Bedingung geregelt.

3. Beendigung aufgrund Alters

425 Die erste selbständige Reglung trifft der TV-V in § 19 Abs. 1 lit. a), nach dem das Arbeitsverhältnis mit Ablauf des Monats endet, in dem der Arbeitnehmer das gesetzlich festgelegte Alter zum Erreichen einer abschlagsfreien Regelaltersrente vollendet hat.

a) Regelaltersrente i.S.d. TV-V

426 Gemeint ist damit die gesetzliche Regelaltersrente, da der TV-V selbst keine spezifische Regelaltersrente kennt. Der Anspruch auf gesetzliche Regelaltersrente ist in § 35 S. 2 SGB VI und in § 235 Abs. 1 S. 2 und Abs. 2 SGB VI festgelegt.

b) Wirksame Befristung

427 Nach der Rechtsprechung des BAG unterliegen Regelungen über die Beendigung von Arbeitsverhältnissen aufgrund von Altersgrenzen der arbeitsgerichtlichen Befristungskontrolle.[739] Sie bedürfen eines sie rechtfertigenden Sachgrunds i.S.d. § 14 Abs. 1 TzBfG.[740]

---

739 BAG, Urt. v. 12.9.2013 – 7 AZR 917/11 – NZA 2013, 1428.

740 Für eine tarifvertragliche Altersgrenze BAG, Urt. v. 21.9.2011 – 7 AZR 134/10, NZA 2012, 271.

Eine auf das Erreichen des Lebensalters zum Anspruch auf die Regelaltersrente abstellende Altersgrenzenregelung kann nach der Rechtsprechung des BAG sowohl in Kollektivnormen[741] als auch in individualvertraglichen Abmachungen[742] sachlich gerechtfertigt sein. Dabei sind die Interessen der Arbeitsvertragsparteien an der Fortsetzung des Arbeitsverhältnisses einerseits und seiner Beendigung andererseits gegeneinander abzuwägen.[743]

Zunächst einmal ist daher zu berücksichtigen, dass der Arbeitnehmer mit seinem Wunsch nach dauerhafter Fortsetzung seines Arbeitsverhältnisses über die gesetzliche Regelaltersgrenze hinaus legitime wirtschaftliche und ideelle Anliegen verfolgt.[744] Das Arbeitsverhältnis sichert seine wirtschaftliche Existenzgrundlage und bietet ihm die Möglichkeit beruflicher Selbstverwirklichung.[745]

Allerdings handelt es sich – bei typisierter Sichtweise – um ein Fortsetzungsverlangen eines mit Erreichen der Regelaltersgrenze wirtschaftlich abgesicherten Arbeitnehmers, der bereits ein langes Berufsleben hinter sich hat und dessen Interesse an der Fortführung seiner beruflichen Tätigkeit nur noch für eine begrenzte Zeit besteht.[746] Hinzu kommt, dass der Arbeitnehmer auch typischerweise von der Anwendung der Altersgrenzenregelungen durch seinen Arbeitgeber Vorteile hatte, weil dadurch auch seine Einstellungs- und Aufstiegschancen verbessert worden sind.[747]

Dem gegenüber steht das Bedürfnis des Arbeitgebers nach einer sachgerechten und berechenbaren Personal- und Nachwuchsplanung.[748] Dem Interesse des Arbeitgebers, beizeiten geeigneten Nachwuchs einzustellen oder bereits beschäftigte Arbeitnehmer fördern zu können, ist jedenfalls dann Vorrang vor dem Bestandsschutzinteresse des Arbeitnehmers zu gewähren, wenn der Arbeitnehmer durch den Bezug der Regelaltersrente wirtschaftlich abgesichert ist. Denn die Beendigung des Arbeitsverhältnisses aufgrund einer Altersgrenzenregelung ist verfassungsrechtlich nur zu rechtfertigen, wenn an die Stelle der Arbeitsvergütung der dauerhafte Bezug von Leistungen aus einer Altersversorgung tritt.[749] Die Anbindung an eine rentenrechtliche Versorgung bei Ausscheiden durch eine Altersgrenze ist damit Bestandteil des Sachgrunds.[750] Die Wirksamkeit der Befristung ist allerdings **nicht von der**

741 Für eine Betriebsvereinbarung BAG, Urt. v. 5.3.2013 – 1 AZR 417/12 – DB 2013, 1852.

742 Vgl. BAG, Urt. v. 18.9.2008 – 7 AZR 116/07 – BAGE 127, 74; für eine einzelvertragliche Altersgrenze vgl. BAG, Urt. v. 27.9.2005 – 7 AZR 443/04 – BAGE 115, 265.

743 BAG, Urt. v. 12.9.2013 – 7 AZR 917/11 – NZA 2013, 1428.

744 BAG, Urt. v. 12.9.2013 – 7 AZR 917/11 – NZA 2013, 1428.

745 BAG, Urt. v. 12.9.2013 – 7 AZR 917/11 – NZA 2013, 1428.

746 BAG, Urt. v. 12.9.2013 – 7 AZR 917/11 – NZA 2013, 1428.

747 BAG, Urt. v. 12.9.2013 – 7 AZR 917/11 – NZA 2013, 1428.

748 BAG, Urt. v. 12.9.2013 – 7 AZR 917/11 – NZA 2013, 1428.

749 BAG, Urt. v. 12.9.2013 – 7 AZR 917/11 – NZA 2013, 1428.

750 BAG, Urt. v. 12.9.2013 – 7 AZR 917/11 – NZA 2013, 1428.

konkreten wirtschaftlichen Absicherung des Arbeitnehmers bei Erreichen der Altersgrenze abhängig.[751]

Nach diesen Grundsätzen ist die Altersgrenze in § 19 Abs. 1 lit. a) TV-V nach § 14 Abs. 1 S. 1 TzBfG nicht zu beanstanden. Den Interessen des durch den Bezug der gesetzlichen Altersrente abgesicherten Arbeitnehmers **gehen die Interessen des Arbeitgebers an einer sachgerechten und berechenbaren Personal- und Nachwuchsplanung** vor. Dies gilt jedenfalls dann, wenn nicht besondere Umstände erkennbar sind, die das Interesse des Arbeitnehmers an der Fortsetzung des Arbeitsverhältnisses überwiegen lassen.[752]

! **Praxistipp**
Derartige „besondere Umstände" werden in aller Regel nicht bestehen. Für ihr Bestehen trägt der Arbeitnehmer die Darlegungs- und Beweislast.

c) Keine verbotene Altersdiskriminierung

Aus der durch § 19 Abs. 1 lit. a) TV-V bewirkten Beendigung von Arbeitsverhältnissen bei Erreichen der Regelaltersgrenze folgt eine – allerdings gerechtfertigte – unmittelbare Diskriminierung wegen des Alters i.S.d. AGG und der unionsrechtlichen Vorgaben, die das AGG umsetzt.

aa) Zeitlicher Anwendungsbereich

Die Regelungen des AGG sind auch auf Altersgrenzen anzuwenden, die vor Inkrafttreten des AGG vereinbart wurden, wenn die Altersgrenze im Einzelfall erst mit oder nach Inkrafttreten des AGG erreicht wird[753]. Nur wenn die Altersgrenze bereits vor dem 18.8.2006 erreicht wurde, gilt nach § 33 Abs. 1 AGG altes Recht.[754]

bb) Unmittelbare Altersdiskriminierung

Die Altersgrenze des § 19 Abs. 1 lit. a) TV-V enthält eine unmittelbar auf dem Merkmal des Alters beruhende Ungleichbehandlung. Das Erreichen des Lebensalters, das mit der Regelaltersrente übereinstimmt, führt nach § 19 Abs. 1 lit. a) TV-V zur Beendigung des Arbeitsverhältnisses, ohne dass es einer Kündigung bedarf. Arbeitnehmer, die dieses Alter erreicht haben, erfahren somit eine weniger günstige Behandlung als andere Arbeitnehmer. Eine solche Regelung hat daher eine unmittelbar auf

---

751 BAG, Urt. v. 12.9.2013 – 7 AZR 917/11 – NZA 2013, 1428.
752 BAG, Urt. v. 12.9.2013 – 7 AZR 917/11 – NZA 2013, 1428.
753 BAG, Urt. v. 12.9.2013 – 7 AZR 917/11 – NZA 2013, 1428.
754 Vgl. BAG, Urt. v. 17.9.2009 – 7 AZR 112/08 (A) – BAGE 131, 113.

dem Alter beruhende Ungleichbehandlung bei den Entlassungsbedingungen i.S.d. §§ 7 Abs. 1, 3 Abs. 1 S. 1, § 1 AGG zur Folge.[755]

cc) Rechtfertigung der Diskriminierung

Diese unterschiedliche Behandlung ist auf Basis der Rechtsprechung des BAG 428
aber nach § 10 S. 1, 2 und 3 Nr. 5 AGG gerechtfertigt. Denn § 10 S. 1, 2 AGG erlauben die unterschiedliche Behandlung wegen des Alters, wenn diese objektiv und angemessen und durch ein legitimes Ziel gerechtfertigt ist und wenn die Mittel zur Erreichung dieses Ziels angemessen und erforderlich sind. Nach § 10 S. 3 Nr. 5 AGG kann eine zulässige unterschiedliche Behandlung wegen des Alters auch eine Vereinbarung einschließen, die die Beendigung des Beschäftigungsverhältnisses ohne Kündigung zu einem Zeitpunkt vorsieht, zu dem der oder die Arbeitnehmer eine Rente wegen Alters beantragen kann. Mit diesen Regelungen hat der Gesetzgeber die Vorgaben aus Art. 6 Abs. 1 der Richtlinie 2000/78/EG des Rates vom 27. November 2000 zur Festlegung eines allgemeinen Rahmens für die Verwirklichung der Gleichbehandlung in Beschäftigung und Beruf (RL 2000/78/EG) in nationales Recht umgesetzt.[756] Die Prüfung der Zulässigkeit einer auf dem Alter beruhenden unterschiedlichen Behandlung hat daher unter Beachtung der RL 2000/78/EG und der zu ihrer Auslegung ergangenen Rechtsprechung des EuGH zu erfolgen.

Nach dieser Rechtsprechung steht die Regelung des § 10 S. 3 Nr. 5 AGG wegen des mit ihr verfolgten arbeits- und beschäftigungspolitischen Ziels im Einklang mit Unionsrecht.[757] Die Regelung verfolgt ein legitimes Ziel i.S.d. Art. 6 Abs. 1 RL 2000/78/EG. Dabei hat der EuGH Altersgrenzen i.S.d. § 10 S. 3 Nr. 5 AGG, die an das Alter und die Beitragszahlung betreffende Voraussetzungen für den Bezug einer Altersrente anknüpfen, grundsätzlich als solche angesehen, die eine Ungleichbehandlung wegen des Alters i.S.d. Art. 6 Abs. 1 RL 2000/78/EG als objektiv und angemessen erscheinen lassen und im Rahmen des nationalen Rechts rechtfertigen können. Denn dabei handelt es sich um Instrumente der nationalen Arbeitsmarktpolitik, mit denen über eine bessere Beschäftigungsverteilung zwischen den Generationen der Zugang zur Beschäftigung gefördert werden soll.[758]

Die Nutzung der Ermächtigung von § 10 S. 3 Nr. 5 AGG muss allerdings ebenfalls 429
in angemessener und erforderlicher Weise ein legitimes Ziel i.S.d. Art. 6 Abs. 1 der

755 BAG, Urt. v. 12.9.2013 – 7 AZR 917/11 – NZA 2013, 1428.

756 BT-Drucks. 16/1780, S. 1 bis 3 und S. 20 bis 27; vgl. auch BAG, Urt. v. 8.12.2010 – 7 AZR 438/09 – BAGE 136, 270.

757 EuGH, Urt. v. 12.10.2010 – C-45/09 – NZA 2010, 1167 – Rosenbladt.

758 EuGH, Urt. v. 5.9.2012 – C-141/11 – NZA 2012, 785 – Hörnfeldt; EuGH, Urt. v. 12.10.2010 – C-45/09 – NZA 2010, 1167 – Rosenbladt.

RL 2000/78/EG verfolgen.[759] Ausreichend ist dabei, wenn aus dem allgemeinen Kontext der betreffenden Maßnahme abgeleitete Anhaltspunkte die Feststellung des hinter dieser Maßnahme stehenden Ziels ermöglichen, damit dessen Rechtmäßigkeit gerichtlich überprüft werden kann.[760]

Legitime Zielsetzung

430 Hiervon ausgehend ist die Altersgrenze in § 19 Abs. 1 lit. a) TV-V eine Vereinbarung i.S.d. § 10 S. 3 Nr. 5 AGG, mit der – insbesondere auch unter Berücksichtigung unionsrechtlicher Vorgaben – legitime Ziele mit den hierzu angemessenen und erforderlichen Mitteln verfolgt werden.[761] In § 19 Abs. 1 lit. a) TV-V sind die mit der Altersgrenze verfolgten Ziele zwar nicht ausdrücklich benannt. Aus dem Gesamtzusammenhang kann aber geschlossen werden, dass es Tarifparteien darum ging, für eine **zuverlässige Personalplanung** zu sorgen, eine **ausgewogene Altersstruktur** zu erhalten sowie **ggf. Aufstiegschancen zu eröffnen** und damit Leistungs- und Motivationsanreize für die Arbeitnehmer zu schaffen.

Diese Ziele sind zu einem nicht unerheblichen Teil solche der ohne weiteres unter Art. 6 Abs. 1 RL 2000/78/EG fallenden Beschäftigungspolitik. Darüber hinaus entspricht eine in ihrer Altersstruktur ausgewogene Zusammensetzung der Belegschaft nicht lediglich dem Interesse des Arbeitgebers. Ohne eine Altersgrenze bestünde die Gefahr, dass die Arbeitnehmer ihre Arbeitsverhältnisse ohne absehbares Ende fortsetzen und damit die Einstellung oder den Aufstieg jüngerer Arbeitnehmer blockieren. Nicht unrealistisch wäre ggf. für die rentenberechtigten Arbeitnehmer auch die Versuchung, sich die einvernehmliche Beendigung ihres Arbeitsverhältnisses „abkaufen" zu lassen.[762] Im Übrigen spiegelt die Altersgrenze des § 19 Abs. 1 lit. a) TV-V einen **sozialpolitischen Konsens** wider, der seit Langem Teil des Arbeitsrechts zahlreicher Mitgliedstaaten und in den Beziehungen des Arbeitslebens weithin üblich ist.[763]

Erforderlichkeit und Angemessenheit

431 Die in § 19 Abs. 1 lit. a) TV-V festgelegte Altersgrenze ist als Mittel zur Erreichung der genannten Ziele auf der Grundlage der vom BAG hierzu entwickelten Grundsätze auch erforderlich und angemessen. Denn zum einen kann angenommen werden, dass sie den Zugang jüngerer Personen zum Arbeitsmarkt und/oder ihren Verbleib auf diesem Markt erleichtert, zur Gewährleistung einer ausgewogenen Altersstruktur in der Belegschaft beiträgt und eine sichere Personalplanung ermöglicht.[764] Zum

759 EuGH, Urt. v. 12.10.2010 – C-45/09 – NZA 2010, 1167 – Rosenbladt.

760 EuGH, Urt. v. 5.9.2012 – C-141/11 – NZA 2012, 785 – Hörnfeldt.

761 Vgl. für eine Parallelbestimmung im BAT-KF BAG, Urt. v. 12.9.2013 – 7 AZR 917/11 – NZA 2013, 1428.

762 Vgl. BAG, Urt. v. 8.12.2010 – 7 AZR 438/09 – BAGE 136, 270.

763 Vgl. dazu zuletzt BAG, Urt. v. 12.9.2013 – 7 AZR 917/11 – NZA 2013, 1428.

764 BAG, Urt. v. 12.9.2013 – 7 AZR 917/11 – NZA 2013, 1428.

anderen berücksichtigt die Altersgrenze, dass dem Arbeitnehmer am Ende seiner beruflichen Laufbahn ein **finanzieller Ausgleich** durch einen Einkommensersatz in Gestalt einer Altersrente zugutekommt.[765] Schließlich führt sie nicht zum Ausscheiden aus dem Erwerbsleben, denn sie beendet zwar das in der Vergangenheit begründete Arbeitsverhältnis, enthält aber kein Verbot einer bestimmten beruflichen Tätigkeit. Die Möglichkeit der Weiterbeschäftigung von Arbeitnehmern, deren Arbeitsverhältnis nach § 19 Abs. 1 lit. a) TV-V geendet hat, ist nicht ausgeschlossen. Beschäftigte, die das Rentenalter erreicht haben und erwerbstätig bleiben wollen, verlieren rechtlich nicht den Schutz gegen Ungleichbehandlungen wegen des Alters.[766]

dd) Kein Verstoß gegen Art. 3 GG

Vor diesem Gesamthintergrund verstößt die Altersgrenze des § 19 Abs. 1 lit. a) TV-V **432** auch nicht gegen den verfassungsrechtlichen Gleichheitssatz von Art. 3 Abs. 1 GG, der im vorliegenden Zusammenhang keine weitergehenden Anforderungen als das einschlägige Unionsrecht stellt.[767]

ee) Kein Verstoß gegen § 41 SGB VI

Im Übrigen wird mit § 19 Abs. 1 lit. a) TV-V auch nicht § 41 SGB VI umgangen. **433** Schließlich handelt es sich nicht um eine Vereinbarung, die die Beendigung des Arbeitsverhältnisses ohne Kündigung zu einem Zeitpunkt vorsieht, zu dem der Arbeitnehmer vor Erreichen der Regelaltersgrenze eine Rente wegen Alters beantragen kann.[768] Dies dürfte auch in Bezug auf § 41 S. 3 SGB VI n.F. gelten, der zum 1.7.2014 in Kraft getreten ist, auch wenn die Tarifdispositivität dieser Regelung nicht klar ist. Denn diese Regelung dürfte europarechtswidrig sein.[768a]

4. Beendigung bei Erwerbsminderung

In § 19 Abs. 1 lit. d), Abs. 2 TV-V ist die Beendigung des Arbeitsverhältnisses wegen **434** einer Erwerbsminderung des Arbeitnehmers geregelt. Dabei differenziert der TV-V zwischen vollständiger und teilweiser Erwerbsminderung.

---

765 BAG, Urt. v. 12.9.2013 – 7 AZR 917/11 – NZA 2013, 1428.

766 BAG, Urt. v. 12.9.2013 – 7 AZR 917/11 – NZA 2013, 1428.

767 Vgl. BAG, Urt. v. 11.12.2012 – 3 AZR 634/10 – DB 2013, 1002; BAG, Urt. v. 12.9.2013 – 7 AZR 917/11 – NZA 2013, 1428.

768 BAG, Urt. v. 12.9.2013 – 7 AZR 917/11 – NZA 2013, 1428.

768a Vgl. nur *Bader*, NZA 2014, 749, 752.

a) Volle Erwerbsminderung

435 Wird durch Bescheid des Rentenversicherungsträgers festgestellt, dass der Arbeitnehmer voll erwerbsgemindert ist, endet das Arbeitsverhältnis nach § 19 Abs. 1 lit. d) TV-V, ohne dass es einer Kündigung bedarf mit Ablauf des Monats, in dem der Rentenbescheid zugestellt wird. Der Arbeitnehmer hat den Arbeitgeber von der Zustellung des Rentenbescheides nach § 19 Abs. 1 S. 2 TV-V unverzüglich (§ 121 BGB) zu unterrichten. Beginnt die Rente erst nach der Zustellung des Rentenbescheides, endet das Arbeitsverhältnis erst mit Ablauf des dem Rentenbeginn vorangehenden Tages (§ 19 Abs. 1 S. 3 TV-V).

aa) Sachliche Rechtfertigung

436 Bei dieser Regelung handelt es sich um die tarifliche Festlegung einer auflösenden Bedingung (§ 158 Abs. 2 BGB), die nach § 21 TzBfG am Maßstab des § 14 Abs. 1 TzBfG zu prüfen ist und in weiten Teilen der Vorgängerregelung in § 59 Abs. 1 BAT entspricht. In Anknüpfung an die vom BAG zu § 59 Abs. 1 BAT (und vergleichbare andere tarifliche Regelungen) entwickelten Grundsätze ist die in § 19 Abs. 1 lit. d), S. 2 und 3 TV-V getroffene Regelung **sachlich gerechtfertigt und daher wirksam.** Denn die in § 19 Abs. 1 lit. d) TV-V getroffene Regelung über die Beendigung des Arbeitsverhältnisses beruht auf der Annahme der Tarifvertragsparteien, der Arbeitnehmer werde im Falle der Erwerbsminderung künftig die arbeitsvertraglich geschuldeten Leistungen nicht mehr erbringen können.[769] Bei voller Erwerbsminderung i.S.d. § 43 Abs. 2 SGB VI und einer unbefristeten Rentengewährung deswegen leuchtet dies ohne weiteres ein. Denn die – unbefristete –[770] Rentengewährung erfolgt aufgrund der Überzeugung des Rentenversicherungsträgers, dass die Erwerbsfähigkeit nicht wiederhergestellt werden wird. Dieser Bewertung, die nach entsprechender Prüfung erfolgt, schließen sich die Parteien des TV-V an.

! **Praxistipp**
Ein Bescheid, durch den der ausstellende Rentenversicherungsträger nach § 40 Abs. 5 SGB X selbst nachträglich die Nichtigkeit eines zunächst ergangenen Rentenbescheids feststellt, entfaltet „Tatbestandswirkung" auch für den Arbeitgeber.[771]

---

769 BAG, Urt. v. 1.12.2004 – 7 AZR 135/04 – NZA 2006, 211.
770 Zu diesem Erfordernis, das auch im Rahmen des § 19 Abs. 1 lit. d) TV-V gilt, vgl. unter Kapitel 3 Rn 441.
771 BAG, Urt. v. 10.10.2012 – 7 AZR 602/11 – ZTR 2013, 131.

bb) Kein Zustimmungserfordernis bei Schwerbehinderung

Dass § 19 TV-V hinsichtlich der Beendigungswirkung bei voller Erwerbsminderung 437
auch dann nicht an eine Zustimmung des Integrationsamtes anknüpft, wenn der voll erwerbsgeminderte Arbeitnehmer ein schwerbehinderter Mensch ist, folgt daraus, dass die Beendigung des Arbeitsverhältnisses eines schwerbehinderten Menschen nach § 92 S. 1 SGB IX nur dann der vorherigen Zustimmung des Integrationsamts bedarf, wenn sie im Fall des Eintritts einer teilweisen Erwerbsminderung, der Erwerbsminderung auf Zeit, der Berufsunfähigkeit oder der Erwerbsunfähigkeit auf Zeit ohne Kündigung erfolgt. Hier steht aber eine Rente wegen voller Erwerbsminderung in Rede, auf die § 92 S. 1 SGB IX nicht analog anzuwenden ist.[772]

cc) Unverzügliche Unterrichtung des Arbeitgebers und Auswirkung auf den Beendigungszeitpunkt

Nach § 19 Abs. 1 S. 2 TV-V hat der Arbeitnehmer den Arbeitgeber unverzüglich – also 438
ohne schuldhaftes Zögern (§ 121 BGB) – über die Zustellung eines Rentenbescheides infolge voller Erwerbsminderung zu unterrichten.

Die Statuierung des Unterrichtungserfordernisses hat unmittelbare Auswirkungen auf die Beendigung des Arbeitsverhältnisses. Denn nach der Rechtsprechung des BAG zu § 59 BAT,[773] die insoweit auf § 19 Abs. 1 lit. d) TV-V übertragen werden kann, finden §§ 21, 15 Abs. 2 TzBfG mit der Folge Anwendung, dass das Arbeitsverhältnis **frühestens zwei Wochen nach Zugang der schriftlichen Unterrichtung** des Arbeitnehmers durch den Arbeitgeber über den Zeitpunkt des Eintritts der auflösenden Bedingung endet. Der TV-V ist insoweit gesetzeskonform auszulegen.[774] Der Arbeitgeber kann den Arbeitnehmer aber nur im Einklang mit § 15 Abs. 2 TzBfG unterrichten, nachdem ihm der Arbeitnehmer Kenntnis von der Rentengewährung verschafft hat.

Praxistipp !

Einen Weg, das Arbeitsverhältnis zu verlängern, um hierdurch (ungerechtfertigte) wirtschaftliche Vorteile zu generieren, eröffnet die – tarifwidrige – Verzögerung der Mitteilung des Arbeitnehmers über die Rentengewährung an den Arbeitgeber aber nur sehr begrenzt. Denn mit der Verletzung der Mitteilungspflicht, begeht der Arbeitnehmer eine Pflichtverletzung i.S.d. § 280 Abs. 1 S. 1 BGB und macht sich grundsätzlich schadensersatzpflichtig. Sein Verschulden wird zwar nicht nach § 280 Abs. 1 S. 2 BGB vermutet (§ 619a BGB). Da die Entscheidung über das „Wann" der Unterrichtung des Arbeitgebers aber stets einfach gelagert ist und weder Abwägung noch Beratung erforderlich

---

772 BAG, Urt. v. 6.9.2011 – 7 AZR 704/09 – DB 2011, 1756.

773 BAG, Urt. v. 23.9.2004 – 7 AZR 440/03 – DB 2004, 2586; BAG, Urt. v. 6.9.2011 – 7 AZR 704/09 – DB 2011, 1756.

774 Vgl. BAG, Urt. v. 23.9.2004 – 7 AZR 440/03 – DB 2004, 2586.

macht,[775] wird eine Unterrichtung nur dann unverzüglich sein, wenn sie am nächsten Arbeitstag erfolgt. Eine spätere Unterrichtung wird der Arbeitnehmer i.S.d. § 276 BGB vertreten müssen. Als ersatzfähiger Schaden (§§ 249 ff. BGB) kommt gezahlte Vergütung nur dann in Betracht, wenn sie nicht durch entsprechende Arbeitsleistung kompensiert worden ist.[776] Sollte jedoch in dem in Frage kommenden Zeitraum Urlaubsentgelt, Entgeltfortzahlung bzw. Krankengeldzuschuss, eine Sonderzahlung oder eine Jubiläumszuwendungen gezahlt worden sein, können diese Zahlungen zurückgefordert werden.

b) Teilweise Erwerbsminderung

439 Für die Fälle einer teilweisen Erwerbsminderung (§ 43 Abs. 1 SGB VI) trifft § 19 Abs. 2 TV-V eine Sonderregelung. Teilweise erwerbsgemindert sind nach § 43 Abs. 1 S. 2 SGB VI Arbeitnehmer, die wegen Krankheit oder Behinderung auf nicht absehbare Zeit außerstande sind, unter den üblichen Bedingungen des allgemeinen Arbeitsmarktes mindestens sechs Stunden täglich erwerbstätig zu sein. In diesem Fall endet das Arbeitsverhältnis nach § 19 Abs. 2 TV-V nicht unbedingt. Vielmehr hat der Arbeitgeber zuvor nach § 19 Abs. 2 S. 1 TV-V zu prüfen, ob eine zumutbare Beschäftigungsmöglichkeit im Unternehmen besteht. Ist dies nicht der Fall, endet das Arbeitsverhältnis nach näherer Maßgabe von § 19 Abs. 2 S. 2, 3 TV-V. Auch diese Regelung ist sachlich gerechtfertigt i.S.d. § 14 Abs. 1 TzBfG.

aa) Schutzzweck der Regelung

440 § 19 Abs. 2 S. 2 TV-V dient einerseits dem Schutz des Arbeitnehmers, der aus gesundheitlichen Gründen nicht mehr in der Lage ist, seine bisherige Tätigkeit zu verrichten und bei dem bei einer Fortsetzung der Tätigkeit die Gefahr einer weiteren Verschlimmerung seines Gesundheitszustandes besteht.[777] Andererseits will die Tarifvorschrift dem berechtigten Interesse des Arbeitgebers Rechnung tragen, sich von einem Arbeitnehmer zu trennen, der gesundheitsbedingt nicht mehr in der Lage ist, seine nach dem Arbeitsvertrag geschuldete Leistung zu erbringen.[778] Diese berechtigten Interessen beider Arbeitsvertragsparteien sind nach der Rechtsprechung des BAG grundsätzlich geeignet, einen sachlichen Grund für die Beendigung des Arbeitsverhältnisses ohne Kündigung abzugeben.[779]

---

775 Vgl. zu diesen Kriterien für die Unverzüglichkeit einer Mitteilung des Arbeitnehmers BAG, Urt. v. 25.4.2013 – 6 AZR 49/12 – ZIP 2013, 1982 (zu § 174 BGB).

776 *Herzberg/Schlusen*, § 19 TV-V Rn 19, wobei eine Minderung wegen „Schlechtleistung" nach der Rechtsprechung des BAG ausscheidet, obwohl sie seit der Schludrechtsreform richtigerweise als allgemeiner Rechtsbehelf vorgesehen ist, vgl. *Mückl*, Vertragsbruch, S. 147 ff., 170 ff.

777 BAG, Urt. v. 1.12.2004 – 7 AZR 135/04 – NZA 2006, 211.

778 BAG, Urt. v. 1.12.2004 – 7 AZR 135/04 – NZA 2006, 211.

779 BAG, Urt. v. 1.12.2004 – 7 AZR 135/04 – NZA 2006, 211.

bb) Erfordernis einer unbefristeten Rente

Die verminderte Erwerbsunfähigkeit stellt allerdings nach der Rechtsprechung des BAG für sich genommen keinen ausreichenden Sachgrund für die auflösende Bedingung dar. Erst die Einbindung der Interessen des Arbeitnehmers durch die Anbindung an die rentenrechtliche Versorgung rechtfertigt die Beendigung des Arbeitsverhältnisses ohne Kündigung.[780] § 19 Abs. 1 lit. d) und Abs. 2 TV-V setzen deshalb voraus, dass das Arbeitsverhältnis nur bei einem voraussichtlich dauerhaften Rentenbezug ab dem Rentenbeginn enden soll.[781] 441

Dies stellt § 19 Abs. 3 S. 1 TV-V nicht nur ausdrücklich klar, sondern trägt den Interessen der Parteien dadurch Rechnung, dass das Arbeitsverhältnis im Fall einer befristeten Erwerbsminderungsrente lediglich ruht.[782] Dies bedeutet, dass die Hauptpflichten aus dem Arbeitsverhältnis ruhen, während das Arbeitsverhältnis als solches fortbesteht.[783]

cc) Prüfungspflicht bezüglich geeigneten freien Arbeitsplätzen

Im Fall einer teilweisen Erwerbsminderung (§ 43 Abs. 1 SGB VI) und einer deshalb unbefristet gewährten Rente hat der Arbeitgeber nach § 19 Abs. 2 S. 1 TV-V zu prüfen, ob eine zumutbare Beschäftigungsmöglichkeit im Unternehmen besteht. 442

Praxistipp !

Eine unternehmensübergreifende bzw. sogar konzernbezogene Prüfungs- und Weiterbeschäftigungspflicht besteht insoweit – parallel zu den allgemeinen kündigungsrechtlichen Regeln[784] – nicht. In Betracht kommen – ebenfalls entsprechend allgemeinen kündigungsrechtlichen Grundsätzen – lediglich geeignete gleich- oder geringerwertige Arbeitsplätze[785] im Unternehmen. Ein Anspruch auf Beförderung besteht nicht. Der Arbeitgeber ist aufgrund des TV-V auch nicht dazu verpflichtet, erst einen geeigneten Arbeitsplatz zu schaffen.[786]

---

780 BAG, Urt. v. 1.12.2004 – 7 AZR 135/04 – NZA 2006, 211.

781 Ausführlich zur Parallelregelung in § 59 BAT BAG, Urt. v. 23.9.2004 – 7 AZR 440/03 – AP Nr. 5 zu § 17 TzBfG.

782 Zu der Frage, ob diese Ruhenszeit auf die Betriebszugehörigkeit nach § 4 TV-V angerechnet werden kann, wird man im Rahmen der funktionsgerechten Auslegung der jeweiligen Norm immer dann verneinen können, wenn die Betriebszugehörigkeit lediglich ein Teilkriterium ist, das Berücksichtigung findet; jetzt wie hier *Herzberg/Schlusen*, § 19 TV-V Rn 24.

783 Ausführlich zum ruhenden Arbeitsverhältnis Küttner/*Röller/Seidel/Voelzke*, Ruhen des Arbeitsverhältnisses.

784 Vgl. nur HWK/*Quecke*, § 1 KSchG Rn 277 f. m.w.N.

785 Vgl. nur HWK/*Quecke*, § 1 KSchG Rn 276 m.w.N.

786 Ebenso *Herzberg/Schlusen*, TV-V § 19 Rn 22.

Erst wenn festgestellt worden ist, dass eine solche Beschäftigungsmöglichkeit nicht existiert, endet das Arbeitsverhältnis gemäß § 19 Abs. 2 S. 2 TV-V mit Ablauf des Monats, in dem der Rentenbescheid zugestellt worden ist. § 19 Abs. 1 S. 3 TV-V gilt insoweit entsprechend, sodass die hierzu oben unter Kapitel 3 Rn 438 entwickelten Grundsätze anwendbar sind.

dd) Schriftlicher Antrag des Arbeitnehmers

443 Durch den 1. Änderungstarifvertrag vom 30.1.2002 wurde im Rahmen der Protokollerklärung zu § 19 Abs. 2 TV-V klargestellt, dass der Arbeitgeber einen schriftlichen Antrag des Arbeitnehmers auf Weiterbeschäftigung innerhalb von zwei Wochen nach Zugang des Rentenbescheids nur dann ablehnen kann, wenn dem dringende betriebliche Belange entgegenstehen.

! Praxistipp
Das Schriftformerfordernis ist in Übereinstimmung mit den vom BAG zu parallelen tariflichen Regelungen entwickelten Grundsätzen[787] konstitutiv.

Die Tarifvertragsparteien haben damit der Rechtsprechung des BAG zur Rechtslage vor In-Kraft-Treten der parallel ausgestalteten Neuregelung in § 59 Abs. 3 BAT Rechnung getragen.[788] Danach hat das BAG § 59 Abs. 1 BAT a.F. aus verfassungsrechtlichen Gründen im Hinblick auf den Schutz der Freiheit der Berufsausübung des Arbeitnehmers aus Art. 12 Abs. 1 GG einschränkend ausgelegt. Eine Beendigung des Arbeitsverhältnisses trat deshalb grundsätzlich nicht ein, wenn der Arbeitnehmer noch auf seinem oder einem anderen, ihm nach seinem Leistungsvermögen zumutbaren, freien Arbeitsplatz weiterbeschäftigt werden konnte.[789]

444 Allerdings hat das BAG aus Gründen der Rechtssicherheit eine vorhandene Weiterbeschäftigungsmöglichkeit nur berücksichtigt, wenn der Arbeitnehmer spätestens im Zeitpunkt der tarifvertraglich vorgesehenen Beendigung des Arbeitsverhältnisses das **konkrete Verlangen** nach einer Weiterbeschäftigung auf einem bestimmten Arbeitsplatz geäußert hatte.[790] Das Verlangen sollte so rechtzeitig erfolgen, dass der Arbeitgeber in der Lage ist zu prüfen, ob das Arbeitsverhältnis im Falle der Rentenbewilligung endet oder ob es fortbesteht, weil eine Beschäftigungsmöglichkeit auf einem dem Gesundheitszustand des Arbeitnehmers entsprechenden freien Arbeitsplatz besteht.[791] Durch die Einfügung des Erfordernisses „dringender

---

787 BAG, Urt. v. 1.12.2004 – 7 AZR 135/04 – NZA 2006, 211.
788 Vgl. BAG, Urt. v. 1.12.2004 – 7 AZR 135/04 – NZA 2006, 211.
789 BAG, Urt. v. 9.9.2000 – 7 AZR 214/99 – AP Nr. 10 zu § 59 BAT.
790 BAG, Urt. v. 9.8.2000 – 7 AZR 749/98 – ZTR 2001, 270.
791 BAG, Urt. v. 31.9.2002 – 7 AZR 118/01 – AP Nr. 19 zu § 620 BGB Altersgrenze.

betrieblicher Gründe“[792] mit der Protokollerklärung zu § 19 Abs. 2 TV-V wird der Ermessensspielraum des Arbeitgebers im Zusammenhang mit der Prüfung zumutbarer Beschäftigungsmöglichkeiten eingeschränkt.[793]

Praxistipp
Im Umkehrschluss bedeutet dies aber auch, dass der Arbeitgeber einen nicht rechtzeitig gestellten Antrag ablehnen darf, ohne sich auf dringende betriebliche Gründe stützen zu müssen. Insoweit dürften sachliche Gründe ausreichen.

ee) Besonderheiten bei schwerbehinderten Arbeitnehmern

Abweichend von den für eine volle Erwerbsminderung entwickelten Grundsätzen 445
(vgl. Kapitel 3 Rn 437) ist bei einem schwerbehinderten Arbeitnehmer i.S. des SGB IX nach § 92 SGB IX für die Beendigung die vorherige Zustimmung des Integrationsamtes nötig. Das Arbeitsverhältnis endet dann mit Ablauf des Tages der Zustellung des Zustimmungsbescheides des Integrationsamtes (§ 19 Abs. 2 S. 4 TV-V).

Die Rente wegen teilweiser Erwerbsminderung ist bisweilen relativ gering. In der Praxis hatten die zuständigen Integrationsämter dies häufig zum Anlass genommen, ihre Zustimmung zu versagen, wenn und soweit der schwerbehinderte Arbeitnehmer erklärte, dass er noch nicht aufhören wolle. Auch vor diesem Hintergrund wurde durch den 1. Änderungstarifvertrag vom 30.1.2002 im Rahmen der Protokollerklärung zu § 19 Abs. 2 TV-V das Antragserfordernis innerhalb der Zweiwochenfrist eingeführt.

Praxistipp
Versäumt der Arbeitgeber schuldhaft, die behinderungsgerechte Beschäftigung eines schwerbehinderten oder gleichgestellten Arbeitnehmers nach § 81 Abs. 4 S. 1 Nr. 1 bis Nr. 5 SGB IX zu ermöglichen,[794] hat dieser einen Schadensersatzanspruch in Höhe der ihm entgangenen Vergütung aus § 280 Abs. 1 BGB und § 823 Abs. 2 BGB i.V.m. § 81 Abs. 4 S. 1 Nr. 1 bis Nr. 5 SGB IX. Nach § 81 Abs. 4 S. 1 Nr. 1 SGB IX haben schwerbehinderte oder ihnen gleichgestellte Menschen gegenüber ihren Arbeitgebern Anspruch auf behinderungsgerechte Beschäftigung, damit sie ihre Fähigkeiten und Kenntnisse möglichst voll verwerten und weiterentwickeln können.[795] Der Arbeitgeber erfüllt diesen Anspruch regelmäßig, wenn er dem Arbeitnehmer die im Arbeitsvertrag vereinbarte Arbeit zuweist. Der schwerbehinderte oder gleichgestellte Arbeitnehmer kann aber Anspruch darauf haben, anderweitig beschäftigt zu werden.[796]

792 Zur Konkretisierung wird man die zu § 1 KSchG entwickelten Kriterien heranziehen können. Letztlich finden damit allgemeine kündigungsrechtliche Grundsätze Anwendung.

793 Ebenso *Herzberg/Schlusen*, § 19 TV-V Rn 22.

794 Ausführlich zu den insoweit bestehenden Anforderungen Fuhlrott/Mückl/*Landauer/Ley*, Kapitel 9 Rn 76 ff.

795 Zu den Grenzen dieses Anspruchs vgl. *Mückl/Hiebert*, NZA 2010, 1259 ff.

796 BAG, Urt. v. 27.9.2011 – 7 AZR 402/10 – ZTR 2012, 162.

ff) Gerichtliche Geltendmachung

446 Der unterbliebene Eintritt einer Bedingung ist vom Arbeitnehmer mit einer Bedingungskontrollklage nach §§ 21, 17 S. 1 TzBfG geltend zu machen. Dies gilt umgekehrt auch dann, wenn ein insoweit ergangener Bescheid des Rentenversicherungsträgers nach § 40 Abs. 5 SGB X selbst nachträglich wieder aufgehoben wird.[797]

5. Kündigung von Arbeitsverhältnissen

447 Zur Kündigung von Arbeitsverhältnissen trifft der TV-V lediglich in § 19 Abs. 4 und 5 punktuelle Regelungen. Vorgaben zum Kündigungsgrund trifft er nicht. Insoweit finden die allgemeinen Regelungen, im Rahmen seines Anwendungsbereichs also insbesondere das KSchG, Anwendung.

a) Kündigung befristeter Arbeitsverhältnisse

448 Nach § 15 Abs. 3 TzBfG unterliegt ein befristetes Arbeitsverhältnis nur dann der ordentlichen Kündigung, wenn dies arbeitsvertraglich oder im anwendbaren Tarifvertrag vereinbart ist. Eine derartige Regelung trifft § 19 Abs. 4 Hs. 2 TV-V für befristete Arbeitsverhältnisse, die nach dieser Norm während der Probezeit des § 2 Abs. 2 TV-V gekündigt werden können.

Praxistipp
Im Umkehrschluss folgt daraus, dass § 15 Abs. 3 TzBfG nach Ablauf der Probezeit Anwendung findet, soweit nicht arbeitsvertraglich etwas anderes vereinbart ist. Darauf muss bei der Gestaltung von Arbeitsverträgen geachtet werden.

b) Tarifliche Kündigungsfristen

449 Nach § 622 Abs. 4 BGB stehen sämtliche Elemente der gesetzlichen Regelung der Kündigungsfristen zur Disposition der Tarifvertragsparteien – und zwar auch die gesetzlich vorgesehene Dauer der Betriebszugehörigkeit und Berücksichtigung des Lebensalters bei der Wartezeit.[798]

aa) (Teilweise) Nachteilig abweichende Kündigungsfrist

450 § 19 Abs. 5 S. 1 TV-V sieht vor, dass die Kündigungsfrist bis zum Ende des sechsten Monats seit Beginn des Arbeitsverhältnisses zwei Wochen zum Monatsschluss beträgt. Diese Regelung gilt unabhängig davon, ob die Probezeit lediglich drei Monate

797 BAG, Urt. v. 10.10.2012 – 7 AZR 602/11 – ZTR 2013, 131.
798 BAG, Urt. v. 23.9.2008 – 2 AZR 21/07 – BAGE 126, 309.

beträgt.[799] Soweit diese Norm abweichend von § 622 Abs. 3 BGB eine Kündigung zum Monatsschluss vorsieht, ist sie für den Arbeitnehmer günstiger als die gesetzliche Regelung. Sie gilt indes auch über die Probezeit hinaus und ist unter diesem Gesichtspunkt ungünstiger als § 622 Abs. 1 BGB. Dies ist nach § 622 Abs. 4 BGB zulässig.

bb) Für den Arbeitnehmer vorteilhafte Regelungen

Im Übrigen beträgt die Kündigungsfrist nach § 19 Abs. 5 S. 2 TV-V bei einer Betriebszugehörigkeit (§ 4 TV-V) 451

- bis zu einem Jahr einen Monat zum Monatsschluss,
- von mehr als einem Jahr 6 Wochen,
- von mindestens 5 Jahren 3 Monate,
- von mindestens 8 Jahren 4 Monate,
- von mindestens 10 Jahren 5 Monate,
- von mindestens 12 Jahren 6 Monate,
- von mindestens 15 Jahren 7 Monate.

Diese Kündigungsfristen sind für den Arbeitnehmer durchweg günstiger als die gesetzlichen Kündigungsfristen des § 622 Abs. 1, 2 BGB. Sie sind – ebenso wie die gesetzlichen Fristen – Mindestfristen.[800]

Praxistipp

Die Kündigungsfristen des § 19 Abs. 5 TV-V gelten sowohl für Arbeitgeberkündigungen als auch für Eigenkündigungen des Arbeitnehmers[801].

---

c) Rationalisierungsschutz

Nach § 21 Abs. 1 lit. a) TV-V gilt der Tarifvertrag über den Rationalisierungsschutz für Angestellte vom 9.1.1987 (TV Ratio) in der jeweiligen Fassung für bestimmte Arbeitnehmer weiter. Wird einem Arbeitnehmer aus Rationalisierungsgründen i.S.d. § 2 TV Ratio gekündigt, gilt eine Kündigungsfrist von drei Monaten zum Schluss eines Kalendervierteljahres, soweit nicht nach § 19 Abs. 5 TV-V eine längere Kündigungsfrist Anwendung findet. Bei einer Betriebszugehörigkeit von weniger als fünf Jahren, gilt damit nach Maßgabe von § 21 TV-V die Kündigungsfrist des TV Ratio. 452

799 *Herzberg/Schlusen*, § 19 TV-V Rn 45.
800 *Herzberg/Schlusen*, TV-V § 19 Rn 49.
801 *Herzberg/Schlusen*, TV-V § 19 Rn 44.

Kapitel 4
Arbeits- und Sozialrecht in der Ausschließlichen Wirtschaftszone

Während die Ausschließliche Wirtschaftszone (AWZ) bislang kaum im arbeits- und 1
sozialversicherungsrechtlichen Fokus stand, gewinnt sie auch dort zunehmend an Bedeutung. Hintergrund hierfür ist vor allem die verstärkte Energiegewinnung durch Windenergieanlagen auf hoher See. Nicht nur die Stromproduktion in den Offshore-Windparks der AWZ erreichte in den letzten Jahren eine Rekordsteigerung. Auch der mit Offshore-Windparks verbundene **primäre und sekundäre Arbeitsmarkt** entwickelt sich enorm.

Bereits heute arbeiten ca. 100.000 Menschen für die Windenergiebranche, davon immerhin hunderte für in- und ausländische Arbeitgeber in der AWZ.[1] Bis zum Jahr 2030 wird allein das aus der Off-Shore-Strategie der Bundesregierung abgeleitete Investitionsvolumen über 75 Milliarden EUR betragen. Dieses Kapital soll insbesondere in die Off-Shore-Windparks und deren Netzanbindung, in Bereiche der maritimen Installations-, Service- und Dienstleistungsbranche sowie in die Hafeninfrastruktur investiert werden. Waren in Deutschland bis Ende 2012 insgesamt 68 Offshore-Windenergieanlagen mit einer Leistung von 280 Megawatt installiert, befinden sich derzeit noch rund 400 Anlagen mit einer Gesamtleistung von 1.700 Megawatt im Bau.

Der Europäische Verband der Windindustrie (EWEA) geht bis zum Jahr 2030 von einem europaweiten Arbeitsmarktwachstum des gesamten Windsektors um 250% aus. In Deutschland könnten bis dahin allein in der Off-Shore-Branche **über 150.000 neue direkte und indirekte Arbeitsplätze** entstehen.

Selbst wenn man die bereits seit Jahrzehnten praktizierte Arbeit auf Bohrinseln 2
einmal unberücksichtigt lässt, werden die mit der Beschäftigung in der AWZ zusammenhängenden arbeitsrechtlichen Fragen die gesetzgeberische wie die betriebliche Praxis deshalb zunehmend beschäftigen.

Zwar ist der Gesetzgeber im Rahmen der Umsetzung des „Gesetzes zur Umsetzung des Seearbeitsübereinkommens 2006 der Internationalen Arbeitsorganisation" (SeeArbGEG) jüngst im Arbeitszeitrecht aktiv geworden und hat hier zur Klärung einiger – jedoch keineswegs aller –[2] offenen Fragen beigetragen. Jedoch sind die enorm praxisrelevanten Fragen der Mitbestimmung durch Betriebsräte, des Kündigungsschutzes und des Sozialversicherungsrechts bis heute im Wesentlichen unbe-

---

1 Vgl. aktuell www.offshore-windenergie.net/windparks; vgl. auch *Hoffmann/Günter/Rowold*, NZA 2013, 1332, 1333; *Lunk/Hinze*, NVwZ 2014, 278.

2 Vgl. hierzu unter Kapitel 4 Rn 18 ff.

antwortet bzw. werden in Bundestagsdebatten erkennbar irrtümlich falsch bewertet. Die Literatur beginnt gerade damit, die entsprechenden Fragen für die Rechtsprechung und die betriebliche Praxis aufzuarbeiten.[3]

A. Die Ausschließliche Wirtschaftszone nach Art. 55ff. SRÜ und ihr Rechtsregime

I. Die AWZ

3 Welches Recht in der AWZ zur Anwendung kommt, bestimmt sich nach dem UN-Seerechtsübereinkommen (SRÜ) vom 10.12.1982, das seit dem 16.11.1994 in Kraft ist. Die Bundesrepublik Deutschland ist dem SRÜ durch Gesetz vom 2.9.1994 beigetreten.[4] Durch Proklamation vom 29.11.1994 hat sie in Nord- und Ostsee eine AWZ errichtet.[5]

Eine AWZ umfasst ein den Küsten vorgelagertes Gebiet, das sich vom Ende des Küstenmeeres bis zu 200 Seemeilen von der Basislinie erstrecken kann. Im Gegensatz zu dem maximal 12 Seemeilen von der Basislinie wegreichenden Küstenmeer, gehört die AWZ **nicht zum gewöhnlichen Hoheitsgebiet des jeweiligen Küstenstaats** (vgl. Art. 2, 3 SRÜ).

4 Völkerrechtlich handelt es sich bei ihr vielmehr um ein Staatsgebiet *sui generis*. Infolgedessen ist der Küstenstaat dort nicht im selben Maße Träger von Hoheitsgewalt wie in Bezug auf sein originäres Staatsgebiet, sondern **lediglich funktionell begrenzt** in dem in Art. 55ff. SRÜ geregelten Umfang. So darf z.B. einerseits allein der Küstenstaat in der AWZ künstliche Inseln und Anlagen errichten (Art. 60 Abs. 1 lit. a) und b) SRÜ). Derartige Anlagen sind – neben Bohrinseln –[6] insbesondere Off-Shore-Assessments, da sie aus künstlich hergestellten Materialien bestehen, (theoretisch) abbaubar und verlegbar sind, auf Säulen ruhen, die in den Meeresboden getrieben wurden und ständig über die Wasseroberfläche hinausragen.[7] Dies schließt insbesondere Offshore-Anlagen wie z.B. Windparks ein.[8]

! **Praxistipp**
Als Off-Shore-Anlagen (zur Erzeugung von Windenergie bzw. zur Gewinnung von Öl oder Gas) werden allgemein solche Anlagen bezeichnet, die sich nicht mehr im Küstenmeer, sondern innerhalb der AWZ der Seeanrainerstaaten befinden.

---

3 Vgl. zum Arbeitszeitrecht grundlegend *Bayreuther*, RIW 2011, 446ff.; zu BetrVG, KSchG und SGB grundlegend *Mückl*, DB 2012, 2456ff.

4 BGBL. II 1994, S. 1798.

5 BGBL. II 1994, S. 3769.

6 Vgl. EuGH, Urt. v. 27.2.2002 – C-37/00 – NJW 2002, 1635 – Weber/UOS.

7 *Bayreuther*, RIW 2011, 446, 447 m.w.N.

8 *Mückl*, DB 2012, 2456, 2456.

Aufgrund der nur begrenzt bestehenden Hoheitsbefugnisse **finden deutsche Gesetze usw. in der AWZ nicht ohne Weiteres Anwendung.**[9]

II. Rechtsgeltung in der AWZ

Das SRÜ sieht auf der Basis eines **zweistufigen Systems** im Prinzip eine begrenzte 5
Einzelermächtigung vor:[10] Zunächst schließt Art. 55 SRÜ die Geltung der nationalen Rechtsordnungen der Anrainerstaaten aus. Denn danach ist die AWZ ein „Gebiet, das der in diesem Teil [des SRÜ] festgelegten besonderen Rechtsordnung unterliegt". Art. 60 Abs. 2 SRÜ weist dem Küstenstaat dann aber **einzelne Regelungskompetenzen** zu. Danach hat der Küstenstaat „über diese künstlichen Inseln, Anlagen und Bauwerke ausschließlich Hoheitsbefugnisse, einschließlich derjenigen in Bezug auf Zoll- und sonstige Finanzgesetze, Gesundheits-, Sicherheits- und Einreisegesetze und diesbezügliche sonstige Vorschriften".[11]

Ausgehend von dem Wortlaut der Norm dürfte es sich insoweit nur um eine beispielhafte Aufzählung von einzelnen Regelungskompetenzen handeln.[12] Denn mit den „ausschließen Hoheitsbefugnissen" dürfte insbesondere die Rechtssetzungskompetenz gemeint sein, die durch den Zusatz „einschließlich derjenigen in Bezug auf Zoll- und sonstige Finanzgesetze, Gesundheits-, Sicherheits- und Einreisegesetze und diesbezügliche sonstige Vorschriften" lediglich konkretisiert wird. Dies hat nach zutreffender herrschender Ansicht – die auch die Bundesregierung zu teilen scheint[13] – zur Folge, dass Regelungen des nationalen Rechts nicht automatisch in der AWZ zur Anwendung kommen, sondern dass ein nationales Gesetz dort nur aufgrund einer **seine Geltung ausdrücklich anordnenden Entscheidung** des Gesetzgebers Anwendung findet.[14]

Deutsches Arbeitsrecht ist dementsprechend in der AWZ nur dann anwendbar, 6
wenn der Anwendungsbereich des jeweiligen deutschen Gesetzes auch die AWZ umfasst.

---

9 Ebenso *Lunk/Hinze*, NVwZ 2014, 278.

10 Vgl. bereits *Mückl*, DB 2012, 2456.

11 Schon dieses Prinzip und der Wortlaut der Regelungen scheint mit der Annahme einer uneingeschränkten Geltung deutschen Rechtes ohne explizite Anordnung unvereinbar, vgl. *Bayreuther*, RIW 2011, 446, 448.

12 Vgl. *Lunk/Hinze*, NVwZ 2014, 278; *Bayreuther*, RIW 2011, 446, 447 m.w.N.

13 Vgl. BT-Drucks. 17/14305, S. 4.

14 VG Hamburg, Urt. v. 1.12.2003 – 19 K 3585/03 – NuR 2004, 165; *Hille/Schröder/Dettmer/Visser*, VersR 2010, 585, 590f.; *Bayreuther*, RIW 2011, 446, 447ff.; *Lunk/Hinze*, NVwZ 2014, 278; *Mankowski*, IPrax 2003, 21, 29, *Erbguth/Mahlburg*, DÖV 2003, 665, 666.

1. Keine Geltung öffentlich-rechtlicher Bestimmungen ohne expliziten Anwendungsbefehl

7 Eine Anwendung ohne spezifischen Anwendungsbefehl wird man allenfalls für deutsches Privatrecht annehmen können.[15] Denn es sprechen gewichtige verfassungs- und völkerrechtliche Argumente dafür, dass, wenn der Küstenstaat Bestimmungen seines öffentlichen Rechts in der AWZ angewandt wissen will, er deren Geltung durch ausdrücklichen Erstreckungsbefehl anordnen muss.[16]

Entgegen abweichenden Ansichten in der Literatur[17] sprechen hierfür im Übrigen nicht nur die besseren dogmatischen Gründe,[18] sondern auch die gesetzgeberische Praxis. Denn diverse öffentlich-rechtliche Gesetze enthalten ausdrückliche Erstreckungsbestimmungen (vgl. nur § 2 Abs. 3 S. 2 BBergG, §§ 56 bis 58 BNatSchG, § 5 Nr. 11 StGB).

8 Mit Blick auf Gesetze, die nach dem Inkrafttreten des SRÜ erarbeitet oder verändert wurden, dürfte der Gesetzgeber auf diese Weise auch zum Ausdruck gebracht haben, dass – selbst wenn man im eventuellen Nichtvorhandensein von Erstreckungsbefehlen Regelungslücken erblicken wollte – diese jedenfalls nicht „planwidrig" sind.[19] Denn – worauf das VG Hamburg zu Recht hinweist – bei „der Umsetzung des SRÜ wurde, wie schon die Vielzahl der hierfür geänderten Gesetze zeigt, das bestehende bundesrechtliche Instrumentarium insgesamt auf seine Änderungsbedürftigkeit hin untersucht. Die Änderungen wurden als ganzes Gesetzespaket verabschiedet mit der Absicht, damit eine abschließende Umsetzungsregelung zu treffen".[20]

Für das deutsche öffentliche Arbeitsschutzrecht teilte der Gesetzgeber diese Auffassung offenbar ebenfalls, worauf bislang bereits ein Umkehrschluss aus der ausdrücklichen Geltungsanordnung in § 1 Abs. 1 S. 2 ArbSchG schließen ließ.[21] Weiteren Aufschluss ermöglichen jetzt die aktuellen gesetzgeberischen Klarstellungen zum ArbZG.

---

15 *Lunk/Hinze*, NVwZ 2014, 278.

16 Näher dazu *Bayreuther*, RIW 2011, 446, 447 ff.

17 *Czybulka*, NuR 2001, 367, 370; *Krieger*, DVBl. 2002, 300, 304 f.; weitere Nachweise bei *Bayreuther*, RIW 2011, 446, 448, Fn. 12 f.

18 Vgl. *Bayreuther*, RIW 2011, 446, 447 ff. m.w.N.; VG Hamburg, Urt. v. 1.12.2003 – 19 K 3585/03 – NuR 2004, 547 f.; *Hille/Schröder/Dettmer/Visser*, VersR 2010, 585, 590 f.; weitere Nachweise bei *Mückl*, DB 2012, 2456, Fn. 8.

19 Vgl. zu diesem Erfordernis grundsätzlich *Larenz/Canaris*, Methodenlehre der Rechtswissenschaft, 191 ff.

20 VG Hamburg, Urt. v. 1.12.2003 – 19 K 3585/03 – NuR 2004, 547, 548 (unter Bezugnahme auf BT-Drs. 13/193, 13 f.).

21 Vgl. zum aktuellen Stand in arbeitsschutzrechtlichen Fragen und Problemstellungen die Antwort der Bundesregierung auf die kleine Anfrage der Abgeordneten Dr. Valerie Wilms, Oliver Krischer, Hans-Josef Fell, weiterer Abgeordneter und der Fraktion BÜNDNIS 90/DIE GRÜNEN vom 2.7.2013, BT-Drs. 17/13902.

2. Differenzierung zwischen Seeleuten als Besatzungsmitgliedern und „gewöhnlichen" Arbeitnehmern

Vor diesem Hintergrund wird man mit Blick auf die Rechtsgeltung in der AWZ zunächst einmal zwischen öffentlichem und privatem Arbeitsrecht differenzieren müssen. Hinzukommt als weitere Differenzierung die Unterscheidung von Seeleuten und „gewöhnlichen" Arbeitnehmern, die in der AWZ tätig sind.[22] Dabei spielt auch deren **Nationalität** sowie die **Flagge** eines in der AWZ operierenden Schiffes eine Rolle.[23] 9

Beispiel[24]

Möglich ist z.B., dass deutsche Staatsangehörige als Besatzungsmitglieder bzw. Arbeitnehmer auf einem unter deutscher Flagge fahrenden Schiff bzw. als Monteure für Windparks in der AWZ beschäftigt werden, oder dass es sich um Seeleute bzw. Arbeitnehmer mit nicht-deutscher Staatsangehörigkeit handelt, die auf einem Schiff beschäftigt bzw. untergebracht sind, welches nicht die Bundesflagge führt.

aa) Differenzierung zwischen Besatzungsmitgliedern und „Offshore"-Tätigen

Besatzungsmitglieder sind nach § 3 Abs. 1 des Seearbeitsgesetzes (SeeArbG) alle Personen, die an Bord des Schiffes tätig sind, soweit keine der in § 3 Abs. 1 SeeArbG genannten Ausnahmen eingreift. 10

Wichtig ist im vorliegenden Kontext die Ausnahme nach **§ 3 Abs. 3 Nr. 7 SeeArbG**, nach der Personen, die sich auf einem Schiff befinden, um von dort aus Offshore-Tätigkeiten, d.h. besondere Tätigkeiten zur Errichtung, zur Änderung oder zum Betrieb von Bauwerken, künstlichen Inseln oder sonstigen Anlagen auf See, durchzuführen, **keine Besatzungsmitglieder** sind.

Aus der **Legaldefinition** von „Offshore-Tätigkeiten" im Klammerzusatz des § 55 Nr. 3 SeeArbG folgt, dass damit die klassischen „Offshore-Tätigkeiten" gemeint sind.[25] Denn dort wird die Möglichkeit eröffnet, durch Rechtsverordnung abweichende Regelungen zur Arbeitszeit für Besatzungsmitglieder auf Schiffen zuzulassen, „von denen aus besondere Tätigkeiten zur Errichtung, zur Änderung oder zum Betrieb von Bauwerken, künstlichen Inseln oder sonstigen Anlagen auf See durchgeführt werden (Offshore-Tätigkeiten)". Dass es sich dabei um eine Legaldefinition handeln soll, bestätigt die entsprechende **Legaldefinition in § 15 Abs. 2a ArbZG.**[26] 11

22 *Lunk/Hinze*, NVwZ 2014, 278.
23 *Lunk/Hinze*, NVwZ 2014, 278.
24 Nach *Lunk/Hinze*, NVwZ 2014, 278.
25 *Lunk/Hinze*, NVwZ 2014, 278, 279.
26 Ebenso *Lunk/Hinze*, NVwZ 2014, 278, 279 mit zutreffendem Hinweis auf eine systematisch sinnvollere Verankerung in § 3 Abs. 3 Nr. 7 SeeArbG.

12 Nach **§ 3 Abs. 3 Nr. 3 SeeArbG** fallen u. a. Personen, die
- zur Ausführung von unaufschiebbaren Reparaturen oder Wartungsarbeiten,
- die von Besatzungsmitgliedern nicht selbst ausgeführt werden können oder dürfen, und
- in der Regel nicht länger als 96 Stunden an Bord tätig sind,

nicht als „Besatzungsmitglieder" unter die Geltung des SeeArbG.

13 Nach **§§ 2 Nr. 9, 3 Abs. 1 SeeArbG** als Besatzungsmitglieder zu qualifizieren, für die das SeeArbG gilt, sind demgegenüber Personen, die
- zur Verpflegung, Bedienung, Betreuung, Unterhaltung oder Krankenpflege
- anderer Besatzungsmitglieder oder von Passagieren arbeiten bzw.
- auf dem Schiff im Verkauf tätig sind (Service-Personal).

Ausgangspunkt ist insoweit die Annahme unterschiedlicher Regelungsregime: So soll für „Offshore"-tätige Arbeitnehmer z.B. grundsätzlich das ArbZG und für Besatzungsmitglieder das SeeArbG gelten (vgl. § 18 Abs. 3 ArbZG), soweit sich aus der Offshore-ArbZV nicht jeweils Abweichendes ergibt (§§ 2, 11 Offshore-ArbZV).

! **Praxistipp**
Für Personen, die auf Schiffen innerhalb der AWZ tätig sind, muss daher jeweils im Einzelfall geprüft werden,[27] ob es sich um Besatzungsmitglieder handelt, für die das SeeArbG gilt, oder um „gewöhnliche" Arbeitnehmer, für die die nachfolgend dargestellten Grundsätze gelten.

bb) Umgang mit schwierig zuzuordnenden Fällen

14 Bisweilen kann die Frage, auf welche Personen sich der personelle Anwendungsbereich des SeeArbG bzw. des ArbZG erstreckt, schwierig zu beantworten sein.

Beispiel
Praktisch geworden ist dies bislang vor allem für Kranführer,[28] bei denen differenziert werden muss.
Eine eindeutige Zuordnung zum ArbZG ist möglich, wenn der Kran auf einer Plattform bzw. künstlichen Insel steht. Soweit er aber auf einem Schiff installiert ist, auf dem und von dem aus der Kranführer tätig wird, könnte der Arbeitnehmer jedoch als Besatzungsmitglied i.S.d. SeeArbG zu qualifzieren sein. Sofern sich der Mitarbeiter indes gerade deshalb auf dem Schiff befindet, weil er von dort aus Offshore-Tätigkeiten verrichten soll und dies auch tut, gilt er nach § 3 Abs. 3 Nr. 7 SeeArbG nicht als Besatzungsmitglied, sodass wiederum eine klare Zuordnung möglich ist.

15 Ausgehend von den gesetzlichen Regelungen (unter Einbezug der Offshore-ArbZVO) schwieriger zuzuordnen sind aber Besatzungsmitglieder, die nicht nur einen Kran führen, sondern auch see-

27 Vgl. auch *Lunk/Hinze*, NVwZ 2014, 278, 279.
28 Vgl. zum Folgenden *Hoffmann/Günter/Rowold*, NZA 2013, 1332, 1335.

männische Aufgaben wahrnehmen, sodass sie sich jedenfalls nicht nur oder nicht vorrangig zur Durchführung von Offshore-Tätigkeiten an Bord befinden.

In derartigen Fällen sind mehrere Methoden der Zuordnung denkbar, z.B.
- der **überwiegende Zweck** der Tätigkeit, der die Tätigkeit prägt, oder
- der **Zeitanteil** (der sich ggf. für die Zweckbestimmung nutzbar machen lässt, indem er Rückschlüsse ermöglicht).[29]

Nicht nur nicht praktikabel, sondern bereits aus Rechtsgründen **nicht möglich** dürfte es aber sein, die Zuordnung – nach dem Regelungsmodell des § 3 Abs. 2 Offshore-ArbZV – **phasenweise** jeweils danach vorzunehmen, ob der Mitarbeiter gerade Offshore-Tätigkeiten ausübt oder rein seemännische Aufgaben wahrnimmt. Denn dies ermöglicht keine praktikable Einordnung in ein Arbeitszeitregime, sodass große Unsicherheit mit Blick auf mögliche Rechtsverstöße bestünde und die Planbarkeit von Schichtmodellen, die durch die Offshore-ArbZV ermöglicht werden soll, ausgeschlossen wäre. Ein an § 3 Abs. 2 Offshore-ArbZV orientierter Ansatz dürfte aber auch gegen § 3 Abs. 3 Nr. 7 SeeArbG verstoßen, da diese Norm nicht darauf abstellt, welche Tätigkeit gerade ausgeübt wird, sondern zu welchem Zweck sich jemand an Bord des Schiffes befindet.[30]

Praxistipp !
Dieselbe Problematik stellt sich bei reinen „Kranschiffen", bei denen das Führen von Kran und Schiff nicht genau trennbar ist.[31]

Letztlich wird man in allen vorgenannten Fällen **im Einzelfall** entscheiden müssen. 16

Praxistipp !
Dabei dürfte es – ausgehend von dem in § 3 Abs. 3 Nr. 7 SeeArbG zum Ausdruck gekommenen Ansatz – entscheidend darauf ankommen, zu welchem Zweck sich jemand an Bord des Schiffes befindet. Hierfür kann die für die jeweilige Tätigkeit eingeplante Zeit aber ein wesentliches Indiz sein. Als weiteres – wertendes – Indiz kann die Bedeutung der Tätigkeit für die Erreichung des mit den Offshore-Tätigkeiten verfolgten Zwecks herangezogen werden.

Da die Behandlung derartiger Fälle gesetzlich nicht klar geregelt ist, verbleibt für die betriebliche Praxis dennoch solange eine gewisse Unsicherheit, bis die Rechtsprechung oder auch die nach § 17 Offshore-ArbZV vorgesehen Evaluierung im Sommer 2016 ggf. Klarheit bringen.

29 Ebenso *Hoffmann/Günter/Rowold*, NZA 2013, 1332, 1335.
30 Ebenso *Hoffmann/Günter/Rowold*, NZA 2013, 1332, 1335.
31 Vgl. auch *Hoffmann/Günter/Rowold*, NZA 2013, 1332, 1335.

B. Geltung arbeitsrechtlicher Gesetze in der AWZ

17 Hinsichtlich der Geltung arbeitsrechtlicher Gesetze für „gewöhnliche" Arbeitnehmer ist insbesondere die Differenzierung zwischen öffentlichem und privatrechtlichem Arbeitsrecht wichtig. Zu ersterem gehören insbesondere das ArbZG und das ArbSchG.

I. Geltung des Arbeitszeitrechts in der AWZ

18 War dessen Geltung in der AWZ bislang durchaus fraglich,[32] hat der Gesetzgeber nun eindeutig Position bezogen.[33] Art. 3 SeeArbGEG, den der Bundestag am 21.2.2013 beschlossen[34] und dem der Bundesrat am 22.3.2013 zugestimmt[35] hat, sieht u.a. vor, dass der Geltungsbereich des ArbZG auf die AWZ erstreckt wird. Gleichzeitig wird die Bundesregierung dazu ermächtigt, ergänzende, den besonderen Bedürfnissen der AWZ auf diesem Gebiet entsprechende, Regelungen kraft Rechtsverordnung zu treffen.

! **Praxistipp**

Nicht abschließend geklärt ist, ob hiergegen europarechtlich Bedenken bestehen. Denn die Richtlinie 2003/88/EG über bestimmte Aspekte der Arbeitszeitgestaltung sieht für Tätigkeiten auf Offshore-Anlagen weitreichende Ausnahmen von den allgemeinen arbeitszeitrechtlichen Vorgaben vor. Die Begriffsbestimmung für Tätigkeiten auf Offshore-Anlagen in Art. 2 Nr. 88 RL 2003/88/EG enthält zwar lediglich die Tatbestandsvoraussetzung „... mineralische Ressourcen einschließlich Kohlenwasserstoffe ..." und erfasst daher dem Wortlaut nach nicht die Offshore-Windenergie. Dies dürfte aber auf das „Alter" der RL 2003/88/EG zurückzuführen sein, sodass eine analoge Anwendung geboten sein dürfte.[36]

---

1. Änderungen des ArbZG

19 Die Änderungen des ArbZG selbst fallen moderat aus:[37] Durch Art. 3 Abs. 6 SeeArbGEG wird zunächst § 1 Nr. 1 ArbZG ergänzt. Damit steht fest, dass Zweck des ArbZG mit Inkrafttreten der Änderungen zum 1.8.2013 auch ist, „die Sicherheit und den Gesundheitsschutz der Arbeitnehmer [...] in der ausschließlichen Wirtschaftszone

32 Zutreffend *Bayreuther*, RIW 2011, 446, 447 ff.
33 Vgl. überblicksartig auch *Düwell*, juris-ArbR 15/2013, Anm. 1, Ziff. II. 1.
34 BT-PlPr. 17/222 v. 21.9.2013, 27645 f.
35 BR-Drs. 147/13 (Beschluss).
36 Ebenso im Ergebnis *Hoffmann/Günter/Rowold*, NZA 2013, 1332, 1333.
37 Vgl. Bereits *Mückl/Krause*, EnWZ 2013, 300 ff.

bei der Arbeitszeitgestaltung zu gewährleisten und die Rahmenbedingungen für flexible Arbeitszeiten zu verbessern [...]". Die inhaltliche Ausgestaltung der möglichen Arbeitszeitgestaltung erfolgt gesetzlich nur im Ansatz, indem in § 15 ArbZG ein neuer Abs. 2a eingefügt wird, der lautet:

Neuregelung !

„(2a) Die Bundesregierung kann durch Rechtsverordnung mit Zustimmung des Bundesrates Ausnahmen von den §§ 3, 4, 5 und 6 Abs. 2 sowie von den §§ 9 und 11 für Arbeitnehmer, die besondere Tätigkeiten zur Errichtung, zur Änderung oder zum Betrieb von Bauwerken, künstlichen Inseln oder sonstigen Anlagen auf See (Offshore-Tätigkeiten) durchführen, zulassen und die zum Schutz der Arbeitnehmer sowie der Sonn- und Feiertagsruhe notwendigen Bedingungen bestimmen."

Auf diesem Wege wird das insoweit zuständige Bundesministerium für Arbeit und Soziales (BMAS) im Einvernehmen mit dem Bundesministerium für Verkehr, Bau und Stadtentwicklung (BMVBS) ermächtigt, kraft Verordnung von den Regelungen des ArbZG zu (Tages- und Nacht-)Arbeitszeit, Ruhepausen und Ruhezeit der Arbeitnehmer sowohl an Werk- als auch an Sonn- und Feiertagen abzuweichen bzw. entsprechende Abweichungen zu ermöglichen.

2. Die „Offshore-Arbeitszeitverordnung" (Offshore-ArbZV)[38]

Damit im Rahmen der „Energiewende" keine zeitlichen Verzögerungen durch Auf- 20
sichtsbehörden oder Rechtsstreitigkeiten eintreten, ist die Offshore-ArbZV bereits am 5.7.2013 ausgefertigt worden und zum 1.8.2013 in Kraft getreten.

a) Zielsetzung

Die Verordnung regelt die wesentliche inhaltliche Ausgestaltung der durch § 15 21
Abs. 2a ArbZG eröffneten Spielräume und soll dem Umstand Rechnung tragen, dass die Regelungen des ArbZG den besonderen Anforderungen bei Offshore-Tätigkeiten nicht in jedem Fall gerecht werden. Daher sollte mit der Offshore-ArbZV ein „einheitliche[r] Rechtsrahmen [geschaffen werden], der gleichzeitig mit der ausdrücklichen Erstreckung des ArbZG auf die AWZ und dem Inkrafttreten des SeeArbG Anwendung findet". **Ziel dieser Maßnahme** war es, „für Arbeitnehmerinnen und Arbeitnehmer sowie für Besatzungsmitglieder bei Offshore-Tätigkeiten Abweichungen von den Bestimmungen [des ArbZG und des SeeArbG] zuzulassen und die Arbeitszeitvorschriften den besonderen Erfordernissen bei Offshore-Tätigkeiten[39] an-

38 Vgl. zum Folgenden BR-Drs. 326/13; BR-Drs. zu 326/13; *Eckstein*, NZA 2013, 1060 ff.; *Lunk/Hinze*, NVwZ 2014, 278 ff.; *Mückl/Krause*, EnWZ 2013, 300 ff.

39 Vgl. zu dem erhöhten Zeit- und Kostendruck, *Hoffmann/Günter/Rowold*, NZA 2013, 1332 f.

zupassen sowie die zum Schutz der Beschäftigten notwendigen Bedingungen zu bestimmen".[40]

b) Hintergrund

22 Die „besonderen Erfordernisse" sind vor allem durch die äußeren Umstände bedingt, unter denen gearbeitet wird und werden muss. Denn die Arbeit erfolgt „Offshore"; die Errichtung, der Betrieb und die Wartung von Windenergieanlagen **finden auf See statt**. Die Projekte, die gegenwärtig in der AWZ realisiert werden, befinden sich in einer Küstenentfernung von bis zu 100 km.[41]

Vor diesem Hintergrund dauert allein die Anfahrt zum Arbeitsplatz mit einem Schiff mehrere Stunden, sofern sie überhaupt realisierbar ist. Denn bisweilen ist weder die Anfahrt noch die Arbeit auf See möglich. Herrschen – wie z. B. häufig in den Wintermonaten – **extreme Wetterverhältnisse** (starker Wind und hoher Wellengang), kann nicht oder nur mit Unterbrechungen angefahren bzw. gearbeitet werden. Hinzu kommt, dass „bei den Bauarbeiten der Einsatz von hochspezialisierten Installationsgeräten erforderlich ist, um Fundamente in bis zu 40 m Wassertiefe in den Meeresboden zu rammen, tonnenschwere Turmrohre und ein etwa 300 Tonnen schweres Maschinenhaus in über 100 m Höhe aufzusetzen, bis schließlich drei über 60 m lange Rotorflügel mit einem Gewicht von über 100 Tonnen angebracht werden können".[42]

Diese Arbeiten erfolgen mit Helikoptern und hochspezialisierte Errichterschiffe, die durch Schiffe für die Kabelverlegung, den Material- und Crewtransport sowie die Baustellensicherung ergänzt werden. Da insbesondere die Installationsschiffe weltweit nur begrenzt zur Verfügung stehen, werden sie mit **langen Vorlaufzeiten** für einen bestimmten Zeitraum **zu hohen Preisen gemietet bzw. gechartert** und befinden sich – soweit es das Wetter zulässt – daher rund um die Uhr im Einsatz.[43]

Dies alles bewirkt einen hohen Zeit- und Kostendruck, der ein großes arbeitgeberseitiges Interesse daran bedingt, dass in dem Wetter nach geeigneten Phasen vollschichtig (Tag und Nacht) gearbeitet wird.[44]

Ein täglicher Transport des Offshore-Personals vom Festland zum Arbeitsplatz würde einen enormen Zeitverlust bedeuten. Daher erfolgt die Unterbringung der Arbeitnehmer in aller Regel auf **Wohnplattformen und Errichterschiffen** im Windpark. Da insoweit für den einzelnen zumeist wenig Raum besteht, der Aufenthalt auf See „insgesamt nicht besonders komfortabel" ist und „die Möglichkeiten

40 BR-Drs. 326/13, 7 f.
41 *Hoffmann/Günter/Rowold*, NZA 2013, 1332.
42 *Hoffmann/Günter/Rowold*, NZA 2013, 1332.
43 *Hoffmann/Günter/Rowold*, NZA 2013, 1332.
44 *Hoffmann/Günter/Rowold*, NZA 2013, 1332 f.

der Freizeitgestaltung schon aus Platzgründen sehr eingeschränkt sind", haben „in der Regel alle Beteiligten ein Interesse, während des Aufenthalts auf See möglichst viel und lange zu arbeiten".[45]

c) Geltungsbereich

aa) Sachlicher Anwendungsbereich

In sachlicher Hinsicht findet die Offshore-ArbZV Anwendung bei Offshore- 23
Tätigkeiten im deutschen Küstengewässer und in der AWZ der BRD sowie auf Schiffen, von denen aus Offshore-Tätigkeiten durchgeführt werden. Offshore-Tätigkeiten sind in § 15 Abs. 2a ArbZG und § 55 SeeArbG definiert als „besondere Tätigkeiten zur Errichtung, zur Änderung oder zum Betrieb von Bauwerken, künstlichen Inseln oder sonstigen Anlagen auf See".

Der Begriff „besondere Tätigkeiten" ist allerdings unklar. Denn mit der Qualifikation „besondere" Tätigkeit könnte eine Eingrenzung dahin verbunden sein, dass nur **spezifische Tätigkeiten** – z.B. unmittelbar an den Offshore-Anlagen – gemeint sind (z. B Montage- und Wartungsarbeiten), sodass nur mit ihnen befasste Arbeitnehmer erfasst sind (Arbeitnehmergruppe 1). Ausgenommen vom Sonderzeitregime der Offshore-ArbZV wären dann zur Errichtung, Änderung oder zum Betrieb **lediglich mittelbar dienende Arbeiten** an Bord eines Schiffes oder auf dem Offshore-Bauwerk, z.B. die Tätigkeit von Köchen bzw. des Servicepersonals auf Wohnplattformen (Arbeitnehmergruppe 2). Auch die Arbeitnehmergruppe 2 wird zwar im weiteren Sinne „zur" Errichtung, Änderung oder „zum" Betrieb tätig. Fraglich ist aber, ob ihre Tätigkeiten auch „besonders" sind.

Führt man sich indes noch einmal den Zweck und Anlass der Offshore-ArbZV vor Augen, soll sie den Besonderheiten des Einsatzes „Offshore" Rechnung tragen. „Besonders" i.S.d. § 15 Abs. 2a ArbZG und § 55 SeeArbG werden sie daher nicht durch ihren Inhalt, sondern durch die **äußeren Umstände**, welche die Arbeit „Offshore" kennzeichnen. Denn auch Schweißen, Schrauben, Bohren und Maschinenbedienen kann man ebenfalls auf dem Festland. Der Abstraktionsgrad ist mit einer derartigen Inhaltsbestimmung zu hoch gewählt. Er wird dem Zweck der gesetzlichen Neuregelung und ihrer Zielsetzung nicht gerecht.

Gelesen werden muss „besondere Tätigkeiten" daher als **„durch die typischen** 24
besonderen physikalischen und wirtschaftlichen Umstände geprägte Tätigkeiten". Denn andernfalls könnte die Arbeitnehmergruppe 2 nicht synchron mit den Offshore-Tätigen eingesetzt werden, was dem Sinn und Zweck der Regelung widersprechen dürfte. Denn die der Verordnung zu Grunde liegenden Besonderheiten der Arbeit im Offshore-Bereich treffen ebenso auf die Arbeitnehmergruppe 2 zu.[46]

---

45 *Hoffmann/Günter/Rowold*, NZA 2013, 1332, 1333.
46 Ebenso *Hoffmann/Günter/Rowold*, NZA 2013, 1332, 1334.

Dass letztlich eine Gleichbehandlung erfolgen soll, hat der Gesetzgeber (auch in den Gesetzesmaterialien)[47] dort deutlich gemacht, wo er dieses Problem gesehen hat: bei Schiffsbesatzungen, die entweder nach § 15 Abs. 2a ArbZG oder nach § 55 Nr. 3 SeeArbG von der Offshore-ArbZV erfasst sind. Wenn dort arbeitszeitrechtliche eine Gleichbehandlung stattfindet, ist kein Grund ersichtlich, Arbeitnehmer auf Offshore-Bauwerken anders zu behandeln. Zur Vermeidung eines Verstoßes gegen **Art. 3 GG** ist der Begriff „besondere" daher mit der Folge im vorgenannten Sinne auszulegen, dass alle nicht auf Schiffen beschäftigten Offshore-Arbeitnehmer erfasst sind.[48] Dass damit derselbe Begriff in § 15 Abs. 2a ArbZ, 55 Nr. 3 SeeArbG anders ausgelegt werden muss als im Rahmen von § 3 Abs. 3 Nr. 7 SeeArbG,[49] wird zur Vermeidung einer unzulässigen Ungleichbehandlung hinnehmen müssen.

bb) Persönlicher Anwendungsbereich

25 In personeller Hinsicht werden gemäß § 1 Nr. 1, 2 Offshore-ArbZV Arbeitnehmerinnen und Arbeitnehmer im Sinne von § 2 ArbZG, also

- Arbeiter,
- Angestellte und
- die zu ihrer Berufsbildung Beschäftigten

erfasst, die Offshore-Tätigkeiten im Sinne des § 15 Abs. 2a ArbZG durchführen.

! **Praxistipp**

Darüber hinaus werden – wie gezeigt (vgl. unter Kapitel 4 Rn 9 ff.) – Besatzungsmitglieder im Sinne von § 3 SeeArbG erfasst, für die das ArbZG nicht gilt (sondern allein das SeeArbG), soweit es sich nicht um „selbständige" Besatzungsmitglieder i.S.d. § 148 Abs. 2 Nr.1 SeeArbG handelt.[50] Nicht erfasst sind – soweit keine sog. „Scheinselbständigkeit" vorliegt – auch die gerade Offshore häufig eingesetzten Selbständigen (sog. „Freelancer").[51]

---

cc) Räumlicher Anwendungsbereich

26 In räumlicher Hinsicht gilt die Verordnung im Küstenmeer, in der AWZ der BRD sowie auf Schiffen, von denen aus Offshore-Tätigkeiten im Sinne des § 15 Abs. 2a

---

47 Vgl. BT-Drucks. 17/10959, S. 82, wo Hubinseln als Beispiel für ein Schiff genannt werden.

48 So im Ergebnis wohl auch *Hoffmann/Günter/Rowold*, NZA 2013, 1332, 1334, die dem Tatbestandsmerkmal „besondere" (dogmatisch nicht überzeugend) keine Bedeutung beimessen wollen, dies aber letztlich offenlassen.

49 Für eine einschränkende Auslegung dort *Maul-Satori*, NZA 2013, 821, 823.

50 *Hoffmann/Günter/Rowold*, NZA 2013, 1332, 1335.

51 *Hoffmann/Günter/Rowold*, NZA 2013, 1332, 1335.

ArbZG oder des § 55 S. 1 Nr. 3 des SeeArbG durchgeführt werden (vgl. § 1 Einleitungssatz Offshore-ArbZV).

Nicht erfasst sind – ausgehend von der vorstehend konkretisierten Bedeutung der „besonderen Tätigkeiten" – Arbeitnehmer, die Verlade- oder Vorbereitungstätigkeiten für Offshore-Tätigkeiten auf Schiffen vornehmen, die **noch im Hafen** liegen.[52] Diese aus dem Sinn und Zweck der Offshore-ArbZV abgeleitete Einschränkung wird durch die Systematik der Offshore-ArbZV bestätigt, die lediglich für Seearbeitszeit relevante Sonderregeln vorsieht. Dies spiegelt die entsprechende auch in §§ 43, 44 SeeArbG vorgenommene Differenzierung.

Angesichts des **Grundsatzes der Flaggenhoheit**[53] (vgl. Art. 91ff. SRÜ) ist die 27
Frage, ob die Offshore-ArbZV auf Schiffen oder auf Hubinseln (die „Schiffe" i.S.d. § 55 Nr. 3 SeeArbG sein sollen)[54] Anwendung findet, die unter einer ausländischen Flagge betrieben werden, – zumindest mit Blick auf eine unmittelbare öffentlichrechtliche Geltung – zu verneinen.[55] Dies wird in der Literatur aber nicht einheitlich beurteilt und ist auch vom EuGH noch nicht entschieden.[56]

Praxistipp !
Mit Blick auf die Kontrollmöglichkeiten nach § 138 SeeArbG sollten daher auch ausländische Reeder und Kapitäne sowohl für Besatzungsmitglieder als auch für Offshore beschäftigte sonstige Arbeitnehmer vorsorglich die Vorgaben der Offshore-ArbZV einhalten.[57]

---

d) Verlängerung der Arbeitszeit

Durch die Offshore-ArbZV wird es ermöglicht, die tägliche Arbeitszeit von Arbeit- 28
nehmern, die Offshore-Tätigkeiten verrichten, auf bis zu zwölf Stunden auszudehnen (vgl. § 3 Abs. 1 Offshore-ArbZV). Zwölf-Stunden-Schichten sollen sowohl an Werktagen als auch an Sonn- und Feiertagen zulässig sein; sie sollen auch bei Nachtarbeit ermöglicht werden. Zusätzliche Mehrarbeit über zwölf Stunden hinaus ist unmittelbar auf gesetzlicher Grundlage – außer in den in § 14 ArbZG genannten Notfällen und bestimmten außergewöhnlichen Fällen – allerdings nicht zulässig.

---

52 So auch *Hoffmann/Günter/Rowold*, NZA 2013, 1332, 1334.

53 Vgl. für viele *Maul-Satori*, NZA 2013, 821, 826.

54 Vgl. BT-Drucks. 17/10959, S. 82.

55 Ebenso *Hoffmann/Günter/Rowold*, NZA 2013, 1332, 1335.; zur Möglichkeit einer privatrechtlichen Geltung durch Einbezug in den Arbeitsvertrag vgl. *Bayreuther*, RIW 2011, 446.

56 Vgl. nur *Lunk/Hinze*, NVwZ 2014, 278, 279.

57 Ebenso im Ergebnis *Lunk/Hinze*, NVwZ 2014, 278, 279.

aa) Besonderheiten bei Transportzeiten

29 Transportzeiten, also **die Dauer des Transportes der Arbeitnehmerinnen und Arbeitnehmer „von Land" zu ihrem Einsatzort**, sind nach Maßgabe der Vorgaben des § 9 Offshore-ArbZV grundsätzlich wie Arbeitszeit zu berücksichtigen, zu dokumentieren und auszugleichen.[58]

Dies gilt nach § 9 Abs. 3 Offshore-ArbZV nur dann nicht, wenn die (ununterbrochene) Transportzeit **mindestens sechs Stunden** beträgt und den Arbeitnehmerinnen oder Arbeitnehmern während der an Bord eines Schiffes verbrachten Transportzeit **geeignete Schlafplätze** in einer Schlafkabine zur Verfügung stehen.

Im Zusammenhang mit den Transportzeiten ist jedoch zu berücksichtigen, dass eine Transportdauer von (insgesamt) **bis zu zwei Stunden pro Tag** nach § 9 Abs. 2 S. 1 Offshore-ArbZV „privilegiert" ist. In diesem Umfang dürfen sie der maximalen Arbeitszeit von zwölf Stunden hinzugeschlagen werden.

! **Praxistipp**

Damit werden Unternehmen in die Lage versetzt, auch bei bis zu zwei Stunden Anfahrt ihrer Arbeitnehmer Offshore-Tätigkeiten in einem Zwei-Schicht-System auszuführen. Bei der Schichtplangestaltung hat der Arbeitgeber jedoch weiterhin nach § 6 Abs. 1 ArbZG darauf zu achten, dass die Arbeitszeit der Nacht- und Schichtarbeitnehmer nach den arbeitswissenschaftlichen Erkenntnissen über die menschengerechte Gestaltung der Arbeit festgelegt wird.

---

30 Vor diesem Hintergrund stellt sich die Frage, ob der Transport „von Land" tatsächlich vom Festland bzw. von einer Insel als Land in einem **natürlichen Sinne** oder auch von **künstlichen Unterbringungen**, wie Wohnplattformen oder sog. „Hotelschiffen", beginnen kann.[59]

Das natürliche Begriffsverständnis von „Land" würde bei einer Interpretation im letztgenannten Sinne zwar überschritten. Bedenkt man aber, dass eine der Hauptmotive für die Schaffung der Offshore-ArbZV darin bestand, eine Arbeit „rund um die Uhr" im Zuge eines Zwei-Schicht-Systems auch rechtlich zu ermöglichen, liegt es – jedenfalls im Zusammenhang mit Transportzeiten –[60] nicht fern, von letzterem auszugehen. Richtigerweise wird man mit Blick auf die Begründung für die Hinzurechnung von Transportzeiten zur Arbeitszeit – den Gesundheitsschutz und die Arbeitsbedingungen der im Offshore-Bereich Tätigen – unter dem Ausgangspunkt „Land" einen Ort verstehen müssen, der – sofern er nicht Land i.S.d. natürlichen Begriffsverständnisses ist – über Ruhe-, Erholungs-, Kommunikations- und Freizeitgestaltungsmöglichkeiten verfügt. Diese sollten einem Standard entspre-

---

58 Vgl. zu der besonderen Bedeutung von Transportzeiten für Offshore-Tätigkeiten *Bayreuther*, RIW 2011, 446, 452 f.

59 Vgl. *Hoffmann/Günter/Rowold*, NZA 2013, 1332, 1335 f.

60 Anders ist dies z.B. bei Ausgleichszeiten „an Land" i.S.d. § 7 Offshore-ArbZV.

chen, wie er auf Hotelschiffen, auch bei einer Unterbringung in Werkswohnungen üblich ist. Auch wenn dies noch nicht gerichtlich geklärt ist, dürften – ausgehend von der Zwecksetzung der Verordnung – die besseren Gründe dafür sprechen, die täglichen Fahrten von Hotelschiffen oder Wohnplattformen als „Transportzeiten" zu qualifizieren.[61]

bb) Gestaltungsschranken

Diese auf den ersten Blick weitreichenden Gestaltungsmöglichkeiten unterliegen 31
indes mehreren, zum Teil ineinander verschachtelten, zeitlichen Beschränkungen: Innerhalb des nach § 6 Abs. 1 S. 1 Offshore-ArbZV **maximal 21 unmittelbar aufeinander folgende Tage betragenden Zeitraumes**, den Arbeitnehmer auf See verbringen dürfen, dürfen sie an nicht mehr als sieben Tagen, davon jeweils höchstens an zwei unmittelbar aufeinander folgenden Tagen, über zehn Stunden hinaus mit Offshore-Tätigkeiten beschäftigt werden. Dies schließt beschäftigungslose Tage auf See ein. Danach muss ein **Aufenthalt an Land** folgen, bevor eine erneute Offshore-Tätigkeit ausgeübt werden kann.

Diese Begrenzung gilt unabhängig von der Dauer der täglichen Arbeitszeit. Außerdem hat der Arbeitgeber sicherzustellen, dass die tägliche Arbeitszeit während des 21-Tages-Zeitraumes im Durchschnitt **zehn Stunden nicht überschreitet**. Andernfalls dürfen Arbeitnehmer nach § 6 Abs. 2 Offshore-ArbZV beginnend mit dem ersten Tag der Offshore-Tätigkeit höchstens 14 (anstatt regelmäßig 21) unmittelbar aufeinander folgende Tage mit Offshore-Tätigkeiten beschäftigt werden. Insgesamt darf die Arbeitszeit **48 Stunden pro Woche** im Durchschnitt von zwölf Kalendermonaten nicht überschreiten (§ 7 Abs. 6 Offshore-ArbZV).

Mehrarbeit, d.h. die Verlängerung der Arbeitszeit bei Offshore-Tätigkeiten über 32
acht Stunden täglich hinaus, ist nach § 7 Abs. 1, 5 Offshore-ArbZV durch freie Tage an Land auszugleichen. Für jeweils volle acht Stunden Mehrarbeit ist ein freier Tag zu gewähren. Für den Ausgleich von Verlängerungen der Arbeitszeit über zehn Stunden sind nach Maßgabe von § 7 Abs.2, 3 Offshore-ArbZV besondere Vorgaben zu erfüllen.

Praxistipp !

Infolge der Verweisung von § 2 Offshore-ArbZV auf das ArbZG bleiben jedoch die nach §§ 7, 12 ArbZG eröffneten Gestaltungsmöglichkeiten unberührt.[62] Gleiches dürfte für bereits erteilte behördliche Ausnahmebewilligungen gelten.[63]

---

61 Ebenso *Hoffmann/Günter/Rowold*, NZA 2013, 1332, 1336.
62 Ebenso *Hoffmann/Günter/Rowold*, NZA 2013, 1332, 1337.
63 Näher *Hoffmann/Günter/Rowold*, NZA 2013, 1332, 1337.

cc) Befugnisse der Aufsichtsbehörden

33 Schließlich kann die nach Landesrecht zuständige Aufsichtsbehörde (vgl. § 17 ArbZG) nach § 16 Offshore-ArbZV auf Antrag im Einzelfall weitergehende Ausnahmen zuzulassen, soweit diese auf Grund besonderer Umstände erforderlich werden, und erforderliche Maßnahmen zur Sicherheit und zum Schutz der Gesundheit der Beschäftigten bestimmen.

- In **Niedersachsen** ist für den Vollzug der Offshore-ArbZV das Staatliche Gewerbeaufsichtsamt Oldenburg (vgl. § 1 Abs. 3 S. 1 der niedersächsischen ZustVO-Umwelt-Arbeitsschutz),
- in **Schleswig-Holstein** die Staatliche Arbeitsschutzbehörde bei der Unfallkasse Nord (vgl. § 1 des schleswig-holsteinischen ArbSchUnfkG) und
- in **Mecklenburg-Vorpommern** das Landesamt für Gesundheit, Soziales/Abteilung Arbeitsschutz und technische Sicherheit (vgl. § 1 ArbSchZustVO M-V) zuständig.[64]

Das bisher erforderliche Antragsverfahren zur Genehmigung von Ausnahmen von den Bestimmungen des ArbZG (vgl. § 15 ArbZG) entfällt im Anwendungsbereich der Offshore-ArbZV und führt damit zur Verwaltungsvereinfachung.

e) Ruhepausen, Sonn- und Feiertagsarbeit

34 Unbeschadet der in § 4 S. 1 ArbZG geregelten Vorgaben für Ruhepausen, muss die Ruhepause bei mehr als zehn Stunden Offshore-Tätigkeiten mindestens 60 Minuten betragen (§ 4 Offshore-ArbZV).

Abweichend von § 9 ArbZG dürfen Arbeitnehmer in der AWZ aber an Sonn- und Feiertagen ohne weitere Voraussetzungen beschäftigt werden (§ 5 Offshore-ArbZV). Nach § 11 Abs. 1 ArbZG müssen (immerhin) mindestens 15 Sonntage im Jahr beschäftigungsfrei sein. Besondere Vorschriften zum Ausgleich der Sonntags- oder Feiertagsbeschäftigung sind in § 7 Abs. 4, 5 Offshore-ArbZV geregelt.

f) Nachweispflichten des Arbeitgebers

35 § 8 Offshore-ArbZV regelt, dass der Arbeitgeber über § 16 Abs. 2 S. 1 ArbZG hinaus nicht mehr nur die Mehrarbeit, sondern die **gesamte Arbeitszeit sowie den Ausgleich der Mehrarbeit** einschließlich der Ersatzruhetage für Sonn- und Feiertagsbeschäftigung aufzuzeichnen hat. Hierdurch soll einerseits den Aufsichtsbehörden erleichtert werden, zu kontrollieren, ob die Höchstarbeitszeiten eingehalten und der vorgeschriebene Ausgleich erreicht wird. Andererseits soll dies der Sicherheit und dem Gesundheitsschutz der Arbeitnehmer dienen. Eine besondere Form der Aufzeichnung ist nicht

64 Vgl. *Eckstein*, NZA 2013, 1060, 1061.

vorgeschrieben. Die Aufzeichnung kann z.B. auch elektronisch erfolgen. Nach §16 Abs. 2 S. 2 ArbZG sind die Nachweise mindestens zwei Jahre aufzubewahren.

g) Weitere Arbeitsschutzmaßnahmen

Arbeitnehmer, die Offshore-Tätigkeiten verrichten, haben nach §10 Abs. 1 Offshore-ArbZV nun generell – und nicht nur, wenn sie in der Nachtschicht arbeiten (vgl. §6 Abs. 3 ArbZG) – alle drei Jahre (nach Vollendung des 50. Lebensjahres in jedem Jahr) einen Anspruch auf Durchführung einer **arbeitsmedizinischen Untersuchung auf Kosten des Arbeitgebers**, sofern sie mindestens 48 Tage im Kalenderjahr offshore arbeiten. 36

§10 Abs. 2 Offshore-ArbZV bestimmt ferner, dass Arbeitnehmer auf Verlangen auf einen **geeigneten Arbeitsplatz an Land** umzusetzen sind, wenn nach arbeitsmedizinischer Feststellung die Gesundheit der Arbeitnehmer durch weitere Offshore-Tätigkeiten gefährdet ist, sofern dem nicht dringende betriebliche Erfordernisse entgegenstehen.

Soweit dies der Fall ist, muss nach § 10 Abs. 2 Offshore-ArbZV der **Betriebsrat** gehört werden. Er kann dem Arbeitgeber dann zwar Vorschläge für eine Umsetzung unterbreiten, weitere Rechte begründet die Verordnung jedoch nicht.

Da das BetrVG, dessen Geltung Voraussetzung für die Errichtung von **Betriebsräten** ist, auf in der AWZ beschäftigte Arbeitnehmer – jedenfalls derzeit – allenfalls bei vorübergehendem Einsatz anwendbar ist (vgl. ausführlich unter Kapitel 4 Rn 47ff.), kann „Betriebsrat" i.S.d. § 10 Abs. 2 Offshore-ArbZV nur ein kraft BetrVG zuständiger **Inlandsbetriebsrat** sein.

h) Evaluation und Praxistauglichkeit

Die auf Grundlage von Art. 3 SeeArbGEG vorgenommenen Änderungen des ArbZG und die Einführung der Offshore-ArbZV sind zu begrüßen. Sie schaffen **– bei allen ungeklärten Fragen** – mehr Rechtssicherheit für arbeitszeitrechtliche Gestaltungsspielräume in der AWZ. Ob der Ausgleich zwischen den besonderen Arbeitsanforderungen und -bedingungen in der AWZ einerseits und den daraus resultierenden besonderen Belastungen für dort tätige Arbeitnehmer andererseits auf dieser Basis gelingt oder eine Anpassung der Offshore-ArbZV erforderlich ist, wird derzeit in der betrieblichen Praxis erprobt. Im Rahmen der nach § 17 Offshore-ArbZV im Jahr 2016 angeordneten Evaluation wird dann zu überprüfen sein, „ob die Ausgleichsmaßnahmen für die vorgenommenen Ausnahmeregelungen nach Art und Umfang angemessen sind und ob das Niveau des allgemeinen Arbeits- und Gesundheitsschutzes, den das ArbZG garantieren soll, auch tatsächlich eingehalten wird".[65] 37

65 BR-Drs. 326/13 (Beschluss).

3. Schlussfolgerungen für die Geltung arbeitsrechtlicher Vorgaben in der AWZ

38 Dass der Gesetzgeber mit Art. 3 SeeArbGEG die zweite ausdrückliche Geltungsanordnung für öffentliches Arbeitsschutzrecht vornimmt, deutet – objektiv – darauf hin, dass auch er weiterhin davon ausgeht, dass öffentliches Arbeits(schutz)recht nur bei ausdrücklicher Anordnung in der AWZ Anwendung findet. Die Gesetzesbegründung ist insoweit allerdings leider nicht ganz eindeutig: „Im [ArbZG] wird klargestellt, dass dieses Gesetz im Rahmen der Vorgaben des [SRÜ] auch in der [AWZ] Anwendung findet. Es gilt damit auch für Arbeitnehmerinnen und Arbeitnehmer, die in diesem Bereich Offshore-Tätigkeiten [...] ausführen. Gleichzeitig wird eine Verordnungsermächtigung geschaffen, um die Regelungen des [ArbZG] den besonderen Verhältnissen bei Offshore-Tätigkeiten anzupassen“.[66]

Zwar deutet der Begriff „klargestellt“ darauf hin, dass das ArbZG schon zuvor in der AWZ gegolten haben könnte. Die Beschreibung der mit der Gesetzesänderung verbundenen Folge „Es gilt damit“ spricht aber deutlich gegen eine ursprüngliche Geltung. In diese Richtung weisen auch die Notwendigkeit, das ArbZG auf die mit dem Einsatz in der AWZ verbundenen Rahmenbedingungen anzupassen und die offenbar in anderen Kontexten vom Gesetzgeber ebenfalls gesehene Notwendigkeit, ausdrückliche Geltungsanordnungen vorzunehmen.[67]

II. Arbeitsschutzrecht

1. Arbeitsschutzgesetz

39 Das ArbSchG gilt nach seinem § 1 Abs. 1 S. 2 auch in der AWZ. Einschränkungen und besondere Regelungen sind nicht vorgesehen. Letztlich muss der Arbeitgeber daher alle Vorgaben des ArbSchG unter Berücksichtigung der Besonderheiten der (gefährlichen) Arbeit in der AWZ beachten.

! Praxistipp

Dies beginnt bereits in dem für die Errichtung einer Offshore-Anlage durchzuführenden Genehmigungsverfahren (vgl. unter Kapitel 4 Rn 42 ff.). Denn Grundlage jedes im Genehmigungsverfahren vorzulegenden Schutz- und Sicherheitskonzeptes ist die Gefährdungsbeurteilung, die jeder Arbeitgeber gemäß § 5 Abs. 1 ArbSchG aufstellen muss.[68] Basierend auf dieser Analyse sind für den jeweiligen Windpark die entsprechenden Gegenmaßnahmen für die einzelnen Gefährdungen zu entwickeln und vorzusehen.[69]

---

66 BT-Drs. 17/10959, 55.
67 Vgl. bereits *Mückl/Krause*, EnWZ 2013, 300, 303.
68 BT-Drucks. 17/14305, S. 15.
69 BT-Drucks. 17/14305, S. 15 f.

a) Behördliche Überwachung

Die Arbeitsschutzbehörden der Länder überwachen die Einhaltung des ArbSchG und der auf seiner Grundlage erlassenen Rechtsverordnungen und beraten die Arbeitgeber bei der Erfüllung ihrer Arbeitsschutzpflichten. Es ist Aufgabe der Arbeitsschutzbehörden der Küstenländer, 40

- Arbeitsschutzmängel im Bereich der Offshore-Windenergie-Anlagen aufzudecken,
- Rechtsverstöße falls notwendig zu sanktionieren und
- alle verfügbaren Schulungs- und Beratungsinstrumente einzusetzen, um frühzeitig eine hohe Wirksamkeit der erforderlichen – arbeitgeberseitig einzuleitenden – Präventionsmaßnahmen zu erreichen.

b) Zuständige Behörden

Gemäß niedersächsischer Zuständigkeitsverordnung (ZustVO- Umwelt – Arbeitsschutz, 2009) ist das staatliche Gewerbeaufsichtsamt Oldenburg für den Vollzug der Verwaltungsaufgaben des Arbeitsschutzes im südwestlichen Teil der AWZ zuständig. 41

Vor der schleswig-holsteinischen Küste ist das Landesamt für Gesundheit und Arbeitssicherheit des Landes Schleswig-Holstein zuständig, das für die Erfüllung dieser Aufgabe eine Kooperationsvereinbarung mit der Berufsgenossenschaft für Handel und Warendistribution (BGHW) abgeschlossen hat.[70]

Für den Bereich der AWZ vor der Küste Mecklenburg Vorpommerns ist das Landesamt für Gesundheit und Soziales Mecklenburg Vorpommerns zuständig.[71]

2. Arbeitsschutzrechtliche Vorgaben im Genehmigungsverfahren

Die Errichtung von Windenergieanlagen bedarf einer behördlichen Genehmigung durch das Bundesamt für Seeschifffahrt und Hydrographie (BSH). Denn durch Errichtung und Betrieb von Offshore-Windparks werden von den Genehmigungsinhabern (Kollisions-)Risiken geschaffen, die entsprechend der im Genehmigungsverfahren von den Antragstellern beigebrachten Risikoanalysen zur Erlangung der Genehmigungsfähigkeit zu minimieren bzw. kompensieren sind.[72] 42

70 BT-Drucks. 17/14305, S. 19.
71 BT-Drucks. 17/14305, S. 19.
72 BT-Drucks. 17/14305, S. 9.

a) Genehmigungsfähigkeit

43 Ein Offshore-Windpark wird nur als genehmigungsfähig bewertet, wenn die Kollisionswahrscheinlichkeit von Fahrzeugen mit den Windenergieanlagen nicht höher ist als ein Ereignis in 100 Jahren. Die Kollisionseintrittswahrscheinlichkeit hängt von der Lage eines Offshore-Windparks im Verhältnis zu den Verkehrsströmen in einem Seegebiet ab. Wenn die Kollisionseintrittswahrscheinlichkeit eine Höhe erreicht, die als nicht akzeptabel bewertet wird, sind zusätzliche Kompensationsmaßnahmen erforderlich, um den Offshore-Windpark genehmigen zu können.[73]

Das Schutz- und Sicherheitskonzept, welches vor Baubeginn vorzulegen ist, enthält u.a. **Konzepte für den Arbeitsschutz**. Die Konzepte werden vom BSH an die jeweiligen zuständigen Fachbehörden zur Plausibilisierung und Stellungnahme versandt. Für den Bereich des Arbeitsschutzes werden beteiligt:[74]

- das Gewerbeaufsichtsamt Oldenburg (für den Bereich der AWZ vor der niedersächsischen Küste),
- die Berufsgenossenschaft für Handel und Warendistribution (BGHW, zuständig im Auftrag des Landes Schleswig-Holstein für den Bereich der AWZ vor der schleswig-holsteinischen Küste),
- das Landesamt für Gesundheit und Soziales Mecklenburg-Vorpommern für den Bereich der AWZ vor der Küste Mecklenburg-Vorpommerns sowie
- das Havariekommando (HK).

b) Verpflichtung zur Seeraumbeobachtung

44 Eine Maßnahme zur Herstellung der Genehmigungsfähigkeit kann die Seeraumbeobachtung oder die Verkehrsüberwachung sein.[75] Die Verpflichtung des Genehmigungsinhabers zur Seeraumbeobachtung ist eine standardisierte Maßgabe aller Genehmigungsbescheide für Offshore-Windparks nach der Verordnung über Anlagen seewärts der Begrenzung des deutschen Küstenmeeres (SeeAnlV).

Die vorstehend unter Kapitel 4 Rn 43 geschilderten Risiken bestehen permanent, d.h. unabhängig vom Betriebszustand der Anlagen und müssen deshalb ständig kompensiert werden. Die betriebliche Seeraumbeobachtung muss daher jederzeit vorgehalten werden. Sie dient auch dem Schutz der Mitarbeiter.[76] Zeitliche Einschränkungen sind in den Genehmigungsbescheiden des BSH nicht vorgesehen.[77]

---

73 BT-Drucks. 17/14305, S. 9.
74 BT-Drucks. 17/14305, S. 14.
75 BT-Drucks. 17/14305, S. 9.
76 BT-Drucks. 17/14305, S. 10.
77 BT-Drucks. 17/14305, S. 10.

c) Erforderliche Maßnahmen bei einer Kollisionsgefahr

Im Falle einer drohenden Kollisionsgefahr mit dem Offshore-Windpark hat der Betreiber – auch zum Schutz seiner Mitarbeiter – 45
- die Gefahrenlage fachkompetent zu beurteilen und
- unverzüglich die zuständige Verkehrszentrale unter Angabe aller notwendigen Schiffs- und Ereignisdaten zu informieren,

damit die Verkehrszentrale entsprechende Maßnahmen zur verkehrlichen Gefahrenabwehr einleiten kann.[78]

Praxistipp

Entsprechende Meldeinhalte und -wege hat der Betreiber im Schutz- und Sicherheitskonzept darzustellen.[79] !

III. Geltung des Betriebsverfassungsgesetzes – Bestehen die Mitbestimmungsrechte des Betriebsrates?

1. Fehlen einer ausdrücklichen Geltungsanordnung

Für die Anwendbarkeit des BetrVG in der AWZ folgt aus den unter Kapitel 4 Rn 5ff. 46
entwickelten Grundsätzen, dass die BRD, wenn sie das BetrVG in der AWZ angewandt wissen wollte, seine Geltung durch einen gesetzlichen Erstreckungsbefehl auf die AWZ hätte anordnen müssen.[80]

Daran fehlt es aber und dieses Ergebnis kann nicht auf dem Umweg über eine den Gesetzeswortlaut übersteigende Auslegung des BetrVG korrigiert werden. Denn bereits die Vorgaben der §§ 114ff. BetrVG zur betrieblichen Mitbestimmung in See- und Landbetrieben von Schifffahrtsunternehmen machen deutlich, dass sich der Gesetzgeber des „Problems“ von Off-Shore-Einsätzen bewusst war. Die jüngsten Gesetzesänderungen im Arbeitszeitrecht bestätigen das. Dass er dennoch in Kenntnis der Vorgaben des Art. 60 Abs. 2 SRÜ selbst im Rahmen des Betriebsverfassungsreformgesetzes im Jahr 2001 keine ausdrückliche Geltung des BetrVG angeordnet hat, rechtfertigt daher den Schluss darauf, dass **das BetrVG grundsätzlich in der AWZ nicht zur Anwendung kommt**. Hinzu kommt, dass eine Geltung ohne ausdrückliche Anordnung den Vorgaben des SRÜ widerspräche.[81]

---

78 BT-Drucks. 17/14305, S. 10.
79 BT-Drucks. 17/14305, S. 10.
80 Vgl. bereits *Mückl*, DB 2012, 2456, 2457; ebenso *Lunk/Hinze*, NVwZ 2014, 278, 281.
81 Näher *Mückl*, DB 2012, 2456, 2457; ebenso *Lunk/Hinze*, NVwZ 2014, 278, 281.

2. Differenzierung nach der Gestaltung der Einsatzbedingungen

47 Dies bedeutet aber nicht, dass die AWZ betriebsverfassungsrechtlich ein „arbeitsrechtsfreier Raum" ist.[82] Man wird vielmehr nach der Gestaltung der Einsatzbedingungen differenzieren müssen:[83]

a) Dauerhafter Einsatz in der AWZ

48 Wird der Arbeitnehmer dauerhaft – z.B. auf einer Bohrinsel oder Off-Shore-Windenergieanlage – in der AWZ eingesetzt, kommt das BetrVG – wie vorstehend gezeigt – nicht kraft ausdrücklicher gesetzgeberischer Anordnung zur Anwendung. Denkbar wäre seine Geltung entweder durch Vermittlung des internationalen Privatrechts oder über die vom BAG zur Anwendung des BetrVG auf im Ausland tätige Arbeitnehmer entwickelten Grundsätze.

aa) Anwendbarkeit aufgrund des Internationalen Privatrechts?

49 Losgelöst von der – im Lichte der Feststellungen des EuGH in seinem Urteil vom 27.2.2002[84] wohl zu bejahenden – [85] Frage, ob das deutsche Internationale Privatrecht (Rom I VO)[86] in der AWZ überhaupt Anwendung findet, bewirkt dies für sich genommen keine Anwendbarkeit des BetrVG in der AWZ. Denn nach ganz herrschender Meinung führt die Anwendbarkeit von Art. 8 der Rom I VO nicht zur Anwendbarkeit des Betriebsverfassungsrechts als Teil des kollektiven Arbeitsrechts.[87] **Das BetrVG enthält sein eigenes Kollisionsrecht.**

bb) Anwendbarkeit kraft Ausstrahlungswirkung des BetrVG?

50 Der im Ausland tätige Arbeitnehmer fällt danach dann in den persönlichen Anwendungsbereich des BetrVG, wenn sich seine Tätigkeit im Ausland als **„Ausstrahlung"** des Inlandsbetriebs darstellt (vgl. auch § 4 Abs. 1 SGB IV).[88]

---

82 So jedenfalls für einen Teil der Normen des deutschen Arbeitsrechts auch *Bayreuther*, RIW 2011, 446, 449.

83 Vgl. bereits *Mückl*, DB 2012, 2456, 2457 f.

84 EuGH, Urt. v. 27.2.2002 – C-37/00 – NZA 2002, 459 – Weber/UOS.

85 Vgl. *Bayreuther*, RIW 2011, 446, 450 f.; *Wurmnest*, RabelsZ 72 (2008), 240, 246; *Diekamp*, ZBB 2004, 10, 11.

86 Jetzt: Verordnung (EG) Nr. 593/2008 des Europäischen Parlaments und des Rates vom 17.6.2008 über das auf vertragliche Schuldverhältnisse anzuwendende Recht (Rom I).

87 BAG, Urt. v. 21.8.2007 – 3 AZR 269/06 – DB 2008, 710; HWK/*Tillmanns*, Art. 3, 8, 9 Rom-I-VO Rn 41.

88 Ausführlich *Boemke*, NZA 1992, 112 ff.; für die AWZ ebenso *Lunk/Hinze*, NVwZ 2014, 278, 281.

Wann eine relevante Ausstrahlung vorliegt und der Arbeitnehmer damit trotz Auslandstätigkeit dem Inlandsbetrieb zuzurechnen ist, richtet sich nach dem allgemeinen **Kriterium der Betriebszugehörigkeit.**[89] Ob die Auslandstätigkeit und damit der Arbeitnehmer dem Betrieb im Inland zuzurechnen ist, ergibt sich dabei aus einer Gesamtwürdigung aller Umstände des Einzelfalls.[90]

In Anknüpfung u.a. an die Rechtsprechung des 6. Senats des BAG, der das ent- 51
scheidende materielle Kriterium für die Betriebszugehörigkeit bei Auslandstätigkeit als persönliche, tätigkeitsbezogene und rechtliche Bindung an den Inlandsbetrieb umschrieben hat,[91] hat der 2. Senat des BAG in seinem Urteil vom 7.12.1989[92] ganz allgemein angenommen, dass die Anwendung deutschen Betriebsverfassungsrechts eine Beziehung zum Inlandsbetrieb voraussetzt, die es rechtfertigt, die Auslandstätigkeit als Ausstrahlung der im Inland entfalteten betrieblichen Aktivitäten zu behandeln. Die Dauer der Auslandstätigkeit und die Frage, ob der Arbeitnehmer dort in eine betriebliche Struktur eingegliedert sei oder nicht, seien lediglich – wichtige – Indizien. Entscheidend sei eine **Gesamtwürdigung aller Umstände des Einzelfalls.** Dies hat der 1. Senat des BAG in seinem Beschluss vom 16.1.1990[93] bestätigt.

In der Rechtsprechung des BAG spielen danach bei der Bewertung der Betriebszugehörigkeit insbesondere die Dauer der Auslandstätigkeit und die Eingliederung in die betriebliche Struktur des Auslandsbetriebs, daneben das Direktionsrecht, etwaige Versetzungs- und Rückholklauseln sowie die Förderung des in- bzw. ausländischen Betriebszwecks eine Rolle.

Dauer des Auslandsaufenthalts

Seit dem Urteil vom 7.12.1989[94] misst das BAG der Dauer der Entsendung zwar ge- 52
wichtige, aber nur indizielle Bedeutung bei. Bereits zuvor hat es bei dauerhafter Entsendung hat die Zurechnung zum Inlandsbetrieb allerdings zutreffend verneint.[95] Gleiches gilt für Arbeitnehmer, die **nur für einen bestimmten Auslandseinsatz eingestellt** wurden und vorher nie innerhalb Deutschlands beschäftigt waren.[96] Dies hat das BAG in seinem Urteil vom 21.8.2007[97] noch einmal für Arbeitnehmer klargestellt, die ausschließlich für eine ausländische Baustelle eingestellt wurden.

Ist demgegenüber die Auslandstätigkeit **von vornherein befristet** und der Aufenthalt des Arbeitnehmers damit nur vorübergehend, spricht dies grundsätzlich

---

89 BAG, Beschl. v. 22.3.2000 – 7 ABR 34/98 – NZA 2000, 1119; zu mitbestimmungsrechtlichen Fragen einer Auslandsentsendung vgl. zuletzt *Mückl/Kaueroff*, ArbRAktuell 2013, 567 ff.

90 BAG, Beschl. v. 16.1.1990 – 1 ABR 47/88 – ZTR 1990, 299.

91 BAG, Urt. v. 21.10.1980 – 6 AZR 640/79 – NJW 1981, 1175.

92 BAG, Urt. v. 7.12.1989 – 2 AZR 228/89 – NZA 1990, 658.

93 BAG, *Beschl.* v. 16.1.1990 – 1 ABR 47/88 – ZTR 1990, 299.

94 BAG, Urt. v. 7.12.1989 – 2 AZR 228/89 –NZA 1990, 658.

95 BAG, Beschl. v. 25.4.1978 – 6 ABR 2/77 – DB 1978, 1840.

96 BAG, Urt. v. 21.10.1980 – 6 AZR 640/79 – NJW 1981, 1175.

97 BAG, Urt. v. 21.8.2007 – 3 AZR 269/06 – NZA-RR 2008, 649.

für eine Betriebszugehörigkeit zum Inlandsbetrieb. Letztlich gibt es keine feste zeitliche Grenze für die Bestimmung einer „vorübergehenden" Auslandstätigkeit.[98] Als Grundregel dürfte aber gelten, dass, je länger die Auslandstätigkeit andauert, desto eher weitere Indizien hinzukommen müssen, die eine Verbindung zu dem Inlandsbetrieb nahe legen, um die Anwendbarkeit des BetrVG bejahen zu können.

Zeitliche Grenzen der Eingliederung in den inländischen Betrieb

53 Nur in **Extremfällen** kann selbst bei einer dauerhaften Auslandstätigkeit eine Eingliederung in einen deutschen Betrieb vorliegen. So hat das BAG in seiner Entscheidung vom 7.12.1989[99] eine Betriebszugehörigkeit zum Inlandsbetrieb angenommen, weil keine Integration in dem Auslandsbetrieb, in dem der Arbeitnehmer beschäftigt war, stattgefunden hatte. In dem zugrundeliegenden Fall wurde die fortbestehende Beziehung zum Inlandsbetrieb aus folgenden Gründen angenommen:

- der Arbeitsvertrag sah eine jederzeitige Rückrufmöglichkeit nach Deutschland vor;
- die Einsätze der Arbeitnehmerin wurden vom Inlandsbetrieb geplant und
- die zur Ausübung des Direktionsrechts befugten Vorgesetzten arbeiteten im Inlandsbetrieb.

Auch wenn die bloße Eingliederung in den ausländischen Betrieb dann nicht zur Beendigung der Inlandseingliederung führen soll, wenn die Auslandstätigkeit von vornherein zeitlich beschränkt ist,[100] bestehen bei einer auf Dauer angelegten Auslandstätigkeit und einer Eingliederung in den Auslandsbetrieb aber starke Anhaltspunkte für die Zugehörigkeit zum ausländischen Betrieb.

Unerheblichkeit räumlicher Grenzen

54 Eine Eingliederung in einen Betrieb ist dabei nicht davon abhängig, ob der Arbeitnehmer seine Tätigkeiten auf dem Betriebsgelände verrichtet. Denn der Betriebsbegriff ist „nicht in dem Sinne räumlich zu verstehen, dass mit der Grenze des Betriebsgrundstücks oder der Betriebsräume der Betriebsbereich ende".[101] Dies wird bereits daran deutlich, dass Außendienstmitarbeiter, Kraftfahrer oder Bauarbeiter nicht ihre Betriebszugehörigkeit zum inländischen Betrieb dadurch verlieren, dass sie nicht auf dem Betriebsgelände arbeiten.

Förderung des inländischen Betriebszwecks

55 Für die Eingliederung in einen Betrieb ist vielmehr entscheidend, inwieweit der Arbeitgeber mit den Arbeitnehmern seinen arbeitstechnischen Zweck verfolgt.[102] Um eine Eingliederung in den Inlandsbetrieb annehmen zu können, muss damit trotz

98 BAG, Urt. v. 7.12.1989 – 2 AZR 228/89 – NZA 1990, 658.
99 BAG, Urt. v. 7.12.1989 – 2 AZR 228/89 – NZA 1990, 658.
100 BAG, Beschl. v. 25.4.1978 – 6 ABR 2/77 –- DB 1978, 1840.
101 BAG, Beschl. v. 22.3.2000 – 7 ABR 34/98 – NZA 2000, 1119.
102 BAG, Beschl. v. 22.3.2000 – 7 ABR 34/98 – NZA 2000, 1119.

der Tätigkeit im Ausland eine **Förderung des inländischen Betriebszwecks** gegeben sein, z.B. die Erfüllung bestimmter Aufgaben des im Inland gelegenen Betriebs, Erwerb von Know-how für spätere Tätigkeiten im Inland, Übernahme von Beratungsaufgaben, Abwicklung eines Auftrages oder Reparatur einer Anlage für den Inlandsbetrieb.[103] Von Bedeutung ist dabei regelmäßig auch, **wo die personelle Leitungsmacht ausgeübt wird.**[104]

Bedeutung von Rückkehr- und Rückholrechten

Überschätzt wird demgegenüber häufig die Bedeutung von Rückkehr- oder Rück- 56 holrechten. Denn jedenfalls für Arbeitnehmer, die nicht nur für eine zeitlich befristete Aufgabe ins Ausland entsandt werden, sondern deren Auslandsaufenthalt auf längere Zeit und nicht nur auf die Erledigung eines bestimmten Projektes angelegt ist, darf die Betriebszugehörigkeit als maßgebliches Kriterium bei allen Besonderheiten eines Auslandseinsatzes nicht aus dem Auge verloren werden. Die Zugehörigkeit zur Belegschaft eines Betriebes lässt sich daher nicht allein mit einer Versetzungsklausel begründen, die es dem Arbeitgeber ermöglicht, den Arbeitnehmer in einen Inlandsbetrieb zurückzuversetzen, schon gar nicht, **wenn der „Rückruf" möglicherweise in einen anderen Inlandsbetrieb erfolgt.**[105]

cc) Anwendung auf eine Beschäftigung in der AWZ

Diese Grundsätze wird man auf eine Beschäftigung in der AWZ übertragen müs- 57 sen. Denn auch unter Berücksichtigung des Umstands, dass es sich bei der AWZ völkerrechtlich um der BRD zugeordnetes Staatsgebiet handelt, gilt dort das BetrVG nicht kraft ausdrücklicher gesetzgeberischer Anordnung, sodass ein in der AWZ beschäftigter Arbeitnehmer – ausgehend von den vom BAG entwickelten Grundsätzen – **allenfalls vom persönlichen Anwendungsbereich des BetrVG erfasst sein** kann.

Dementsprechend fehlt es an einer hinreichenden Beziehung zum Inland bei Arbeitnehmern, die dauernd in der AWZ tätig sind, insbesondere nur für einen Einsatz in der AWZ eingestellt wurden und nie in einem inländischen Betrieb ihres Arbeitgebers tätig waren.

Betrachtet man die typischerweise bei einer Beschäftigung in der AWZ anfal- 58 lenden Aufgaben dürfte es sich insoweit um folgende Fälle handeln:[106]

- Dauerhaft beschäftigt werden Arbeitnehmer auf Off-Shore-Windenergieanlagen in der AWZ vor allem dann, wenn sie – z.B. vergleichbar einer Tätigkeit auf

---

103 HWK/*Gaul*, Vorb. BetrVG Rn 6.

104 BAG, Beschl. v. 10.3.2004 – 7 ABR 36/03 –BeckRS 2004, 30801570.

105 LAG München, Beschl. v. 7.7.2010 – 5 TaBV 18/09 – IPRspr 2010, Nr. 78, 155.

106 Nicht zutreffend für eher theoretisch halten dies wiederum *Lunk/Hinze*, NVwZ 2014, 278, 281.

Bohrinseln bzw. Gas- oder sonstige Rohstoffförderplattformen – [107] ihre Aufgaben ausschließlich dort durchführen.

– Dies gilt vor allem dann, wenn die Windenergieanlagen durch eine auf der Anlage selbst angesiedelte „Mannschaft" betreut und gewartet werden. In diesem Fall sind alle dauerhaft dort angesiedelten Mitarbeiter umfasst – vom betreuenden Ingenieur, Techniker usw. bis zu Mitarbeitern mit begleitenden Aufgaben wie dem Reinigungs- oder Kantinenpersonal.
– Daran ändert sich angesichts der alleinigen Tätigkeit in der AWZ auch dann nichts, wenn diese Mitarbeiter von ihrem Arbeitgeber regelmäßig (gemäß der Schichteinteilung) zum Einsatzort in der AWZ gebracht werden, wie dies für den Einsatz auf Bohrinseln etc. üblich ist. Dass z.B. die bloße Personalverwaltung (z.B. Abrechnung, Abwicklung der Altersversorgung usw.) im Inland erfolgt, genügt nicht.[108]

Dieses Ergebnis wird man auch nicht auf dem Weg über eine analoge Anwendung von § 114 BetrVG korrigieren können. Dagegen spricht schon das aus Art. 60 Abs. 2 SRÜ folgende Erfordernis einer ausdrücklichen Geltungsanordnung, das nicht durch eine nationale Rechtsfortbildung umgangen werden kann (vgl. Kapitel 4 Rn 5ff.). Hinzu kommt, dass – jedenfalls für die Anwendbarkeit des BetrVG – auch eine planwidrige Regelungslücke nicht erkennbar ist. Denn obwohl dem Gesetzgeber bereits seit 1994 das Erfordernis einer ausdrücklichen Geltungsanordnung bekannt ist, hat er eine solche auch im Rahmen des Betriebsverfassungsreformgesetzes im Jahr 2001 nicht vorgenommen.

59 Es handelt sich insoweit – jedenfalls für den Augenblick – um ein beredetes Schweigen des Gesetzgebers. Denn das **internationale Betriebsverfassungsrecht** ist – mit Ausnahme des § 114 BetrVG – nirgends normiert, sondern seine Ausgestaltung seit vielen Jahren der Rechtsprechung vorbehalten. Ein Wille des Gesetzgebers, dies gerade und ausschließlich mit Blick auf die AWZ zu ändern, ist nicht erkennbar. Das mag man für einen rechtspolitischen Fehler halten. Ein derartiger Fehler führt aber nicht zum Vorliegen einer rechtsfortbildend zu schließenden Regelungslücke,[109] zumal ihrer Annahme – wie gezeigt – auch die völkerrechtlichen Vorgaben des SRÜ entgegenstehen.

---

107 In Deutschland gibt es insgesamt zwei Produktionsanlagen: die von RWE DEA betriebene Bohr-und Förderinsel „Mittelplate" vor der schleswig-holsteinischen Nordseeküste und die von Wintershall betriebene Gasplattform A6-A in der AWZ auf der Doggerbank.

108 Vgl. LAG Köln, Beschl. v. 14.4.1998 – 13 TaBV 37/97 – NZA-RR 1998, 357; LAG München, Beschl. v. 8.7.2009 – 11 TaBV 114/08, n. v.; HWK/*Gaul*, Vorb BetrVG Rn 6.

109 BAG, Urt. v. 20.1.2005 – 2 AZR 134/04 – DB 2005, 1691.

b) Vorübergehender Einsatz in der AWZ

Anderes dürfte grundsätzlich für einen vorübergehenden Einsatz in der AWZ gelten,[110] den man – abhängig von der Ausgestaltung im Einzelfall – jedenfalls für bestimmte Arbeitnehmergruppen annehmen können wird (z.B. soweit es um die arbeitsrechtliche Steuerung der Errichtung des Off-Shore-Windparks oder auch um die arbeitsrechtliche Steuerung von dessen Wartung vom deutschen Festland aus geht). Denn hier wird ggf. trotz der Tätigkeit in der AWZ der inländische Betriebszweck des Bauunternehmens bzw. des Stromerzeugungsunternehmens gefördert. Darüber hinaus ist denkbar, auch die für den Betriebsbegriff prägende Leitungsmacht in Bezug auf die wesentlichen personellen und sozialen Angelegenheiten für die in Rede stehenden Arbeitnehmer weiterhin vom Inland aus auszuüben. 60

Eine Analogie zu § 114 BetrVG scheidet in Bezug auf derart in der AWZ eingesetzte Arbeitnehmer aus. Denn die Arbeitnehmer, die entsprechende Anlagen bauen oder warten, sind keine Besatzungsmitglieder und Angehörigen eines Seebetriebs (vgl. zur parallelen arbeitszeitrechtlichen Bewertung unter Kapitel 4 Rn 9 ff.), sondern in den **inländischen Landbetrieb**[111] integriert und unterfallen als solche bei entsprechender Ausgestaltung – kraft Ausstrahlung – den allgemeinen Regeln des BetrVG.

Auch bei einem vorübergehenden Einsatz ist es aber möglich, dass der persönliche Geltungsbereich des BetrVG nicht eröffnet ist. Dies wird man vor allem für im Rahmen von Projekten zur Errichtung einer Off-Shore-Anlage in der AWZ befristet beschäftigte Arbeitnehmer annehmen können, die **während des gesamten Projekts in der AWZ zum Einsatz kommen.**[112] Denn ein hinreichender Bezug zum Inlandsbetrieb fehlt in der Regel bei dauernd im Ausland tätigen Arbeitnehmern.[113] Das wird man auf einen Einsatz in der nicht im Inland belegenen AWZ übertragen müssen. Gegen die persönliche Anwendbarkeit des BetrVG spricht dabei nach den Feststellungen des 6. Senats des BAG insbesondere, wenn die befristet beschäftigten Mitarbeiter **niemals im Inlandsbetrieb beschäftigt waren.**[114] 61

Der 1. Senat hat dies zwar zuletzt offen gelassen[115] und darauf hingewiesen, ein Inlandsbezug könne sich jedenfalls dann auch daraus ergeben, dass das Direktionsrecht gegenüber dem Arbeitnehmer vom inländischen Betrieb ausgeübt wird, wenn eine Eingliederung in eine ausländische Betriebsstruktur nicht feststellbar ist.[116]

---

110 Vgl. bereits *Mückl*, DB 2012, 2456, 2458.

111 Vgl. zu dieser Differenzierung Richardi/*Thüsing*, § 114 BetrVG Rn 9 ff.

112 Vgl. BAG, Urt. v. 21.10.1980 – 6 AZR 640/79 – DB 1981, 696. Die Mitarbeiter, die zum Bau der Anlagen eingesetzt werden, übernachten meist auf Plattformen in unmittelbarer Nähe der zu errichtenden Anlagen und gleiches gilt für Mitarbeiter von Firmen, die das Catering auf den entsprechenden Plattformen durchführen.

113 BAG, Urt. v. 20.2.2001 – 1 ABR 30/00 – DB 2001, 2054.

114 BAG, Urt. v. 21.10.1980 – 6 AZR 640/79 – DB 1981, 696.

115 BAG, Urt. v. 20.2.2001 – 1 ABR 30/00 – DB 2001, 2054.

116 BAG, Urt. v. 20.2.2001 – 1 ABR 30/00 – DB 2001, 2054.

Dabei sollen indes weder die Dauer der Auslandstätigkeit noch die Frage, ob der Arbeitnehmer dort in eine betriebliche Struktur eingegliedert ist oder nicht, für sich genommen hinreichende Begründungen für den notwendigen Inlandsbezug sein.[117] Beides sind nach der Rechtsprechung des BAG lediglich – wenn auch wichtige – Indizien. Ausgeschlossen dürfte die Anwendbarkeit des BetrVG aber auch nach den Feststellungen des 1. Senats dann sein, **wenn die Steuerung der entsprechend befristet eingesetzten Mitarbeiter in den wesentlichen personellen und sozialen Angelegenheiten vor Ort in der AWZ stattfindet**. Denkbar ist dies z.B. von der Plattform aus, auf der die Mitarbeiter übernachten und verpflegt werden.

! 62 **Praxistipp**
Vor diesem Hintergrund besteht mit Blick auf die betriebsverfassungsrechtlichen Strukturen nach derzeitiger Gesetzeslage durchaus ein Gestaltungsspielraum, der eine zulässige Vermeidung von mitbestimmten Entscheidungen ermöglicht und letztlich nur durch die allgemeinen Grenzen des Rechtsmissbrauchs bzw. einer unzulässigen Umgehung eingeschränkt wird. Denkbar ist, dass die Rechtsprechung hinsichtlich der insoweit maßgeblichen Grenzen die derzeit zum KSchG entwickelten, nachfolgend dargestellten Ansätze überträgt und (parallel) weiterentwickelt.

IV. Anwendbarkeit des Kündigungsschutzgesetzes

1. Anwendbarkeit des KSchG in der AWZ?

63 Parallele Fragen stellen sich mit Blick auf die Anwendbarkeit des durch das KSchG vermittelten Kündigungsschutzes.

a) Keine normative Anwendbarkeit des KSchG

64 Der erste Abschnitt des KSchG findet nach ständiger – zutreffender[118] – Rechtsprechung des BAG nämlich nur auf Betriebe Anwendung, die in Deutschland gelegen sind.[119] Diese Voraussetzung erfüllt ein in der AWZ belegener Betrieb nicht. Denn er befindet sich **nicht auf dem Staatsgebiet der BRD** (Art. 2 Abs. 1 SRÜ). Arbeitnehmer, die in einen in der AWZ belegenen Betrieb eingegliedert sind, genießen daher keinen Kündigungsschutz nach §§ 1f. KSchG. Die Anwendung des KSchG in der

117 BAG, Urt. v. 7.12.1989 – 2 AZR 228/89 – DB 1990, 992.
118 *Otto/Mückl*, BB 2008, 1231ff.; *Otto/Mückl*, BB 2009, 1926.
119 BAG, Urt. v. 7.7.2011 – 2 AZR 12/10 – DB 2012, 1102; BAG, Urt. v. 8.10.2009 – 2 AZR 654/08 – DB 2010, 230; BAG, Urt. v. 26.3.2009 – 2 AZR 883/07 – DB 2009, 1409; BAG, Urt. v. 17.1.2008 – 2 AZR 902/06 – NZA 2008, 944; siehe auch BVerfG, Beschl. v. 12.3.2009 – 1 BvR 1250/08 – juris; dazu *Mückl*, EWiR 2009, 585f.

AWZ ist nicht – was erforderlich wäre[120] – gesetzgeberisch ausdrücklich angeordnet, sodass ein in der AWZ belegener Betrieb auch nicht als in Deutschland gelegen gilt.

Praxistipp !

Das ist – entgegen einer in der Literatur geäußerten Ansicht – auch keine rein theoretische Überlegung, weil es kaum vorstellbar ist, dass die maßgebliche Organisationseinheit ausschließlich in der AWZ existiert.[121] Übersehen wird dabei nämlich einerseits, dass die maßgebliche Personalleitung vor Ort angesiedelt sein kann (Präsenz vor Ort „Offshore" und Entscheidungsfindung dort – z.B. auf dem Hotelschiff oder der Wohnplattform), und zum anderen, dass die Organisationseinheit – insbesondere bei ausländischen Arbeitgebern – aus dem Ausland heraus gesteuert sein kann, sodass es ebenfalls an einem Inlandsbetrieb fehlt.

---

b) Keine analoge Anwendung des KSchG

Eine analoge Anwendung scheidet – parallel zu den Überlegungen zum BetrVG – 65
nicht nur deshalb aus, weil die völkerrechtlichen Vorgaben des SRÜ nicht durch die nationale Rechtsprechung umgangen werden dürfen, sondern bereits **mangels planwidriger Regelungslücke.**[122] Schließlich ist auch das KSchG seit 1994 mehrfach und teilweise grundlegend geändert worden, ohne dass eine Anwendbarkeitsanordnung erfolgt ist. Vor diesem Hintergrund wird man eine Regelungslücke auch nicht mit einer Änderung der Normsituation seit 1994 begründen können.

Entscheidend hinzu kommt, dass die Beschränkung des Geltungsbereichs des KSchG auf in Deutschland gelegene Betriebe auf dem Umstand beruht, dass die Gewährung von Kündigungsschutz gegenüber einem Arbeitnehmer Auswirkungen auf die Arbeitsverhältnisse des Arbeitgebers mit anderen Arbeitnehmern haben kann. Das ist widerspruchsfrei nur möglich, wenn im Zeitpunkt der Kündigung gegenüber allen möglicherweise betroffenen Arbeitnehmern und gegenüber dem Arbeitgeber dasselbe, nämlich deutsches Kündigungsschutz- und Arbeitsrecht angewendet und auch durchgesetzt werden kann.[123] Das ist in der AWZ dann, wenn keine ausdrückliche Erstreckung erfolgt, bereits aufgrund völkerrechtlicher Vorgaben ausgeschlossen, zumal das KSchG dann auch nicht nach Art. 8 Rom I-VO zur Anwendung kommt.[124]

---

120 *Mückl*, DB 2012, 2456, 2459; dem folgend *Lunk/Hinze*, NVwZ 2014, 278, 280.

121 So aber offenbar *Lunk/Hinze*, NVwZ 2014, 278, 280, die zudem von einer „Zurechnung" zum Inlandsbetrieb ausgehen – allerdings ohne Auseinandersetzung mit der – dieser Annahme entgegenstehenden – Rechtsprechung des BAG zum grenzüberschreitenden Gemeinschaftsbetrieb.

122 Vgl. bereits *Mückl*, DB 2012, 2456, 2459.

123 BAG, Urt. v. 7.7.2011 – 2 AZR 12/10 – DB 2012, 1102.

124 Vgl. BAG, Urt. v. 17.1.2008 – 2 AZR 902/06 – NZA 2008, 944; a.A. offenbar *Lunk/Hinze*, NVwZ 2014, 278, 280.

2. Hinweise zur Gestaltung von Betriebsstrukturen

66 Das BAG hat bislang allerdings offen gelassen, welche Sachverhaltsgestaltungen mit Auslandsberührung denkbar sind, die die Annahme eines im Inland gelegenen Betriebs möglicherweise schon bei geringfügig ausgebildeten betrieblichen Strukturen zulassen, wenn nur hinsichtlich der Arbeitnehmerzahl der Schwellenwert des § 23 KSchG erreicht ist.[125] Ausgeschlossen dürfte die Anwendung des KSchG auf in der AWZ beschäftigten Arbeitnehmer – parallel zu der mit Blick auf das BetrVG vorgenommenen Bewertung – aber derzeit dann sein, wenn die Entscheidungen über Arbeitsbedingungen und Organisationsfragen **aus der AWZ heraus** erfolgen und wenn Einstellungen, Entlassungen und Versetzungen aus der AWZ heraus – bzw. durch ein deutsches Unternehmen aus einem **benachbarten Anliegerstaat** (z.B. den Niederlanden oder Polen) heraus – vorgenommen werden.

Denn der Betriebsbegriff knüpft an die organisatorische Einheit an. Eine betriebliche Struktur setzt einen einheitlichen organisatorischen Einsatz der Betriebsmittel und der Personalressourcen voraus. Die einen Betrieb konstituierende Leitungsmacht wird dabei dadurch bestimmt, dass der Kern der Arbeitgeberfunktionen in personellen und sozialen Angelegenheiten von derselben institutionalisierten Leitung im Wesentlichen selbstständig ausgeübt wird. Entscheidend ist nach der Rechtsprechung des BAG, wo **schwerpunktmäßig** über Arbeitsbedingungen und Organisationsfragen entschieden wird und in welcher Weise Einstellungen, Entlassungen und Versetzungen vorgenommen werden.[126] Je stärker die Entscheidungs- und Organisationsstruktur im Inland ausgebildet wird, desto weniger kann ausgeschlossen werden, dass das BAG einen im Inland gelegenen Betrieb annehmen wird, aus dem heraus Einsätze in der AWZ sozusagen als „Auslandseinsätze" erfolgen, die – wenn sich hierdurch nicht das Arbeitsvertragsstatut ändert – den Kündigungsschutz nicht ausschließen.

3. Auswirkungen einer expliziten Rechtswahl

67 Obsolet sind diese Überlegungen letztlich dann, wenn im Arbeitsvertrag die Geltung deutschen Rechts explizit vereinbart wird. Denn dann wären nach den Feststellungen des 2. Senats des BAG im Urteil vom 21.1.1999[127] ungeachtet des § 23 Abs. 1 KSchG und der fehlenden Eingliederung in einen inländischen Betrieb „die Grundgedanken des § 1 KSchG auf das Arbeitsverhältnis der Parteien entsprechend anzuwenden, weil diese wirksam die Anwendbarkeit deutschen Rechts vereinbart haben" und dem Arbeitnehmer ein Anspruch auf Beschäftigung innerhalb der AWZ zustehen soll. Soweit die Voraussetzungen des § 23 Abs. 1 S. 2 KSchG nach der

125 BAG, Urt. v. 3.6.2004 – 2 AZR 386/08 – NZA 2004, 1380.

126 Vgl. z.B. BAG, Urt. v. 3.6.2004 – 2 AZR 386/08 – NZA 2004, 1380.

127 BAG, Urt. v. 21.1.1999 – AZR 648/97 – DB 1999, 806.

Rechtsprechung des BAG im Inland erfüllt werden müssen, gehe es um die normative Geltung bei einem im Inland beschäftigten Arbeitnehmer. Diese Rechtsprechung betreffe „nicht den Fall der ausdrücklichen vertraglichen Vereinbarung der Anwendbarkeit deutschen Rechts für einen im Ausland beschäftigten Arbeitnehmer. Die ausdrückliche Einräumung eines [...] Beschäftigungsanspruchs [außerhalb der BRD] würde keinen Sinn machen, wenn er nicht durch einen entsprechenden allgemeinen Kündigungsschutz gesichert wäre, sondern auch ohne besonderen Kündigungsgrund durch Kündigung zum Wegfall gebracht werden" könne.[128] Dies wird man **bei der Gestaltung von Anstellungsverträgen berücksichtigen** müssen.[129]

V. Geltung des Sozialversicherungsrechts?

68 Zuletzt haben das Urteil des EuGH vom 17.1.2012[130] („Salemnik") und auch das nachfolgende Urteil vom 19.4.2012[131] („Kommission ./. Niederlande") die Frage aufgeworfen, ob das deutsche Sozialversicherungsrecht in der AWZ zur Anwendung kommt.

1. Entscheidung des EuGH in der Sache Salemnik

69 In der Sache Salemnik hatte der EuGH auf das Ersuchen eines niederländischen Gerichts hin vorab zu entscheiden, ob es mit dem Unionsrecht vereinbar ist, einen Beschäftigten auf einer außerhalb des Staatsgebiets, aber auf dem angrenzenden Festlandsockel gelegenen festen Einrichtung auf See allein deshalb aus der gesetzlichen Pflichtversicherung nach dem Recht des Küstenstaates auszunehmen, weil er in einem anderen Mitgliedstaat wohnt. Das hat der EuGH verneint. Denn da der an einen Mitgliedstaat angrenzende Festlandsockel, wenn auch funktionell und beschränkt, dessen Hoheitsgewalt unterliege, sei eine von einem Arbeitnehmer auf festen oder schwimmenden Einrichtungen auf oder über dem an einen Vertragsstaat angrenzenden Festlandsockel im Rahmen der Erforschung und/oder Ausbeutung seiner natürlichen Reichtümer verrichtete Arbeit **für die Anwendung des Unionsrechts als eine im Hoheitsgebiet dieses Staates verrichtete Arbeit anzusehen.**[132] Daher verstoße eine nationale Regelung wie diejenige des Ausgangsverfahrens, nach der sich anhand des Wohnsitzes entscheide, ob ein in der AWZ eines Mit-

---

128 Auf das BetrVG ist diese Lösung nicht übertragbar, da dessen Geltung nicht privatautonom vereinbart werden kann, vgl. für viele *Fitting*, § 1 BetrVG Rn 21.
129 Vgl. hierzu auch *Lunk/Hinze*, NVwZ 2014, 278, 280.
130 EuGH, Urt. v. 17.1.2012 – 347/10, DÖV 2012, 242 (LS).
131 EuGH, Urt. v. 19.4.2012 – C-141/10 – Celex-Nr. 62010CA0141.
132 Vgl. bereits EuGH, Urt. v. 27.2.2002 – C-37/00 – NZA 2002, 459 – Weber/UOS; EuGH, Urt. v. 20.10.2005 – C-6/04 – Slg. 2005, I-9017 – Kommission/Vereinigtes Königreich.

gliedsstaats auf einer Gasbohrplattform beschäftigter Arbeitnehmer, in diesem Staat pflichtversichert werden kann oder nicht, gegen Art. 13 Abs. 2 Buchst. a der im Ausgangsfall anwendbaren Verordnung Nr. 1408/71. Ferner versetze eine solche Regelung die gebietsfremden Arbeitnehmer in Bezug auf ihre soziale Sicherung in den Niederlanden in eine ungünstigere Lage als die gebietsansässigen Arbeitnehmer und verletze dadurch den durch Art. 39 EG gewährleisteten Grundsatz der Freizügigkeit.[133]

2. Konsequenzen für die Rechtslage in der deutschen AWZ

70 Soweit aus dem Umstand, dass „der EuGH [in dieser Entscheidung] nicht nach einem Erstreckungsbefehl für die auszulegende Vorschrift des Unionsrechts [gesucht hat], sondern die materielle Gleichsetzbarkeit von Inlandsarbeit und Off-Shore-Tätigkeit [für die Anwendbarkeit des Sozialversicherungsrechts] genügen [lasse]", gefolgert wird, dass bereits „um den Anforderungen aus der EuGH-Entscheidung Rechnung tragen zu können, [...] der Geltungsbereich des Sozialgesetzbuches [...] bauliche Anlagen in der AWZ zu umschließen" habe,[134] handelt es sich allerdings um einen **Zirkelschluss.**[135] Denn dabei wird übersehen, dass im niederländischen Ausgangsverfahren unstreitig war, dass das niederländische Sozialversicherungsrecht für in der niederländischen AWZ beschäftigte Arbeitnehmer mit Wohnsitz in den Niederlanden Anwendung findet. So liegt es im deutschen Recht aber gerade nicht.

71 Entgegen der nicht näher begründeten Ansicht der Bundesregierung folgt seine Anwendbarkeit insbesondere **nicht aus der Anwendbarkeit des ArbSchG.**[136] Dagegen spricht eindeutig bereits § 23 Abs. 3 Nr. 2 und 5 ArbSchG, der den zuständigen Behörden Aufgaben für den Fall zuweist, dass das SGB I bzw. SGB VII Anwendung findet. Diese Norm regelt also gerade nicht die Anwendbarkeit, sondern **greift vielmehr nur dann ein, wenn sie gegeben ist.**

72 Nach dem in § 3 Nr. 1 SGB IV geregelten **Territorialitätsprinzip** gilt das deutsche Sozialversicherungsrecht allerdings nur „im Geltungsbereich" des SGB IV. Einen unbedingten Geltungsbefehl für eine Beschäftigung in der AWZ hat der Gesetzgeber mit Blick auf das SGB gerade nicht erlassen. Im Gegenteil wird man aufgrund der klaren Regelung in § 4 Abs. 1 SGB IV parallel zu der Geltung des BetrVG differenzieren müssen.[137] Denn in **§ 4 Abs. 1 SGB IV** heißt es unter der Überschrift „Aus-

133 EuGH, Urt. v. 17.1.2012 – C-347/10 – DÖV 2012, 242 (LS).

134 *Maul-Sartori*, jurisPR-ArbR 14/2012 Anm. 2; vgl. auch *Hillemann*, DGUV-Forum 2011, Heft 11, S. 37.

135 Vgl. bereits *Mückl*, DB 2012, 2456, 2460; offen gelassen von *Lunk/Hinze*, NVwZ 2014, 278, 281.

136 So aber BT-Drucks. 17/14305, S. 19 – ohne Begründung.

137 *Mückl*, DB 2012, 2456, 2460.

strahlung“ explizit, dass die Vorschriften über die Versicherungspflicht und die Versicherungsberechtigung, soweit sie eine Beschäftigung voraussetzen, auch für Personen, „die im Rahmen eines im Geltungsbereich dieses Gesetzbuchs bestehenden Beschäftigungsverhältnisses in ein Gebiet außerhalb dieses Geltungsbereichs entsandt werden, [gelten,] wenn die Entsendung infolge der Eigenart der Beschäftigung oder vertraglich im Voraus zeitlich begrenzt ist“.

3. Ausstrahlung des SGB bei einer Beschäftigung in der AWZ

Subsumiert man nun schlicht unter § 4 SGB IV, sind dort die Bedingungen für eine 73
Geltung bei Beschäftigungen in der AWZ klar geregelt. Die AWZ liegt außerhalb des Geltungsbereichs des SGB IV, weil dessen Geltung auf das Staatsgebiet der BRD beschränkt ist,[138] zu dem die AWZ nicht zählt (Art. 2 Abs. 1 SRÜ). Es kommen daher mit Blick auf die Anwendbarkeit des SGB IV auf Arbeitnehmer in der AWZ letztlich die **allgemeinen zu § 4 SGB IV entwickelten Grundsätze** zur Anwendung.

Danach setzt eine „Entsendung“ i.S.d. § 4 SGB IV ein fortbestehendes Versicherungspflichtverhältnis voraus. Dies wiederum setzt grundsätzlich voraus, dass vor Beginn der Entsendung in die AWZ ein Beschäftigungsverhältnis mit dem entsendenden Arbeitgeber in Deutschland **bestanden** hat, das während der Zeit der Entsendung **fortbesteht** und nach Beendigung der Entsendung **weiter geführt** werden soll.[139]

Hiervon ausgehend unterfielen Beschäftigte, die für eine Arbeit in der AWZ ein- 74
gestellt werden und nur dort tätig sind, nicht kraft Gesetzes dem Versicherungsschutz nach dem SGB. Nach der ständigen Rechtsprechung des BSG[140] wird die Ausstrahlung jedoch nicht dadurch ausgeschlossen, dass das Beschäftigungsverhältnis allein im Hinblick auf die Entsendung begründet wird. Es muss indes auch gerade in einem solchen Fall gleichwohl sichergestellt sein, dass der **Schwerpunkt** der rechtlichen und tatsächlichen Merkmale des Beschäftigungsverhältnisses im Geltungsbereich des SGB liegt.[141]

Erforderlich ist daher zum einen, dass der für eine Beschäftigung in der AWZ vorgesehene Arbeitnehmer sich vor Aufnahme dieser Beschäftigung im Inland befindet und zum anderen, dass – neben der erforderlichen Absicht der Rückkehr ins Inland – zu Beginn der Entsendung in die AWZ infolge der Eigenart der Beschäftigung feststeht oder durch konkrete Vereinbarung gewährleistet ist, dass die Beschäftigung beim entsendenden Arbeitgeber im Inland weitergeführt wird.[142]

---

138 Statt aller KasselerKomm/*Seewald*, 73. Erg.-Lief. 2012, § 3 SGB IV Rn 6.
139 Vgl. zuletzt LSG Berlin-Brandenburg, Urt. v. 10.5.2012 – L 3 U 615/08 – juris.
140 BSG, Urt. v. 10.8.1999 – B 2 u 30/98 R – juris.
141 Hessisches LSG, Beschl. v. 5.12.2011 – L 3 U 174/10 – juris.
142 Hessisches LSG, Urt. v. 20.9.2011 – L 3 U 170/07 – juris

Praxistipp
Das wird aufgrund der Eigenarten einer Tätigkeit in der AWZ nur selten der Fall sein.[143]

Nur unter diesen Voraussetzungen liegt aber der vom Gesetzgeber und von der Rechtsprechung geforderte Schwerpunkt der rechtlichen und tatsächlichen Merkmale des Beschäftigungsverhältnisses im Inland. Andernfalls, d.h. insbesondere ohne das Erfordernis der Weiterbeschäftigung im Inland, würden in den Fällen, in denen das Beschäftigungsverhältnis erst mit der Entsendung begonnen hat, entgegen dem Gesetzeszweck Personen begünstigt, die im Inland nicht oder überwiegend nicht versichert waren.[144]

75 Bereits angesichts dieses Regelungszwecks von § 4 SGB IV scheidet eine analoge Anwendung des SGB IV auf eine Beschäftigung in der AWZ **mangels Regelungslücke** selbst dann aus,[145] wenn man die entgegenstehenden völkerrechtlichen Vorgaben einmal unberücksichtigt lässt.

Praxistipp
Auch unter dem Gesichtspunkt eines umfassenden Schutzes der in die AWZ entsandten Beschäftigten bedarf es keiner weiten „Auslegung“ des § 4 Abs. 1 SGB IV bzw. einer analogen Anwendung des SGB. In der betrieblichen Praxis kann schließlich ein entsprechender Schutz über die freiwillige Versicherung nach § 140 Abs. 2 SGB VII erreicht werden.[146]

143 Denkbar ist dies aber z.B. für Catering-Mitarbeiter.
144 Vgl. Hessisches LSG, Beschl. v. 5.12.2011 – L 3 U 174/10 – juris.
145 A.A. offenbar *Maul-Sartori*, jurisPR-ArbR 14/2012 Anm. 2.
146 Vgl. Hessisches LSG, Beschl. v. 5.12.2011 – L 3 U 174/10 – juris.

Stichwortverzeichnis

Die Zahlen und Buchstaben in Fettdruck beziehen sich auf die Kapitel des Werkes, die Ziffern beziehen sich auf die Randnummern innerhalb der Kapitel.

Printed and bound by CPI Group (UK) Ltd, Croydon, CR0 4YY
30/09/2026
14973063-0005